한국어교육학 총서 2

한국어교육과 언어문화 교육

한국어교육학 총서
2

한국어교육과 언어문화 교육

박 갑 수

역락

바느질을 잘 하시는 한 할머니가 요사이는 바늘귀를 못 꿰신다. 눈이 나빠진 모양이다.

"요사이는 바늘귀를 못 꿰겠어."

옆에 앉아 있던 매리가 무슨 말인지 몰라 어깨를 으쓱 한다.

"바늘귀"를 영어로는 "needle's eye"라 하여 "귀" 아닌 "눈"이라 한다. "바늘귀를 꿰다"라는 말은 "실을 바늘귀에 꿰다"라는 관용적 표현이다. 할머니의 말에는 "실을"이 빠져 있고, "바늘귀에"는 "바늘귀를"로 바뀌었다. 따라서 이러한 한국어의 관습적 언어문화까지 익히지 못한 매리가 할머니의 말씀을 이해하지 못하는 것은 당연하다. 언어와 문화는 표리관계에 있다. 언어를 알려면 문화를 알아야 한다.

언어교육계는 20세기 중반기까지만 해도 주로 언어의 구조에 주목하여, 형태의 반복적 연습만을 강조하였다. 그러던 것이 1970년대에 들어 언어문화에 관심을 갖게 되고, 언어능력 아닌, 커뮤니케이션 능력을 강조하게 되었다. 언어교육의 궁극적 목적은 의사소통 능력의 함양에 있기 때문이다. 한국어교육에 문화교육이 도입된 것은 1980년대이며, 활발한 연구 활동이 전개된 것은 21세기에 들어와서다. 이렇게 한국어교육에 문화교육이 도입된 역사는 매우 짧다. 그래서 한국의 언어문화 교육은 아직 초보 단계에 머물고 있다.

한국의 언어문화 교육계는 도약·발전해야 한다. 바야흐로 세계는 다문화(多文化) 시대, 세계화(世界化) 시대로 나아가고 있다. 우리의 현실도 마찬가지다. 국내는 국제결혼 및 근로 이민, 해외 유학생의 증가 등으로 다문화·다민족 사회가 되고 있으며, 해외에는 175개 국가에 700만 재외동포가 살고 있는가 하면, 기업들이 대거 진출하고 있다. 거기에다 한류(韓流)의 바람이 불고 있다. 따라서 한국 언어문화의 교육과 보급은 21세기의 중요한 화두가 되고 있다. 최근 세종학당재단이 설립된 것은 이러한 시대적 추세를 반영한 것이라 하겠다. 연구자는 더욱 분발하고, 사회와 정부는 한층 이에 관심을 기울여야 하겠다.

책의 제목을 『한국어교육과 언어문화 교육』이라 하였다. 한국어교육이 단순한 "언어교육"이 아닌 "언어문화 교육"을 지향해야 함을 강조하고자 한 것이다. 언어능력만이 아닌, 여기에 문화능력이 합쳐진 "의사소통 능력"을 함양해야 한다는 의미다.

저자는 1998년 "외국어로서의 한국어교육과 문화적 배경"을 발표한 이후 언어문화 교육에 관한 논문 20여 편을 썼다. 이에 흩어져 있는 글들을 모으고, 새로운 글을 보태어 한 권의 책을 묶어 부진한 우리 언어문화 교육계에 하나의 참고자료로 제시하기로 한다. 제1장에서는 아직 교통정리가 덜 된 언어문화 교육의 문제를 비롯하여 한국어교육과 언어문화의 문제를 다루었고, 제2장에서는 한국의 전통문화와 언어문화, 그리고 한국문화의 세계화를 다루었다. 제3장에서는 다문화시대의 커뮤니케이션과 언어문화의 비교를 다루었고, 제4장에서는 사회적 변천과 언어문화의 변모와 발전 문제를 다루었다. 이들 논의를 통해 자문화(自文化)와 이문화(異文化)에 대해 좀 더 관심을 가지게 되고, 한국 언어문화의 교육이 정상 궤도에 접어들게 되었으면 한다. 그리고 나아가서는 한국문화가 세계문화의 발전에 기여하고, 사해(四海)시민과 더불어 친선을 도모하게 되었으면 한다.

한국어교육학 총서 제2권의 발행을 도서출판 역락과 더불어 자축한다. 아울러 한국어교육계의 발전도 기원한다.

2013년 2월 15일
沙平書室에서 南川 적음

차례

제4부 한국 언어문화의 변화와 발전

제1장 문화교육과 언어문화 교육의 위상

1. 서언

　종래에는 언어교육이라면 언어의 구조적인 면을 이해를 하고, 어휘의 의미를 파악하는 정도로 생각하였다. 그러나 오늘날은 이렇게 보지 않는다. 특히 제2언어로 교육할 때 그러하다. 언어는 문화를 반영하기 때문에 언어교육은 문화교육과 더불어 수행되어야 한다고 본다. 문화교육이 수반되지 아니한 언어교육은 바람직한 교육이라 생각하지 않는다.

　20세기 이전까지만 하여도 언어교육은 언어능력(linguistic competence)을 기르는 것이라 보았고, 그 교육은 형식언어학의 이론에 따른 것이었다. 이렇게 볼 때 언어형식 위주의 교육을 행하였다. 그러던 것이 20세기에 들어와 기능언어학(機能言語學)이 등장하며 의사소통능력(communicative competence)이 강조되고, 의미와 문화에 눈을 돌리게 되었다. 정확한 언어와 함께 사회적으로 적격의 언어를 사용할 수 있는 교육을 지향하는 것이다.

　언어교육이 이러한 혁신적 변화를 하게 된 것은 이렇게 최근의 일이다. 따라서 언어교육 및 문화교육은 오늘날 아직 제자리를 잡지 못하였다. 그리하여 교육 현장에서는 여러 가지로 혼란이 빚어지고 있다. 특히 외국어로서의 교육의 역사가 짧은 한국어교육계에서는 이러한 경향이 더욱 두드러진 것으로 보인다.

이 글에서는 한국어교육이 정상 궤도에 진입할 수 있게 이러한 언어교육과 문화교육의 정체성을 살펴보기로 한다. 문화교육과 언어교육의 바람직한 위상을 살펴보는 것이다. 따라서 여기서는 언어교육도 "언어교육"이라 하지 아니하고, "언어문화 교육"이라 하여 살펴보기로 하였다. 이는 "언어능력"을 기르는 한국어교육이 아니라, 여기에 문화능력이 덧붙은 "의사소통능력"을 기르는 한국어교육을 지향하기 때문이다.

2. 문화교육의 위상

2.1. 문화의 개념

문화란 무엇인가? 이는 광범하고, 추상적인 것이어서 한 마디로 무엇이라 정의하기가 힘들다. 그래서 문화의 정의는 무수히 많다. 그것도 학문의 영역에 따라 차이를 보인다. 이에 편향되지 아니하고, 중립성을 지닐 것으로 보이는 국어사전의 정의를 보면 다음과 같다.

자연 상태에서 벗어나 일정한 목적 또는 생활 이상을 실현하고자 사회구성원에 의하여 습득, 공유, 전달되는 행동 양식이나 생활양식의 과정 및 그 과정에서 이룩하여 낸 물질적 정신적 소득을 통틀어 이르는 말. 의식주를 비롯하여 언어, 풍습, 종교, 학문, 예술, 제도 따위를 모두 포함한다. ¶구석기 문화/ 고급 문화/ 귀족 문화/ 근대 문화/ 유목 문화/

전통 문화/ 문화를 교류하다/ 문화를 창조하다/ 새로운 문화에 접하다/
찬란한 문화의 꽃을 피우다.
<국립국어원, 표준국어대사전, 두산동아, 1999>

이 정의는 Hammerly(1986)의 행동문화(behavioral culture), 및 성취문화
(achievement culture), 정보문화(informational culture)의 개념을 염두에 둔 풀이
로 보인다. 위의 정의 가운데 "전달되는 행동 양식이나 생활양식의 과
정"은 행동문화와, "그 과정에서 이룩하여 낸 물질적 정신적 소득"은 성
취문화와, "사회구성원에 의하여 습득, 공유, 전달"되는 것은 정보문화와
관련된 것으로 볼 수 있기 때문이다.

문화는 이렇게 행동문화, 성취문화, 정보문화의 세 분야로 나누어볼
수 있다. 그러나 이와는 달리 Mc Daniel et al.(2006)은 "문화는 생활과
사회적 기능을 위한 규칙들"이라 간단히 정의하였고, Brooks(1975)는 "인
간생활의 모든 것(everything in human life)"을 포함하는 광의의 문화와, "인
간생활의 최상의 것(best in human life)"을 가려 뽑아 놓은 것이라는 협의
의 문화의 둘로 나누었다. Hendon(1980)도 문화를 둘로 나누었는데, Big
C(대문화)와 little c(소문화)로 나눈 것이 그것이다. 대문화(大文化)는 고급문
명의 성과로, 주로 과거와 관련되고, 소문화(小文化)는 일상생활문화가 중
심이 되는 것으로, 현대와 관련되는 것이라 보았다. 외국어교육 분야에
서는 이 견해에 많이 기대어 지난날에는 대문화를 문화로 보아 주로 문
학작품을 감상하였고, 오늘날은 소문화를 문화로 보아 생활문화를 대상
으로 하고 있다(박갑수, 2012).

문화는 흔히 산물(products), 시행(practice), 관점(가치, prospect)의 세 가지
요소, 혹은 세 가지 차원에서 파악하였다. 산물은 곧 대상으로, 환경 안
의 사물과 모든 인공 산물을 가리키며, 시행은 행동으로, 개인 및 상호

간에 수행되는 활동과 상호작용의 전체 범위를 가리킨다. 이에 대해 관점, 혹은 가치란 의미로, 개인과 공동체에 대한 지침을 가리킨다. 이는 산물의 기저에 깔린 인식, 신념, 가치, 태도를 의미한다. 이들을 이해하기 쉽게 예를 하나 들어 보기로 한다. 우리에게는 전통적으로 "효(孝)"라는 문화가 있다. 이를 파악하기 위해서는 우선 우리 사회에는 전통적으로 "효"라고 하는 부모를 섬기는 문화 대상이 있다는 것을 알아야 한다. 이는 전에는 "혼정신성(昏定晨省)"이란 행동으로 나타났다. "신체발부(身體髮膚)는 수지부모(受之父母)라 불감훼상(不敢毀傷)이 효지시야(孝之始也)"라고 몸을 다치지 않는 것이 효도의 시작이며, "입신양명(立身揚名) 이현부모(以顯父母)가 효지종야(孝之終也)"라 하여, 출세해서 부모를 드러내는 것이 효도의 마침이라 생각하여 효를 행하였다. 효도는 "부생모육지은(父生母育之恩)"을 갚는, 반포(反哺)의 행위다. 효도의 가치는 오륜(五倫) 가운데 하나로, "사친이효(事親以孝)"하는 것이다. 이러한 문화는 물론 오늘날 많이 변모되었다. 그리하여 종래의 효도의 시종(始終)은 거의 의식이 없게 되었다. 그러나 부모를 섬기는 문화는 오늘날에도 우리 사회에 미덕으로 전해지고 있는 전통문화다. 이렇게 개별문화를 파악하는 것이다.

그런데 Patrick(2001)은 이러한 문화의 3요소에는 추가해야 할 두 가지 요소가 있다고 본다. 문화는 구성원과 분리되어 존재하지 않으므로 문화의 3차원에 개인과 공동체를 더하여 5차원으로 보아야 한다는 것이다. "개인"은 공동체를 독특한 방식으로 만들어 가는 구성원이며, "공동체"는 문화 시행 주체의 집단과 환경으로, 특정 사회상황을 포함한다. 그는 이러한 5차원을 사용하여 "문화는 사람들의 변화되는 삶의 방식이며, 공유된 관점(prospect)을 기초로 특정화된 사회맥락 안에서 설정되는 것으로, 공유된 사물과 관련된 일련의 시행으로 이루어지는 것"이라 본다. 이를 알기 쉽게 도시하면 다음과 같다.

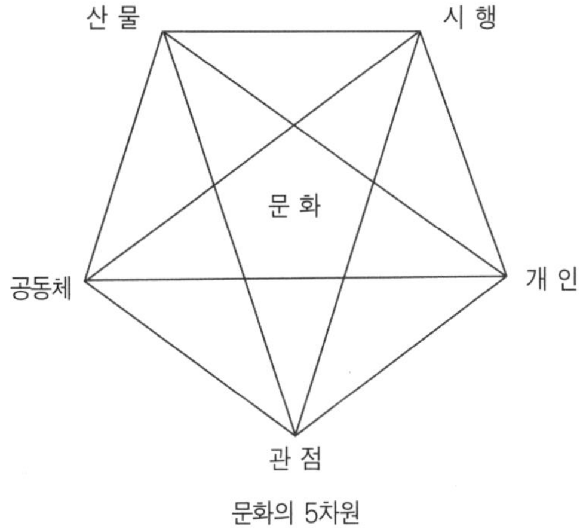

문화의 5차원

그리고 여기 부언할 것은 문화와 언어의 관계다. Patrick(2001)은 문화를 시행하기 위해서는 언어가 필요하다고 보았다. 문화 산물이나 시행에 참여하려고 할 때는 문화구성원과 의사소통하고, 자신을 표현할 수 있어야 한다. 그뿐 아니라 문화구성원의 기대에 맞게 올바른 방식으로 정확한 언어를 적절하게 사용할 수 있어야 한다. 이러한 문화와 언어의 관계는 문화를 배우기 위하여 언어의 4가지 기능이 필요한 것으로 보게 한다. 그리하여 Patrick(2001)은 문화에 참여하는 언어, 문화를 기술하는 언어, 문화를 해석하는 언어, 문화에 반응하는 언어의 4가지 기능을 들고 있다. 이렇게 문화는 언어에 의해 이해하고 학습하고, 체험하게 된다.

2.2. 문화교육의 위상

김중순(2010)에서는 한국어교육에서 문화교육을 문제 삼는 방식에 두 가지가 있다고 보고, 다음과 같은 요지의 진술을 하고 있다.

첫째, 문화교육의 목표가 언어의 실용적 차원 외에도 이념적 차원, 예술적 차원에서의 인식을 바탕으로 설정되어야 한다고 주장하는 방식. 문화교육은 단순히 언어교육을 위한 수단으로 머물지 않고, 넓은 의미의 문화 영역도 담당해야 한다는 것이다. 이를 "사회문화교육"이라 한다.

둘째, 문화교육은 기본적으로 언어교육으로, 백과사전식 교육이 아니라는 입장. 문화교육은 어디까지나 언어교육의 보조수단이어야 한다는 언어중심주의 입장이라 할 수 있다. 이를 "언어문화 교육"이라 한다.

이러한 전제를 깔고 사회문화교육과 언어문화 교육의 특징을 비교·도시하고 있다. 이 글의 초점이 문화교육과 언어문화 교육의 위상을 밝히는 데 있으며, 문화교육에 대한 개념의 논의가 많지 않으므로 다음에 이를 인용하여 참고하기로 한다(김중순, 2010).

	사회문화교육	언어문화 교육
정의	학습자와 목표문화권 사이에 정신적, 예술적, 사회적 이해와 공감이 이루어질 수 있도록 하고, 두 문화 사이에 친밀한 교감과 이해를 갖게 하여 문화의 보편적 가치를 깨닫게 하는 일.	목표언어의 효과적인 교육을 위해 그 언어가 가진 특수한 문화적 요소를 적절히 설명하고, 그 언어가 문학적 상황에 따라 어떻게 사용되는지를 깨닫게 하는 일.
범주	외국인을 위한 한국문화교육	외국어로서의 한국어교육
학습자	"한국" 수업을 목표로 하는 단기 유학생, 교환학생, 여행객, 방문객, 재외동포	"한국어" 수업을 목표로 하는 장기 유학생, 해외 거주 외국인
사용언어	학습자 모국어(영어, 중국어, 일본어)	목표언어(한국어)
교사	한국문화를 전공하고, 학습자의 모어를 구사할 수 있는 자	외국어로서의 한국어교육 전공자
교재	학습자의 모어로 된 한국문화 텍스트, 혹은 영상	문화적 요소가 가미된 한국어 교재

	사회문화교육	언어문화 교육
행위 Practice	• 굿, 제사, 점복 • 세시풍속과 여가 문화 • 복식, 먹거리, 주거(한옥과 아파트)	• 카페, 레스토랑, 선술집, 시장 • 생일, 장례, 결혼 • 문화 거리(연극, 뮤지컬) • 노래방, 찜질방, PC방, 세탁방 • 존칭어와 일상어, 인사법 • 디지털, 모바일, 게임, 매체 • 영화, 드라마, 스포츠
교육 산물 내용 Product	• 전통 건축물과 역사 공간 • 전통예술 : 판소리, 서예, 동양화 • 고전무용, 탈춤, 마당놀이 등 • 민속공예품 • 종교, 샤머니즘, 유불선, 기독교	• 음식, 막걸리, 떡, 김치 • 부채, 온돌방, 한복 • 퓨전예술 : 난타, 점프, 뮤지컬 등 • 지역의 특성과 교통과 활용법
가치관 Perspective	• 가치관 : 자연관, 인생관, 신관 • 문학 : 민담, 전설, 신화, 시, 소설 • 역사 : 고대사, 한일·한중관계사, 한미관계, 남북관계, 동아시아관계 • 인물 : 반기문, 박지성, 조수미, 강수진, 김연아	• 속담, 관용구 • 태극기 상징 • 신념체계 : 효, 체면, 집단주의, 장유유서, 남녀유별 • 한류스타
교육 목표	한국문화의 특수성을 통해 인류문화의 다원적 가치를 확인할 수 있도록	한국 언어문화의 특수성을 통해 한국어 숙련에 도움이 될 수 있도록

이에 의하면 문화교육이란 이문화간에 이해와 공감이 이루어지게 하고 문화의 보편적 가치를 자각케 하는 것으로, 교육 내용은 행위, 산물, 가치관에 두고, 교육목적은 인류문화의 다원적 가치를 확인하는 데에 두는 것으로 보인다. 순수 문화교육은 사회교과에서, 그리고 학습 용어를 현지어로 하여야 한다는 것은 이미 박갑수(2005)에서 언급된 바 있다. 김중순의 사회교육에 대한 관점은 앞에서 살펴본 "문화의 개념" 등에 비추어볼 때에 건전한 것으로 수용할 수 있을 것이다.

문화교육은 크게 보아 지식 이해교육과, 체험교육으로 나누어 볼 수 있을 것이다. 교육 현실은 대부분 지식 이해교육으로 수행되고 있다. 앞에서 살펴본 김중순(2010)의 (사회)문화교육도 이러한 것으로 보고 있는 것이라 하겠다. 그런데 Pinar & Grumet(1976)의 Currere 방법을 통한 교육과 Patrick R. Moran(2001)의 경우는 다르다. Patrick은 "문화교육(Teaching Culture, 2001)"에서 문화는 "살아 있는 경험"에 의해 가장 잘 볼 수 있다고 보고, 경험학습주기에 따른 이론을 전개하고 있다. 사실 실체는 경험에 의해 잘 확인된다. 그런 의미에서 문화를 하나의 지식으로 수용하는 것이 아니라, 경험주기에 따라 파악하는 것도 좋은 방법의 하나라 하겠다. 그는 경험주기(經驗週期)를 다음과 같은 단계에 의해 순차적으로 이루어지는 것이라 보았다.

(1) 구체적 경험단계(방법 알기) — 참여(參與·engagement)
(2) 반추적 관찰단계(대상 알기) — 기술(記述·description)
(3) 추상적 개념화단계(이유 알기) — 해석(解釋·interpretation)
(4) 능동적 실험단계(자신 알기) — 반응(反應·response)

이를 그림으로 나타낸 것이 다음과 같은 도표다.

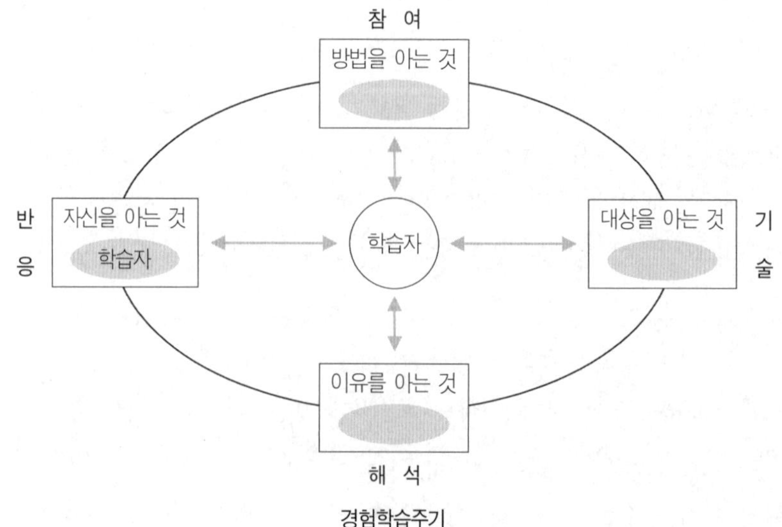

경험학습주기

문화학습은 학습자들이 문화적인 차이점에 직면하고, 이해하고, 받아들이고, 극복하는 것을 의도한다고 할 수 있다. 이는 달리 말하면 인지, 행동, 감정, 정체성의 상호작용이라 할 수 있다. 이러한 문화학습의 과정을 Patrick(2001)은 다음과 같은 "문화학습 과정의 모형"으로 나타낸다.

(1) 문화학습은 의식적, 의도적 과정일 수 있다.
(2) 문화학습은 감정 관리를 요구한다.
(3) 문화학습은 문화적 비교에 의존한다.
(4) 문화학습은 드러나지 않은 것이 표현되도록 요구한다.
(5) 학습자의 성격은 문화학습의 영향을 준다.
(6) 학습자의 문화와 목표문화 사이의 관계가 문화학습에 영향을 미친다.
(7) 교육적인 상황이 문화학습에 영향을 준다.
(8) 교사와 학생의 관계가 문화학습에 영향을 준다.

이들은 보다시피 문화학습의 진행과정이 아니다. 문화학습의 성격, 학습자의 문제, 교육적 여건에 따라 문화학습의 절차가 달라질 수 있음을 보여 준 것이다. Patrick은 이러한 과정 모형을 제시하며, "학습에서의 문화학습 모형은 근본적으로 언어수업 내에서 불가피하게 일어나는 문화적 차이점과의 만남을 과정화 하는 절차"라 하고 있다. Patrick의 문화교육은 근본적으로 언어교육을 위한 문화교육이라 할 수 있다.

Patrick의 이러한 문화교육은 문화 내용, 곧 산물, 시행, 관점, 공동체, 개인을 경험적 학습주기에 따른 문화학습 과정과 문화적 지식, 소위 문화적 경험과 결합하는 것이다. 그는 문화를 가르치는 접근법을 "문화교육의 지침"이라 하여 12가지를 제시하고 있는데, 이는 학습 현장에서의 경험학습주기에 따른 문화교육의 구체적 방법을 제시한 것이라 하겠다. 김중순(2011)에서는 "한국학교육"에서 문화교육이 아직 언어교육처럼 확립되지 못한 것으로 보고 있다. 이런 현실에서 "문화교육의 지침"은 한국 문화교육 방법에 좋은 시사점이 된다고 하겠다.

(1) 문화교육은 문화적 지식을 발달시키기 위해 문화 경험을 통해 학습자들을 가르치는 것으로 이루어진다.

(2) 문화 경험의 구성은 4단계의 경험학습주기(참여·기술·해석·반응)를 통해 문화 내용과 학습과정에 참여하는 것을 포함한다.

(3) 문화내용 학습자들은 어떤 사회에 설정되어 있고, 그 문화의 개인으로부터 독특하게 나타나는 문화의 산물과 시행과 관점(가치)의 분석을 통해 도출되는 것을 조사한다.

(4) 학습자들은 경험학습주기의 각 단계를 통해 문화적 행동(방법)을 발달시키고, 문화적 정보(대상)를 획득하고, 문화적 의미(이유)를 발견하고, 개인적 반응(자신)을 표현하고, 이 과정을 반복함으로 문화학습자들로서의 능력(개인적 능력)을 형성한다.

(5) 이들 각 단계를 거치면서 학습자들은 참여와 설명과 해석과 반응의 언어와 문화를 획득한다.

(6) 교사는 학습 결과를 명시할 필요가 있다.

(7) 모든 학습자는 독특한 방식으로 문화 학습과정을 경험한다. 이에 교사의 주된 과제의 하나는 학습자들이 문화적 학습경험에 반응하고 경험하도록 도와주는 것이다.

(8) 학습과정은 4단계로 구성함으로써, 경험적 주기는 언어와 문화내용과 활동과 결과의 윤곽을 그린다.

(9) 주기의 각 단계에, 교사는 특정한 내용 범위, 학습활동, 동반하는 학습 결과를 선택하고 조직할 필요가 있다. 그래서 각 단계에서 학습자는 명확한 과제를 수행한다.

(10) 각 단계를 가르치며 교사는 다른 역할을 수행하여야 한다. 교사는 경험학습주기에 따라 의식적으로 학습자들과 다르게 상호작용할 필요가 있다.

(11) 교사는 융통성을 가질 필요가 있다.

(12) 교사들은 문화 학습자들이 될 필요가 있다. 언어 수업에서 자신
    이 학습자들에게 제시하는 문화적 경험을 할 필요가 있다.

이 밖의 문화교육 방법은 Tomalin(1993)이 제시한 것을 볼 수 있다. 그
는 문화교육의 가장 중요한 방법이라며, "목표문화에 대한 지적 호기심
을 자극시키고 감정 이입을 북돋우는 일곱 가지 항목"이란 것을 들고 있
다. 문화교육을 좀 더 잘 수행할 수 있게 이를 보면 다음과 같다(김중순, 2010).

(1) 학습자로 하여금 그 사회의 모든 구성원에게서 나타나는 문화적으
    로 조건지어진 행위에 대한 이해를 키우도록 한다.
(2) 나이, 성, 사회 계급, 거주지와 같은 사회적 변인이 말과 행동에 어
    떻게 영향을 주는지에 대한 이해를 키우도록 한다.
(3) 목표문화 사회의 일반적인 상황에서 나타나는 관습적인 행동에 대
    한 인식을 키우도록 한다.
(4) 목표언어 속에 들어 있는 문화적 함의가 있는 단어나 구에 대한
    이해를 키우도록 한다.
(5) 목표문화와 관련하여 내려지는 일반화를 평가하거나, 수정할 수
    있는 능력을 키우도록 한다.
(6) 목표문화와 관련하여 얻어진 정보를 정리하거나 조직하는 데 필요
    한 기술을 키우도록 한다.
(7) 목표문화에 대한 지적 호기심을 자극시키고 감정 이입을 북돋운다.

이상 문화교육의 목표, 대상, 방법 등에 대해 살펴보았다. 이는 문화교
육의 위상을 밝혀 외국어교육과의 관계를 분명히 하고, 문화교육의 올바
른 방향을 모색해 보고자 하는 것이었다. 이러한 목적을 위해서는 다음
과 같은 교수-학습의 태도도 아울러 갖추는 것이 필요하다.

첫째, 문화는 비교되어야 한다.

문화교육은 목표문화를 교수-학습하는 것이다. 따라서 대상 문화를 학습하는 것으로 시종(始終)할 수 있다. 그러나 진정한 이해는 비교를 통해 이루어진다. 더구나 외국어교육을 위한 문화교육이요, 언어교육이라면 비교는 필수적이라 할 것이다. 목표문화와 언어를 자문화·자국어와 비교함으로 이들의 실상이 분명해지는 동시에 스스로를 돌아보게 되어 정체성을 확인할 수 있다. 따라서 외국어교육에 자문화와 자국어를 전이하는 오용을 사전에 막게 된다.

둘째, 자문화중심주의에서 벗어나야 한다.

사람들은 일반적으로 자문화중심주의, 자문화우월주의에 빠져 있다. 이렇게 되면 목표문화, 목표언어를 제대로 보지도 못할 뿐 아니라, 그릇된 선입견을 가지고 목표문화를 평가하게 된다. 거기에다 문화 간에 충돌을 면하기 어렵다. 문화적 상대주의, 다문화주의에 입각해 문화를 보도록 해야 한다.

셋째, 가치지향적 문화교육을 한다.

문화의 3요소로 산물(products), 시행(practice), 가치(perspective)를 든다. 이 가운데 가장 소중한 것이 가치다. 문화를 교육한다는 것은 상대방의 가치체계를 학습하는 것이라 할 수 있다. 그리고 오늘날 세계는 세계화시대, 다문화사회를 지향해 가고 있으므로 문화교육은 인류 보편적 가치를 추구해 공생 공영하는 방향으로 나아가야 한다. 이러한 것이 진정한 문화교육의 목표요, 방향이라 할 것이다.

3. 언어문화 교육의 위상

3.1. 언어교육과 언어문화의 교육

언어교육은 심리학, 교육학, 사회학 등 여러 영역과 관련된다. 그러나 언어교육의 대상이 언어요, 언어학이 새로운 획기적 분야의 학문으로 부상하며, 20세기에 들어와 언어교육(言語敎育)은 다른 영역에 비해 언어학의 영향을 많이 받게 되었다. 언어학의 과학적 주장 및 학문적 지위에 휘둘려 언어교육은 언어와 언어습득의 새로운 이론에 따라 교육을 실시했고, 교육의 방법을 바꾸었다(Johnson et al, 1987). 이렇게 언어교육은 언어학에 영향을 받으며 변천해 왔다. 따라서 언어교육을 살피기 위해서는 언어학의 흐름부터 훑어보아야 한다.

언어학(言語學)은 일찍이 언어를 음운, 형태, 구문과 같은 형식체계로 보는 입장을 취하였다. 그리하여 근대언어학의 개조인 Saussure만 하더라도 언어학을 기호를 연구하는 기호학(記號學)이라 보았고, 커뮤니케이션을 주로 공통의 습관적 기호에 의존한 부호와 해독의 행위라 보았다. 그리하여 언어학습의 중심 과제는 음운, 어휘, 문법의 체계를 구사하는 능력의 발달이 아니라, 이들에 대한 지식을 습득하는 것이라 생각했다. 구조주의(構造主義) 언어학은 언어의 의미나 운용에는 별 관심이 없었고, 언어체계 안의 언어 단위의 위치와 분포에 주된 관심을 보였다. 이는 행동주의를 학습이론으로 받아들이며 언어교육에 깊이, 그리고 오랜 동안 영향을 미쳤다. 그리하여 학습이란 습관에 의한 구조의 파악이라 여겨 구두연습, 대화반복, 문형연습을 강조하였다. 이렇게 구조주의, 나아가 Chomsky의 인지심리학에 이르는 형식언어학적(形式言語學的) 입장과 언어교육의 과정에서는 아직 사회적 맥락에 대한 고려를 하는 기능언어학적

(機能言語學的) 입장은 나타나지 않았다.

언어의 연구와 교육에서 맥락(context)에 대한 본격적 관심을 가지게 된 것은 1970년 Hymes의 의사소통 이론이 발표된 뒤부터였다. Hymes(1970)는 사회적 문화적 맥락과 고립된 Chomsky의 생득적 능력인 "언어능력 (linguistic competence)"에 대해 "의사소통능력(communicative competence)"의 문제를 제기하였다. 그는 "언어능력"으로는 다룰 수 없는 커뮤니케이션을 위한 규칙과 그 배경이 되는 가치관을 포괄하는 개념으로서 "의사소통능력"을 제시한 것이다. Hymes에 있어서 언어를 획득한다는 것은 "의사소통능력"을 획득한다는 것과 다름이 없다. 그는 언어의 실천적 규칙의 배경이 되는 사회적·문화적 가치관 등 여러 층의 종합적 지식을 "의사소통능력"이라 하였다. "의사소통능력"이란 단순히 적절한 문장을 생성하는 것이 아닌, 특정인이 어떻게 하여 문화적 사회적으로 적절한 커뮤니케이션을 하게 하는가 하는 능력을 나타낸다. 이렇게 Hymes에 이르러 언어학에는 문화의 개념이 도입되고, 이는 나아가 언어교육에 혁신적인 영향을 미쳤다. Wilkins(1976)의 개념-기능 실러버스가 탄생되고, Widdowson (1978)의 의사소통법(communicative approach)이 제창되었다. 이들은 언어습득이란 언어기호의 습득만이 아니고, 사회적 맥락에 부합되게 기호를 어떻게 적절하게 쓰느냐 하는 지식을 가지지 않으면 안 된다고 주장하였다. 언어는 사회적 행동이라 생각하여 교육적 성공의 기준은 문법적으로 바른 문장을 산출하고 이해하는 것만이 아니고, 맥락 가운데 의미가 있는 문장이나, 화자가 의도하는 바를 달성하는 문장을 산출하거나, 이해하는 것이라 보았다.

이렇게 언어의 연구와 언어교육은 언어의 형식과 구조를 중시하는 형식언어학적 입장에서, 기능과 의미에 주목하며 언어사용을 중시하는 기능언어학적 입장으로 바뀌었다. 기능언어학적 입장은 그 뒤 화용론과 담화분석이라는 두 분야가 각광을 받게 되었고, 이들은 각각 언어교육에 많은 영향을 끼치게 되었고, 실질적인 것이 되고 있다. 이밖에 어휘 빈도와 단어의 배열에 대한 코퍼스언어학의 통찰은 특히 어휘교수의 방법 등에 많은 공헌을 할 것으로 기대된다(Johnson, Keith et al, 1998).

언어학과 언어교육은 이렇게 형식언어학적 입장에서 기능언어학적 입장으로 발전하며, 언어교육에 형태 지식뿐만 아니라, 의미와 문화교육을 강조하는 방향으로 발전하였다. 따라서 이들 언어교육의 두 가지 흐름을 구별할 때, 형식주의적 입장 곧 언어능력(linguistic competence)을 기르는 것을 협의의 "언어교육"이라 하고, 기능언어학적 입장, 곧 언어기능에 문화능력(cultural competence)이 보태진 "의사소통능력(communicative competence)"을 기르는 것을 "언어문화 교육"이라 할 수 있을 것이다. 이 글에서의 "언어문화 교육"의 "언어문화"는 바로 이러한 의미로 쓰이고 있는 것이다.

"언어문화 교육"을 논의하기 위해서는 한 가지 더 살펴보아야 할 것이 있다. 그것은 소위 "사피어-워프 가설(Sapir-Whorf hypothesis)"에 관한 것이다. 이는 언어와 문화의 밀접한 관계로 말미암아 제기된 가설이다. 사피어-워프가설은 "우리들의 우주관, 세계의 구분, 경험의 양식, 통솔의 방법은 우리들이 사용하는 언어가 다르면, 그에 대응하여 달라진다"(安井稔, 1971)는 것을 말한다. 사피어와 그의 제자 워프는 언어와 문화가 매우 깊이 연관된 사실을 지적하고, "언어는 인간에 대하여 경험의 방법을 규정하는 활동을 지녀, 인간의 사고가 모어(母語)에 의해 사전에 정해진 형식에 의해 전개된다."는 생각을 펼쳤다. 이는 일반적으로 언어가 그 사용자의 사고 양식 및 정신구조에 일정한 영향을 미친다고 보는 것으로, 언어상대론(linguistic relativity hypothesis)이라고도 일러지는 것이다. 관습적 사고가 언어와 깊이 연결되어 있다는 이 가설은 아직 결정적 판결이 나지 않았으나, 문화에 의해 언어가 영향을 받는 동시에, 언어에 의해 관습적 사고가 좌우되는 현상에 대해 해명의 빛을 던져 주고 있다. 그래서 이 가설은 언어학, 인류학, 철학, 심리학, 기타 관련분야에서 오랜 기간에 걸쳐 보편론(普遍論)과 대비하여 논의되고 있다. 이는 언어의 유연성(有緣性)과도 관련이 있어 더욱 언어와 문화의 밀접한 관련성에 대해 주의를 기울이게 한다. 이에 대해서는 다음 장에서 좀 더 구체적으로 언급되겠지만 언어에는 보편론적 입장과 함께 언어상대론적 입장이 다 같이 있을 수 있는 것으로 보아야 할 것이다. 어원 아닌 중간어원의 단계를 볼 때 언어상대론은 더욱 설득력을 지닌다.

3.2. 언어문화 교육의 위상

앞 장에서 언어문화 교육이란 언어기능에 문화능력(cultural competence)이 보태진 "의사소통능력(communicative competence)"을 기르는 것이라 보았다. 그런데 오늘날의 언어문화 교육의 연구 경향이나, 교육 현실을 보면 언어문화 교육은 그렇게 간단하고 분명하게 규정되는 것만 같지 않다. 우선 교육의 내용이 문제이고, 교육 목적, 교육 방법, 교재 등 여러 가지가 아직은 제대로 교통정리가 되어 있지 않다. 이에 언어문화 교육이란 과연 어떤 것인가 그 위상을 살펴보기로 한다.

첫째, 언어문화 교육의 내용인 교수―학습의 대상부터 살펴보기로 한다. 언어문화 교육에서 모든 문화가 그 대상이 되는 것이 아니다. 앞에서 언급한 바와 같이 지난날에는 Big C, 대문화를 교육의 대상으로 보았고, 오늘날은 주로 little c, 소문화를 그 대상으로 본다. 이렇게 언어문화는 포괄적 문화 개념이 아닌, 제한적 문화 개념으로 수용한다. 그리고 그것도 일상의 생활문화가 중심이 되는 소문화를 그 대상으로 본다. 이러한 견해는 외국어교육자나, 문화학자들도 동의하는 것이다. 한 예로 김중순(2010)에서 문화교육을 사회문화교육과 언어문화 교육의 둘로 나누고, "언어문화에서는 언어를 설명할 수 있는 도구로, 사회문화에서는 그 자체로서 내용을 이루게 된다"고 한 것이 이런 것이다. 김중순(2010)에서는 이러한 기조 위에 한국어교육에서 한국문화 전반에 대해 논의하고 있는 것을 신랄하게 비판하고 있기까지 하다. 또한 김대행(2013)에서는 언어문화 교육에 대해 다음과 같은 견해를 펼치고 있는 것도 볼 수 있다.

① 문화는 가장 폭넓은 개념인 '삶의 방식(way of life)'으로 기본을 삼는다.
② 교수-학습을 위한 내용의 대상은 언어현상에 관한 것으로 특정할 필요가 있다.
③ 언어문화 현상을 이해하기 위한 설명은 문화의 본질을 체계로 보는 관점에서, 문화가 '인지체계, 적응체계, 구조체계, 상징체계'라는 복합적 성격에 초점을 둔다.

이쯤 되면 어느 정도 언어문화 교육의 대상이 규정되는 것으로 보인다. 그러나 문제는 여전히 남아 있다. "언어현상에 관한 문화"의 범위가 다시 문제가 된다. 물론 "언어현상에 관한 문화" 전부를 교수-학습 대상으로 삼을 수 있고, 그렇게 되면 문제 될 것이 없다. 그러나 시간적으로나 경제적으로 그것은 허용되지 않는다. 따라서 언어문화는 언어 구조, 및 운용과 직결된 것을 우선하고, 텍스트를 이해하는 데 필요한 언어문화현상을 부차적 대상으로 보는 것이 바람직할 것이다. 여기서 "구조 및 운용 관련 문화"란 유연성, 및 관습적 표현과 관련된 것이다. 이는 조어 및 명명, 문법, 관용어, 속담 등과 관련된 문화요, 운용면에서 대우법, 문맥 의존도, 문화변용과 관련된 문화다. "텍스트 이해 관련 문화"는 다소간에 사회문화교육적 성격을 띠는 것으로, 텍스트 내지 한국어에 의한 표현문화 이해에 도움을 주게 되는 언어문화 지식을 가리킨다. 박갑수(2007)에는 문화교육의 내용으로, ①전통문화, 전통놀이, ②역사·제도·문물, ③의식주 문화, ④관습·풍습·사고방식, ⑤언어문화, ⑥일상생활의 양식, ⑦언어생활의 태도, ⑧문학·예술 작품, ⑨비언어적 표현, ⑩방언·신어·유행어를 들고 있다. 이러한 내용에서 두 문화교육의 유형을 몇 가지씩 구별하여 제시해 보면 다음과 같다(박갑수, 2007).

〈구조 관련 문화〉

- 어원·속담·관용적 표현 등의 배경을 알고 이에 적응한다.
- 한국의 언어생활 태도를 바로 파악하여 원만한 대인관계를 갖는다.
- 존댓말 등 언어예절을 바로 파악하여 적절한 언어생활을 한다.

〈텍스트 관련 문화〉

- 한국의 전통문화를 이해하고 이에 반응한다.
- 과거와 현재의 의식주문화를 알고 이에 대처한다.
- 한국의 언어생활 태도를 파악하여 원만한 대인관계를 갖는다.

얼마 전 국립국어원에서 개발한 "국제통용 한국어교육 표준 모형 개발 2단계"(김중섭 외, 2011)도 문화항목을 "단순히 의사소통 능력을 향상시키기 위한 도구가 아닌, 문화교육 자체에 대한 중요성을 반영"한 것이라 한 것은 언어문화에 사회문화교육의 대상으로서의 문화를 포함시키고 있는 것이라 하겠다.

그리고 여기서 하나 강조할 것은 위에 제시한 "⑨비언어적 표현"(박갑수 2007)에 관한 교육이다. 의사소통은 언어적 표현에 의해서만 이루어지는 것이 아니다. 오히려 비언어행동(non-verbal behavior)에 의해 많이 이루어진다. 심리학자 Mehrabian(1968)은 전체 메시지의 93%가, 인류학자 Birdwhistel(1970)은 65~70%의 메시지가 비언어 형태에 의해 전달된다고 할 정도다. 그런데 이것이 문화에 따라 차이가 난다. 한 예로 손가락으로 동그라미를 만드는 OK 사인을 보자. 미국에서는 훌륭하다, 완전하다, 위대하다를 나타낸다. 이에 대해 프랑스인은 0, 별볼일 없다를 나타내고, 그리스·터키·이탈리아인은 항문이나 여성의 성기를 상징해 유혹의 의미를 나타낸다. 한국과 일본은 돈을 나타낸다(박갑수, 2011). 따라서 오해를 사지 않고 원만한 커뮤니케이션을 하기 위해서는 이 비언어 행동을 언어문화 범주에 반드시 포함시키지 않으면 안 된다. 그런데 한국어교육계에서는 이의 심각성을 별로 느끼지 못하는 것으로 보인다.

둘째, 언어문화 교육의 목표를 보기로 한다. 언어문화 교육의 목표는 한 마디로 의사소통능력(communicative competence)을 기르는 데 있다. 이는 달리 말하면 언어능력(linguistic competence)과 의사소통능력, 문화능력(culture competence)의 세 가지가 합쳐진 능력을 기르는 데 그 목적이 있다. 이러한 목표는 한국의 국가수준의 외국어(英·獨·佛·西·露·中·日語)의 교육과정의 목표에서도 확인된다. 외국어교육의 목표를 목표언어의 문화를 이해하고, 문화의 보편성과 특수성을 이해하며, 나아가 그 문화를 통해 효과적으로 의사소통 하는 데 두고 있는 것이다(박갑수, 2007). 그런데 문화교육의 목표는 학습자에 따라 성격을 달리할 수도 있다. 그것은 언어문화를 지식으로서 습득하느냐, 아니면 생활문화로 체득하느냐 하는 것이다. 이는 언어문화를 하나의 의사소통의 도구로 학습하느냐, 아니면 이중언어인(二重言語人)으로 생활하기 위해 학습하느냐의 차이라 할 수 있다. 이는 예를 들면 유학생과 결혼 이주민의 학습의 차이라고 하여 좋을 것이다. 경험학습을 강조하는 재개념주의자(reconceptualist) 등은 전통적 커리큘럼에 의한 지식의 습득과 이해교육을 신랄하게 비판한다. 그러나 반드시 그럴 것은 아니다. 학습자의 니즈(needs)에 따라 목적과 방법이 다를 수 있기 때문이다. 그리고 여기 덧붙일 것은 언어문화 교육의 목표 가운데는 "자신의 발견"이라는 또 하나의 중요한 목표가 있다는 것이다.

셋째, 교수-학습 방법에 대해 살펴보기로 한다. 이는 직접교육과 간접교육, 대조교육과 독자교육, 현장학습과 현지학습, 체험학습과 이해학습 등으로 나누어 볼 수 있을 것이다. 제한적인 문화인 언어문화 교육은 직접교육과 대조교육을, 포괄적 문화인 사회문화교육은 간접교육과 독자교육을 하는 것이 바람직할 것이다. 이에 대해 학습자가 목표문화의 현장에 있는 경우는 유형문화재 등의 현장·체험학습을, 그렇지 않고 문화 현장에 있지 않은 경우나 무형문화의 경우는 강의식 지식 전달 위주의 이해학습을 해야 할 것이다. 이는 다른 면에서 볼 때 행동문화인 경우는 체험학습을, 성취문화나 정보문화인 경우는 강의·설명의 교수가 주로 행해진다 하겠다. 물론 앞에서 언급한 바와 같이 문화현장에 있는 경우 유형문화의 경우 체험학습을 함으로 더욱 교육효과를 거둘 수 있을 것이다.

그리고 여기 덧붙일 것은 초·중·고등학교의 외국어교육 발전을 위해 미연방 정부에서 1966년 발표한 "21세기를 대비한 외국어 학습 기준(Standards for foreign language learning : Preparing for the 21th century)"에서 제시한 방법이다. 여기에서 저들은 교육과정의 목표로 5C, 곧 Communication, Culture, Connection, Comparison, Communities를 들고 Culture의 내용으로 다음과 같은 것을 들고 있다.

C2 : Culture : 외국문화에 대한 지식과 이해를 가지도록 할 것.

기준 A : 외국의 행동문화(즉 언어행위와 비언어적 행동)와 행동문화
        에 내재하는 관념적 문화(즉 전통사고방식, 태도, 믿음, 가치
        관)와의 상관관계를 이해할 것.
기준 B : 유형무형의 문화적 소산품(예컨대 그림, 문학작품, 이야기,
        무용, 교육제도 등)과 그러한 소산품에 내재하는 관념적 문
        화와의 상관관계를 이해할 것.

이렇게 문화교육의 내용으로 행동문화와 유무형의 성취문화와, 이들 문화에 내재하는 관념문화를 교육 내용으로 할 것을 강조하고 있다. 한국어교육에 있어서도 이와 마찬가지로 관념문화를 강조함이 바람직하다. 관념문화는 가치(perspective)로, 유무형의 문화의 근저를 이루는 것이기 때문이다.

그러면 구체적으로 언어문화 교육은 어떻게 하는가? 그 방법은 무엇인가? 언어문화 교육은 "언어현상에 관한 문화"를 그 대상으로 하되, "구조 및 운용 관련 문화"와 "텍스트 이해 관련 문화"를 대상으로 하는 것이 바람직하다고 하였다. 그리고 구체적인 방법으로는 언어교육을 1차적 대상으로 하고, 문화교육은 부차적으로 하되, 언어와 통합적 교육을 한다(박갑수, 2007). 따라서 여기서의 문화교육은 단순한 지식으로서의 문화가 아니라, 언어능력 체득으로서의 문화교육이 된다. 구조 관련 문화란 앞에서 언급한 바와 같이 유연성(有緣性) 및 관습적 표현과 같이 문화적 배경을 지닌 언어 요소를 말한다. 이는 조어 및 명명, 관용어, 문법, 문장 구조, 속담 등의 언어문화 요소가 이의 대상이 된다. 운용관련 문화란 화행, 서법, 문맥 의존도, 문화변용, 관습적 수사적 표현 등이 그 대상이 된다. 이들 교수―학습의 예를 몇 가지 들어보면 다음과 같다(박갑수, 2013).

① 명명에 관련된 문화를 교수－학습한다.

"마음(心情)"은 본래 심장을 의미하는 "마슴"에서 의미 확장으로 추상적인 의미가 탄생된 말이고, 소심하다를 뜻하는 "열없다"란 "열(膽)"이 "없다"는 말에서 나온 것이다. 방언 "열적다(膽小)"는 대담(大膽)하다의 반대말로, 소심하다를 나타낸다. "열"은 "담"의 옛말로, 웅담(熊膽)을 "곰－열"이라고 하는데서 쉽게 확인된다.

② 관용어 및 속담의 문화적 배경을 앎으로, 진정한 의미를 파악한다.

"국수를 먹다"는 결혼식을 올리다를 뜻하는 관용어다. 이는 전통적 혼례 날에 하객들에게 국수를 대접한 데서 연유한다. "같은 값이면 다홍치마"란 속담은 값이 같다면 좋은 것을 택한다는 의미이나, 여기 쓰인 "다홍치마"란 녹의홍상(綠衣紅裳)으로, 처녀를 비유한 말이다. 따라서 이 속담은 "같은 값이면 처녀"와 같은 뜻의 속담으로 이왕이면 과부보다 처녀가 좋다는 말에서 연유해 의미가 변한 것이다.

③ 고맥락문화(high context culture)의 표현을 이해한다.

한국어는 맥락에 많이 의존하는 언어다. 따라서 대부분의 말을 생략하고 맥락에 의존하는 표현을 한다. 사랑을 해도 누가, 누구를 사랑한다고 구체적으로 하지 않고, "사랑해!" 이렇게 맥락에 의지해 줄여 표현한다. 이심전심의 문화적 표현이다.

④ 겸손지향의 문화변용의 표현을 한다.

한국인은 제 자랑을 하지 않고 겸손한 가치지향의 태도를 취한다. 그래서 말도 겸손지향의 표현을 한다. 상다리가 부러지게 음식을 차려 놓고도 "차린 것이 아무 것도 없습니다."라 하는 것이 이런 것이다. 이는 서양의 자찬(自讚) 문화와 대조된다.

⑤ 관습적 수사 장치를 이해한다.

개성적 표현이 아닌, 관습적 수사가 있다. 이는 이문화간 커뮤니케이선에 있어서는 이해가 잘 안 되는 것이다. "고래 등 같다", "꿔다 놓은 보릿자루 같다", "절구통"과 같은 비유가 그 예다. "고래 등 같다"는 기와를 인 큰 집이 한국인에게는 큰 고래의 시커먼 등과 같이 보였기 때문이다. 고래는 동해에 출몰하는 포유동물로, 흔히 볼 수 있었던 것으로 보인다. 정철의 "관동별곡"에도 고래가 노니는 모습이 묘사되어 있다. 그리고 장생포는 고래잡이로 유명한 곳이었다. "김칫국부터 마신다"는 지레짐작으로 그렇게 될 것으로 행동하는 것을 비유적으로 나타내는 말이다. 김칫국은 우리 음식문화다. 우리는 음식을 먹을 때 음료, 특히 김칫국을 먼저 마시는 문화를 가졌다. 이는 우리의 속담 "떡 줄 놈은 생각도 않는데 김칫국부터 마신다"에서 쉽게 그 문화적 배경을 발견할 수 있다. 비슷한 속담에 "떡 줄 사람에게는 묻지도 않고 김칫국부터 마신다", "떡 줄 사람은 꿈도 안 꾸는데 김칫국부터 마신다"와 같은 속담도 있다. "절구통"은 허리가 잘록하게 들어가지 아니한 뚱뚱한 허리, 그것도 흔히 여인의 허리를 이른다. 절구는 통나무의 속을 파서 만드는데, 허리를 잘록하게 파지 않는다. 이는 한국의 특이한 생활기구가 비유에 반영된 것이다.

넷째, 문화교육의 교재를 보기로 한다. 한국의 언어문화 교재는 대체로 만족스러운 것이 못 된다. 김중순(2011)에 신랄한 비판이 보인다고 하였듯, 언어문화 교재라며, 사회문화교재를 만들어 놓고 있는가 하면, 독본 교재에 실려 있는 문화 단원도 언어교육과는 관계없이 구색으로 문화를 늘어놓은 것이 많다. 이들의 문화의 내용은 전통문화에 편중되어 있고, 포괄적 관점의 문화이며, 교재 단원과 유기적 관련이 없는 것이 대부분이다. 교재의 문화는 언어와 통합 구성을 하고, 생활문화위주로 언어교육과 관련을 지어 구성하도록 하여야 한다. 포괄적 문화교육의 교재는 학습 보조자료로 개발하거나, 결혼 이민자와 같은 이중언어인·이중문화인을 위한 교재로 개발할 필요가 있다.

4. 결어

외국어교육은 언어만이 아닌 문화를 아울러 교육하여야 소기의 효과를 달성할 수 있다. 이에 바람직한 한국어교육을 수행하기 위해 문화교육과 언어문화 교육의 위상을 살펴보았다.

문화교육은 아직 성숙한 단계에 이르지 못했다. 이는 인류문화의 다원적 가치를 확인하고, 인류보편적 가치 지향에 교육목표를 두되, 의사소통에 기여하도록 하여야 한다. 교육 내용은 대상, 시행, 가치란 세 요소 가운데 가치에 중점을 둔다. 교육방법은 지식 전달 위주의 교육과, Patrick의 경험주기에 따른 교육과 같이 체험교육을 할 수 있다. 특히 이중언어인(이중문화인)의 경우 체험교육이 바람직하다. 언어문화 교육에 대한 상대적인 개념은 사회문화교육이라 한다. 이는 학습자의 언어로 교육하고, 문화는 비교를 통해 정체성을 발견하도록 하고, 문화의 상대주의적 입장을 취하도록 해야 한다.

언어교육을 위한 언어문화 교육은 포괄적 문화가 아닌, 제한적 문화를 대상으로 한다. 제한적 문화란 언어현상과 관련이 있는 문화만을 교육 대상으로 삼는다는 말이다. 이러한 언어와 관련된 문화는 "구조와 운용 관련 문화"와 "텍스트 이해 관련 문화"로 다시 나눌 수 있다. 전자는 유연성 및 관습적 표현과 관련된 것이다. 이는 조어 및 명명, 문법, 관용어, 속담 등과 관련된 문화요, 운용면에서 대우법, 문맥 의존도, 문화변용과 관련된 문화다. "텍스트 이해 관련 문화"는 다소간에 사회문화교육적 성격을 띠는 것으로, 텍스트 내지 한국어에 의한 표현문화 이해에 도움을 주게 되는 폭넓은 언어문화 지식을 가리킨다. 이러한 언어의 배경으로서의 문화를 교수−학습하는 것은 문화를 통해 보다 잘 의사소통을 하게 하기 위함이다. 그리고 이러한 언어문화 교육은 언어문화를 통합적으로 교육하되, 언어교육을 1차적인 것으로 보고, 문화교육을 2차적인 것으로 본다.

이상 문화교육과 언어문화 교육의 위상에 대해 살펴보았다. 이들의 위상을 바로 알고 한국어교육을 함으로, 한국어교육이 정상 궤도에서 벗어나지 아니하고, 일취월장하게 되기를 바란다.

참고문헌

김중섭(2011), 국제 통용 한국어교육 표준 모형 개발 2단계, 국립국어원.

김중순(2010), 다문화의 이해와 다문화 교육, 소통.

박갑수(2005), 국어교육과 한국어교육의 성찰, 서울대 출판부.

박갑수(2012), 한국어교육의 원리와 방법, 역락.

Johnson, Keith et al.(1998), Encyclopedic Dictionary of Applied Linguistics, 岡秀夫 監譯(1999), 外國語教育學大辭典, 大修館書店.

Moran, Patrick R.(2001), Teaching Culture Perspectives in Practice, 남은희 외 역(2005), 문화교육, 경문사.

Tomalin, Barry & Stempleski Susan(1993), Culture Awareness, Oxford Univ. Press.

小池生夫(2003), 應用言語學事典, 研究社.

細川英雄(2002), ことばと文化を結ぶ日本語教育, にほんごの凡人社.

安井稔 編(1971), 新言語學辭典, 研究社.

강현화(2010), 문화교수의 쟁점을 통해서 본 문화교수의 방향성 모색, 한국언어문화학, 제7권1호, 국제한국언어문화학회.

김대행(2013), 한국 언어 문화의 이해, 2013학년도 한국어교육 1, 서울사대 외국인을 위한 한국어교육 지도자 과정.

민현식(2005), 한국어교육에서 문화교육의 방향과 방법, 한국어교육연구, 제8집, 서울사대 외국인을 위한 한국어교육 지도자과정.

박갑수(2006), 재외동포의 정체성과 민족교육의 방안, 한국어교육연구, 제9집, 서울사대 외국인을 위한 한국어교육 지도자과정.

박갑수(2007), 언어와 문화, 그리고 한국어교육, 연변대학 조선−한국학학원 편, 중국에서의 한국어교육 Ⅶ, 태학사(2007).

박갑수(2007), 한국어교육과 언어문화의 교육, 한국어교육연구, 제10집, 서울사대 외국인을 위한 한국어교육 지도자과정.

박갑수(2007), 재외동포 교육과 언어문화의 교육과정, 한국어교육연구, 제11집, 서울사대 외국인을 위한 한국어교육 지도자과정.

박갑수(2011), 비언어행동과 한국어교육, 국학연구논총, 제7집, 택민국학연구원.

■ 이 글은 본서 "한국어교육과 언어문화 교육"에 수록하기 위해 2013년 2월 15일 탈고한 원고이다.

제2장 언어와 문화, 그리고 한국어교육

1. 언어와 문화의 관계

언어와 문화는 여러 가지로 정의된다. 문화(文化)는 흔히 "인간의 이떤 집단이 하나의 생활공동체를 이루며 살아가는 가운데 만들어 낸 모든 것"을 이른다. 그래서 의식주 및 언어, 풍속 등도 여기에 속하는 것으로 본다. 응용언어학의 입장에서는 문화란 "하나의 담화(談話)를 공유하는 지역사회에서의 구성원이, 공통되는 사회공간과 역사를 지니며, 또한 사물을 이해하거나, 믿거나, 가치판단을 하거나, 행동하거나 하기 위한 기준이 되는 공통의 제도를 가지고 있는 것"(Kramash, 1998)이라 정의된다. 인류학에서는 문화를 한 민족의 생활양식의 총체, 개개의 인간이 집단으로부터 받아들이는 사회적 유산을 의미한다. 곧 문화란 인간이 살고 있는 지역 안에서 살아가기 위한 수단으로 형성해 낸 것이다.

이에 대해 언어(言語)는 "사회집단의 성원이 그것에 의해 협동하고, 상호 작용하는 자의적(恣意的) 음성기호의 조직"(E. Sturtevant, 1947)이라 한다. 자의적 기호이며, 그 사용 목적은 협동에 있다는 것이다. 인간의 언어나 문화는 유전적으로 계승되는 것이 아니고, 후천적으로 습득되거나 학습되는 것이다. 사람들은 이 언어와 문화의 영향을 받으며, 그 속에서 살아간다.

언어와 문화의 관계는 복잡하다. 종래에는 위에서 본 바와 같이 언어를 문화의 하위요소로 보아 일방적·수직적 관계로 보았다. 그러다가 20세기에 들어와 쌍방적·수평적 관계로 보려는 움직임이 나타난다. 이것이 사피어－워프(Sapir-Whorf)의 가설이다. 이는 종래 문화우위론(文化優位論)에서 언어우위론(言語優位論)으로의 전환을 의미한다. 사용하는 언어가 다르기 때문에 서로 다른 사고방식을 갖게 되며, 이렇게 다른 사고방식으로 말미암아 서로 다른 문화가 태어난다는 것이다. 이러한 견해는 사실은 이들에 의해 소위 "언어상대성이론"이 제기되기 이전부터 있었다. 이러한 주장을 한 철학자로는 "세계관의 가설"을 내세운 Humboldt, 언어와 정신의 불가분의 관계를 역설한 Hamann과 Herder 등을 들 수 있다.

1.1. 사피어－워프의 상대성이론(相對性理論)

인간의 사고활동은 대부분 언어를 매개로 하여 이루어진다. 따라서 언어와 인간의 정신활동은 상호의존적인, 불가분의 관계를 가진다고 할 수 있다. 이러한 불가분의 관계를 인정하게 되면 바로 언어와 문화 사이의 불가분의 관계를 인정하지 않을 수 없게 된다.

> "우리가 지금 무엇을 보고 듣고 경험하고 있는 것은 바로 우리 사회의 언어습관이 해석의 방법을 미리 정해 놓았기 때문이다. (Sapir, 1949)

사피어－워프의 가설(假說)로 알려지는 이러한 생각은 우리의 우주관

이나, 세계를 다루는 방법, 경험의 양식, 통솔의 방법 등이 우리들이 사용하는 언어가 다르면 이에 따라 달라진다는 것이다. 이는 언어가 인간에 대해 경험의 방법을 규정하는 기능을 하고, 인간의 사고가 모어(母語)에 의해 이미 정해진 형식에 따라 전개되는 것을 의미한다. 곧 언어와 사고와 문화 특유의 표현 방식이 밀접한 관계를 갖는다는 말이다. 한국어의 경우 바늘구멍을 "바늘귀"라 하고, 영어의 경우 "needle's eye"라 하는가 하면, 한국어의 경우 "바지를 입다"라고 하는 데 대해 일본어에서 "바지를 신다(下衣を穿く)"라 하는 것이 이러한 예이다. 사피어와 워프의 이러한 가설은 언어 결정론(Linguistic determinism), 또는 언어상대론(Linguistic relativism)이라 불러, 이것을 "사피어-워프의 언어상대론"이라 부르는 것이다. 따라서 언어교육에서는 이러한 언어와 문화와의 관계를 충분히 인식하지 않으면 안 된다.

1.2. 언어는 문화의 색인(索引)

언어는 문화적 산물이다. 그리고 언어에는 문화가 반영되어 있다. 따라서 Lado는 언어를 문화의 색인이라 한다. 삼국유사(三國遺事)에 많이 보이는 "因名"이나, "因爲名", 또는 "因以名之"는 바로 언어가 문화를 반영한다는 것을 단적으로 보여 주는 예이다. 또한 문화가 다르면 생각하는 법이 다르고, 생각하는 법이 다르면 언어의 표현 구조도 달라진다. 이는 어휘와 문장의 표현 구조에서 쉽게 확인된다.

Whorf에 의하면 북미 선주민이 사용하는 호피語에는 평균적 유럽 표준어(Standard Average European : SAE)와는 달리 복수형이 존재하지 않는다. 그들은 서수(序數)를 단수와 함께 사용하여 복수를 표현한다. 따라서 "for ten days"라는 표현은 사용되지 않는다. 이에 해당한 표현은 어떤 날짜에 얼마를 더하면 그 날짜에 이른다는 식으로 표현된다. 곧 SAE의 "They stayed 10 days."는 호피어에서 "They stayed until the 11th day." 거나, "They left after the 10th day."라 한다. "10 days is greater than 9 days."란 표현은 "The 10th day is later than the 9th day."라 한다. 호피어에서는 "시간의 길이"가 길이로서가 아니라, 두 사실 사이의 선후 관계로 파악되는 것이다(山內, 2003). 이는 수(數)에 대해 생각하는 법, 곧 문화가 영어권과 다르기 때문에 생겨난 표현의 차이다.

색채(色彩)의 구별은 민족어에 따라 큰 차이를 보인다. Bassa語와 Shona語는 각각 무지개 빛깔을 2색, 또는 3색으로 구분한다고 한다(Ullmann, 1962). 우리는 7색으로 구분한다. 그러나 우리는 본래 다섯 가지 색밖에 구별하지 않았던 것으로 보인다. 그것은 적·청·흑·백·황의 다섯 개 색깔의 형용사밖에 가지고 있지 않기 때문이다. 미국의 선주민 나바호족語의 색채어는 영어와 다르다. 영어와 같이 白·赤·黃을 나타내는 단어는 있으나, 회색과 갈색, 청색과 녹색은 구별되지 않는다. 청색과 녹색을 구별하지 않는 것은 한·일어와 비슷하다. 이는 나바호족 및 한국인·일본인이 이들 색깔을 식별하지 못하는 것을 의미하지 않는다. 이들 색채에 대한 구별의 필요를 느끼지 않는 문화다. 영어의 경우 남색과 보라색을 같은 색으로 보는 것도 마찬가지다.

참고로 Berlin & Kay(1969)의 색채 연구에서 기본적인 색채어의 분포를 보면 다음과 같다. 이는 98개 언어를 조사한 결과다.

2색 (모든 언어)	3색	4색	5색	6색	7색	8색
백색 흑색 >	적색 >	녹색 >	황색			
				청색 >	갈색 >	분홍색, 자색, 적황색, 회색
		>황색	>녹색			

SOV 문장 구조와 SVO 문장 구조는 사고방식이 다르기 때문에 표현 형태가 달라짐을 보여 주는 대표적인 예다. 그리고 우리는 일본어와 같이 발상에 있어 큰 것에서부터 작은 것으로 나아가는데, 영어권에서는 우리와 역방향으로 나아간다(外山, 1996). 주소를 적거나, 글을 쓸 때가 이런 경우다. 서구에서 중요한 내용을 먼저 진술하는 역삼각형(逆三角形)의 표현을 하고, 우리가 이와 반대로 정삼각형의 표현을 하는 것도 이 서로 다른 대소(大小), 전후(前後)의 발상을 반영하는 것이다.

2. 언어와 문화의 정체성(正體性)

한국에는 잔치문화가 있다고 한다. 집에 사람을 잘 초대한다. 그리고 음식을 나누어 먹으며 환담을 하고 정의를 돈독히 한다. 이러한 때 한국 사람은 정도 이상으로 진수성찬을 마련한다. 그러면서도 인사는 극도로 겸양의 표현을 한다. "차린 것은 별로 없지만 많이 드시기 바란다"고 하는 것이 그것이다. 이러한 인사말을 듣고 왜 차린 것도 없이 초대했느냐고 시비하는 사람은 없다. 오히려 "진수성찬", "산해진미"를 차렸다고 찬사를 보낸다. 이는 서양에서 간단한 다과를 내 놓고, 자기 솜씨를 선전하거나, 귀한 것이라고 자랑하는 문화와 대조되는 것이다.

이러한 사실들은 언어와 문화적 정체성에 대해 생각하게 한다.

정체성, 곧 아이덴티티(identity)는 미국의 심리학자 M. 에릭슨이 20세기에 제창한 정신분석학적 개념이다. Claire Kramsch(1998)는 언어와 문화적 아이덴티티는 복잡하게 관련되어 있다고 보고, 다음과 같은 내용의 주장을 하고 있다.

"어떤 지역사회에서 쓰이는 말과 그 지역 주민의 그룹 아이덴티티는 서로 관계를 갖는다. 그들은 악센트, 어휘 및 담화 형식에 의해 서로를 인식하고, 그것을 공유하는 사회의 일원으로서 인정을 받는다. 자기가 속한 그룹과 같은 말을 사용함으로써 삶의 힘과 자부심, 사회적 존재감, 역사적 계속성도 도출하게 된다."

이러한 언어와 문화의 정체성은 같은 영어이지만, 미국 영어와 영국 영어 사이에도 나타난다. 1776년 영국의 지배로부터 독립한 미국은 200여년의 역사 가운데, 영국과 다른 언어와 문화적 정체성을 확립하였다. 미국 영어와 영국 영어 사이에는 어휘·철자·발음·의미·담화형식 등에 분명한 차이가 난다. 특히 영국식 발음과 미국식 발음의 차이는 잘 알려진 것이다. 어휘와 담화 형식에서 차이를 보이는 몇 개의 예를 보면 다음과 같다.

	미국 영어	영국 영어
어휘		
승강기	elevator	lift
식당	cafeteria	canteen
당구	pool/billard	snooker
아파트	apartment	flat
담화 형식		
내 걱정 마.	Don't worry about me.	Don't mind me.
전화 해.	Please give me a call.	Please give me a ring.
접시를 씻어.	Do the dishes.	Wash up.
차 좀 태워 줘.	Give me a ride.	Give me a lift.

이러한 사례에서도 알 수 있듯, 언어와 문화는 독자성을 지닌다. 그리고 이것은 정체성으로 드러난다. 이러한 정체성은 그 언어를 외국어로

학습할 때 이해를 필요로 한다.

2.1. 정체성의 문제

언어와 문화는 어느 정도 정체성을 지닌다. 단일민족, 단일 언어, 단일 문화를 지니고 있는 사회일수록 더욱 그렇다. 그런데 근년에 세계는 지구촌화·국제화·세계화의 물결에 내몰리고 있다. 그리고 통신·교통·IT의 발달에 따라 사람·사물·통화·정보를 언제든지 자유로이 입수할 수 있게 되었다. 이로 말미암아 세계는 지구촌화하고, 대도시는 다언어·다문화·다민족·다종교의 장(場)이 되고 있다. 이러한 상황에서는 말·인종·민족·종교·문화 등을 일괄하여 정체성을 규정하기는 곤란하다. 다언어·다문화 사회에서는 지금까지와는 질을 달리하는, 새로운 의미의 정체성을 고려하여야 할 것이다.

정체성과 관련하여 생각해야 할 것에 고정관념(固定觀念)이 있다. 이는 인간의 어떤 사회집단에 대한 정보·접촉 부족 때문에 생겨난, 과장된 견해 및 생각을 가리킨다(D. Levin & M. Adelman, 1993). 따라서 이는 정체성과는 거리가 있다.

국제화, 세계화가 진전되면서 한 사람의 인간이 다언어를 말하고, 다문화를 경험하고, 많은 나라를 왕래하게 되었다. 이러한 시대의 국적은 여권에 기재되는 명목에 불과할 뿐이어서, 문화적 정체성, 언어적 정체성에 큰 변화를 초래할 것으로 보인다. 따라서 앞으로 언어와 문화의 정체성은 더욱 복잡한 문제를 제기할 것이다.

2.2. 언어가 문화에 끼치는 영향

문화와 사고는 언어에 영향을 끼친다. 이러한 영향의 수수관계에서의 제1단계 과정이 끝나면, 그 다음부터는 언어가 사고와 문화에 영향을 끼치는 정반대 현상으로 바뀌게 된다.

언어가 어휘와 문법에 의해 이루어진다고 볼 때, 이들 두 특성에 의해 사고방식과 문화양식(文化樣式)이 달라진다. 이를 살펴보기 위해 먼저 어휘조직이 사고방식과 문화양식에 영향을 주는 것부터 보기로 한다(김진우, 1996).

첫째, 어휘조직의 크기

한 언어의 어휘조직이 더 많은 단어로 구성되어 있으면 되어 있을수록 더 많은 사고 단위를 가지게 됨으로, 사고 행위의 폭이 넓어지고, 그 수준이 격상된다.

둘째, 어휘조직 내용의 충실도

어휘 내용은 어휘조직의 크기와 일반적으로 비례한다. 그러나 이와는 달리 내용에 큰 차이가 있을 수 있다. 영어에 해양어가 발달되고, 한국어에 정서적 감각적 언어가 많은 것과 같은 것이 그 예다.

셋째, 어휘조직의 조밀도(稠密度)

사람들은 같은 의미영역을 같은 방식으로 분할하고, 조직하지 않는다. 의미 영역은 세분하는 방법과 대별하는 방법이 있는데, 세분하는 방법이 조밀도가 높다. 이러한 어휘의 조밀도에 따라 사고방식이 달라지고, 문화가 달라짐은 말할 것도 없다. 영어 wear, wash에 대한 한국어의 다양한 표현이 이러한 예에 속한다. 영어에서 가축의 이름이 성과 성숙도 등에 따라, 적어도 다섯 가지 정도로 세분되는 것도 같은 예이다. cow, bull, steer, heifer, calf/ sow, boar, barrow, shoat(gilt), piglet

넷째, 어휘 의미의 복수성

어휘의미의 분화현상은 그만큼 어휘수를 증가시키는 것과 같다. 그런데, 어휘의미의 분화현상은 일반적이고 공통되는 현상임에도 거기에는 일정한 보편적 원리나, 규칙 같은 것은 발견되지 않는다. 이는 개별적이고, 무원칙적이다. 따라서 이는 그 언어 사용자의 사고방식을 결정짓는 요소로 작용하게 된다.

> 한국어 먹다 : 밥을 먹다(eat), 물을 먹다(drink), 담배를 먹다(smoke), 약을 먹다(swallow), 욕을 먹다(hear), 뇌물을 먹다(take),

문법조직(文法組織)이 사고방식과 문화에 영향을 미치는 것으로는 다음과 같은 것을 생각할 수 있다.

첫째, 저맥락(低脈絡) 언어와 고맥락(高脈絡) 언어의 차이

영어 등 서구어는 어순에 관한 규칙이 꽤 고정적이고, 제한적인 데 반해 한국어 등 동양어는 그것이 꽤 느슨하고 선택적이다.

- 그는 공항에 일찍 도착했다/ 공항에 그는 일찍 도착했다/ 일찍 그는 공항에 도착했다./ 일찍 그는 공항에 도착했다.
- He arrived at the airport early.

크게 보아 저맥락 언어 사용자의 사고방식에는 분석적이고 미시적이며, 형식 지향적이란 특징이 있는데 대하여, 고맥락 언어 사용자의 사고 방식에는 통합적이고 거시적이며, 의미 지향적이라는 특징이 있는 것으로 볼 수 있다.

둘째, 도미문(掉尾文)과 산열문(散列文)의 차이

한국어의 어순은 영어와 달리 도미문으로 되어 있다. 주요한 부분, 결론을 뒤에 진술한다. 이에 대해 영어는 산열문으로, 주요 부분을 먼저 진술하고, 이차적 부분은 뒤에 천천히 진술한다. 산열문은 자기의 주장을 명확히 펴고, 비판적·분석적 사고를 하게 한다. 이에 대해 도미문은 정의적이고 통합적이며, 자기주장을 흐리는 문화를 낳게 한다.

셋째, 대우법(待遇法)의 사용

대우법의 사용 여부는 사고방식에 엄청난 영향을 미친다. 한국어에는 여섯 개 정도의 화계(話階)가 있어 이를 구별하여 사용하는 것이 의무화되어 있다. 따라서 한국인은 말하기 전에 먼저 상대방이 어떤 사람인가 재 보아야 한다. 이는 대인관계를 평등 아닌, 상하 종속관계로 묶는다. 영어에는 이러한 것이 없다. 대등한 평등관계를 이룬다.

3. 문화 충격(culture shock)

문화적 충격(文化的 衝激)은 개인이 체험하는 정체성의 변화, 혹은 문화 변용의 한 과정이라고 할 수 있다. 자국의 언어, 습관, 가치관, 사고 등과 상반되는 장면 및 상황에 직면했을 때 이를 경험하게 된다. 이것은 우리들이 외국에서 이언어(異言語), 이문화(異文化)를 접하는 경우 흔히 경험하는 것이다. 이러한 문화적 충격은 의례적(儀禮的) 장면에서 쉽게 발견된다. 남의 짐을 들어 주었을 때, "미안합니다"라 인사하는 동양인에 대해 서구인은 충격을 받는다. 당연히 "감사합니다"라 해야 하는 것으로 생각되기 때문이다. 이는 폐를 끼쳐 미안하다고 생각하는 동양의 "비극 지향(悲劇指向)" 문화와, 어려움에 처한 사람을 도와주어야 한다는 서양의 "낙관지향(樂觀指向)" 문화의 충돌이 빚는 문화 충격이라 할 것이다(松本, 1994). 바람직한 언어학습을 위해서는 이러한 문화 충격을 해소해야 한다.

3.1. 개인 안에서의 문화 수용

사람들은 이문화(異文化)를 체험하게 되면 문화 충격을 받고, 여기서 벗어나기 위해 이문화에 적응하려 한다. 개인 안에서의 문화수용의 형태는 문화 충격에 적응하려는 적어도 두 형태의 가설이 있다. 이들은 문화변용(文化變容)의 곡선이라 불릴 수 있는 것이다. 그 하나는 G. Hofstede의 U형 문화변용 곡선이고, 다른 하나는 W형 문화변용 곡선이다.

호프스티드의 U형 문화변용 커브는 아래의 그림과 같이 횡축이 시간의 경과를 나타내고, 종축이 감정의 움직임을 나타낸다. 그리하여 횡축은 다행증의 시기 > 문화 충격의 시기 > 문화변용의 시기 > 안정된 시기에로 나아가고, 종축은 상축이 긍정적, 하축이 부정적, 중축이 안정된 상태를 나타낸다. 호프스티드는 친숙하지 않은 문화적 환경에 발을 들여놓게 되는 사람들은 이 "문화변용의 커브"에 따라 4단계의 시기를 경험하는 것으로 본다(Hofstede, 1991).

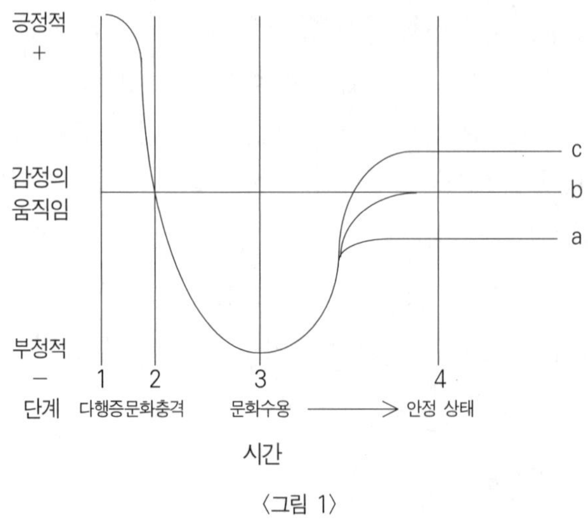

〈그림 1〉

그러나 이러한 변용과는 달리 새로운 문화에 접하기 전과 비교하여 부정적 감정을 계속 지니게 되는 경우도 있다. 그림에서 4a는 언제까지나 자기는 타관 사람이라든가, 차별을 받고 있다고 느끼는 경우이다. 4b는 전에 살던 문화적 환경과 같은 정도로, 새로운 문화 환경에 적응하고 있는 경우이다. 4c는 이전에 살고 있던 문화적 환경 이상으로, 현재의 문화적 환경에 적응하여 현지에 융화되는 경우이다.

U형 곡선은 초기의 표면적 대응 > 적응의 위기(被拒絶感과 孤獨) > 통합이라는 과정을 겪는데 대해, W형 곡선은 U형을 연장한 것으로, 밀월기(Honeymoon period) > 문화 충격기(Culture schock) > 1차 조정기(Initial adjustment) > 침체기(Depression) > 수용과 조정기(Acceptance & Integration)의 과정을 겪는다. 吉田(1987)는 이를 장기간 이문화 체험을 한 뒤 귀국하여, 복귀충격(復歸衝激)을 받는 경우의 커브로 보고, 문화변용을 밀월기 > 투쟁기 > 갈등기 > 적응기 > 재갈등기 > 귀국직전기 > 귀국충격기의 7단계로 구분하고 있다.

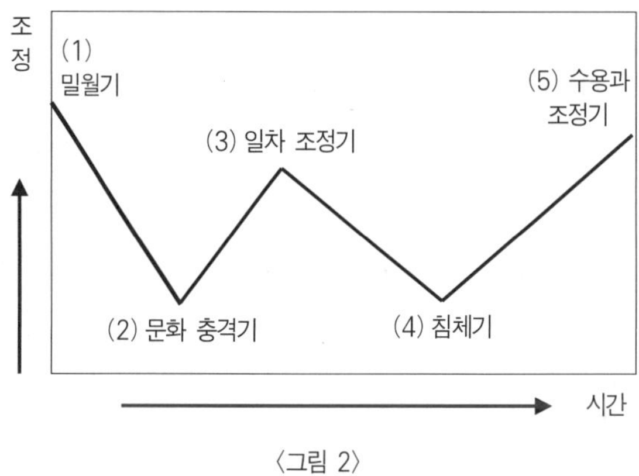

〈그림 2〉

호프스티드에 의하면 시간축(時間軸)의 눈금은 일정치 않아 새로운 문화적 환경에 놓인 시간의 길이에 따라 변하는 것으로 본다. 예를 들면 단기간이라도 각 단계를 거치는 경우가 있는가 하면 장기간 외국에 체재하더라도 문화 충격이 오래 계속되어 문화변용에까지 이르지 못하는 경우도 있다. 이렇게 개인 안의 문화변용은 어려움을 드러낸다. 문화 충격을 해소하는 방법으로는 이문화 적응을 위한 오리엔테이션을 사전에 실시하는 것이 바람직하다. 그리고 자국 문화와 비교하여 이해시키는 것이 무엇보다 필요하다. 경우에 따라서는 문화적 충격이 문제점을 발견하게 하여, 그것을 해명하는 좋은 계기가 될 수도 있다.

3.2. 문화의 고맥락과 저맥락

고맥락과 저맥락에 대해서는 이미 앞에서 다소 언급한 바 있다. 여기서는 이 문제를 좀 더 심도 있게 살펴보기로 한다.

문화인류학자인 Edward T. Hall(1976)은 문화의 커뮤니케이션의 양식을 고맥락(high context) 문화와 저맥락(low context) 문화로 양분하였다. 고맥락 문화에서는 커뮤니케이션이 문화배경 등의 장에 나타나는 메시지를 중시하여, 비언어(非言語)나 한정된 표현에 의지하는 경우가 많다. 이는 상황의존적(狀況依存的)이라 일러지는 것으로 동양문화의 특징이라 할 수 있는 것이다. 이에 대해 저맥락은 비상황의존적(非狀況依存的)이라 일러지는 것으로 서양문화의 특징이 되는 것이다. 저맥락 문화에서는 언어로 명확히 표현되는 메시지를 중시하여, 자세하게 반복해 표현한다. 이들의 특징은 다음과 같다(西田, 1994).

고맥락 문화	저맥락 문화
1. 말의 수나 설명이 적다.	말의 수나 설명이 많다.
2. 주로 동아시아 어족	주로 구미 어족.
3. 폐쇄적 커뮤니케이션.	개방적 커뮤니케이션.
4. 배려하고 사양함.	솔직히 자기주장을 함.
5. 모호하고, 간접적 표현이 많다.	명료하고, 직접적 표현이 많다.
6. 조화, 협조, 타율적, 온건.	대립, 독립, 자율적, 마찰

E. 번스타인도 이와 비슷한 연구를 하였는데, 그는 말의 표현양식을 약술 타이프와 상술 타이프의 두 개의 유형으로 나누었다.

첫째, "약술 타이프"는 말과 말 이외의 억양 및 얼굴의 표정, 몸짓 등으로 나타내므로, 말은 한정된 범위에서만 사용된다. 따라서 주변의 내부 사람 사이에는 이심전심으로 이해되나, 외부사람은 이해하기 어렵다. 부부나 친한 친구의 대화, 이 밖에 특수한 학술적 전문용어가 이에 속한다.

둘째, "상술 타이프"는 말을 충분히 사용하여 표현하여야 하는 것이다. 청자는 들은 말의 의미를 그대로 받아들이기 때문에 생략하지 말고 자세히 서술하여야 한다고 본다.

한국이나 일본·중국 등은 고맥락 문화, 미국은 저맥락 문화에 속한다고 할 수 있다. 특히 애매모호한 표현을 즐겨 쓰는 일본은 고맥락 문화의 대표라 일러진다. 고맥락 문화 사회에서는 교실에서 질문하거나, 토론하거나 하는 일을 거의 하지 않는다. 식사할 때도 말을 하지 않는 것을 미풍으로 여긴다. 이는 서구사회와 다른 점이다.

4. 언어의 차이에 따른 문화 문제

언어의 구조와 표현의 차이는 외국어 학습자에게 그 언어의 습득 및 커뮤니케이션을 어렵게 하는 요인이 되는 경우가 많다. 언어가 사회적 맥락에 따라 변종이 생기는 경우, 이는 호칭과 경어법에 의해 가장 극명하게 드러난다.

4.1. 호칭과 지칭

상대방을 높이거나 낮추는 절차는 일차적으로 상대방을 어떻게 가리키고, 부르느냐에 따라 분명하게 드러난다. 그리고 이것이 가장 간명하게 드러나는 것은 2인칭에 어떤 대명사를 쓰느냐 하는 것이다.

호칭은 발전과정을 겪는다. 그것은 영어의 경우 처음에는 TLN(Title-Last Name)을 쓰다가 사회적 지위의 차이가 크거나, 15년 이상의 연령의 차이가 나는 경우 윗사람에게는 TLN을, 그리고 아랫사람에게는 FN(First Name)을 쓴다. 그 뒤 친숙해지면 서로 FN을 사용하고, 아주 친숙해지면 MN(Multiful Name)을 사용한다. FN, TLN을 병용하는 단계에서 다 같이 FN을 사용하는 단계로 바뀌는 것은 영어권(특히 미국)의 경우 5분이면 된다고 할 정도로 골이 깊지 않다. 호칭을 결정하는 것은 권력(power)과 유대(solidarity)이며, Power를 나이와 직위로 구분할 때 직위가 우선한다. 한국어의 경우 상대방을 사회적 인물로 볼 때 윗사람에게는 T(Title)님, 또는 LNT(Last Name-Title)님이라 하고, 아랫사람에게는 T, LNT를 쓴다. 이와는 달리 가정적(家庭的) 인물로 볼 때는 윗사람에게 Tek(Teknonymy)님, 또는 Tek를 쓰고, 아랫사람에게 Tek, FN을 사용한다. 친구의 친척에게는 MKT(Metaphorical use of Kinship Term)님, MKT라 하고, 친한 친구나 학교 후배에게는 MN(Multiple Name)을 사용한다. 호칭의 결정은 서열이 가장 중요하고, 그 다음이 나이, 그 다음이 유대(親近度)의 순이 되어 영어와 차이를 보인다. 호칭의 변경으로서의 시혜(dispensation)도 영어권의 경우는 윗사람의 제안으로, 한국의 경우는 아랫사람의 요청으로 이루어지는 것이 또한 다른 점이다.

4.2. 대우법의 표현

"언제 봤다고 반말이에요, 반말이?"

한국에서는 경어법을 제대로 쓰지 않을 경우 시비가 벌어진다. 등급에 맞게 사용해야 한다. 이는 선택사항이 아니고, 의무사항이다.

한국의 경어법은 일본어, 자바어와 더불어 복잡한 체계로 이루어져 있다. 이는 주체존대(主體尊待), 객체존대(客體尊待), 상대존대(相對尊待)의 세 형태로 나타난다. 한국의 경어법은 앞에서 살펴본 호칭, 문말어미, 주체존대의 "시"가 삼박자를 이루면서 실현된다.

경어법의 등급은 상대존대에서 문말어미(文末語尾)가 가장 큰 비중을 차지한다. 이는 흔히 4등급, 또는 6등급으로 구분된다. 6등급으로 구분할 때는 "해라체, 반말체, 하게체, 하오체, 해요체, 합쇼체"로 구분되는데, 반말체와 해요체는 비격식적 표현에 속한다. 경어법은 단어에 따라 이러한 6등급과는 달리 무수한 등급을 형성하기도 한다. 동사 "먹다"는 다음과 같이 10여 등급으로 표현되는 것을 볼 수 있다.

먹어라-먹어-먹게-먹어요-자셔-자시게-자시오-자셔요-잡숫게-잡숴요-잡수시오-잡수세요-잡수십시오-드시오-드셔요-드시게-드십시오.

경어법의 선택 요인은 친족 서열 > 사회적 서열 > 연령 > 친분의 순서로 나아가는 것으로 보인다(이익섭, 1994). 친분은 경어법의 등급을 바꾸게도 한다. 그러나 상경(相敬)의 상태로 지속되는 범위가 서구어에 비해 크다. 사회적 서열에서도 원칙과는 달리, 상급자가 하급자에게 존대를 할 수도 있는데(연상의 경우 등), 이는 시혜(dispensation)라 할 수 있는 것이다. 대우법은 그러나 가장 높은 등급인 "합쇼체"를 썼다 하여 그것으로 충분한 것이 아니다. 상대방과 서열이나 연령 면에서 현격한 차이가 있는 경우 상대방에게 불쾌감을 줄 수도 있다는 것이다. 그것은 바로 문화의 문제다. 학생이 노교수에게 "갑시다."와 같은 청유의 표현을 쓸 수는 없다. 이런 경우에는 "가실까요?"와 같은 의문 형식으로 나타내거나, "가시지요."와 같은 완곡한 표현을 하여야 한다. 대우법은 선택의 요인과 사회문맥을 고려하여 표현하여야 한다.

4.3. 한국어·일어 및 영어와 이들의 문화

한국어와 일본어 및 그 문화는 유사성을 보이는데, 이들과 영어 및 영어권 문화는 큰 차이를 보인다. 다음에는 이들 언어와 그 문화를 개괄적으로 살펴보기로 한다.

먼저 한국어와 영어 및 일어의 차이를 철자와 발음, 어휘, 문장의 구조에 따라 비교해 보기로 한다. 한국어와 영어는 폐음절어(閉音節語)라 할 수 있다. 개음절어(開音節語)로 끝나는 말이 없는 것은 아니나, 대부분이 폐음절어로 끝난다. 이에 대해 일본어는 개음절로 끝나는 개음절어이다. 또한 음소의 결합에 있어서 세 언어는 각각 독자성을 드러낸다. 한국어는 자음과 모음이 교체되는 음소결합을 한다. 그런데 영어의 경우는 자음이 중첩되는가 하면, 일본어의 경우는 모음이 연속되는 현상을 보인다. 이러한 현상은 한국어에서는 흔히 볼 수 없는 것이다. 또한 한국어나 일어의 경우는 철자와 발음이 일자일음의 경향을 지니는데, 영어의 경우는 1자에 복수음(複數音)이 나타난다. 예를 들면 영어 /a/는 적어도 다섯 가지로 발음된다(山內, 2003).

어휘의 관점에서 보면 한일어는 유사하고, 영어는 많은 차이를 보인다고 할 수 있다. 특히 문화적 어휘의 차이가 문화의 차이를 더욱 드러낸다. 이러한 것으로는 다음과 같은 것을 들 수 있다(김진우, 1996).

> 혈족관계를 나타내는 단어/ 의식주의 생활과 관계되는 단어/ 풍습과 예술, 놀이 관련 단어/ 역사와 종교 관계 단어/ 의성어 의태어

다음에 이들 가운데 참고로 음식 관계 단어를 보면 다음과 같다(김진우, 1996).

부류	우리말	영어
주식	밥, 보리밥, 콩밥	bread, cereal, milk
부식	김치, 국, 된장찌개, 불고기, 생선구이. 생선조림, 김, 젓, 콩나물무침, 두부찌개, 장아찌	salad, mashed potato, pork chop, roast beef, fried egg, fried chicken, boiled corns, beans, boiled fish, boiled spinach

부류	우리말	영어
특식	떡국, 죽, 육개장, 비빔밥, 만두, 송이정골, 화양적, 국수, 잡채, 갈비찜, 삼계탕	barbecue, roast turkey, T-bone steak, spaghetti, sandwich
간식	떡, 강정, 산자, 약밥, 다식, 정과, 엿, 수정과, 라면, 떡볶이, 냉면, 빵, 과자, 사탕	hotdog, hamburger, pizza, pie, cake, pancake, doughnut, cookie, chocolate, candy, ice-cream, popcorn, jelly, pudding
음료수와 차	숭늉, 식혜, 미숫가루물, 인삼차, 녹차, 사이다, 화채, 보리차, 커피, 콜라	coke, juice, milkshake, coffee, tea, cappuccino, punch, Kool-Aide
과일과 견과	사과, 배, 감, 귤, 수박, 참외, 복숭아, 딸기, 자두, 포도, 밤, 호두, 은행, 대추, 땅콩, 잣	apple, pear, orange, lemon, citron, melon, pineapple, peach, strawberry, grape, grapefruit, peanut, chestnut, almond, walnut
주류	막걸리, 소주, 과실주, 청주, 맥주, 양주, 포도주	wine, beer, rum, whisky, bourbon

통사론의 관점에서 세 언어를 비교해 보면 한·일어는 말할 것도 없이 SOV형이고, 영어는 SVO형이다. 이러한 문장에 새로운 정보를 추가하는 경우, 한·일어는 V의 왼쪽에 새 정보를 부가하는, "왼가지뻗기 구조(left-branching structure)"를 만들고, 영어의 경우는 O의 오른쪽에 부가하는 "오른가지뻗기 구조(right-branching structure)"를 만든다. 이는 의미의 면에서 볼 때, 한·일어의 경우는 새 정보가 전제(前提)가 되고, 영어에서는 제한(制限)이 되는 것이라 할 수 있다. 예를 들어 "나는 책을 샀다"에 "어제, 서점에서"라는 새 정보를 추가하게 되면 한국어의 경우는 "나는 어제 서점에서 책을 샀다."가 되고, 영어에서는 "I bought a book at a bookstore yesterday."가 되어 역방향으로 뻗어나가기를 한다. 이는 작은 것에서 큰 것으로 나아가느냐, 큰 것에서 작은 것으로 나아가느냐의 문화를 반영하는 것과 같은 현상이다.

그러면 이러한 언어의 차이를 보이는 세 나라의 문화는 어떤 동질성과 이질성을 보이는가? 松本(1994)는 日・美의 "문화변용규칙(文化變容規則)" 여덟 가지를 들고 있다. 이러한 문화변용 규칙을 적용할 때, 한일 문화는 동질성을 지니고, 영어권은 이질성을 지닌다고 할 수 있다. 한일 문화와, 영어권 문화의 차이는 다음과 같이 지적될 수 있다(山內, 2003).

1. 폐쇄지향 대 개방지향 : 한일은 외부에 대해 폐쇄적이고, 영미권은 개방적이다.
2. 자연지향 대 인위지향 : 한일은 자연에 친화적이고, 영미권은 자연을 개발하려 한다.
3. 집단지향 대 개인 지향 : 집단으로 협력하려는 한일에 대해 영미권은 개인주의적이다.
4. 형식지향 대 자유지향 : 한일은 결정된 틀대로 하려하고, 영미권은 틀을 바꾸더라도 자유롭게 하려 한다.
5. 겸손지향 대 평등지향 : 한일은 겸양하여 상대방을 내세우고, 영미권은 정을 담아 대등하게 상대하려 한다.
6. 의존지향 대 자립지향 : 한일은 응석을 부리는 타율형이고, 영미권은 자주 독립하려는 형이다.
7. 긴장지향 대 이완지향 : 한일은 심신 양면에서 긴장을 조장하는 형이고, 영미권은 긴장을 풀고 힘을 빼는 형이다.
8. 비관지향 대 낙관지향 : 한일은 실패했을 때 비관하는 형이고, 영미권은 실패를 두려워하지 않고 사태를 낙관하는 형이다.
9. 조화지향 대 주장지향 : 한일은 상대방과 맞추려 하고, 영미권은 자기의 소신대로 자기주장을 밀고 나가려는 형이다.

개인이나 민족에 따라 문화를 변형하는 문화변용 요소가 따로 있다. 이러한 문화변용 요소는 언어의 구조뿐 아니라, 표현에 절대적인 영향을 미친다. 따라서 언어 학습에는 이러한 변용 요소에 대한 이해가 절대적으로 필요하다.

5. 한국어교육과 문화교육

언어교육은 종래 문법·번역법, 청각구두법을 거쳐 오늘날의 의사소통법으로 발전해 왔다. 이러한 교수법의 변화는 언어 형식 존중에서 의미 존중으로 발전해 왔음을 의미한다. 그러나 근자에는 외국어 교육이 여기에 그치지 않고, 문화교육을 하여야 한다고 문화교육을 강조하는 추세로 바뀌었다. 이미 앞에서 살펴본 바와 같이 언어와 문화는 밀접한 관계를 지니고 있고, 문화를 잘 이해하지 않으면 바람직한 목표언어의 학습을 제대로 할 수 없다고 보기 때문이다. 이는 문법적으로 정확한 언어 학습에서, 그 언어사회에서 수용될 수 있는 바람직한 언어 학습으로 교육의 흐름이 바뀐 것을 의미한다. 따라서 목표언어를 제대로 학습하고, 의사소통 능력(communicative competence)을 증대하기 위해서는 문화교육을 해야 한다.

문화교육의 강조 추세는 초·중·고등학교의 외국어교육의 발전을 위하여 미국 정부에서 개발한 "21세기를 대비한 외국어 습득 기준(Standards for Foreign Language Learning : Preparing for the 21th Century, 1996)이 잘 설명해 준다. 이 지침은 교육과정의 목표를 5C의 성취라 규정하고, 그 5C로 Communication, Culture, Connection, Comparison, Communities를 들고 있다. 이는 전체적으로 문화교육을 강조한 것이나, 따로 또 Culture 항목을 두어 문화교육을 강조하고 있는 것을 볼 수 있다. 이 원리는 다음과 같은 것이다.

C2 : Culture : 외국의 문화에 대한 지식과 이해를 하도록 할 것.
기준 A : 외국의 행동문화(즉 언어행위와 비언어적 행동)와 행동문화
　　　　에 내재하는 관념적 문화(즉 전통 사고방식, 태도, 믿음, 가

치관)와의 상관관계를 이해할 것.

기준 B : 유형무형의 문화적 소산품(예컨대 그림, 문학작품, 이야기,
무용, 교육 제도 등)과 그러한 소산품에 내재하는 관념적 문
화와의 상관관계를 이해할 것.

이렇듯 목표언어의 문화에 대한 지식과 이해를 하도록 강조하고 있다.
따라서 바람직한 한국어 교육을 위해서도 문화교육이 강조되어야 함은
말할 것도 없다. 이에 다음에는 한국어 교육을 위한 문화교육에 대해 살
펴보기로 한다.

5.1. 문화교육의 목표와 내용

문화교육은 왜 하는가? 이는 앞에서 이미 언급한 바와 같이 바람직한
한국어교육을 위한 수단·방편으로 하는 것이다. 미국의 "21세기를 대
비한 외국어 습득 기준"은 전반적으로 문화교육을 강조하고 있는가 하
면, 5C를 교육 목표로 규정해 문화교육 자체가 하나의 목표가 되는 것으
로 보게 한다. 그러나 독자적 문화교육 아닌, 언어교육으로서의 문화교
육의 목표는 그렇게 확대 해석할 것이 아니라고 생각된다. 언어교육의
기본적 목표는 의사소통에 있으므로 문화교육은 어디까지나 이를 달성
하기 위한 수단이 되어야 한다. 따라서 한국어의 문화교육의 목표는 다
음과 같이 네 가지로 요약할 수 있을 것이다.

1) 문화교육을 통해 바람직한 한국어를 익혀 사용한다.
2) 문화교육을 통해 한국어를 효과적으로 학습을 한다.
3) 문화교육을 통해 한국어의 문화적 표현을 익힌다.
4) 문화교육을 통해 문화적 충격을 완화한다.

1)은 한국어다운 한국어를 배워 사용하게 한다는 것이고, 2)는 용이하게 학습을 하게 한다는 것이고, 3)은 관용적 표현 등 한국어 특유의 표현을 익힌다는 것이며, 4)는 목표언어와 문화에서 받는 충격을 줄인다는 것이다.

그러면 이러한 목표 아래 무엇을 학습할 것인가? 학습내용, 곧 문화적 요소는 무엇이 되어야 하는가? 이를 논의하기 위해서는 우선 문화의 성격부터 살펴보아야 한다.

Tomalin & Stempleski(1993)는 문화를 둘로 나누어, 역사·지리·제도·문학·예술을 대문화(big culture)로 보고, 언어 및 문화행동을 통해 형성되는 신념·인지체계를 소문화(little culture)라 보았다. 이렇듯 문화는 포괄적으로 보느냐, 제한적으로 보느냐에 따라 차이가 난다. 이러한 견해에 대해 민현식(2005)은 제한적 관점은 "언어영역에서 문화현상을 찾는 것"이고, 포괄적 관점은 "모든 문화 영역에서 언어 현상을 찾는 것"이라 보고 있다. 이러한 문화에 대한 관점은 언어교육 내용에 커다란 차이를 드러내게 된다.

그러면 바람직한 언어교육에 있어서 문화교육의 내용은 이들 가운데 어떤 것이 되어야 하는가? 언어교육에서는 제한적 관점의 문화교육이 바람직하다. 언어교육 아닌 한국학 내지 한국 이해를 위한 교육이라면 포괄적 관점의 문화교육을 하여야 할 것이다. 이는 언어교육에 포괄적 관점의 문화교육이 필요하지 않다는 의미가 아니다. 포괄적 관점의 문화교육을 하기에는 시간적, 경제적으로 제약을 받을 뿐 아니라, 학습 목표가 전도될 위험성이 있기 때문이다. 따라서 언어와 밀접한 관련을 가진 문화영역의 교육으로 제한하는 것이 바람직하다. 그러나 모어 화자라면 따로 배우지 않아도 될 포괄적 관점의 문화를 외국어로서 학습하는 경우에는 일일이 배우지 않으면 안 된다는데 문제가 있다. 따라서 포괄적 관점의 문화교육은 학습자를 고려해 적절히 배려하는 것이 바람직하다. 참고로 포괄적 관점의 문화체계를 수용한 조항록(2004)의 문화교육의 내용을 보면 다음과 같다.

> 1. 언어 자체(문자, 형태, 통사, 의미[한국어의 문자론적, 형태론적, 의미론적 특징]), 2. 문화어구 1(호칭어, 지칭어, 색채어, 감정어, 어원 등) 3. 문화어구 2(인사말, 속담, 수수께끼, 고사성어, 은어 등) 4. 언어예절 5. 언어와 사고방식 6. 언어의 산물(문학작품, 광고 등) 7. 방언 8. 이름 9. 비언어적, 반어적 의사소통 10. 매체와 언어 11. 언어와 사회 1(의식주, 관념과 가치관 등) 12. 언어와 사회 2(역사, 정치, 경제, 제도, 예술 등 한국인이 성취한 문물 관련 어휘와 표현)

제한적 관점의 교육 내용으로서는 "10. 매체와 언어" 이하는 원칙적으로 배제되어야 할 것이고, "3. 문화어 2"에서는 관용어, 비유가 추가되어야 할 것이며, 은어 대신, 이해 언어로서 광의의 신어가 대상이 되어야 할 것이다.

5.2. 문화교육의 방법

언어교육의 방법과 마찬가지로 문화교육의 방법도 여러 가지가 있을 수 있다. 이는 교육이 어디에서 행해지느냐의 장소에 따라 달라질 수도 있다. 조항록(2000)은 문화교육의 방법으로 다음과 같은 다섯 가지를 들고 있다.

> 첫째, 어법 표현교육과 문화교육의 병행.
> 둘째, 실제자료에 의한 문화 학습.
> 셋째, 특별시간에 다양한 영역을 한국어로 강의하고 토론하도록 함.

　넷째, 현장학습을 통한 문화교육.

　다섯째, 수업 후의 과제, 또는 주말 과제의 형식으로 다양한 문화 체
험 요구.

　이러한 문화교육은 직접교육과 간접교육, 현장학습과 교실학습, 체험
학습과 이해학습, 유형문화 학습과 무형문화 학습 등에 따라 교육방법을
달리하게 된다고 할 수 있다. 따라서 효과적인 문화교육을 위해 이들 방
법에 대해 논의해 보기로 한다.

첫째, 직접교육과 간접교육

　직접교육은 언어자료와는 별도로 문화 내용을 직접 설명하고 강의하
는 방법이다. 포괄적 내용은 이러한 방법으로 하는 것이 좋을 것이다.
그러나 제한적 내용은 언어자료에 녹여 간접교육을 하는 것이 바람직하
다. 직접법을 활용할 때는 원칙적으로 사용 언어도 목표언어 아닌, 학습
자의 모어로 하는 것이 실용적이다. 제한적 내용의 문화교육은 목표언어
의 학습효과를 올릴 수 있게 가능한 한 간접교육을 하는 것이 바람직하다.

둘째, 현장학습과 교실학습

　학습의 장이 현지냐, 아니냐에 따라 현장학습의 가능 여부가 달라진
다. 현지인 경우는 현장학습을 많이 하는 것이 바람직하다. 그렇지 않으
면 교실, 교재에 의존해야 한다. 교실학습의 경우는 가능한 한 현장감을
살려 학습할 수 있도록 장을 마련해 주어야 한다.

셋째, 체험학습과 이해학습

　행동문화의 경우 머리로 이해하는 것에 그치지 아니하고, 몸으로 체험
하는 교수·학습이 바람직하다. 그리하여 행동문화가 일련의 언어행동

과 연결되도록 하여야 한다.

넷째, 유형문화 학습과 무형문화 학습

문화학습은 언어교육을 위한 수단이므로 무형문화 학습에 비중을 두어야 한다. 소위 행동문화에 내재하는 관념적 문화 학습에 중점을 두도록 해야 한다.

문화교육은 이러한 원칙을 바탕으로, 문화교육 특유의 교수법을 개발하여 사용하도록 하여야 한다. 이를 위해서는 Cullen, Brain & Kazuyoshi Sato(2000)가 참고가 될 것이다. 이는 다음과 같은 활동을 활용하도록 권장하고 있다.

(1) 퀴즈(Quizzes) (2) 활동 일지 쓰기(Action logs)
(3) 재구성하기(Reformulation) (4) 주목하기(Noticing)
(5) 예언하기(Prediction) (6) 연구(Research) (7) 기타

이 밖에 교육의 방법에서 덧붙일 것으로, 교재 문제가 있다. 현재의 문화교육의 교재는 그리 바람직한 것이 못 된다. 문화 내용은 전통문화에 편중되어 있고, 포괄적 관점의 내용이며, 직접법의 대상인 설명형 문화 위주로 되어 있고, 교재 단원과 유기적 관련을 맺지 못하고 있다(김정은, 2004). 따라서 앞으로의 교재는 언어와 문화의 통합 구성을 하고, 언어학습과 연결을 지으며, 오늘날의 생활문화도 수용하고, 제한적 내용으로 백화점식이 아닌, 실용적 교재가 되도록 하여야 하겠다. 언어교육이 아닌, 문화를 위한 문화, 말을 바꾸면 포괄적 문화교육의 교재인 경우는 이와 다르다. 이의 학습 교재도 개발되어야 한다. 이는 언어학습의 광의의 보조자료로 필요할 뿐 아니라, 이중언어인·이중문화인에게는 더없

이 필요한 것이기 때문이다.

이상 효과적인 한국어 학습을 위해 문화교육에 대해 살펴보았다. 언어와 사고 및 문화와의 관계를 바로 인식하고, 문화교육을 함으로, 학습자로 하여금 문화 충격에서 벗어나 수용 가능한, 바람직한 한국어의 교육이 수행될 수 있게 되기를 바라 마지않는다. 무엇보다 문화교육은 언어교육을 위한 수단임을 잊지 말아야 하겠다.

참고문헌

김정은(2004), 한국어교육에서의 언어문화 교육, 이준언어학 26, 이중언어학회.

김진우(1996), 언어와 문화, 중안대학교 출판부.

민현식(2005), 한국어교육에서 문화교육의 방향과 방법, 한국어교육연구 8, 서울대 사대 외국인을 위한 한국어교육 지도자과정.

박갑수(1998), 외국어로서의 한국어교육과 문화적 배경, 선청어문 26, 서울대학교 사범대학 국어교육과.

박갑수(1999), 아름다운 우리말 가꾸기, 집문당.

박갑수(2005), 국어교육과 한국어교육의 성찰, 서울대 출판부.

박영순(2001), 한국어의 사회언어학, 한국문화사.

이익섭(1994), 사회언어학, 민음사.

조항록(2004), 한국 언어문화와 한국어교육, 국제한국언어문화학회 발표문.

金田一春彦(1993), 日本語の特質, 日本放送出版協會.

松本靑也(1994), 日米文化の特質, 研究社.

外山滋比古(1996), 英語の發想・日本語の發想, 日本放送出版協會.

西田司(1986), 異文化適應行動論, 高文堂出版社.

山内進 編(2003), 言語敎育學入門, 大修館書店.

吉田曉(1987), 異文化 コミュニケ-ション, 有斐閣.

Cullen, Brian & Kazuyoshi Sato(2000), Practical Techniques for Teaching Culture in the EFL Classroom. The Internet TESL Journal, Vol. VI, No. 12.

Geert Hofstede(1991), Cultures and Organizations, 岩井紀子 外譯(1995), 多文化世界, 有斐閣.

Herbert, Landar(1965), Language and Culture, 岡野松雄 外譯(1977), 言語と文化, 大修館書店.

Kramcsh, Clairec(1998), Language and Culture, Oxford University Press.

Tomalin, Barry & Susan Stempleski(1993), Cultural Awareness, Resource Books for the Teachers, Oxford University Press.

■ 이 글은 2005년 제9회 조선—한국 언어문학교육학술회의(연변대학, 2005. 7. 8~9)에서 발표되었고, 연변대학 조선—한국학학원 편, 중국에서의 한국어교육 VII. 태학사, 2007에 게재된 논문이다.

제3장 한국어교육과 언어문화의 교육

1. 서언

우리말을 대상으로 하는 교육은 두 가지가 있다. 그 하나가 모국어로서의 국어교육이고, 다른 하나가 외국어로서의 한국어교육이다. 이들은 대상을 같이 하나 성격을 달리한다. 전자는 이미 습득한 자국어를 대상으로 하는 것이다. 따라서 이들에게는 바르고 고운 말을 가르치게 된다. 이에 대해 후자는 전혀 알지 못하는 외국어로서의 한국어를 원어민처럼 유창하게 하도록 하기 위해 습득(習得) 아닌, 학습(學習)을 하게 하는 것이다.

언어교육은 일정한 기호체계를 가르치는 것이다. 따라서 그 구조와 체계를 교수·학습하게 된다. 음운규칙, 형태구조, 문법과 같은 언어지식이 그 대상이 된다. 그러나 그것이 전부는 아니다. 언어교육은 의사소통(communication)을 위한 실용 교육이 되어야 한다. 그것은 언어능력(linguistic competence)이 아니라, 의사소통능력(communicative competence)을 기르는 교육이 되어야 하기 때문이다.

언어는 그 자체가 문화(文化)인가 하면 문화를 반영한다. 그래서 언어를 문화의 지표, 또는 색인이라 한다. 문화는 외국어 학습의 첫째 시간부터 교육이 시작된다고 한다. 이토록 언어와 문화는 밀접한 관련을 갖는다. Porter & Samovar(1991)은 "원활한 의사소통을 하기 위해서는 상대방 문화의 이해가 반드시 필요하다"고 했다. 언어와 사고와 문화 특유의 표현방식이 밀접한 관계를 가지기 때문이다. 모국어의 경우는 그 문화 속에서 생장하기 때문에 문화의 중요성을 그다지 인식하지 못한다. 그러나 외국어의 경우는 상황이 다르다. 외국어 학습자는 목표언어와 함께 그 문화에 대해 아는 것이 거의 없기 때문이다. 외국어 학습에서는 문화 학습을 함으로, 원어민과 같은 자연스러운 표현을 할 수 있고, 이문화(異文化)의 충격을 미리 막을 수 있다. 따라서 호칭과 지칭, 대우법, 장면 의존도, 가치관에 따른 문화변용 등이 중요한 문화학습 대상이 된다.

이 글에서는 한국어교육의 현황과 교육 대상으로서의 한국어, 그리고 언어문화 교육에 대해 살펴보기로 한다. 특히 외국어 교육을 효과적으로 하기 위해서는 대조분석(contrastive analysis)을 필요로 한다. 따라서 여기서는 대조분석을 바탕에 깔고 이들의 논의가 전개될 것이다.

2. 한국어교육의 현황

2.1. 한국어교육의 발전

문헌에 의하면 한국어가 외국어로서 가르쳐지기 시작한 것은 신라 경덕왕(景德王) 때(AD. 761)로 거슬러 올라간다. 일본의 「續日本紀」에 보이는 다음과 같은 기록이 그것이다.

乙未 令美濃・武藏二國少年 每國二十人習新羅語 爲征新羅也
<續日本紀, 天平寶字五年正月乙未條>

　그 뒤 일본에서는 1720년 유학자 雨森芳洲가 조선 통신사와의 통역을 위해 대마도 도주(對馬藩主)에게 "韓語司"의 설립을 건의하고, 1727년에 실현되는데, 이것이 아마도 최초의 한국어 교육기관이리라 추정된다. 이때 12세에서 17세 사이의 청소년 30명이 입학하였다 한다. "교린수지(交隣須知)"와 "인어대방(隣語大方)" 등은 이때 조선어 학습서로 저술된 것이다. 중국에서는 송(宋)나라 손목(孫穆)이 "계림유사(鷄林類事)"를 짓고, 명(明)나라 때 "조선관역어(朝鮮館譯語)"가 간행되어 각각 고려어와 조선어 학습의 계기가 마련되었다.

　한국어교육은 근자에 많이 확산・발전되었다. 외국어로서의 한국어교육은 미국, 일본, 중국, 독립국가연합 등에서 활발히 꾀해지고 있다. 미국(美國)의 경우는 1950년대 초만 하여도 중국어 또는 일본어의 부수과정으로 한국어 강좌가 개설되었으나, 오늘날은 110개 대학에서 한국어 강좌가 개설되어 있다. 일본(日本)의 경우도 한・일 국교정상화가 되던 1960년대에는 한국어 강좌를 개설한 대학이 5개에 불과하였는데, 2003년에 335개교에 이르게 되었고, 219개의 고등학교에서 한국어교육이 실시되고 있다. 중국(中國)의 경우도 1992년까지만 하여도 조선어과가 겨우 5개 대학에 설치되었으나 오늘날은 4년제 정규대학만 하여도 54개교에 이르고 있으며, 전문대 등을 포함하면 그 수를 알 수 없을 정도라 한다. 독립국가연합의 경우도 구소련과 수교를 한 뒤 러시아에만 하여도 30여 개 대학에 한국어과가 설치되어 있다. 이 밖에 호주의 입시제도인 HSC(High School Certificate)와 미국의 SAT(Scholastic Assessment Test) Ⅱ, 일본의 센터시험에 한국어가 채택됨으로 초・중등학교에까지 한국어가 정식 선택과목으로 채택되고 있다. 그리하여 오늘날 해외에서는 55개국 658개의 대학과, 8개국 1,525개 이상의 초·중·고등학교에 한국어 강좌가 개설되고 있는 것으로 알려진다(조항록, 2005). 근자에는 이러한 학교 교육과는 달리 "한류(韓流)"에 따른 한국어 학습과, 취업을 위한 동남아 지역의 한국어 학습도 왕성하게 행해지고 있다.

한국어교육의 이러한 발전과 함께 교육여건도 많이 향상되었다. 국가 수준의 교육과정에 대한 논의가 활발히 진행되고 있고, 다양한 교재가 개발되었으며, 한국어능력시험은 이미 정착 단계에 들어섰다. 그리고 2005년 국어기본법(國語基本法)의 제정으로 한국어교원의 자격이 규정되고, 자격시험도 치러지고 있다. 불비했던 한국어교육은 이제 점점 정상 궤도에 들어서고 있다고 하겠다.

2.2. 재외동포의 한국어교육

우리나라는 오늘날 170여 개 나라에 약 700만의 재외동포가 나가 살고 있어, 중국, 이스라엘, 이탈리아의 뒤를 잇는 재외동포의 대국이다.

정부에서는 재외동포 교육의 목표를 문민정부 이래 "세계 속에서 자긍심 높은 한국인상 구현"에 두었고, 참여정부는 2005년 "재외동포교육 강화방안"을 확정 발표하며, 그 목표를 "국가의 소중한 해외 인적자원 개발활용"에 두기로 하였다.

재외동포 교육은 교육인적자원부, 외교통상부, 문화공보부가 담당하고 있으며, 이의 실행은 주로 현지의 한국학교, 한국교육원, 한글학교 등에서 수행하고 있다. 이들 재외동포의 한국어교육 기관에 대한 현황은 다음과 같다.

지역	일본	중국	아주	북미	중남미	CIS	유럽	아중동	계
한국학교	4	6	6	1	3	1	−	4	15개국 25개교
한국교육원	14	−	1	7	3	7	3	−	14개국 35개원
한글학교									2,554개교
교육관	3	2	−	2	−	1	2	−	10개기관

이렇게 재외동포 교육기관은 미미할 뿐 아니라, 시설 또한 열악한 편이다. 한국학교(전일제)와 한국교육원은 보는 바와 같이 수적으로 몇 안된다. 그러나 자생적 교육기관인 한글학교(정시제)는 그 수가 많기도 하거니와 증가 추세를 보이고 있어 다행스럽다. 재외동포 재단의 www.korean.net의 한국어교육기관에는 한글학교가 96개국 2,033개교로, 같은 www.korean.net의 재외동포 현황에는 84개국 2,553개교로 되어 있다. 후자에 볼리비아 등이 빠진 것으로 보아 수가 많은 쪽이 현황에 가까울 것으로 보인다.

이 밖의 한국어교육 여건인 교육과정, 학습자료, 교수법, 교사의 문제 등도 아직은 제대로 갖추어져 있지 않거나, 부족하고 열악한 편이다. 재외동포의 교육목표를 "국가의 소중한 해외의 인적자원 개발활용"에 두었으니 앞으로 국가의 적극적 지원과 확충이 있어야 하겠다.

2.3. 외국어 교수법과 한국어교육

역사적으로 볼 때 외국어 교수법은 많은 것들이 생성·소멸되면서 오늘에 이르렀다. 이 가운데 큰 흐름은 전통적 교수법인 문법−번역법(grammar-transration method)에서 청각−구두법(audio-lingual Approach), 그리고 의사소통법(communicative approach)으로 이어지는 것이다. 한국어교육에는 주로 이러한 교수법이 활용되고 있다. 문법을 습득하고 문장을 번역하는 교수·학습이 중심이 된 문법－번역법은 19세기 중반에 말하는 외국어 교육의 필요에 의해 비판을 받게 되었다. 이에 새로운 교수법이 개발되었는데, 이것이 자연법이다. 이는 20세기에 들어와 개발된 직접법(direct method)의 기초가 되었다. 이 직접법은 20세기 전반 구미에서 환영을 받았다. 1920년대 후반에는 직접법과 문법 중심의 교수법을 병합한 교수법이 외국어 교육의 주류를 이루었다. 1940~60년대에는 구조주의 언어학 및 행동주의 심리학을 바탕으로 한 새로운 외국어 교수법이 개발되었다. 이것이 언어학습이란 새로운 습관의 형성이라 보아 의미보다 문장의 구조를 중시하고, 구두연습과 문형연습을 강조한 청각－구두법이다. 1960~70년대에는 생성문법론자들에 의해 이 교수법이 비판을 받게 되었고, 1970년대 이후에는 여러 가지 새로운 교수법이 대두되게 되었다. 이때의 새로운 교수법(non-conventional)이 전신반응법(total physical response), 침묵법(silent way), 공동체언어학습법(community language learning), 암시법(suggestopedia), 자연법(the natural approach)과 같은 것이다. 이 밖에 의사소통 능력의 육성을 목적으로 하는 협의의 의사소통법(communicative approach)도 등장했다. 이들 교수법은 각각 장단점을 지닌다. 따라서 바람직한 한국어 교육을 하기 위해서는 이들의 장단점을 검토하고 원용하도록 해야 한다. 학습자의 입장에서 볼 때는 무엇보다 의사소통 능력(communicative competence)을 기르는 데 중점을 두되, 형식(文法)을 홀대할 것이 아니라, 이에 주의를 기울이도록 하여야 한다(박갑수, 2006).

3. 교육 대상으로서의 한국어

언어에는 음성언어와 문자언어가 있다. 음성언어는 약 3,000개쯤 된다. 한국어는 그 사용 인구로 볼 때 15위 안에 드는 언어다. 따라서 결코 약소한 언어가 아닌, 큰 언어다. 한국어의 계통은 아직 확증되지 않았으나 대체로 알타이어에 속하는 것으로 본다. 형태적으로는 다른 알타이어와 같이 교착어(부착어)로 분류한다.

3.1. 한국어의 음운

한국어의 음소는 31개다. 단자음 19개, 단모음 10개, 반모음 2개가 그것이다. 때로 문자와 음소를 혼동하는 경우를 보게 되는 데 이러한 사단이 발생돼서는 안 되겠다.

　　자음 : ㄱㄴㄷㄹㅁㅂㅅㅇㅈㅊㅋㅌㅍㅎ,ㄲㄸㅃㅆㅉ
　　모음 : ㅏㅓㅗㅜㅡㅣㅐㅔㅚㅟ
　　반모음 : w j

일본어의 음소는 22개(자음 15개, 모음 5개, 반모음 2개), 영어의 음소는 31개(자음 22개, 모음 7개, 반모음 2개), 중국어의 음소는 29개(자음 23개, 모음 6개)로 본다.

한국어의 음소를 보다 잘 이해하기 위해 일·영어의 음소와 비교·대조해 보면 다음과 같다.

* 자음 음소

	한국어	일어	영어
폐쇄음	p, p', pʻ, t, tʻ, tʻ, k, kʻ, kʻ	p, b, t, d, k, g	p, b, t, d, k, g
파찰음	c, cʻ, cʻ	c	tʃ

	한국어	일어	영어
마찰음	s, s', h	s, z, h	f, v, θ, ð, s, z, ʃ, ʒ, dʒ, h
비음	m, n, ŋ	m, n	m, n, ŋ
유음	l	r	l, r
모라음소		N, Q	

* 모음 음소

	한국어	일어	영어
	i, e, æ, ü, ø, a, ə, o, u, ɨ	i, e, a, o, u	i, e, æ, ə, a, ɔ, u

* 반모음음소

	한국어	일어	영어
	j, w	j, w	j, w

한·일어의 자음과 모음의 대조 결과는 다음과 같은 이동(異同)으로 나타난다(K : korean, J : japanese).

+K, +J : /p, t, k, c, s, h, l(r), m, n/
-K, +J : /b, d, g, z, Q, N/
+K, -J : /p', p', t', t', k', k', c', c', s', ŋ/
+K, +J : /i, e, a, o, u, w, j/
+K, -J : /ae, ə, ü, ø, ɨ/

한국어는 자음의 경우 폐쇄음에서 삼지적 상관속(三肢的 相關束)을 이룬다. 이에 대해 영어나 일본어는 유무성의 이지적 상관속(二肢的 相關束)을 이룬다. 이 밖에 한국어에는 종성에 /k, t, p, n, m, ŋ, l/이 있는데, 일본어에는 /N, Q/, 중국어에는 비음 /n, ŋ/가 있을 뿐이다.

모음의 경우 일본어는 단모음이 다섯 개뿐이어서 한국어에 비해 매우

적으며, 영어에는 "o ɨ ø ü"가 없고, "ɔ"가 있다는 것이 다른 점이다.

그리고 한국어와는 달리 일본어에는 두 개의 모라 음소 "/N, Q/"(ん, っ)가 있으며, 고저 악센트(pitch accent)가 있다. 영어에도 한국어에 없는 악센트가 있다.

3.2. 한국의 문자

이 세상에는 약 400개 정도의 문자가 있다. 이 가운데는 현재 쓰이지 않는 것도 있어 실제 문자수는 이보다 적다고 본다. 따라서 3,000개의 언어에 400개 미만의 문자이니 문자 없는 언어가 대부분이다.

우리 문자는 "한글"로 1446년 세종대왕이 창제한 표음문자, 그 가운데도 음소문자(音素文字)다. "한글"이 창제되기 전에는 대체로 한자를 활용하여 문자생활을 하였다. 이는 한문의 표기 수단일 뿐 아니라, 향찰(鄕札), 이두(吏讀), 구결(口訣)을 표기하는 수단이기도 하였다.

한글의 본래 이름은 "훈민정음(訓民正音)"으로, "백성을 가르치는 바른 소리"란 뜻이다. 한글의 창제 정신으로는 흔히 "훈민정음"의 서문에 드러나는 자주정신, 애민정신, 실용정신의 삼대정신(三大精神)을 든다. 그러나 진정한 창제 정신은 "어리석은 백성(愚民)"을 가르치고자 한 데 있다 할 것이다. 한글은 발음기관을 상형한 과학적 문자로 세계에 자랑할 만한 독창적인 문자다. 최만리(崔萬里)의 정음(正音) 창제 반대상소는 당시 기득권층의 견해를 대변한 것으로, 개인적 괴변이 아니었다.

"한글" 창제는 훈민정음의 서문에도 보이듯 한자문화권(漢字文化圈)에서 벗어나려는 데 하나의 이유가 있었다. 한자에 의한 문자생활은 언문불일치(言文不一致)로 불편이 많았다. 따라서 한자문화권의 민족들은 민족적 표음문자를 제정하고자 하였다. 이의 대표적인 것이 거란(契丹)의 거란문자다. 이는 920년 만들어진 것으로, 936년 요(遼)를 건국한 뒤 이 문자의 사용을 권장하였다. 원(元) 나라에서도 파스파(八思巴) 문자를 만들었고, 청(淸) 나라에서도 몽골 문자를 개량한 만주 문자를 만들었다. 한글 창제도 이러한 일련의 문자 제정의 추세에 따른 것으로 볼 수 있다. 표음문자화는 오늘날 한자의 종주국인 중국의 간체자(簡體字)에도 많이 도입되고 있다.

3.3. 한국어의 어휘

3.3.1. 어휘의 종류

한국어의 어휘상의 특징은 광의의 외래어, 그 가운데도 한자어가 많고, 감각어, 상징어, 대명사가 발달되어 있으며, 다음절어(多音節語)가 많다는 것이다.

한자어가 많은 것은 일찍이 중국과의 문화적 접촉이 있었고, 근대화과정에 일본에서 만든 한자어가 많이 들어왔기 때문이다. 일본어에도 중국과의 문화적인 접촉으로 한자어가 많이 유입되었다. 중국어에는 1음절의 물질 관계 명사가 많으나, 이들을 조합하는 복합어 등 2자, 3자, 4자의 다음절어도 많이 형성되었다.

1) 어휘의 분포

한국어의 어휘 분포는 한글학회의 "큰사전(1957)"을 보면 아래의 도표와 같다. 따라서 고유어가 45.5%, 한자어가 52.1%, 기타 외래어가 2.4%이다. 일본어의 경우도 例解國語辭典(1956)의 통계에 의하면 아래의 도표와 같이 그 분포가 우리와 비슷하다. 외래어가 많이 쓰이는 것은 영어도 마찬가지다. 노르만 정복(Norman conquest, 1066) 이후 영어에 로망스어가 유입되어 이것이 전체 어휘의 ⅔를 차지한다. 영어로 된 동물명 "ox, pig, sheep, calf"에 대해 식료품으로서의 고기 이름 "beef, pork, mutton, veal"은 다 로망스어라는 사실이 이러한 사정을 잘 말해 준다. 이는 우리말에 유입된 한자어를 되돌아보게 하는 역사적 현상이다.

큰사전(1957)

	순우리말	한자말	외래어	모두
표준말	56,115	81,362	2,987	140,464
사투리	13,006			13,006
고유명사	39	4,165	999	5,203
옛말	3,013			3,013
이두	1,449			1,449
마디말	990			990
모두	74,612	85,527	3,986	164,125

例解國語辭典(1956)

	어수	%
화어	14,798	36.6
한어	21,656	53.6
외래어	1,428	3.5
혼종어	2,511	6.2
총수	40,393	

한국의 한자어는 일본의 근대화과정에서 번역된 말이 많이 수용되어 일본어와 밀접한 관련을 갖는다. 외래어도 일제 외래어가 많이 수용되어 형태적으로 유사한 것이 많다. 우선 한·일어와 구별되는 중국의 한자어를 몇 개 보면 다음과 같다. 앞의 예가 한·일어의 한자어이고, 뒤가 중국의 한어(漢語)다.

空港－機場, 菓子－點心, 弄談－玩笑, 賣票所－售票處, 社長－經理, 時計－鐘表, 試合－比賽, 運轉－駕駛, 月曜日－星期一, 引出－提款 , 人形－娃娃, 自家用－私家用, 住所－地址, 職場－單位, 冊床－書桌, 處女－姑娘, 出勤－上班, 割引－降價

2) 고유어

한국어의 고유어는 논리적 개념어보다 감각어가 매우 발달되었다. 시각어(색채어), 미각어, 촉각어 등의 발달과, 의성·의태어의 발달이 그 구체적 예다.

> 노랗다—노르께하다—노르끄레하다—노르므레하다—노르스름하다—노릇하다—노릇노릇하다—노리께하다—노리끄레하다—노리므레하다—노리툭툭하다—노릿하다—노릿노릿하다—샛노랗다—누렇다—누르께하다—누르끄레하다—누르므레하다—누르스름하다—누릇하다—누릇누릇하다—누르칙칙하다—누루툭툭하다
>
> 달다—다디달다—달짝지근하다—달차근하다—달착지근하다—달콤하다—들척지근하다—들치근하다—들큼하다

3) 한자어

한자어에는 중국제, 일제, 국산의 세 가지가 있다. 이 가운데 중국제 한자어는 일찍 차용된 것이고. 일제 한자어는 근대에 차용된 것이다. 일제 한자어는 일본에서 음독(音讀)되는 것과 훈독(訓讀)되는 것의 두 가지가 있다.

① 중국 한자어

鷄蛋, 袞龍袍, 君子, 艱難, 男人, 內殿, 莫無可奈, 每常, 沙鉢, 侍從, 是或, 臣下, 御手, 玉顔, 爲頭, 自鳴鐘, 仔詳하다, 自行車, 才操롭다, 電氣, 錢糧, 停車場, 茶飯, 天堂, 千里鏡, 天主敎, 火輪船, 火車, 火砲

② 일본 한자어

• 음독어 : 幹部, 間接, 客觀, 系統, 共産, 工業, 科學, 觀念, 光線, 求心力, 國際, 歸納, 金融, 氣體, 汽車, 浪漫主義, 內容, 圖案, 動機, 動詞, 命題, 舞臺, 物質, 美術, 民族, 反動, 方針, 背景, 分子, 備品, 士官, 酸素, 先天, 纖維, 性能, 細胞, 水素, 乘客, 神經, 液體, 歷史, 演說, 演繹, 領土, 溫度, 要素, 郵便, 原理, 元素, 原子, 有機, 遊星, 義務, 議會, 引力, 日曜日, 一週日, 資本, 自由, 裁判所, 電報, 前提, 政黨, 情報, 宗敎,

主觀, 重力, 支部, 地質, 集團, 哲學, 靑酸加里, 抽象, 彈力, 討論, 特許, 特權, 學期, 學位, 恒星, 現象, 現實, 形容詞, 形而上學, 號外, 惑星, 花粉, 火曜日, 化學, 幻燈, 回收

- 훈독어 : 見本, 見習, 見積, 廣場, 落書, 內譯, 大勢, 大型, 賣場, 明渡, 相手, 上衣, 上廻, 小型, 手續, 受取, 市場, 身分, 裏書, 日附, 入口, 立場, 立替, 組合, 持分, 振替, 出口, 蟲齒, 取扱, 取消, 取調, 取締, 品切, 割箸, 割增, 割引, 行先

일제 한자어에는 이밖에 고대 한어를 활용한 것도 많다.

講義, 警察, 古典, 交通, 勤務, 機關, 樂觀, 論理, 農民, 獨占, 文明, 博士, 方法, 法廷, 封建, 悲觀, 思想, 社會, 選擧, 世紀, 藝術, 衛生, 遺傳, 流行, 倫理, 意識, 醫學, 理性, 自由, 作用, 貯蓄, 典型, 政治, 主義, 請願, 侵略, 判決, 偏見, 學士, 行政, 協議 등.

③ 고유 한자어

乫草, 垈地, 獤皮, 魟魚, 縇塵, 溫堗, 王荑, 獠飢, 雜頉, 田畓/ 廣木, 凍太, 等內, 妹夫, 分揀, 莎草, 私通, 色吏, 媤叔, 傳貰, 靑太, 布木, 行下/ 仕進(출근), 所任(역할), 蒸氣車(기차), 地動(지진), 厠間(변소), 罷職(면직)

4) 외래어

한국어에는 적어도 30개 이상의 언어에서 어휘가 차용되고 있다. 한·일 양국은 일찍이 중국의 영향을 받았고, 그 뒤 서양의 영향을 받아 이들 외래어가 많다. 한국어에는 일본어에서 차용된 어휘도 많다. 편집·인쇄·제본, 건축, 이·미용, 복장, 일상용어(의·식·주 기타) 등에 많이 나타난다(박갑수, 1994). 한국의 서구 외래어는 직접 수용한 것이 아니라, 일본을 통해 간접적으로 수용한 것이 많아 일본식 외래어가 많다는 것이 하나의 특징이다. 이들 외래어는 본래의 발음과 멀어졌거나, 어형이 변했거나, 의미가 달라진 것이 많다.

① 발음이 달라진 것 : 고로께(croquette), 다스(dozen), 로스(roast), 메리
야스(medias), 바께쓰(bucket), **뺀찌**(pinchers), 쓰봉(jupon), 프랑카드
(placard), 하이라이스(hashed rice)

② 어형이 바뀐 것 : 골덴(corded velveteen), 디스코(discotheque), 비디오
(video tape recorder), 스텐(stainless steel), 에끼스(extract), 하이힐(high
heeled shoes)

③ 의미가 바뀐 것 : Arbeit(부업<노동), avec(동반<함께, 더불어), handle
(조향장치<손잡이), lumpen(부랑자, 실업자<남루), post(우체통<우
편·우편물), stand(탁상 등<작은 탁자)

④ 일본에서 만든 것 : 골인(reach the goal, make the goal), 리아카
(bicycles cart), 백미러(rearview mirror, rearvision mirror), 샤프(펜슬)
(automatic pencil), 스프링코트(topcoat), 올드미스(old maid, spinster),
플러스알파(plus something), 하이틴(late teens), 홈인(score, reach home)

5) 관용어

한국어에는 "눈이 맞다, 머리를 올리다, 바람을 피우다, 식은 죽 먹기,
입이 걸다, 허리가 휘다"와 같이 독자적인 관용어가 많다. 그러나 이와
는 달리 일본어에서 들어온 것으로 보이는 일본어와 같거나, 유사한 관
용어도 적잖다. 이들은 문학작품을 통해 유입되었거나, 일본 강점기에
강요된 일어교육에 의해 우리말에 침투·정착되었을 것으로 보인다.

귀를 의심하다(耳を疑う)/ 꿈처럼 지나가다(夢の樣に過ぎる)/ 눈에 넣
어도 아프지 않다(目に入れても痛くない)/ 닻을 내리다(錠を降ろす)/ 마
음을 주다(心をやる)/ 머리를 짜다(頭を絞る)/ 벽에 부딪치다(壁に突き當
る)/ 상상하기 어렵지 않다(想像にかたくない)/ 손에 땀을 쥐다(手に汗
をにぎる)/ 순풍에 돛을 달다(順風に帆を揚げる)/ 새빨간 거짓말(眞赤な
うそ)/ 숨을 죽이다(息を殺す)/ 시험에 미끄러지다(試驗にすべる)/ 애교
가 넘치다(愛嬌が溢れる)/ 욕심에 눈이 어두워지다(慾に目がくれる)/ 얼

굴을 내밀다(顔を出す)/ 입을 모으다(口をそろえる)/ 흥분의 도가니(興奮
の坩堝)/ 희망에 불타다(希望に燃える)

3.3.2. 어휘의 구조

단어는 단일어와 합성어로 이루어지며, 합성어는 복합어와 파생어로
나뉜다. 어휘의 구조는 한·일어가 유사하다. 한·일어의 대표적 어휘
구조의 유형은 대체로 다음과 같다(박갑수, 1998).

①	B형	: 해, 달, 꽃, 나무	月, 山, 花
②	aB형	: 맹물, 숫처녀, 풋사랑	小道, すがお
③	Ba형	: 덮개, 손질, 술꾼	本屋, 神さま
④	aBa형	: 헛발질, 헛손질	大さわぎ お參り
⑤	B-B형	: 꽃밭, 사랑노래, 책상다리	秋風, たてよこ, 人人
⑥	aB-B형	: 돌배나무, 개꿀장수	はつ稻刈
⑦	B-Ba형	: 젖먹이, 사탕발림	雨降り, ひきあげ者
⑧	Ba-B형	: 건널목, 잇몸, 디딜방아	燒き鳥, 讀み手
⑨	Ba-Ba형	: 됨됨이, 생김생김, 씀씀이	讀み書き, あがりおり

한국어의 경우는 합성어가 많다. 이들은 유연성(motivation)을 지녀 그
의미 파악을 용이하게 한다. "눈물, 드러눕다, 목숨, 물고기, 시집가다,
일하다, 한숨"과 같은 것이 이러한 예다. 이들은 영어의 경우 "tear, lie,
life, fish, marry, work, sigh"와 같이 더 이상 나뉘지 않는 단일어이나, 한
국어의 경우는 "눈(眼目)-물(水)", "들어(入)-눕다(臥)", "목(頸)-숨(息)", "물
(水)-고기(肉)", "시집(媤家, 新家)-가다(出去)", "일(業)-하다(爲)", "한(大)-숨
(息)"과 같이 형태적으로 나누어지는 합성어인 것이다.

그리고 여기 덧붙일 것은 낱말의 의미변화다. 이는 유사와 인접에 의

한 연상(聯想)에 의해 주로 이루어진다. "눈(目)"이 배아(胚芽), 잣눈(尺目), 그물눈(網目)을 의미하는 것은 의미의 유사에 의해, "첫날밤(初夜)"이 신혼 초야, "청상(靑裳)"이 기녀를 의미하는 것은 의미의 인접에 의해 그 의미가 바뀐 것이다. "행주치마"가 행주산성(幸州山城)의 치마를 뜻하는 것은 명칭의 유사, "저녁(夕)"이 저녁밥(夕飯)을 의미하는 것은 명칭의 인접에 의해 의미가 바뀐 것이다. 이들 의미변화는 한국 사회의 문화와 밀접한 관련을 갖는다.

3.4. 한국어의 문장

한국어의 구문은 다음과 같은 몇 가지 특징을 지닌다. 이러한 특징은 일본어에도 대체로 그대로 나타난다.

1) 기본 통사구조는 S-V, S-O-V, S-C-V다

기본구조는 일본어와 같다. 영어의 경우는 S-V, S-V-O, S-V-C, S-V-O-C로 큰 차이를 보인다.

한·일어의 통사구조는 외형상 유사하다. 그러나 세부적으로는 많은 차이를 보인다. 한국어에는 특수한 "용언+조동사"의 형태와 "용언+종조사(終助詞)"의 형태, 목적어 "체언+が"의 형태가 보이지 않는다. 한·일어의 확대구조는 통사구조면에서는 거의 일치하나, 형태론적 면에서 상당한 차이를 보인다. 일본어의 종결 형식이 그대로 관형어의 기능을 하고, 관형형이 체언 상당의 자격으로 쓰이기도 하는 것은 한국어와 다르다. 접속구조에서의 구문형식은 한·일 양어가 잘 대응된다. 종속적 어미는 한국어가 다양한 데 비해 일본어는 그렇지 아니하다.

2) 부가어적 구문이다

문장구조가 S-O-V형인 한국어는 정보를 추가하는 경우 V의 왼쪽에 부가하는 왼가지뻗기(left-branching structure)를 한다. S-V-O형인 영어의 경우는 O의 오른 쪽에 부가하는 오른가지뻗기(right-branching structure)를 하여 차이를 보인다.

3) 도미문(掉尾文)이다

한국어는 문장의 주요한 부분, 결론을 뒤에 진술한다. 문장에서 가장 중요한 성분은 동사(VP)인데 이것이 가장 뒤에 놓이고, 또한 수식을 받는 말이 수식하는 말 뒤에 놓인다. 이는 영어와 대조적인 것으로, 일본어와는 그 성격을 같이 한다.

4) 장면 의존적 언어다

Hall(1976)은 문화의 커뮤니케이션 양식을 고맥락 문화(high context culture)와 저맥락 문화(low context culture)로 양분한다. 고맥락 문화는 장면 의존적이어, 문화배경 등의 장(場)에 나타나는 메시지를 중시하여 비언어적(非言語的) 표현을 하거나, 한정된 언어 표현을 한다. 이에 대해 저맥락 문화는 비장면의존적이어, 언어로 명확히 표현되는 메시지를 중시하여 자세히 반복하여 표현 한다. Hall & Hall(1990)은 한국어를 일본어, 중국어 다음의 고맥락 언어로 보고 있다. 한국어는 일본어, 중국어와 더불어 영·독·불어와 달리 매우 높은 수준의 고맥락 언어라는 것이다. 언어의 맥락의존도는 다음과 같다(Samovar, 1998).

High context culture—Japanese—Chinese—Korean—African—Native American
—Arab—Greek—Latin—Italian—English—French—American—Scandinavian

─German─German─Swiss─**Lower-context Culture**

고맥락 언어의 사용자는 사고방식이 통합적이고, 거시적이며, 의미 지향적이란 특징을 지닌다. 이에 대해 저맥락 언어의 사용자는 사고방식이 분석적이고, 미시적이며, 형식 지향적이란 특징을 지닌다.

5) 대우법이 발달되었다

대우법은 사고방식에 엄청난 영향을 미친다. 이는 대인관계를 평등 아닌, 상하 종속관계(從屬關係)로 묶는다. 한국어는 대우법이 발달되어 있고, 화계(話階)가 세분되어 있다. 일본어는 이에 대해 공대, 겸양표현이 풍부하다. 한국어에 비해 일본어는 압존법(壓尊法)이 발달되었고, 사회인이 된 뒤에는 지위나 연령 등이 동등한 사람들 사이에서도 흔히 존대 화계를 쓴다는 특징을 지닌다. 일본어에서는 또한 화자와 청자가 같은 공동체(in-group : 身內)에 속하느냐, 아니냐에 따라 공대 선택이 우선적으로 결정된다. 이에 대해 한국어에서는 흔히 공동체 아닌 자기가 기준이 된다. 이에 대해서는 뒤에 더 논의하게 될 것이다.

4. 한국어교육과 언어문화

"언어문화"라는 말은 두 가지 의미를 지닌다. 그 하나는 문화로서의 언어이고, 다른 하나는 언어에 의해 형성된 문화로서, 文學이 그 대표적인 것이다. 이 글에서는 문화로서의 언어에 초점을 맞추어 언어에 의해 형성된 문화, 곧 문학에 대한 논의는 생략하기로 한다. 문화로서의 언어는 문화로 포장된 언어요, 언어의 배경으로서의 문화다. 이는 언어의 생성에 미치는 사회적 배경으로서의 문화와, 조어(造語)와 관련된 협의의 문화로 나누어 볼 수 있다. 언어는 1차적으로 사회·문화를 반영하고, 2차적으로 언어가 사회·문화에 영향을 미치게 된다. 문화는 구조적으로 어휘나 문법에 투영되고, 언어생활에 반영된다.

4.1. 언어의 배경으로서의 문화

언어는 사회와 문화를 반영한다. 언어는 단순한 기호가 아니고, 문화로 포장된 기호다. 따라서 사람들은 객관적 기호가 아닌, 포장된 언어에 의해 사고하고, 자극을 주고받는다. 한국어에서는 "먹다"란 단어가 (밥을) 먹고, (물을) 마시고, (담배를) 피우는 것을 다 나타낸다. 이에 대해 영어의 "eat"는 먹는 것 이외의 마시고(drink), 피우는(smoke)을 나타내지 않는다. 이와는 달리 영어의 "wash"는 한국어의 (손을) 씻고, (옷을) 빨고, (머리를) 감고, (창을) 닦는 것을 다 나타낸다. 한국어 "씻다"로는 (옷을) 빨고, (머리를) 감고, (창을) 닦는 것을 나타내지 못한다. 이런 것이 언어에 반영된 문화다. 이러한 언어문화를 알지 않고는 그 언어를 제대로 이해할 수 없다. 따라서 여기서는 언어를 둘러 싼 문화, 말을 바꾸면 언어의 배경으로서의 문화에 대해 살펴보기로 한다.

첫째, 언어는 특정한 문화를 반영한다.

각 언어는 그 언어사회의 문화를 반영한다. 『삼국유사』에 많이 보이는 "因名"이나 "因爲名", "因以名之"는 바로 언어가 문화를 반영한다는 사실을 단적으로 보여 주는 표현이다. 우리의 시조는 "단군 왕검(王儉)"이다. "王儉"은 제정일치(祭政一致) 시대의 군주를 가리키는 말이다. "검"은 "신(神)"이다. 이는 "尼師今, 尼叱今"에서 좀더 분명히 드러난다. 왕을 이르는 이 말이 "닛-(繼)-금(王, 神)"으로 신의 계승자를 의미하기 때문이다. 이규보의 『동국이상국집』에는 해모수(解慕漱)가 하백녀(河伯女)가 아닌 "하백(河伯)"과 "결혼(結婚)"하는 것으로 되어 있다. 고대의 "결혼"은 오늘날과 달리 사돈관계를 맺는 것이었다. "목숨", "어른", "붉다" 같은 말은 정신문화를 반영한다. "목숨"은 목에 숨이 붙어 있는 것에서, "어른"은 "교합한 사람"에서, "붉다"는 불의 빛깔에서 추론한 언어문화이기 때문이다.

언어가 문화를 반영한다는 것은 옛말에만 적용되는 것이 아니다. 근대어는 근대사회를 반영하고, 신어는 오늘날의 사회·문화를 반영한다. 많은 일제 한자어는 우리의 근대사회와 문화를 반영하는 것이고, 오늘날의 정치·경제·사회·예능 관계 신어(新語)는 현대 사회와 문화를 반영하는 것이다. 이러한 말들은 그 사회를 떠나서는 이해할 수 없다. 예를 들어 자식을 조기유학 시키느라 홀로 한국에 남아 있는 아버지를 탄생시킨 사회 문화가 없었다면 "기러기 아빠"란 단어는 태어나지 않았을 것이며, 이러한 배경을 모르고서는 이 말의 의미를 이해할 수 없다. 이런 의미에서 언어교육은 문화교육을 전제로 한다.

둘째, 사회의 성격이 언어생활에 영향을 미친다.

시대에 따라 언어생활은 차이가 난다. 이는 각 시대의 사회질서에 의해 언어의 사용, 문자의 사용이 제약을 받기 때문이다. 고대에는 언어가 주술적(呪術的) 힘을 지닌 것으로 생각했다(羅人尙鄕歌者尙矣 盖詩頌之類歟 故往往能感動天地鬼神者非一, 삼국유사 권오, 月明師 兜率歌條). 그래서 신성시했다. 제정일치(祭政一致)의 수장은 이러한 언어능력을 지닌 사람으로 추앙되었다. "次次雄(巫·王)"은 그 단적인 예다. 봉건사회에서는 신분에 따른 언어의 용법이 달라 특히 경어가 발달하였다. 그러나 민주사회에서는 인간관계가 종속관계 아닌 평등관계로 바뀌어 경어법이 소멸되게 된다. 호칭도 시대와 사회에 따라 변동된다. 제3의 남성에 대한 호칭이 "영감-아저씨-선생님-사장님"과 같이 변해 온 것도 이러한 예다. 또한 사회의 변동은 지방 언어의 세력 변동을 초래하기도 한다. 표준어에 대한 인식 변화와 경상방언 및 전라방언의 부침도 이러한 문화의 변용을 반영하는 것이다.

셋째, 사회적 기질이나, 사상 이념 풍조 등 정신작용(精神作用)이 언어생활에 영향을 미친다.

이들은 개인의 행동을 밖이 아닌, 안에서 규제한다. 사상이나 이념은 사람마다 개성이 있어 일률적으로 규제할 수 없다. 그러나 사회 공통의 기질이 있는가 하면, 그 시대 특유의 사상과 풍조가 있을 수 있다. 이러한 사회적 기질이 언어에 많은 영향을 미친다. 한국어에 많은 한자어와 외래어의 수용이 이러한 예다. 사상 면에서는 무언독행(無言篤行)을 최고의 덕으로 알고, 다변(多辯)을 악덕으로 아는 중국문화의 영향을 받아 언어 윤리가 강조되고, 침묵과 신언(愼言)을 미덕으로 여기게 되었다. 이 밖에 서양사상은 사회제도와 사회생활을 변화시키는가 하면, 언어생활도 바꾸어 놓고 있다. 한 예로 자유주의와 민주 사상은 언론의 자유와 언어의 민주화를 초래하였다. 상하, 남녀 간의 존대법의 쇠퇴도 이러한 사상과 무관하지 않다. 이 밖에 유행이나 풍조도 언어생활에 많은 변화를 초래한다. 일탈된 통신언어에 의한 왜곡된 언어의 양산도 이러한 예다.

4.2. 조어에 반영된 문화

언어 표현은 낱말의 결합에 의해 이루어진다. 넓은 의미의 어휘는 새로운 명명(命名)과 단어의 결합과 관용어, 연어(連語)로 이루어진다. 그리고 이 어휘야말로 문화를 대변한다.

첫째, 단일 형태소에 의한 명명

어휘의 명명은 흔히 자의적인 것이라 한다. 그러나 언어 현실은 대부분의 경우 유연성(有緣性)을 지니는 것으로 보게 한다. 이것이 언어와 문화의 밀접한 관계를 보여 주는 것이다. 한 예로 한국어의 방위를 나타내는 말을 보자. "동서남북"이란 말은 문화어다. 원시시대에 이런 방향감각이 있었을 리 만무하다. "앞, 뒤, 옆" 정도를 구별했을 것이다. 그런데 우리는 "南"의 훈(訓)을 "앞"이라 하고, "北"의 훈을 "뒤"라 한다. 이는 우리 선조가 이러한 문화를 가졌음을 의미한다. 그렇지 않고는 설명이 안 된다. 이것은 우리 선조가 중앙아시아에서 따뜻한 남쪽을 향해 내려왔음을 의미하는 것으로 보게 한다. 그래서 남쪽을 "앞(前)", 북쪽을 "뒤(後)"라 한 것이다. 전후가 아닌, 좌우측을 나타내는 "옳-(右)", "외-(左)"는 "옳다(正)"와 "외다(負)"에 연유한다. 바른 손이 정상이요, 왼손이 비정상적이란 발상이 이러한 명명을 하게 한 것이다. "곁"이나, "옆"은 각각 겨드랑이(腋)와 옆구리(脅)를 의미하는 말이다. "側"이나 "橫"과는 달리, 이는 구체적 사물로 방위 개념을 나타낸 것이다.

둘째, 단어의 결합에 의한 명명

"열없는 색시 달밤에 삿갓 쓴다"는 속담이 있다. 사전에 "정신없이 망동함을 웃는 말"이라고 풀이되어 있다. 이 속담이 이러한 뜻을 나타내게 된 것은 "열없다"가 "수줍어하다, 담이 작다"는 말로, 수줍어 환한 달밤에 삿갓을 썼기 때문이다. 여기 "열없다"는 "열(膽)-없다(無)"의 합성어다. "담(쓸개)이 없다"는 말이다. 이 말의 방언은 "열(膽)-적다(小)"이다. "담대

(膽大)" 아닌, "담소(膽小)-하다", 곧 "담이 작다"는 말이다. 음식을 많이 먹지 않는 사람이 자기는 "양이 작다"고 한다. 이때의 "양"은 위(胃)를 나타내는 "양(胖)"이다. 이들도 구체적 사물로 추상적 의미를 나타내고 있는 예다.

이 밖에 "경(黥)을 치다"는 죄인의 입묵(入墨), "산통(算筒)을 깨다"는 산가지 통, "삼청냉돌(三廳冷埃)"은 금군(禁軍)의 삼청(三廳)이라는 구체적 기관을 바탕으로 조어된 말이다. 이에 대해 "나비물, 눈비음, 도리깨침, 먼지떨음, 볼가심, 빨래말미, 옷깃차례, 우산걸음, 잔다리밟다, 장기튀김, 젖꽃판(乳輪), 홀아비김치" 따위는 비유에 의한 명명이다. "옷깃차례"와 "장기튀김" 같은 말은 오늘날 흔히 "시계방향", "도미노현상"과 같이 쓰이는 말로 그간 잘 쓰지 않아 잊혀진, 우리 문화를 반영하는 말이다.

이 밖의 문화를 반영한 말로는 그 사물의 유래를 밝히는 것으로, 중국과 관련된 "당(唐)-", "호(胡)-", "되-"가 들어가는 말, 서양과 관련된 "양(洋)-"이 들어가는 말, 일본과 관련된 "왜(倭)-"가 들어가는 말 등을 볼 수 있다.

당건(唐巾), 당나귀, 당나발, 당먹(唐-墨), 당사주(唐四柱), 당약(唐藥), 당음(唐音), 당지(唐紙), 당혜(唐鞋), 당화기(唐畫器)

호과(胡瓜), 호궁(胡弓), 호마(胡麻), 호밀, 호산(胡蒜), 호적(胡笛), 호주머니(胡-囊), 호초(胡椒), 호황모(胡黃毛)

양란(洋蘭), 양말(洋襪), 양배추, 양복(洋服), 양산(洋傘), 양은(洋銀), 양재기, 양화(洋畵), 양회(洋灰)

왜간장(倭-醬), 왜낫(倭-), 왜무(倭-), 왜사기(倭砂器), 왜솥(倭-), 왜식(倭食), 왜지(倭紙), 왜풍(倭風)

4.3. 한국어교육과 문화적 배경

언어와 사회·문화와의 밀접한 관계는 이미 앞에서 누누이 언급한 바와 같다. 언어에 반영된 문화적 특성은 대조언어학, 대조표현론에 의해 확인된다. 근자에는 사회언어학, 화용론, 화행론, 비평적 언어학 등에서도 이것이 활발히 연구되고 있다. 이러한 연구 성과는 외국어 교수에 활용되어야 한다. 그것은 언어 교수란 문화교수요, 언어표현은 문법성 못지않게 사회적 수용성(social acceptability), 사회적 적격성(social appropriateness)이 문제가 되기 때문이다. 예를 들어 "죄송합니다. 더 이상 드릴 말씀이 없습니다."란 정중한 사과의 표현이 영어로 직역될 때 이는 영어사회에서 사과의 표현으로 수용될 수 없다는 것이 그 단적인 예다.

이런 의미에서 Seelye(1988)의 문화교육의 목표는 그대로 언어교육에 문화교육이 필요하다는 것을 명시적으로 보여 준다. Seelye의 문화교육의 목표는 다음과 같다.

① 사회의 구성원에게서 문화적으로 조건화하여 나타나는 행위에 대한 이해를 돕는다.
② 연령, 성, 사회계층, 주거지역과 같은 사회언어학적 변인이 말과 행동에 어떻게 영향을 미치는가에 대한 이해를 돕는다.
③ 목표문화의 일반적 상황에서 나타나는 관습적 행동을 인지하도록 돕는다.
④ 목표언어에서 문화적 함의(connotation)가 있는 어구를 인지하도록 돕는다.
⑤ 목표문화를 일반화한 것에 대해 평가하고, 정밀화하는 능력을 발전시키도록 돕는다.
⑥ 목표문화에 대한 정보를 정리하거나 조직하는 데 필요한 방법을 발전시키도록 돕는다.

⑦ 목표문화에 대한 학생들의 지적 호기심을 자극하고, 해당 민족에
　　대해 공감하도록 격려한다.

언어교육에 문화교육이 필요하다는 것은 미국 정부의 "21세기를 대비
한 외국어 습득의 기준(Standards for foreign language learning : Preparing for the
21st century, 1966)에서도 확인된다. 여기에서는 초 · 중 · 고등학교의 외국
어교육 발전의 기본원리로 5C를 들고 있다. 이는 문화와 관련된 것으로,
Communication, Culture, Connection, Comparison, Communities의 5C이다.

　그러면 구체적으로 한국어교육에서 학습해야 할 문화 항목은 무엇인
가? 이는 상대적인 구분이긴 하나 크게 언어의 구조적(構造的) 요소와 운
용적(運用的) 요소로 나누어 볼 수 있을 것이다. 다음에 이들에 대해 살펴
보기로 한다.

4.3.1. 구조적 요소

구조적 요소로는 앞에서 본 특정 형태를 지니는 한국어의 어휘와 문
법을 생각할 수 있다.

　어휘에는 사회, 문화, 제도 등 광의의 문화를 반영하는 단어가 있다.
이는 강보유(2004)에서 비대응 어휘체계라고 한 것과 일부 불완전체계에
속하는 것이 여기에 해당될 것이다. 영어의 해양어, 일본어의 비, 에스키
모인의 눈, 한국어의 감각어가 이러한 것이다. 한국어의 경우 역사적인
것으로는 "화랑(花郞), 국자감, 탕평책, 양반, 민적(民籍)"과 같은 것을 예
로 들 수 있고, 현대어로는 "문민정부, 운동권, 전작권(戰作權), 종부세, 악
풀" 같은 것을 예로 들 수 있을 것이다. 특히 앞엣것과 같은 것은 민족
지적(民族誌的) 설명을 필요로 한다고 하겠다. 이 밖에 단어의 유연성(有緣
性)의 문제를 생각할 수 있다. 이는 어원과 관련되는 것으로, 몇 개 단어

의 어원은 앞에서 살펴본 바 있다. 예를 몇 개 더 들어 보면 다음과 같다.

> 구실<官, 맛<食品, 바탕<場, 살<元旦, 신다<靴, 이바지<供饋,
> 푸르다<草, 힘<筋
> 고뿔(鼻-火), 두루마기(周-遮), 밑천(本-錢), 비호-같다(飛虎-如), 빨래
> 말미(洗-暇), 시-내(谷-川), 시치미-떼다(主人 標識-摘出), 어이딸(母-女),
> 오라질놈(捕繩-負-者), 저승(彼-生), 코끼리(鼻-長), 한가위(最-中), 혼나
> 다(魂-出)

이러한 조어 및 어원에 대한 학습은 어휘를 좀 더 잘 이해하게 할 것
이다.

사물이나 개념을 분류하고 범주화하여 명명(命名)하는 데도 문화가 반
영된다. 이는 Brown & Ford(1964)의 의미—심리적 원리(semantic-psychological
principle)가 바탕에 깔린 것으로, 그 문화권에서 중요한 영역이 좀 더 세
분되는 것이다. 어휘 분류는 어휘 조직의 조밀도(稠密度)와 관계된다. 한
국어는 의미영역을 세분하여 상대적으로 조밀도가 높은 것으로 보게 한
다. 영어 "wash"의 경우는 앞에서 살펴보았거니와, "rice"는 한국어에서
"벼, 쌀, 밥"으로, "cut"는 "자르다, 끊다, 베다, 깎다, 다듬다"로 분화된
다. 이 밖에 영어 "wear"와 "strong"은 한국어에서 아래의 보기와 같이
세분된다. 이들의 세분화 경향은 일본어에도 비슷하게 나타나며, 중국어
도 적잖이 분화되고 있음을 보게 한다.

> wore a jacket.(입다/ 着る/ 穿), wore shoes.(신다/ はく/ 穿), wore glasses.
> (쓰다/ かける/ 戴), wore a tie.(매다/ しめる/ 系上), wore a ring.(끼다/ は
> める/ 戴), wore a hat.(쓰다/ かぶる/ 戴), wore a necklace(걸다/ かける/
> 帶上), wore a decoration.(달다/ つける/ 別上), wore a perfume.(바르다/ ぬ
> る/ 塗// 뿌리다/ かける/ 灑), wore a sword.(차다/ さす/ 佩帶), wore a

moustache.(기르다/ はやす/ 蓄), wore a smile.(띠다/ うかべる/ 帶)

　a strong coffee(진한 커피/ 濃い/ 濃), a strong horse(힘이 센 말/ 強い/ 大), a strong possibility(커다란 가능성/ 大い/ 多), a strong stick(단단한 막대/ 固い/ 硬), a strong whisky(독한 위스키/ 強い/ 烈), a strong will(강한 의지/ 強固な/ 堅强)

한국어의 감각어(感覺語)도 상대적으로 분화된 대표적인 어휘다. 이에 대해서는 앞에서 살펴본 바 있다.

이들 어휘와는 달리 영어 단어가 오히려 더 분화된 경우도 있다. "꽃 －flower, bloom, blossom, inflorescence", "바람－wind, breeze, current, air, draft, inconstancy, palsy, gas, fashion, "보다－look, watch, see", "소 －bull, bullock, cattle, cow, ox, calf" 같은 것이 이러한 것이다.

구문(構文)은 우선 한국어와 영어는 도미문과 산열문의 차이를 보인다고 하였다. 이것은 사고방식의 차이를 드러낸다. 주어를 흔히 생략하는 것은 한국어의 특성이다. 특히 "나(我)", "너(汝)"와 같이 언어적 맥락이나 사회적 맥락으로 보아 그것을 알 수 있는 경우에는 생략한다. 장면의존적 고맥락문화(高文脈文化)를 반영하는 것이다. 영어에서는 가주어(假主語)까지 사용하는 데 매우 대조적이다. 한국어에서는 구애할 때 "사랑해요"라 하지 영어의 "I love you."와 같은 형식으로 말하지 않는다. 서구어의 주어를 하나하나 번역하게 되면 그것은 한국어다운 말이 안 된다. 시각(perspective)의 차이도 여기서 언급할 수 있을 것이다. "예/아니오"나 "오다/가다"의 용법이 이러한 경우다. 한국어에서는 화자중심의 표현을 하여 "내가 그리 가겠다", "나는 어제 너희 집에 갔었다"와 같이 "가다"로 표현한다. 이에 대해 영어에서는 청자중심의 표현을 해 "I will come there."나, "I came over your house yesterday."와 같이 "come"을 쓴다. "오고, 가는" 것이 바뀌어야 한국어가 된다.

이 밖에 관용어(慣用語)와 속담(俗談)도 문화적 차이를 반영하는 언어 표현이다. 이는 형태적인 면과 함께 개념적 면에서도 언어에 따라 차이를 보인다. 더구나 그 의미는 구성 요소 A+B=AB와 같이 지시적 의미를 드러내는 것이 아니다. X×Y=Z와 같이 일반적으로 구성 요소와 달리 사회문화적 의미를 나타낸다. 따라서 이에 대한 바른 이해 없이는 한국어를 배웠다고 할 수 없다.

국수를 먹다/ 눈에 밟히다/ 늦바람이 나다/ 담을 쌓다/ 동곳을 빼다/ 돼지 먹따는 소리/ 등치다/ 머리를 얹다/ 몸을 더럽히다/ 바가지를 긁다/ 비위가 상하다/ 삼수갑산에 가는 한이 있어도/ 상다리가 부러지다/ 시치미를 떼다/ 엿장수 마음대로/ 육갑을 떨다/ 죽 끓듯 하다/ 찧고 까불다/ 찬밥 더운밥 가리다/ 치도곤을 안기다/ 코가 땅에 닿다/ 콩밥을 먹다/ 퇴짜를 놓다/ 파김치가 되다/ 팔자를 고치다/ 한술 더 뜨다/ 흰소리를 치다

이들은 관용구의 예다. 다음은 속담의 예다.

가게 기둥에 입춘/ 간(肝)에 기별도 안 가다/ 금강산도 식후경(食後景)/ 꾸어다 놓은 보릿자루/ 남대문입납(南大門入納)/ 남의 친환에 단지(斷指)/ 동서 춤추게/ 망석중이를 놀리다/ 멍이야 장이야/ 보리죽에 물 탄 것 같다/ 복날 개 맞듯/ 사돈네 안방 같다/ 썩어도 준치/ 아닌 밤중에 홍두깨/ 억지 춘향이/ 저녁 굶은 시어미 상이다/ 절에 간 색시/ 중 술 취한 것/ 처삼촌 묘에 벌초하듯/ 충주 결은 고비/ 춥기는 사명당(四溟堂) 사첫방이다/ 콩으로 메주를 쑨대도 곧이 안 듣다/ 태백산 갈까마귀 게 발 물어 던지듯/ 팔자를 고치다/ 평안감사도 저 싫으면 고만이다/ 행차 뒤에 나팔/ 홍길동이 합천 해인사 털어 먹듯

4.3.2. 운용적 요소

언어는 사회적 요소에 따라 여러 가지 변이형(variants)을 생성해 낸다. 다시 말하면 사회문화적 규칙에 따라 서로 다른 독자적인 표현을 하게 된다.

인간의 언어행위는 좁은 뜻의 문법규칙에 의해서만 규제되는 것이 아니다. 발화행위를 할 때의 사회적 여건, 장면(context)에 의해 규제된다. 대화가 이루어지는 장면이나 상황, 대화자 사이의 사회적 관계, 대화의 주제 등 사회적인 요소에 의해 표현 형태에 제약이 가해진다. 그리하여 많은 상황변이형(situational variants), 또는 기능변이형(functional variants)이 산출된다. 따라서 정상적인 언어생활을 하기 위해서는 문법성에 관한 지식 외에 다음과 같은 사회언어학적 지식을 갖추는 것이 필요하다(황적륜, 1998).

① 언어표현의 명제적 의미만이 아니라, 사회적 의미를 이해하고 쓰는 데 필요한 규칙에 대한 지식
② 언어를 사물 지시적 기능만이 아니라, 여러 가지 사회적 기능으로 이해하고 쓸 수 있는 능력
③ 언제, 어디서, 누구에게, 무엇에 관해 말하느냐 등 발화행위의 사회적 상황에 따라 적절한 표현을 골라 쓸 수 있는 능력, 나아가서 언제 말을 해야 되고 언제 침묵을 지켜야 하는지 등에 관한 지식

이러한 언어 능력이 의사소통 능력으로, 이는 지시적 기능(指示的 機能) 외에 여러 가지 사회적 기능을 갖는다. Jacobson(1960)의 여섯 가지 언어 기능이 이러한 것이다. "안녕하십니까?", "진지 잡수셨습니까?"가 교감적 기능(phatic function)의 말이라는 것을 모르고, 지시적인 기능으로 수용하게 되면 그것은 우스개가 된다. 실제로 우리의 개화기(開化期)에 한 신부는 "신부님, 어디 가십니까?"라고 하는 인사말을 지시적 표현으로 받

아들여 이에 답하느라 발걸음을 옮길 수 없었다는 일화도 전해진다.

　학습해야 할 문화적 요소로서의 언어의 운용적 요소의 대표적인 것으로는 호칭(呼稱)과 지칭(指稱), 대우법(待遇法), 장면 의존도, 문화변용규칙(文化變容規則) 등을 들 수 있다. 호칭과 지칭은 대우법과 밀접한 관련을 갖는 것이다. 영어권의 경우 호칭을 결정하는 요소는 권위(authority, power)와 유대(solidarity)이며, 권위를 나이와 지위로 나눌 때 지위가 우선한다. 이에 대해 한국어의 경우는 서열을 가장 중시하고, 그 다음이 나이, 유대(친분)의 순이 되어 영어권과 차이를 보인다. 대우법은 앞에서 언급한 바와 같이 대인관계를 평등 아닌, 상하 종속관계로 묶는다. 따라서 경어법의 등급을 작정하는 것이 언어운용의 중요한 절차가 된다. 경어법의 선택 요인은 친족 서열 > 사회적 서열 > 연령 > 친분의 순서가 되는 것으로 보인다(이익섭, 1994).

　장면 의존도는 고맥락(high context)과 저맥락(low context) 문화의 어느 쪽으로 기울어지느냐 하는 것이다. 기본적으로 한국어는 앞에서 지적한 바와 같이 고맥락 문화에 속한다. 따라서 장면에 의지하여 통합적이고 거시적이며, 의미지향적인 표현을 즐겨 한다. 마지막의 문화변용규칙은 가치관의 문제로 이는 민족지적 특성을 지닌다. 松本(1994)는 일·미의 문화변용규칙 여덟 개를 들고 있다. 이는 "겸손지향 대 대등지향, 집단지향 대 개인지향, 의존지향 대 자립지향, 형식지향 대 자유지향, 조화지향 대 주장지향, 자연지향 대 인위지향, 비관지향 대 낙관지향, 긴장지향 대 이완지향"의 여덟 가지다. 전자가 일본의 변용규칙에 해당되는 것으로, 한국의 경우도 여기에 해당된다. 아니 동양이 여기에 해당된다고 하여 좋다. 이제 이들 여덟 가지 문화변용규칙에 따른 한국의 언어문화를 보면 다음과 같다.

　첫째, 겸손지향(謙遜指向)은 진수성찬을 차리고도 "차린 것이 없다"고

하는 것이 그것이다. 선거에 출마한 후보가 "천학비재…" 운운하는 것이나, "대과 없이 임기를 마쳐 다행입니다"라 하는 이임 인사 따위도 이런 것이다. 둘째, 집단지향(集團指向)은 자기 아내를 "우리 아내"라 하고, 인사할 때 소속을 먼저 밝히고, 외국에서의 참사 사건에 한국인의 안위부터 묻는 것이 이러한 것이다. 이에 대해 개인지향은 "I"와 "privacy"를 내세운다. 셋째, 의존지향(依存指向)은 응석을 부리고, 이를 받아 주는 것이다. 맞고 울고 들어오는 아이에게 "울지 마라, 우리 아이 착하지"라고 응석을 받아 준다. 자립지향은 이와 달리 "You are a big boy now. Hit him back!"이라 한다. "잘 부탁한다, 편달을 바란다"고 하는 것도 의존지향의 표현이다. 넷째, 형식지향(形式指向)은 의례적 편지 전문이나, 의식 등에서 정형적 형식의 표현을 하는 것을 들 수 있다. "더 드세요."에 대해 "양껏 먹었어요"라 하는 것도 이런 것이다. "하라"에 대한 "하지 마라"가 많이 쓰이는 것도 자유지향 아닌, 형식지향을 하는 것이다. 다섯째, 조화지향(調和指向)은 모호하고 완곡하게 표현하거나 신중하게 표현하는 것이다. 무엇을 먹겠느냐에 "아무거나 먹겠습니다"나 "다 같은 걸로 하지요"라 하는 따위가 그것이다. 자기주장을 내세우고 따지기보다 화합과 조화를 이루는 쪽을 택한다. 여섯째, 자연지향(自然指向)은 자연스러운 감정주도형의 변용을 하는 것이다. 인위적으로 분위기를 만들려 하지 않고, 차례가 될 때 말한다. 행동중심 아닌, 상황중심의 피동 표현을 한다. 결혼을 해도 "한다"고 하지 않고, "하게 되었다"고 한다. 추상적 표현 아닌 구상적 표현을 즐겨 하는 것도 이러한 유형에 속한다. 퇴근한 가장이 "얼라는?-묵자-자자"라 한다는 것이나, 음식점의 호실을 "매·란·국·죽"이라 하는 것이 이러한 예다. 일곱째, 비관지향(悲觀指向)은 칭찬에 인색하고 부정적 태도를 취하는 것으로, "Thank you!"라 해야 할 자리에 "미안합니다"라 인사하는 따위가 그것이다. 칭찬을 액면 그대로 수용하지 못하고 부정하는 것도 이러한 것이다. "야, 그것 참 멋지다!"에 "아니야, 싸구려야."라 응대한다. 여덟째, 긴장지향(緊張指向)은 "힘내라", "조금만 더 열심히 공부하라"며 긴장을 늦추지 않는 것이다. "미숙한 것들 편달해 달라"는 것도 마찬가지다. 마음을 편히 가지라("Take it easy!")거나, 중요한 장면에 농담을 하는 여유와 대조되는 문화지향이다. 외국어를 구사할 때는 이러한 문화변용규칙을 알아야 한다. 그래야 이문화간(異文化間)에 거부감을 주지 않고 원활한 커뮤니케이션을 할 수 있다. 한국어 학습에는 이러한 변용규칙에 대한 이해가 필요하다.

이 밖에 언어생활에 넘쳐나는 비유(比喩)도 학습의 대상이 된다. 언어에 따라 발상(發想)이 같거나 비슷한 표현도 있지만 다른 것도 많다. 이러한 비유 가운데 개성적인 것이 아닌, 민족지적 특성을 반영하는 것은 외국어 교육의 활성화를 위해 학습을 해야 한다. 신체나 용모와 관계되는 비유를 몇 개 보면 다음과 같다(박갑수, 1998).

> 키가 장대같다(tall as a tree), 젓가락같이 말랐다(thin as a toothpick), 쭈그렁바가지 같다(like prune), 올챙이 배(a pot belly), 백옥 같은 살결(milky soft skin), 닭살(goose pimple), 복사꽃 같은 뺨(rosy cheeks), 무 다리(piano legs), 주먹코(a bulbous nose), 민둥산(bald as a billiard ball), 실눈(eyes like slits), 뱅어 같은 손가락(lily-white hands)

"장면 전환(contextual transfer)"도 여기 덧붙일 수 있을 것이다. 이는 어울리지 않는 표현을 다른 장면에 전환함으로 잘못을 빚는 경우다. 사회적 부적격성(social incompetence)은 언어적 부적격성(linguistic incompetence)보다 심각한 결과를 빚게 된다. 호칭이나, 경어를 잘못 전용하는 것이 이런 것이다.

이상 언어의 문화적 배경, 다시 말하면 사회언어학적 요소와 이의 교수·학습의 필요성에 대해 살펴보았다. 외국어 교육의 목적은 원어민 화자와 효과적인 의사소통을 하자는 것이다. 그러기 위해서는 문법적인 문장을 이해하고 사용하는 능력 못지않게 의사소통 능력을 키워야 한다. 이는 언어의 문화적 배경, 다시 말하면 사회언어학적 요소를 학습하여 언어의 사회적인 기능을 효과적으로 수행하는 것이다. 이러한 학습의 필요성은 목표언어와 현지 언어의 차이가 많이 날 때 더욱 증대될 것이다.

5. 결어

한국어교육을 개관하고, 한국어교육에 있어서의 언어문화(言語文化) 교육에 대해 살펴보았다. 언어는 문화를 반영한다. 따라서 외국어교육에서 문화, 특히 언어문화는 필수적인 교육 대상이 된다. 이는 외국어교육이 자국어와 달리 언어뿐만 아니라, 문화도 전혀 알지 못하는 학습자를 대상으로 하기 때문이다. 언어문화 교육은 언어능력 아닌, 의사소통능력을 기르는 데 목적이 있다. 곧 언어의 사회적인 기능을 효과적으로 수행하게 하는 데 그 의의가 있다. 한국어교육의 경우 지금까지 언어문화 교육에 대해 제대로 관심을 기울이지 못했다. 앞으로 많은 관심을 기울여야 하겠다. 이는 언어 지식을 쌓은 뒤에 한가하게 교수·학습할 대상이 아니다. 동시에, 아니 먼저 교육되어야 할 대상이라고 할 수 있다. 한국어교육에 관심을 가진 사람이나, 한국어교육에 종사하는 사람들이 한국 언어문화에 좀 더 많은 관심을 가지게 되길 바라 마지않는다.

참고문헌

김진우(1996), 언어와 문화, 중앙대학교 출판부.
박갑수(1994), 제2 논설집 우리말 사랑 이야기, 한샘출판사.
박갑수(1998), 일반국어의 문체와 표현, 집문당.
박갑수(1999), 제4 논설집 아름다운 우리말 가꾸기, 집문당.
박갑수(2005), 국어교육과 한국어교육의 성찰, 서울대학교 출판부.
이득춘(1988), 조선어 어휘사, 연변대학 출판사.
이익섭(1994), 사회언어학, 민음사.
Hall, E. T.(1976), Beyond Culture, Anchor Press.
Hinkel, E.(1999), Culture in Second Language Teaching and Learning, Cambridge University Press.
Hymes, D.(1977), Foundation in Sociolinguistics-An Ethnographic Approach, Tavistock Publication Ltd.
Kramsch, C.(1993), Context and Culture in Language Teaching, Oxford University Press.
Kramsch, C.(1998), Language and Culture, Oxford Univergity Press.
Porter, R. E., L.A. Samovar(1991), Basic Principles of Intercultural Communication, Wadsworth Publishing Company.
Samovar, L. A. et al(1998), Communication Between Cultures, Wadsworth Publishing Company.
プリブルチヤ—ルス(2000), 21世紀に向けて 異文化コミュニケシヨン, ナカニシヤ出版.
金田一春彦(1993), 日本語の特質, 日本放送出版協會.
國廣哲彌(1992), 發想と表現, 大修館.
外山滋比古(1996), 英語の發想・日本語の發想, 日本放送出版協會.
高見澤孟(1989), 新しい外國語教授法と 日本語教育, アルク.
松本靑也(1994), 日米文化の特質, 研究社.
山內進 編(2003), 言語教育學入門, 大修館書店.
강보유(2004), 문화언어학과 언어문화 교육, 한국언어문화학 제1권 제1호, 국제한국언어문화학회.

민현식(2005), 한국어교육에서 문화교육의 방향과 방법, 한국어교육연구 8, 서울대 사대 외국인을 위한 한국어교육 지도자과정.

박갑수(1998), 외국어로서의 한국어 교육과 문화적 배경, 선청어문 제26호, 서울사대 국어교육과.

박갑수(2003), 한국어-일본어의 대조론, 일본 고등학교 한국어교사를 위한 한국어교육 연구, 서울대학교 언어교육원.

박갑수(2005), 언어와 문화, 그리고 한국어교육, 제9회 조선-한국 언어문학교육 학술회의, 연변대학.

박갑수(2006), 한국문화의 세계화와 그 방안, 자국문화의 세계화 전략과 과제, 충남대학교 인문과학연구소, 충남대 인문과학연구소(2007), 인문학의 원형과 문화, 심지, 재록.

박갑수(2006), 한국어와 한국 언어문화 교육, 韓國專家學術講座 학술강연집, 烟台大學 外國語學院.

박갑수(2006), 재외동포 한국어교육의 오늘과 내일, 재외동포와 이주 외국인을 위한 한국어교육의 오늘과 내일, 이중언어학회.

조항록(2005), 정책의 연구사와 변천사, 국제한국어교육학회(2005), 한국어교육론 1, 한국문화사.

황적륜(1997), 사회언어학과 외국어 교육-Communicative Competence의 문제, 사회언어학과 한국어 교육, 서울대 외국인을 위한 한국어교육 지도자과정.

황적륜(1997), 언어와 문화: 영어와 한국어의 경우, 사회언어학과 한국어 교육, 서울대 외국인을 위한 한국어교육 지도자과정.

■ 이 글은 "한국어와 한국 언어문화 교육"(중국 烟台大學 韓國專家學術講座, 2006)을 개고하여, "한국어교육연구" 제10호(서울대학교 한국어교육지도자과정, 2007)에 게재한 것이다.

제4장 어휘를 통해 본 한국문화와 한국어교육

-동물명을 중심으로-

1. 서언

사람들은 언어 사용능력을 지녔기 때문에 만물의 영장이 되었고, 문화를 창조 향유하게 되었다. 거기에다 새로운 사상(事象)이나 개념을 표현할 필요가 있을 때에는 새로운 낱말을 만들어 쓰거나 외국어에서 낱말을 빌어다 사용한다.

새로운 낱말을 만들어 쓰는 과정을 우리는 명명(命名), 또는 조어(造語)라 한다. 지각된 사물이나 사태는 객관적으로 표현되는 것이 아니다. 인간은 추상 능력을 가졌고, 이러한 추상 활동을 통해 개념을 형성하고, 개념형성을 통해 명명을 하게 된다.

명명(Naming, Name-giving)이란 이렇게 형성된 개념에 기호(記號)인 말, 곧 단어를 부여하는 행위다. 따라서 같은 사물을 두고서도 언어에 따라 그 명칭이 다르다. 명명은 형태가 있는 현실이거나(개, 차), 관념상의 것이거나(神, 행복), 사태·변화·움직임(전쟁·진화·운동) 등 모든 대상을 개념화 한 뒤, 이에 기호를 부여한다. 따라서 명명행위는 일반 사물의 명칭인 보통명사만이 아니고, 추상명사·집합명사, 및 동사·형용사를 만드는 일에까지 다 해당된다(金田— 朳, 1988).

조어(word-formation)는 단어형성, 또는 단어구성이라고도 한다. 조어법이라 하는 경우에는 새로 단어를 만드는 동태적 방법이 되고, "단어구성"이라 하는 경우에는 기성 어휘의 성립이라는 정태적 방법을 의미한다. 따라서 "조어"는 보는 입장에 따라 "명명"과 그 개념이 비슷하거나 차이가 난다.

어휘 신조의 또 하나의 방법은 의미변화, 곧 전의(轉義)다. 이는 새로운 어휘 형태를 만드는 것이 아니나, 명칭과 의미의 연합 관계가 달라진다는 점에서 신조(新造)가 된다.

언어 기호의 특성은 자의성·규약성을 지닌다는 것이다. 그러면서 이는 동시에 유연성(motivation)을 지닌다. 유연성은 자연적 유연성과 언어내적 유연성이 있다. 자연적 유연성은 의음어라는 청각적 유연성을 지니는 것이다. 언어내적 유연성에는 형태적인 것과 의미적인 것이 있다. 따라서 언어적 창작은 모두 어원적으로는 유연적이라 본다(Guiraud, 1958). 의음(擬音), 차용, 형태적 조성, 그리고 의미의 조성이란 단어의 창작 수단이 다 그러하다.

언어교육은 언어 자체에만 시종해서는 안 된다. 언어는 문화의 산물이요, 어휘는 이의 색인이다. 언어교육은 문화교육과 더불어 행해져야 한다. 그런데 그간 한국어교육은 문화교육에 너무 소홀했다. 거기에다 어휘교육은 실종된 것이나 다름없었다. 언어 교육을 위해서는 앞에서 언급한 단어의 창작 수단과 관련된 문화적 유연성을 살펴보는 것이 바람직하다. 유연성은 이해와 학습을 용이하게 하기 때문이다. 따라서 여기서는 바람직한 한국어교육을 위해 이들의 문화적 유연성을 고찰하고, 이를 바탕으로 한 한국어교육, 특히 어휘교육의 방법을 살펴보기로 한다. 이러한 어휘문화에 대한 고찰은 한국어교육의 질과 내용을 확충시켜 줄 것이며, 고급 한국어교육은 물론, 초급 한국어교육의 발전에도 기여할 것이다.

2. 명명(命名)과 한국문화

　명명은 "명명자(命名者)"와 "대상"과 명명에 쓰이는 "말"이란 삼자에 의해 이루어진다. 명명자는 대상에 대하여 어떤 의미 부여를 하고, 그것을 기호화한다. 의미 부여는 대상이 지니는 속성을 추상하고, 이에 해석을 가함으로 이루어진다. 예를 들어 물고기 이름의 경우 서식장소, 형태, 빛깔, 무늬, 습관, 동작, 발성, 신체 부위, 계절, 성장도, 성별 등에 주목하고, 이를 연상을 통한 비유, 견해, 전통, 신앙, 해학 등에 의해 의미를 부여하고 이름을 붙인다(일본 국어학회, 1980). 거기에다 명명은 그 대상에 따라 역사적·문화적·사회적으로 일정한 방식이 있어 문화적인 의미가 더욱 커진다.

　역사적으로 우리는 명명행위에 대한 많은 기록을 가지고 있다. "인명(因名)/ 인이명지(因以名之)/ 인이위명(因以爲名)"이라 하여 명명한 것이 그것이다. 삼국유사에서 한두 예를 보면 다음과 같다.

- 開雲霧散 因名開雲浦 ＜삼국유사＞
- 麻立者 方言謂橛也 橛標准位而置 則王橛爲主 臣橛列於下 因以名之
　＜삼국유사＞
- 薯童… 常掘薯蕷 賣爲活業 國人因以爲名 ＜삼국유사＞

이렇게 유연성에 따라 명명하였다. 이러한 기록 외에 역사적으로 새로운 문물제도가 시행되며, 무수한 이름이 부여된 것도 볼 수 있다. "조선, 홍익인간, 화랑, 향가, 집현전, 갑오경장, 삼일천하, 문민정부, 오공, 수능, 종북(從北)" 등이 이러한 것이다. 이들은 추상에 의한 개념형성 과정을 거쳐 명명된 것이다. 이들은 문화적 배경을 반영하고 이와 유연성을 지닌다. 이러한 문화적 유연성을 모르고는 이들 어휘를 이해할 수 없다.

그러면 오늘날의 일상어 가운데 동물에 대한 명명을 구체적으로 보기로 한다. 동물은 앞에서 언급한 바와 같이 사는 곳, 모양, 빛깔 등에 따라 명명된다. 동물은 포유동물, 새, 물고기 등의 세 부류로 나누고, 이들 명명 기준을 살펴보기로 한다. 이는 이들 동물에 대한 우리의 문화적 추상이요, 해석이다. 여기서는 문화적 유연성이 잘 드러나는 것을 주로 살펴보기로 한다. 어휘 분석은 한국어 교육자를 위해 필요한 경우 어원적 유연성을 밝히는 방향으로 한다.

2.1. 포유동물의 이름

포유동물에 대한 한국어의 명명은 대체로 다음과 같은 경향을 드러내는 것으로 보인다.

- 사는 곳 : 강돌고래(강-돌고래), 들개(들-가히), 멧돼지(묏-돝-아지), 물범(물-범), 물소(물-소), 바다가마우지(바다-가마오디), 바다표범(바다-표범), 집토끼(집-톳기),
- 모양 : 범고래(범-고래), 생쥐(ㅅ양[生薑]-쥐), 염소(염[羔]-쇼[牛]), 우격뿔이(우격-뿔-이), 코끼리(코-길-이), 황소(한[大]-소), 코뿔소(코-뿔-소)
- 빛깔 : 검둥개(검둥-개), 공골말(공골[黃]-물), 백곰(白-곰), 백여우

(백-여슷), 불곰(불[火]-곰), 절다말(절다[赤]-말), 흰둥이(흰-둥이)

- 무늬 : 갈범(葛-범), 꽃사슴(꽃-사슴), 바둑말(바둑-말), 바둑이(바둑-이), 얼룩말(얼룩[縞]-말), 얼룩소(얼룩-소), 칡소(칡-소)
- 신체 부위 : 긴꼬리원숭이(긴-꼬리-원숭이), 우걱뿔이(우걱-뿔-이), 코끼리(象 : 코-길-이), 코뿔소(코뿔-소)
- 소리 : 꿀돼지(꿀-돼지), 멍멍이(멍멍-이)
- 습성 : 다람쥐(듣[走]-옴-쥐[鼠]), 똥개(똥-개), 박쥐(붉[明]-쥐), 푿소(풀[草]-소)
- 용도 : 고기소(고기[肉]-소), 씨돼지(씨[種]-돼지), 젖소(젖-소)
- 성별 : 수말(수-말), 수소(수-소), 수캐(수-ㅎ-개), 암캐(암-ㅎ-개), 암탕나귀(암-ㅎ-당나귀), 암퇘지(암-ㅎ-돼지)
- 성장 : 고양이(괴-앙이), 두습(둘[二]-습 : 牛馬 二歲), 송아지(소-아지), 중소(中-소), 피말(피-말 : 다자란 암말), 하룻강아지(하루-ㅅ-강아지)
- 생식 : 둘암소(둘-암-소), 둘치(둘-치)
- 진가 : 강돌고래(강-돌-고래), 돌고래(돌-고래),

이들 명명은 위에 드러나는 바와 같이 사는 곳, 모양, 빛깔, 무늬, 신체 부위 등 외형에 따른 것이 많다. 사는 곳은 강, 들, 산, 물, 바다, 집 등으로 나타난다. 모양은 동물의 신체 부위의 특징을 드러낸 것, 무늬는 줄무늬와 얼룩무늬를 반영한 것이 많다. "긴꼬리원숭이, 우걱뿔이, 코끼리, 코뿔소, 바둑말, 얼룩소"와 같은 것이 그것이다. 암, 수를 얹어 성별을 구별하는 명명도 많이 보인다.

이러한 명명은 한국 언어문화의 특성의 일단을 보여 준다. 이들 유개념(類槪念)을 드러내는 개별어(個別語)를 다른 말의 어휘와 비교 대조해 보면 그 특성이 좀 더 잘 드러난다. 이에 같은 동양문화권이고, 우리와 같이 한자어와 고유어를 함께 사용하는 일본어와 비교·대조해 보기로 한다. 이에 의하면 두 나라의 말은 문화적 유연성이 같은 어휘와 다른 어휘가 비슷한 경향을 보인다. 이러한 경향은 그대로 한국 동물명의 문화적 특성을 드러내는 것이다. 발상(發想)이 같은 것은 같은 대로, 다른 것은 다른 대로 한국문화의 특성을 반영하기 때문이다. 한·일 포유 동물명의 두드러진 특징은 한국 명칭에는 사는 곳에 따른 명명이 많다는 것이다. 이들은 어휘의 같고 다름의 구별 없이 공통되는 것이 많다. 이들 가운데 대표적인 유연성을 지니는 것으로는 다음과 같은 것이 보인다.

- 같은 것 : 고기소(肉牛), 긴꼬리원숭이(尾長猿), 들개(野良犬), 들소(野牛), 물소(水牛), 바다가마우지(海鵜), 백곰(白熊), 수소(雄牛), 씨돼지(種豚), 암캐(雌犬), 얼룩말(縞馬), 젖소(乳牛)
- 다른 것 : 다람쥐(りす), 돌고래(眞海豚), 멧돼지(いのしし), 물개(おつとせい), 물쥐(川鼠), 바다오리(海鳥), 바다표범(あざらし), 박쥐(こうもり), 불곰(赤熊), 생쥐(二十日鼠), 염소(やぎ), 집토끼(飼兎), 코끼리(象), 코뿔소(さい)

2.2. 새의 이름

새의 이름은 사는 곳, 모양, 빛깔, 신체 부위, 발성 등에 따라 명명된 것이 많다. 사는 곳과, 특히 발성, 곧 새의 울음소리를 바탕으로 명명한 것이 많다. 새 이름에 발성에 의한 명명이 많다는 것은 한국 새 이름의 하나의 문화적 특징이다. 또 하나의 특징은 "들새, 파랑새"처럼 유개념인 "새(鳥)"라는 말에 종차(種差)를 보이는 말을 얹어 명명한 것이 많다는 것이다. 아래에 예를 든 새 이름의 반 이상이 이러한 것이다. 이는 다른 유개념의 명칭에는 볼 수 없는 현상이다. 사는 곳은 물, 바다가 두드러진다. 외모는 새의 빛깔과 신체 부위의 특징이 의미상 유연성을 지니는

것으로 나타난다. "노랑부리저어새, 붉은발도요, 붉은부리갈매기, 흰꼬리
수리, 흰배지빠귀, 흰뺨검둥오리, 흰수염바다오리, 흰죽지참수리" 등은
빛깔과 모양, 특히 특징적 신체 부위를 함께 드러낸다. 의미상 문화적
유연성을 보이는 이들 새의 이름을 보면 다음과 같다.

- 사는 곳 : 들새(들[野]-새), 물까마귀(물[水]-가마괴), 물닭(물-닭), 물
  떼새(물-떼-새), 물수리(물-수리), 물오리(물-올히), 물촉새(물-촉새),
  바다가마우지(바다-가마오디), 바다꿩(바다-꿩), 바다비오리(바다-
  빗-오리), 바다쇠오리(바다-쇠-오리), 바다오리(바다-오리), 바닷새
  (바다-ㅅ-새), 바닷제비(바다-ㅅ-져비), 산새(산-새), 산까치(산-까
  치), 산지니(山-陣-이), 집새(집-새), 집오리(집-오리), 텃새(터-ㅅ-
  새), 흰수염바다오리(흰-수염-바다-오리)
- 모양 : 꼬마물떼새(꼬마-물-떼-새), 꿩닭(꿩-닭), 노랑부리저어새(노
  랑-부리-저어새), 붉은발도요(붉은-발-도요), 붉은부리갈매기(붉은-
  부리-갈매기), 뿔종다리(뿔-종다리), 큰고니(큰-고니), 큰부리새(큰-
  부리-새), 할미새(할미-새), 할미새사촌(할미새-사촌), 황새(한-새),
  흰꼬리수리(흰-꼬리-수리), 흰죽지참수리(흰-죽지-참-수리)
- 빛깔 : 가마우지(가마[黑]-오디[鴨]), 굴뚝새(굴뚝-새), 까마귀(가마-
  괴), 노랑부리저어새(노랑-부리-저어새), 노랑할미새(노랑-할미새),
  녹두새(녹두-새), 바다쇠오리(바다-쇠-오리), 붉은발도요(붉은-발-
  도요), 붉은부리갈매기(붉은-부리-갈며기), 비오리(빗[光]-오리), 쇠
  박새(쇠[鐵]-박새), 재-두루미(재-두루미), 파랑새(파랑-새), 흰기러
  기(흰-기러기), 흰뺨검둥오리(흰-뺨-검둥-오리), 흰수염바다오리(흰
  -수염-바다-오리), 흰죽지참수리(흰-죽지-참-수리)
- 무늬 : 알락할미새(알락-할미-새)
- 신체 부위 : 노랑부리저어새(노랑-부리-저어새), 붉은발도요(붉은-
  발-도요), 붉은부리갈매기(붉은-부리-갈매기), 뿔종다리(뿔-종다리),
  큰부리새(큰-부리-새), 흰꼬리수리(흰-꼬리-수리), 흰배지빠귀(흰-

배-지빠귀), 흰수염바다오리(흰-수염-바다-오리)

- 발성 : 괭이갈매기(괭이-갈며기), 기러기(그력-이), 까치(갗-이), 꾀꼬리(곳골-이), 꾸꾸기(꾸꾹-이), 따오기(다왁-이), 딱따구리(딱따굴-이), 뜸부기(뜸북-이), 뻐꾹새(뻐꾹-새), 소쩍새(소쩍-새), 접동새(접동-새), 종달새(종달-새), 찌르레기(찌르럭-이), 휘파람새(휘파람-새)
- 습성: 날짐승(놀[飛]-즘싱), 떠돌이새(떠돌-이-새), 떼새(떼[群]-새), 밤새(밤[夜]-새), 수꾸머리새(수꾸-머리-새), 철새(철-새)
- 훈련 : 날지니(날[野生]-陣-이), 보라매(보라-매), 수지니(手陣-이)
- 성별 : 까투리(암꿩), 암탉(암-ㅎ-닭), 장끼(장[雄]-끼[雉])
- 성장 : 꺼벙이(꺼벙-이), 햇닭(해-ㅅ-닭),
- 용도 : 싸움닭(싸움-닭), 새매(새-매)
- 진가 : 참새(참[眞]-새), 참수리(참-수리), 흰죽지참수리(흰-죽지-참-수리)

발성과 관련이 있는 새 "꾸꾸기"는 뻐꾸기, 또는 두견새를 이르는 방언이다. 그런데 두견새를 이르는 경우 이는 꽤 폭넓은 유연성을 드러낸다. coucou(佛), cuclillo(西), cuculo(伊), cucu(루마니아), cuculus(羅), ko'kkux(希), kuckuck(獨), kukushka(露), kakuk(헝가리), kaeki(핀란드), cuckoo(英), kakkou(日) 등이 그것이다. 소쩍새는 방언으로 또 "솟적다새"라 일러지기도 한다. 이는 솥이 적다고 "솥적 솥적" 운다고도 하여 붙여진 이름이다. 이는 방언에 쓰이는 외에 청구영언에 "초당 뒤에 와 안저 우는 솟적다새야"라고 시조에도 용례가 보인다.

한·일어의 새 이름은 공통된 발상에 의해 명명된 예가 많지 않다. 앞에서 본 포유류의 이름에 비해 달리 명명된 것이 많다. 이러한 차이를 드러내는 가장 큰 이유는 한국 조류의 이름이 새의 울음소리와 관련된 것이 많다는 데 있다. 의성성(擬聲性)과 관련이 있는 한국의 새 이름의 대부분은 일본어에서는 의성성과 관련이 없는 일반 어휘로 되어 있다.

- 같은 것 : 들새(野鳥), 떼새(群鳥), 물까마귀(川鳥), 바다가마우지(海鵜), 바다제비(海燕), 바닷새(海鳥), 산새(山鳥), 수꾹새(頭高), 집새(家禽), 큰부리새(巨嘴鳥), 해오라비(白鷺), 흰배지빠귀(白腹)
- 다른 것 : 가마우지(う), 굴뚝새(みそさざい), 기러기(雁), 까마귀(からす), 까치(かささぎ), 꾀꼬리(うぐいす), 따오기(とき), 딱따구리(啄木鳥), 뜸부기(ひくいな), 물떼새(川千鳥), 물수리(みすご), 물오리(眞狎), 바다꿩(こほりがも), 바다비오리(海鳥), 바다쇠오리(海雀), 바다오리(海鳥), 뻐꾹새(郭公), 소쩍새(ほととぎす), 쇠박새(こがら), 재두루미(眞鶴), 접동새(ほととぎす), 종달새(ひばり), 찌르레기(むくどり), 크낙새(きたたき), 텃새(留鳥), 파랑새(佛法僧), 할미새사촌(山椒喰), 휘파람새(うぐいす), 흰뺨검둥오리(輕鴨), 흰수염바다오리(うとう), 흰죽지참수리(大鷲)

2.3. 물고기 이름

물고기 이름은 사는 곳과 빛깔, 신체 부위 등 외모와 관련된 명명이 많다. 잡은 사람에 따른 이름도 한둘 보인다. 어류(魚類)를 "고기"에 대한 "물고기"로 분류, 개념화한 것은 한국인의 어류에 대한 특이한 발상의 명명이다. 물고기 이름에 접미사 "-치"를 붙여 명명한 것이 많다는 것은 한국 어류명의 특징 가운데 하나다. 이는 새 이름의 경우 유개념 앞에 종차를 드러내는 말이 많이 쓰이는 것과 경향은 같으나 구별되는 것이다. "치"는 물고기를 나타내는 실사가 아니기 때문이다. "가물치, 갈치, 꽁치(秋刀魚), 날치, 넙치, 버들치, 삼치, 알치, 얼음치, 준치, 쥐치, 참치, 풀치" 등이 그 예다.

- 사는 곳 : 물고기(물-고기), 민물고기(민물-고기), 민물미꾸라지(민물-미꾸리), 민물잉어(민물-잉어), 바다메기(바다-메기), 바다미꾸라지

(바다-미꾸리), 바닷물고기(바다-ㅅ-물-고기), 바닷장어(바다-ㅅ-댱어[長魚])

- 모양 : 갈치(갈[刀]-치), 꼽추송어(꼽추-송어), 넙치(넙[廣]-치), 뱀장어(비얌[蛇]-장어), 수염상어(수염-상어), 쥐-노래미(쥐-노래미), 철갑상어(鐵甲-사어[沙魚])
- 빛깔 : 가물치(가물[黑]-치), 갈고등어(褐-고등어), 금눈돔(금-눈-돔), 노랑가자미(노랑-가자미), 검은가자미(검은-가자미), 금붕어(금-붕어), 붉돔(붉-돔), 붉은숭어(붉은-숭어), 얼음치(얼음-치), 은숭어(은-숭어), 청돔(靑-돔), 칠색송어(七色-송어), 황새기(黃-石魚), 흑도미(黑-도미), 흰뺨상어(흰-뺨-상어),
- 무늬 : 까치복(까치-복)
- 신체 부위 : 금눈돔(금-눈-돔), 기름가자미(기름-가자미), 긴꼬리상어(긴-꼬리-상어), 대구(大-口), 미꾸라지(미꿀-아지), 뿔상어(뿔-상어), 수염상어(수염-상어), 수염메기(수염-메기), 열목이(열목-이), 오징어(오적-어), 철갑상어(철갑-상어), 흰뺨상어(흰-뺨-상어)
- 발성 : 쥐치(쥐-치), 빠가사리(빠가-사리 : 동자개의 방언)
- 습성(동작) : 날치(날[飛]-치), 모래무지(모래[沙]-믇[埋]-이)
- 성장도 : 노가리(명태 새끼), 알치(알[卵]-치), 풀치(갈치 새끼)
- 포획자 : 명태(明-太), 임연수어(林延壽-魚)
- 진가 : 돌가자미(돌-가자미), 돌붕어(돌-붕어), 돌상어(돌-상어), 참가자미(참-가자미), 참도미(참-도미), 참치(참-치), 참치방어(참치-방어), 참조기(참-조기)

어류명은 한·일어가 많이 다르다. 같은 것에 비해 다른 것이 훨씬 많다. 한국어에 많은, 빛깔 및 모양이란 물고기의 외모와 유연성을 갖는 어류명이 일본의 그것과 많이 다르다. 이는 그만큼 일본에서는 어류명을 물고기의 외모와 연관시키지 않는다는 의미가 된다.

- 같은 것 : 갈치(たちうお), 금눈돔(金眼鯛), 날치(飛魚), 돌가자미(石鰈), 민물고기(淡水魚), 바닷물고기(海魚), 참가자미(眞鰈), 참돔(眞鯛), 흑돔(黑鯛)
- 다른 것 : 가물치(雷魚), 갈고등어(むろあじ), 갈돔(浜笛吹), 금붕어(金魚), 넙치(比目魚), 대구(鱈), 기름가자미(ひれぐろ), 돌상어(さめかしら), 명태(助宗鱈), 모래무지(沙潜), 물고기(魚), 미꾸라지(とじよう), 바닷장어(穴子), 뱀장어(うなぎ), 범고래(逆又・しやち), 붉돔(血鯛), 수염상어(きりのとふか・大瀬), 얼음치(やがたにごい), 열목이(まんしゅます), 오징어(するめいか), 쥐노래미(あぶらめ), 참조기(石持), 참치방어(つむぶり), 철갑상어(からちようざめ), 청돔(平鯛),

이상 포유동물, 새, 물고기 등 동물에 대한 명명을 살펴보았다. 이들 동물의 이름은 일반적으로 사는 곳, 모양, 빛깔, 신체 부위 및 성별과 많은 유연성을 지니는 것으로 나타난다. 이러한 유연성은 제4장에서 논의되듯 이해 내지 어휘교육과 밀접한 관련을 갖는다. 유연성을 갖는 어휘가 유연성을 갖지 않는 어휘에 비해 이해하고 학습하기 용이한 것이다. 따라서 한국어교육에서는 이러한 어휘의 의미상의 유연성을 활용함이 바람직하다 하겠다.

그리고 이러한 동물 관련 어휘는 짐승, 새, 물고기와 같이 유개념(類概念)에 해당한 어휘는 고유어가 많고, 들개, 파랑새, 까치복과 같이 종개념(種概念)에 해당한 어휘는 일반적으로 종차(種差)를 나타내는 고유어에 유개념 어휘가 결합된다. 그리고 이의 하위개념인 품종은 하나의 고유어로 나타내거나, 송아지, 까마귀, 날치와 같이 고유어에 접사를 붙이는 형태로 나타내는 것을 볼 수 있다. 이와는 달리 종개념을 나타내는 말에는 유개념을 나타내는 말이 생략되어 형태상으로는 유개념을 알 수 없는 명칭도 상당 수 있다. 이러한 현상은 어류와 조류명에 많다. "우걱뿔이,

코끼리 ; 까마귀, 까치, 기러기, 꾀꼬리, 따오기, 딱따구리, 뜸부기, 지빠귀, 찌르레기 ; 가자미, 노래미, 메기, 미꾸라지, 모래무지, 열목이" 따위가 이러한 것이다.

3. 조어(造語)와 한국문화

국립국어연구원(1999)의 "표준국어대사전"은 "조어(造語)"에 대해 다음과 같이 풀이하고 있다.

① 새로 말을 만듦. 또는 그렇게 만든 말.
② [어] 실질형태소에 다른 실질형태소나 여러 가지 접사를 결합하여 새로운 단어를 만드는 일.

이들은 둘 다 새로운 단어를 만드는 일을 의미한다. ①과 ②가 차이가 난다면 ①은 좀 더 신조(新造)한다는 의미가 강하고, ②는 구성한다는 의미가 승한 것이라 할 것이다. 따라서 ①은 명명(name-giving)에, ②는 단어 구성(word-formation)에 초점이 놓인 풀이라 하여 좋을 것이다. 이러한 해석은 앞에서 Word-formation을 동태적 조어와 정태적 조어로 구분한 것과 맥을 같이 한다. 여기서는 Word-formation을 Name-giving과 구별하기 위해 "단어 구성"이라는 데 중점을 두어 살펴보기로 한다.

조어(造語)는 기존의 언어 자료를 이용하는 방법과, 기존 자료를 이용하지 않는 방법이 있다. 다음에는 이러한 언어학적 조어법에 대해 살펴보기로 한다(金田一春彦 外, 1988).

3.1. 기존 자료에 의하지 않는 방법

이는 어근 창조(root-creation)의 방법이다. 각종 음성을 이용해 조어하는 방법으로, 음성을 직접 모방하는 반향(echo)과, 의성(onomatopoeia)과 음성을 상징적으로 모방하는 음상징(sound symbolism)에 의해 이루어진다. "맴맴, 멍멍, 짹짹, 살랑살랑, 풍덩풍덩, 한들한들"이 이런 것이다. 이들은 현실 음을 이용해 조어하므로 유연성을 지닌다. 그러나 이와는 달리 무연적(無緣的) 조어로, 순수하게 어근을 창조하는 경우도 있는 것으로 본다. 이러한 예는 상품명이나, 시(詩) 등 개인적 창작에서 볼 수 있다. "나일론, 코닥"과 "처얼썩 처얼썩 척 튜르릉 콱"(최남선, 해에게서 소년에게) 가운데의 "튜르릉", "실실이 시르렁"(김억, 물레)이 이러한 예다.

3.2. 기존 자료에 의한 방법

기존 자료에 의한 방법에는 어휘 성분에 의한 것, 음운성분에 의한 것, 문자 성분에 의한 것이 있다.

① 어휘 성분에 의한 것

이에는 조성적(造成的) 방법과 변형적 방법, 기타의 방법 등 세 가지가 있다. "조성적 방법"이란 단일어와 파생 및 합성에 의한 복합어를 구성하는 방법이다. "변형적 방법"은 기존 어휘 성분의 형태나 배열에 변동을 가하는 것으로, 역성(逆成), 축약, 도치(倒置)의 방법 등이 있다. 역성의 예로는 "얼<얼빠지다, 보조개<보조개우물"을 들 수 있고, 축약의 예로는 "코<콧물, 헌재(헌법재판소), 샘(선생님), 여친(여자 친구), 잼업(재미없어)" 등 많은 예가 있다. 도치의 예로는 "뒤꼭지<꼭뒤, 배꼽<뱃복, 짜가<가

짜” 따위를 들 수 있다. “기타의 방법”에는 차용, 전성(轉成)의 방법이 있다. 차용에는 내부 차용과 외부 차용이 있다. 내부 차용은 같은 언어 체계나 위상의 단어를 차용하는 것이고(말루하·마누라 : 상전>아내, 그위실(구실) : 직분>역할), 외부차용은 다른 언어 체계나 위상의 단어를 차용하는 것이다. “수라(밥), 저(笛), 아이디아, 아르바이트, 대감(고위 관직>무속 신)” 따위가 그 예다. 전성은 어형의 변환을 수반하지 않고 바뀌는 것으로 우리 고어에서 “어느(何)”가 관형사 “어느”, 부사 “어찌”, 대명사 “어느 것”으로 쓰이는 것이 그 예다.

② 음운 성분에 의한 것

음운 성분에 의한 조어로는 성분의 전환과 성분의 통합에 의한 것이 있다. “성분의 전환”에 의한 것은 음장(音長)의 전환을 들 수 있다. “큰:집(大家)”과 “큰집”이 그것이다. “성분의 통합”으로는 “3씨”가 솜씨 마음씨 맵시를 의미하는 것 따위다.

③ 문자 성분에 의한 것

문자 성분에 의한 조어로는 한글의 경우 “ㄱ : 낫, ㅇ : 똬리”, 한자의 경우 “夫 : 出頭天”과 같은 많은 파자(破字)들, 로마자의 경우 “U턴, Y셔츠”의 “U, Y”와 같은 것이 그것이다.

이상이 언어학적 입장의 조어법이거니와 여기서는 주로 언어내적 유연성, 곧 형태적 유연성을 살피게 된다. 단어에 반영된 개념적인 유연성, 문화적 유연성은 찾기가 좀 곤란하다. 문화적 유연성은 정치, 경제, 사회, 문화, 과학 등 그 내용을 살펴야 한다. 이에 의미변화의 원인으로 들려지는 역사, 언어, 사회, 심리 등으로 유형화하여 문화적 유연성을 살펴보기로 한다. 어휘는 기초적인 어휘와 함께 조금 낯선 고급 어휘에 이르는 것까지 보기로 한다. 이는 초급과 고급 학습자를 아울러 염두에 두기 때문이다.

① 역사적인 면의 조어

정치·경제·사회·문화 등의 제도와 생산품의 명명을 필요로 하여 조어하는 경우다. "居西干(잇-한), 尼師今(닛-금), 麻立干(머리-간)" 등 왕을 계승되는 수장, 신(神), 내지 수령(首領)으로 명명한다든가, 나라 이름 가라(加羅)가 "가륵(支流)"를 반영하는 따위가 그것이다. "경치다(黥-치다), 귀양가다(歸鄕-가다), 사냥(山行), 장가들다(入丈家), 양반(東班-西班)"도 이러한 예다. 현대어의 "내선일체(內鮮一體), 5·16군사혁명, 문민정부, 포괄수가제, K팝"도 같은 예다.

② 언어적인 면의 조어

사회 현상이나 사물에 대한 구상적·추상적 명명을 말한다. 구상어는 "계집(여자), 기침(<깇다[咳]), 김치(沈菜), 사람(살-옴)" 등 그 예가 무수하다. 추상어는 구상적 표현을 비유에 의해 나타내기도 하고, 형태적으로 파생법에 의해 나타내기도 한다. 한국어의 경우 명사에 "-다"를 붙여 용언화(用言化) 하는 것도 이에 포함시킬 수 있을 것이다.

추상화의 예로는 "곁(腋>側), 고프다(곯-브-다), 구실(官職>역할), 나쁘다[惡](<낮[低]-브-다), 난데없다(<난데[出處]-없다), 딴전(他-廛), 마렵다(便意<말[便]-업-다), 밑지다(결손<本-落), ㅁ숨(心臟>심정), 아프다(앓-브-다), 열없다(열[膽]-없다>小心하다), 이바지(宴>공헌), 퇴짜맞다(退字-맞다>물리쳐지다), 힘(筋>力)" 따위를 들 수 있다.

"-(이)다"의 첨가로 인한 용언화에는 "굿다(劃), 동이다(束), 되다(升), 띠다(帶), 배다(腹), 붉다(火), 신다(靴), 안다(內), 재다(尺), 푸르다(草), 품다(胸), 희다(日)" 등을 들 수 있다.

비유적 방법에 의한 조어는 수사학의 영역으로 심리적인 면과 관련되나, 여기서 다루기로 한다. 은유 외에 제유(提喩), 환유(換喩)에 의해 조어를 많이 한다. 제유는 전체와 부분, 종과 유, 재료와 제품, 고유명사와 보통명사 사이에 호환되는 것이다. 이에 대해 환유는 내용과 용기, 생산자·생산지와 생산물, 표지와 사물, 추상명사와 구상명사 사이에 호환되는 것이다. "청상(靑裳)－기녀, 초파일－석탄일, 두루마기－주의(周衣)" 등이 그 예다. 이들의 예는 "의미변화"의 항에서 자세히 다루기로 한다.

③ 사회적인 면의 조어

사회적인 면의 조어란 사회적 현상을 표현하기 위한 조어를 말한다. 이는 의미의 일반화 및 특수화와, 사회구조의 변천에 의한 의미변화에 의해서도 나타난다. 이 밖에 사회생활과 관련된 어휘의 조어도 여기 소속시킬 수 있을 것이다.

사회현상과 관련된 것은 "계집(在－家), 누비온인(衲衣－혼인), 단골집(堂谷－집), 대감(大監), 딸깍발이(딸깍－발－이), 샌님(生員－님), 아내(內－者), 어르신(얼으－시－ㄴ), 주폭(음주 폭력)" 등 많이 보인다. 사회구조의 변천에 의한 의미변화의 예로는 "결혼(結婚), 교도소(矯導所), 양반(＜東班－西班), 장가들다(＜丈家－들다), 행랑방(行廊－房)" 같은 것을 들 수 있다.

사회생활과 관련된 조어는 무수하다. 의식주 등의 생활어가 여기 속한다. 그 예를 몇 개 들어보면 다음과 같다.

가을갈이(秋耕), 곱창(곱[脂]－창[腸]), 곶감(고지[串]－감), 구정물(궂[惡]－엉－물), 굴렁쇠(굴[轉]－렁－쇠[鐵]), 김치(沈菜), 나막신(남[木]－악－신), 남

새(나물[菜]-새[草]), 다니다(돋[走]-니[行]-다), 더부살이(더불[與]-살[生]
-이), 덤(더음[加]), 도끼(돓[石]-귀[耳]), 도리깨(돌이[廻]-개), 돗자리(돗
[筵]-자리[席]), 두루마기(두루[周]-막이[防]), 머슴살이(머슴-살이), 물부
리(물[咬]-부리[嘴]), 밑천(밑[本]-천[錢]), 봄낳이(봄-낳이 : 봄에 짠 무
명), 부짓간(블[火]-질(接辭)-ㅅ-간[間]), 빨래말미(빨래-말미), 소꿉장난
(소꿉-장난), 시루떡(시루(甑)-떡), 양달(陽-달), 일꾼(일-軍), 집들이(집-
들-이), 집알이(집-알-이), 품팔이(품-팔이), 흥정와치(흥정-바치)

④ 심리적인 면의 조어

언어 기능에는 지시적 기능과 대조되는 것으로, 정서적 기능 또는 감
화적 기능이라는 것이 있다. 어휘에도 인식적(認識的), 및 표현적(表現的)
형태가 있다. 어휘에는 이러한 표현성을 드러내려는 것이 있다. "고주망
태(고조[槽]-網橐), 꼬락서니(꼴[模樣]), 대가리(머리), 뒈지다(죽다), 손모가지
(손목), 자빠졌다(누워 있다), 처먹다(처-먹다)" 같은 것은 표현적 어휘다. 비
어, 욕설 등이 여기에 해당된다.

심리적인 면에서 명명, 조어되는 것에 금기 대상에 대한 재명명(再命名)
이 있다. 금기어, 완곡어가 그것이다. 명칭과 사물을 동일시하여 그 말의
사용을 기피(taboo)하고 재명명하는 것을 금기어(taboo word)라 한다. 신성
하거나, 무서워 그 말의 사용을 꺼리는 것이다. 완곡법(euphemism)은 명칭
과 사물의 연합관계가 정서적으로 바람직하지 않아 재명명하는 것이다.
완곡어는 광의의 금기어에 속하는 것으로 본다. "호랑이"를 "산신령",
"구렁이"를 "지킴"이라 하는 것은 금기어의 예이고, 폐병을 "가슴앓이",
변소를 "뒷간"이라 하는 따위는 완곡어의 예다. 완곡어는 성·생리·신
체부위, 배설물, 병·죽음, 음식, 직업 등과 관련된 말에 많다. "짝짓기
(性交), 뒤(大便), 고추(腎), 조개(膣), 손님(홍역), 가다(죽음), 들다(먹다), 밤손님
(도둑)" 등이 그 예다.

⑤ 문화·예술적인 면의 조어

문화는 역사, 사회 현상과 관련된 것이나, 여기서는 협의의 문화를 따로 나누기로 한다. 문화예술과 관련된 조어는 "갖신(<皮靴), 거문고(<玄琴), 꼭두각시놀음(꼭두-각시-놀음), 널뛰기(板躍), 노래(<놀[遊]-애), 노릇바치[才人](<놀앗[遊]-바치), 탈춤(假面劇), 판소리(판-소리)" 등을 들 수 있다.

광의의 문화와 관련된 조어에는 다소 특이한 것이 있다. 그것은 그 문물이 어디서 왔는지, 소종래(所從來)를 밝히는 조어가 많기 때문이다. 이들 예를 몇 개 보면 다음과 같다. 보기 가운데 "강남"은 중국 양자강 남쪽, "남"은 동남아, "당"은 중국, "양"은 서양, "왜"는 일본, "호"는 중국 북방, 만주 지역을 가리킨다.

> 강냉이(江南-이), 강낭콩(江南-콩), 남과(南瓜=호박), 남초(南草), 당닭(唐-닭), 당면(唐麵=胡麵), 당의(唐衣), 당지(唐紙), 양담배(洋-담배), 양복(洋服), 양철(洋鐵), 양회(洋-灰), 왜간장(倭-간장), 왜무(倭-무), 왜솥(倭-솥), 호궁(胡弓), 호밀(胡麥), 호선(胡船), 호주(胡酒=高粱酒)

⑥ 기타의 조어

기타의 조어로 자연과 인체에 관련된, 조어상 문화적 유연성을 갖는 몇 개의 어휘를 보기로 한다. 먼저 자연과 관련된 조어를 보면 다음과 같은 것이 있다.

> 가랑비(<ᄀᆞ르[粉]-비), 갈대(갈[蘆]-대[竹]), 굼벵이(굼[穴]-벙-이), 놉새바람(東北風 : 놉새-바람), 눈사태(눈-沙汰), 도토리(<돝[豚]-익-밤[栗], 두꺼비(둗[厚]-겁-이), 두더지(두디[翻]-어-쥐), 뙤약볕(<되약[疹]-볕), 새끼(삳[胺]-기[접사]), 쇠똥굴이(쇠-똥-굴-이), 시내(<실[谷]-내[川]), 장마(長-맣), 푸서리(풀-서리[叢]), 할미꽃(할미-꽃), 함박꽃(大-瓢-꽃), 황소(大-牛)

인체와 관련된 조어를 몇 개 보면 다음과 같다.

구융젖(槽乳>凹乳房), 귓불(귀-ㅅ-불[睪]), 넓적다리(넓적-다리), 눈구석(눈-굿[隅]-억), 눈썹(눈[眼]-섭[薪]), 눈초리(눈-초리[尾]), 대머리(대[禿]-머리), 들창코(들창-코), 며느리발톱(며느리-발-톱), 발목(발-목), 배알(비-술[內臟]), 배꼽(배-ㅅ-복[核], 보조개(보조개[顔]-우물), 새가슴(새-가슴·鷄胸), 손가락(손-가락), 옆구리(녑[腋]-구리), 팔굽(팔[腕]-굽[曲]), 콧마루(코-ㅅ-마룩[宗]), 허튓비(허튀[脚]-ㅅ-비)

4. 의미변화와 한국 언어문화

4.1. 의미변화의 성격과 유형

언어는 변한다. 말소리, 어휘, 문법이 다 변한다. 이 가운데 가장 잘 변하는 것이 어휘이고, 어휘에서도 형태보다 의미가 잘 변한다.

의미변화의 원인은 다양하다. A. Meillet는 언어적 이유, 역사적 이유, 사회계층의 변화란 세 가지를 들었고, P. Guiraud는 크게 명명과 의미진화란 둘로 나누고, 이를 다시 각각 다섯 가지로 나누었다. K. Nyrop는 언어적 원인과, 역사적 원인, 사회적 원인, 심리적 원인 등으로 4분 하였으며, S. Ullman은 우선 양분하고 이를 다시 나누어 5분 하였다.

의미변화의 본질은 연상(聯想)에 있는 것으로 본다. 따라서 의미변화는 언어학적 고찰의 대상이나, 발상의 차원에서도 유의해야 한다. 발상은 문화적 배경을 바탕으로 이루어진다.

의미변화의 형태는 의미의 확대·축소·전이의 세 가지로 나누는 외에 전통적 분류, 발생적 분류, 절충적 분류, 경험적 분류의 네 가지로 나눈다(Ullman, 1959). 형태상의 분류인 연쇄법과 방사법은 전통적 분류 방식 가운데 대표적인 것의 하나다. Ullman의 분류는 발생적 분류에 속하는 대표적인 분류방법의 하나다. 다음에 Ullman(1962)의 틀에 따라 한국어 어휘의 의미변화를 살피게 되겠기에 이의 골조를 보면 다음과 같다.

A. 언어적 보수주의에 의한 의미변화
B. 언어 개신에 의한 의미변화
  Ⅰ. 명칭의 전이
    (a) 의미간의 유사
    (b) 의미간의 인접
  Ⅱ. 의미의 전이
    (a) 명칭간의 유사
    (b) 명칭간의 인접
  Ⅲ. 복합변화

경험적 분류에는 Stern이 일곱 가지 부류로 나눈 것이 있다. 치환(substitution), 유추(analogy), 단축(shortning), 명명(nomination), 전이(transfer), 교체(permutation), 적응(adequation)이 그것이다.

의미변화의 결과는 의미 영역의 변화와 평가의 변화란 두 가지로 나뉜다. 의미영역의 변화는 확대와 축소로 나타난다. 경제적 손실 "적자"가 붉은 글씨를, "고양이", "도야지"가 새끼 괴, 새끼 돝의 의미에서 고양이와 돼지 일반을 나타내게 된 것은 의미의 확대다. 이에 대해 기쁜 소식을 뜻하는 "복음"이 그리스도의 가르침을, "중생"이 사람, "아침"이 조반을 의미하는 것은 의미 축소에 해당된다.

평가의 변화는 의미의 타락과 의미의 향상, 중간항(middle term)으로 나뉜다. 의미의 타락은 천당가다(죽다), 화장실(변소), 계집(여자) 등이 그 예이며, 의미의 향상은 "좋아 죽겠다, 우스워 죽겠다"의 "죽겠다"가 이러한 예이다. 중간항은 본질적으로 중립적이며, 문맥에 따라 좋은 의미로도 나쁜 의미로도 쓰이는 말이다. 중립적인 "운(運)"이 한정사에 따라 의미의 타락과 향상을 보이는 것이 그것이다.

4.2. 한국어의 의미변화와 언어문화

의미변화는 앞에서 살펴본 바와 같이 그 원인이 다양하다. 여기서는 대표적 의미변화의 분류방법의 하나인 S. Ullman(1962)의 의미변화 유형을 중심으로 한국어 어휘의 의미변화를 살펴보기로 한다.

"언어적 보수주의에 의한 의미변화"란 역사적 원인에 의한 언어외적 변화를 가리키는 것으로, Stern의 외부적 원인에 의한 의미변화와 같은 것이다. 이는 명칭은 변하지 않고 이에 연합되는 의미만이 바뀌는 것이다. 지시물의 실제적 변화, 및 지식의 변화, 정의적 태도의 변화 등으로 말미암아 의미가 변한다. 비행선(airship), 천지(天圓地方), 민주화(<독재에의 항거)가 각각 이들의 예다.

"언어 개신에 의한 의미변화"는 명칭과 의미의 유사, 또는 인접에 의해 이들이 전이(transfer)되는 것이다.

4.2.1. 의미간의 유사 - 은유

이는 은유에 해당한 것으로, S. Ullman(1962)은 이를 실제적 유사와, 공감각적 유사, 정의적 유사로 나누고 있다. 그는 이 책에 앞서서 낸 Ullman(1951, 1967)에서 의인법적 은유, 동물의 은유, 구상의 추상화, 공감각적 은유의 네 가지를 들기도 하였다. 문화적 유연성을 살피고자 할 때에는 이 분류 방법이 좀 더 바람직할 것이다. 이에 한국어 의미변화를 이에 따라 살펴보기로 한다.

① 의인법적 은유 : 그물눈, 꽃눈, 자눈, 저울눈, 그물코, 뜨개코, 신코
② 동물의 은유 : 개코(냄새를 잘 맡는 사람), 노루발(농기구 이름), 늑대(음험한 사람), 돼지(탐욕스런 사람), 매부리코(매-부리-코), 여우(간교한 사람), 여우비(여우-비[雨])
③ 구상의 추상화 : 거울(鏡>귀감), 건달(樂神>부랑인), 검정(검듸양[鍋煤]>黑), ᄀ이업다(無邊>憐), 날(日>날씨), 대수롭다(大事>중요), 마지기(斗落>논밭 넓이의 단위), 맛(食物>味覺), 목숨(頸-息>생명), 밑천(本錢>자본), ᄆ숨(심장>心思), 번갈아(交番>交代), 분별(思>憂), 비위(脾胃>기분·인내력), 스승(巫>師), 이바지(宴>貢獻), 장가들다(入丈家>결혼하다)
④ 공감각적 은유 : 가느다란 웃음소리, 검은 울음, 금빛 소리, 맑은 소리, 달콤한 향기, 담담한 香氣, 무거운 함성, 부드러운 빛, 부드러운 소리, 샛노란 소리, 어두운 향료, 연짓빛 고요, 차가운 음성, 찝찔한 海嘯, 푸른 미각(박갑수, 1998)

이 밖에 S. Ullman(1962)에 제시된 "실제적 유사, 정의적 유사"라 할 것도 있다. 실제적 유사의 예로는 "계시다(>있다[存]의 존대), 곳계집(美女>花妾), 늦다(晩>緩), 뒤(공간상 後·北>시간상 미래), 막걸리(粗濾>탁주), 빠르다(急>早), 쇠(鐵>鍵·수갑·지남침), 술래잡기(巡邏>술래), 싣다(載>乘), 스싀(공간적 간격>시간상 간격), 앒(공간적 前, 南>시간상 과거), 움딸(사위의 再娶>딸), 이바디(宴>공헌), 입술(口弦>脣), 흐욤없다(無爲>愁心), 흐쁴(一時>공간적 동일성[共])" 등을 들 수 있다. 그리고 정의적 유사의 예로는 "가벼운 처신, 뜨거운 우정, 무거운 표정, 부드러운 성격, 싱거운 사람, 짠돌이, 차가운 사람" 등을 예로 들 수 있다.

4.2.2. 의미간의 인접 - 제유 · 환유

의미간의 인접은 의미가 공간적, 시간적, 인과적으로 인접되어 다른 대상에 명칭이 전이되는 것이다. 이는 환유, 제유와 밀접한 관계를 갖는다(박갑수, 1973).

① 시간적 인접 : 9 · 28(9월 28일 서울 수복), 끼 · 끼니(時>식사), 6 · 25(육이오전쟁), 육젓(유월 蝦醢), 첫날밤(初夜>결혼초야), 초파일(석탄일), 칠석(칠월칠석), 8 · 15(광복)

② 공간적 인접 :

  a. 전체와 부분 : 가슴>유방 · 폐, 가개(棚>廛房), 결혼(양가 결합>남녀 결합 cf. 解慕漱 : 我是天帝之子 今欲與河伯結婚), 마술/마을(官署>村), 보조개(顔>笑印), 얼굴(형체>容顔), 지단(계란>鷄蛋), 틀리다(違>異)

  b. 유와 종 : 아저씨-어른, 영감(令監>노년의 남자, 님자/ 임자(主>汝), 마노라(上典>아내), 머슴(남자>雇工), 메조/ 메주(醬>醬麴), 십팔번(歌舞伎 十八番>長技), 스랑(思>愛), 어이(母>양친), 오랑캐(兀良哈>야만인), 짓물(灰水>세제)

  c. 보통명사와 고유 명사 : 강태공-釣師, 서울-수도, 심청이-효녀, 춘향이-貞女, 홍길동-출몰이 무상한 사람.

  d. 내용과 형식/용기 : 청상(靑裳-기녀), 고주망태(酒醡>大醉), 냥반/양반(兩班>벼슬), 녹의홍상(의상>새색시), 대전(大殿-왕), 동궁(東宮-왕세자), 서방(書房-부군), 안방(內室>안주인), 인간(世間>사람), 작은집(小家>小室), 중전(中殿-왕비), 핫바지(綿袴>고문관)

  e. 생산자(지)와 생산물 : 명태(명천 태씨-명태), 버버리코트(버버리회사-코트), 안성맞춤(안성-유기), 임연수어(임연수-어), 진로(회사-소주)

  f. 표지와 사물 : 삼족오(三足鳥)-고구려, 이화-이왕가, 태극기-

한국, 鶴帶-문관, 한반도기-남북합동, 호대-무관
- g. 구상명사와 추상명사 : 감투(帽>벼슬), 겨레(친척[族]>민족), 곁/
결(挾>옆), 날(태양>日字), 녑/ 옆(脇>옆), 벽창우(碧潼 昌成의
소>벽창호), 비둘기(새-평화), 혀(舌>言辯)
③ 인과적 인접 : 개밥바라기(犬 夕食 기대 時>金星의 별칭), 검듸앙
(검정>검다), 그믐(黑>晦日), 녀름(夏>穀), 나누다(分割>분배), 두루
마기(周衣), 목도리(<목돌이), 몽진(임금의 피란), 매미(蟬), 발을 끊
다(절연), 섭섭ᄒ다(不實>불만), 손돌이추위(細項寒氣>10월 20일경
의 심한 추위 cf. 孫石風, 孫乭風), 손씻다(절연), 어른(交合>성인),
약사발(藥器>賜藥·死藥), 어리다(愚>幼), 해바라기[向日花](해[日]-
바라기[望]), ᄒ릴업시(無事>無聊)

4.2.3. 명칭의 유사-전염·통속어원

동음견인(attraction homonimique)에 의한 어원설이다. 이러한 예로는 다
음과 같은 것이 있다.

꽃답다(馨香>美麗), 귀먹다(耳塞>食), 나누다(分割>分配), 나락(>羅祿),
목(首>配分), 뫼(山>野·墓), 발자국 소리(<발걸음), 벽창호(碧昌牛>고집
쟁이), 볕(陽>光), 빈대떡(빙자>貧者餅), 빋(價>債), 산힝(山行>사냥), 설
렁탕(湯>先農湯), 소나기(>소 도박), 손돌이추위(細項寒氣>孫乭風), 얼
(愚>精神), 잊어버리다(妄覺>분실), 지새다(曙>철야), 한글(문자>한국어),
행주치마(힝ᄌ쵸마·廚房裙>행주산성 치마), 홀몸(獨身>單身)

4.2.4. 명칭의 인접-생략·통사적 전염

같은 문맥 가운데 있는 두 명칭이 상대방에 영향을 주어 생략과 통사
적 전염이 일어나는 경우다. "먹고 튐>먹튀, 모범생>범생이, 보죠개우
물>보조개(笑印), 불고기백반>불백, 술 한 잔>한 잔, 안녕히 가십시오>
안녕, 엄마친구>엄친, 저녁밥>저녁(夕飯), 전과목 참고서>전과, 첨지중

추부사>첨지(僉知), 청상과부>청상, 70대와 80대>7080, 해장술>해장"
은 생략에 의한 의미변화이고, "별로(부정적 의미), 절대(부정적 의미)"는 통
사적 전염에 의한 의미변화다.

4.2.5. 복합 변화

복합변화는 위에서 언급한 연상에 의한 의미변화 유형이 복합적으로
나타나는 현상이다.

> OB 하나<동양맥주회사 맥주 한 병 : OB와 Oriental Beer(인접 생략),
> 맥주와 병(내용과 용기), OB회사와 맥주(생산자와 제품), KTX 1등 하나
> <한국고속열차 1등표 한 장 : KTX와 Korean Train Express(인접 생략),
> KTX 회사와 고속열차 차량(형식과 내용), 1등 하나<1등표 한 장(생략)

이상 의미변화에 대해 살펴보았거니와 이는 개인의 창작이 아니고 무
의식적으로, 그리고 언중에 의해 진행적, 집단적 전파에 의해 이루어지
는 것이다. 이는 언중의 발상과 문화가 작용하는 것이다. 이러한 의미변
화는 앞에서 살펴본 바와 같이 의미의 유사와 인접에 의한 것이 많다.
그리고 명칭의 유사에 의한, 통속어원에 말미암은 의미변화는 많지 않으
며, 명칭의 인접에 의한 생략은 많이 나타난다. 특히 생략에 의한 의미
변화가 현대어에 많이 나타나고 있다.

5. 한국어의 어휘문화와 한국어교육

언어는 문화의 색인이라 한다. 그러나 이 말이 좀 더 사실에 부합되기
위해서는 "어휘는 문화의 색인이다"라 하는 것이 좀 더 적절하다. 그만

큼 어휘는 문화를 반영한다. 어떤 단어의 유무는 바로 그 사회 문화에 그의 존재 여부를 증언하는 것이다.

앞에서 모든 언어적 창작은 유연적이라 하였다. 단어를 창작하는 수단인 명명과 조어와 의미변화 전반에 걸쳐 유연성을 드러낸다. 이는 자연적 유연성과 언어내적 유연성으로 나타나는가 하면, 이는 자연히 의미의 면에서 문화적 유연성을 드러낸다.

유연성이 있는 말은 그만큼 이해하기 쉽고 배우기 쉽다. 개념 파악이 용이한 것이다. Life보다 "목숨"이, Tear보다 "눈물"이, Sigh보다 "한숨"이 이해하고 배우기 쉬운 것이다. 설령 어떤 단어를 모른다고 하더라도 그 구성 요소의 일부라도 알면 그것이 이해와 학습의 계기가 된다. 따라서 한국어를 학습하기 위해서는 이러한 어휘의 유연성을 파악하고 아는 것이 필요하다. 앞 장에서 여러 면에서 어휘의 형태적, 의미적 유연성을 분석적으로 살펴본 것은 이 때문이다. 한국어 교수·학습이 바람직하게 이루어지도록 하기 위해서는 이러한 구성성분의 이해가 필요한 것이다. 어원론적 유연성을 밝히는 것이 필요하다. 문화적 유연성을 파악하는 발생적 어원론이 필요하다. 이는 고급 학습자는 물론이고, 초급 학습자에게도 그에 어울리는 유연성의 파악이 필요한 것이다.

다음에는 앞에서 논의한 문화적 유연성을 바탕으로 한국어교육, 나아가 어휘교육의 바람직한 방향을 모색해 보기로 한다.

첫째, 한국어교육에 문화교육이 강화되어야 한다.

언어교육에서 문화교육은 사회언어학과 화용론이 등장하며 정확한 언어와 함께 사회적으로 수용될 수 있는 적격의 언어가 강조되며 부상하게 되었다. 언어생활에 있어 정확한 언어가 중요하지 않은 것은 아니지만, 그것이 사회적으로 수용될 수 있는 말이냐, 아니냐 하는 것이 더욱 중요하다. 언어의 오용은 언어학적인 것보다 사회언어학적인 것이 심각한 결과를 초래한다.

　원활한 의사소통을 하기 위해서는 상대방 문화의 이해가 필요하다. 대화를 할 때 상대방의 문화에 적응하여야 한다. 이는 구체적으로 우리말을 보면 쉽게 이해된다. 우리 사회는 평등사회가 아닌, 종속사회다. 문화는 평등사회의 문화가 아닌 서열사회(序列社會)의 문화다. 그 대표적인 경우로 대우법(待遇法)을 들 수 있다. 한국어의 경우에는 상대방이 사회적으로 나보다 힘(power)이 센 사람이냐 아니냐, 나와의 친밀도(solidarity)가 어떠냐가 결정되지 않으면 한 마디 말도 제대로 하지 못하게 되어 있다. 간단히 식사를 했느냐고 묻는 경우만 해도 그러하다. 말하기 전에 상대방을 보고 우선 "밥 먹었니?"라고 해야 할지, 아니면 "진지 자셨어요?"라 할지, "진지 잡수셨습니까?"라 할지를 결정해야 한다. 커뮤니케이션에 있어서는 이렇게 언어 이전에 문화가 작용한다. 그러니 언어교육에 문화교육을 강조하지 않을 수 없다. 문화가 서로 다른 경우에는 더욱 그러하다.

　이러한 언어행위는 문법 규칙에 의해서만 규제되는 것이 아니다. 사회적 요소에 의해서도 여러 가지로 제약을 받는다. 이의 대표적인 것이 장면의존도와 문화변용규칙이다. 장면의존도는 고맥락적 표현을 하느냐, 저맥락적 표현을 하느냐 하는 것이 문제다. 한국어는 대표적인 고맥락적 문화(high-context culture)의 언어다. 따라서 영어와 같은 저맥락적 표현을 하게 되면 그것은 한국어다운 한국어가 안 된다. 문화변용(acculturation)이란 서로 다른 문화 시스템이 접촉하여 한쪽, 또는 양쪽의 문화양식이 변화하는 것이다. 한국의 문화변용규칙은 松本(1994)에서 일본과 미국의 문화를 비교하고, 일본문화의 변용규칙이라 하여 제시한 것과 유사하다. "겸손지향 대 대등지향, 집단지향 대 개인지향, 의존지향 대 대립지향,

형식지향 대 자유지향, 조화지향 대 주장지향, 자연지향 대 인위지향, 비관지향 대 낙관지향, 긴장지향 대 이완지향"에서 전자가 일본문화의 변용으로, 한국문화의 변용이라 하여 좋은 것이다. 그래서 한국 사람은 진수성찬을 차려 놓고도 변변치 않다고 하며, 남이 도와주면 감사하다는 말 대신에 미안하다고 한다. 이러한 한국문화를 학습하고 이해하지 않고는 커뮤니케이션을 제대로 할 수 없다(박갑수, 2009, 2010). 이런 의미에서 한국어교육에 문화교육은 강조되어야 한다.

둘째, 한국어교육에 어휘교육이 강화되어야 한다.

교수 학습의 방법에는 명시적 방법(explicit approach)과 암시적 방법(implicit approach)이 있다. 지난날 어휘의 교수·학습은 당연히 암시적 교수·학습을 하는 것이라 생각했다. 새로운 단어를 접하게 되면 우연히(incidental) 학습되는 것이라 보았다. 그래서 어휘에는 그다지 신경을 쓰지 않았다. 어휘학습은 학습자에게 일임하였고, 교육은 거의 하지 않았다. 그러나 오늘날은 이렇게 보지 않는다. 어느 정도의 명시적 교육이 필요하다고 본다.

직접적·명시적 방법에 의한 교육은 특히 교육의 초기 단계에 필요하다. 초기 단계에 높은 빈도를 보이는 많은 단어를 알지 않고는 문맥을 통해 새로운 단어의 의미를 추리해 낼 수 없기 때문이다. 그리하여 2,000 내지 3,000개의 기본 어휘는 명시적 학습 방법에 의해 교수·학습해야 하는 것으로 본다(Nation, 2001). 그래야 암시적 학습을 가능하게 하는 문턱을 넘을 수가 있다. 이러한 명시적 교수의 필요성은 어휘 기억의 과정에 의해서도 수긍된다. 기억에는 주목하기(noticing), 반복하기(repetition), 복구하기(retrieval), 창조적 사용하기(generative use)란 네 가지 중요 과정이 있다(박갑수, 2011). 이 가운데 반복하기는 우리도 학습에 일반적으로 활용하고 있는 방법이다. 그런데 이는 흔히 얼마간 집중적 반복을 하고 끝낸다. 그래서 이내 망각한다. 집중적 반복 아닌, 간격을 둔 반복(the spacing repetition)을 해야 한다. 이렇게 해야 안정적 학습을 하게 된다(Nation, 2001). 언어교육에서 중요한 것은 문법교육이 아닌 어휘교육이다. 이문화(異文化) 커뮤니케이션에서 궁극적으로 문제가 되는 것은 문법이 아닌 단어다. 따라서 한국어교육에서도 바람직한 교육을 하기 위해서는 어휘교육을 강화할 것이며, 간격을 둔 반복학습을 명시적 교수 학습으로 하여야 한다.

명시적 어휘교육을 함에 있어 유의해야 할 것의 하나가 문화적 유연성에 주목하는 것이다. 이는 교수학습을 용이하게 할 뿐 아니라, 흥미 있고 안정적 학습을 하게 한다. 한 예로 "좌익, 우익"이라는 어휘학습을 하는 경우를 생각해 보자. 이는 어려운 추상의 단어다. 따라서 쉽게 학습이 되지 않을 것이다. 물론 모어의 번역에 의해 그 의미를 파악할 수 있다. 그러나 언어적·문화적 유연성까지는 잘 파악되지 않을 것이다. 이 때 이 말의 어원적 명명 left wing, right wing을 설명하고, 좌익(左翼)과 우익(右翼)이 이 말의 번역차용(飜譯借用)이라는 것을 설명함으로 학습자가 쉽게 이해하게 하는 것이다. 좌익과 우익은 프랑스 혁명의회의 의석 배치에 연유한다. 1972년 프랑스 국민회의에서 의장석을 향해 우측에 점진파(Gironde당)의, 좌측에 급진파(Jacobin당)의 자리가 마련됐던 것이다. 여기에서 좌익과 우익이란 말이 생겨났다. 이렇게 어휘문화를 설명하게 되면 이는 흥미로운 학습이 되고, 쉽게 잊히지도 않을 것이며, 고급 어휘교육이 될 것이다. 거기에다 "좌·우"에 대한 연상장(聯想場)에 의해 적잖은 어휘 학습도 가능해질 것이다.

제2·3·4장에서 관련된 많은 어휘에 대한 언어내적 유연성 내지 문화적 유연성을 밝혀 놓은 것은 이러한 어휘교육을 배려한 것이다. 이들

어휘의 구성성분에 대한 논의는 아래의 명명과, 조어 및 의미변화와의 유연성을 살피는 자리에서 하게 된다.

셋째, 명명과 조어에 있어서의 유연성을 한국어교육에 활용한다.

모든 어휘 창작은 유연적이며, 규약 외의 연합에 유래한다(Guiraud, 1958). 유연성은 앞에서 언급한 바와 같이 자연적 유연성과 언어내적 유연성이 있다. 언어내적 유연성은 형태적인 경우와 의미적인 경우가 있다. 전자는 합성과 파생이고, 후자는 의미 내지 문화와 관련된 것이다. 이러한 유연성은 이해와 학습을 용이하게 한다. 단일어에 비해 복합어가 좀 더 유연성을 지니므로, 학습은 자연히 복합어가 좀 더 용이해진다. 앞에서 비근한 예로 목숨과 life, 눈물과 tear, 한숨과 sigh를 들었거니와 영어에 비해 한국어가 이해하기 쉽고 학습하기 용이하다면 그것은 한국어가 영어와 달리 언어내적 유연성을 지닌 복합어이기 때문이다.

제2장과 3장에서 명명과 조어의 구성 성분을 분석하여 제시하였다. 한국어교육의 경우는 이와 같은 어원적 성분분석을 하여 이를 교육에 활용함이 바람직하다. 혹 어려운 작업이라 초급에는 어울리지 않고, 고급에나 활용할 수 있는 것이라 생각할는지 모른다. 그러나 그런 것이 아니다. 어휘의 난이도에 따라 얼마든지 초급에서도 활용할 수 있다. 더구나 이때 의미적 유연성, 다시 말해 문화적 유연성을 활용한다면 소위 문화적 충격도 받지 않고 흥미롭게 학습할 수 있다. 그러면 다음에 명명과 조어의 이러한 유연성에 대해 구체적인 예로 설명을 더하기로 한다.

먼저 명명의 경우 포유동물 "코끼리, 다람쥐, 돌고래"와 같은 어휘를 교수·학습하는 경우, "코[鼻]-길[長]-이[접사], 닫[走]-암[접사]-쥐[鼠], 돌[石]-고래[鯨]"와 같은 성분으로 구성되어, 코가 길다 하여, 잘 달린다 하여, 참고래가 아닌 좋지 못한 고래라 하여 각각 명명된 것이라 설명하

거나, 교수·학습을 한다면 흥미 있는 어휘 수업이요, 문화수업이 될 것이다. 이는 또 학습자의 모어와 비교 대조함으로 어휘문화의 특징을 더욱 분명히 알 수 있다. 학습자가 중국인이나 일본인이라면 이들의 중국어와 일본어가 각각 "象/象, 栗鼠/栗鼠, 海豚/まいるか"로 한국어와 명명의 방법이 다름을 알게 하여 좀 더 분명한 학습이 되게 할 수 있다.

새 이름의 경우는 "따오기, 물오리, 재두루미"에 대해 각각 의성성(따옥), 서식처(물), 빛깔(잿빛)과 유연성을 지님을 설명한다. 그리고 학습자가 중국과 일본인인의 경우 "朱鷺/とき(鴇), 野鴨/まがも(眞鴨), 白枕鶴/眞鶴에 대응되어 명명의 과정이 다름을 이해하게 하여 한국의 어휘문화를 이해하게 하는 것이다.

다음에는 조어의 예를 몇 개 보기로 한다. "귀양, 경치다"는 역사를 반영하는 말이다, "귀양"은 옛날 유배를 고향으로 보냈기 때문에 "귀향(歸鄕) 가다"의 "귀향"이 변한 말이며, 혼이 났다는 "경치다"는 옛날 입묵(入墨)의 형벌인 "경(黥)을 치다"에 연유한 말이다. 이에 대해 "힘, 열없다"는 구상으로 추상적 개념을 나타낸 조어다. "힘"은 근육을 의미하는 말이다. "안심, 등심"의 "심(<힘)"이 그것이다. 근육에서 힘이 나오므로, 구상으로 추상을 나타내게 된 것이다. "열없다"는 담(膽)이 없다는 말이니, "열"은 담의 고유어다. 웅담(熊膽)을 "곰열"이라 하는 것이 구체적 증거다. 건시(乾柿)를 "곶감"이라 하는 것은 감을 고지(串)에 꿰어 말리기 때문에 나온 말이고, 내장을 "곱창"이라 하는 것은 "곱(지방)"이 많은 창자(腸)라 해서 조어된 것이다. 이 밖에 "강낭콩, 당면(唐麵), 양회(洋灰), 호추(胡椒)" 등은 그 산물이 어디서 들어왔는가, 들어온 지역에 의지해 조어된 것이다. 이러한 것은 그대로 흥미로운 문화사(文化史)가 된다. 이렇게 어휘 창조에 있어서의 유연성을 잘 활용하여 교육하면 흥미롭고, 효과적이고, 유익한 어휘교육이 될 수 있다.

넷째, 의미변화에서의 새로운 유연성을 살려 어휘문화교육을 한다.

어휘가 창작된 다음에 의미는 자발적으로 진화한다. 명명이 의식적, 비연속적이고 유연적 창작인데 대해, 의미의 변화는 무의식적이고 진행적인 집단적 전파로, 이는 유연성 상실의 방향으로 나간다(Guiraud, 1958). 그리고 진화된 의미와 함께 새로운 유연성을 가지게 된다.

의미의 변화는 앞에서 살펴본 바와 같이 다양한 원인에 의해 이루어진다. 앞에서는 발생적 의미변화의 유형의 하나인 S. Ullman의 의미변화 유형에 따라 한국어의 의미변화를 살펴보았다. 그러면 다음에 의미변화에 의해 새로운 유연성을 지니게 된 어휘들의 어휘문화 교육에 대해 몇 개의 어휘를 통해 구체적 방안을 제시해 보기로 한다.

우선 언어적 보수주의에 의해 명칭은 그대로 있고, 의미만 바뀐 어휘부터 보기로 한다. 이러한 예로 앞에서 "비행선, 천지, 민주화" 등을 든 바 있다. "비행선"은 지시물이 실제로 변화해 "배(船)"가 아님에도 "선(ship)"이라 한 것이고, "천지"는 "天圓地方"이 아니라는 것을 알면서도 여전히 하늘과 땅이라 한 것이다. "민주화"는 독재에 항거하던 때와 오늘날은 정의(情意)가 변했음에도 여전히 같은 "민주화"란 말을 쓰는 것이다. "수레(車), 원자(原子), 효도(孝道)"도 각각 앞의 예들에 대응되는 것이다.

언어개신에 의한 의미변화의 예는 의미의 유사와 인접에 의한 것이 많다. 전자는 "꽃눈, 개코, 거울(龜鑑), 목숨(生命)"과 같이 은유에 의한 것으로 우리 언어문화를 반영하는 것이다. 후자는 제유·환유에 의한 것으로 이것도 일상 언어에 많이 활용되는 것이다. "8 15(광복), 가슴(유방), 춘향이(貞女), 두루마기(周衣)" 따위가 이러한 예다. 이러한 비유들은 지시적 의미만이 아니라 문화적 배경을 설명함으로 단어를 어휘문화로서 수용하도록 해야 한다.

명칭의 유사는 "행주치마"와 같은 통속어원에 의한 의미변화이고, 명칭의 인접은 생략에 의한 것이 많다. 통속어원에 의한 의미변화는 많지 않고, 생략에 의한 의미변화의 예는 참으로 많다. 이는 오늘날에도 끊임없이 양산되고 있다. 그 예를 몇 개 들어보면, "대출(대중교통으로 출퇴근하는 일), 먹튀족(먹고튀는 族), 사오정(45세 정년), 3040(30세대와 40세대), 얼짱(얼굴이 짱인 사람), 이태백(이십대 태반이 백수), 주폭(음주 폭행), 한상(재외 한국 출신 상인)" 같은 것이 그것이다. 이러한 의미변화는 시대적 변모와 함께 한국문화로서 이해되어야 한다.

다섯째, 모어와의 대조로 한국 어휘문화의 특성을 파악한다.

사물의 특성은 비교·대조를 통해 드러난다. 언어의 경우도 마찬가지다. 그런 의미에서 "외국어를 모르면 자국어도 모른다"고 한 괴테의 말은 명언이다. 외국어교육에서 목표언어와 학습자의 모어가 같은 경우는 그것을 확인하고 바로 다음 단계로 넘어가면 된다. 이에 대해 다른 경우에는 명시적 교수·학습을 해야 한다.

제2장 명명과 한국문화 등에서 이미 한국어와 일본어, 혹은 중국어와의 비교·대조를 다소 시도한 바 있다. 한국 어휘문화의 특성의 하나는 조류 명명에 유개념에 종차를 얹은 것과 의성성의 것이 많으며, 어류는 접미사 "-치"에 종차를 드러내는 말이 합성된 것이 많다는 것이었다. 이렇게 어휘를 비교·대조해 교수·학습하는 것이다.

다음에는 조어 및 의미변화와 관련된 몇 개의 어휘를 예로 들어 중국어 및 일본어와 비교하며 한국 어휘문화의 특성의 일단을 살펴보기로 한다. "고추(苦草-)"는 조선조 광해군 때 일본에서 들어온 것으로 알려진다. 일본에서는 이를 "唐辛子"라 하여 중국에서 들어온, 매운 식품이라 명명하였다. 중국에서는 이와 달리 "辣椒"라 한다. 우리는 이를 받아들이며 "고쵸"라 하였다. 훈몽자회의 "고쵸 쵸(椒)"가 그것이다. 고추의 어원은 "苦草" 또는 "苦椒"라 본다. 건시(乾柿)를 우리는 "곶감"이라 한다.

고지에 꿰어 말린 감(串柿)이란 문화적 배경에 연유한다. 일본이나 중국은 다 같이 "말린 감(乾柿)"이라 명명했을 뿐이다. 초서(招婿)는 "데릴사위"라 한다. 중국은 入壻, 일본은 入り壻(むこ)라 한다. 따라서 우리와 중·일(中日)은 행동 주체가 다르다. Necklace를 우리는 "목걸이"라 한다. 이를 중국어로는 항권(項圈), 항련(項鏈)이라 하고, 일본은 首卷, 首飾이라 한다. 거는 것, 쇠사슬, 감거나 장식하는 것 등으로 삼국이 개념화하는 방법이 다르다. "작은집"은 첩·소실(小室)에 대한 명명이다. 이를 중국어로는 "妾, 妾家", 일본어로는 "めかけ(妾)"라 할뿐 "작은 집"이나 "소실(小室)"이라 하지 않는다. 우리말에서 "청상(靑裳)"은 환유에 의한 기녀에 대한 명명이다. 그러나 이런 제도를 갖지 않는 중국이나 일본에는 이러한 명명이 따로 없다. "호박"은 중국에서 들어온 박과 같은 것이라 하여 "胡-박"이라 명명한 것이다 중국에서는 이를 "남과(南瓜)"라 한다. 동남아에서 들어온 것으로 외(瓜)같이 생겼다 하여 이렇게 명명한 것이다. 일본에서는 唐茄子라고도 하나, 일본식으로 "かぼちや"라 한다. 캄보디아에서 유입된 것이란 말이다.

이렇게 언어문화는 유형화할 수도 있으나, 개별 어휘를 통해 독특한 문화를 파악할 수도 있다. 따라서 이러한 어휘를 통한 문화를 학습자의 모어와 비교·대조함으로 그 특성을 파악하고, 나아가 심도(深度) 있는 한국어교육을 하도록 할 일이다.

한국어의 명명과 조어와 의미변화를 살피고, 나아가 이를 바탕으로 한국어의 어휘교육, 특히 문화교육의 바람직한 방안을 살펴보았다. 그간 방치됐던 어휘교육과 문화교육이 활성화되기를 바라 마지않는다. 이렇게 되기 위해서는 한국어 교육자가 한국어와 한국문화를 좀 더 깊이 연구하고 알아야 할 것이다.

참고문헌

김민수 편(1997), 우리말 어원사전, 태학사.
박갑수(1973), 의미론, 이을환 외, 국어학 신강, 개문사.
박갑수(1977), 국어의 표현과 순화론, 지학사.
박갑수(1995), 우리말 바로 써야 한다 1, 2, 3, 집문당.
박갑수(1999), 우리말 사랑 이야기, 한샘출판사.
박갑수(2005), 국어교육과 한국어교육의 성찰, 서울대학교 출판부.
유창돈(1964), 이조어사전, 연세대학교 출판부.
유창돈(1973), 어휘사연구, 선명문화사.
Guiraud, P.(1955), La Semantique, Presses Universitaires de France, 佐藤信夫 譯
    (1958), 意味論, 白水社.
Nation, I.S.P(2001), Learning Vocabulary in Another Language, Cambrige University
    Press.
Ullman, S.(1957), The principles of semantics, Glasgow-Oxford.
Ullman, S.(1962), Semantics. An introduction to the science of meaning, Basil
    Blackwell & Mott. Ltd.
박갑수(2009), 이문화 커뮤니케이션과 한국어교육, 한국어교육연구, 제13집, 서울사대
    외국인을 위한 한국어교육 지도자과정.
박갑수(2010), 한국어교육의 현실과 미래, 국학연구론총 6, 택민국학연구원.
박갑수(2011), 어휘교육의 원리와 방법, 한국(조선)어교육 국제학술연토회 論文集(下
    卷), 한국(조선)어교육연구학회.

■ 이 글은 한국언어문화교육학회 제7차 하계 국제학술대회(2012. 7. 28. 대국대학교)의 기조
연설 원고로, 자료집 "한국 언어문화교육의 현황과 전망"에 수록된 것이다.

제 2 부

언어문화와 한국어교육

제1장 가족생활과 전통의례, 그리고 교육

1. 서언

　인간은 사회적인 동물이다. 따라서 여러 단위의 집단생활을 한다. 작은 것으로 가정이 있고, 좀 더 큰 것에 마을이 있으며, 아주 큰 것에 나라와 민족이 있다.

　여기서는 가족 및 친족의 생활과 이들의 사회규범인 전통의례를 살펴보기로 한다. 전통의례는 한 사회의 규범으로, 그 사회가 가꾸고 지키며 살아온 문화다. 이들 사회규범의 대표적인 것이 관혼상제(冠婚喪祭)다.

　우리의 전통의례는 오랜 세월 우리 조상들이 지켜온 생활규범으로, 많은 변화 발전을 거쳐 오늘에 이어져 온 문화다. 따라서 이들 문화는 오늘을 사는 현대인에게도 친숙한 면이 있는가 하면, 생소한 면도 없지 않다. 우리는 우리의 올바른 정체성을 유지·발전해 나가기 위해 이러한 전통의례, 전통문화를 알아야 한다. 그리고 후세에 물려주어야 한다.

　외국어를 학습하는 학습자는 목표언어의 배경문화를 알아야 한다. 외국어교육은 그 첫째 시간부터 문화 수업으로, 그 문화를 알아야 목표언어를 쉽고 올바르게 학습할 수 있다. 문화에 대한 학습은 표현교육보다 이해교육을 위해 더욱 필요하다. 우리의 전통문화는 자국인도 그 생소함과 용어의 난삽함으로 말미암아 이해하기 어려운 면이 없지 않다. 따라서 외국인의 경우는 더욱 낯설고 이해하기 어려운 문화적 간극을 느낄 것이다. 이는 전통의례를 살피게 되는 이 글에서도 적잖이 실감하게 될 것이다. 이에 한국인에게 정체성을 확립하게 하고, 외국어로서의 한국어를 학습하고 교육하려는 학습자를 위해 한국의 전통문화의 일단으로 한국의 전통의례에 대해 살펴보기로 한다.

여기서는 우선 가족과 친족에 대해 살펴보고, 전통적 의례로서 관혼상제에 대해 살펴보기로 한다. 그리고 결론으로 이들 문화와 교육의 관계를 살피기로 한다. 이 글의 전통문화에 대한 내용은 이두현, 장주근, 이광규 공저의 "한국민속학개설, 민중서관(1971)"에 의지한 바 크다. 이에 특히 장주근, 이광규 교수에게 감사의 뜻을 표한다.

2. 가족과 친족(親族)

2.1. 가족(家族)

사람은 성장하게 되면 결혼을 하고 가정을 이룬다. 이른바 성가(成家)를 한다. 하나의 가정을 이루는 구성원을 가족(家族)이라 한다. 가족은 결혼에 의해 결합된 부부와, 부모 자식과 같이 혈연으로 이루어진 집단을 말한다. 이들은 주거를 같이 하며, 경제적으로 하나의 단위를 이루어 살아간다.

가족(家族)은 가구(家口), 식구(食口), 호구(戶口), 세대(世帶), 집 등 그 의미가 같거나 비슷한 말이 많다. "가구"는 법적으로 주거 및 생계를 같이 하는 집단, 또는 독신으로 주거를 가지고 단독생활을 하는 사람을 말한다. "식구"는 가족의 구성원을, "호구"는 가구나 세대와 유사한 개념으로, 호수(戶數)와 식구 수를 의미한다. "세대"는 가구와 동의어다. "집"은 건물, 또는 가족이 이루는 공동체, 가정 등을 나타내는 개념이다.

가족은 대가족, 소가족, 또는 직계가족, 방계(傍系)가족, 일세대가족, 이세대가족, 삼세대가족과 같이 여러 가지로 구분된다. 가족의 유형은 지난날의 다세대 가족과는 달리, 오늘날은 핵가족(核家族)이 주류를 이룬다. 핵가족이란 한 쌍의 부부와 그 미혼 자녀로 구성된 가족을 말한다. 세대별 유형은 2세대 가족이 가장 많고, 3세대 가족이 그 뒤를 잇는다.

2.2. 친족(親族)

2.2.1. 친족의 범위

친족은 영어의 kinship을 뜻하는 말로, 유의어로는 "친속, 친척, 족속" 및 "일가, 집안" 등의 용어가 있다. 친속(親屬)은 친족과 동의어이며, 친척은 친족과 외척을 아울러 이른다. 족속(族屬)과 족당(族黨)은 같은 문중이나 계통에 속하는 일가붙이로, 친족보다 그 범위가 넓은 개념이다. "일가, 집안"도 친족보다 넓은 범위의 겨레를 의미한다.

친족(親族)은 민법 제767조에 "배우자, 혈족 및 인척을 친족으로 한다"고 규정해 놓았다. 이에 대해 혈족(血族)은 "자기의 직계 존속과 직계비속을 직계혈족이라 하고, 자기의 형제자매와 형제자매의 직계비속, 직계존속의 형제자매 및 그 형제자매의 직계비속을 방계혈족이라 한다"고 규정한다(민법 제768조). 그리고 인척(姻戚)은 "혈족의 배우자, 배우자의 혈족, 배우자의 혈족의 배우자를 인척으로 한다"고 규정하였다(민법 제769

조). 그러나 이러한 법률적인 규정과 달리 일반적으로 가족, 친족이란 당내(堂內) 또는 같은 혈통의 집단이라 본다.

친족 중에서 특히 겉으로 드러나는 것은 태생을 공통으로 하는 가계(descent) 집단이다. 이들 동성동본(同姓同本)의 일가붙이인 본종(本宗) 관계의 집단을 동족(同族), 또는 종족(宗族)이라 한다. 종중(宗中), 문중(門中), 당내(堂內) 등도 이러한 것을 나타내는 말이다. 종족은 그 규모와 구조에 따라 당내와 문중으로 구분한다. 소종(小宗), 대종(大宗)이라 구분하기도 한다. 같은 고조(高祖)의 자손인 8촌 이내의 친척을 당내친(堂內親)이라 하고, 이의 확산된 형태를 문중(門中)이라 한다.

한국은 부계(父系)의 친족제도이나, 모계의 친족제도의 면도 다소 있다. 친족은 부자, 형제자매 및 부부가 결합의 계기가 되며, 출신(胎生)을 공통으로 하는 관계에 의해 성립된다. 그리하여 친족은 아버지 쪽의 부당(父黨), 어머니 쪽의 모당(母黨), 아내 쪽의 처당(妻黨)의 삼족(三族)으로 이루어진다. 이는 친족(親族), 외척(外戚), 혼척(婚戚)이라고도 한다. 친족 간의 관계는 다음의 도표와 같이 촌수(寸數)를 따지는 계촌법(計寸法)에 의해 구별된다.

친족의 범위는 무한히 넓어질 수 있으나, 실제로는 이를 일정한 범위로 한정된다. 이는 친족 명칭이나, 호칭에 그것이 드러난다.

친족 명칭은 부당(父黨)을 기준으로 한 체계다. 이의 범위는 부당에서는 직계친 4대의 위아래와, 부계 친척의 8촌까지, 그리고 고종(姑從) 6촌까지를 포함시킨다. 외가인 모당에서는 4대 위와 2대 아래를, 외종(外從)은 재종 곧 6촌까지, 이종(姨從)은 4촌까지로 한정한다. 처당(妻黨)의 경우는 2대 위아래와 처4촌을 친족 범위 안에 포함시킨다.

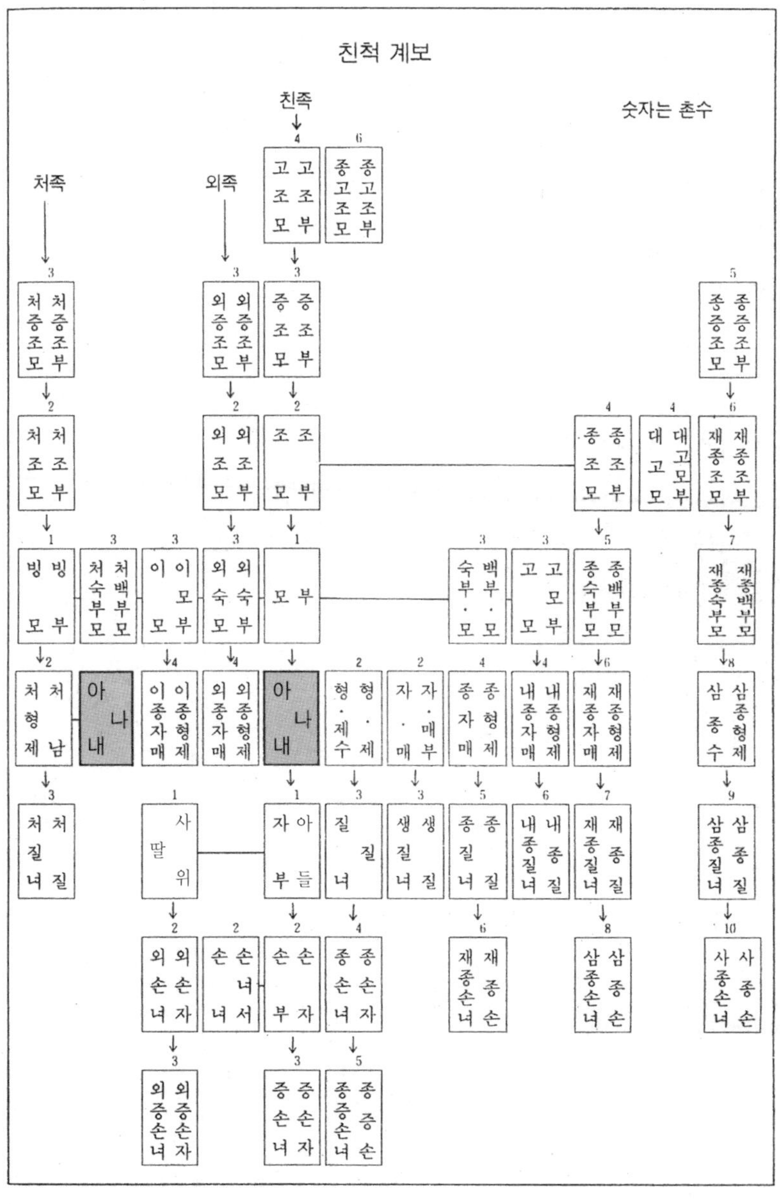
친척 계보
친족
숫자는 촌수
처족
외족
4
6
고조모
고조부
종고조모
종고조부
3
3
3
5
처증조모
처증조부
외증조모
외증조부
증조모
증조부
종증조모
종증조부
2
2
2
4
4
6
처조모
처조부
외조모
외조부
조모
조부
종조모
종조부
대고모
대고모부
재종조모
재종조부
1
3
3
3
1
3
3
5
7
빙모
빙부
처숙부모
처백부모
이모
이모부
외숙모
외숙부
모
부
숙부·모
백부·모
고모
고모부
종숙부모
종백부모
재종숙부모
재종백부모
2
4
4
1
2
2
4
4
6
8
처형제
처남
아내
나
이종자매
이종형제
외종자매
외종형제
아내
나
형·제
형·제수
자·매
자·매부
종자매
종형제
내종자매
내종형제
재종자매
재종형제
삼종수
3
1
1
3
3
5
6
7
9
처질녀
처질
사위
딸
자부들
아
질녀
질
생질녀
생질
종질녀
종질
내종질녀
내종질
재종질녀
재종질
삼종질녀
삼종질
2
2
2
4
6
8
10
외손녀
외손자
손녀
손녀서
손부
손자
종손녀
종손자
재종손녀
재종손
삼종손녀
삼종손
사종손녀
사종손
3
3
5
외증손녀
외증손자
증손녀
증손자
종증손녀
종증손

2.2.2. 당내(堂內) 조직

당내는 같은 고조할아버지를 중심으로 삼종(三從) 형제 즉 팔촌 형제까지 통합한 집단이다. 당내친(堂內親)은 상을 당했을 때 복을 입는 유복친(有服親)으로, 이의 중요한 기능은 제사를 같이 지낸다는 것이다. 5대조 이상은 집이 아닌, 산소에서 시제(時祭)를 지내는데, 이를 오세부터는 제사를 시제로 넘긴다 하여 오세즉천(五世則遷)이라 한다. 근래의 가정의례준칙에서는 기제사(忌祭祀)를 조부대(祖父代)까지로 한정하고 있다.

제사에는 기제(忌祭)와 차례(茶禮)의 두 가지가 있다. 기제는 4대조까지 종가에서 기일(忌日)에 지낸다. 차례는 보통 1년에 네 번 지낸다. 설, 한식, 단오, 추석에 지내는데, 단오를 빼고 세 번 지내기도 한다.

제사를 지내는 차례는 집안에 따라 차이가 있다 그러나 대체로 강신(降神) - 참신(參神) - 초헌(初獻) - 독축(讀祝) - 아헌(亞獻) - 종헌(終獻) - 첨작(添酌) - 개반삽시(開飯揷匕) - 합문(闔門) - 계문(啓門) - 헌차(獻茶) - 철시복반(撤匕覆飯) - 사신(辭神) - 철찬(撤饌)의 순으로 진행한다. 이들 절차에 대한 용어가 난해해 약간의 설명을 붙이면 다음과 같다.

- 강신 : 향을 피우고 술을 모사(茅沙)에 부음.
- 참신 : 강신한 다음 신주에게 절함.
- 초헌 : 첫 번째로 술잔을 신위에 올림.
- 독축 : 축문을 읽음.
- 아헌 : 두 번째로 술잔을 신위에 올림.
- 종헌 : 세 번째로 술잔을 신위에 올림.
- 첨작 : 종헌으로 드린 잔에 술을 채움.
- 개반 삽시 : 메 그릇을 열고 수저를 꽂음.
- 합문 : 문을 잠시 닫음.
- 계문 : 닫았던 방문을 엶.

- 헌차 : 차를 올림.
- 철시 복반 : 수저를 거두고 밥그릇을 덮음.
- 사신 : 신을 떠나보냄.
- 철찬 : 제사 음식을 거두어 치움.

2.2.3. 문중(門中)

문중(門中)은 대종(大宗)에 속하는 것으로, 남자 계통의 혈통 전체를 가리키며, 성과 본관(本貫)이 그 표지가 된다.

성은 남계(男系) 혈통을 표시하는 것으로, 한국의 성은 1960년대에 258종이 있는 것으로 조사된 바 있다. 본관은 본(本), 관향(鄕貫)이라고도 하는데, 남자 계통의 혈통 시조의 발상지 또는 그가 오랫동안 거주한 지명을 나타낸다. 본관의 수는 500여종에 이르는 종족도 있으나, 대부분의 경우 그 수가 10개 내외이다. 동성동본(同姓同本)은 다시 파(派)가 나뉘게 되는데, 이는 선조 가운데 유명 인사가 출현함으로 새로운 파가 파생되기 때문이다. 이러한 파(派)의 시조를 중심으로 조직된 집단을 문중(門中), 또는 종중(宗中)이라 한다.

문중은 재실, 재각, 위토를 가지며, 이를 관리하기 위해 총회가 결성되는데, 이를 종회(宗會), 문회(門會), 또는 종계(宗契)라 한다. 종계는 시조를 중심한 대종계(大宗契)와 하부 조직인 소종계(小宗契)가 있다.

종회(宗會)나 문회에는 종손(宗孫)이 있다. 종손은 종가(宗家)에 대대로 거주하며, 가묘(家廟)를 지키고, 시제를 주관하고, 종족을 대표한다. 이와 달리 종회를 대표하고 종사를 보게 하기 위해 총회에서 사람을 따로 뽑아 이를 종회장(宗會長), 또는 종장(宗長), 문장(門長)이라 하는 경우도 있다.

시제(時祭)는 묘제(墓祭), 시향(時享)이라고도 한다. 대개 음력 10월 초순과 중순에 묘소에서 행한다. 시제는 시조로부터 시작하여 대를 따라 아래로 내려가며 지낸다. 제사를 지내고는 제사 음식을 나누어 먹는 음복(飮福)을 하며, 제물은 종원(宗員)들에게 나누어 준다.

종회의 중요한 사업의 하나는 족보(族譜)를 간행하는 것이다. 족보에는 대동보(大同譜)와 파보(派譜)가 있다. 보통 족보라 할 경우에는 파보(派譜)를 가리킨다. 대동보는 동성동본의 제 파의 족보를 아우른 것이다. 족보는 세대(世代)에 따라 한 칸씩 내려 쓴다. 내용은 이름과 자(字), 호(號), 시호(諡號)를 쓰고, 태어나고 죽은 왕조의 간지(干支) 월일(月日)을 쓴다. 또한 관직, 봉호(封號 : 임금이 봉하여 준 호), 과방(科榜 : 과거) 등 인적 사항을 적고, 배우자의 본관, 성, 아버지, 할아버지, 증조할아버지의 관명(官名), 생졸(生卒) 월일을 기록한다. 분묘의 소재지, 좌향(坐向), 형태 등도 기록한다.

이 밖에 종원(宗員)들 사이에 친목과 단결 등을 도모하기 위하여 종친회와 화수회(花樹會) 등을 조직하여 운영하기도 한다.

이상의 친족의 제도와 조직 등은 조선조에 들어와 명(明)나라의 구준(丘濬)이 편찬한 주자가례(朱子家禮)가 보급되면서 체제가 갖추어지게 되었다. 그러나 오늘날은 전일에 비해 친족에 대한 관심이 희박해지는가 하면 소원해지고 있는 것으로 보인다.

3. 관혼상제(冠婚喪祭)

관혼상제란 사례(四禮)를 말하는 것으로, 관례, 혼례, 상례, 제례가 그것이다. 사회인류학에서는 이와 비슷한 것을 통과의례(rites of passage)라 한다. 여기에는 출생의례, 성년식, 결혼식, 상례식(喪禮式)이 포함된다. 이러한 통과의례는 민족과 종교 등에 따라 큰 차이를 보인다.

3.1. 출산 의례(出産儀禮)

3.1.1. 기자(祈子)

결혼은 인생의 가장 중대한 일로, 자손을 잇는 것이 무엇보다 중요한 목적의 하나였다. 따라서 자녀를 출산하는 것이 하나의 의무였다. 이에 여인들은 아이를 낳지 못할 때 무자거(無子去)라 하여 내쳐졌다. 자식을 못 낳는 것이 칠거지악(七去之惡)의 하나이기 때문이다. 그래서 남자들은 무후(無後), 곧 후사(後嗣)가 없는 것을 불효라 하여 첩을 두고, 재취를 하였다. 다음의 경주 지방 민요는 이런 사실을 단적으로 풍자한 노래다.

찔리야 꽃은 장개(丈家)가고/ 석류(石榴)야 꽃은 상객(上客) 가네.
만 인간아, 웃지 마라/ 씨 종자 바래 간다.

찔레꽃인 백발노옹(白髮老翁)이 장가를 가고, 석류꽃인 홍안소년(紅顔少年)이 상객으로 따라간다. 일이 거꾸로 된 것이다. 그런데 이런 웃지 못할 행동을 하게 된 것은, 사실은 자식을 얻기 위해 어쩔 수 없이 하는 것이란 노래다.

여자들은 그래서 자녀를 낳기 위해 빌기를 마다하지 않았다. 치성기자(致誠祈子)와, 주술기자(呪術祈子)가 그것이다. 치성기자(致誠祈子)는 아들을 낳기 위해 치성을 드리는 것으로, 산이나 절간 등에 가서 공을 들이거나, 집에서 삼신할머니 등에 치성을 드리는 것이다. 이러한 치성 가운데는 산제(山祭)가 가장 많이 행해졌다. 주술기자(呪術祈子)는 주술을 통해 아들을 얻고자 하는 것이다. 이는 특이한 행동을 하거나, 색다른 음식을 먹고 그 주술적 힘에 의해 아들 낳기를 기원한 것이다. 가장 일반저인 방법은 산모의 첫 국밥을 해 주고, 그 집 쌀과 미역을 받아다 국밥을 끓여 먹는 것과, 산모에게 새 옷을 해 주고, 그녀의 진자리 옷을 얻어다 입는 것이었다. 특이한 것으로는 금줄을 훔쳐다 모신다든가, 아이를 많이 낳은 여인의 월경대를 훔쳐다 차는 따위가 있다.

3.1.2. 임신(姙娠)

임신한 여자는 출산할 때까지 지켜야 할 여러 가지 금기(禁忌)가 있었다. 이는 크게 보아 음식물과 행동에 대한 두 가지 금기다. 오리고기, 토끼고기를 먹지 않으며, 상가 음식을 먹지 말라는 것과, 불을 넘지 않으며, 음탕한 소리를 듣지 않으며, 추하고 나쁜 것을 보지 않으며, 남을 흉보지 말라는 것 등이 그것이다.

3.1.3. 출산(出産)

첫 아이는 흔히 친정이나, 집에서 낳는다. 이때의 조산원은 "삼할머니"라 했다. 아랫목에 짚을 깔고, 산모는 검은 치마를 입는다. 산실에는 흔히 "삼신상"을 차려 놓는데, 여기에는 보통 쌀, 정화수, 미역을 올려놓았다.

난산일 때에는 의원을 찾게 되나, 그렇게 할 수 없을 때는 주술적 방법을 쓴다. 산모의 발에 남편 성함을 써 붙이는 것과 같이 산모의 몸에 어떤 물건을 붙인다든가, 산모에게 무엇을 먹인다든가 한다. 산모의 자리를 옮기거나, 가족이 특정한 행동을 하기도 한다.

해산을 하면 가위와 실로 태(胎)를 자른다. 전에는 3일이 지나야 아기의 목욕을 시켰다. 태는 3일째, 또는 3일 이내에 처리한다. 이는 단지에 넣어 묻거나, 물에 띄워 버리거나 태운다. 태를 태우는 소태(燒胎)의 방법이 많이 쓰였다.

아이를 낳으면 "인줄"을 치고 외인의 출입을 금한다. 인줄은 "금줄", "금깃줄"이라고도 한다. 이는 왼새끼에 사내아이의 경우는 고추, 숯, 짚을, 여자 아이의 경우는 짚, 숯, 종이 또는 솔잎 등을 꿰어 정문에 매어 단다. 인줄은 한이레, 또는 삼칠일에 걷는다. 산모에게는 첫국밥을 해 주는데 흔히 삼신상에 놓았던 쌀과 미역으로 밥과 국을 끓여 먹인다. 국에는 흔히 고기를 넣지 않고 소국을 끓인다.

3.1.4. 산후 의례(産後儀禮)

산후 의례는 해산한 3일째부터 시작된다. 이날부터 가족은 산실(産室)에 출입을 한다.

보통 한이레에 강보(襁褓)를 벗기고, 깃 없는 옷을 입힌다. 두이레에 깃이 있는 옷에 두렁이(배와 아랫도리를 둘러 가리는 치마 같은 옷)를 입히고, 세이레에 비로소 위아래 옷을 갖춰 입힌다.

삼칠일(三七日)에는 산실을 완전 개방하고, 인줄도 거두어 금기에서 벗어난다. 삼신상도 치운다. 친척들은 선물을 들고 아기 구경을 온다.

삼칠일이 지난 뒤의 가장 큰 의례는 백일상(百日床)을 차리는 것이다. 요즘에는 백일을 간단히 치르고, 돌잔치를 성대히 하는 경향을 보인다. 돌날에는 "돌떡"이라 하여 백설기나 수수팥떡을 만들어 손님들에게 대접하고 이웃에 돌린다. 아기는 이날 "돌잡이"를 한다. 남자 아이의 경우는 상위에 떡, 실, 돈, 활과 화살, 책, 종이, 붓, 먹을, 여자 아이의 경우는 활과 화살 대신 자, 바늘, 가위를 놓고 집게 하다. 아이가 집는 것을 보고 그 아이의 장래를 점치는 것이다. 돌잡이는 시주(試周)라고도 한다. 점치는 것은 시아(試兒) 또는 시수(試晬)라 한다.

3.2. 관례(冠禮)

성인이 되었음을 상징하기 위해 갓을 씌우는 의식을 관례라 한다. 이러한 의식은 오늘날 성년식(成年式)으로 이어지고 있다. 관례를 치른 뒤에는 성인사회에 참여할 수 있는 자격을 부여 받게 된다. 결혼식은 이 뒤에 행해진다. 관례는 고려 광종 16년(965) 왕자에게 원복(元服)을 입히는 예를 행한 뒤 주로 상류계층에서 행해져 내려왔다.

관례는 보통 남자 20세, 여자 15세 전후에 행해지는데, 조선조 후기에는 10세 전후에 행하기도 하였다.

관례는 주례자인 빈(賓)의 주관 아래 행해지며, 주요 의식은 세 번 관을 갈아 씌우는 삼가례(三加禮)다. 즉 가관건(加冠巾), 재가모자(再加帽子), 삼가복두(三加幞頭)가 그것이다. 처음에 갓(笠子)을, 두 번째로 사모(紗帽)를, 세 번째로 관 복두(幞頭)를 갈아 씌우는 것이다. 여자의 경우는 계(笄)라 하여 어머니가 주관하며, 쪽을 찌고 비녀를 꽂아준다. 남자의 경우엔 예가 끝나면 자(字)가 수여되고, 사당에 고한다. 이후에는 성인으로 인정받게 된다. 여자의 경우는 대개 혼사를 앞두고 행해진다. 관례는 일부 상류계층에서만 행해졌고, 일반 서민사회에서는 혼례에 포함시켜 행하였다. 이는 갑오경장 때 내려진 단발령(斷髮令) 이후 사라지게 되었다.

3.3. 혼례(婚禮)

혼인이란 남녀의 결합을 사회적으로 공인하게 하는 의식으로, 주자가례에는 혼인을 의혼(議婚), 문명(問名), 납길(納吉), 납징(納徵), 청기(請期), 친영(親迎)의 육례(六禮)를 갖추는 것으로 되어 있다. 그래서 흔히 결혼식이라면 육례를 갖춘다고 한다. 사례편람(四禮便覽)에는 이와 달리 혼인을 허혼(許婚), 납채(納采), 납폐(納幣), 친영(親迎)의 과정으로 보고 있다. 그러나 이는 어디까지나 기본이 되는 절차요, 형편에 따라 변화가 많았다.

3.3.1. 육례(六禮)

"의혼(議婚)"은 문자 그대로 혼사를 의논하는 것이다. "중매쟁이", "중매꾼", 혹은 매파(媒婆)의 중매가 들어오면 양가는 상대방 집안의 사정을 알아보고, 당사자의 사람됨을 확인한다. "문명(問名)"은 신부가 될 사람의 출생 연월일, 혹은 어머니의 성씨를 묻는 것이다. 문명 후에 혼인의 길흉을 점쳐 길조라 하게 되면 그 결과를 신부 집에 알린다. 이를 "납길(納吉)"이라 한다. 이에 양가가 혼인하기로 작정하게 되면 신랑 집에서 신부 집으로 예물을 보내게 되는데, 이를 "납징(納徵)"이라 한다. "청기(請期)"는 신랑 집에서 잡은 혼인 날짜에 대해 신부 집의 가부를 묻는 것이다. "친영(親迎)"은 신랑이 신부 집에 가서 신부를 맞이하는 것이다. "납채(納采)"는 정혼(定婚)을 하고, 신부 집에 생년월일시를 간지(干支)로 적은 사주(四柱)와 청혼서를 보내는 것을 말한다. 사주는 다섯 칸으로 접어 큰 봉투에 넣은 뒤 전면에 "四柱"라 쓰고, 이면에 "謹封"이라 적는다. 그리고 싸릿대에 끼우고, 청실홍실로 매어 사주보에 싸 중매인이 신부 집에 전한다. 신부 집에서는 청혼서에 대해 허혼서(許婚書)와 택일(擇日)을 적어 보내게 되는데, 이를 "연길(涓吉)"이라 한다. "납폐(納幣)"는 신랑 집에서 함을 보내는 것으로, 혼인 전날 보내거나 당일 신랑과 함께 보낸다. 납징(納徵)과 같은 뜻의 말이다. 전에는 납폐로 보통 신부의 치마저고리 감 두어 벌 정도와 예장서(禮狀書)라는 혼서지(婚書紙)를 보냈다. 오늘날은 납폐할 때 함진아비의 역할을 흔히 신랑 친구들이 하고 있다. 양가가 주고받는 서신은 모두 혼인하는 사람(主婚者)의 부모 명의로 한다.

3.3.2. 혼례식(婚禮式)

구식 혼인의 납폐와 친영(親迎)이 여기 해당된다.

혼례를 하기 위해 신랑은 신부 집에 가게 되는데 이를 초행(初行)이라 한다. 이때 상객(上客)과 "함진아비", "중방"이 같이 간다. 후객(後客)이라 하여 2~3명이 따르기도 한다. 상객으로는 흔히 집안 어른이 간다. 신랑이 신부 마을에 들어서게 되면 "대반(對盤)" 또는 "인접(人接)"이라 하는 안내원이 이들을 "정방(正房)"으로 안내한다. 신랑은 여기서 사모관대(紗帽冠帶)로 옷을 갈아입는다.

신부 집에서는 납폐(納幣)를 하기 위해 멍석을 깔고, 상을 놓고, 병풍을 친다. 함진아비는 이 상 위에 함을 벗어 놓는다. 그러면 다복한 여인이 이를 안방으로 가져가 깔고 앉으며 "복 많이 왔네"라 소리친다.

납폐가 끝나면 예식이 거행된다. 신부 집 앞마당에 천막을 치고 대례를 치를 대례상(大禮床)을 준비한다. 이를 "친영상(親迎床)", 또는 "교배상(交拜床)"이라 한다. 상 위에는 일반적으로 촛대 둘, 소나무와 대나무 또는 사철나무를 꽂은 꽃병, 밤, 대추, 쌀, 보에 싼 암탉과 수탉, 청홍의 실과, 바가지 두 개를 놓는다.

예식은 홀기(笏記)에 따라 진행자가 부르는 데 따라 행하는데, 대체로 다음과 같은 순서로 진행된다.

- 하마(下馬) : 말에서 내린다. 요즘은 흉내만 내느라 문 앞의 쌀가마니를 딛고 넘어선다.
- 찬자읍서입(贊者揖婿入) : 대반이 읍하고 신랑을 맞는다. 주인이 맞기도 한다(主人迎婿門).
- 전안청(奠雁廳) : 대반이 신랑을 전안청으로 안내한다.
- 종자봉안 안수지서(從者奉雁安授之婿) : 나무로 된 기러기(木雁)를 신랑에게 넘겨준다.
- 서집안북향궤(婿執雁北向跪) : 신랑이 나무 기러기를 들고 북향하여 꿇어앉는다.
- 치안어지 봉안치어탁상(置雁於地 奉雁置于卓上) : 신랑이 목안을 전안상 위에 놓는다.

- 면복흥재배(俛伏興再拜) : 신랑이 잠시 허리를 구부렸다가 일어서 큰절을 두 번 한다.

  신부 어머니는 이때 목안을 싸서 신부가 있는 안방으로 던진다. 오리가 서면 아들을 낳는다고 한다. 이로써 소례(小禮)인 전안례(奠雁禮)가 끝난다.

- 찬자인서(贊者引婿) : 대반의 안내로 신랑이 자리를 옮긴다.

- 교배석전(交拜席前) : 신랑이 교배상(交拜床) 앞으로 간다. 이 때 신랑은 상 동쪽에 선다.

- 관세위남향립(盥洗位南向立) : 손을 씻고 남향하여 선다.

- 부인교배석전(婦引交拜席前) : 신부가 인접(人接)의 부축을 받고 교배상 앞에 선다. "新婦出"이라 하기도 한다.

- 관세위북향립(盥洗位北向立) : 신부가 손을 씻고 북향하여 선다.

- 서읍부취석(婿揖婦就席) : 신랑이 대례상을 향해 읍을 하면, 신부는 자리에 나가 신랑과 마주선다.

- 신부재배(新婦再拜) : 신부가 신랑에게 두 번 절한다.

- 서답일배(婿答一拜) : 신랑이 신부에게 한번 절한다.

- 신부우재배(新婦又再拜) : 신부가 다시 두 번 절한다.

- 신랑우답일배(新郎又答一拜) : 신랑이 다시 한 번 절한다.

  이로써 교배례(交拜禮)가 끝난다.

- 신랑신부각궤(新郎新婦各跪) : 신랑신부가 각각 자리에 앉는다.

- 근배례재행여지(졸拜禮再行如之) : 신랑 신부가 잔을 주고받는 합근례(合졸禮)를 한다.

  첫잔과 둘째 잔은 각각 마시고 셋째 잔을 교환하거나, 첫잔은 신부가, 둘째 잔은 신랑이 마시고, 셋째 잔을 교환하기도 한다.

- 대례필(大禮畢) : 대례가 끝난다.

대례가 끝나면 신랑은 "관대(冠帶) 벗김"을 한다. 상객과 함께 받은 큰 상의 갖가지 음식은 신랑 집으로 보내진다. 상객은 사돈과 인사를 나눈 뒤 보통 혼렛날 돌아간다.

신부(新婦)가 시집으로 가는 신행(新行)은 일반적으로 삼 일만에 가는 "삼일귀(三日歸)"를 한다. 경우에 따라서는 당일 가는 당일우귀(當日于歸)도 있고, 해묵이, 달묵이를 하여 신행하는 경우도 있다.

첫날밤에는 신방에 간단한 주안상을 들인다. 신랑은 신부의 족두리와 예복을 벗긴 다음 잠자리에 든다. 이때 가까운 친척이나 이웃들이 "신방 엿보기"를 한다. 이튿날 아침에는 신부가 죽, 떡국 등을 끓여 신랑에게 대접한다. 신랑은 아침 식사를 한 뒤에 장인 장모와 친척들에게 인사를 드린다. 오후에는 신부 쪽의 젊은이들이 "신랑 다루기" 또는 "동상례(東床禮)"라는 것을 한다.

3.3.3. 신행(新行)

신부가 시집으로 가는 것을 신행(新行)이라 한다. 이때 신랑이 앞장을 서고, 상객(上客), 수모(手母), 짐꾼이 따른다. 신랑은 말을 타고, 신부는 가마를 타고 간다. 신부 곁에서 신부 화장을 하거나, 신부를 거들어 주는 수모로는 이모, 고모 또는 친척 가운데 젊은 부인이 가거나 하님이 간다.

신부도 "정방"에 먼저 들렀다가 신랑 집으로 들어간다. 이때 집 앞에 짚불을 피워 뛰어넘게 하거나, 양쪽에 불을 피운 사이를 지나가게 한다. 소금이나 팥, 또는 목화씨 등을 뿌리기도 한다. 이는 부정(不淨)을 막기 위한 것이다. 신부는 방에 들어가 고개를 숙이고 다소곳이 앉아 있는다. 그 뒤 신부와 상객은 큰상을 받게 되는데, 이는 신부 집으로 보내진다.

신부가 시가에 와서 처음 드리는 인사가 폐백(幣帛)이다. 이는 구고례(舅姑禮)라고도 한다. 대추, 밤, 술, 술안주, 과일 등을 상 위에 차려 놓고 시부모와 시가 어른들께 차례로 절을 하고 술을 바친다. 시부모는 며느리의 치마에 대추를 던져 주며 부귀다남(富貴多男)을 당부한다. 이때 신부는 옷이나, 버선 등 선물을 내어놓는다.

시부모에 대한 문안 인사는 대개 3일 한다. 신부는 시집에 와서 3일 동안 부엌 출입을 하지 않는 것이 일반적이다. 이 기간에는 친척의 초대를 받아 친척집을 방문한다. 새 며느리로서의 정상적 생활은 4일째부터 시작된다. 신부가 친정에 가는 근친(覲親)을 전에는 가을의 수확을 한 뒤에 갔다. 요사이는 흔히 신행을 한 뒤 1주일 안에 신랑과 같이 간다. 신랑이 재행(再行)을 가면 신부의 친족이 초대를 하는데, 이때는 신부의 부모가 인사를 시킨다. 신부는 며칠을 친정에서 보내고 시집에 돌아오게 되는데 이때부터 신부는 한집의 며느리로서, 주부로서의 본격적인 생활을 시작하게 된다.

3.4. 상례(喪禮)

상례란 상을 당한 가운데 행하는 모든 예절을 가리킨다. 상(喪)이란 원래 사망(死亡)을 뜻하며, 부모의 사망을 의미한다. 상례는 죽음에 대하여 애도의 뜻을 나타내는 의례다. 상중에 있는 것을 거상(居喪)이라 하며, 상을 당한 사람의 슬픔을 위로하는 행위를 문상(問喪)이라 한다. 문상은 달리 조상(弔喪), 또는 조문(弔問)이라고도 한다.

상례는 조상숭배에 따른 제도의 하나로, 제(祭)와 함께 선인(先人)에 대해 행하는 의례다. 상례는 흉례(凶禮), 제례는 길례(吉禮)라 한다.

3.4.1. 초종(初終)

초상이 난 때로부터 졸곡(卒哭)까지를 초종장례(初終葬禮), 또는 초종장사(初終葬事)라 한다. 초종(初終)은 이의 준말이다.

부모가 돌아가실 기미가 보이면 천거정침(遷居正寢)이라 하여 정침으로 옮긴다. 정침이란 제사를 지내는 몸채의 방이다. 남자는 정침(正寢)으로,

여자는 내침(內寢)으로 모신다. 흔히는 안방으로 모신다. 자손은 임종(臨終)을 하게 되며, 숨이 끊어지는 것을 지켜보게 되는데 이를 속광(屬纊)이라 한다.

숨을 거두면 상제는 가슴을 치고 슬피 운다. 호곡(號哭)은 상중 내내 한다. 상제가 울다 지쳐 울지 못하게 되면 대곡(代哭)을 하게도 한다. 한편에서는 영혼을 부르고 초상 난 것을 알리는 발상(發喪) 의식을 한다. 예서(禮書)에는 망인의 웃옷을 들고 지붕에 올라 북쪽을 향해 흔들면서 남자는 관직명이나 자(字)를, 여자는 이름을 부르게 되어 있다. 초혼(招魂)을 하고 발상하는 의식 고복(皐復)이 끝나면 옷을 시신의 가슴 위에 얹는다. 이때의 옷은 관직이 있는 사람이면 공복(公服), 또는 높은 선비들이 입는 옷인 심의(深衣)를, 그렇지 않은 사람이면 심의나 도포, 여자는 저고리를 사용한다.

근래의 고복(皐復)은 마당에서 지붕을 향해 속적삼을 왼편으로 흔들면서, 주소 성명을 말한 뒤 "복, 복, 복"하거나, 그냥 세 번 "복"이라 외친다. "돌아다보고 옷이나 가져가시오" 하기도 한다. 이는 일종의 초혼(招魂)의 의례다.

고복에 이어 저승사자를 위한 "사자상(使者床)" 또는 "사잣밥"을 차린다. 한편 망인(亡人)의 아내와 자녀는 머리를 푼다. 그리고 흰 두루마기를 입되 아버지 상에는 왼쪽, 어머니 상에는 오른쪽 팔을 끼지 않는 좌단(左袒), 또는 우단(右袒)의 격식을 갖추고, 고개를 숙이고 엎드려 근신한다. 고복이 끝나면 시신을 간단히 묶는 "수시(收屍)" 또는 "소렴(小殮)"을 한다. 그리고 시신에 홑이불을 덮고, 그 앞에는 병풍을 친다.

병풍 앞에는 시사전(始死奠)이란 작은 상을 놓는다. 여기에는 임시로 쓰는 신위인 혼백(魂帛)과 포혜(脯醢)와 주과(酒果)를 올려놓는다.

상사는 여럿이 분담한다. 상주(喪主), 주부(主婦), 호상(護喪), 사빈(司賓),

사서(司書), 사화(司貨), 찬축(贊祝) 등이 그들이다. 상주는 죽은 사람의 제전을 주장하여 맡아보는 주상자(主喪者)로 적장자(嫡長子)가 된다. 적장자가 없으면 장손(長孫)이, 그도 없으면 그 다음 적자손(嫡子孫)이, 그리고 그 다음 첩이 나은 자손의 순으로 넘어간다. 주부(主婦)는 자부를 통솔하여 상사를 치르게 되는데 망인의 아내가 된다. 호상(護喪)은 근친 중에 예에 밝은 사람으로, 제반 상무(喪務)를 집행하고 처리한다. 사빈(司賓)은 외청(外廳)에서 빈객을 접대하고, 사서(司書)와 사화(司貨)는 상사의 기록과 재화를 관리한다. 찬축(贊祝)은 창(唱)을 하는 찬명(贊鳴)과 축문을 읽는 사람을 가리킨다.

상(喪)을 알리는 것을 부고(訃告)라 한다. 이의 본문은 간단하게 "상주모 대인(某大人) 모관공(某官公) 이숙환(以宿患) 금월모일별세(今月某日別世) 자이부고(玆以訃告)"라 적는다. "아무개의 아버지 아무개가 병으로 이달 어느 날 세상을 떠났기에 이에 부음(訃音)을 알린다"란 뜻이다. 그리고 이어서 "연월일 호상(護喪) 성명 상(上)"이라 적는다. 요즘은 한문 아닌 우리말로 하기도 하고, 상주와 자손, 사위의 이름까지 흔히 쓴다.

3.4.2. 습렴(襲殮)

습렴(襲殮)은 습(襲)과 염(殮)을 아울러 이르는 말로, 염습(殮襲)이라고도 한다. 습(襲)은 시신을 목욕시키고, 의복을 갈아입히는 것이다. 전에는 습(襲)을 할 때 전신을 하였는데, 근래에는 얼굴, 손등, 발등 등에 몇 번 향물을 찍어 문지르는 정도로 한다. 염(殮)은 시신을 묶어 안치하는 것으로 소렴(小殮)과 대렴(大殮)으로 나뉜다. 소렴은 시신을 임시로 묶는 것이고, 대렴은 시신을 단단히 묶고 입관하는 것이다. 전에는 이를 3일에 걸쳐 했으나, 요사이는 하루에 다 하는데, 이를 "염습한다, 습렴한다"고 하고, 줄여 "염한다"고 한다.

　장례 때 시신에 입히는 옷을 수의(襚衣) 또는 습의(襲衣)라 한다. 소렴에 입히는 염의(殮衣)와 수의(襚衣)가 따로 있었으나, 오늘날은 염의가 따로 없다. 수의로는 적삼, 고의, 도포, 두루마기를 입히고, 버선을 신기고, 행전과 대님을 매고, 손에는 토시, 곧 악수(幄手)를 끼고, 얼굴에는 면건(面巾)을 덮는다. 노잣돈이라 하여 동전을 넣는데, 곳에 따라서는 주옥(珠玉)을 넣기도 한다. 이때 손톱과 머리칼을 넣은 네 개의 조발낭(爪髮囊)은 습의에 넣거나 관에 넣는다. 습(襲)이 끝나면 반함(飯含)이라 하여 불린 쌀을 세 번 수저로 입에 떠 넣는다. 이어서는 염포(殮布)로 시신을 묶는 염을 한다. 시신은 키에 따라 다섯, 또는 일곱 매듭으로 묶는다. 그 다음 저승 문지기에 씌울 고깔이라 하여 창호지 접은 것을 시신을 묶은 사이사이에 끼워 넣는다.

　입관(入棺)은 시신만, 또는 칠성판과 함께 묶어 한다. 입관은 홑이불인 지금(地衾), 시신, 역시 홑이불인 천금(天衾)의 순서로 하고 뚜껑을 닿는다. 입관할 때 자녀들은 호곡을 한다. 널 위에는 남자의 경우는 "모관모공지구(某貫某公之柩)"라고 본관과 이름을 쓰고, 여자의 경우는 "모봉모씨지구(某封某氏之柩)"라 봉호와 성씨를 쓴다. 지방에 따라서는 상하(上下)라고만 쓰기도 한다. 입관이 끝나면 혼백을 궤연(几筵)에 안치하고, 상주는 복제(服制)에 따라 상복으로 갈아입고 성복제(成服祭)를 지낸다. 상복은 망인과 혈통관계의 친소에 따라 다섯 가지로 달리 입는데, 이를 오복(五服)이라 한다.

- 참최(斬衰) : 거친 베로 아랫단을 접어서 꿰매지 않음 : 복 3년, 친상, 남편상
- 재최(齋衰) : 거친 베로 아랫단을 접어서 꿰맴 : 복 1년, 조부상(모친상 3년, 증조부모상 5개월, 고조부모상 3개월)
- 대공(大功) : 올이 굵은 삼베로 지음 : 복 9개월, 대공친상(종형제자

매, 중자부, 중손, 질부 등의 상)
- 소공(小功) : 익힌 삼베로 짓는데 대공보다 가늚 : 복 5개월, 소공친
  상(종조부모, 종숙부모, 재종형제자매 등의 상)
- 시마(緦麻) : 익힌 삼베로 짓는데 대공보다 거칠고 소공보다 고움 :
  복 3개월 : 종증조부모, 재종부모, 장인장모 등의 상

상복을 입은 뒤에는 정식으로 조객을 받는다. 조상할 때는 분향, 곡, 재배를 하고, 상주에게 절을 하며, "상사 말씀이 무슨 말씀입니까?", 또는 "갑자기 변고를 당하여 망극하시겠습니다."라 한다.

3.4.3. 장례(葬禮)

장례에는 매장, 화장, 풍장(風葬) 등이 있다. 전통적으로 우리는 매장문화가 주류를 이루었다. 그러나 오늘날은 화장이 70%에 이른다고 한다.

예기(禮記)에 의하면 사회계층에 따라 장사 지내는 기간이 달라 대부는 3개월, 선비는 1개월이었다. 전통적으로 우리나라에서는 서민의 경우 7일장을 하였다. 요즘은 일반적으로 3일장을 한다. 출상(出喪) 전날에는 상여꾼들이 발을 맞추는 "상여놀이"를 한다.

집에서 마지막으로 지내는 제사인 발인제(發靷祭)는 술 한 잔, 절 한번 하는 단작단배(單酌單拜)를 한다. 상여 행렬은 명정(銘旌 : 죽은 사람의 관직, 성씨 등을 기록한 긴 깃발)이 맨 앞에 서고, 그 뒤에 영여(靈輿 : 혼백과 靈影, 향합), 공포(功布 : 관을 닦는 삼베 헝겊), 돌아간 사람을 슬퍼해 지은 글 만장(輓章), 운아삽(雲亞翣 : 구름무늬를 그린 부채 모양의 널판)이 따른다. 그리고 상여, 상여 뒤에 상주, 복인(服人), 문상객 순으로 뒤를 따른다. 요즘엔 예기에 없는 노전(路奠), 곧 노제(路祭 : 발인에 앞서 지내는 제사, 遣奠)를 많이 지낸다.

산에서는 산역(山役), 곧 매장을 하기 전에 산신제(山神祭)를 지낸다. 광

을 파고(穿壙), 회격(灰隔)을 한다. 시신은 보통 머리를 북쪽, 발을 남쪽으로 향하게 하는데 이를 좌향(坐向)이라 한다. 관의 빈 곳은 석회나 가는 모래(細沙), 및 황토로 메운다. 상주가 동심결(同心結 : 두 고를 내고 맞죄어 매는 매듭)을 일꾼(役人)에게 주면 시신 가슴에 얹는다. 그리고 그 위에 명정을 덮고 매장한다. 광(壙) 안이 다 메워져 평지와 같이 되면 평토제(平土祭)를 지낸다. 지방에 따라서는 봉분을 만든 뒤 평토제를 지내기도 한다. 평토제가 끝나게 되면 상주는 신주나 혼백을 모시고 집으로 돌아와 빈소(殯所)에 모신다.

3.4.4. 흉제(凶祭)

장례가 끝난 뒤 길제(吉祭)까지의 제사를 흉제(凶祭)라 한다. 이는 반혼제(返魂祭)에서 탈상까지의 제사를 가리킨다. 반혼제는 시신을 매장하고 신주나 혼백을 모시고 지내는 첫 제사이다. 그 다음에는 우제(虞祭)를 지내는데, 이는 혼백을 달래기 위한 제사로, 초우제(初虞祭), 재우제(再虞祭), 삼우제(三虞祭)가 있다. 우제(虞祭)의 절차는 우선 분향을 한 뒤 강신(降神)－진찬(進饌)－초헌－아헌－종헌－유식(侑食)－합문(闔門)－계문(啓門)의 순서로 진행한다. "진찬"은 주식을 제상에 진설하는 것이고, "유식"은 제사 때 신이 흠향하라고 제관들이 문밖에 나와 문을 닫고 약 10분가량 기다리는 것을 의미한다. 초상(初喪)을 지내고 3개월이 지나면 졸곡제(卒哭祭)를 지낸다. 졸곡제는 무시(無時)로 슬피 곡을 하는 것(哀曲)을 끝내기 위해 지내는 제사다. 초상 1주년이 되는 날 지내는 제사는 소상(小祥)이라 한다. 1년 동안 입는 복인 기년복(朞年服)을 입은 사람은 이날부터 탈상한다. 초상 뒤에 만 2년 되는 날을 대상(大祥)이라 한다. 이날 영좌(靈座)를 거두고 신주는 가묘(家廟)에 안치한다. 그 다음 제사인 담제(禫祭)를 따로 지내지 않으려면 이날 탈상(脫喪)을 한다. 담제는 상기가 끝난 뒤 상주가 일상생활로 돌아감을 알리는 제례이다. 부모상의 경우는 대상을 치른 3개월 뒤의 정일(丁日), 또는 해일(亥日)을 택해서 지낸다. 담제(禫祭)의 담(禫)은 담(澹)이라고도 하여 효자의 심정이 이에 이르러 담박하고 평안하게(澹然平安) 되었다는 의미를 나타낸다. 탈상은 원칙적으로 이날 한다. 이것이 흔히 이르는 삼년상(三年喪)이다.

길제(吉祭)는 대상 이후 백일이 되는 정일(丁日)이나 해일(亥日)에 조상의 신주(神主)를 고쳐 쓰고 제사를 지내는 것이다.

상례(喪禮)는 이렇게 유교 절차에 따른 의례이나, 불교, 도교, 무속 등의 요소가 많이 혼합되어 있다. 이러한 상례는 그 절차와 형식 등이 많이 간소화되고 변형되어 오늘에 이르고 있다.

3.5. 제례(祭禮)

조선조의 초기에는 제사를 "문무관 6품 이상은 삼대(文武官六品以上三代), 7품 이하는 이대(七品以下二代), 서인은 아비 어미에 그친다(庶人止考妣)"고 규정하였다. 그러나 주자가례의 보급에 따라 명종조(明宗朝) 이후 서인(庶人)들에 이르기까지 사대봉사(四代奉祀)를 묵인하게 되었다. 이러한 사대봉사를 하고, 친상(親喪) 3년을 하는 것은 중국에서도 사대부(士大夫)들이나 하는 예절인데, 조선에서는 이를 서민들까지 500여년 행해 왔을 뿐 아니라, 오늘에 이르기까지 대부분 지켜지고 있다.

제상의 배열은 어동육서(魚東肉西), 좌포우혜(左脯右醢), 홍동백서(紅東白西), 잔서접동(盞西楪東) 등의 원칙에 따라, 신위(神位) 앞 제1열에 갱반초잔(羹飯醋盞), 제2열에 어육찬면(魚肉饌麵), 제3열에 소채포혜(蔬菜脯醢), 제4열에 과실을 진열한다. 이들에 대해 간단히 설명을 붙이면 다음과 같다.

- 어동육서 : 어찬(魚饌)은 동쪽에, 육찬(肉饌)은 서쪽에 진설한다.
- 좌포우혜 : 육포는 왼쪽에, 식혜는 오른쪽에 진설한다.
- 홍동백서 : 붉은 과실은 동쪽에, 흰 과실은 서쪽에 진설한다.
- 잔서접동 : 잔은 서쪽, 접시는 동쪽에 진설한다.
- 갱반초잔 : 국과 밥과 초와 술
- 어육찬면 : 생선과 고기와 반찬과 국수
- 소채포혜 : 채소(蔬菜)와 포(脯)와 식혜

제사의 순서는 계독(啓櫝), 참신(參神), 강신(降神), 진찬(進饌), 초헌, 독축(讀祝), 아헌, 종헌, 유식(侑食), 합문(闔門), 계문(啓門), 수조(受胙), 점차(點茶), 사신(辭神), 납주(納主), 철상(撤床), 음복(飮福)의 차례로 행해진다. 이 가운데 앞에서 논의가 되지 않은 계독, 수조, 점차, 납주에 대해 간단히 설명하면 다음과 같다.

- 계독 : 신주를 모신 궤(櫝)를 엶.
- 수조 : 제사에 쓰고 난 고기 번육(膰肉)을 노나 받음.
- 점차 : 차를 따름.
- 납주 : 신주를 감실에 들여놓음.
- 철상 : 제상을 거두어 치움

3.5.1. 차례(茶禮)

조상에 대한 제례는 정속(正俗)과 대소(大小)의 각종이 있었으나, 현재는 차례(茶禮), 기제(忌祭), 묘제(墓祭)의 세 가지가 있다.

설날(正朝)의 차례를 예로 들어 차례 지내는 순서를 보면 다음과 같다. 종가 사당에 동족이 모여 주과포혜(酒果脯醯)와 떡국 설상(設床) − 모든 자손의 참신(參神) − 종손과 집사만 사당 안에 들어가 강신(降神) − 종손의 단잔(單盞) 헌주 − 유식(侑食) − 집사가 방에 들어가 철시(撤匙) − 일동 재배로 사신(辭神) - 제사 음식을 먹는 음복(飮福)을 한다.

3.5.2. 기제(忌祭)

기제는 작고한 날 자정에 안채의 대청에서 지낸다. 이는 4대봉사로 연 8회 지내는 것이 원칙이다. 모이는 범위는 당연히 당내이나, 공훈으로 영구히 모시는 것을 나라에서 허락한 신위, 곧 불천위(不遷位), 불천지위(不遷之位)의 경우는 그렇지 않다. 여자는 일반적으로 제사에 참석하지 않는다. 기제사의 진설원칙과 제순(祭順)은 앞에서 언급한 바와 같다. 오늘날은 진설(陳設) - 초헌 - 메진제(-進祭 : 밥을 지어 올림) - 아헌 - 음복으로 그치고, 독축도 하지 않는 등 격식을 제대로 갖추지 않는 경우가 많다.

3.5.3. 묘사(墓祀)

5대 이상의 조상이 되면 신주를 묻고, 조상의 묘소에서 10월에 제사를 지낸다. 이를 시제(時祭), 시향(時享)이라 한다. 시제는 동족이 다 같이 모여 제사를 지내기도 하고, 지파별로 나뉘어 지내기도 한다. 묘제는 지방과 가문에 따라 차이가 많이 난다. 제상의 진설이나 제사 지내는 순서는 기제와 차이가 있으나, 원칙적으로 기제에 준하여 진행한다.

4. 결어 - 문화교육과 한국어교육

우리는 반만년의 역사를 지닌 문화민족이다. 동방예의지국(東方禮義之國)이요, 소중화(小中華)를 자처한 나라다. 따라서 한국의 본연의 모습을 알기 위해서는 그 정신문화와 물질문화를 알아야 한다. 우리와 다른 문화권에 속한 사람은 이를 알지 아니하고는 문화적인 충돌을 면할 수 없고, 한국인과 진정한 소통과 교제를 할 수 없다. 가슴을 여는 친구도 될 수 없다. 나아가 지구촌의 일원으로서 교류하며 세계문화 창조·발전에 기여하지도 못한다.

오늘날 이 세상의 각 민족과 국가는 자민족의 언어와 문화를 보급하여 상호 이해의 폭을 넓히며, 친화를 도모하고, 세계문화 발전에 기여하고자 노력하고 있다. 아니 열을 올리고 있다. 우리도 이러한 추세에 발맞추어 한국의 문화와 언어의 보급에 좀 더 많은 관심을 기울이고, 정책을 펴야 한다.

한국의 가족생활의 규범인 전통의례를 중심으로 한국의 문화를 살펴본 것도 이 때문이다. 언어교육은 그 첫 시간부터 문화교육이 되어야 한다고 하였거니와 이는 공연한 말이 아니다. 이는 우리의 전통의례를 통해서도 쉽게 확인된다. 전통의례의 대표적인 것은 관혼상제(冠婚喪祭)다. 관혼상제란 문자 그대로 관(冠)·혼(婚)·상(喪)·제(祭)의 예(禮), 곧 사례(四禮)를 가리킨다. 자, 그러면 관례부터 보자. "관례는 오늘날의 성인식에 해당한다." 이러한 설명으로 "관례"란 어휘교육이 끝날 수 있을까? 생존교육이라면 이로써 족할는지 모른다. 그러나 그것이 진정한 한국어교육은 아니다. 적어도 관을 씌워 주는 예식이라는 문화교육이 행해져야 "冠禮"에 대한 설명이 된다. 여기서 더 나아가면 "삼가례(三加禮)"라는 세 번 관을 갈아 씌우는 것이라는 문화의 설명이 뒤따라야 한다. 이렇게 언어교육은 문화교육이 바탕이 돼야 한다. 혼례(婚禮)와 관련된 것도 하나 보자. 혼인을 나타내는 말에 "결혼(結婚)"이란 말이 있다. 어떤 사람은 이를 일본어라 한다. 그렇지 않다. 이는 이규보의 『동국이상국집』에도 나오는 말이다. "나는 천제의 아들인데 하백과 결혼하고 싶다(我是天帝之子 今欲與河伯結婚)"고 한 것이 그것이다. 이는 천제의 아들 해모수(海慕漱)가 하백(河伯)에게 한 말이다. 그는 결혼한다며 하백(河伯)의 딸이 아닌 하백과 결혼하고 싶다고 한다. 이해가 안 되는 말이다. 이는 "결혼"이 오늘날과 의미가 달랐다는 것을 알아야 이해할 수 있다. 결혼은 오늘날과는 달리 두 집안이 결합하는 문화였다. 문자 그대로 이성지합(二姓之合)이다. 이는 혼인(婚姻)이란 말이 본래 부가(婦家)와 서가(壻家)를 이르는 것과 맥을 같이 한다. 남녀결합 아닌, 이러한 전통적 결혼문화를 모르고선 해모수의 말뜻을 이해할 수가 없다.

다음에는 상례(喪禮)와 관련된 예를 하나 본다. 술자리에서 생각하여 첨잔을 하였을 때, "내가 죽었느냐, 웬 첨잔이냐?"고 뜻밖에 핀잔을 받는 경우가 있다. 첨잔을 하는 문화권의 사람인 경우 이는 충격적 사실이다. 그러나 상대방의 이러한 반응이 상례와 관계가 있다는 것을 알게 되면 쉽게 이해된다. 제사 때 삼헌(三獻)을 한 뒤의 절차가 "첨작"이다. 이렇게 첨잔은 제순(祭順)의 하나이기 때문에 사자(死者) 취급을 한다 하여 한국사람 가운데는 이를 싫어하는 사람이 있는 것이다. 한국의 주도(酒道)는 원칙적으로 술을 다 마신 뒤에 따르게 되어 있다. 이러한 예법은 첨잔을 기본적 주도로 여기는 일본인이 특히 알아 두어야 할 한국문화다. 마지막으로 제례(祭禮)와 관련된 것을 보면 제수 진설과 관련된 언어문화가 있다. "좌포우혜, 홍동백서"와 같은 것이 그것이다. "좌포우혜(左脯右醯)"가 제수의 진설방식이란 것을 안다면 그만해도 한국문화를 어느 정도 아는 사람이다. 그렇다면 "좌, 우"는 구체적으로 어느 쪽인가? 이것까지 알아야 한국문화를 제대로 안 것이요, 과제중심 언어학습에서 제수를 제대로 진설할 수 있을 것이다. 좌우는 위패를 중심으로 한다. "홍동백서(紅東白西)"의 경우도 마찬가지다. 이것도 제수의 진설 방식이란 것을 모르면 땅띔도 못할 말이다. 그 문화를 안다면 또 붉은 과실, 흰 과실이란 어떤 것인가도 알아야 한다. 대추가 붉고, 밤이 흰 것이다. 이렇게 문화를 알아야 한다. 언어와 문화는 표리관계를 지니는 것이다.

이상 관혼상제를 예로 들어 언어와 문화의 관계와, 언어의 교수·학습이 문화와 밀접한 관계가 있음을 구체적으로 살펴보았다. 언어는 문화를 바탕으로 할 때 비로소 이해된다. 그간 우리의 한국어교육에서는 이러한 문화의 중요성을 간과한 것이 사실이다. 그러나 문화는 앞에서 살펴본 바와 같이 이렇게 간과할 수 있는 사실이 아니다. 그리니 배전의 관심을 기울여야 하겠다. 언어는 정확하게 사용하는 것이 중요하다. 그러나 그것보다 더 중요한 것이 수용할 수 있는, 적격의 언어를 사용하는 것이다. 적격의 언어로 유창하게 커뮤니케이션을 해야 한다. 이는 문화를 학습하고 언어지식을 습득할 때 얻어질 수 있는 능력이다. 앞으로 언어와 문화의 올바른 교수·학습으로 유능한 한국어 교육자와 유창한 한국어 화자가 많이 탄생되기를 바라 마지않는다.

참고문헌

박갑수(2005), 국어교육과 한국어교육의 성찰, 서울대학교 출판부.
이광규(1971), 문화인류학, 일조각.
이두현·장주근·이광규(1977), 한국민속학개설, 민중서관.
이두현·이광규(1973), 한국생활사, 서울대부설 한국방송통신대학.
임영정(1998), 한국의 전통문화, 아름다운세상.
최재석(1966), 한국가족연구, 민중서관.

■ 이 글은 2004년 11월 중국 洛陽에서 작성되어, 낙양외국어학원 교수 세미나에서 발표된 것을, 본서에 수록하기 위하여 2012년 9월 증보하고 개고한 것이다.

제2장 한국 속담에 반영된 고유명사류어(固有名詞類語)의 문화
-인명·지명·국명을 중심으로-

1. 서언

속담이란 구비적(口碑的) 잠언으로, 한 민족의 심지(心志)와 성정(性情)이 반영되어 있는 것이다. 여기서는 이러한 속담에 쓰인 고유명사류어(固有名詞類語)를 통해 한국 민족문화의 일단과, 이의 운용에 대해 살펴보기로 한다. 어떤 고유명사가 얼마나, 어떻게 쓰이고 있으며, 그것은 어떠한 문화를 반영하고 있는가를 살펴 한국어 교육에 활용하자는 것이다.

최현배의 "우리말본"(1961)에는 고유명사를 "어떠한 특정한 일과 몬(物)에만 홀로 쓰이는 이름"이라 규정하고, 사람 이름, 나라 따위의 이름, 산 강의 이름, 특정한 일 몬의 이름 같은 것이라 하였다. 그러면서 고유명사와 보통명사의 구별이 어려움을 여러 쪽에 걸쳐 변명하고 있다. 그리고 이들의 차이를 "질적으로 구별이 있다 하기보다 양적으로 차이가 있을 뿐이요; 이론적으로 구별이 있다 하기보다 실제적으로, 관용적으로 구별하는 것이라 할 것이다."라 했다.

일본 국어학회의 "國語學大辭典"(東京堂, 1980)도 최현배(1961)와 대체로 비슷하게 정의를 내리고 있다. 고유명사를 "동일 부류에 속한 개개의 사물을 다른 것과 구별하기 위해 부여한 기호"라 보았다. 그리고 그 기능을 유사성을 지니며 서로 구별하기 어려운 일군의 사물 가운데 특정한 것을 구별하는 역할이라 했다. 고유명사의 이 같은 인지(認知) 기능은 라벨 또는 레테르 기능과 유사하다고 본 것이다.

이에 대해 S. Ullman(1962)은 고유명사를 정의하는 기준 다섯 가지를 검토하고, 보통명사와 고유명사의 본질적 차이는 "보통명사가 의미를 지니는 단위인 데 대해 고유명사는 단순히 인지를 위한 표시에 불과하다"고 하였다.

속담은 민족 문화를 반영한다. 고유명사는 따로 의미를 지니지 않으나 문맥 속에서 풍부한 함의를 갖는다. 그리고 이의 운용은 가치관·태도 등의 지각 요소, 커뮤니케이션의 스타일, 사회규범, 문맥에의 의존도 등에 의해 달라진다(박갑수, 2009). 문화에 따라 운용이 달라지는 것이다. 이에 속담에 반영된 고유명사를 통해 민족문화의 특성의 일단을 살펴보기로 한다. 한국어의 교수·학습을 위해서는 이러한 언어문화의 특성을 파악해야 하고, 속담을 바로 파악하기 위해서는 이러한 문화적 배경을 알아야 하기 때문이다. 이러한 언어문화의 파악과 이해는 바람직한 속담의 교수·학습을 하게 할 것이며, 나아가 한국의 언어문화를 좀 더 잘 알게 할 것이다. 고유명사는 앞에서 언급한 바와 같이 범주화에 어려움이 따른다. 여기서는 인명, 지명, 국명과 같은 비교적 분명한 것을 중심으로, 고유명사만이 아닌, 고유명사류어(固有名詞類語)를 살펴보기로 한다. 자료는 이기문 편 "속담사전"(민중서관, 1962)에서 추출하기로 한다.

2. 인명의 문화적 배경

한국 속담에는 121개 속담에 인명이 83개 쓰이고 있다. 이 가운데 한국인의 이름이 57개 속담에 50개, 외국인의 이름이 64개 속담에 33개 보인다. 이들 인명을 한국인과 외국인으로 나누어 그 문화적 배경을 살펴보기로 한다.

2.1. 한국인의 이름

2.1.1. 지명인(知名人)의 이름

한국 속담에는 한국인의 이름과 관련된 고유명사류어가 57개 속담에 50개 쓰이고 있다. 이 가운데는 황희(黃喜)와 같은 저명인사, 고수관(高壽寬)이나 춘향(春香)이와 같은 지명인, 그리고 신원을 잘 알 수 없는, 무명인이 있다. 이들 이름을 지명인(작품 속의 인명 포함)과 무명인으로 대별해 보면, 한국인의 이름은 지명인보다 무명인이 더 많다. 지명인은 모두 18명이고, 무명인은 32명이다. 그리고 이러한 지명인의 이름이 반영된 속담은 27개이고, 무명인의 이름이 쓰인 속담은 30개이다.

지명인을 구체적으로 거명하고 있는 속담을 보면 "사명당(四溟堂)"과 "춘향(春香)"은 3 개의 속담에 쓰이고 있고, "고수관, 놀부, 망석중, 왜장녀, 홍길동, 흥(興), 항(恒)" 등 7명의 이름은 각각 2개의 속담에서 쓰이고 있다. 이 밖에 "김덕성, 김수항, 박태보, 이괄, 허적, 황희, 효령대군" 등 7명의 이름이 1개의 속담에 쓰이고 있다. 먼저 두 번 이상 이름이 쓰이고 있는 속담 18개부터 보면 다음과 같다.

• 사명당(四溟堂) 사첫방/ 사명당이 월참(越站)하겠다./ 춥기는 사명당

사첫방이다

- 억지 춘향(春香)이/ 춘향이가 인도환생(人道還生)을 했다/ 춘향이 집 가는 길 같다
- 고수관(高守寬)의 딴전이라/ 고수관의 변조라
- 놀부(㛌甫) 심사라/ 심사가 놀부라
- 끈 떨어진 망석중이/ 만석중이를 놀린다
- 왜장녀 같다/ 왜장녀냐, 제명월(齊明月)이냐, 똥덩개냐
- 재주는 홍길동(洪吉童)이다/ 홍길동이 합천(陜川) 해인사(海印寺) 털어먹듯
- 누가 홍(興)이야 항(恒)이야 하랴/ 홍(興)이야 항(恒)이야.

그러면 이들 속담에 거명된 인물의 문화적 배경을 살펴보자. "사명당(四溟堂 : 1544~1610)"은 조선조 선조(宣祖) 때의 고승 유정(惟政)으로, 임진왜란 때 승군(僧軍)을 거느리고 많은 전공을 세운 분이다. 그러나 속담은 유정의 불교나 전공과는 관련이 없다. 1604년 일본의 도쿠가와(德川家康) 막부에 사신으로 갔을 때의 숙소 사첫방(下處)이 거론의 대상이다. 조선 시대 작자 미상의 소설 임진록(壬辰錄)에 의하면, 그가 일본에 가자 생불(生佛)이 온다 하여 조정이 시끄러웠다. 그리하여 여러 가지로 시험해 보고 신통력이 드러나자 마침내 그를 죽여 없앨 계략을 세웠다. 대사가 묵을 별당을 새로 지으며, 그 방에 무쇠를 깔아 풀무로 방을 달구어 죽이기로 한다. 임진록에는 이 장면이 다음과 같이 묘사되어 있다.

모든 장인이 삼일 간에 (별당을) 불일성지(不日成之)한지라. 사명당이 어찌 그것을 모르리오. 필역(畢役)한 후 사명당을 인도하여 들인 후에 방문 별당을 잠그고 풀무를 급히 부니 그 화기를 쬐면 사람이 기절하는지라. 사명당은 내심 대로하고 얼음 빙(氷)자를 써 두 손에 쥐고 언연히 앉았으니, 면벽(面壁)에 서리 눈 오듯 하고 고드름이 드리웠으니 가장

추운지라. 일야(一夜)를 지낸 후에 한기 과하매 사명당이 한 손의 얼음 빙자를 버리매 조금도 더움이 없더라. 왜왕(倭王)이 사관(査官)을 보내어 "사명당 사생을 탐지하라" 하니 사명당이 죽기는커녕 새로이 방안에 고드름이 틈 없이 드리워 한기 사람에게 쐬는지라. 사명당이 완연히 안으로서 문을 열어 사관을 보고 대질 왈, "내 들으니 일본이 덥다 하더니, 이런 냉돌에 사처(下處)를 정하여 잠을 이루지 못하게 하니, 네 왕이 타국 사객(使客)을 이같이 박대를 심히 하는다?"

속담의 배경이 되는, 매우 춥다는 "사명당 사첫방"은 이러한 일본의 별당을 말한 것이다. 대사가 펄펄 끓는 방을 도술로 고드름이 얼게 한 추운 방이다.

"춘향(春香)"은 물론 고소설 "춘향전(春香傳)"의 주인공이다. 그녀는 정절의 화신으로, 변(卞) 사또의 모진 고문에도 훼절하지 않았다. 그래서 속담의 춘향은 저항과 정절의 문화를 나타낸다. "억지 춘향이"는 변 사또가 춘향의 훼절을 강요한 데서 비롯된 것이고, "춘향이가 인도 환생하였다"는 속담은 정절을 지키려는 마음이 강한 여인을 춘향이 환생한 것에 비유한 것이다. 다른 하나는 춘향의 요설(饒舌)이다. 이 도령이 광한루에서 춘향에게 "네 집이 어데냐?"고 묻자, 춘향은 손을 들어 어지럽게 일러 주었다. 그래서 도령은 자기는커녕 본인까지 집 잃기 쉽겠다고 하였다. 최남선본 "고본 춘향전"에서 이 장면을 보면 다음과 같다.

"저 건너 석교 상에 한 골목 두 골목에 조방청(朝房廳) 앞으로 홍전문(紅箭門) 들이달아 대로 천변을 나가서 향교를 바라보고 동단 길로 돌아 들면 모퉁이 집 다음 집, 옆댕이 집 구석 집, 건너편 군청(郡廳)골 서편골 남편 쪽 둘째 집 뒤, 배추밭으로 갈려 간 김 이방 집 바라보고, 최 급창(及唱)이 누이 집 사이골 들어서 사거리 지나서 북쪽 골 막다른 집이오"

"고수관(高守寬)"은 조선조 말(순조~철종 때) 판소리 8명창 가운데 하나다. 문식(文識)을 겸한 청미한 음성의 소유자로, 임기응변의 창이 일품이었고, 남이 흉내 낼 수 없는 딴 목청을 마음대로 구사해 그를 "딴청일수"라 했다 한다. 그는 특히 춘향가 중에서 "잦은 사랑가"를 잘 불러 유명했다. 속담의 "고수관"은 이러한 변조의 명인으로서 거명된 것이다.

"놀부(呂甫)"는 "홍부전"의 주인공 홍부(興甫)의 형이다. 착한 동생을 박대하여 내쫓은, 심사가 고약한 인물이다. 따라서 속담도 이 고약한 심사의 놀부를 반영한 것이다. 경판 25장본 "홍부전"에 묘사된 놀부의 못된 심사는 다음과 같다.

> 놀부 심사 볼작시면 초상난 데 춤추기, 불붙는 데 부채질하기, 해산한 데 개 닭잡기, 장에 가면 억매흥정하기, 집에서 몹쓸 노릇하기, 우는 아이 볼기 치기, 갓난아이 똥 먹이기, 무죄한 놈 뺨치기, 빚값에 계집 뺏기, 늙은 영감 덜미 잡기, 아이 밴 계집 배 차기, 우물 밑에 똥 누기, 오려논에 물 터 놓기, 잦힌 밥에 돌 퍼붓기, 패는 곡식 이삭 자르기, 논두렁에 구멍 뚫기, 호박에 말뚝 박기, 곱쟁이 엎어놓고 발꿈치로 탕탕 치기, 심사가 모과나무 아들이라.

"망석중이"는 음력 사월 초팔일에 행해지는 인형극 "망석중이극"의 주인공 "망석[曼碩]"이다. "만석중이 놀린다"의 "만석중"은 경도잡지(京都雜誌)에 보이는 曼碩僧의 취음이다. "만석중"은 "망석중"과 동일 인물로, 오늘날은 "망석중"을 표준으로 삼는다. 그리하여 인형극 이름도 "망석중이극(놀이)"이라 한다. 망석중이극에 대하여는 다음과 같은 민간전설이 전한다. "송도의 기생 황진이(黃眞伊)가 도승(道僧) 지족선사(知足禪師)의 마음을 시험해 보려 그에게 접근하였다. 선사는 30년 동안이나 도를 닦아 거의 생불(生佛)이 되어 재를 올릴 때마다 신도들이 바친 쌀이 무려 만석이나 되어 만석중이란 별명을 얻었다. 그러한 그가 미인 황진이의 유혹에 빠져 파계하였다. 망석중이극은 이를 풍자하기 위해 만든 것이다.” 따라서 속담 “끈 떨어진 만석중이”는 끈이 끊어지면 인형극을 연출할 수 없으니 망석중이 무용지물이 된다는 말이다. “만석중이 놀린다”는 꼭 두각시를 놀리듯 남을 자기 의향대로 부리는 것을 비유적으로 나타낸다.

“왜장녀”는 가면극 산대도감(山臺都監) 계통의 극에 나오는 여인으로, 연출 형태로 볼 때 연극적 배역이 아닌, 가무적인 배역의 연희자다. 양주별산대(楊州別山臺)놀이에서 왜장녀는 제5과장 애사당놀이(법고놀이)에 등장하는데, 허리가 드러난 부인복을 입고 배를 내 놓고 미친 듯이 날뛰며 깨끼춤을 춘다. 왜장녀의 탈은 바가지나, 소나무, 종이로 만들었다. 탈의 크기는 높이가 24.8cm, 너비는 20.2cm다. 옥색 치마저고리, 흰색 단속곳, 용장삼에 붉은 띠, 홍색 큰머리, 괴나리봇짐을 진다. 속담의 왜장녀는 옷매무새가 흐트러져 어지럽고 더럽다는 것을 나타낸다.

“홍길동(洪吉童)”은 허균(許筠)의 소설 “홍길동전”의 주인공이다. 그는 홍 정승의 서자로 집을 나와 활빈당(活貧黨)을 조직, 탐관오리가 착취한 재산을 빼앗아 가난한 사람에게 나누어 주는 의적(義賊)이었다. 나라에서는 그가 축지법을 써 팔도에 출몰, 약탈을 일삼자 병조판서를 제수하였고, 뒤에 율도국의 왕이 된다. “재주는 홍길동이다”라는 속담은 길동의 이런 신출귀몰하는 재주를 말한다. “홍길동이 합천(陜川) 해인사(海印寺) 털어먹듯”은 길동이 기지로서 해인사의 모든 재물을 제 것 가져가듯 탈취한 사실을 비유적으로 나타낸 것이다.

“누가 홍이야 항이야 하랴”나 “홍이야 항이야”의 “홍(興)”과 “항(恒)”에 대해, 조선조 순조 때 송남 趙在三이 편찬한 송남잡지(松南雜識)에 “興伊恒伊 諺傳我朝 閔百興閔百恒 兄弟相繼爲江原監司 有善政 至今稱 興伊恒伊 而或以爲是非之說”이란 기록이 보인다. 홍이(興伊)와 항이(恒伊)는 강원감사를 지낸 민백홍과 민백항으로, 속담 "홍이야 항이야"는 남의 시비에 관여할 필요가 없음을 나타낸다는 말이다. 일설에는 홍이와 항이를 조선조 현종 때의 김수흥(金壽興)과 김수항(金壽恒)이라 보기도 한다.

속담에 한번 거명된 지명인은 "김덕성, 김수항, 박태보, 뺑덕어멈, 손돌이, 이괄, 허적, 황희, 효령대군" 등 9명으로, 9개 속담에 쓰이고 있다. 이들 속담을 보면 다음과 같다.

> 김덕성(金德誠)의 중의 밑/ 한 청(廳)에 있으면서 김수항(金壽恒)의 성을 모른다/ 뜨겁기는 박태보(朴泰輔)가 살았을라구/ 뺑덕어멈 같다/ 손돌(孫乭)이 추위/ 이괄(李适)의 꽹과리/ 허적(許積)이 산적이라/ 황희(黃喜) 정승네 치마 하나 가지고 세 어이 딸이 입듯/ 효령대군(孝寧大君)의 북 껍질이다

김덕성(金德成)에 대하여는 송남잡지에 "醒翁 金德誠 淸白爲兵判尙敝衣 衣底屢補 故今衣補之稱"이라 언급되어 있다. 그는 병판으로 낡은 옷(敝衣)을 좋아해 기워 입었기 때문에 "김덕성"이 옷을 깁는 것을 의미한다는 것이다. "김수항(金壽恒)"은 무명의 "김수항"일 수도 있으나, 위에서 언급한 현종 때 영의정을 지낸 문곡(文谷) 김수항(1629~1689)일 가능성이 크다. 그는 앞에서 본 "홍이야 항이야"를 김수항 형제와 관련을 짓듯, 속담에 충분히 오르내릴 만한 인물이다. 형 김수흥(金壽興)도 영의정을 지냈다. 속담은 김수항이 청환직(淸宦職)에 있을 때의 일로 해석할 수 있다.

"박태보(朴泰輔 : 1654~1689)"는 응교, 암행어사를 역임하였다. 성품이 결백하고 강직하여 시기하는 사람이 많았으나, 숙종의 총애를 받았다. 호남지방 암행어사가 되어서는 숙폐(宿弊)를 시정하여 참 어사라는 칭송을 받기도 했다. 인현왕후 폐비 반대 상소를 올려 왕의 노여움을 사 압

슬(壓膝), 능장(稜杖)의 형을 받았으며, 마침내 화형(火刑)으로 단근질을 당하고 귀양을 가다가 장독(杖毒)과 화독으로 노량진에서 젊은 나이에 죽었다. "뜨겁기는…"이란 속담은 이러한 사건이 배경이 된 것이다. "인현왕후전"에는 친국(親鞫)하고 화형을 하는 장면이 다음과 같이 그려지고 있다.

"차(此)는 간악한 독물이라, 빨리 화형으로 단근하라." 하시니, 정전(庭前)에 불을 밝히고 화형을 갖추어 단근하니, 누린내 참천(參天)하고 검은 피 땅에 괴니 좌우 보는 자가 낯을 가리고 눈물을 금치 못하며, 좌우 시신(侍臣)이 일신을 안접(安接)지 못하여 엄동같이 떨되 태보는 안연강직(晏然剛直)하니 장하다 충신열사가 백인의 모함을 고치리오? 일신이 다 오그라져 손과 발이 그지없으니, 상(上)이 내려다보시고 착히 여기시나 종일 종야 근로(勤勞)하사 옥체 불안하신고로 괴로이 여기사 승지를 명하사 가라사되, "네 가서 달래어 지만(遲晚)하게 하고 하옥하라."

"뺑덕어멈"은 심청전(沈淸傳)의 주인공인 심학규의 "첩"을 자원한 여인이다. 심청이 인당수(印塘水)에 몸을 던진 뒤 들어온 여인으로, "뺑덕어멈 같다"는 속담은 행실이 고약하고 수다스러운 여인이란 말이다. 심청전에서 뺑덕어멈은 다음과 같이 묘사되어 있다.

"쌀을 주고 엿 사먹기, 벼를 주고 고기 사기, 잡곡을랑 돈을 사서 술집에 술 먹기와, 이웃집에 밥 부치기, 빈 담뱃대 손에 들고 보는 대로 담배 청키, 이웃집 욕 잘하고, 동무들과 쌈 잘 하고, 정자 밑에 낮잠 자기, 술 취하면 한밤중 긴 목 놓고 울음 울고, 동리 남자 유인하기, 일 년 삼백육십일을 입 잠시 안 놀리고는 못 견디어 집안의 살림살이를 홍시 빨듯 홀작 없이 하되…"

"손돌이추위"는 영조 때 홍양한(洪良漢)의 여지도서(輿地圖書)에 의하면 고려의 공민왕과 관련된 고사로 되어 있다. 공민왕은 몽고 병사에 쫓겨 강화로 몽진하게 되었다. 배를 타고 강화로 가는 도중, 갑자기 모진 바람과 파도가 일어 뱃사공인 손돌(孫乭)은 잠시 피하여 가자고 하였다. 그러자 왕은 그를 의심하여 목을 베어 억울하게 죽었다. 그 뒤 해마다 그가 죽은 음력 10월 20일경이면 심한 바람이 불고 날이 몹시 추웠다. 그래서 사람들은 이를 "손돌이추위", 또는 "손돌이바람"이라 한다는 것이다. 그러나 "손돌"은 사실은 강화와 통진(通津) 사이의 여울 "손돌목(窄梁項)"이란 지명을 의인화한 것이라 하겠다. 강화도로 피난 간 것도 공민왕이 아닌, 고종, 충렬왕, 충정왕, 희종 등이다.

"이괄(李适 : ?~1624)"은 조선조 인조 때 "이괄의 난"을 일으킨 장본인이다. 무관 출신으로 인조반정(仁祖反正)에 참가, 2등공신이 되었다. 그러나 논공행상에 불만이 있었고, 막료(幕僚)의 역모도 있어 1624년에 반란을 일으켰다. "이괄의 꽹과리"란 이 반란과 관련된 속담이다. 평산에서 대패한 도원수 장만(張晩)이 군대를 재정비하여 경기감사의 군사와 함께 서울 서북쪽 길마재(鞍峴)에서 반군에 큰 타격을 가하였다. 처음에는 전세가 이괄에게 유리했으나, 갑자기 풍향이 바뀌며 전세가 꺾였다. 이에 꽹과리를 치며 진세(陣勢)를 바꾸려 하는데, 관군이 "이괄이 패하였다"고 소리치며 일제히 내닫는 바람에 이괄의 군사가 무너지고 말았다 한다. 속담은 이를 배경으로 한 것이다.

"허적(許積 : 1610~1680)은 영의정을 두 번 지낸, 식견이 많고 충성심이 강한 사람이었다. 그러한 그가 1680년 서자 견(堅)의 역모사건으로 말미암아 사약(賜藥)을 받고 죽었다. 숙종은 뒤에 그가 애매하게 죽은 것을 알고 관작(官爵)을 복위시켰다. "허적이 산적(散炙)이라"는 허적이 사약을 받고 죽은 것을 비유적으로 나타낸 것이다.

"황희(黃喜 : 1363~1452)는 조선조의 명상으로, 태종의 극진한 예우를 받아 내외 요직을 거쳤다. 그는 청백리로 가난하게 살았다. 속담은 치마 하나를 세 모녀가 같이 입을 정도로 청빈했다는 말이다. 그의 청빈과 관련된 일화는 여러 가지가 전한다. "계란에 유골(有骨)"이란 속담도 이러한 예의 하나다. 송남잡지에 의하면 황희 정승이 가난하게 지내자 이를 가엾이 여긴 임금은 어느 날 하루 남대문에 들어오는 물건(物化)을 모두 황 정승에게 준다는 명을 내렸다. 그런데 그날따라 큰 비가 내려 남대문에 들어오는 물건이 없었고, 저녁때에 겨우 계란 한 꾸러미가 들어와 이를 건네받아 삶아 먹게 되었다. 그런데 그 계란이 모두 곯아 먹을 수가 없었다고 한다.

"효령대군(1396~1486)" 이보(李補)는 태종의 둘째 아들로, 세종의 형이다. 태종이 셋째 아들 충녕(忠寧)을 세자로 정하고 그를 등극시키겠다는 의사를 전하자, 효령은 불도(佛道)를 닦고 있다 기꺼워 하루 종일 북을 쳐 북의 껍질이 다 늘어졌다(鼓皮盡鬆) 한다. "효령대군의 북 껍질이다(孝寧大君鼓皮)"란 이러한 고사가 배경이 된 것이다.

2.1.2. 무명인의 이름

세상에 잘 알려지지 않은, 무명인은 30개 속담에 32개 이름이 보인다. 이들 가운데 고사가 전해지거나, 편자 미상의 동언해(東言解) 등에 거명이 되고 있는 사람도 있으나, 대부분은 그 신분을 전혀 알 수 없는 사람이다. 갑남을녀의 이야기가 화제가 되고 이것이 세인의 입에 오르내리며 속담으로 굳어진 것이라 하겠다. 물론 이 가운데는 검색이 제대로 되지 않아 지명인이 여기에 포함된 경우도 없지 않을 것이다. "문채 좋은 차복성이라"나, "한문성의 엮음 하듯"의 차복성과 한문성 같은 인물이 그러하다. 이러한 신원을 알 수 없는 사람이 거명된 속담엔 다음과 같은 것이 있다.

고경립(高景立)의 바지 같다/ 고소관(高小寬)이 하문 속 알듯 한다/ 악독한 고승록(高承祿)이라/ 곤쇠 아비 동갑이라/ 김안태(金安台)를 행랑에 두겠다/ 덕금(德今) 어미냐 잠도 잘 잔다/ 만득(晚得)이 북 짊어지듯/ 심술 궂은 만을보(萬乙甫)라/ 명득(命得)이 어미냐 욕도 잘 한다/ 정신은 문둥 아비라/ 백명선(白命善)의 헛 문서/ 백문선(白文善)의 헛 문서/ 동관(東觀) 삼월(三月)이라/ 금 잘 치는 서순동(徐順同)/ 수돌이 영변(寧邊)에 다녀오듯/ 엄천득(嚴千得)이 가게 벌리듯/ 염충강(廉忠强)이 무장 먹듯 한다/ 심술이 왕골(王骨) 장골(張骨) 떼라/ 왜장녀냐, 제명월(齊明月)이냐, 똥덮개냐/ 담배 잘 먹기는 용귀돌(龍貴乭)이라/ 유손(劉孫)의 초립(草笠)이라/ 철록(哲祿) 어미냐 용귀돌(龍貴乭)이냐 담배도 잘 먹는다/ 문채 좋은 차복성(車福成)이라/ 차호석이네 팬장 바르듯/ 채일득(蔡日得)이 집안이라/ 천득봉(千得鳳)이냐 물색도 좋아한다/ 승(僧) 청보(淸甫)/ 최동학(崔東學)의 기별 보듯/ 한문성(韓文成)의 엮음 하듯/ 허맹(許溟)이 문서

이들 속담에 쓰인 인명에는 "고경립, 고소관, 고승록, 곤쇠 아비, 김안태, 덕금어미, 만득이, 만을보, 명득이 어미, 문둥 아비, 백명선, 백문선, 삼월이, 서순동, 수돌이, 엄천득, 염충강, 왕골, 용귀돌, 유선, 장골, 제명월, 똥덮개, 차복성, 차호석, 채일득, 천득봉, 철록 어미, 청보, 최동학, 한문성, 허맹" 등이 있다. 이들의 문화적 배경을 그런대로 살펴보면 다음과 같다.

"고경립(高景立)"은 동언해에 "人賤衣話下類所處"라 보인다. 이렇듯 고경립은 천하고 더러운 사람이었다. "고소관(高小寬)"은 속담 내용으로 보아 박식한 사람으로 보인다. 이로 볼 때 고수관(高守寬)이 와전되었을 가능성도 생각해 볼 수 있다. "고승록(高承祿)"은 악독한 사람이었던 것으로 보이고, "곤쇠 아비"는 정말 필부필부였을 것이다. "김안태(金安台)"는 유족한 사람이었던 듯하다. "덕금(德今) 어미"는 동언해에 보면 "懶以成習 迷不自

癎”라고 게으르고 잠이 많은 여인이었다. “만득이”는 무명인의 이름인 동시에, 어린 늦둥이를 지칭한 것으로 보인다. “만을보(萬乙甫)”는 놀부와 같은 심술보이고, “명득(命得)이 어미”는 욕쟁이었던 듯하다. “문둥 아비”는 어느 문둥이 아비를 가리키는 것으로 볼 수 있다. “백명선(白命善)의 헛 문서”는 동언해에 “박명선 문서(朴命善文書)”로 나오고, “백문선(白文善)의 헛문서”는 송남잡지에 “白文善”은 서리(胥吏)로 허문서를 가지고 사람 속이기를 잘하였으므로 허문서(虛文書)를 “백문선”이라 했다는 기록이 보인다. 이로 보아 백명선·박문선·백문선은 이름이 와전된 동일 인물일 가능성이 크다. “삼월(三月)이”는 창덕궁의 궁녀였던 삼월이를 말한다. 송남잡지의 방언류(方言類)에 의하면 삼월이는 “面不澡洗 衣裳襤褸 若未脫毛之狗 然遂爲狗之稱而 亦嘲人衣弊之號也”라 하여 얼굴도 씻지 않고 의상이 남루하여 마치 털벗지 않은 개 같았다고 한다. 이로 인해 “삼월이”는 옷이 허름한 사람을 이르게까지 되었다. “서순동(徐順同)”은 물건 값을 잘 매기는 거간이었던 듯하고, “수돌이”는 필부필부였을 것이다. “엄천득(嚴千得)”은 가게의 물건을 어지럽게 늘어놓던 장사치로 추정된다. “염충강(廉忠强)”은 쓰고 짠 것을 구별 못하는 어리석은 사람(癡人)이다. 무장은 메주를 소금물에 담가 익힌 뒤 달이지 않고 먹는 장, 담수장(淡水醬)을 말한다. “심술이 왕골 장골 때라”의 “왕골(王骨)”과 “장골(張骨)”은 속설에 옛날 심술이 고약했던 사람들이라 한다. “왜장녀냐, 제명월(齊明月)이냐, 똥덮개냐”의 “제명월”과 “똥덮개”는 앞에서 본 왜장녀와 같이 옷매무시가 흘으러져 어지럽고 더러운 사람이었던 것으로 추정된다. “용귀돌(龍貴乭)이”는 담배를 무척 좋아해 담뱃진이 뇌 속에 가득차 스스로 머리를 깨고 이를 냇물에 씻었다는 얘기가 전해지는 인물이다. “유손(劉孫)”은 동언해에 의하면 일을 빨리 하기는 하나 정밀하지 못한 사람이었던 듯하다(只務其速 那免不精). 따라서 그 초립은 잘 만든 것은 아니었을 것이다. “철록(哲祿) 어미”는 신원을 알 수 없다. 왕년에 사당패들이 담배를 무척 좋아하였다(변강쇠가) 하니 사당패였을는지도 모른다. "차복성(車福成)"은 신원을 알 수 없으나, 용모가 수려하고, 옷차림이 화려한 사람이었겠고, "차호석이네"는 일을 데면데면 하는 사람이었던 듯하다. "채일득(蔡日得)"이네 집안은 어수선하고 난잡했던 듯하고, "천득봉(千得鳳)"은 옛날 물색 옷을 좋아하였다는 이야기가 전한다. "승(僧) 청보(淸甫)"는 고사를 지닌다. 옛날 청보라는 중이 있었는데 계집을 데리고 가다가 다른 사람의 눈에 띄었다. 훗날 이를 돌이켜 묻자 모른 척하더라는 것이다. 이에 제가 한 일에 대해 시치미 떼는 것을 "승 청보"라 하게 되었다 한다. "최동학(崔東學)"은 옛날 기별, 곧 관보(官報)를 보는 듯하나 실은 글을 몰라, 그것을 가지고 온 사람에게 무슨 일이 생겼느냐고 물었다는 이야기가 전하는 사람이다. 그래서 "최동학의 기별 보듯"은 글을 보되 뜻도 모르고 읽는 체만 하는 것을 말한다. "한문성(韓文成)의 엮음 하듯"은 한문성이 재담에 찬 긴 사설의 가사를 한다는 말이니, 그는 광대였을 가능성이 크다. "허맹(許溟)이 문서"는 제주의 속담으로, 허명(許溟)은 어느 고을 사또로 차용증서의 무효선언을 하고 가난한 사람을 구했다 한다(이기문, 1962).

이렇게 무명인은 두드러진 문화적인 배경을 지니지 않을 뿐 아니라, 대부분 그 배경을 확인하기 곤란한 인물이다.

2.2. 외국인의 인명

한국의 속담에는 64개 속담에 외국인의 인명이 34개 쓰이고 있다. 이 가운데 중국인의 이름이 63개 속담에 32개 쓰이고 있다. 나머지 하나는 일본인 이름이다.

먼저 중국인의 이름이 쓰인 속담부터 보기로 한다. 두 번 이상 이름이 쓰인 속담이 51개에 19명이고, 한번 이름이 쓰인 속담이 12개로, 13명이다. 이들 인명은 한국인의 경우와는 달리 모두가 지명인이다. 중국의 지명인사를 인용함으로 환기적 효과를 거두려 한 것이다. 가장 많이 쓰인 이름은 "장비(張飛)"로, 8개의 속담에 쓰이고 있다. 이 밖에 "소진(蘇秦)"이 5개, "동방삭(東方朔)"이 4개, 공자(孔子) · 조조(曹操) · 항우(項羽)가 각각 3개에 쓰이고 있다. "강태공, 곽분양, 석숭, 소대성, 소약란, 순, 양귀비, 유비, 이태백, 장도감, 장의, 제갈량, 조자룡, 조조"등 14명은 두 속담에 이름이 쓰이고 있다. 하나의 속담에 쓰인 인명은 "굴원, 도척, 맹상군, 맹자, 범강, 소강절, 손대성, 여포, 용골대, 장달, 장자방, 조괄, 편작" 등이다.

먼저 2번 이상 쓰인 인명의 속담을 보면 다음과 같다.

- 가장비(假(張飛) 같다/ 날 장비 같다/ 장비는 만나면 싸움/ 장비더러 풀벌레 그리라 한다/ 장비야 내 배 다칠라/ 장비 포청(捕廳)에 잡힌 것 같다/ 장비하고 쌈 안하면 그만이지/ 장비 호통이라
- 소진(蘇秦)의 혀/ 소진이도 말 잘 못할 때가 있다/ 소장(蘇張)의 혀/ 말 잘 하기는 소진 장의(張儀)로군/ 항우도 낙상할 적이 있고, 소진도 망발할 적이 있다
- 동방삭(東方朔)이 밤 깎아 먹듯 한다/ 동방삭이는 백지(白紙) 장도 높다고 하였단다/ 동방삭이 인절미 먹듯 한다/ 삼천갑자 동방삭이도 저 죽을 날 몰랐다.
- 말은 낳거든 시골로 보내고, 아이를 낳거든 공자(孔子)의 문(門)으로 보내라/ 수가(修家)하는 데는 공자(孔子)/ 문선왕(文宣王) 끼고 송사한다
- 조조(曹操)는 웃다 망한다/ 조조(曹操)의 살이 조조(曹操)를 쏜다
- 항우(項羽)도 낙상할 적이 있고, 소진도 망발할 적이 있다/ 항우도

　　댕댕이 덩굴에 넘어진다/ 항우 보고 앙징하다고 한다
- 강태공(姜太公)의 곧은 낚시질/ 강태공이 세월 낚듯 한다
- 곽분양(郭汾陽)의 팔자/ 백자천손 곽자의(郭子儀)
- 상하사불급이요, 이름만 석숭(石崇)이가 되었다/ 죽은 석숭보다 산 돼지가 낫다
- 소대성(蘇大成)이 모양 잠만 자나/ 소대성이 이마빡 쳤나
- 소약란(蘇若蘭)의 문견/ 소약란의 재주라도 하는 수 없다
- 순(舜) 임금의 독 장사/ 순 임금이 독 장사를 했을까
- 양귀비(楊貴妃) 외딴 친다/ 인물 좋으면 천하일색 양귀비
- 유비(劉備)가 한중(漢中) 믿듯/ 유비냐 울기도 잘 한다
- 이태백(李太白)도 술병 날 때가 있다/ 이태백(李太白)이가 돈 가지고 술 먹었다던
- 무송(武松)이 장도감(張都監) 친다/ 장 도감(張都監) 친다
- 소장(蘇張)의 혀/ 말 잘 하기는 소진 장의(張儀)로군
- 돈이 제갈량(諸葛亮)/ 제 놈이 제갈량이면 용납이 있나
- 한(漢)의 조자룡(趙子龍)이 창을 들고 선듯/ 자룡(子龍)이 헌 창 쓰듯 한다

　　"장비(張飛 : ?~221)"는 중국 삼국시대에 관우(關羽)와 함께 유비(劉備)를 섬긴 무장이다. 의도태수(宜都太守), 거기장군(車騎將軍), 서향후(西鄕候) 등에 봉해졌다. 유비가 관우를 죽인 오(吳)나라를 치기 위해 군사를 일으켰을 때 장비는 휘하의 장달(張達)과 범강(范彊)에게 살해되었다. 속담의 장비는 용맹스러운 무장이 아니라, 다만 싸움 잘 하고, 외모가 험상궂은 사람 정도로 형상화되었다. "가장비"나 "날 장비"는 장비의 외모가 우악스럽고 험상궂음을 말한 것이고, "장비는 만나면 싸움", "장비하고 쌈 안하면 그만이지"와, "장비 호통이라"는 모두 장비가 싸움을 잘하고 호통을 잘 쳤음을 드러낸 것이다. "소진(蘇秦 : ?~?)"은 장의(張儀)와 함께 전국시

대의 대표적 변론가다. 진(秦)에 대항하여 산동(山東) 6국의 합종책(合從策)을 주장하였다. 뒤에 제(齊)를 섬겼으나, 암살되었다. 속담은 주로 변론가로서의 소진·장의를 언급한 것이다. "장의(張儀 : ?~309BC)"는 위나라의 변론가로, 연횡책(連橫策)을 주장하였으며, 뒤에 진(秦) 나라 대신이 되었다. "동방삭(東方朔 : 154?~92BC?)"은 전한(前漢)의 문인으로, 상시랑(常侍郎), 태중대부(太中大夫)를 지냈다. 해학·변설·직간으로 이름이 났다. 속설에 서왕모의 복숭아를 훔쳐 먹고 장수하였으므로 "삼천갑자(三千甲子) 동방삭"이라 한다. 동방삭은 백짓장도 높다고 할 정도로 매사에 조심하였다. 그러기에 인절미도 오래 씹어 먹었다. 그러나 그도 급할 때는 밤을 반만 깎아 먹었다 한다. "동방삭이도 저 죽을 날 몰랐다"는 아무리 해박한 사람이라도 제 명은 알지 못한다는 것을 말한 것이다. "공자(孔子 : 551~479B.C.)"는 춘추전국시대 사상가로 이름은 구(丘), 자는 중니(仲尼), 시호는 문선왕이다. 유교의 개조로, 인(仁)을 정치윤리의 이상으로 하는 덕치주의를 강조했다. 속담의 공자는 학문과 윤리의 정상, 인간 최고의 사표로 거명된 것이다. "조조(曹操 : 154~220)"는 삼국시대 위(魏)나라의 시조로, 자는 맹덕(孟德)이다. 권모술수에 능해 후세에 간신의 전형처럼 여겨진다. 그는 "조조는 웃다 망한다"는 속담에서처럼 웃기를 잘 했다(擅笑). 조조의 가세(家世)가 빛나고 순탄했던 것은 그가 "심정이 유쾌하고 정리에 따라 자연스럽게 웃기를 사랑한 때문"이라 한다. 그의 웃음은 첫째, 재능과 수준(水平)에서, 둘째 흉금과 담력에서, 셋째 용기와 신심에서 나오는 것이라 한다. "조조의 살이 조조를 쏜다"는 속담은 지나치게 재주를 부려 결국 이로 말미암아 자멸하게 됨을 나타낸다. "항우(項羽 : 232~202 B.C.)"는 진(秦) 나라 말기의 무장으로, 이름은 적(籍), 우(羽)는 자다. 한왕 유방(劉邦)과 호응하여 진 나라를 멸망시키고, 서초(西楚)의 패왕(霸王)이 되었다. 역발산기개세(力拔山氣蓋世)의 영웅 장사여서, 항우장사(項羽壯

士), 또는 항장사(項壯士)라 했다. 속담은 명장이라도 실수할 적이 있고, 힘이 세다고 작고 변변찮은 것을 무시해서는 안 된다는 것이다. 항우를 "앙징스럽다"고 하는 것은 영웅 장사에게 어울리는 말이 아니라는 것이다.

다음에는 두 번 쓰인 인명의 속담을 보기로 한다. "강태공(姜太公 : ?~?)"은 본명을 강상(姜尙)이라 한 주(周)나라 초기의 정치가로, 태공망(太公望)이라 했다. 강태공은 속칭이다. 그는 "강태공 위수변(渭水邊) 주(周) 문왕(文王) 기다리듯"이란 속담처럼 위수 변에서 때를 기다리며 낚시질을 했다. 뒤에 여기서 문왕(文王)을 만나 그의 군사(軍師)가 되었고, 무왕(武王)을 도와 은(殷)나라를 멸하여 천하를 평정하였다. 강태공의 "곧은 낚시질", "강태공이 세월 낚듯"은 모두 위수에서 낚시질 한 고사에 연유한다. "곽분양(郭汾陽 : 697~781)"은 곽자의(郭子儀)로 당 나라 명장이다. 안녹산(安綠山)의 난을 평정하였고, 뒤에 토번(吐藩)을 쳐 분양왕(汾陽王)에 봉해졌다. 그래서 "곽분양"은 팔자가 좋은 사람임을 나타낸다. "석숭(石崇 : 249~300)"은 진(晉) 나라 문장가이며, 이름 난 부호였다. 형주자사, 응양장군(鷹陽將軍)을 지냈으며, 항해와 무역으로 거부가 되어 영화를 누렸다. "죽은 석숭보다 산 돼지가 낫다"는 아무리 영화를 누린다 해도 죽으면 그만이라는 말이다. "소대성(蘇大成)"은 작자 연대 미상의 조선조 소설 "소대성전"의 주인공이다. 소대성은 명나라 병부상서의 아들로 초년고생 뒤에 무술을 닦아 나라의 환란을 평정하고 황제를 구해 호왕(胡王)이 되었다. 그는 아주 잠이 많았다. 낙향한 재상 이진이 그를 처음 발견한 때도 그가 조실부모하고 방황하다 목동이 되어 시냇가에 잠들어 있을 때였고, 이진의 거둠을 받아 그 집에 머물고 있을 때도 늘 잠만 자 미움을 샀다. "소약란(蘇若蘭)"은 진(秦) 나라의 문견이 넓고 글재주가 많던 여인으로, 회문시(回文詩)를 지어 싸움터에 나간 남편을 무사히 돌아오게 하였다 한다.

"순(舜)" 임금은 삼황오제(三皇五帝) 가운데 한 사람으로, 성은 우(虞), 이름은 중화(重華)다. 그는 임금이 되기 전에 옹기 장사를 했다. 한번은 지고 가던 옹기가 땅에 떨어져 깨졌는데도 그가 돌아보지 않자 주변에서 일러 주었더니, "시루가 이미 깨졌는데 보면 무엇이 유익하겠는가(甑已破矣 示之何益)?"라 하며 그냥 갔다 한다. 이에 그가 큰 인물임을 안 요(堯) 임금은 그에게 양위하였다고 한다. "양귀비(楊貴妃 : 719~756)"는 당 현종(玄宗)의 귀비로, 외모가 아름답고 춤과 음악에 뛰어났다. "인물 좋으면 천하일색 양귀비"라는 속담은 이런 그의 절색을 말하는 것이고, "양귀비(楊貴妃) 외딴 친다"는 양귀비가 혼자 판을 친다는 말로, 역시 매우 아름답다는 말이다. "유비(劉備 : 161~223)"는 촉한(蜀漢)의 초대 황제로, 자는 현덕(玄德), 시호는 소열제(昭烈帝)라 했다. 전략가 제갈공명(諸葛孔明)을 만나 적벽대전(赤壁大戰)에서 조조(曹操)를 대파하였고, 후한이 멸망한 뒤에 제위에 올랐다. 그는 섬서성 서남쪽 한수(漢水) 상류의 요새지인 한중(漢中)을 굳게 믿고 이에 의지했다. 그는 희로의 감정을 얼굴에 드러내지는 않았지만 울기를 잘했다(善哭). 삼국지에는 30회 우는 장면이 보이는데, "현덕의 곡은 공연한 경우가 없다"고 한다. 그는 인재를 모으기 위해, 오랑캐(夷的)의 무기로서, 의기를 나타내기 위해, 공관적(公關的) 책략 등을 위해 울었다 한다. "이태백(李太白 : 701~762)"은 당 나라 시인으로, 이름을 백(白), 자를 태백, 호를 청련거사라 했다. 그는 또 호를 주선옹(酒仙翁)이라 할 정도로 술을 잘했다. 속담은 모두 술과 관련된 것이다. 두보(杜甫)의 시 "음중팔천가(飮中八僊歌)"는 "이백일두시백편(李白一斗詩百篇) 장안시상주가면(長安市上酒家眠) 천자호래불상선(天子呼來不上船) 자칭신시주중선(自稱臣是酒中仙)"은 이백의 이러한 면모를 보여 준다. "장도감(張都監)"은 중국 사대기서의 하나인 수호지(水滸誌)에 등장하는 인물이다. "무송이 장도감 친다"는 속담처럼 무송(茂松)이 자기를 해치려던 장도감이 술을 마시며 즐기고 있는 원앙루(鴛鴦樓)로 가 장도감과 장문신(蔣門神) 일행을 모두 죽였다. 이런 배경으로 말미암아 이 속담은 크게 풍파를 일으켜 매우 소란스러움을 나타낸다. 송남잡지에는 장도감에 대해 "宴樓上 茂松擊碎 故打破器皿 謂張都監"이라 하고 있다. 우리말에서는 이로 말미암아 오늘날 "장도감치다"란 말이 "말썽이나 풍파를 크게 일으키다"란 뜻의 자동사로 쓰이기까지 한다. "제갈량(諸葛良 : 161~234)"은 삼국시대 촉한의 정치가로, 자를 공명(孔明)이라 했다. 유비의 삼고지례(三顧之禮)에 감격하여 그의 군사(軍師)가 되어 오(吳)나라와 연합하여 위군(魏軍)을 대파하고 촉한(蜀漢)을 세웠다. 그는 정치 군사의 면에서 재주가 뛰어났다. 제갈량이 나오는 속담은 모두 그의 재주와 관련된 것이다. "조자룡(趙子龍 : ?~229)"은 삼국시대 촉(蜀)나라 무장으로, 이름은 운(雲)이고, 자룡은 그의 자다. 팔척의 키에 인물이 준수했고, 무예가 출중했으며, 특히 창을 잘 썼다. 유비가 장판에서 조조의 공격을 받고 달아날 때 단신으로 적진에 뛰어들어 어린 유선(劉禪)을 구해 낸 일화는 유명하다.

다음에는 이름이 한번 쓰인 속담을 보기로 한다. 이들은 12개 속담에 쓰이고 있다.

> 굴원(屈原)이 제 몸 추듯/ 수언 도척(盜跖)이 같다/ 맹상군(孟嘗君)의 호백구(狐白裘) 믿듯/ 독서당 개가 맹자왈(孟子曰) 한다/ 범강(范疆) 장달(張達)이 같다/ 아는 걸 보니 소강절(邵康節)의 똥구멍에 움막 짓고 살았겠다/ 손대성(孫大聖)의 금수파(金箍兒) 쓰듯/ 여포(呂布) 창날 같다/ 담배는 용골대(龍骨大)로 피우네/ 장자방(張子房) 옥통소 부는 소리 같다/ 조괄(趙括)의 병서(兵書)/ 죽음에는 편작(扁鵲)도 할 수 없다

"굴원(屈原 : 340?~278BC?)"은 전국시대 초(楚) 나라의 정치가요, 시인이었다. 그는 충간이 용납되지 않자 멱라수에 몸을 던져 죽었다. "도척(盜跖 : ?~?)"은 춘추시대의 큰 도적으로, 수천 명의 부하를 거느리고 천하를

횡행하였다 한다. 도척은 악인을 비유하는 말로도 쓰이는데, 속담은 이런 비유로 쓰인 것이다. "맹상군(孟嘗君 : ?~278B.C.?)"은 전국 시대 제(齊)나라의 재상으로, 성은 전(田), 이름은 문(文)으로, 전국시대 4군(四君) 가운데 하나로, 구도계명(狗盜鷄鳴)의 주인공이다. 진(秦) 나라의 소양왕(昭襄王)은 그가 매우 어진 인물이어 시새워 죽이려 가두었다. 그러자 그는 개소리를 잘 내는 식객을 시켜 전에 자기가 왕에게 선물한 천금 값어치의 호백구(狐白裘 : 여우 겨드랑이의 흰털이 붙은 가죽으로 만든 옷)를 훔쳐 오게 하여 왕의 총희(寵姬)에게 바쳐서 풀려나고, 닭의 울음소리를 내어 함곡관(函谷關) 문을 열게 함으로 도망쳐 벗어났다. 속담은 이 호백구를 바치고 생명을 구한 것을 말한다. "맹자(孟子 : 372~289BC)"는 전국시대 철인으로, 이름은 가(軻), 자는 자여(子輿), 또는 자거(子車)라 했다. "맹자(孟子)"는 그의 언행을 기록한 책이다. 속담의 "맹자"는 이 서책에 "맹자왈(孟子曰)…" 하는 "맹자"를 가리킨다. 속담은 "서당 개 3년에 풍월 한다"와 같은 발상의 표현으로, 오래 보고 들은 것은 자연히 할 수 있다는 뜻을 나타낸다. "범강(范疆)"과 "장달(張達)"은 앞에서 언급한 바와 같이 장비를 죽인, 그의 휘하 장수다. 속담은 흉포하고 용건(勇健)한 장수를 뜻한다. 우리의 국어사전에는 "범강장달이"를 명사로 보고, "키가 크고 흉악하게 생긴 사람을 가리키는 말"(금성판 국어대사전)이라 풀이하고 있다. "소강절(邵康節 : 1011~1077)"은 북송의 철학자 소옹(邵雍)으로, 강절은 시호다. 상수(象數)에 의한 신비적 우주관·자연철학을 설명하여 주자(朱子) 등에 큰 영향을 끼쳤다. 속담은 너무 아는 체함을 핀잔하는 말이다. "손대성(孫大聖)"은 서유기(西遊記)에 나오는 손오공(孫悟空)이다. "금수파 쓰듯"의 "금수파"는 "금고주(金箍呪)", 또는 "긴고주(緊箍呪)"를 잘못 쓴 것이다. "긴고주"는 사람을 구속 속박하는 것을 비유하는 말로, 서유기에서 삼장법사가 손오공의 무궤도한 행위를 제지하기 위해 그 머리에 씌운 금테를 단단히 죌

때 쓰는 주문을 말한다. 속담에서는 머리에 쓴 금테를 가리킨다. 최남선의 "고본 춘향전"에는 이 용례가 보이는데 "옥사장이 분부 듣고 크나큰 전목칼을 춘향의 가는 목에 선봉대장 투구 쓰듯, 손대성(孫大聖)의 금수파(金箍兒) 쓰듯, 흠뻑 씌운 후에 칼머리에 인봉하고 거멀못으로 수쇄하고 옥중으로 내려갈새"와 같이 되어 있다.

"여포(呂布 : ?~198)"는 후한말의 무장으로 자는 봉선(奉先)이다. 원술(袁術)과 결탁하여 유비를 공격하였으나 조조에 붙잡혀 살해되었다. "용골대(龍骨大 : ?~?)"는 청나라 장군으로, 본명은 잉구얼다이(英固爾岱)다. 인조 14(1636)년 병자호란 때 10만 대군을 거느리고 선봉장으로 들어온 장본인이다. 그는 담배를 잘 피웠던 듯하다. 장자방(張子房 : ?~168B.C.)은 한(漢) 나라 건국공신으로 이름은 양(良), 자방은 자다. 한고조의 술사로 고조를 도와 천하를 통일하였다. 만년에 은퇴하여 신선도(神仙道)를 닦았다. 속담은 신선의 옥통소 부는 소리 같다는 것이다. "조괄(趙适 : ?~?)"은 전국시대 병서를 많이 읽어 이름이 높았으나, 실제로 육국이 병화를 올리고 다툴 때는 전혀 써 보지 못했다 한다. 편작(扁鵲 : ?~?)은 전국시대 명의로, 이름을 진월인(秦越人)이라 했다. 종래의 주술적 의술에서 나아가 경험을 토대로 한 치료를 하였다. 환자의 오장육부를 투시하는 경지에까지 이르렀다 한다. 속담은 신통한 명의라도 죽음에는 어쩔 수 없다는 말이다.

이 밖의 일본인 이름은 "검기는 왜장 청정(清正)이라"의 가등청정(加藤清正)이다, "가등(加藤 : 1562~1611)"은 풍신수길(豊臣秀吉)의 휘하 장군으로, 임진왜란 때 조선에 선봉으로 나온 인물이다. 그는 피부가 검었던 듯하다.

3. 지명의 문화적 배경

지명은 115개가 쓰이고 있다. 한국 지명이 201개 속담에 97개가 쓰이고 있고, 중국 지명이 29개 속담에 17개, 일본 지명이 한 개 속담에 한 번 쓰이고 있다.

3.1. 한국의 지명

한국의 지명은 201개의 속담에 97개 쓰이고 있다. 이 가운데 빈도가 가장 높은 것은 "서울"로 무려 28개 속담에 29회나 쓰이고 있다. 이 밖에 4회 이상의 높은 빈도를 보이는 지명으로는 "남산골, 한강, 제주, 인왕산, 평양, 강원도, 남대문, 송도, 수원, 안성, 양주" 등 11종이며, 속담은 총 83개다. 이들 지명이 쓰인 속담은 다음과 같다.

- 서울(28회) : 광주(廣州) 생원의 첫 서울이라/ 금천(衿川) 원이 서울 올라 다니듯/ 모로 가나 기어가나 서울 남대문(南大門)만 가면 그만이다/ 사람은 낳으면 서울에 보내고, 우마는 낳으면 상산(上山)에 두라/ 사람의 새끼는 서울로 보내고 마소의 새끼는 제주(濟州)로 보내라/ 모로 가도 서울만 가면 된다/ 서울 가는 놈이 눈썹을 빼고 간다/ 서울 가 본 놈하고 안 가 본 놈하고 싸우면 서울 가 본 놈이 못 이긴다/ 서울 가서 김 서방 찾기/ 서울 겉에 시골내기라/ 서울 김 서방 집도 찾아간다/ 서울 까투리/ 서울 놈 못난 건 고창(高敞)놈의 좆만도 못하다/ 서울 놈은 비만 오면 풍년이란다/ 서울 놈의 글 꼭질 모른다고, 말 꼭지야 모르랴/ 서울 사람을 못 속이면 보름을 똥을 못 눈다/ 서울서 매 맞고 송도(松都)서 주먹질 한다/ 서울 소식은 시골 가서 들어라/ 서울에 가야 과거에 급제하지/ 서울이 낭이라/ 서울이 낭이라는 말을 듣고 삼십리부터 긴다/ 서울이 낭이라니까 과

천(果川)서부터 긴다/ 서울이 무섭다니까 남태령(南太嶺)부터 기는
격/ 서울이 무섭다니까 새재서부터 긴다/ 시골 놈이 서울 놈을 못
속이면 보름씩 배를 앓는다/ 이그러진 방망이 서울 남대문(南大門)
에 가니 팩 했다/ 입이 서울/ 하룻망아지 서울 다녀오듯

- 남산골(7회) : 남산(南山)골 딸깍발이/ 남산골샌님/ 남산골샌님은 뒤
지하고 담뱃대만 들면 나막신 신고도 동대문(東大門)까지 간다/ 남
산골샌님이 신청안(宣惠廳) 고직(庫直)이 시킬 재주는 없어도 뗄 재
주는 있다/ 남산골샌님이 역적 바라듯 한다/ 남산골 생원이 망하여
도 걸음 걷는 보수는 남는다/ 남산골 재앙동(災殃童)이 샌님

- 한강(7회) : 종로(鐘路)에서 뺨 맞고 한강(漢江)에 가서 눈 흘긴다/ 한
강 가서 목욕한다/ 한강물 다 먹어야 짭나/ 한강 물이 제 곬으로 흐
른다/ 한강에 그물 놓기/ 한강이 녹두죽이라도 쪽박이 없어 못 먹겠
다/ 한수(漢水) 북산(北山)에 썩은 양초(糧草) 쌓이듯 한다.

- 제주(6회) : 사람의 새끼는 서울로 보내고, 마소의 새끼는 제주(濟州)
로 보내라/ 제주(濟州) 말 갈기 서로 뜯어 먹는다/ 제주 말갈기 외로
질지 바로 질지/ 제주 말 제 갈기 뜯어먹기/ 제주 미역 머리 감듯/
제주에 말 사 놓은 듯

- 인왕산(5회) : 괄기는 인왕산(仁旺山) 솔가지라/ 인왕산 그늘이 강동
(江東) 팔십리 간다/ 인왕산 모르는 호랑이가 있나/ 인왕산 중허리
같다/ 인왕산 차돌을 먹고 살기로 사돈의 밥을 먹으랴

- 평양(5회) : 제 배가 부르니 평양감사(平安監司)가 조카같이 보인다/
살갑기는 평양(平壤) 나막신/ 평양감사도 저 싫으면 그만이다/ 평양
병정의 발싸개/ 평양 황고집(黃固執)이다

- 강원도(5회) : 강원도(江原道) 삼척(三陟)이다/ 강원도 안 가도 삼척/
강원도 참사(參事)/ 강원도 포수

- 남대문(4회) : 남대문(南大門) 구멍 같다/ 남대문 입납(入納)/ 모로 가
나 기어가나 서울 남대문만 가면 그만이다/ 이그러진 방망이 서울
남대문에 가니 팩 했다

- 송도(4회) : 송도(松都) 계원/ 송도 말년의 불가사리라/ 송도 부담짝/

송도 외 장사

- 수원(4회) : 다시 보니 수원(水原) 손님/ 수원 남양(南陽) 사람은 발가 벗겨도 삼십 리를 간다/ 알고 보니 수원 나그네/ 인제 보니 수원 나그네
- 안성(4회) : 안성(安城)맞춤/ 안성맞춤 안장 맞춤/ 안성장(安城場)에 풋송아지처럼/ 안성 피나팔이라
- 양주(4회) : 고양(高陽) 밥 먹고 양주(楊州) 구실/ 양주(楊州) 밥 먹고 고양(高陽) 구실한다/ 양주(楊州) 사는 홀아비/ 허리에 돈 차고 학 타고 양주(楊州)에 올라갈까

"서울"은 본래 지명이 아닌, "한 나라의 수도"를 의미하는 보통명사로, 고유명사가 된 것은 광복 이후의 일이다. 그러나 속담에서의 "서울"은 대부분 "수도"라는 추상적 의미라기보다 구체적인 지역 이름으로서의 의미 기능이 강하다. 따라서 여기서는 일괄해서 지명으로 처리하기로 한다. "서울"은 우선 "모로 가도 서울만 가면 된다"의 경우처럼 단순한 지역 명으로 쓰인다. 이 밖에 "서울"은 입신출세의 좋은 고장, 무서운 고장이란 문화적 의미를 나타낸다. "서울에 가야 과거에 급제하지" 계통의 속담은 전자의 예요, "서울이 낭이라니까 과천서부터 긴다" 계통의 속담은 후자의 예다. 서울이 무섭다는 속담은 5개나 된다. "서울 가서 김 서방 찾기"는 서울이 넓다는 의미이고, "입이 서울"이나, "하룻망아지 서울 다녀오듯"은 서울이 좋고 훌륭함을 나타낸다. "서울 놈은 비만 오면 풍년이란다"는 도농(都農)의 인식의 차이를 보여 주는 속담이다.

"남산골(南山-)"은 조선 후기에 서울의 거주지를 동서남북의 방위에 따라 동촌, 서촌, 남촌, 북촌이라 한 데 연유한다. 남촌(南村)은 종로의 남쪽에서부터 남산 사이에 있는 지역으로, "남산골"이라 했다. 양반들, 그 가운데도 노론(老論)들이 살던 북악산 기슭의 북촌(北村)과 달리, 남촌은 주

거 환경이 좋지 않아 세력을 잃고 몰락한 가난한 양반들이 모여 살았다. 남인(南人)과 무반(武班)의 거주지였다. 속담에는 주로 이 몰락한 양반인 "남산골딸깍발이"와 "남산골샌님"이 거명되고 있다. "딸깍발이"란 나막신을 딸깍거리고 신고 다니는데서 붙여진 이름이다. 국어학자 이희승의 수필 "딸깍발이"에 이들의 모습이 잘 그려져 있다. "딸깍발이"는 자존심과 오기만 남은 가난한 선비를 농으로 이르는 말이다. 같은 지역을 가리키는 "남촌"이란 지명의 속담도 두 개가 보인다.

"한강(漢江)"은 물론 서울에 흐르는 강으로, 한수(漢水)라고도 한다. 속담의 "한강"은 "한강물 다 먹어야 짱나", "한강이 녹두죽이라도…" 등 대부분 "한강"을 지시한다기보다 인간사(人間事)를 비유하는 데 쓰인 것이다. "한강 가서 목욕한다"는 동언해에 "漢江沐浴 : 就利於遠徒勞何益"이라고 "멀 원(遠)"자를 썼듯, "한강"을 먼 고장, 멀리 서울에 있는 강이란 뜻으로 쓴 것이다. "종로에서 뺨 맞고 한강에 가서 눈 흘긴다"도 같은 발상의 표현이다.

"제주(濟州)"는 물론 우리나라 남단의 섬이며, 속담의 "제주말(濟州馬)"은 이 지역에서 나는 말을 가리킨다. 기원은 확실치 않으며, 고려 25대 충렬왕 때(1276) 몽고말 160필을 들여왔다고 한다. 이익(李瀷)의 성호사설에도 충렬왕 때 제주가 목마장이 되었음을 언급하고 있다. "사람의 새끼는 서울로 보내고, 마소의 새끼는 제주로 보내라"는 제주가 목축의 적격지임을 말한 것이다.

"인왕산(仁旺山)"은 서울 서쪽에 있는 화강암으로 된 산으로, 이 산의 능선을 따라 서울의 성곽이 축조되어 있다. "인왕산 호랑이"이란 속담도 있듯 옛날에는 호랑이가 출몰할 정도로 울창한 산이었다. 산은 그리 높지 않아 높이 338m다. 조선의 호랑이는 반드시 한번은 인왕산에 와 본다는 옛말이 있는데, 인왕산이 서울의 상징성을 지니기 때문이다. "인왕산(仁旺山) 그늘이 강동(江東) 팔십리 간다"의 "인왕산"은 "수양산(首陽山) 그늘이 강동 팔십 리를 간다"의 "수양산"을 "인왕산"으로 대치한 것이다. 수양산은 중국 산서성(山西省) 남쪽의 산으로 백이숙제(百夷叔齊)가 굶어 죽었다는 산이다. 여기 "강동(江東)"은 지명으로서의 라벨 기능은 지니지 않는다고 할 것이다. 같은 발상의 속담 "금강산(金剛山) 그늘이 관동(關東) 팔십 리"의 "관동"과는 다르다.

"평양(平壤)"은 물론 평안도의 중심지로, 평안도는 이 평양(平壤)과 안주(安州)의 첫 글자를 따 도명(道名)을 삼은 것이다. 조선팔도 시절 "평안감사"는 평양에 있었다. 그런데 사람들은 "평안감사"를 흔히 "평양감사"라 잘못 불렀다. 속담에도 두 "평안감사"가 "평양감사"로 되어 있다. 속담의 평안감사는 좋은 벼슬자리를 의미한다. "평양(平壤) 병정의 발싸개"는 "아병(俄兵)의 장화 속 같다"와 대비해 볼 때 아라사병정의 발싸개로 추정된다.

"강원도(江原道)"는 도명의 하나로, 속담의 "삼척"은 삼청(三廳)의 잘못이다. "삼청"은 금군삼청(禁軍三廳)으로, 내금위(內禁衛), 겸사복(兼司僕), 우림위(羽林衛)를 이르는데 삼청에는 난방을 하지 않아 추웠다고 한다. "강원도 참사"나 "강원도 포수"의 강원도는 오지, 또는 심심산골임을 나타낸다. "참사(參事)"는 좌천, "포수"는 강원도 깊은 산곡으로 사냥을 가 돌아오기 어려웠음을 비유한다.

"남대문(南大門)"은 서울 남문으로, 숭례문(崇禮門)이다. 이는 서울의 정문으로, 서울을 상징하기도 한다. "남대문입납"은 남대문 안인 서울이 넓다는 뜻이고, "이그러진 방망이 서울 남대문에 가니 꽥 했다"는 서울에 가서 기가 꺾였다는 말이다. "남대문 구멍 같다"는 국보 1호인 남대문의 규모가 커, 그 구멍이 매우 크다는 말이다.

"송도(松都)"는 고려의 개경(開京)을 조선조 이후 송악산 기슭에 있던 수도라 하여 이르는 말이다. 송경(松京)이라고도 한다. "송도 계원"은 한명회(韓明澮)와 관련된 고사다. 한명회가 나이 40에 송도의 경복궁지기가 되었을 때 동료들이 만월대에서 축하연을 베풀었다. 이때 친목계를 무으자는 이야기가 나와 한명회도 참가하려 하였으나 냉소하며 입회를 거절했다 한다. 속담 "송도 말년의 불가사리라"는 작자·연대 미상의 국문소설 "불가살이전(不可殺爾傳)", 및 불가살이 설화와 관련된다. 소설의 불가사리는 상상상의 동물로, 몸은 곰, 코는 코끼리, 눈은 무소(犀), 꼬리는 소, 다리는 범과 비슷하게 생겼는데, 쇠를 먹으며 악몽과 요사스러운 기운을 쫓는다고 한다. 이는 설철(齧鐵)이라고도 한다. 소설에서는 이 동물이 고려의 주인인 이태조를 돕기 위해 현신한 것으로 되어 있다. 그러나 설화는 이러한 내용과는 달리 고려 말년에 불가사리가 나타나 세상을 어지럽게 한 것으로 되어 있다. 속담은 설화를 배경으로 이루어진 것이라 볼 수 있다. "송도 외장사"도 설화적 배경을 지닌다. "송남잡지"에는 이 속담의 배경이 다음과 같이 소개되고 있다.

옛날 송도(松都)에 외장수가 있었다. 그는 산지에서 외를 사 가지고 한양(漢陽)으로 팔러 갔다. 한양에 가 들으니 의주(義州)에서 값이 폭등하고 있다고 한다. 그래서 그는 당장 의주로 달려갔다. 의주 장에 가 보니 이번에는 개성에서 외 값이 하루가 다르게 치솟고 있다는 소문이다. 그는 또 발걸음을 개성으로 재촉했다. 그러나 막상 개성에 당도해 외를 팔려고 꺼내 보니 외는 다 썩어 있었다.

이는 악착한 송도 상인(개성 상인)의 일면을 반영하고 있는 설화요, 속담이라 하겠다.

"수원(水原)"은 경기도의 지명이다. 속설에 개성 사람과 수원 사람은 돈에 인색하고 무섭다고 한다. "수원 남양(南陽) 사람은 발가벗겨도 삼십

리를 간다"는 이러한 문화를 반영하는 속담이다. "다시 보니 수원 나그네"류의 속담은 다른 것이 아닌 같은 것이라는 의미로, 아는 사람이란 뜻이다. "수원"이라는 지명에는 특별한 의미가 없다.

"안성(安城)"은 경기도의 지명으로, 유기의 명산지였다. 유기는 주문에 응해 만들었다. 그러니 유기가 마음에 들 수밖에. 또한 안성은 종래 우리나라의 대표적 시장 가운데 하나였다. 대구 약령시처럼, 안성의 우시장이 유명했다. "안성 피나팔(皮喇叭)"은 음경(陰莖)을 익살스럽게 이르는 말이다. 이는 옛날 안성에 말가죽으로 나팔을 만들어 붉은색을 칠한 고물이 있어, 이런 비유적 표현이 생긴 것이라 한다. "양주(楊州)"는 경기도 고을 이름으로, "양주(楊州) 밥 먹고 고양(高陽) 구실한다"는 양주와 고양이 인접한 고을이어 생긴 속담이다. "양주에 사는 홀아비"는 그런 초라하고 고단한 특정인이 있어 속담으로 일반화하였을 것이다. "고양"에 대해서는 후술한다.

다음에는 지명이 3회 쓰인 것을 보기로 한다. 이들 지명으로는 "경상도, 금강산, 삼각산, 삼수갑산, 양주, 의주, 전라도" 등 7개가 있다. 이들 속담은 다음과 같이 18개다.

- 금일 충청도 명일 경상도/ 닫는 말에 채질 한다고 경상도(慶尙道)까지 하루에 갈 것인가/ 문경(聞慶)이 충청도(忠淸道)가 되었다, 경상도(慶尙道)가 되었다
- 금강산(金剛山) 그늘이 관동(關東) 팔십 리/ 금강산(金剛山)도 식후경/ 금강산(金剛山) 상상봉에 물 밀어 배 띄어 평지 되거든
- 삼각산(三角山) 밑에서 짠물 먹는 놈/ 삼각산(三角山) 바람이 오르락 내리락/ 삼각산(三角山) 풍류
- 삼수갑산(三水甲山)을 가서 산전을 일궈 먹더라도/ 나중에야 삼수갑산(三水甲山)을 갈지라도/ 내일은 삼수갑산(三水甲山)을 가더라도

- 의주(義州)를 가려면서 신날도 안 꼬았다/ 의주(義州) 파발도 똥 눌 때가 있다/ 의주(義州) 파천에도 곱똥은 누고 간다
- 망둥이가 뛰니까 전라도(全羅道) 빗자루가 뛴다/ 전라도(全羅道) 사람 에게 밥상이 두 개/ 전라도(全羅道) 사람은 벗겨 놓으면 삼십 리 간다

"경상도(慶尙道)"는 충청도와 경계를 이루고 있어 서로 왕래가 잦고, 접경지대의 지경(地境)이 변동되는 일도 많았다. 한 예로 조선조 태종 때 보은현(報恩縣)은 경상도에서 충청도로 이관되었다. 그리고 "경상도"는 영남(嶺南)으로 오늘날과는 달리 서울서 먼 지방으로 인식되었다. "금강산(金剛山)"은 관동(關東), 곧 강원도 북부에 있는 명산으로, 중국에서 "고려에 태어나 한번 금강산을 보고 싶다(願生高麗國 一見金剛山)"고 할 정도로 유명한 산이다. "금강산 그늘이 관동 팔십리"가 이런 문화적 배경의 속담이다. "금강산(金剛山)도 식후경"은 "악양루(岳陽樓)도 식후경"과 비교된다. "금강산(金剛山) 상상봉에 물 밀어 배 띄어 평지 되거든"은 불가능한 것을 표현함에 금강산이 인용된 것이다. 이러한 용례는 최남선의 고본 춘향전에 보인다.

도련님 이제 가면 언제 오려 하오. 태산중악 만장봉이 모진 광풍에 쓸어지거든 오려 하오. 십리 사장 세 모래가 정 맞거든 오려 하오. 금강산 상상봉에 물 밀어 배 띄어 평지 되거든 오려 하오. 기암절벽 천층석이 눈비 맞아 썩어지거든 오려 하오. 용마 갈기 사이에 뿔 나거든 오려 하오. 층암상에 묵은 팥 심어 싹 나거든 오려 하오. 병풍에 그린 황계 두 나래 둥덩 치며 사경 일점에 날 새라고 꼬끼오 울거든 오려 하오.

"삼각산(三角山)"은 서울 북쪽에 있는 산으로, 백운대, 국망봉, 인수봉의 세 봉우리로 되어 있다 하여 붙여진 이름이다. 따라서 "삼각산 밑"은

서울을 의미한다. "삼각산풍류"는 동언해에 "傲遊無節乘降太宵"라 보이듯, 출입이 무상하고 절도가 없음을 의미한다. "삼수·갑산(三水甲山)"은 함경북도 북단의 지명으로, 옛날에는 죄인을 귀양 보내던 험한 곳이다. 따라서 속담의 "삼수 갑산"은 최악의 경우에 비유된 것이다. "의주(義州)"는 평안북도의 압록강변의 도시로, 원지(遠地)임을 나타낸다. 파발(擺撥)은 조선시대의 역참(驛站)으로 "의주 파발(義州擺撥)"은 매우 민속하였다 한다. "전라도(全羅道)"는 팔도 시절 전라남북도를 아우른 지명이다. "전라도 사람에게 밥상이 두 개"와 "전라도 사람은 벗겨 놓으면 삼십 리 간다"는 속담은 전라도 사람이 겉과 속이 다르다고 하여 하던 말이다. 따라서 "전라도 사람은 벗겨 놓으면 삼십 리 간다"는 속담은 "수원 남양 사람은 발가벗겨도 삼십 리 간다"와는 그 의미를 달리 한다.

지명이 두 번 쓰인 것은 "강계, 강화, 고양, 남산, 남양, 남촌, 납천장, 대동강, 동대문, 문경, 밀양, 봉산, 삼척, 새재, 수구문, 아산, 온양, 용문산, 종로, 천안, 철옹성, 춘천, 충청도, 태백산, 평안도, 평택, 합천 해인사, 황해도" 등 28개다. 이들이 거명된 속담은 다음과 같다.

- 강계(江界)도 평안도 땅이다/ 호박 넌출 벋을 적 같아선 강계 위초 산 뒤덮을 것 같지
- 강화(江華) 도령님인가 우두커니 앉았다/ 넉살 좋은 강화 년이라
- 고양(高陽) 밥 먹고 양주(楊州) 구실/ 양주 밥 먹고 고양 구실한다
- 남산(南山) 봉화(烽火) 들 제 인경 치고, 사대문 열 제 순라군이 제 격이라/ 남산 소나무를 다 주어도 서캐조롱 장사를 하겠다.
- 남양(南陽) 원님 굴회 마시듯/ 수원 남양 사람은 발가벗겨도 삽십 리를 간다
- 남촌(南村) 양반이 반역할 뜻을 품는다/ 남촌의 몰락은 양반 때문
- 납청장(納淸場)을 만든다/ 납천장이 되었다

- 도깨비 대동강(大同江) 건너듯/ 우수 경칩에 대동강 풀린다.
- 남산골샌님은 뒈지 하고 담뱃대만 들면 나막신 신고도 동대문(東大門)까지 간다/ 못된 바람은 동대문 구멍에서 다 들어온다고
- 문경(聞慶) 새재[鳥嶺] 박달나무는 홍두깨 방망이로 다 나간다/ 문경이 충청도(忠淸道)가 되었다, 경상도(慶尙道)가 되었다
- 밀양(密陽) 놈 쌈 하듯/ 밀양 싸움
- 봉산(鳳山) 수숫대 같다/ 봉산 참배는 물이나 있지
- 강원도 삼척(三陟)이다/ 강원도 안 가도 삼척
- 문경 새재[鳥嶺] 박달나무는 홍두깨 방망이로 다 나간다/ 서울이 무섭다니까 새재[鳥嶺]부터 긴다
- 못된 바람은 수구문(水口門)으로 들어온다/ 수구문 차례
- 아산(牙山)이 깨어지나 평택(平澤)이 무너지나/ 평택이 무너지나 아산이 깨어지나
- 온양(溫陽) 온정(溫井)에 헌 다리 모이듯 한다/ 온양 온천에 전 다리 모여 들듯
- 용문산(龍門山) 안개 두르듯/ 용문산에 안개 모이듯
- 종로(鐘路)에서 뺨 맞고 행랑 뒤에서 눈 흘긴다/ 종로에서 뺨 맞고 한강에 가서 눈 흘긴다
- 떠들기는 천안(天安) 삼거리라/ 천안 자고 직산(稷山) 자고
- 철옹산성(鐵甕山城) 같다/ 철옹성(鐵甕城)으로 믿는다
- 춘천(春川) 노목궤(櫨木櫃)/ 춘천(春川) 토목공
- 금일 충청도(忠淸道) 명일 경상도/ 문경(聞慶)이 충청도가 되었다, 경상도가 되었다
- 태백산(太白山) 갈가마귀 게 발 물어 던지듯/ 태백산 백액호가 송풍나월 어르는 듯
- 강계도 평안도(平安道) 땅이다/ 내 배부르니 평안감사(平安監司)가 조카 같다
- 평택(平澤)이 무너지나 아산(牙山)이 깨어지나/ 아산이 깨어지나 평택이 무너지나

• 홍길동이 합천 해인사 털어먹듯/ 합천 해인사 밥이냐
• 황해도(黃海道) 처녀라/ 황해도 판수 가야고 따르듯

"강계(江界)"는 평안북도 압록강변의 지명으로, 속담에서는 원지의 대유(代喩)로 쓰였다. "강계 위초산(渭楚山)"도 멀리 압록 강변의 산에까지 미칠 것 같다는 뜻이다. "강화(江華)"는 경기도 강화군에 속하는 강화도를 이르는 것으로, "강화도령"은 조선조 25대 철종을 말한다. 철종은 즉위 전에는 강화에서 하는 일 없이 그날그날 지냈다 한다. "넉살 좋은 강화년"이란 흔히 강화 여자가 부끄러움을 모르고 검질기다 하여 이르는 말이다. "고양(高陽)"은 경기도의 고을 이름으로, 태종 때 고봉, 덕양 두 현의 이름에서 따 작명한 것이다. 속담은 "양주"와 인접한 고을로서 언급된 것이다. "남산(南山)"은 서울 남쪽에 있는 산으로 목멱산(木覓山)이라고도 한다. 전국의 봉화는 서울로 전해지는데, 남해안에서 오는 봉화는 남산의 봉화대에, 서북방면의 봉화는 인왕산의 봉화대에, 동북방면의 봉화는 낙산 봉화대에 전해졌다. 남산의 소나무는 애국가 가사에 "남산 위의 저 소나무 철갑을 두른 듯 바람소리 불변함은 우리 기상일세"라 보이듯 소나무가 무성했다. "남양(南陽)"과 "남촌"에 대해서는 앞에서 언급하였다. "납청장(納淸場)"은 평안북도 정주군 납청(納淸)으로, 이 시장의 면(麵)은 많이 쳐서 만들었기 때문에 질겼다 한다. 또한 송남잡지에 "납천장이 되었다"는 홍경래(洪景來)가 여기서 난을 일으켜 납청장이 "압파지칭(壓破之稱)"이 되었다고(臘川場而起故 今凡物壓破之稱) 되어 있다. "대동강(大同江)"은 평안도에 있는 강이다. "우수 경칩에 대동강 풀린다"는 속담의 대동강은 추운 지방의 강임을 나타낸다. 속담은 이런 강도 우수 경칩의 절기 2·3월이면 추위가 풀린다는 말이다. 가사 "수심가"에는 이런 구절이 보인다. "우수경칩에 대동강 풀리더니 정든 님 말씀에 요 내 속 풀

리누나. 차마 진정 임의 생각이 그리워 나 못 살겠구나.” “동대문(東大門)”은 서울 사대문 가운데 하나로, 동문인 홍인지문(興仁之門)을 말한다. 속담은 남산골에서 동대문이 멀다는 것을 나타낸다. “문경(聞慶)”은 충청북도와 접한 경상도의 지명이다. 그래서 이 지역이 충청도가 되었다 경상도가 되었다 한다는 것이니, 실제로 1963년에는 문경군의 농암면 삼송리(三松里)가 충북 괴산군 청천면(靑川面)에 편입된 바 있다. 또한 문경에는 충북 괴산(槐山)과의 사이에 새재(鳥嶺 : 1017m)가 있는데 여기의 박달나무가 유명하다. 박달나무로는 흔히 방망이를 만들었다. “밀양(密陽)”은 “밀양 아리랑”으로 유명한 경상남도의 지명이다. 송남잡지에 의하면 속담 “밀양 싸움”의 배경은 임진왜란 때 싸움의 승부가 쉽게 나지 않은 데 연유한다. “今勝負未決之語 自壬亂有之”가 그것이다. “봉산(鳳山)”은 황해도 고을 이름으로, 이곳의 수숫대는 유달리 크고 멀쑥했으며, “봉산 참배”는 맛 좋기로 전국에 유명했다. “강원도 삼척(三陟)이다/ 강원도 안 가도 삼척(三陟)”의 “삼척”은 앞의 “강원도” 항에서 언급한 바와 같이 “삼청(三廳)”이 와전된 것이다. 삼청은 방에 불을 때지 않아 “삼청냉돌”은 차디찬 방을 이르는 관용어가 되었다. “춥기는 사명당 사첫방”류의 속담과 같은 뜻이다. “수구문(水口門)”은 광희문(光熙門)의 속칭으로, 옛날 서울의 상여는 모두 이 문으로 나갔다고 한다. 그래서 이 문을 속칭 “시구문(屍柩門)”이라고도 했다. 따라서 “수구문 차례”란 죽을 때가 되었음을 의미한다. “아산(牙山)”은 충청남도의 지명이고, “평택(平澤)”은 경기도의 지명이다. 이들은 형세가 비슷한 이웃 고을이어서 쌍방이 기세가 등등하게 경쟁할 때 이들 지명이 비유적으로 사용된다. 그런데 역사적으로는 동학혁명이 일어나자 우리 정부의 요청으로 청나라가 출병하자 일본도 군사를 일으켜 청일전쟁(1894~1895)이 일어났다. 이때 청군은 아산만에 상륙 성환(成歡)으로 북상하고, 일군은 서울에서 내려오다가 성환과 평택 사이

소사(素沙) 벌판에서 싸움이 벌어졌는데, 속담은 이러한 역사적 배경을 지닌다. 온양(溫陽)"은 충남의 온천장으로, 병자들이 병을 치료하기 위해 모여들었다. 속담은 이런 문화적 배경을 바탕으로 성립된 것이다. "용문산(龍門山)"은 경기도 양평군에 있는 산으로, 높이는 1,157m이다. 최남선의 고본춘향전에 "용문산에 안개 모듯"이란 용례가 보인다.

> "이웃 고을 수령들이 차차 모여 들어올 새 인마가 낙역부절하여 당상에는 부사 현감, 당하에는 만호별장, 임실현감 구례현감 운봉영장, 청천에 구름 모듯, 용문산에 안개 모듯, 사면으로 모여 들어 위풍이 엄숙하고, 호령이 서리 같다."

"종로(鐘路)"는 종각이 있는 서울의 큰 거리다. "천안(天安)"은 충청남도의 지명으로, 경기·충청·전라 삼도의 교통 요지로 술·밥집이 많고, 길가는 사람이 많아 시끄러웠다. "천안 삼거리"는 이곳 중심지였을 것이다. "철옹성(鐵甕城)"은 평안도의 성으로 둘이 있다. 하나는 평안남도 맹산군과 함경남도 영흥군 사이에 있는, 높이 1085m의 철옹산에 축조된 것이다. 다른 하나는 영변읍을 둘러싼 백마산성(白馬山城)의 이칭이다. 백마산성은 신구의 두 성으로 되어 있는데, 전해지는 이야기로 옛 성은 강감찬 장군이, 새 성은 임경업 장군이 쌓은 것이라 한다. 백마산성을 철옹성이라 하는 것은 그 성이 물샐 틈 없는 쇠 독(鐵甕)과 같이 생겼다 하여 붙여진 이름이라 한다. "철옹성"은 오늘날 난공불락의 성이라는 비유적 의미로 쓰인다. 중국에서는 이를 흔히 금성탕지(金城湯池)라 한다. "춘천(春川)"은 강원도의 도청소재지다. 속담의 "춘천"은 변통성 없는 사람이 이 지역에 살았기 때문에 거명된 것일 뿐, "춘천"으로 일반화할 수 있는 것은 아니다. 이는 홍만종(洪萬宗)의 순오지(旬五志)에 "춘천"이란 지명이 없는 "노목궤(櫨木櫃)"란 속담을 소개하고 있는 것을 보아도 알 수 있다. "춘천 노목궤"는 "가르친 사위" 계통의 속담으로, 융통성이 없는 사람을 비웃는 말이다. 이런 유의 설화는 여러 가지가 전한다. 홍만종(洪萬宗)이 편찬한 "명엽지해(蓂葉志諧)"의 예를 보면 다음과 같다.

한 시골 노인이 노목궤에 쌀을 넣고 그것을 알아맞히는 사람을 사위 삼겠다고 하였다. 아무도 알아맞히지 못하자 딸이 어리석은 장사치에게 일러 주어 사위가 되었다. 노인은 어진 사위를 맞았다고 좋아하며, 하루는 소의 상을 보라고 하였다. 그러나 어리석은 사위는 노목궤 맞히던 때와 같은 소리를 하여 노인을 실망시켰다. 그러자 그 아내는 왜 입을 헤치며 "이가 적구려" 하고, 꼬리를 들치고 "새끼를 많이 낳겠구려"라 하지 않았느냐고 하였다. 이튿날 장모가 자기의 병세를 보라 하였다. 사위는 어제 아내가 일러 준 대로 말하였다. 장인 장모는 화를 내며 미친놈이라 하였고, 이 이야기를 들은 사람들은 모두 배꼽을 잡았다.

"충청도(忠淸道)"는 경상도와 서로 접해 도계를 같이 하고 있다. 따라서 왕래가 잦았다. 경계가 넘나들었음은 앞에서 본 바와 같다. "태백산(太白山)"은 태백산맥의 주봉으로, 경상도와 강원도 어름에 솟아 있는 산이다. 높이 1,561m로, 높고 험한 산임을 나타낸다. "태백산 갈가마귀 게발 물어 던지듯"의 예는 완판 춘향전인 열녀춘향수절가에 보인다.

실음 상사 기피 든 병 니 구치 못하고서 원통이 죽거드면 칠십상연 늘근거시 쌀 일코 사외 일코 틱빅산 갈가무기 게발 무러다 던지다시 혈혈단신 이 니 몸이 뉘을 밋고 사잔 말고? 남 못할 일 그리 마오.

"평안도(平安道)"는 조선 팔도 때 서북지방의 도명이다. "강계도 평안도 땅이다"의 의미와 "평안감사"에 대해서는 앞에서 언급하였다. "내 배 부르니 평안 감사가 조카 같다"는 "食이 足" 연후에는 아무리 좋은 것이라도 안중에 없다는 말이다. "평택(平澤)"은 "아산"을 설명하는 자리에서 언급하였다. "홍길동이 합천 해인사 털어먹듯"의 "합천(陜川) 해인사(海印寺)"에 대해서는 "홍길동"의 항에서 언급하였다. "해인사(海印寺)"는 신라 때 순응(順應), 이정(利貞) 두 대사가 세운 절로, 승도가 많았으며, 여기에는 이들의 밥을 해 먹이기 위해 큰 솥이 있었다는 일화가 전한다. 이러한 일화를 하나 보면 다음과 같다(이훈종, 1988).

> 옛날부터 양산 통도사는 중이 많기로 소문이 났고, 합천해인사는 가마솥이 크기로 이름이 났으며, 광주의 봉은사는 뒷간이 깊기로 이름이 났었다. 어느 날 세 곳의 중이 한 자리에 모여 한 마디씩 자랑을 하였다.
> "우리 정랑(뒷간)은 어쩌나 깊은지 오늘 대변을 보면 내일 이맘때쯤이나 바닥에 떨어질 거요."
> "우리 절은 생긴 지 천년이 되지만 아직도 인구조사를 마치지 못해 정확한 인원수는 모르겠으나, 드나드는 돌쩌귀에서 부서져 나오는 쇳가루가 하루아침에 서 말가량은 됩니다."
> "우리 절의 솥은 얼마나 큰지 작년 동짓달 팥죽을 쑤는데, 솥 가운데 배를 띄우고 팥죽을 젓던 중이 풍파에 불려서 어디론지 가버려 아직까지 소식이 없으니 큰 걱정이외다."

"합천 해인사 밥이냐"는 이런 큰 솥에 많은 밥을 짓자니 늦어진다는 말이다. "황해도(黃海道)"는 서해에 면한 팔도(八道)의 하나로, 속담의 "황해도"는 이곳에 살던 특정한 처녀와 판수에 대한 사실을 일반화한 것이다. "고본 춘향전"에는 "황해도 판수 가야고 따르듯"의 예가 보인다.

> "저기 저 누가 우나보오" 이 도령 생각하되 우리 춘짜가 나를 보려고 나왔나 보다. "말 잡아라" 뛰어내려 울음소리 찾아갈 제, 진 데 마른 데 가리지 말고 그저 함부로 들어가니 황해도 판수 가얏고 따르듯 하며, 마

부 "어대로 이리 가오?" 이 도령 돌아보고 "이런 비갑의놈 보아라. 그라
네 아랑곳가?"

　이상 두 번 이상 쓰인 지명의 문화를 살펴보았다. 다음에는 지명이 한
번 쓰인 속담을 보기로 한다. 한번 쓰인 속담은 48개이고, 지명은 53개
로 다양하다. 이들 지명으로는 "강경, 건대, 경주, 광주, 교천, 남대지, 담
양, 대천, 동실령, 동해수, 백두산, 백운대, 벽창, 보은, 부안, 북산, 북악,
북한, 사근내, 삼남, 새남터, 선유봉, 송파장, 순라골, 신원, 신흥사, 악박
골, 안악, 안협, 양화도, 연안, 연희궁, 염천교, 영남, 영변, 오강, 오간수,
왕십리, 용천관, 웅천, 은진, 자인장, 정선, 충주, 포천, 하동, 한라산, 한
성부, 한수, 함흥, 합덕, 홍제원, 홍문재" 등이 거명되고 있다. 이들 속담
은 다음과 같다.

　　건대(巾臺)놈 풋 농사짓기/ 경주(慶州) 돌이면 다 옥석인가/ 광주(廣州)
생원의 첫 서울이라/ 교천(敎川) 부자가 눈 아래로 보인다/ 금천(衿川)원
이 서울 올라가듯/ 담양(潭陽) 갈 놈/ 동실령(嶺) 소똥구리/ 백두산(白頭
山)이 무너지나 동해수(東海水)가 메어지나/ 달걀로 백운대(白雲臺)치기/
벽창호다/ 보은(報恩) 아가씨 추석 비에 운다/ 부안댁(扶安宅) 가라말/ 북
악(北岳)이 평지 되거든/ 까투리 북한(北漢) 다녀온 셈이다/ 사근내(沙斤
乃) 장승만 하다/ 삼남(三南)이 풍년이면 천하는 굶주리지 않는다/ 새남
터를 나가도 먹어야 한다/ 송파장(松坡場) 웃머리/ 순라골(巡邏-) 까마종
이라/ 신원(新院) 이방 자리/ 신흥사(新興寺) 지푸라기/
　　악박골 호랑이 선 불 맞은 소리라/ 안악(安岳) 사는 과부/ 안협(安峽)
교생(校生)이라/ 양화도(楊花渡) 색시 선유봉(仙遊峰)으로 돈다/ 연안(延安)
남대지(南大池)도 팔아먹을 놈/ 연희궁(衍喜宮) 까마귀 골수박 파먹듯 한
다/ 염천교(鹽川橋) 밑에서 돼지 흘레를 붙이는 것이 낫다/ 고개를 영남
(嶺南)으로 돌려라/ 수돌이 영변(寧邊)에 다녀오듯/ 오강(五江) 사공 닷 줄

감듯/ 지저분하기는 오간수(五間水) 다리 밑/ 왕십리(往十里) 어멈 풋나물 주무르듯/ 채비 사흘에 용천관(龍川關) 다 지나가겠다/ 여식이 나거든 웅천(熊川)으로 보내라/ 은진(恩津)은 강경(江景)으로 꾸려 간다/ 자인장(慈仁場) 바소쿠리/ 정선(旌善)골 물방아 물레바퀴/ 충주(忠州) 결은 고비(考妣)/ 포천(抱川) 소(疏) 까닭이라/ 작아도 하동(河東) 애기/ 한라산(漢拏山)이 금덩어리리라도 쓸 놈 없으면 못 쓴다/ 한성부(漢城府)에 대가리 터진 놈 달겨들듯 한다/ 한수(漢水) 북산(北山)에 썩은 양초(糧草) 쌓이듯 한다/ 함흥차사(咸興差使)/ 합덕(合德) 방죽에 줄남생이 늘어앉듯/ 홍제원(弘濟院) 나무 장사 잔디 뿌리 뜯듯/ 족제비 난장 맞고 홍문재 넘어가듯

　"건대(巾臺)"는 합천군 쌍책면 건대리 낙동강 지류의 유역으로, 지대가 낮아 잦은 침수로 농사를 그르치는 일이 많았다 한다. 그래서 이 속담은 농사에 정성을 들이지 않음을 의미한다. "경주(慶州)"는 신라의 고도이며, 경상북도의 지명으로, 옥석(玉石)이 산출된다. 속담은 명실을 분명히 해야 함을 말한다. "광주(廣州)"는 서울에 인접한 경기도 고을이다. 그럼에도 "초입경(初入京)"이라 "심당자황(心倘自怳)"함을 나타낸 것이다. "교천(教川)"은 경주 근처의 지명으로, 이곳에 유명한 최 부자(崔富者)가 살았음을 말한다. "담양(潭陽)"은 전남 북부의 군 이름으로, 지난날에는 유배지여서 이런 속담이 생겼다. "동실령"은 "동실령 소똥구리"가 경남 속담(이기문, 1962)이라 한 것으로 보아 경남의 재 이름으로 추정된다. "백두산(白頭山)"과 "동해수(東海水)"는 한국을 상징하는 산이요, 바다다. 속담에서는 결판이 날 때까지 끝까지 해 본다는 의미로 큰 산과 바다를 두고 다짐한 것이다. "백운대(白雲臺)"는 서울 북한산(北漢山)의 최고봉으로, 화강암의 기암절벽이다. 높이는 836m이다. "벽창호"는 평안북도 중북부 지명인 벽동(碧潼) 창성(昌城)의 소(牛)에 연유하는 말이다. 이 지방의 소는 크고 힘이 세며 억세었다 한다. "보은(報恩)"은 충청북도 남부의 군 이름으로, 대

추가 많이 나고 유명하였다. 보은·청산의 대추는 민요에도 나올 정도다. "북악(北岳)"은 북한산을 의미한다. "북악이 평지 되거든…"이란 속담은 도저히 이루어질 가망이 없는 일이어 기약할 수 없음을 나타낸다. 이러한 발상의 속담은 "금강산 상상봉에 물 밀어 배 띄어 평지 되거든"에서도 본 바 있다. "북악"의 용례는 가사(歌詞) 방아타령에 보인다.

　　"인제 가면 언제 오려오. 오만 한이나 일러 주오. 북악(北岳)이 평지되건 오려시나. 대천 바다 육지 되어 행인이 댕기거든 오려시나. 뒷동산에 군밤을 묻어 싹이 나거든 오려시나. 병풍에 그린 황계 두 나래를 둥당치며 사오경 일점에 날새라고 꼬끼오 울거든 오려시나."

　"북한(北漢)" 또한 북한산으로, 서울을 의미한다. "사근내(沙斤乃)"는 경기도 과천과 수원 사이에 있는 지명이다. "삼남(三南)"은 충청도·경상도·전라도의 총칭으로, 고유명사라기보다 보통명사에 해당한 말이다. "새남터"는 서울의 한강 인도교 북쪽에 있는 모래사장으로, 조선조에 사형을 집행하던 곳이다. 성삼문(成三問)을 비롯한 사육신 및 천주교인이 여기서 처형되었다. "새재"에 대해서는 앞에서 언급하였다. "송파장(松坡場)"은 경기도 광주군의 송파리(松坡里)에 있던 시장이다. 이곳은 오늘날 서울시에 편입되어 송파구가 되었다. 송파장은 우시장(牛市場)으로 유명했다. "웃머리"란 우시장에서 늙은 소를 이르던 말이다. "순라골"은 서울의 순라동(巡邏洞)이며, "신원(新院)"은 황해도 재령군과 벽성군 지역의 지명이다. 송강 정철(鄭澈)도 한 때 이곳의 원주로 있어 시조가 한 수 전한다. "新院 院主 되야 넬손님 지내옵네. 가거니 오거니 人事도 하도할쌰. 안자서 보노라 하니 受苦로와 하노라."가 그것이다. "신흥사(新興寺)"는 강원도 설악산에 있는 절로, 신라 진덕여왕 때 자장율사(慈裝律師)가 지었다 한다.

　"악박골"은 지금의 서대문 현저동(峴底洞) 서북쪽의 골짜기 이름이다. "인왕산 호랑이"라는 속담의 인왕산 기슭에 해당한다. "안악(安岳)"은 황해도 북부의 고을이다. "안협(安峽)"은 강원도 이천군(伊川郡)의 지명이다. "안협 교생이라"는 사람이 없어 혼자 여러 일을 맡은 데 연유하는 속담이다. "양화도(楊花渡)"는 조선 때 삼진(三鎭)의 하나인 서울의 양화진(楊花鎭)이 있던 나루로, 마포와 영등포를 잇는 나루였다. 조선조에는 중국에서 사신이 오면 이곳에서 뱃놀이를 하였고, 사대부들의 별장과 정자들도 이 일대에 세워져 있었다. 또한 나루터가 넓어 전국의 관선, 사선, 조운선(漕運船)이 많이 드나들었다. "연안(延安)"은 황해도의 고을 이름이다. 해서지방의 대표적인 곡창지대로, 주위가 10여리나 되는 큰 저수지 남대지(南大池), 일명 와룡지(臥龍池)가 있다. "연희궁(衍喜宮)"은 연희궁(延禧宮)이라고도 하는, 신촌에 있던 이궁이다. 이로 인해 연희동이란 동명이 생겼다. "염천교"는 서울 중구 봉래동, 서울역 북쪽에 있던 다리다. 염초청(焰硝廳)이 부근에 있어 "염초청 다리"라 하다가 "염청교(焰廳橋)"라 불렸으며, 이것이 "염천교(鹽川橋)"로 바뀌었다. "영남(嶺南)"은 조령(鳥嶺)의 남쪽이란 말로, 경상도 지역을 말한다. 속담의 "영남"은 넓은 지역임을 뜻한다. "영변(寧邊)"은 평안북도의 고을 이름이다. 이곳에는 명승 동룡굴과 관서팔경의 하나인 약산(藥山)의 동대(東臺)가 있다. 속담은 이런 명승을 제대로 보지 않고 멋도 모르고 획 다녀옴을 말한다. 김소월의 "진달래꽃"도 이곳을 배경으로 읊어진 시다. "오강(五江)"은 서울의 한강, 용산, 마포, 현호, 서강의 다섯 강을 말한다. "오간수(五間水) 다리"는 지난날 서울 성벽의 동대문과 수구문 사이에 있던 다리다. 이 다리에는 쇠창살을 박은 다섯 개의 구멍이 있어 이리 흘러내리는 청계천 물을 "오간수"라 했는데, 이는 매우 더럽고 지저분하였다 한다. "왕십리(往十里)"는 서울 성동구에 있는 지명으로, 여기에는 채마밭이 많았다. "용천관(龍川關)"은 평안북도 용천군에 있는 재 이름이다. 서울서 먼 지역임을 의미한다. "웅천(熊川)"은 경상남도 진해 동쪽 지방 이름이다. 웅천의 여자들이 덕행이 있고 정숙하였다 한다. "은진(恩津)"은 "강경(江景)"과 같이 충남의 옛 고을로, 강경이 큰 고을이다. 현재는 두 지역이 다 논산군(論山郡)에 속해 있다. "은진(恩津)"은 은진미륵(恩津石佛)이 유명하다. "자인장(慈仁場)"은 경상북도 경산군 자인현의 장으로, 이 장에서 파는 바소쿠리는 매우 컸다고 한다. "정선(旌善)"은 강원도의 고을 이름으로, 남한강·임계천(臨溪川) 등이 흐르며 아우라지 나루가 있고, 물레방아가 유명했다. "충주(忠州)"는 충청북도 북부에 있는 고을로, 이곳의 이 모(李某)라는 부자는 매년 제사 때 지방을 새로 쓰는 것이 아까워 기름으로 결어서 해마다 다시 사용했다는 이야기가 전한다. 속담은 이 이야기에서 나온 것이다. "최생원의 신주 마르듯"을 연상시키는 속담이다. "포천(抱川)"은 경기도 고을 이름으로, 속담의 지명은 면암 최익현(崔益賢) 선생과 관련된다. 고종 때 면암(勉菴)이 빈번히 상소를 올려 국사가 바뀌는 일이 많았기 때문에 무엇이 변경되면 포천서 소(疏)를 올린 때문이라 했다 한다. "하동(河東)"은 경상남도 서남쪽, 섬진강 동쪽의 고을 이름이다. 하동 사람은 키가 작아도 똑똑하다 하여 이르는 말이다. "한라산(漢拏山)"은 제주도 중앙에 솟아 있는, 우리나라에서 둘째로 높은 산이다. 높이가 1,950m다. 여기서 한라산은 큰 것에 비유되었다. "한성부(漢城府)"는 조선조에서 법을 맡아 다스리던 세 기관(三法司) 가운데 하나다. 서울의 행정·사법의 업무를 보았다. 지방관서이면서 중앙관서 구실도 했다. 특히 토지, 가옥, 묘지 등의 소송을 맡아 처리하였다. 속담은 바로 이러한 소송사건을 말하는 것이다. "한수(漢水)"는 "한강"의 별칭으로 "한강"의 항에서 언급한 바 있다. "북산(北山)"은 북한산(北漢山)이다. "한수 북산"은 양이 많음을 의미한다. "함흥(咸興)"은 함경남도의 지명이다. 속담은 조선조의 태조가 정종(定

宗)에게 양위하고 함흥으로 떠난 뒤 태종(太宗) 방원(芳遠)이 태조를 모셔오기 위해 수차 차사를 보낸 고사를 말한다. 태조는 판승추부사 박순(朴淳) 등을 희생시켰다. 그래서 "함흥차사(咸興差使)"는 한번 가서는 아무 연락이 없이 깜깜 무소식인 것을 말한다. "합덕(合德)"은 충남 당진군의 지명으로, 여기에는 합덕 저수지(合德蓮池)가 있었다. 지금은 예당저수지의 축조로 농경지가 되었다. "홍제원(弘濟院)"은 서울 서대문 밖, 지금의 홍제동에 있던 역원(驛院)이다. 조선 시대에는 공무로 여행하는 사람을 위해 음식과 잠자리가 제공되었다. "홍문재"는 그 소재가 분명치 않다.

3.2. 외국의 지명

외국의 지명은 18개 속담에 30개가 쓰이고 있다. 이들 지명은 17개가 중국 지명으로 29개의 속담에 쓰이고 있다. 이 밖에 하나는 일본 지명이다. 중국 지명 가운데 대표적인 것은 "태산(泰山)"으로 5개의 속담에 쓰이고 있다. 그 다음이 "강남(江南)" 4개, "만리장성(萬里長城)"과 "여산(廬山)"이 3개, 동정호(洞庭湖)가 2개의 속담에 쓰이고 있다. 이 밖에 "강동(江東), 낙양(洛陽), 만수산(萬壽山), 산동(山東), 수미산(須彌山), 수양산(首陽山), 숭산(嵩山), 악양루(岳陽樓), 영고탑(寧古塔), 운남(雲南), 정군산(定軍山), 하(河)" 등 12개 지명이 한 번씩 쓰이고 있다. 이들 지명을 반영하는 속담은 다음과 같다.

- 가자니 태산(泰山)이요, 돌아서자니 숭산(嵩山)이라/ 갈수록 태산이라/ 태산을 넘으면 평지를 본다/ 태산이 평지 된다/ 태산 중악(衆嶽) 만장봉(萬丈峰)이 모진 광풍에 쓰러지거든
- 강남(江南) 장사/ 동무 따라 강남 간다/ 벗 따라 강남/ 제비는 작아도 강남 간다.

- 만리장성(萬里長城)을 써 보낸다/ 하룻밤에 만리성(萬里城)을 쌓는다/ 하룻밤을 자도 만리성을 쌓아라.
- 여산(廬山) 중놈 쓸 것 / 여산 칠십 리나 들어갔다/ 여산 풍경엔 헌 쪽박이라.
- 굴껍질 한 조각만 먹어도 동정호(洞庭湖)를 잊지 않는다/ 동정 칠백 리에 훤화 사설한다.
- 낙양(洛陽)의 지가를 높인다/ 만수산(萬壽山)에 구름 모이듯/ 산동(山東)이 대란이라도 오불관언(吾不關焉)이라/ 갈수록 수미산(須彌山)이라/ 수양산(首陽山) 그늘이 강동(江東) 팔십 리를 간다/ 악양루(岳陽樓)도 식후경(食後景)/ 영고탑(寧古塔)을 모았다/ 운남(雲南) 바둑/ 정군산(定軍山) 같다/ 백년하청(百年河淸)을 기다린다

　　"태산(泰山)"은 중국 오악(五嶽)의 하나로 제1 명산으로 치는 산이다. 태산은 산동성의 태안(泰安)에 있으며, 높이는 1,545m다. 속담의 태산은 주로 높고 크다고 한 것이다. 공자는 "등동산이소로(登東山而小魯) 등태산이소천하(登泰山而小天下)"라 했다. "숭산(嵩山)"도 중국 오악 가운데 하나로 하남성의 등봉(登封)에 있다. 1,440m인 태보산(太寶山)과 1,512m인 소보산(小寶山)으로 이루어져 있다. 숭산의 서쪽 기슭에는 선종(禪宗)의 발상지인 소림사(少林寺)가 있다. 속담은 진퇴양난을 두 큰 산을 두고 표현한 것이다. "강남(江南)"은 "양자강 남쪽"을 의미한다. 본래 "강(江)"은 양자강, "하(河)"는 황화를 지칭하는 고유명사였다. "만리장성(萬里長城)"은 변경을 지키기 위해 축조한 장성으로, 현존의 성은 전국시대 축조한 것을 진시황이 흉노족의 침략에 대비하여 크게 증축한 것이다. 장성의 길이는 약 2,400km이며, 서쪽 가욕관(嘉峪關)에서 동쪽 산해관(山海關)에 이른다. 속담의 "만리장성"은 길다, 잠시 동안에 깊은 정의를 맺는다는 의미로 해석된다. 야담에는 남의 아내와 하룻밤을 지내고 만리장성을 쌓게 되는 이야기도 전한다. "여산(廬山)"은 중국 강서성에 있는, 세계문화유산으로

등록된 유명한 경승지다. 이곳은 종교지로도 유명하여 3세기에 이미 불교 사원과 도교 궁관(宮觀)이 건립되어 일대 수행지가 되었다. 속담은 이런 문화적 배경과 관련된다. "동정호(洞庭湖)"는 호남성 북동쪽 악주(岳州)에 있는 중국 제일의 호수로, 호수 안에는 악양루(岳陽樓) 등이 있어 아름다운 경치로 유명하다. "횡긍칠팔백리(橫亘七八百里) 일월출몰기중(日月出沒其中)"이라 할 정도로 광활하다.

"낙양(洛陽)"은 하남성의 고도로, 동주(東周), 후한(後漢), 위(魏) 등 9조(九朝)의 수도였다. 속담은 "낙양지가귀(洛陽紙價貴)"에서 나온 말로, 출전은 진서(晉書) 문원전(文苑傳)이다. 좌사(左思)가 삼도부(三都賦)를 지었을 때 사람들이 이를 다투어 베껴 진(晉)나라 서울인 낙양의 종이 값이 올라 이런 말이 생겼다고 한다. "만수산(萬壽山)"은 북경 서쪽에 있는 산이다. 가사 "앞산타령"에는 "바람이 불랴는지 나무 끝이 흔들흔들. 억수 장마 지랴는지 만수산에 구름 모인다. 강남서 나온 제비는 박씨 하나 입에 물고…"와 같은 용례가 보인다. "산동(山東)"은 중국 동해안인 황해로 뻗친 산동반도 부근 지역을 가리킨다. 속담에서는 전국시대에 초(楚)·연(燕)·제(齊)·한(韓)·위(魏)·조(趙) 등 산동의 육국(六國)이 서로 싸우고 다툰 것을 말한다. "수미산(須彌山)"은 불가에서 쓰는 말로 가상적인 산이다. "수양산(首陽山)"에 대해서는 앞에서 언급한 바 있다. 이 산은 중국 산서성(山西省) 남쪽의 산이다. 이 속담에 쓰인 "강동(江東)"은 고유명사류어의 기능을 지니는 것으로 볼 수 있을 것이다. "악양루(岳陽樓)"는 중국 호남성 악양에 있는 누각으로, 당 나라 재상 장설(張說)이 세운, 강남 3대 명루 가운데 하나다. 두보(杜甫)의 시 "등악양루(登岳陽樓)"로도 유명하다. 근처에 동정호(洞庭湖)가 있다. "영고탑(迎古塔)"은 만주 동북쪽의 지명으로, 청(淸)나라의 발상지다. 청조에서는 유사시에 대비하여 이곳에 재화를 모아 두었다 한다. "운남(雲南)"은 중국 남부의 성 이름으로, 운귀고원(雲貴

高原) 서남부를 차지하고 있다. 속담의 "운남"은 "운남혁(雲南奕)"이라 하여 알 수 없는 바둑을 의미한다. 동언해의 "공졸하분(工拙何分) 수안도난(手眼都難)"이 그것이다. 알쏭달쏭하여 분간하기 어렵다는 말이다. "정군산(定軍山)"은 중국 사천성(四川省)에 있는 산으로, 역사상 군사적으로 유명한 곳이다. "백년하청(百年河淸)"의 "하(河)"는 황하로, 습유기(拾遺記)의 "단구천년일소(丹丘千年一燒) 황하천년일청(黃河千年一淸) 지성지군이위대서(至聖之君以爲大瑞)"라고 오래 기다리는 것을 말한다.

이 밖에 하나 쓰인 일본 지명은 "대마도(對馬島)"이다. "청명하면 대마도(對馬島)를 건너다보겠다"의 "대마도"가 그것이다. "대마도(對馬島)"는 쓰시마 섬으로, 일본의 규슈(九州)와 한반도 사이에 있는 섬이다. 속담의 "대마도"는 한국에서 가까운 섬임을 의미한다.

4. 국명의 문화적 배경

나라의 이름은 많지 않고 주로 동양 삼국에 한정되었다. 이들은 26개 속담에 10여 개가 보인다. 그것은 "당(唐), 고려, 아라사, 오초, 왜, 청국, 한(漢)"의 8개국 이름과, 이밖에 나라와 관련이 있는 "대국, 삼국, 서천, 되, 호(胡)"의 7개 어휘가 보이기 때문이다. "당"은 11번 쓰이고, "고려, 대국, 아라사(俄), 호"는 두 번씩 쓰이고 있다. 이들이 등장하는 속담은 다음과 같다.

> • 당금(唐錦) 같다/ 당나귀(唐-) 귀 치레/ 당나귀 못된 것은 생원님만 업신여긴다/ 당나귀 새낀가 보다, 술 때 아는 걸 보니/ 당나귀 좆 치레/ 당나귀 찬물 건너가듯/ 당나귀 하품한다/ 당 닭의 문열이나 작기도 하다/ 권연 마는 당지(唐紙)로 인경 싸려 한다/ 지권연 마는 당

지로 인경을 싸려 한다/ 당채련(唐-) 바지저고리
- 고려공사 삼일(高麗公事三日)/ 고려 적 잠꼬대
- 아라사(俄羅斯) 병정 같다 / 아병(俄兵)의 장화 속 같다
- 오초(吳楚)의 흥망 내 알 배 아니다
- 왜장(倭將)은 병들수록 좋다
- 청명하면 청국(淸國)도 들여다보겠다.
- 한(漢)의 조자룡(趙子龍)이 창을 들고 선 듯
- 대국(大國) 고추는 작아도 맵다/ 미성(尾星)이 대구(大國)까지 뻗쳤다.
  삼국(三國) 시절에 났나, 말은 굵게 한다.
  서천(西天)에 경(經) 가지러 가는 사람은 가고, 장가드는 사람은 장
  가든다.
  되놈[胡奴]이 김 풍헌(風憲)을 안다더냐
  재(齋)에 호춤(胡舞)/ 재주는 곰이 넘고 돈은 호인(胡人)이 받는다

"당(唐 : 618~907)"은 이연(李淵)이 세운 중국의 통일 왕조다. 중앙집권
체제를 확립하고, 문화가 크게 융성하여 당시 세계 일대 문명국이 되었
다. 속담의 "당"은 당나라라기보다 "중국" 또는 "중국산"이란 의미를 나
타낸다. "고려(高麗 : 918~1392)"는 왕건(王建)이 건국한 나라로, 홍만종(洪
萬宗)의 순오지(旬五志)에 "고려공사삼일"에 대해서 "동방지인(東方之人) 불
능내구(不能耐久) 일정일령(一政一令) 혁이무상(革而無常) 위지삼일자(謂之三日
者) 기기불능구(譏其不能久)"라 하고 있다. "고려" 사람이 참을성이 없어,
정령의 개혁이 무상해, 삼일이라 한 것은 이를 조소한 것이란 말이다.
"아라사(俄羅斯)"는 러시아의 한자 표기며, "아병(俄兵)"의 아(俄)는 아국(俄
國), 곧 러시아를 가리키는 말이다. 아라사 병정은 매우 더러웠던 것 같
다. "오초(吳楚)"는 동정호를 경계로 동쪽과 남쪽에 있던 춘추시대의 두
나라다. 그래서 두보의 "등악양루"에는 "오나라와 초나라가 동남으로 나
뉘고(吳楚東南柝)"란 시구가 보인다. "왜장"의 "왜(倭)"는 왜국(倭國)으로 일

본을 말한다. "청국(淸國)"은 중국 마지막 왕조(1616~1912)로, 여진족 출신인 누루하치가 세우고, 태종이 국호를 청(淸)이라 한 나라다. "청명하면 청국도 들여다보겠다"는 속담은 눈이 좋다는 것으로, "청명하면 대마도를 건너다 보겠네"와 같은 발상의 표현이다. "한(漢)"은 중국의 삼국시대 촉한(蜀漢)을 말한다.

이들 나라 이름과는 달리 "대국(大國)"은 소중화(小中華)라 일컫던 우리나라에서 중국을 지칭하던 말이다. "삼국(三國)"은 중국의 오(吳), 촉한(蜀漢), 위(魏)의 세 나라를 가리키는 말로, 속담의 "삼국 시절"은 이들 나라가 정립(鼎立)하여 다투던 때를 말한다. "삼국지"의 삼국이 그것이다. "서천(西天)"은 "서천서역국(西天西域國)"의 준말로, 불교의 발상지인 인도를 지칭하는 옛 이름이다. "되놈"의 "되"와 "호춤(胡舞)"의 "호(胡)"는 중국 북방의 민족, 나아가 청나라를 지칭하던 말이라 하겠다.

6. 결어

외국어로서의 한국어 교육에 속담은 좋은 학습 자료다. 이는 언어교육의 자료인 동시에 문화교육의 자료가 된다. 여기서는 한국어 교육을 위해 한국 속담에 쓰인 고유명사류어(固有名詞類語), 그 가운데 인명, 지명, 국명과 이들이 반영하는 문화를 살펴보았다.

속담에 쓰인 고유명사류어의 무엇보다 큰 특징은 중국문화를 크게 반영하고 있다는 것이다. 인명이 쓰인 속담은 121개로 83개의 인명이 쓰이고 있는데, 한국인의 인명이 57개 속담에 49개, 중국인의 인명이 63개 속담에 32개 쓰이고 있다. 따라서 속담 수로 보면 한국인 관련 속담이 47.1%, 중국인 관련 속담이 52.1%로 중국인명이 반영된 속담의 빈도가 높은 기현상을 보인다. 지명은 231개 속담에 115개 쓰이고 있는데, 한국 지명이 201개 속담에 97개, 중국 지명이 29개 속담에 17개가 쓰이고 있다. 따라서 지명은 인명과는 크게 차이가 나나 중국 지명이 10% 이상의 속담에 쓰여 적다고만은 할 수 없을 것이다. 이렇게 중국의 고유명사류어의 사용 빈도가 높다는 것은 한국의 전통사회가 얼마나 많이 중국문화의 영향을 받았으며, 한국인의 의식과 사고가 중국에 기울어져 있었던가를 단적으로 보여 주는 것이라 하겠다.

그러면 다음에 고유명사류어에 대한 앞에서의 고찰을 바탕으로 결론을 제시하기로 한다.

첫째, 속담에 반영된 고유명사류어의 양적 결과를 보면 다음과 같다.

(1) 반영된 인명과 속담

인명은 한국인이 57개 속담에 50명, 외국인이 64개 속담에 33개 쓰이고 있다. 한국인의 인명은 지명인과 무명인으로 나눌 때, 무명인의 빈도가 높아 지명인 18명, 무명인 32명으로 나타난다. 한국인의 인명은 지명인의 경우 3회 2명(6개 속담), 2회 7명(12개 속담), 1회 9명(9개 속담)으로 나타나고, 무명인의 경우는 32명(30개 속담)으로 나타난다. 외국 인명은 중국인의 인명이 63개 속담에 32개이고, 여기에 일본인명 "加藤" 하나가 더 쓰이고 있다. 중국 인명은 8회 1명(8개 속담), 5회 1명(5개 속담), 4회 1명(4개 속담), 3회 3명(8개 속담), 2회 13명(26개 속담), 1회 14명(13개 속담)으로 나타난다.

(2) 반영된 지명과 속담

지명은 한국 지명이 201개 속담에 97개가 쓰이고 있다. 제일 많이 쓰인 29회 1개 지명에서부터 7회~5회가 각각 1개씩 쓰였고, 4회 이하는 4회 4개 지명, 16개 속담 ; 3회 7개 지명, 21개 속담 ; 2회 29개 지명, 56

개 속담 ; 1회 50개 지명, 46개 속담으로 나타난다. 외국 지명은 중국 지명 18개가 28개 속담에 쓰였고, 일본 지명 "대마도" 하나가 쓰이고 있다.

(3) 반영된 국명과 속담

나라 이름은 "당(唐), 고려, 아라사(俄), 吳, 楚, 倭, 청국, 漢"의 8개국 이름과, 이밖에 "대국, 삼국, 서천(西天), 되, 호(胡)"와 같은 국명과 관련된 낱말이 보인다. 26개 속담에 13개의 이름이 쓰이고 있으며, "당"이 11회, "고려, 대국, 아라사(俄), 胡"가 2회씩 쓰이고 있다.

둘째, 사용된 고유명사류어가 반영하는 문화적 경향은 다음과 같다.

속담에 반영된 한국인으로, 지명인 가운데 사명당, 춘향은 3회, 고수관, 놀부, 망석중이, 왜장녀, 홍길동, 홍, 항은 2회, 김덕성, 김수항, 박태보, 뺑덕 어멈, 손돌이, 이괄, 허적, 황희, 효령대군 등 9명은 1회 사용되었다. 무명인은 고경립, 고소관, 고승록, 곤쇠 아비, 김안태, 덕금어미, 만득이, 만을보, 명득이 어미 등 31명이다.

외국 인명은 중국인 장비 8회, 소진 5회, 동방삭 4회, 공자, 조조, 항우 등이 3회 사용되었다. 그리고 강태공, 곽분양, 석숭, 소대성, 소약란, 순 임금, 양귀비, 유비, 이태백, 장도감, 제갈량, 조자룡, 조조 등이 2회, 굴원, 도척, 맹상군, 맹자, 범강, 장달, 소강절, 손대성, 여포, 용골대, 장자방, 조괄, 편작 등이 1회 사용되었다.

한국 지명은 "서울" 29회, "남산골" 7회, 한강 7회, 제주 6회, 인왕산·평양 5회, 강원·남대문·송도·수원이 4회 쓰이고 있다. 경상도·금강산·삼각산·삼수갑산·양주·의주·전라도가 3회 쓰이고 있다.

중국의 지명은 태산 5회, 강남 4회, 만리장성 3회, 여산 3회, 동정호 2회, 낙양·만수산·수미산·악양루·운남·하(河) 등 지명이 1회 쓰이고 있다.

이러한 인·지명의 사용 배경으로는 다음과 같은 것을 들 수 있다.

① 오상(五常)과 같은 덕목이 아니라, 평범한 생활철학을 주로 반영하고 있다.

"새남터를 나가도 먹어야 한다/ 제 배가 부르니 평양감사가 조카같이 보인다"

② 춘향전, 흥부전, 심청전, 인현왕후전 등의 문학작품과, 설화가 많이 반영되었다.

③ 인물은 한국인의 경우 무명인이, 중국인의 경우 유명인이 많이 반영되고 있다.

④ 한국의 유명 인사는 많지 않고, 대부분 대표적 특성을 나타내는 것이 아니다.

⑤ 지명은 한국의 경우 서울 및 수도권의 지명 빈도가 높고, 중국은 경승지가 많다.

⑥ 나라 이름은 다양하지 않고, 주로 동양 삼국에 한정되어 있다.

⑦ 인물이나, 지명은 대표적 특성을 반영하고 있는 것이 보인다.

"남촌양반이 반역할 뜻을 품는다, 서울이 낭이라니까 과천서부터 긴다, 송도 외 장수, 안성맞춤, 유비냐 울기도 잘한다, 이태백도 술병 날 때가 있다, 자룡(子龍)이 헌 창 쓰듯 한다."

⑧ 고유명사를 대체한, 같은 유형의 속담이 여럿 보인다.

"금강산 그늘이 관동 팔십 리/ 수양산 그늘이 강동 팔십 리를 간다/ 인왕산 그늘이 강동 팔십 리 간다"

셋째, 속담에 반영된 문화의 의미와 올바른 활용 방안을 강구해야 한다.

오늘날은 세계화시대요, 다문화시대다. 외국어 학습과 이문화(異文化) 커뮤니케이션은 필수적이다. 따라서 외국어로서의 한국어교육이 강화돼야 한다. 속담은 민족문화의 성격이 강한 언어 요소다. 따라서 바람직한 한국어교육을 위해서는 이러한 민족문화적인 요소가 잘 다루어져야 한다. 그렇지 않으면 난해하고, 오해를 하거나 충격을 받을 수 있다. 이에 한국어교육에서는 한국의 속담에 사용되고 있는 고유명사류어의 양적 결과와 여기에 반영된 문화를 잘 이해하고 활용할 필요가 있다. 한국어교육에서는 속담에 반영된 민족문화의 의미를 바로 알고, 이를 슬기롭게 교육에 활용하며, 그렇게 함으로 다문화 시대에 이문화 소통이 제대로 이루어지도록 하여야 한다.

넷째, 고유명사의 대상을 확장함으로 폭넓은 문화교육이 되도록 한다.

여기서 검토 대상으로 삼은 것은 반드시 고유명사로 한정한 것이 아니다. 고유명사의 규정도 규정이지만, 관련 영역의 문화를 폭넓게 살피기 위해 고유명사류어를 검토 대상으로 하였다. 이 작업은 앞으로도 필요할 것이다. 이를 위해서는 우선 고유명사의 대상을 확장해야 하겠다. 인명·지명·국명 외의 고유명사는 최현배(1961)에서 "실제적이요, 관용적으로 구별하는"것이라 한 고유명사류어다. 일본국어학회의 국어학대사전(동경당, 1980)에서 고유명사의 범위를 "인명·지명·국명(민족·인종·언어)·연호·단체명(기관·학교·종교·유파)·상호(사명·옥호·점명)·상표명(상품명)·작품명(서적·영화·희곡·신문·잡지)·건조물명(寺社·다리·도로), 그 밖의 탈것(열차·비행기·배)·동물(애완동물·경주마)·기구(도검·다기) 등에도 고유명이 주어지는 수가 있다"라고 하듯 폭넓게 잡을 필요가 있다. 또 하나의 과제는 인명의 확장이다. 이러한 것으로는 특칭(特稱)이 범칭(汎稱)으로 바뀐 것이 대표적인 대상이 된다. 이러한 것으로는 첫째 "목낭청(睦郎廳)"과 같이 성씨에 관직이 붙은 것, 둘째 "금천원(衿川員)"과 같이 지명에 관직이 붙은 것, 셋째 "노성 윤씨(魯城尹氏)"와 같이 지명에 성씨가 붙은 것, 넷째 "황고집(黃固執)"과 같이 성씨에 성품을 나타내는 말이 붙은 것, 다섯째 "부안댁(扶安宅)"과 같이 지명에 댁이 붙은 택호, 여섯째 "달성위(達成尉)"와 같이 특별한 호칭을 하는 것을 생각해 볼 수 있다.

참고문헌

박갑수(2005), 국어교육과 한국어교육의 성찰, 서울대 출판부.
박갑수(2005), 고전문학의 문체와 표현, 집문당.
이기문(1962), 속담사전, 민중서관.
이훈종(1988), 거시기 菖食記, 교문사.
최현배(1961), 우리말본, 정음사.
日本 國語學會(1980), 國語學大辭典, 東京堂.
Ullman, S.(1962), An Introduction to the Science of Meaning, Basil Blackwell & Mott
          Ltd., 1962.
박갑수(2001), 한·일·영어 속담 표현의 단면, 梅田博之敎授古稀紀念論文集, 간행위원회.
박갑수(2004), 속담에 반영된 언어수행론—한일영어의 경우, 한국어교육연구, 서울대
          외국인을 위한 한국어교육 지도자과정.

■ 이 글은 "한국어교육연구, 제6호, 배재대학교 한국어교육연구소(2011. 11.)"에 발표한 것을
부분적으로 개고한 것이다.

제3장 한국의 전통적 수사, 곁말

1. 서언

황석영의 소설 "장길산"에는 광대들의 이야기로, 다음과 같은 대화가
보인다.

> "문화놈들이 어디 있는지 아느냐?" 물었는데, 본성은 잃지 말더라고
> 대답이 또한 재담이다.
> "어디 있긴 어디 있습니까요. 용궁 선봉장으루 서해 용왕님을 모시고
> 있다가 엊저녁에 냉큼 낚시에 걸려 저어기 사거리 주막집 초장 속에 담
> 겨 있지요."
> "이놈아, 누가 곁말을 쓰라더냐?"

해주의 부고(富賈) 신복동의 부하 막개와 꺽돌이가 강령(降翎) 광대에게
문화(文化) 광대 장길산 일행의 행방을 묻고 있는 장면이다. 이때 문화광
대는 매를 맞으면서도 익살스러운 "재담"을 한다. "문화 광대"가 어디
있느냐고 묻는데 이를 유음어(類音語)인 "문어(文魚)"로 받아, 말장난을 한

것이다. "문화"가 "문어"가 되니, 자연 광대 아닌 물고기 이야기가 되어, 바다의 용궁(龍宮), 그것도 용왕의 선봉장(先鋒將)으로 있다가 낚시에 걸려 주막집 술안주가 되어 초장에 담겨 있는 것이 된다. 이로 인해 독자는 평면적 기술(記述)과는 달리 익살스러운 표현에 재미를 느끼는가 하면 웃음을 자아내게 된다.

소설에서는 이러한 표현을 "재담", 또는 "곁말"이라 하고 있다. 따라서 여기서의 "곁말"은 재담, "재담"은 곁말로, 기지(機智)에 의한 말놀이를 의미한다. 이는 우리의 전통적인 수사법이다. 그러나 전통적 수사 "곁말"은 이런 뜻으로만 쓰이는 것이 아니다. 다양한 뜻으로 쓰인다. 우선 사전의 풀이를 두어 개 보면 다음과 같다.

• **표준국어대사전(두산동아, 1999)**

같은 집단의 사람들끼리 사물을 바로 말하지 않고, 다른 말로 빗대어 하는 말. 예를 들 면 '총알'을 '검정콩알', '희떱다'를 '까치 배때기 같다', '싱겁다'를 '고드름장아찌 같다', '불'을 '병정', '아편'을 '검은 약'이라고 하는 따위를 이른다. ⑪변[1]. ㉠은어[2].

• **한국문화대사전(한울터, 2008)**

[일정한 범위의 사람이 자기네끼리만 쓰는 말로서] 일정한 목적 아래, 직접적으로 사물을 표현하지 않고, 다른 말로 빗대어 쓰는 말. "도둑놈"을 "밤이슬 맞는 놈", "외할머니"를 "풀솜할머니", "희떱다"를 "까치 배때기 같다", "싱겁다"를 "고드름장아찌 같다", "방귀"를 "가죽피리", "젖통"을 "물통", "변소"를 "작은 집", "교도소"나 "유치장"을 "큰집", "건방지다"를 "병자년 방죽이다", "걷다"를 "정강말을 타다", "오라"를 "색등거리", "불"을 "병정", "아편"을 "검은약"이라고 쓰는 것과 같은 따위다. 이 말들 속에는 해학과 풍자 그리고 세상을 꼬집는 뜻이 숨어 있어 좋은 구실을 하기도 하나, 잘못 쓸 경우 오해를 사기 쉽다.

위의 사전 풀이에 보이듯, "곁말"은 본래 은어(隱語)와 같은 특수어(特殊語)를 의미하던 말로 보인다. 그런데 이 말이 오늘날은 바로 말하지 않고, 특히 다른 말로 빗대어 하는 말이란 뜻으로 의미가 확대되었다. 이러한 빗대어 하는 말에는 두 가지가 있다. 소설 "장길산"에서 "문화광대"가 "문어"에 빗대어지듯 동음어(同音語) 내지 유음어(類音語)와 같은 말소리에 의해 빗대는 것과, "싱겁다"를 "고드름장아찌 같다"와 같이 의미면에서 빗대는 것이 그것이다. "곁말"은 이렇게 동음어 내지 비유적 표현에 의한 어희적(語戲的) 표현기법을 이른다. 동음어 내지 유음어에 의한 비유적 표현은 서구 수사학의 Pun, 또는 Paronomasia와 같은 것이다. 이들 곁말은 해학과 풍자의 기능을 지닌다.

"곁말"은 이렇게 비유적 표현이란 의미에서 속담과 수수께끼 같은 관습적 표현과, 파자(破字) 등도 아울러 이른다. "속담"은 "곁말", 또는 "덧말"이라고도 한다. 속담은 간결한 형식으로 빗대어 표현하는 "곁말"이다. "수수께끼" 또한 짤막한 비유적 묘사나 표현을 통해 문답을 하므로 곁말로 본다. 파자(破字)는 자획을 나누거나 합쳐 어떤 의미를 드러냄으로 비유적 성격을 지녀 "곁말"이 된다. 이 밖에 소설 장길산에도 보이듯 재담(才談)이 곁말이고, 육담(肉談)을 곁말이라 한다. "재담"은 재치 있는 익살이다. "육담"은 "음담(淫談) 따위의 야비한 이야기"라는 사전적 의미 외에, 재담과 동의어로 쓰이는 말이다. 따라서 육담도 곁말이라 할 수 있다. 이렇게 볼 때 "곁말"의 의미는 다음과 같은 성격의 수사기법이라 정리된다.

① 빗대어 표현하는 해학과 풍자의 말
② 유음어 또는 동음어에 의한 어희(語戲)
③ 속담·수수께끼·파자와 같은 일정한 형식의 비유적 표현

④ 육담·재담과 같은 재치 있고 해학적인 표현
⑤ 기타 복합적 기법으로서의 곁말

이러한 "곁말"은 몇 가지 특성을 지닌다. 첫째, 특수한 사회집단의 은어(隱語)라는 것, 둘째 빗대어 표현한다는 것, 셋째, 해학과 풍자성을 지닌다는 것, 넷째 사회적 효용성이 있다는 것 등이다. 여기서는 이러한 "곁말"을 사람들에게 즐거움을 안겨 주는 우리 고유의 표현기법이란 면에서 그 용법을 살펴보고 향수(享受)하기로 한다. 이는 지난날의 표현 기법만이 아니고, 오늘날에도 활용되는 수사 기법이다. 따라서 이들 용례를 살펴봄으로 우리 조선(祖先)의 풍류를 살피고, 언어 운용을 세련하며, 나아가 우리 표현문화를 이해하고, 각박한 인생에 해학과 풍자를 즐기기로 한다.

2. 고유의 수사적 표현과 이의 향수

"곁말"은 소설과 가면극, 판소리, 설화, 민요와 같이 성취문화에 많이 쓰일 뿐 아니라, 일상의 행동문화에도 많이 쓰인다. 다음에는 이러한 곁말을 위에 정리한 "곁말"의 의미에 따라 그 수사기법과 용례를 살펴보기로 한다.

2.1. 빗대어 표현하는 해학과 풍자

빗대어 표현하는 말로서의 "곁말"의 용례는 무수하다. 이러한 예는 특히 가면극, 민요와 같은 문학작품에 많이 쓰이고 있다. 우선 민요 "찔리야 꽃”을 보기로 한다. 이는 경주(慶州) 지방에 전하는 노래로, 문자 그대로 대표적인 해학과 풍자의 “곁말”이 쓰인 민요다.

> 찔리야 꽃은 장개 가고,
> 석류야 꽃은 상객(上客) 가네.
> 만인간아, 웃지 마라.
> 씨종자 바래 간다.

이 민요는 “찔레꽃이 장가가고, 석류꽃이 상객(上客)으로 따라 간다. 만인간들아, 웃지를 마라. 가계(家系)를 잇기 위해 가는 것이다”란 뜻의 노래다. 따라서 겉으로 보면 평범한 노래다. 그러나 속내는 그렇지 않다. 이는 웃지 못 할 결혼풍속을 꽃에 빗대어 익살스럽고 풍자적으로 노래한 것이다. 흰색 찔레꽃은 백발노인을, 붉은 석류꽃은 홍안소년(紅顔少年)을 비유한다. 정상적 결혼이라면 홍안소년이 장가를 가고, 백발노인이 상객으로 가야 한다. 그런데 여기서는 이것이 뒤바뀌었다. 백발노인이 장가를 가고, 홍안소년이 상객으로 가는 것이다. 그러니 사람들이 이를 보고 비웃는다. 이에 늙은 신랑은 변명을 한다. 그것은 여색(女色)을 탐해서가 아니라, 후사(後嗣)를 보기 위해, 늙은이가 피치 못해 장가를 간다는 것이다. 곧 가장 큰 불효가 후사가 없는 것이니, 조상들의 꾸중을 듣지 않기 위해 이런 부끄러운 장가를 간다는 것이다. “찔리야 꽃”은 이런 안쓰러운 사연의 노래다. 가계를 이을 자손이 없어서는 안 되었던, 그래서 늙어서도 장가를 가고 첩을 들여야 했던, 우리의 전통사회를 고발한 풍자적 노래다. 따라서 이러한 사정을 아는 사람들은 비웃는 것이 아니라, 오히려 처연한 동정을 금치 못할 것이다. 비유에 의한 곁말은 이렇게 천언만어(千言萬語)보다 감화적(感化的) 기능을 발휘한다.

다음에는 탈춤에 쓰인 곁말을 보기로 한다. "강령탈춤"에는 개에게도 오륜(五倫)이 있다고 하는 대사가 보인다. 둘째 양반이 개의 오륜을 들어 보자고 하니 맏양반은 이렇게 설명한다.

지주불폐(知主不吠)하니 군신유의(君臣有義)요, 모색상사(毛色相似)하니 부자유친(父子有親)이요, 일폐중폐(一吠衆吠)하니 붕우유신(朋友有信)이요, 잉후원부(孕後遠夫)하니 부부유별(夫婦有別)이요, 소부적대(小不敵大)하니 장유유서(長幼有序)라. 이만하면 개인들 오륜(五倫)이 상당치 않으냐?

강령탈춤은 산대도감(山臺都監) 계통의 서북형(西北型)이라 할 수 있는 것으로, 황해도 강령에서 행해지던 것이다. 주제는 벽사(辟邪), 파계승에 대한 풍자, 양반계급에 대한 모욕, 남편과 처첩의 삼각관계 등으로 되어 있다. 위의 든 예는 패러디의 형태를 빈, 양반을 모욕한 곁말이다. 개의 오륜은 주인을 보고 짖지 않으니 군신유의요, 털빛이 같으니 부자유친, 개 한 마리가 짖으면 뭇 개가 짖으니 붕우유신, 새끼를 밴 뒤 수캐를 멀리 하니 부부유별, 작은 개가 큰 개에게 덤비지 않으니 장유유서라는 것이다. 개에게 오륜이란 가당치도 않다. 그러나 이렇게 적용하고 보니 그럴 듯하다. 그리고 익살스럽고 재미있다. 그런가 하면 이는 땅에 떨어진 인륜도덕을 풍자하기도 한다. 풍자는 유머가 동정적인 데 대해 공격적이다. 이의 목적은 사악(邪惡)의 교정에 있다. 개의 오륜은 우리에게 웃음과 함께 땅에 떨어진 인륜을 고발한 것이다.

"개구멍서방"이란 비유적 표현도 곁말이다. 이는 엄처시하(嚴妻侍下)의 고주망태 낭군을 떠올릴 법한 곁말이다. 그러나 그런 말이 아니다. 합법적으로 예를 치르지 아니하고, 남몰래 들고 나며 여인을 만나는 남자를 이르는 말이다. 완판본 춘향전인 "열녀춘향수절가(烈女春香守節歌)"에는 이 말이 "개구녁 서방"이라고 나온다.

도령 잔 받아 손에 들고 탄식하여 하는 말이,
　　"내 마음대로 할진대는 육례(六禮)를 행할지나, 그렇지 못하고 개구녁
서방으로 들고 보니 이 아니 원통하랴. 이애, 춘향아, 그러나 우리 둘이
이 술을 대례(大禮) 술로 알고 묵자."

　도령이 육례를 갖추어 결혼을 하지 못하고, 남몰래 찾아와 초야(初夜)
를 치르게 된 것을 미안해 한 말이다. 이러한 "개구멍서방"의 예는 조선
조의 실학파 연암(燕岩) 박지원(朴趾源)의 한문소설 "호질(虎叱)"에도 보인
다. 문장과 덕행으로 고명한 선비 북곽 선생(北郭先生)이 정절이 높아 동
리자(東里子)라 봉함을 받은 과부를 찾았다. 따라서 개구멍으로 들어가서
가 아니라 외도를 한다는 의미에서 북곽은 이미 "개구멍서방"이다. 그런
데 여기에는 "개구멍서방"을 좀 더 실감 나게 하는 장면이 보인다.
　밤늦게 정부인(貞夫人)을 찾은 북곽 선생은 사람이 아니라, 여우가 둔
갑한 것이라고 판단한 동리자의 성이 다른 다섯 아들이 밀회 장소인 동
리자의 방으로 뛰어 들어갔다. 하마터면 애인의 자식들에 생포되어 억지
여우 탈을 쓸 뻔한 북곽은 바람처럼 몸을 날려 샛문을 박차고 밖으로 뛰
어 나왔다. 다행히 밖은 별 하나 반짝이지 않는 칠흑의 밤이었다. 뒤에
서 "저놈 잡아라"라고 고함을 지르면서 아이들이 뒤따랐다. 이때의 광경
을 연암은 다음과 같이 그리고 있다.

　그는 어느 곳이 나가는 길인지, 문간은 어느 쪽에 있던지, 이런 것을
생각해 볼 겨를이 물론 없었다. 되는대로 아무데로나 담을 뛰어넘으려
고 몇 번이나 애쓰다가 떨어져 힘이 빠지고 말았다. 그는 하는 수 없어
궁여지책(窮餘之策)으로, 담 밑에 조그마한 개구멍을 발견하고 다시 용
기를 내어 빠져나갔다.

고명한 선비 북곽은 예식을 치르지 않고 동리자를 찾은 "개구멍서방"
이거니와, 도망칠 때 "개구멍"으로 빠져 나감으로 "개구멍서방"임을 실
증한 것이다. "호질(虎叱)"은 연암이 유생(儒生)의 위선적 도덕생활을 조소
한 작품이다.

2.2. 유음어 또는 동음어의 말놀이

동음어에 의한 곁말은 서양 수사법에 적용해 볼 때 Pun, 또는
Paronomasia에 해당한 것이다. 이들은 다 같이 "어희(A play on words)"를
지칭하는 수사용어로 그 뜻이 비슷한 말이다. 이들 사이에 차이가 있다
면 Pun이 의미 영역이 넓은 것이다. Clarence L. Barhart(1956)에는 이들
이 다음과 같이 풀이되어 있다.

Pun :

한 단어를 두 개의 다른 용법으로 사용하거나, 같거나 비슷한 발음의
두 개의 다른 단어의 용법이 기묘하거나(odd), 익살스러운 개념을 나타
낸다: 발음이 같거나 비슷하고, 의미가 다른 단어들의 놀이 : 언어 둔사
(遁辭)의 일종.

Paronomasia :

표현에 대조적인 형세를 나타내기 위해 발음이 비스하고 의미가 다른
어휘를 사용하는 것이다: 또한 다른 의미로 같은 단어를 사용하는 법 :
어휘에 대한 놀이.

이들은 이렇듯 동음 및 유음의 이의어(異義語)에 의해 기묘하거나, 익
살스럽거나, 대조적인 의미를 나타내기 위한 표현법이다. 그러나 이들은
이밖에 운율과 장중한 표현 효과도 드러낸다. Pun은 본래 지적인 유희

로서 고전 작가들이 쓰던 기법이다. 희랍의 극작가들이 즐겨 썼고, 중세 및 문부흥기에는 설교에도 많이 씌었다. 그리고 영국의 엘리자베스조(朝)에는 수사학적이고 장식적 기교로서 중시되기도 하였다(大山敏子, 1971). Pun을 둔사(遁辭)라 하는 데 대해, Paronomasia는 괘사(卦辭)라 한다. 둔사란 꾸며서 하는 말이란 의미를 지니고, 괘사란 어떤 말에 걸어서 표현한다는 의미를 지닌다.

우리의 유음어 또는 동음어에 의한 곁말도 이러한 Pun 및 Paronomasia와 성격을 같이 한다고 볼 수 있다. 이들은 문학 작품 또는 민요 등에 많이 쓰이고 있다. 특히 탈춤의 대사와 각설이타령에 많이 쓰인다. 그리고 이들 곁말은 지난날만이 아니고, 오늘날의 일상어에도 쓰이고 있다. 매스컴에도 쓰이는 것을 볼 수 있는데, 특히 스포츠면의 헤드라인에 많이 보인다. 동음어의 곁말은 형식적인 면에서 볼 때 두 가지 유형이 있다. 그것은 전체 음이 같거나 비슷한 전음 동음어(全音同音語)에 의한 것과, 일부의 음만이 같은 부분 동음어(部分同音語)에 의한 것이 그것이다. 앞에서 살펴본 "장길산"에서의 "문화"를 "문어(文魚)"로 받은 곁말은 부분 동음어에 의한 어희(語戲)이다.

이에 대해 전음 동음어의 예로는 황해도 일대에 분포된 탈춤의 하나인 봉산(鳳山)탈춤의 "벗구놀자" 들 수 있다. 봉산탈춤은 산대도감 계통극의 한 분파인 해서형(海西型)의 것이다. 이 탈춤의 내용은 양주별산대놀이의 주제와 같이 파계승에 대한 풍자와 양반에 대한 조롱과 모욕이 주류를 이루는 것으로, 구성은 크게 일곱 과장(科場)으로 되어 있다.

제1과장 사상좌무(四上佐舞), 제2과장 팔목중춤(八目僧舞), 제3과장 사당춤(社堂舞), 제4과장 노장춤(老長舞), 제5과장 사자춤(獅子舞), 제6과장 양반춤(兩班舞), 제7과장 미얄춤 등이 그것이다. 다음에 제2과장 제2경에서 유음어에 의해 익살을 부리고 사람을 웃기는 대사를 보기로 한다.

목중 1 : (탈판 중앙으로 걸어 나와서) 아나야.

목중 2 : (목중 1을 따라 나와서) 그래애.

목중 1 : 우리가 중이 아니냐? 벗구 놀아보자.

목중 2 : 아나야.

목중 1 : 그래애.

목중 2 : 벗구 놀잔 말이가?

목중 1 : 그래, 벗구 놀자.

목중 2 : (이상하다는 듯이) 아나야.

목중 1 : 그래애.

목중 2 : 벗구 놀자 하였다?

목중 1 : 그래 벗구 놀자 하였다.

목중 2 : (그래도 이상하다는 듯이) 아나야.

목중 1 : 그래애.

목중 2 : 정말 벗구 놀자 하였지?

목중 1 : 야, 이놈아 벗구 놀잔 말이다.

목중 2 : (옷을 벗으려 하며) 아나야.

목중 1 : 그래애.

목중 2 : (옷을 조금 벗으며) 진정 벗구 놀자 하였다?

목중 1 : 아니 이놈아. 그래 진정 벗구 놀자.

목중 2 : 아나야.

목중 1 : 그래애.

목중 2 : (옷을 벗으면서) 꼭 벗구 놀자 하였다?

목중 1 : 하하, 이놈아. 그래 벗구 놀자.

목중 2 : (더거리를 벗었다) 아나야.

목중 1 : 그래애.

목중 2 : (옷을 벗어 놓고 바지 띠를 잡고) 벗고 놀자 하기로 자 벗었다.

목중 1 : 야 이놈아, 벗구 놀자 하니까 의복을 홀딱 벗었구나. (북채를
　　　　집어 중앙에 있는 북을 꽝 치면서) 이거 벗구 말이다.

목중 2 : 야, 이놈 무식한 놈아. 이것은 북 고(鼓)자, 벅고다.

목중 1 : 하하하… 그런가? 그러면 벅고 놀자. 벅고를 대갱에다 두리
　　　　둥실 여라.

　이들 목중들의 대화는 관객을 한동안 자못 의아한 경지로 몰아넣는다. 중의 신분으로 놀이를 하는 것도 이상한데, "벗고" 놀자고 하기 때문이다. 이러한 의아심을 품은 것은 목중 2도 마찬가지다. 그래서 "벗고 놀자"는 말이냐고 여섯 번씩이나 물으며 확인한다. 이러한 확인은 더욱 내용을 모르는 관객의 흥미를 자극한다.

　그러나 이러한 의아심은 "벗구"가 "법고(法鼓)"를 잘못 발음한 것임을 알고는 실소하게 된다. "법고> 벅고> 벗고"란 변음의 과정을 겪어 어희를 한 것이다. 그러나 이 말 뒤에는 벌거벗은 목중이 노출되어 있다. 실소 속에 이미 중은 놀림감이 된 것이다. 탈춤에서는 이렇게 중만이 놀림감이 되는 것이 아니다. 양반도 같은 놀림감이 된다. 같은 봉산탈춤의 제6과장 "양반춤"에 역시 동음어에 의한 곁말로 양반을 조롱하고 있는 것을 볼 수 있다.

　탈춤 판에 말뚝이가 양반 3형제를 인도하여 등장한다. 맏이는 샌님(生員), 둘째는 서방님(書房), 셋째는 도령(道令)이다. 말뚝이는 이들 뒤따라 나온 양반을 조롱한다.

말뚝이 : (가운데쯤 나와서) 쉬이. (음악과 춤 멈춘다) 양반 나오신다
　　　　아! 양반이라고 하니까 노론(老論), 소론(少論), 호조, 병조, 옥
　　　　당(玉堂)을 다 지내고 삼정승(三政丞), 육판서(六判書)를 다 지
　　　　낸 퇴로재상(退老宰相)으로 계신 양반인 줄 아지 마시오. 개
　　　　잘량이라는 양 자(字)에 개다리소반이라는 반 자(字) 쓰는 양
　　　　반이 나오신단 말이오.
양반들 : 아아, 이놈 뭐야아!

> 말뚝이 : 아, 이 양반들 어찌 듣는지 모르겠소. 노론, 소론, 호조, 병조,
> 옥당을 다 지내고, 삼정승 육판서 다 지내고 퇴로재상으로
> 계신 이 생원네 삼형제분이 나오신다고 그러하였소.
> 양반들 : (합창) 이 생원이라네.

말뚝이가 동반(東班) 서반(西班)의 양반2을 개잘량이라는 "양"자와, 개다리소반이라는 "반"자에 끌어다 붙인 것은 말할 것도 없이 양반을 조롱하기 위함이다. 그리고 이를 시비하는 양반 삼형제에게 변명하는 말뚝이의 말도 진정이 아니다. 그는 "퇴로정승댁에 계신 이 생원네 삼형제분"이라고 하는 것이 아니라, "퇴로재상으로 계신 이 생원네 삼형제분"이라고 하여 논리에 맞지 않는 빼딱한 변명을 하고 있다. 그러자 어리석은 양반 삼형제는 이것도 모르고 "이 생원이라네"라고 만족한다.

"개잘량"은 방석처럼 앉기 위해 박제한 개가죽을 이르고, "개다리소반"이란 상다리 모양이 개다리처럼 휘인 막치 소반을 이른다. 따라서 이 "개잘량"이라는 "양"자에 "개다리소반"이란 "반"자의 "양반"이란 말은 양반을 개로 취급한 모욕적인 말이다. 이에 양반 삼형제도 분개하고 "야아, 이놈 뭐야아!"하고 야단을 친 것이다.

양반에 대한 야유는 속담에도 많이 반영되어 있다. "양 반 양 반 두 양 반(兩半)", "개 팔아 두 냥반(兩半)", "양반(兩半)인가, 두 냥반(兩半)인가", "돝 팔아 한 냥, 개 팔아 닷 돈하니 양반(兩半)인가" 따위가 그것이다.

이러한 곁말에 대해 춘향전(春香傳)의 "천자는 감자 되고" 사설은 부분 동음어를 활용한 곁말이다. 이는 도령이 광한루에서 춘향을 잠깐 보고, 그녀를 그리는 마음에 읽는 책의 글자가 바로 뵈지 아니하여 잘못 읽는다는 대목이다. 이는 일본의 동양문고(東洋文庫)에 소장되어 있는, "동양문

고본 춘향전"이 가장 다양하게 열거되어 있는데, 이를 보면 다음과 같다.

> 천자(千字)는 감자오, 동몽선습 사습(私習)이라. 사략(史略)이 화약이오,
> 통감(通鑑)이 곡감이라. 소학(小學)이 북학(北學)이오, 대학(大學)은 당학
> 이라. 맹자(孟子) 비자오, 논어(論語)는 방어(魴魚)로다. 시전(詩傳)은 딴전
> 이오, 유합(類合)은 찬합이라. 강목(綱目)은 깨목이오, 춘추(春秋)는 호추
> (胡椒)로다.

위에 보이듯, 이들은 글자를 잘못 읽은 것이 아니고, 책 이름을 가지
고 어말음(語末音)에 의해 말장난을 한 것이다. 글자가 바로 보이지 아니
하는 것은 이 글 뒤에 "하늘 천(天)자 큰 대(大) 되고, 따 지(地)자 못 지(池)
자요, 달 월(月) 자 눈 목(目)자오, 손 수(手)자 양 양(羊)이라…"와 같이 이
어져 있다. 거론한 책들은 한학(漢學)의 입문서이거나, 사서삼경(四書三經)
과 같은 경전(經典)으로, 이를 희화화하여 웃음거리를 만든 것이다. "천자
―감자, 사략―화약, 통감―곳감, 논어―방어(魴魚), 시전―딴전, 유합―
찬합, 강목―깻묵, 춘추―후추"와 같은 것이 특히 그러하다. 이러한 문
맥으로 보아 "동몽선습―사습, 소학―북학, 대학―당학, 맹자―비자"도
좋은 뜻으로 표현했을 리 없다. "사습(私習), 북학(北學), 당학(唐瘧), 비자(婢
子)" 쯤이 되지 않을까 한다. 이 장면은 이렇게 곁말을 사용함으로 무미
건조할 책 이름의 나열이 익살스럽고 재미있는 표현이 되었는가 하면,
시적 운율을 지니게 하였다. 같은 장면을 이명선본(李明善本) 춘향전에서
는 "천자는 감자 되고, 맹자는 탱자 되고, 시전은 사전(私田)이오, 서전은
딴전이오, 논어는 잉어 되고, 주역은 우역(牛疫)이오, 중용은 도롱눙이라."
라 되어 경전을 좀 더 익살스럽게 폄하하고 있다.

2.3. 속담·수수께끼·파자 등의 곁말

속담(俗談)이나 수수께끼는 간결하고 응축된 표현으로 그 효과를 드러
내고, 파자(破字)는 기지에 의한 자형(字形)의 분합(分合)으로 표현효과를
나타낸다. 이들 속담·수수께끼 및 파자는 문학작품에 즐겨 쓰인다. 고
전에는 특히 속담이 많이 쓰이고 있다. "흥부전"에는 다음과 같은 예가
보인다.

> 술 잘 먹고 욕 잘하고 에테하고 싸움 잘 하고, 초상난 데 춤추기, 불
> 붙는데 부채질하기, 해산(解産)한 데 개 잡기, 장에 가면 억매흥정, 우는
> 아이 똥 먹이기, 무죄한 놈 뺨치기와 빚값에 계집 뺏기, 늙은 영감 덜
> 미잡기, 아이 밴 계집 배 차기며, 우물 밑에 똥 누어 놓기, 오려논에 물
> 터 놓기, 자친 밥에 돌 퍼붓기, 패는 곡식 이삭 빼기, 논두렁에 구멍 뚫
> 기, 애호박에 말뚝 박기, 곱사등이 엎어놓고 밟아 주기, 똥 누는 놈 주저
> 앉히기, 앉은뱅이 턱살 치기, 옹기장수 작대 치기, 면례(緬禮)하는 데 뼈
> 감추기, 남의 양주(兩主) 잠자는 데 소리 지르기, 수절과부(守節寡婦) 겁
> 탈하기, 통혼(通婚)하는 데 간혼(間婚) 놀기, 만경창파의 배 밑 뚫기, 목
> 욕하는 데 흙 뿌리기, 담 붙은 놈 코침 주기, 눈 앓는 놈 고춧가루 넣기,
> 이 앓는 놈 뺨치기, 어린 아이 꼬집기와 다 된 흥정 파의하기, 중놈 보
> 면 대테 메기, 남의 제사에 닭 울리기, 행길에 허공 파기, 비 오는 날 장
> 독 열기, 장에 가면 억매흥정하기라.
>
> <박문서관, 흥부전>

이는 놀부의 심사가 뒤틀리고, 행실이 무거불측(無據不測)하다 하여 열
거한 사설이다. 놀부의 심사는 그야말로 못 되기 이를 데 없고, 하는 짓
은 망나니다. "초상 난 데 춤추기" 이하의 표현은 이러한 놀부의 심사와
행동을 비유적으로 나타낸 속담들이다. "초상난 데 춤추기", "불붙는 데
부채질하기" 등은 몰인정한 행동이며, "옹기장수 작대치기" "비 오는 날

장독 열기” 등은 심술궂은 악행(惡行)이다. “면례하는 데 뼈 감추기”, “수절과부 겁탈하기” 등은 반인륜적 몹쓸 행위다. 이들 망나니짓은 이본에 따라 차이를 보인다. 이러한 놀부의 행실은 “충후인자(忠厚仁慈)”한 흥부와 대조가 되어 더욱 고약한 놈으로 각인된다. 그러나 이러한 심사와 행동이 액면 그대로 독자에게 수용되지는 않는다. 많은 열거는 과장되고 사실성(寫實性)을 결하고 있기 때문이다. 그리고 아무리 무거불측한 놀부라 하더라도 이런 짓을 다 하고는 살아남지 못할 것이다. 이는 놀부가 그렇게 못된 놈이라는 이미지를 드러내기 위한 수사 기법이다. 그래서 독자는 이런 놀부를 불쌍히 여기고, 동정의 웃음을 짓는다. 이것이 희극적 비극성이고, 한국 풍류(風流)의 한 단면이다.

　수수께끼란 “무슨 일이나 물건에 대하여 바로 말하지 아니하고, 빗대어 말하여 그 말뜻을 알아맞히는 놀이”다. 이도 비유적 표현의 곁말이다. 춘향전에는 이러한 수수께끼가 이명선본 춘향전과 최남선본에 쓰인 것을 볼 수 있다. 먼저 이명선본의 예를 보면 도령과 춘향이 초야(初夜)에 넌서 옷을 벗으라고 실랑이를 하는 가운데 도령이 수를 낸 것이 수수께끼에 진 사람이 먼저 옷을 벗기로 한 것이다.

　　그러면 “ 너 안다 안다하니 먼 산 보고 절하는 방아가 무엇이냐?” “방아지 무엇이오?” “또 안다 안다하니 대대 곱사등이가 무엇이냐?” “나 모르겠다.” “그것을 몰라? 새오(새우)란다. 그것을 몰라? 너 젓지? 또 안다 안다하니 앉은 고리, 선 고리, 뛰는 고리, 입는 고리가 무엇이냐?” “그런 수수꺼끼도 있나? 나는 모르겠소.” “내 이름 들어 보소. 앉은 고리 동고리, 선 고리 문고리, 뛰는 고리 개고리(개구리), 입는 고리 저고리지. 그것을 몰라? 인제 너 졌지? 무슨 핑계하려느냐?” “도련님, 내 할 것이니 알아내오.” “어서 하여라.” “도련님, 안다 안다하니 손님 보고 먼저 인사하는 개가 무엇이오?” “개지 무엇이냐?” “또 안다 안다하니 서모 파는 장사가 무엇이요?” “세상에 그런 장사도 있나? 나 모르겠다.” “얼어미 장사를 몰라요?” “옳거니, 참 그렇구나.” “또 안다 안다하니 나는 개, 차는 개, 미는 개, 치는 개가 무엇이요?” “나 모르겠다.” “나는 개는 소리개(솔개), 차는 개는 노리개, 미는 개는 고밀개(고무래), 치는 개는 도리깨지 그것도 몰라. 인제 서로 비겼지요?”

“대대 곱사등이(새우)”는 비유에 의한 수수께끼이고, “앉은 고리(동고리), 선 고리(문고리), 뛰는 고리(개고리), 입는 고리(저고리)”는 비유와, 일부 음이 같은 부분 동음어에 의한 수수께끼다. 그리고 “서모파는 장사(얼어미 장사)”는 동음어에 의한 수수께끼고이고, 나는 개(솔개), 차는 개(노리개), 미는 개(고밀개), 치는 개(도릿개)는 역시 비유와 부분 동음어에 의한 수수께끼다. 이들 수수께끼는 비유와 동음어에 의해 풍자와 유머를 드러내고 있다.

최남선의 “고본춘향전”에도 초야에 비점타령(批點打令)을 마치고 수수께끼를 하는 것이 보인다. 여기에서는 도령과 춘향이 각각 “홍두깨 알 낳는 것이 무엇이냐?”와 “타러 갈 제 타고 가서 타면 못타고 오고, 못타면 타는 것이 무엇이냐?”란 수수께끼를 하나씩 하고 있다. 전자는 해답이 “총을 놓는 것”이고, 후자는 “환자(還上) 타는 것”이다.

파자(破字)는 한자의 자획을 분합(分合)하여 특이한 표현효과를 드러내는 표현 기법이다. 이는 흔히 문학작품에서 흥미를 유발하고, 표현 효과를 높이기 위해 사용된다. 이러한 파자는 그 의미가 확대되어 파자에 의한 수수께끼, 점술법(占術法) 등을 의미하기도 한다. 민속문학의 자료인 수수께끼에는 이 파자 수수께끼가 참으로 많다(박갑수, 2011). 수사법으로서의 파자는 우선 소설 등의 산문류(散文類)에서 수인사(修人事)하는 과정에 많이 쓰인다. 신재효(申在孝)의 “심청가”에도 통성명하는 장면에 쓰이고 있는 것을 볼 수 있다.

“내 성은 남주월(南走越) 북주호(北走胡)란 달릴 주(走) 변에 요지자(堯之子) 불초(不肖), 순지자(舜之子) 불초(不肖)란 같을 초(肖)하고, 이름은 얻을 득(得), 문 문(門)이오.”

“예, 당신은 조득문(趙得門)이시오.”

“예, 그러하오.”

“내 성은 소 축(丑)자에 꼬리 있고, 임금 군(君)에 입이 없고, 이름은 밝을 명(明), 점 복(卜)자요.”

“예, 당신은 윤명복(尹明卜)이오.”

“예, 그러하오.”

“저 분은 뉘라시오?”

“예, 내 성은 갓 쓰고 치마 입은 자요 이름은 읽을 독(讀), 글 경(經)자요.”

“예, 당신은 안독경(安讀經)이신가 보오.”

“예, 그러하오.”

옷깃차례로 물어오니 심 봉사께 당했구나. 이녁 성자 생각하니 파자를 할 수 없어 유식 발명(發明) 어렵거든 거짓말로 꾸미는데, 가기의기방(可欺宜其方) 되는구나.

“근본 내 성은 잠길 침(沈)자. 아래 하(下)자 하 서방과 사돈을 하였더니 사돈이 하는 말이 제 성은 하바리요, 내 성은 넉 점이라. 점 하나만 달라 하고 밤낮으로 졸라대니 어쩔 수 없어 오른 편 찍힌 점을 떼어 사돈 주었더니, 그 사람은 변(卞)가가 되고. 이름자는 꿇고 앉은 자 하고 간대에 새 매단 자요.”

“예, 잠길 침(沈)자에 오른 점 떼었으면 심(沈)씨요. 꿇고 앉으면 학(鶴)자요, 간대에 새를 달면 아홉 구(九)자니, 당신이 심학구(沈鶴九)요.”

“아는 품이 용하시오.”

이는 성씨를 파자하되 趙자를 “달릴 주(走)”, “같을 초(肖)”자로, 尹자를 “소 축(丑)”자에 꼬리 있는 자, 또는 “임금 군(君)”에 “입(口)”이 없는 자로, 安자를 “갓(宀)”에 치마 입은 자, 곧 계집 녀(女)자로 돌려 파자 한 것이다. 그리고 심 봉사는 “잠길 침(沈)”자의 오른편 점을 떼어서 사돈을 주어 성이 "심(沈)"씨가 되고, 사돈 "下"씨는 점을 하나 얻어 "卞"씨 가 되었다는 말이다. 해학적 파자다. 그리고 이름 "학구(鶴九)"는 "학 학(鶴)"자를 새가 무릎 꿇고 앉은 자로, "아홉 구(九)"자는 삐친 획을 간짓대(長竿)로 보고, 나머지 획을 "새 을(乙)"자로 보아 장대에 새를 매단 것이라 익살스럽게 파자한 것이다. 여기에 이어지는 파자는 더욱 해학적이다. 가장 재치 있고, 해학적인 것은 "곽(郭)"자 성의 파자로, 이는 오입을 한 세 남자의 성 일부분씩을 떼어 곽(郭)자 성을 만들었다는 재담(才談)이다.

> "예, 나는 우리 자당이 오입하신 아씨로서, 서방님이 세 분인데 고(高)씨 이(李)씨 정(鄭)씨지요. 나를 배어 낳으신 후에 성을 쓸 줄 몰라, 노염 없이 하느라고 셋의 성 한편씩을 떼다 글자 만들고서 삼수(三數)로 본 씨요."
>
> "예, 성은 곽(郭)씨로되 셋이나 병립(並立)하면서 봉사로 만들어요?"

2.4. 육담, 재담 등 재치 있고 해학적인 표현

우리나라에는 단 한 편의 전래 인형극이 전한다. 이는 중요무형문화재로 지정된 "꼭두각시놀음"으로, 일명 "박첨지놀음", 또는 "홍동지놀음"이라고 한다. 이는 주인공 박첨지의 일대기적 성격을 지니는 내용으로, 박첨지 일가의 파탄과 구원이라는 일관된 줄거리로 되어 있다. 직업적 유랑 예인집단(藝人集團)인 남사당패(男寺黨牌)에 의해 연희되고, 주로 중남부 지방을 중심으로 공연되었다. 구체적 내용은 채록본에 따라 다른데, 7~10막으로 되어 있다. 8막으로 구성된 경우 제1막은 '곡예장'으로, 박첨지의 자기소개, 제2막은 '뒷절'로, 질녀와 놀아난 뒷절 중을 쫓아내는 내용, 제3막은 '최영로의 집'으로, 사돈 최영로의 집에서 이심이에게 잡아먹힐 뻔한 박첨지를 홍동지가 구하는 내용, 제4막은 '동방노인'으로,

어지러운 세상 풍자, 제5막은 '표생원'으로, 일부처첩제(一夫妻妾制)의 모순과 서민층의 생활, 제6막은 '매사냥'으로, 지배계급의 횡포와 그에 대한 풍자, 제7막은 '평안감사 상여'로, 지배계급에 대한 신랄한 풍자, 제8막은 '건사(建寺)로, 절을 짓고 허는 내용으로 되어 있다. 이 극본의 제7막에는 다음과 같은 대사가 보인다.

> 산받이 : 너 삼시나 사시나 먹고 놀지 말고, 평안감사께서 모리꾼 하
> 나 사 달래니 품팔이 가거라.
> 진동이 : 얼마 준대?
> 산받이 : 만량 준단다.
> 진동이 : 가 봐야지.
> 평안감사 : 웬 발가벗은 놈이냐?
> 진동이 : 내가 발가벗은 놈이 아닙니다. 아주머니 바지저고리를 입었
> 습니다.
> 평안감사 : 요놈 곁말을 쓰는구나. 너 이놈아, 싸리 밭에 쐐기 많다.
> 네 재주껏 튀겨 봐라.

진동이가 "아주머니 바지저고리를 입었습니다"라 한 말은 비유요, 재담이다. 평안감사는 이를 "곁말"이라 하였다. 이 "아주머니 바지저고리"에 대해 다른 연희본(演戱本)에서는 "홍동지"가 "고모 바지저고리를 입었단 말씀입니다"라 하는 설명이 나온다. "아주머니"가 "고모(姑母)"로 바뀌었다. 곧 "아주머니 바지저고리"는 "고모 바지저고리"란 말이다. 그렇다면 발가벗은 것과 이들은 무슨 관계가 있는 것인가?

"아주머니 바지저고리"는 나신(裸身)을 비유한 말이다. 살갗을 "고무옷"에 비유한 것이다. 그리고 이 "고무"가 유음어 "고모(姑母)"가 되고, 이 "고모"가 다시 같은 숙모 항렬의 "아주머니"로 바뀌어 "아주머니 바지저고리"란 비유적 표현이 된 것이다. 곧 "고무 바지저고리>고모 바지

저고리>아주머니 바지저고리”로 표현이 바뀐 것이다. 따라서 “고무 바지저고리”는 물론 살갗을 비유한 말이요, 나아가 “아주머니 바지저고를 입었다”는 말은 결과적으로 나신(裸身)을 나타내는 말이다. 이는 참으로 재치 있는 해학적 표현이다.

이와 같이 비유를 하고, 또 동음어를 활용한 재담은 서두의 “곁말”의 풀이에 보이는, “건방지다”를 “병자년 방죽이다”라 하는 것에서도 볼 수 있다. 이 곁말의 연원은 이러하다. 조선조 고종(高宗) 13년 병자년은 흉년으로 잘 알려진 해다. 이 해는 가물이 들어 저수지의 물이 모두 말랐다. 방죽은 모두가 마른 방죽, 곧 “건방죽(乾-)”이 되었다. 이러한 상황에서 “건방지다”와 “건방죽”이 발음이 비슷해 동일시되고, “건방진” 성품이 병자년의 흉년과 맞물리면서 “병자년 방죽이다”란 말이 “건방지다”를 나타내게 된 것이다. 사람들은 “건방지다”란 말을 듣게 되면, 그리 유쾌하지 않을 것이다. 그러나 “병자년 방죽이다”라 하게 되면 직설적 표현이 아니어서 좋고, 품위가 있고 해학적이어서 거부감이 덜할 것이다.

육담(肉談)의 기본적 의미는 “음담 따위의 야비한 이야기”다. 따라서 조선조(朝鮮朝)에 고려 속요를 말이 속되어 책에 싫을 수 없다(詞俚不載)고 하였듯, 공개적으로 말하기 어려운 것이 육담이다. 은밀한 장소이거나, 기방(妓房) 또는 술자리에서나 할 수 있는 이야기다. 그러나 S. Thompson 의 말처럼 “다른 어떤 것보다 관심이 있는 것은 언제나 성적 사건과 속임수의 이야기”다. 그러기에 육담은 문헌 육담이 있는가 하면, 구전 육담이 있고, 소설, 판소리, 민요, 속담, 구비전승되는 설화 등 도처에 깔려 있다. 특히 “파수록(破睡錄)”, “어면순(禦眠楯)” 등 한문으로 된 패설집(稗說集)은 이의 보고다. 그래서 오늘날은 은밀히 논의되는 소재가 아니요, 학문의 대상으로 공공연히 논의되고, 연구되고, 출판되기에 이르렀다.

다음에는 육담이라 할 시조를 한 수 보기로 한다. 이는 해동가요에 실려 전하는 작자 미상의 시조다.

閣氏(각씨)네 외밤이 논니 물도 만코 거다 하데.
竝作(병작)을 주랴거든 밋안은 나를 주옵소.
質實(진실)로 줄여곳 하거든 갈애 들고 씨 지워 볼까 하노라.

이는 장시조(長時調)다. 장시조는 외설적 내용을 많이 담고 있다. 이 "외밤이 논" 시조도 표면적으로는 단순한 병작을 원하는 농부가(農夫歌)로 보이나, 사실은 색정(色情) 짙은 육담의 노래다. "외밤이"는 "외따로 떨어진 논배미"이고, "거다"는 "걸다(肥沃)", "병작"은 "지주와 소작인 사이에 수확을 나누어 먹는 제도"이다. "밋 안"은 "밑 안(下內)", "곳"은 강세를 나타내는 첨사(添辭), "갈애"는 "가래"로 흙을 파는 농기구, "씨 지워"는 "씨를 떨어뜨려" 곧 파종(播種)하여를 뜻하는 말이다. 따라서 이는 겉으로는 지주인 각씨에게 병작을 주려면 저 외따로 떨어진, 비옥한 논은 자기를 달라. 그러면 논을 갈아 파종을 하겠다는 소작인의 소청을 노래한 것이다. 그러나 진정한 주제는 그것이 아니다. 구애(求愛), 그것도 각씨와의 성애(性愛)를 소망하는 노래다. "외밤이 논"과 "밋 안"은 비유적 표현으로, 여성의 국부(局部)를 지칭한다. 따라서 이들은 금기(禁忌)를 완곡하게 표현한, 엄청난 육담인 것이다. 다음 시조는 같은 내용을 좀 더 구체적으로 표현한 것이다.

閣氏네 되오려 논이 물도 만코 걸다 하데.
竝作을 주려 하거든 燃匠 좋은 나를 주소. 아아 아아아 아아 아아.
眞實로 주기곳 주량이면 가래 들고 씨 지어 볼까 하노라.

"되오려"는 올벼의 일종이고, "燃匠(연장)"은 일하는 데 쓰는 도구이다.

여기서도 "논"과 "연장"이 각각 남녀 성기를 비유하고 있음은 물론이다.

2.5. 기타 복합적인 기법의 곁말

이상 곁말의 네 가지 개념을 중심으로 용례를 살펴보았다. 그런데 이들 용례를 보면 하나의 개념에만 매이지 아니하고, 몇 개의 개념이 복합되었다고 할 용례가 많다. 앞에서 본 용례 가운데 수수께끼, "고모바비 저고리" 등의 곁말이 이러한 것이었다. 여기서는 이러한 예를 순서에 따라 한두 개 더 보기로 한다.

춘향전에는 연기 "내"와 관련된 간단한 곁말이 보인다.

> 어사 대답하되
> "내로세"
> "내라 하니 동편 굴뚝의 아들인가?" 〈남원고사〉

> "저 사람 보게. 닐세"
> "에고 내라니 누구야, 굴뚝새 아들인가? 〈이명선본 춘향전〉

이는 이 도령이 암행어사가 되어 춘향의 집을 찾아 춘향모 월매(月梅)와 나눈 대화다. 여기에는 동음어와 비유란 곁말의 두 기법이 아울러 쓰이고 있다. 춘향의 집을 찾은 도령에게 월매가 "누구냐?"고 묻자 도령은 파리 동양어학교 소장인 "남원고사(南原古詞)"에서는 "내로세(我)"라 대답하고, 이명선 소장 "춘향전"에서는 "닐세"라 답을 했다. 그러자, 월매가 익살스러운 곁말을 한 것이다. "남원고사"에서는 "나(我)"를 뜻하는 "내"를 연기(煙氣)를 뜻하는 동음어 "내"로 받아, 연기가 굴뚝에서 나오는 것이니 "굴뚝의 아들"이냐고 위트 있는 풀이를 하여 해학적 표현을 한 것이다. 이명선본 춘향전은 같은 상황을 "굴뚝"이 무생물이므로, 이를 이치에 합당하게 "굴뚝새"로 바꾸어 "굴뚝새 아들"이냐고 논리적인 곁말을 한 것이다. 따라서 월매는 나와 연기를 뜻하는 "내"라는 동음어를 활용하는가 하면, 아이가 어머니 뱃속에서 나오듯, 연기가 굴뚝에서 나오므로 "굴뚝의 아들", 혹은 "굴뚝새 아들"이라고 비유적 표현을 하여 복합적인 곁말의 기법을 활용한 것이다.

구전되는 민요 가운데 "미나리요(謠)"라는 참요가 있다. "미나리"는 근채(芹菜), 수근(水芹)이라고도 하는 것으로 여러해살이풀이다. 여씨춘추(呂氏春秋)에 "야인(野人)이 살찐 미나리를 지존(至尊)에게 바치길 원한다"고 하듯, "헌근(獻芹)"은 임금을 살뜰히 생각하는 마음을 나타낸다.

우리의 "미나리요"는 이런 연군(戀君)의 노래가 아니다. 조선조의 참요(讖謠)의 하나다. 참요란 시대적 상황이나 정치적 징후 따위를 미리 암시하는 노래다. 신라의 멸망과 고려의 건국을 암시한 "계림요(鷄林謠)"나, 조선의 건국을 암시한 "목자요(木子謠)" 따위가 이런 것이다.

> 장다리는 한 철이나
> 미나리는 사철이다.

이 노래는 장다리와 미나리에 의탁하여 인현왕후(仁顯王后)와 장희빈(張禧嬪)의 애정 관계를 암시적으로 예언한 것이다. 숙종(肅宗)의 비(妃)는 유한정정(幽閑貞靜)한 인현왕후(仁顯王后) 민씨(閔氏)다. 왕비에게는 후사가 없었다. 이때 궁인(宮人) 장씨(張氏)가 시비로 들어와 숙원(淑媛)이 되어 아들을 낳으니 임금의 총애를 받게 되었다. 그러자 그녀는 대위를 넘보는, 참람(僭濫)한 마음을 품고 왕비를 참소해 마침내 민비(閔妃)는 폐출되고, 장희빈은 곤위(坤位)에 올랐다. 그 뒤 얼마 가지 않아 사태는 바뀌어 민비

(閔妃)의 복위운동이 전개되었고, 이를 제거하려던 집권층이 오히려 무고
의 화를 입게 되었다. 이에 숙종은 자기의 잘못을 깨달아 장희빈을 폐하
고, 민비를 다시 복위시켰다. 이 민요는 이러한 역사적 사건을 예언한
것이다. 민요 가운데 "미나리"는 이러한 민비(閔妃)를 상징한다. "미나리"
와 "민비"의 비슷한 어두음(語頭音)을 활용해 비유한 것이다. 이에 대해
"장다리"는 무나 배추 따위의 꽃줄기를 뜻하는 말로, 그 어두음(語頭音)
"장"과 "장희빈"의 성씨 "장"이 음이 같은 것을 활용하여 장희빈을 비
유한 것이다. 따라서 이 노래도 동음어와 비유의 기법을 활용한 곁말이
다. 이 민요는 "장희빈에 대한 숙종의 사랑은 한 때지만, 민비에 대한 사
랑은 끝이 없다"는 내용의 참요다. 장희빈이 일시 승리해 사랑을 쟁취했
지만, 마침내는 사시사철 푸른 미나리, 민비가 승리하게 된다고 넌지시
예언한 것이다. 이러한 참요의 내용은 장 씨가 폐위되고, 민비가 복위됨
으로 예언이 적중하였다.

3. 결어

사람들은 자기의 생각과 느낌을 나타내기 위해 언어를 사용한다. 그리
고 효과적인 표현을 하기 위해 수사적 기법을 활용한다. 수사학(修辭學)은
이런 수사적 기법을 연구하는 학문이다.

수사학에 의하면 일정한 수사법이 있다. 그런데 우리의 수사적 기법
가운데는 수사법의 보편적 분류와는 다른, 우리 나름의 전통적 수사법이
라 할 "곁말"이 있다. 이는 앞에서 살펴본 바와 같이 다음과 같은 의미
를 지니는 것이다.

① 빗대어 표현하는 해학과 풍자의 말
② 유음어 또는 동음어에 의한 어희(語戱)
③ 속담·수수께끼·파자와 같은 일정한 형식의 비유적 표현
④ 육담·재담과 같은 재치 있고 해학적인 표현
⑤ 기타 복합적 기법으로서의 곁말

이러한 "곁말"은 몇 가지 속성이 있다. 본래 사회집단의 은어(隱語)라는 것, 빗대어 표현한다는 것, 해학과 풍자성을 지닌다는 것, 표현에 운율성을 지닌다는 것, 사회적 효용성이 있다는 것 등이다.

우리의 고유한 수사 기법 "곁말"에 대한 언중의 이해는 그리 많지 못하다. 곁말이 우리의 고유한 수사기법이란 사실조차 잘 알지 못하는 것이 현실이다. 그러나 이는 지난날 즐겨 쓰인 우리의 표현 기법인 동시에 오늘날에도 활용되고 있는 기법이다. 따라서 전승, 발전시켜야 할 수사 기법이라 하겠다.

이 글에서는 곁말의 개념과 더불어 구체적 용례를 통해 이들을 이해하도록 하는 데 중점을 두었다. 그리고 곁말의 해학과 풍자와 운율성을 통해 사람들에게 즐거움을 안겨 주는 우리 고유한 표현기법을 향수하도록 하였다. 앞으로 한국 언어문화 학습 현장에서도 우리 고유한 수사 기법 곁말에 관심을 가져 한국 언어문화 교수·학습이 즐거운 분위기 속에 운영되게 되길 바란다.

참고문헌

박갑수(1979), 사라진 말 살아남는 말, 서래헌.

박갑수(1984), 국어의 표현과 순화론, 지학사.

박갑수(2005), 고전문학의 문체와 표현, 집문당.

이두현, 한국의 가면극, 일지사.

Clarence L. Barhart(ed)(1956), The New Century Handbook of English Literature, Appleton Century-Crofts Inc.

大山敏子(1971), 英語修辭法, 蓧崎書林.

박갑수(1979-1980), 인기 연재 곁말의 재미 ①-⑰, 월간중앙, 중앙일보사.

박갑수(2006), 고전 속에 나타난 한국인의 해학과 풍자—춘향전의 익살과 풍자를 중심으로, 제5회재외동포교육 국제학술대회, 세계 속의 우리 전통문화와 재외동포 교육, 재외동포교육진흥재단.

박갑수(2011), 한·중 파자 수수께끼의 원리와 실상, 한국어교육연구, 제15집, 서울사대 외국인을 위한 한국어교육 지도자과정.

박갑수(2013), 곁말—재미있는 익살과 풍자의 표현 (上), 한글+漢字문화, 1월호, 전국한자교육 추진총연합회.

박갑수(2013), 곁말—재미있는 익살과 풍자의 표현 (下), 한글+漢字문화, 2월호, 전국한자교육 추진총연합회.

■ 이 글은 본서 "한국어교육과 언어문화 교육"에 수록하기 위해 2013년 1월 15일 탈고한 원고다.

제4장 한국문화의 세계화(世界化)와 그 방안

1. 서언

이 세상에는 많은 인종이 흩어져 살고 있다. 그들은 생긴 모양도 다르거니와, 생활과 습관도 다르다. 이른바 문화가 다르다. 그도 그럴 것이 생활환경이 다르니 그 문화가 같을 수 없을 것이다.

우리는 흔히 반만년의 역사를 지닌 문화문족이라 한다. 일찍부터 우리는 중국 문화를 수용하여 우리 문화 속에 이를 동화시켰다. 그리고 근대에 접어들어서는 거세게 밀어닥친 서양 문물의 영향을 받으며 우리 나름의 문화를 형성해 왔다. 우리 문화는 이렇게 한·중, 동서양이 융합되어 이루어진 것이다. 이러한 문화를 향유하며 우리는 오늘날 세계 10대의 경제대국을 이루어냈다. 그리하여 우리 문화의 국제화, 세계화를 논하는 자리에 와 있다. 약소민족으로 그늘에 가려져 있기만 하던 우리가 세계를 향해 우리의 당당한 모습을 드러내려 하는 것이다.

여기서는 이러한 시대적인 추이에 따라 한국문화의 국제화, 세계화에 대해 살펴보기로 한다. 한국문화의 세계화란 무엇이며, 그 실상은 어떠

하고, 세계화를 하자면 어떻게 하여야 할 것인가, 그 방안을 모색해 보자는 것이다.

2. 문화와, 문화의 세계화

한국문화의 세계화를 살피기 위해서는 우선 문화와 세계화의 개념부터 살펴보는 것이 순서라 하겠다.

문화(文化)란 흔히 "인간의 어떤 집단이 하나의 생활공동체를 이루며 살아가는 가운데 만들어 낸 모든 것"이라 한다. 그래서 의식주 및 언어, 풍속 등이 다 여기에 속하는 것으로 본다. 문화에 대한 학자들의 정의는 다양하다. 응용언어학에서는 문화란 "하나의 담화를 공유하는 지역사회에서의 구성원이, 공통되는 사회공간과 역사를 지니며, 또한 사물을 이해하거나, 믿거나, 가치판단을 하거나, 행동하거나 하기 위한 기준이 되는 공통의 제도를 가지는 것"(Kramash, 1988)이라 한다. 이에 대해 인류학에서 Bates & Plog(1990)는 다음과 같이 보고 있다.

> "문화란 사회의 구성원이 흔히 그들의 세계와 다른 세계에 대처하고, 학습을 통해 세대에서 세대로 물려진 일련의 신념(shared beliefs), 가치, 습관, 행동과 가공품들이다. 이 정의는 행동의 유형뿐만 아니라, 사고의 유형(사회의 구성원이 종교와 이념을 포함한 자연적, 지적인 다양한 현상에 붙이는 의미들(shared meanings), 가공품(도구, 도기, 가옥, 기계, 예술작품)과, 가공품을 만드는 문화적으로 전승된 솜씨(skill)와 기법(techniques)을 포함한다."

문화란 이렇게 일정한 지역 안에서 사람들이 살아가기 위해 만들어

낸 정신적 물질적인 모든 것을 의미한다.

문화는 종류가 다양하다. 기준에 따라 다양하게 분류되기 때문이다. 정신문화/물질문화, 고유문화/외래문화, 전통문화/현대문화, 무형문화/유형문화, 대중문화/고급문화의 분류 같은 것이 그것이다. 그러나 이와 같이 양분하는 것이 아니라, 여러 가지로 나누어 볼 수도 있다. 정신문화, 언어문화, 예술문화, 생활문화, 제도문화, 학문문화, 산업기술문화 등으로 구별하는 것이 그것이다(박영순, 2002).

오늘날 세계는 지구촌이 되고, 전 세계가 일일생활권이 되었다. 따라서 상호간에 이해를 필요로 한다. 이를 위해서는 무엇보다 언어문화를 알아야 한다. 그래서 오늘날 외국어를 배우고, 세계의 문화에 대해 학습한다. 문화교육(文化敎育)의 목표는 여러 가지를 들 수 있겠으나, H. N. Seelye(1988)는 다음과 같이 7가지를 들고 있다.

① 사회의 구성원에게서 문화적으로 조건화하여 나타나는 행위에 대한 이해를 돕는다.
② 연령, 성, 사회계층, 주거지역과 같은 사회언어학적 변인이 말과 행동에 어떻게 영향을 미치는가에 대한 이해를 돕는다.
③ 목표문화의 일반적 상황에서 나타나는 관습적 행동을 인지하도록 돕는다.
④ 목표언어에서 문화적 함의(connotation)가 있는 어구를 인지하도록 돕는다.
⑤ 목표문화를 일반화한 것에 대해 평가하고, 정밀화하는 능력을 발전시키도록 돕는다.
⑥ 목표문화에 대한 정보를 정리하거나 조직하는 데 필요한 방법을 발전시키도록 돕는다.
⑦ 목표문화에 대한 학생들의 지적 호기심을 자극하고, 해당 민족에 대해 공감하도록 격려한다.

이들 가운데 ①-④가 언어문화와 관련된 것이다.

"세계화(globalization)"란 새로운 세기의 문화와 문명의 기준으로 활발하게 각계에서 논의되고 있다. 그러나 이는 다양한 개념으로 쓰여 혼란이 빚어지기도 한다.

첫째, 세계화가 국제화(internationalization)와 같은 개념으로 쓰이는가 하면, 둘째, 어떤 사실의 지리적 공간 확대로서의 지구화(地球化)를 의미한다. 셋째, 19세기 중반에 추진하던 근대문명의 기준인 부국강병의 추구로, 넷째, 세계 자본주의 체제의 중심 세력들이 주변 세력들을 종속화하는 과정으로 받아들여지기도 한다. 이와는 달리 하영선 외(2000)에서는 신문명의 기준으로써 "복합화"로써의 세계화를 들고 있다. 21세기의 세계화는 단순히 지구화, 국제화, 종속화를 의미하는 것이 아니고, 행위주체의 차원에서 지구화, 지역화, 국가화, 지방화, 개인화가 복합적으로 이루어지는 것이며, 활동 목표의 차원에서 부국강병을 넘어서서 안보화, 번영화, 기술정보화, 복합문화화, 생태균형화, 인력고급화, 민주적 관리화를 복합적으로 추진하는 것이라 한다.

하영선 외(2000)의 정의는 세계화를 종합적·거시적 차원에서 본 것이다. 세계화는 그 대상이 무엇이 되느냐에 따라 다소간에 그 개념을 달리한다. 예를 들어 "한국어의 세계화", "한국문화의 세계화"라고 할 때는 이상의 복합적 기준이 필요·충분조건이 되지 못한다. 오히려 이는 전 세계에 보급한다는 지구화의 의미를 강력하게 드러낸다. 문화의 공통화(共通化)를 의미한다. 따라서 어휘 의미가 다 그러하듯, 세계화의 의미도 문맥적 의미를 인정해야 한다.

3. 한국문화 세계화의 실상

하나의 민족문화를 세계화한다고 할 때, 그것은 자칫 오해를 불러일으킬 수 있다. 이는 문화제국주의를 지향하는 것으로 받아들여질 수 있기 때문이다. 제국주의는 군사적·외교적·경제적 우위성을 배경으로 어떤 국가가 다른 독립국가에 대하여 그 영향을 확장하거나, 실질적으로 속국 상태로 두는 것을 말한다. 문화제국주의란 한 민족이나 국가가 다른 민족이나 국가를 문화적으로 지배하려는 사상이다. 이전의 구미열강(歐美列强)이 세계 각지를 식민지로 만들고, 현지 주민들에게 종주국의 종교, 언어, 가치관, 생활양식 등의 수용을 강제한 것이 이러한 것이다. 일본이 우리를 지배하던 것도 이러한 것이었다.

현대 민족문화의 세계화는 이와 성격을 달리한다. 문화적으로 어떤 민족이나 국가를 지배하려는 것이 아니기 때문이다. 오히려 문화를 상호교류(相互交流)하여 서로 이해하고 협조해 나아가자는 것이다. 문화 간의 접촉을 통해 긴장과 혼란이 아닌, 상승효과를 발휘하게 함으로 상호의 문화를 고양(高揚), 심화(深化)함으로 발전시키자는 것이다. 다문화주의(多文化主義)를 지향하는 것이다.

그러면 한국문화의 세계화 실상은 어떠한가? 여기서는 문화를 문화 일반과 언어문화의 둘로 크게 나누어 살펴보기로 한다. 문화의 국제화, 세계화는 어떤 문화보다 언어문화가 가장 선도적이요, 이의 보급 전파도 흔히 교육이란 적극적인 방법을 활용한다.

3.1. 일반 문화의 보급 전파

3.1.1. 문화의 정책적 보급 전파

"한류"라는 말이 매스컴에 자주 오르내리고, 사람들의 입에서도 자주 되뇌지고 있다. 그러나 그간 세계화를 위한 한국문화의 보급 전파 정책은 이렇다 할 것이 별로 없었다. 설령 있다 해도 그것은 미미한 것이다. 그도 그럴 것이 정책이나, 법령에 "한국문화의 세계화"라는 말은 별로 보이지 않는다. 김영삼 정부(1993~1998) 때의 "세계화추진위원회"와, 문화의 한 영역인 언어에 대한 것으로 "한국어의 세계화"란 말이 좀 쓰였을 뿐이다. 문화예술진흥법 시행령 제11조의 "한국어의 세계적 보급", 1998년에 활동을 시작한 "한국어세계화추진위원회", 그리고 이어서 2001년 설립된 "한국어세계화재단"과 같은 것이 그것이다.

해외 문화 보급과 관련이 있는 기관은 문화관광부, 교육인적자원부, 외교통상부 등에 분산되어 있는데, 그 기관과 주요업무를 도시하면 다음과 같다.

소관부처	기관명	문화관련 업무
문화관광부	국립국어원 한국어세계화재단 (학술진흥재단)	한국어 교사 현지 연수 및 초청 연수 한국어 국외보급, 외국인 대상 한국어교육, 한국어능력시험, 고용허허가제 능력시험, 100대 한글문화유산정비 사업
교육인적자원부	국제교육진흥원	재외동포 초청교육 및 현지 연수, 재외동포 교육자 초청연수, 해외파견 교육공무원 연수, 해외 한국학과 대학생 초청연수, 재외동포 교재보급 및 교육정보 제공
	한국교육과정평가원	한국학교 교재개발 및 지원, 한국어능력시험, 재외동포 한국어 교육과정 개발
외교통상부	재외동포재단 (국제교류재단)	재외동포 모국연수, 민족교육자 초청연수, 한글학교 지원, 한국어 교사 초청연수, 한국어교육 사이트 운영, 문화예술단 파견, 문화예술 지원

이렇게 문화의 보급 사업은 정부 기관에서 수립 및 집행하고, 교육과 보급은 주로 현지의 한국학교, 한국문화원, 한국교육원, 한글학교 등이 수행한다. 이밖에 현지의 대학교, 정규 초·중·고교, 민족학급, 사설학원, 현지 방송 등에서도 교육과 보급을 하고 있다.

한국어세계화재단은 한국어 보급 사업으로 다양한 교재와 사전류를 발행하고 있으며, 외국인 노동자 및 이주 여성들에게 한국어를 가르치고 있다. 그리고 교육능력시험 등을 치르므로 한국어와 한국문화에 많은 관심을 가지게 하고 있다. 그뿐 아니라, 100대 한글 문화유산을 정비함으로 한글문화 확산도 촉진하고 있다.

국제교육원은 주로 재외동포에 대한 문화 보급 사업을 담당하고 있다. 재외동포란 재외국민과 외국국적동포를 아울러 이르는 말이다. 따라서 이들은 다 한국문화 보급의 대상인 동시에 바람직한 교두보라 할 수 있다. 곧 이들은 다른 민족인 외국인에게 한국문화를 전달하는 첨병이 될 수 있다. 이런 점에서 재외동포에 대한 민족문화 교육은 일석이조의 효과를 거두게 한다. 우리는 세계 제4위를 차지하는 재외동포의 대국이다. 그것도 170여 나라에 나가 살고 있다. 이러한 조건은 한국문화 세계화에 천부적 혜택이라 할 것이다. 재외동포 교사 초청연수 때에는 한국어의 교수법뿐만 아니라, 한국역사, 한국전통문화 등의 교수방법도 지도하고 있다. 이는 물론 문화보급의 파급효과를 가져올 것이다.

교육과정평가원은 주로 한국학교를 대상으로 하는 한국어 교재를 개발하고, 한국어 능력을 평가하는 한국어능력시험을 관장하고 있다. 그리고 재외동포용 교육과정도 개발하고 있다. 따라서 언어문화 교육을 위한 초석을 다지고 있다 할 것이다.

재외동포재단은 명칭 그대로 재외동포를 위해 각종 초청 연수를 함으로 민족문화를 보급하는 외에 문화예술 공연단을 파견하고, 재외동포 문화예술 단체를 지원하는가 하면, 사물놀이 용품, 한복 등 한국의 전통문화 용품을 구입 지원하는 사업도 하고 있다.

이 밖에 언급해야 할 것에 학술진흥재단과 국제교류재단이 있다. 학술진흥재단은 학술 진흥을 위해 국내외 한국학 관계 학자를 지원할 뿐 아니라, 한국학 관계 교수의 해외 파견과 이의 해외보급을 지원하고 있다. 국제교류재단도 펠로우십(fellowship) 제도를 통해 한국학 학자를 초청 연구하게 하는가 하면, 한국학 교수를 초청 연수하는 사업을 하고 있고, 해외에 한국어 교사 파견도 지원하고 있다. 이들은 한국문화를 지식층에 전파하는 사업을 하고 있는 것이다.

이러한 기관의 지원을 받아 현지에서 교육을 담당하고 있는 한국문화 보급 관련 기관과, 그 분포는 다음과 같다.

지역	일본	중국	아주	북미	중남미	CIS	유럽	이중동	계
한국학교	4	6	6	1	3	1	–	4	15국 25교
한국교육원	14	–	1	7	3	7	3	–	14국 35원
한국문화원	2	2	1	2	1	1	3	–	9국 12원
한글학교	91	31	45	1372	67	724	103	30	84국 2,554교
교육관실	3	2	–	2	–	1	2	–	10기관

한국학교와 한국교육원, 한글학교는 주로 한국어교육을 중심으로 한 교육을 담당한다. 한국학교의 교육과정은 원칙적으로 한국의 교육과정에 현지 특성을 반영하고 있다. 일본의 경우 백두학원, 금강학원, 경도국제중고등학교는 일본의 제1조학교로서 일본의 교육과정을 위주로 하고 여기에 민족교육이 과외로 추가된다. 한국교육원은 교육인적자원부 산하 기관으로, 재외동포의 민족교육을 실시하고 지원한다. 여기서는 주로 한국어교육에 관한 일을 하나, 일반 문화 사업도 수행한다. 로스앤젤레

스 한국교육원에서는 뿌리교육 프로그램(한국어, 한국역사, 한국문화, 국악, 전통미술 등)을 운영하고 있고, 주독 한국교육원은 재외동포 모국 이해 민족교육 및 한국문화 소개 및 한국문화교육을 지원하고 있다. 한글학교는 자생적 재외동포의 주말학교로, 여기서는 한국어 수업과, 한국문화와 관련된 특별활동이 병행된다. 교육관실은 한국어학교 등을 지원하는 일을 담당하고 있다.

한국문화원은 문화관광부 산하 기관으로, 현지에서 문화교류 사업을 담당한다. 따라서 이 기관이야말로 문자 그대로 한국문화를 세계화하고 국제화하는 사업을 하고 있는 정부 기관이다. 2006년 현재 정부에서는 재외문화원 운영 및 신설을 전제로 문화원을 확대 개편하여 코리아센터를 설립 운영하는 방향으로 정책 기조를 잡고 있다. 문화관광부의 "코리아센터 설립·운영계획(2006)"을 보면 우선 계획의 부제가 "한류의 지속·확산, 전통·민족문화의 세계화 실현"이라 되어 있어 그 목적이 한국문화의 세계화에 있음을 알 수 있다. 구체적인 정책 목표로는 다음의 세 가지이다.

- 코리아센터 설립으로 문화국가 이미지 제고 강화
- 전통·민족문화, 콘텐츠 해외진출의 선진 모델 구축
- 수요자 중심의 쌍방향 문화교류 및 민관 네트워크

이러한 계획 아래 문화원은 2012년까지 30개, 코리아센터는 9개를 설립하기로 그 목표를 세우고 있다. 그리고 이러한 코리아센터(문화원)는 특화 운영을 하되, 한류 지속 확산, 관광유객 유치 기구, 지역별 거점 기구, 공연·디자인·문화산업 등의 기구로 구분 운영하기로 하고 있다. 따라서 이렇게 되면 광의의 문화의 확산, 세계화를 촉진하는 데 기여할 것으로 보인다.

이 밖의 현지 정규학교는 나라에 따라 성격이 다르다. 중국의 경우 조선족 자치주의 조선족학교는 민족교육을 하고 있다. 언어도 평등원칙에 의해 민족어를 교육한다. 조선족 학교는 1,000여 개에 이른다. 미국의 경우는 미국 중·고등학교 교육과정에 한국어가 과외로 추가되는 형식이다. 일본의 총련계 조선학교는 특수한 경우로 북한의 교육과정에 따른 민족교육을 하고 있다. 민족학급은 일본의 공립학교에 부설되어 과외로 "조선어, 조선의 역사, 문학, 문화" 등을 가르친다. 이는 한신 교육투쟁(阪神教育鬪爭) 등 재일동포의 투쟁에 의한 결실로, 오사카시(大阪市)만 하여도 96개교가 설치·운영되고 있다.

이상 정부기관과 학교교육을 중심으로 한국문화의 보급 전파에 대해 살펴보았다. 이 밖에 문화관광부에 의한 국보나들이나, 국악연주 같은 전통문화와 각종 공연문화, 도서박람회 등도 중요한 문화 보급의 사업이다. 그리고 산업자원부의 한국산품 전시회, 및 박람회 등은 경제대국의 내실(內實)을 보여 주는 것으로, 현대 문화·문명의 보급 전파라 할 것이다.

3.1.2. 문화의 민간적 보급 소개

정부 기관을 중심으로 한국문화의 세계화 실상을 살펴보았다. 다음에는 민간기구나 개인, 단체 등에서 행해지는 한국문화의 보급 전파에 대해 살펴보기로 한다. 비정부기구(NGO)에 의해 전개되는 문화의 보급 소개의 대표적인 것으로는 소위 "한류"로 대표되는 예술문화, 의식주와 관련되는 생활문화, 민족적 특성을 보여 주는 전통문화, 고전이나 문학 작품의 번역을 통한 언어문화, 논저와 강의를 통해 보급되는 학문문화, 현대문명의 생산기술과 제품을 확산하는 생산기술문화 등을 들 수 있다. 이러한 예술문화, 생활문화, 전통문화, 언어문화, 학문문화, 생산기술문화에 의해 한국문화는 한층 국제화, 세계화에 다가가고 있다.

여기서는 먼저 몇 개 민간 기구에 의한 한국문화 보급 실태를 살펴보고, 앞에 열거한 문화의 보급에 대해 알아보기로 한다.

첫째, 재외동포교육진흥재단과 한글학회의 활동이다. 재외동포교육진흥재단에서는 매년 "재외동포교육 국제학술대회"를 개최하여 재외동포 교사들에게 언어와 문화에 대해 강의·체험하게 함으로 세계에 흩어져 있는 재외동포에게 한국문화를 전파하고 있다. 그리고 재외동포 학생용 교재 "한국역사", "한국문화", "한국민속" 등을 발간하는가 하면, 1년에 4~5개국씩 현지를 방문해 한글학교 교사들에게 한국어와 한국문화에 대한 특강 및 연수를 하고 있다. 한글학회에서는 한국어 교사를 초청 연수를 하고 있고, 한국어능력시험을 치르고 있다.

둘째, 각 대학 부설 언어교육원 및 외국의 대학 한국학과에서 한국어 및 한국문화에 대한 강의를 함으로 한국문화의 세계화에 이바지하고 있다. 이들에 의한 한국문화 보급의 파급효과도 상당히 클 것으로 생각된다.

그러면 이제부터 앞에서 언급한 각종 문화의 보급에 대해 구체적으로 살펴보기로 한다.

첫째, 예술문화의 보급, 이는 "한류(韓流)"를 타고 세계에 붐을 이루고 있다. "한류"는 드라마, 영화, 음악을 세계시장에 선보인 덕분이다. 한류의 바람을 불러일으킨 것은 "겨울연가", "가을동화", "대장금"과 같은 드라마를 비롯하여 "쉬리", "JSA", "태극기 휘날리며"와 같은 영화, "보아", "비" 등의 노래와, 오페라 "명성황후", "난타" 같은 음악이다. 이는 우리와 다른 민족으로 하여금 한국예술에 공감함으로 우리 문화를 이해하고 사랑하여 국제화, 세계화가 되고 있는 것이다. 그러나 이러한 "한류"에 맞서 민족주의에 의한 역풍도 불고 있다.

둘째, 생활문화, 이는 사람의 접촉과 문화 예술의 접촉으로 말미암아 우리 생활문화가 세계화되는 것이다. 의식주(衣食住) 문화가 공용화되는 것이다. 이러한 생활문화 보급의 대표적인 것으로는 음식문화에서 김치, 불고기, 삼계탕 등의 소개와 보급, 의류문화에서 한복의 전시·소개, 주거문화에서 온돌문화의 소개 보급을 들 수 있다. 온돌문화는 중국 상해(上海) 등의 고급 아파트에 입성한 바 있다. "김치, 막걸리, 온돌"은 "한글, 태권도" 등과 함께 옥스퍼드 영어대사전(1989)에 수록되기도 하였다. 이렇게 김치, 불고기, 삼계탕, 온돌 문화는 국제화, 세계화의 길을 이미 내걷고 있다.

셋째, 전통문화, 이는 우리가 세계에 가장 열심히 전파하고 있는 것이다. 이러한 노력은 어느 나라나 마찬가지로 기울이고 있다. 이로 말미암아 지식인은 대표적인 한국의 전통문화를 어느 정도 알게 되지 않았나 생각된다. 최초의 금속활자, 신라의 금관, 고려의 청자, 조선조의 백자, 우리의 고유문자 한글, 거북선 등이 이런 것이다. 이러한 전통문화의 소개 보급은 이제 고유문화에서 세계의 문화유산으로 도약하려 하고 있다. 태권도는 이미 국제화하여 올림픽에 채택됨으로 세계화하였다. 이 밖에 전통가옥, 전통 음악 등도 세계에 소개됨으로 세계인의 곁으로 한 발자국 다가서고 있다.

넷째, 언어문화, 언어를 감싸고 있는 문화, 그리고 언어에 의한 문화는 다음 장에서 따로 논의하기로 한다.

다섯째, 학문문화, 이는 지식인에게 한국문화를 보급 전파하는 것이다. 학자마다 쏟아내는 논문, 저술은 한국의 학문문화를 소개 전파하는 것이다. 그리고 학술회의, 그것도 국제적 학술회의는 보다 직접적인 학문문화를 소개, 보급, 전파하는 수단이다. 학술회의 논문집은 직접 참가하지 못한 많은 관련 학자, 그리고 관심 있는 사람에게 보급하는 기능도 수행한다.

여섯째, 생산기술문화의 전파다. 국력이나 경제력이 강해지면 그 이면을 보고자 한다. 그것이 바로 문화에 대한 관심이다. 그리고 이것이 가장 가깝게 실제로 다가서게 하는 것이 바로 생산기술 제품이다. 오늘날 한국은 IT강국이 되면서 많은 기술 생산품을 개발하여 세계시장에 내어놓고 있다. 이것은 현대의 한국문화, 한국문명의 소개요, 전파다. 세계시장에 나가 있는 많은 IT산업의 제품들, 가전제품, 자동차 등은 바로 그것이 한국문화의 얼굴인 것이다. 그리고 세계 도처에서 보게 되는 삼성, LG, 대우 등의 광고는 그 자체가 한국의 생산기술문화를 소개 보급하는 활동이 된다.

한국문화는 이렇게 알게 모르게 세계에 전파되고 있다. 이런 것들은 드러내놓고 세계화를 부르짖는다기보다 은근히 한국문화를 국제화하고, 세계화하고 있는 것이다. 이들에 의해 한국문화의 세계화는 앞당겨지고 있다.

3.2. 언어문화의 교육과 보급

3.2.1. 한국어 교육과 세계화

언어는 그 자체가 하나의 문화인 동시에 문화를 생산해 내는 수단이기도 하다. 언어에 의해 생산된 문화를 언어문화라 한다. 언어문화라고 할 때는 문화로서의 언어와 언어를 수단으로 한 문화, 문학작품을 아울러 가리키게 된다.

한국어는 우리가 세계에 보급하겠다는 생각을 제대로 가지기도 전에 국제정세의 변화로 각국의 현장에서 관심과 학습의 열의를 보여 보급에 박차를 가하게 된 것이다. 그리하여 교육과정도 없이 부족한 교사를 가지고, 교재도 없는 가운데 교육을 하게 되었고, 지금도 이러한 현상을 크게 벗어나지 못하고 있다.

이러한 한국어교육에 대한 관심과 열의는 물론 국력의 신장으로 말미암은 것이다. 국력이 신장되며, 그 언어와 국력의 배후인 문화를 알고자 하여 한국어와 한국문화에 관심을 갖게 된 것이다. 이는 순수한 외국인은 말할 것도 없고, 재외동포들까지 그러하였다. 한 예로 재소동포의 대부분은 1988년 서울 올림픽 때까지만 하여도, 조국을 몰랐고, 이들 대부분이 한국어를 하지 못했다. 서울 올림픽 때 화면으로 조국의 발전상을 보고, 비로소 조국에 대해 관심을 가지게 되고, 한국어와 한국 문화를 배우고자 하게 된 것이다.

국어기본법에는 국어발전 기본계획 속에 "국어의 국외보급에 관한 사항"을 담게 되어 있고(제62조 6항), 동법 제19조에서 국가는 국어를 배우고자 하는 외국인이나, 재외동포를 위하여 국어의 보급에 필요한 사업을 시행하도록 명문화하였다. 이는 우리 문화 보급에 대한 대표적 법령이다.

현재 국내의 한국어교육은 약 60개 대학의 언어교육원과, 10여 개의 사설학원, 8개의 정부 산하 교육기관 등에서 교육이 행해지고 있다. 또한 국내에는 한국어교육 인력을 양성하는 기관으로 대학의 학부가 3개, 대학원이 10개 있다. 해외에는 55개국 658개의 대학과, 8개국 1,525개 이상의 초·중·고교에 한국어 강좌가 개설되고 있다(조항록, 2005). 이 밖에 재외동포 교육기관으로 중국과 일본 등에 초·중·고등학교가 약 1,350개, 한글학교가 2,550여 개가 있고, 일본에는 또 상당수의 민족학급이 있다. 이 밖에 한국어 교사 연수기관도 서울대학교를 비롯하여 많은 대학에 부설되어 있다.

그러면 한국어 교육기관의 실태를 조금 더 자세히 살펴보기로 한다. 국내의 경우 한국어 교육기관은 서울대, 연세대, 고려대 등의 부설 언어교육원에서 주로 외국인에게 한국어를 가르치고 있다. 외국의 경우는 특히 중국, 일본 등의 대학에서 한국어교육이 활발하다. 대학의 경우는 미국의 한국어 과정은 본래 중국어 또는 일본어의 부수과정으로 개설되었었으나, 지금은 학구적 대상이 되어 확산되고 있다. 한국어강좌를 개설한 대학은 100개교를 훨씬 넘는다. 일본의 경우는 한일수교 이후 한국어강좌를 개설한 대학이 부쩍 늘어 215개 대학에 이르고 있는데, 지금도 늘어나고 있다. 일본에는 공립 고등학교에까지 한국어강좌가 많이 개설되고 있다. 중국의 경우는 수교 이전에는 한국학과를 개설한 대학이 몇 안 되었는데, 지금은 4년제 대학만 하여도 50개를 넘는다. 전문대학 등을 포함하면 그 수를 알 수 없을 정도로, 지금도 확산되고 있다. 독립국가연합도 구소련과 수교 이후 갑자기 대학에 한국어강좌 개설이 늘어나고 있다.

동남아에는 앞의 나라들과는 다른 이유에서 한국어교육의 열풍이 불고 있다. 여기서는 취업을 위해 한국어를 학습하고자 하는 사람이 많은 것이다. 고용허가제도 실시되고 있으니 이런 현상은 앞으로 더 증가될 것이다(박갑수, 2005a).

이상 외국인을 대상으로 한 한국어교육에 대해 살펴보았거니와 이와는 달리 재외동포를 대상으로 한 한국어교육도 있다. 이에 대해서는 앞에서 일반 문화교육에 대해 살피며 다소간에 언급한 바 있다. 따라서 여기서는 더 이상 자세한 논의를 하지 않거니와, 문화의 파급 효과는 다른 외국인의 교육에 비해 크리라는 것만은 부기해 둔다.

지금까지 언어 자체를 하나의 문화로 보고 이의 국제화 세계화로 가는 도정으로서의 한국어교육을 살펴보았다. 이 세상에는 약 3천 종의 민족이 있고, 언어도 약 3천개쯤 있는 것으로 본다. 이들 언어를 사용 인구수로 볼 때 한국어는 14위쯤 된다. Larousse(1973)의 통계를 바탕으로 할 때 상위 15위에 드는 언어는 다음과 같다.

①중국어 8억 ②영어 3억 ③대러시아어 1억 7천만 ④힌디어 1억 7천만 ⑤스페인어 1억 5천만 ⑥일본어 1억1천만 ⑦독일어 9천5백만 ⑧말레어 8천6백만 ⑨아라비아어 8천만 ⑩벵갈어 7천6백만 ⑪포르투갈어 7천6백만 ⑫판자비어 6천5백만 ⑬프랑스어 5천8백만 ⑭한국어 5천만 ⑮서슬라브어 4천9백만

사용 인구로 볼 때 한국어는 어느 정도 세계적인 통용어가 될 가능성을 지녔다. 거기다가 우리의 재외동포가 170여 개 국가에 나가 있어 더욱 그 가능성이 크다. 그러나 우리는 그런 노력을 별로 기울이지 않았다. 프랑스를 비롯한 유수한 나라들은 자국어를 세계 공통어로 하려는 노력을 계속해 오고 있는 데도 말이다. 곧 영국의 British council(110개국 220개소), 미국의 American center, 독일의 Goethe institute(80개국 142개소), 프랑스의 Allience Francaise(283개소), 일본의 국제교류기금(18개국 22개소)과 같은 국제문화 교류조직이 그것이다.

이상 의사소통 수단으로서의 언어를 중심하여 세계화를 살펴보았다. 오늘날은 언어를 이렇게 의사소통의 수단으로만 보지 않는다. 언어는 문화를 반영하는 것으로 본다. 언어를 문화의 지표, 또는 색인이라 한다. 그래서 문화의 이해 없이 언어교육은 이루어지지 않는다고 한다. 그런데 한국어교육에서는 아직 이러한 문화로서의 언어교육이 제대로 인식되지 않아 잘 수행되고 있는 것 같지 않다. 언어교육에 있어 유의해야 할 것은 문화와 사고가 언어에 끼치는 영향과, 언어가 사고와 문화에 미치는 영향을 의식하는 것이다. 그렇지 않으면 커다란 문화적 충격을 받을 수 있다. 호칭과 지칭, 대우법, 도미문(periodic order sentence)과 고맥락(high context)의 문제, 가치관에 따른 문화변용규칙 적용의 차이 등이 중요하게 고려되어야 할 사항이다(박갑수, 2005b). 정확한 표현도 중요하나, 문화적으로 수용될 수 있는 적격의 표현을 하여야 하기 때문이다.

3.2.2. 한국어 문화의 교육

한국어로 된 문화, 곧 문학작품에는 한 민족의 가치관과 생활, 정서가 반영되어 있다. 따라서 이를 통해 한국인, 한국문화를 이해하게 된다. 영화나 드라마에 의한 "한류"도 바로 이런 것이다.

한국의 언어문화를 보급하고 세계화하기 위해서는 우선 학교교육이 행해진다. 각급의 외국인을 대상으로 하는 학교나, 재외동포의 교육기관에서 한국문학을 강의하는 것이 그것이다. 특별히 대학의 한국어 한국문학을 전공하는 과정에서는 깊이 있게 한국 문학 작품을 다룬다. 많은 한국문학 작품을 대학 도서관 등에 기증함으로 이를 읽어 한국문학이 해외에 널리 보급 전파되게 하기도 한다. 또 다른 방법으로는 영상화된 문학작품을 감상하게도 한다. 이 방법은 시청각을 동원하게 되므로 가장 전달효과도 크고 감동도 주는 방법이다. 앞에서 언급했듯, "한류"는 주로 이 방법에 의해 형성되었다고 할 수 있다.

이와는 달리 고전을 비롯하여 현대의 작품이 외국어로 번역 출간되고 있다. 한국문학번역원의 통계에 의하면 2,323종이 26개 언어로 번역된 것으로 나타난다(www.kliti.or.kr). 이들에 대한 구체적 수치를 보면 다음과 같다.

합계	전집/선집	시	희곡	소설	수필	평론	동화/동요	신화/전설/민담	장르혼합	기타	문학사	연속간행물
2323	392	385	89	921	29	9	88	110	72	91	16	121

이들 번역을 언어권별로 보면 다음과 같다.

네덜란드	노르웨이	독일	러시아	루마니아	리투아니아	말레-인도네시아	몽골	베트남	불가리아
6	1	232	147	8	3	5	6	16	7
세르보크로아티아	스웨덴	스페인	슬로바키아	아랍	영어	이태리	일본	중국	체코
5	21	107	7	6	630	26	386	359	61
터키	포르투갈	폴란드	프랑스	헝가리	힌디				
10	6	19	236	4	9				

문학작품은 각국어로 상당한 양이 번역되고 있다. 번역은 한국어를 모르더라도 자기 모국어로 감상할 수 있으므로 한국의 언어문화를 보급 전파하는 지름길이 된다. 한국 문학작품의 번역은 한국번역원 등의 지원에 의해 되기도 하고, 개인적으로 하고 있기도 하다. 다만 문제는 이렇게 번역이 되어도 읽는 독자가 없으면 쓸데없다. 많은 사람이 관심과 읽고자 하는 욕구를 가지게 한국문화를 적극적으로 소개·선전하는 작업이 필요하다.

4. 한국문화의 세계화 방안

한국문화의 세계화는 앞에서 언급한 바와 같이 문화제국주의를 추구하는 것이 아니다. 좀 더 작게는 부분문화(문명)권을 형성하자는 것도 아니다. 한국문화를 좀 널리 보급 전파하여 한국 문화에 대한 이해를 하게 함으로 상호 교류, 협력을 도모하자는 것이다. 지역적으로 광범위화 하자는 것으로, 말을 달리 하면 한국문화를 지구화하자는 것이고, 국제화하자는 것이다. 그리하여 다문화 접촉에 의해 서로 이해하고, 나아가 상호 문화를 발전시키자는 것이다.

한국문화의 국제화, 세계화의 정책 수립은 아직 미미하다. 오히려 고유문화 진흥과, 보급 아닌 외국문화 수용에 역점을 두고 있는 것으로 보인다. 문화부의 커다란 프로젝트 "21세기 세종계획"만 하여도 그렇다. 이는 "목적 및 필요성"에서 제일 먼저 "외국어로 된 정보를 우리말로 쉽게 변환하여 정보처리의 선진화 및 우리문화의 독자성을 지켜 고유한 지적 창조활동 지원"을 들고 있다. 아직은 고유문화 발전의 초석 다지기에 바쁜 것이다. 그러나 한국문화는 이제 한국어 세계화가 발걸음을 내디뎠고, 문화관광부에서 "코리아센터 설립 운영 계획"을 세우며 "민족문화의 세계화 실현"의 적극적 의욕을 보이고 있어 전망이 밝다.

다음에는 이러한 현실을 바탕으로 한국문화의 보급 전파 방안, 곧 국제화, 세계화방안을 모색해 보기로 한다.

첫째, 문화교류 기구의 확충과 정책을 개발한다.

문화는 역사적으로 형성된 것이며, 이는 상호 교류하는 가운데 변화와 갈등을 겪으며 성립된 것이다. 이런 의미에서 문화는 상호 이해돼야 하며, 교류돼야 한다. 특히 문화의 보급 전파가 일방적으로 수행되어서는 안 된다. 그럴 때에는 갈등과 오해가 빚어진다. "한류"의 역풍도 이러한 것이다. 상호교류 해야 한다. 문화부에서 이르는 "쌍방교류"를 해야 한다. 한국문화를 세계화하기 위해서는 이를 관장할 기구가 있어야 하고, 바람직한 정책을 많이 개발하여야 한다. 다행히 정부에서는 한국문화원을 확대하고, 코리아센터를 설립한다고 한다. 그러나 이러한 규모로는 턱없이 부족하다. 한국문화를 적극적으로 보급 전파하기 위해서는 이를 통괄할 기구가 있어야 하고, 여기서 정책을 개발하여야 한다. 문화원이나, 코리아센터는 현지의 전진 기지가 된다. 이러한 전진 기지 외에도

각종 다른 기지도 마련돼야 함은 물론이다. 한국문화 세계화 통괄기구로
는 가칭 "한국문화 국제교류재단"의 신설을 생각할 수 있다.

둘째, 한국어 및 한국문화 교육을 질적 양적으로 개선·강화한다.

한국어는 그 자체가 문화인 동시에 민족문화의 반영체이다. 그러기에
외국에서는 자국어를 중심으로 문화권을 형성하고자 필사적이다. 우리
는 그간 산업발전에 전력을 기우리느라 언어와 문화에 신경을 쓸 겨를
이 없었다. 그러나 지금은 그럴 때가 아니다. 외부로부터 발동이 걸리기
는 하였으나 마땅히 우리가 추진해야 할 과업이니 머뭇거려서는 안 된
다. 우선 교육정책을 확고하게 세우고, 교육시설을 확충하며, 교재 및 교
사 등 교육 여건을 질적 양적으로 개선해야 한다. 그래야 우리도 남들처
럼 한국어를 시발점으로 하여 한국문화의 국제화, 세계화의 불을 제대로
붙일 수 있다.

셋째, 문화교류를 활성화한다.

지금까지 우리의 문화교류는 그다지 적극적이지 못했다. 오히려 소극
적이었다 할 것이다. 물적·인적 상호교류를 강화해야 한다. "한류"를
활용하여 적극적으로 추진할 일이다. 이는 우선 각종 문물의 전시, 공연,
축제 개최, 영상물 배포 등을 강화할 것이다. 인적 교류는 각종 한국문
화 관계자를 초청하여 문화를 체험하게 하는가 하면, 각종 강좌나, 연수
회를 통해 한국문화를 학습·이해하게 하는 장을 마련할 것이다. 특히
한국문화 교육에 종사하는 교원의 초청 연수가 이루어져야 한다. 이러한
인적 교류의 장은 초청만이 아니고, 현지에서도 이루어지도록 하여야 한
다. 이때엔 현지 인사도 동원하여 공동체를 이루도록 한다. 한국주간 등
의 행사를 개최하여 일반 대중이 많은 관심과 이해를 할 수 있도록 해야
한다. 문화교류의 기회는 많을수록 좋다.

넷째, 한국문화 보급 전파 관계 기관을 증설하고, 적극 지원한다.

한국문화의 보급 전파 기관이 너무 부족하다. 앞에서 말한 전진 기지, 한국문화를 실제로 보급 전파하고 교육하는 기관을 증설하고, 활동을 강화하도록 하여야 한다. 그리고 외국의 한국학과 증설을 지원하고, 이미 한국학과가 설치된 대학과 연구 기관도 지원해야 한다. 한국어나 한국문화를 교육하는 각 급 학교를 지원하여 이들로 하여금 적극적으로 한국문화가 확산되도록 할 것이다. 특히 일본의 민족학급과 같은 성격의 기구를 각국에 설치하는 것도 한 방법이다. 제2외국어로서 한국어교육을 위한 외교적 노력도 적극적으로 펼쳐야 한다.

다섯째, 한국문화 소개 책자 및 교재와 각종 도서를 개발 보급한다.

한국문화를 소개하는 책자가 너무 부족하다. 많은 소책자를 만들어 현지인이 볼 기회를 많이 마련함으로 한국문화에 접하고 이해하게 해야 한다. 동경(東京)문화원의 "한국문화" 간행은 좋은 방법의 하나다. 소책자뿐만 아니라, 교재가 많이 마련되어야 하겠고, 각종 한국문화를 소개하는 도서가 출판되고, 이것이 해외에 많이 보급되어야 한다. 이러한 도서는 한국어로 된 것도 있어야 하겠으나, 현지인들이 읽을 수 있게 영어를 비롯하여 각종 언어로 제작되어야 한다. 아직은 한국어로 된 책자를 읽을 만한 외국인이 많지 않다는 것을 의식하고 제작해야 한다. 한국과 한국문화의 소개가 너무 안 되었다는 것이 중론이다.

여섯째 문화강좌 및 연수회를 자주 개최하되, 실연을 곁들인다.

각종 문화강좌나 연수회는 많이 개최될수록 좋다. 이때 물질문화는 물론, 예술문화, 생활문화 등 기타 문화도 이론적인 설명·강의만 할 것이 아니고, 가능한 한 실제로 체험할 수 있는 기회를 마련하는 것이 좋다. 예를 들어 한국의 국악기에 대한 강좌를 귀로 듣는 것만이 아니라, 실제로 연주를 듣고, 악기를 만져도 보고, 연주도 해 볼 수 있는 기회를 마련하는 것이다. 한복 전시는 전시로 끝내는 것이 아니고, 한복에 대한 이론적 설명과 함께 입는 법이 소개되고, 나아가 입어 보는 체험으로까지 이어지게 하는 것이 바람직하다. 가능한 한 체험을 곁들이도록 한다.

일곱째, 문학작품 및 한국문화 관계 도서를 번역 간행한다.

한국문화 해설서가 한국어로 되어 있어 읽을 수 없다면 그것은 그림의 떡이다. 아무리 훌륭한 문학작품이나 문화 관계 책이라 하더라도 읽을 수 없다면 그것은 무용지물이다. 따라서 읽히기 위해서는 번역을 하여야 한다. 100대 한글문화유산 정비 사업만 하더라도 쉽게 이해할 수 있도록 하는 것이 전부가 아니다. 한국어를 모르는 외국인에게 한국 언어문화를 보급하기 위해서는 번역이라는 관문을 통과해야 한다. 많은 문학작품이 번역된 것이 사실이다. 그러나 아직도 부족하다. 정책적으로 문학작품 등을 외국어로 번역하는 사업을 더욱 강력히 추진하고, 이를 간행, 해외에 보급하도록 해야 한다. 이렇게 함으로 언어문화가 보급되고, 나아가 우리의 생활문화, 정신문화를 이해하게 할 수 있다.

여덟째, 현대의 생산 문물도 소개 보급한다.

"루이비똥", "벤츠", "니콘", 이런 말을 들었을 때 프랑스의 가방문화, 독일의 자동차 문화, 일본의 사진문화를 떠올린다. 이들은 저들의 세계적 생산 제품으로, 이들 문화를 선도하고 있는 것이다. 이러한 인지도는 그 제품의 소개 보급, 그리고 품질에 의해 비롯되었다. 우리의 현대 생산 제품도 세계적인 것이 많다. 그러나 그 인지도가 낮아 제대로 평가받지 못하고 있다. 따라서 이런 현대적 산품들을 전시 소개함으로 세계에 알려야 한다. 물산 박람회, 물산 전시회 등을 통해 인지도를 높여야 한다. 이는 바로 한국의 현대 문화, 현대 문명의 세계화로 이어지는 사업이다.

아홉째, 문화 관광 상품을 개발한다.

관광은 자연과 문화를 알리는 길이다. 더구나 한국 문화 관광 상품은 바로 한국의 문화를 세계화하는 길이다. 문화유산 탐방, 드라마·영화의 현장 탐방, 민속마을 탐방, 생활문화 체험, 음식문화 기행, 도예문화 실습, 김치문화 체험, 생산 현장 견학 등 다양한 종류를 개발할 수 있다. 이러한 문화 관광 상품을 통해 한국문화를 체험하게 되면 즐거움도 느낄 것이고, 한국문화에 심취하게 될 것이다. 따라서 파급효과도 클 것이다.

열째, 재외동포를 문화보급 사절로 선용한다.

같은 피가 흐르는 사람들을 동족이라 한다. 따라서 동족은 친애의 감정을 갖는다. 우리는 재외동포의 대국이다. 170여 나라에 내 형제가 나가 살고 있다. 이들은 이념과 사상을 달리 하는 나라에도 살고 있지만 남이 아니다. 동족은 설령 혼혈이 되더라도 어디엔가 민족문화는 남아 있게 마련이고, 느슨하긴 하지만 모국과 문화적 연대를 희망하는 것으로 본다(梅棹, 1988). 따라서 이들 재외동포에게 한국문화를 보급 전파함으로 한국문화의 국제화, 세계화의 보다 큰 파급효과를 기대할 수 있다. 유능한 재외동포를 연수 강사로 활용하는 방법도 있다. 재외동포들은 우리의 자산이다. 이들을 한국문화 세계화의 사절로 선용할 일이다.

열한째, 매스컴을 활용하여 한국문화를 소개한다.

문화의 국제화, 세계화는 지식인이 싹을 틔워 대중에 의해 꽃피우게 된다. 이러한 사실은 "한류"를 통해 우리가 잘 아는 사실이다. 이런 의미에서 일반 대중, 민중에의 한국문화의 보급 전파가 필요하다. 대중에의 문화 홍보는 역시 매스컴이 효과적이다. 한 예로 일본의 한류가 바로 NHK의 전파를 타고 이루어졌다는 사실은 이를 실증한다. 따라서 한국문화의 세계화를 위해서는 이 매스컴을 정책적으로 잘 활용할 일이다. 매스컴 다음으로는 영상 매체의 활용, 공연예술의 효과가 크다 할 것이다. 따라서 비디오테이프, CD롬과 같은 매체를 대량 제작 보급하는 것도 한국문화 세계화를 위한 하나의 좋은 방법이다.

　　열두째, 기업으로 하여금 문화 보급에 관심을 갖도록 한다.

　　기업은 취직의 대상으로서 매력이 있다. 그러나 그것이 전부는 아니다. 대기업이 세계적인 제품을 만들어 냄으로 관심의 대상이 되기도 한다. 그리고 그것은 그 이면의 문화에 대한 동경을 낳게 한다. 따라서 기업이 문화를 소개하고 안내하는 것은 일석이조의 효과를 거둘 수 있다. 곧 한국기업이 한국문화를 소개하는 문화 활동을 하게 되면 한국문화의 세계화와 더불어 제품의 인지도를 높여 판매고로 이어진다는 말이다. 따라서 기업들로 하여금 한국문화 전파의 장을 만들어 이의 역군이 되게 하는 것도 한국문화 세계화의 한 방법이다.

5. 결어

　　한국문화의 세계화 실상과 방법에 대해 살펴보았다. 한국문화의 세계화는 문화제국주의를 지향하자는 것이 아니다. 실제로 우리는 그럴 능력도 없다. 문화의 보급 전파로 상호 이해와 협력을 하여 서로 잘 살자는 것이다. 문화는 상호 교류돼야 한다. 그래야 상승효과가 난다. 우리의 입장에서는 우선 한국문화를 보급함으로 우리를 이해하는 친구, 우방을 만들어야 한다. 그리고 우리문화가 세계문화 창조에 기여하게 해야 한다. 우리도 남의 문화의 혜택을 받았으니 환원해 주어야 한다. 이것이 다문화사회가 지향해 나아가야 할 방향이다. "한류"의 바람이 불 때 자연스럽게 한국문화의 세계화를 하는 것이 바람직하다. 세계화는 역풍을 의식하여 조심스럽게 추진해야 한다. 이렇게 하게 되면 다문화 세계는 하나의 가족이 되고 보다 다채로운 문화의 꽃을 피워 살만한 세상이 되게 할 것이다. 한국문화의 세계화가 잘 추진되기를 바라 마지않는다.

참고문헌

국제한국어교육학회 편(2005), 한국어교육론 1, 한국문화사.
국제한국어교육학회 편(2005), 한국어교육론 2, 한국문화사.
박갑수(1994), 우리말 사랑 이야기, 한샘출판사.
박갑수(1999), 아름다운 우리말 가꾸기, 집문당.
박갑수(2005a), 국어교육과 한국어교육의 성찰, 서울대학교 출판부.
박영순(2002), 한국문화론, 한국문화사.
진동섭(2003), 재외동포교육 활성화방안 연구, 교육인적자원부.
하영선 외(2000), 국제화와 세계화, 한국・중국・일본, 집문당.
Hinkel, E.(1999), Culture in Second Language Teaching and Learning, Cambridge University Press.
Kramsch, C.(1993), Context and Culture in Language Teaching, Oxford University Press.
Kramsch, C.(1998), Language and Culture, Oxford Univergity Press.
Porter, R.E., L.A. Samovar(1991), Basic Principles of Intercultural Communication, Wadsworth Publishing Company.
Samovar, L. A. et al(1998), Communication Between Cultures, Wadsworth Publishing Company.
石剛(1993), 植民地支配と日本語, 三元社.
梅棹忠夫(1988), 日本語と日本文明, くもん出版.
松本靑也(1994(1994), 日米文化 特質, 研究社.
外山滋比古(1996), 英語の發想, 日本語の發想, 日本放送出版協會.
山內進 編(2003), 言語教育學入門, 大修館書店.
プリブルチヤールス(2000), 21世紀に向けて 異文化コミユニケション, ナカニシヤ出版.
J. デユボワ 外(1980), ラルース 言語學 用語辭典, 大修館書店.
박갑수(1998), 외국어로서의 한국어교육과 문화적 배경, 선청어문 제26호, 서울개학교 사범대학 국어교육과.
박갑수(2005b), 언어와 문화, 그리고 한국어교육, 제9회 조선-한국 언어문학교육 학술회의, 연변대학.

박갑수(2006), 한국어와 한국문화교육, 韓國專家學術講座, 烟台大學 外國語學院.
윤여탁(2000), 한국어교육에서 문화의 위상과 역할, 국어교육연구 제7집, 서울대학교
      국어교육 연구소.
조항록(2005), 정책의 연구사와 변천사, 국제한국어교육학회(2005), 한국어교육론 1,
      한국문화사.

■ 이 글은 2006년 10월 26일 "2006 국제학술대회, 자국문화의 세계화 전략과 과제"(충남대
학교 인문과학연구소)에서 발표된 것으로, 충남대학교 인문과학연구소 편, 대전인문학포럼
총서 2 "인문학의 원형과 문화", 도서출판 심지(2007)에 수록된 논문이다.

제 3 부

다문화시대의 언어문화 교육

제1장 이문화간(異文化間) 커뮤니케이션과 교육

1. 서언

사람들은 시간적 공간적으로 끊임없이 문화를 발전시켜 왔다. 발전시킬 뿐 아니라 서로 교류한다. 오늘날 자문화(自文化)만의 단일문화를 고집하거나 누리며 사는 나라나 민족은 상상조차 하기 힘들다. 현대인은 모두가 다문화시대(多文化時代), 다문화 사회에 살고 있다.

이러한 다문화사회는 물론 사람들의 접촉과 소통에 의해 이루어졌다. 이는 일찍이 민족 간의 상호작용이나, 지리적 영역의 변동에 의해 이루어지기 시작하였다. 그 뒤 역사적으로 문화, 예술, 종교, 및 기술이 확산되고 교류되었다. 일부 근대국가들은 기술발전과 함께 식민지를 개발하였다. 오늘날은 교통과 통신 수단의 발달로 시간과 거리를 초월해 전 세계가 국제화, 세계화되고 있다. 거기에다 질 좋은 삶을 누리기 위하여 적잖이 이민도 간다. 이러한 것이 모두 다문화 사회를 촉진하는 현상들이다.

세계화, 국제화의 경향은 문화가 다른 사람들 사이에 상호작용과 문화

교류를 강요한다. 그런가 하면 다른 문화와 접하게 될 때 자문화(自文化)는 충격을 받는가 하면 갈등을 겪기도 한다. 이에 서로 다른 문화를 이해함으로 효과적인 커뮤니케이션을 하지 않으면 안 된다. 이러한 문화적 배경이 다른 사람들 사이의 의사소통을 "이문화간 커뮤니케이션"이라 한다. 영어로는 이를 inter-cultural/cross-cultural communication이라 하여 두 용어가 동의어로 쓰이기도 하고, 구별되어 쓰이기도 한다. 구별되는 경우 "cross-cultural(교차문화적)"은 당사자들의 문화적 배경과 커뮤니케이션의 상관관계를 비교문화적(比較文化的)으로 다루는 것을 의미한다. "intercultural(이문화간)"은 문화적 배경이 서로 다른 사람들에 의한 실제 이문화 커뮤니케이션 자체를 다루는 것을 말한다. 이들 두 연구는 상보적 관계를 지닌다. 이 글에서는 "이문화간(intercultural)"이란 용어로써 "cross-cultural"의 개념을 포괄하여 사용하기로 한다.

우리나라에서는 최근 "다문화"라는 말이 부쩍 많이 쓰이게 되었다. 한국사회가 세계화, 국제화되었기 때문이다. 더구나 근자에는 취업 이민자, 결혼 이민자 및 유학생의 수가 급격히 증가하면서 다문화 사회와 가정이 커다란 사회적 관심사가 되고 있다. 거기에다 우리는 중국이나 이스라엘 등과 같이 재외동포 대국이다. 이런 점에서 세계화, 국제화의 추세와 함께 사회적 화합과 바람직한 재외동포교육을 위해 이문화간(異文化間)의 커뮤니케이션에 관심을 기울이지 않으면 안 되게 되었다. 이에 여기서는 이러한 현실을 감안하여 이문화간의 커뮤니케이션에 영향을 미치는 요인을 중심으로 이문화간 커뮤니케이션과 교육, 특히 한국의 언어문화 교육 문제에 대해 살펴보기로 한다.

2. 언어·문화·커뮤니케이션의 이해

언어와 문화 그리고 커뮤니케이션은 서로 얽혀 있다. 따라서 이문화간 커뮤니케이션을 이해하거나, 효과적으로 수행하기 위해서는 이들에 대한 올바른 이해가 필요하다.

언어는 여러 가지로 정의된다. E. H. Sturtvant는 언어를 "사회집단의 성원이 그것에 의해 협동하고 상호작용하는 자의적 음성기호의 조직"이라 정의하였다. 언어는 자의적(恣意的) 음성기호로, 그의 기능은 사회집단이 협동을 하게 하는 데 있다고 본 것이다. 이러한 정의는 이문화간 커뮤니케이션을 살펴봄에 매우 시사적이다. 언어는 필연적 기호가 아니며, 사회적인 계약에 따라 달리 이루어졌다. 그래서 유연성(有緣性)을 지닌 상징어까지 동일하지 않다. 한 예로 닭의 울음소리만 하더라도, 한국어로는 kkokkiyo라고 하는 데, 영어로는 cock-a-doodle-doo, 불어로는 cocorico, 독어로는 kikeriki, 일어로는 kokekokko라 하여 비슷하나 같지 않다. 이러한 언어의 차이는 문화적인 차이에 말미암은 것이다. 그리고 이들 언어는 인간생활의 대원칙인 협동을 하기 위해 사용된다.

문화(文化)라는 말은 애용되는 만큼 그 정의도 다양하다. Clifford Greetz(1973)는 문화를 "역사적으로 전승된, 기호로 구상화된 의미 형태이며, 상징적 형태로서 표현된 상속된 개념의 체계다. 이들 형태로 사람들은 인생에 대한 그들의 지식과 인생에 대한 태도를 전달하고, 영속화하고, 발전시킨다."고 정의하였다. "가치, 태도, 신념, 행동, 규범, 물질적 대상" 등은 문화의 중요한 요소로, 문화에 대한 정의에 흔히 포함된다.

그러나 이와는 달리 McDaniel et.al(2006)에서처럼 "문화는 생활과 사회적 기능을 위한 규칙들(Culture is the rules for living and functioning in society.)"이라고 간단히 정의되기도 한다. 문화는 일생동안 배우는 규칙으로, 우리의 무의식 속에 뿌리박고 있으며, 친숙한 상황에서는 생각할 필요도 없이 자동적 반응이 일어나게 한다. 그 대신 다른 규칙을 가진 문화와 접하게 되면 문제가 발생되기도 한다.

이렇게 문화를 이해할 때 문화 규칙은 행사와 대상과 사람들에게 의미를 지닌 틀을 제공하는 것이 된다. 그리하여 이 규칙은 우리 주변에 대해 의미를 부여하고, 사회적 환경에 대한 불확실성을 덜어 준다. 또한 문화는 정체성을 갖게 한다. 어렸을 때부터 가정, 사회, 학교 등 각종 집단과 관련된 개념이 주입됨으로 이들 성원은 특정한 정체성을 갖게 된다. 이러한 문화적 정체성은 다른 문화 집단과 상호작용을 할 때 그 특성이 두드러지게 드러난다. 따라서 문화적 정체성은 이문화간 커뮤니케이션의 중요한 요소가 된다.

문화의 정의는 다양하나 문화의 특성에 대해서는 어느 정도 일치된 견해를 보인다. 문화는 학습되는 것이며, 세대 간에 전달되는 것이고, 상징적인 것이며, 역동적인 것이고, 자민족 중심적이란 것이다(Edwin etal, 2006). 이들의 특성은 다음과 같다.

첫째, 문화는 학습된다(Culture is learned).

영어의 culture가 라틴어의 "to cultivate"(育成)에 소급하는 하는 것에서 알 수 있듯, 문화는 생래적(生來的)인 것이 아니고, 학습되는 것이다. 사회에 적응하기 위해 상호작용, 관찰, 모방 등을 통해 정보를 입수한다. 의식적, 무의식적으로 자기의 문화 환경 안에서 적절한 행동을 하기 위해 문화는 학습되는 것이다.

둘째, 문화는 세대 간에 전달된다(Culture is transmitted intergenerationally).

문화는 세대에서 세대로 이어진다. 문화적 유산은 변화 없이 다음 세대로 전달되는 것을 원칙으로 한다. 적절한 문화행동은 보상되고, 그렇지 않은 문화행동은 징벌되며, 계승되는 것이다. 문화는 과거와 미래 세대를 연결하는 고리다.

셋째, 문화는 상징적인 것이다(Culture is symbolic).

문화는 말이나 제스처, 이미지 등과 같이 의미를 전달하는 상징이다. 문화의 보존은 새 세대에게 추종할 로드 맵과 참고 자료를 제공한다. 그리하여 다음 세대로 하여금 새로운 행동이나 가치를 추구하게 한다. 과거 전통의 축적은 우리가 문화라고 부르는 것이 된다.

넷째, 문화는 역동적인 것이다(Culture is dynamic).

문화는 정적(靜的)인 것이 아니다. 문화는 안정을 지향하나, 변화를 수반한다. 변화를 가져오게 하는 것은 발명과 보급과 재해다. 문화에 영향을 미치는 대부분의 변화는 의상, 주택의 양식과 같이 사회적 화제(topic)가 되는 것이다. 문화의 심층을 이루는 가치, 민족, 윤리, 종교, 성에 대한 태도 등은 변화의 흐름에 매우 저항적이고, 세대에서 세대로 계승되는 경향을 보인다.

다섯째, 문화는 자민족 중심적인 것이다(Culture is ethnocentric).

문화의 강력한 집단 정체성(group identity)은 흔히 자민족 중심주의를 낳는다. 이는 다른 문화에 대하여 자신들의 문화를 우월한 것으로 보게 한다. 자기들과 다른 생활 방식이나 습관을 이해하거나 수용하려 하지 않으므로 자민족 중심주의로 기울어지게 된다. 자기들의 문화와 다르다고 하여 문화적 차이를 부정적으로 보거나 평가하는 것은 자민족 중심주의가 빚어내는 바람직하지 않은 결과다. 이러한 자민족 중심주의로 기울어지게 되면 이문화간 커뮤니케이션은 효과적으로 수행되지 못한다.

커뮤니케이션은 한마디로 "정보를 교환하는 과정(exchange of information)"이다. 그러나 커뮤니케이션에 대한 정의도 그렇게 간단한 것은 아니다. 매우 다양하다. 커뮤니케이션은 의도적인 것만이 있는 것도 아니다. 비의도적인 것도 있다. 전자가 화자중심의 의사소통이라면, 후자는 청자중심의 것이다.

커뮤니케이션의 중요한 모델로는 Berlo(1960)의 SMCR모델을 들 수 있다. SMCR이란 Speaker, Message, Channel, Receiver의 어두문자를 딴 것이다(Pribyl, 2000).

화자와 청자의 관계는 유동적이다. 양자의 이러한 유동적·가동적 관계는 커뮤니케이션의 기능(skill), 태도, 지식, 문화와의 관계 등에 연유한다. 기능은 커뮤니케이션의 능력에 따라 커뮤니케이션의 상태가 바뀌는 것이고, 태도는 말을 하거나 듣는 태도에 따라 커뮤니케이션이 바뀌게 되는 것이다. 지식은 물론 화제의 내용에 대해 어느 정도 알고 있느냐 하는 것이다. 문화와의 관계는 커뮤니케이션이 개인과 그가 소속하고 있는 문화의 특성에 적잖이 영향을 받는다는 것이다. 커뮤니케이션 과정에 영향을 미치는 요소로 Berlo는 사회계급, 언어 용법, 연령, 문화를 들고 있다. 메시지는 내용·구조·심벌의 세 부분으로 이루어진다. 채널은 보고, 듣고, 맛보고, 냄새 맡고, 만지는 오감(五感)에 부합하는 방법을 택한다. 이는 동시에 몇 가지가 선택될 수도 있다.

언어와 문화와 커뮤니케이션은 이렇게 서로 얽혀 돌아가게 되어 있다. 이들은 효과적인 커뮤니케이션을 위해 얽혀 있는 유기체라 할 수 있다.

3. 문화와 이문화간 커뮤니케이션

문화는 우리 생활에 파급 효과를 미치는 매우 복합적이고, 추상적이며, 무형적인 개념이다. 많은 문화 요소들은 이문화간의 커뮤니케이션의 연구와 연관되어 있다. McDaniel et.al(2006)은 이러한 요소로 지각 요소,

인식의 유형, 언어행동, 비언어행동, 그리고 맥락의 역할 등 다섯 가지를 들고 있다. Charles B. Pribyl(2000)도 이문화 커뮤니케이션에 영향을 미치는 요인이라 하여 여덟 가지를 든다. 그것은 "자문화 중심주의, 신념과 가치관, 고저 콘텍스트, 카테고리화·귀속(歸屬)·스테레오 타이프, 커뮤니케이션 스타일, 문화의 차원, 비언어 커뮤니케이션의 기본"이 그것이다. 이 밖에 上原(1992)도 커뮤니케이션에 영향을 미치는 문화의 요소로 언어, 비언어 표현, 사회규범, 가치관 및 세계관, 논리성 등 다섯 가지를 들고 있다. 다음에는 이러한 이문화 커뮤니케이션과 연관된 요소, 달리 말하면 이문화 커뮤니케이션에 영향을 미치는 요소에 대해 살펴보기로 한다. 이들 요소는 (1) 지각 요소, (2) 인식의 유형, (3) 자문화 중심주의, (4) 범주화와 고정관념 (5) 커뮤니케이션 스타일, (6) 문화의 차원, (7) 사회규범, (8) 언어행동, (9) 비언어행동, (10) 맥락의 역할 등 열 가지로 나누어 보기로 한다.

(1) 지각 요소(perceptual elements)

사람들은 매일 의미 있는 많은 자극을 주고받는다. 이러한 자극은 우선 선택되고, 구성되고, 평가되는 과정을 거치게 되는데 이것이 지각(知覺)이다. 이들 지각은 문화에 의해 크게 영향을 받는다. 오감(五感)을 통해 이해되는 모든 것은 지각을 좌우하는 문화의 규범(規範)에 따른다. 지각은 이문화간 커뮤니케이션에 있어서 중요한 구실을 한다. 문화가 다르면 세계를 달리 인식하게 된다. 따라서 이러한 사회 문화적 요소인 신념, 가치, 태도, 세계관과 같은 것을 바르게 이해하지 않으면 안 된다.

신념(beliefs)이란 어떤 것을 일관되게 굳게 믿는 것이다. 이는 사물이나 행사의 상태에 대해 개별적으로 주관적 개념(subjective idea)을 갖는 것이다. 이러한 주관적 개념은 대부분의 경우 문화의 산물로서, 직접적으로 우리 행동에 영향을 미친다. 영혼이 있다거나 없다고 믿는 것, 시신을 매장해야 한다거나, 화장해야 한다고 믿는 것 같은 것이 그 예다. 신념의 특질은 대부분 학습에 의해 습득되며, 근거나 증명을 필요로 하지 않으며, 의식적, 무의식적으로 존재한다.

가치(values)는 인생에 중요한 규범으로 윤리, 도덕, 미학과 같은 것을 내포한다. 사람들은 자기 나름의 독자적 가치와 문화적 규칙이 반영된 문화적 가치를 갖는다. 이문화간의 커뮤니케이션에서 가치관의 차이란 신념의 우선순위가 다른 것을 의미한다. 곧 가치관은 순위 매겨진 신념이다. 동서양의 말하는 문화와 말하지 않는 문화도 이러한 가치관을 반영한 것이다.

태도(attitudes)란 신념과 가치가 행사나 사물, 사람 등에 특정한 방법으로 행동하거나 반응하도록 하는 것이다. 문화적 신념과 가치는 어떤 태도를 취하는 데 강력한 영향을 미친다. 인도에서 소를 신성시하여 쇠고기를 먹지 않고, 이슬람교도들이 돼지고기를 불결하다 하여 이에 부정적 태도를 보이는 것이 이러한 예다.

세계관(world view)은 신이나 우주, 자연과 같은 철학적 개념에 대한 사람들의 사상적 경향을 형성한다. 이는 사람들의 마음속에 간직되어 언제나 잠재의식의 단계에서 작용한다. 세계관이 다른 이문화 환경에서는 문제가 발생된다. 예를 들어 동양의 자연과 조화를 이루려는 세계관에 대해, 자연을 정복하고자 하는 서구의 세계관이 이러한 것이다. 세계관은 이문화간 커뮤니케이션에 영향을 미치는 대표적 지각 특질의 하나다.

(2) 인식의 유형(pattern of cognition)

문화는 종종 지각과 행동의 다양한 방식을 빚어낸다. 이러한 현상은 개인이나 집단에 다 같이 나타난다. Nisbett(2003)에서 북아시아 사람들이 전체주의적 사고 유형(holistic thinking pattern)을 지니고, 서구인이 선조적(線條的), 원인－효과 모형(cause-and-effect model)을 사용한다고 보는 것이 이러한 것이다. 북아시아인은 문제를 좀 더 복합적이고 상호 관련성이 있는 것으로 보는가 하면, 개별 부분보다 집합적인 것에 초점을 맞추려 한다. 이에 대해 서구인은 논리적 이성과 합리성을 중시한다. 따라서 서구인들은 체계에 의해, 개별 요소를 깊이 분석하고, 단순한 것에서 좀 더 복잡한 것으로 나아가며 문제를 해결하려 하는 것으로 본다.

(3) 자문화 중심주의(ethnocentrism)

다른 민족문화를 평가할 때 자기민족의 문화 기준에 입각하여 평가하고 비판하는 것을 자문화중심주의, 또는 자민족 중심주의라 한다. 일반적으로 자문화 중심주의는 자기문화가 우월하고, 타문화는 열등하다고 일방적으로 비판하는 경향을 갖는다. 따라서 자문화 중심주의의 강도가 세어지게 되면 다른 문화와 여러 가지 면에서 마찰을 빚는다. 그리고 이것이 심해지면 맹목적인 애국심으로 변모하고, 최악의 경우에는 민족 차별 및 인종차별적 행동으로 발전하는가 하면, 나아가 국가간, 민족간의 전쟁으로까지 발전하게 된다. 이러한 자문화 중심주의는 이문화 커뮤니케이션을 방해하기도 한다. "모자란다, 뒤떨어졌다"고 부당한 평가를 받을 때 아무도 좋아하지 않는다. 그러나 자문화 중심주의가 일방적으로 배척되어야 하는 것만은 아니다. 약간의 자문화 중심주의는 어디에나 있고, 적당한 자문화 중심주의는 그 문화를 살아남게 하기 위해 필요한 것이기도 하다. 자문화 중심주의는 자문화에 대한 자부심이고, 자문화에 대한 사랑이기도 하다.

(4) 범주화와 고정관념

사람들은 많은 정보를 신속하고 정확하게 처리하기 위해 범주화(categorize)한다. 그런데 이 범주화가 광범하고 막연할 때에는 대상의 특성이 분명하게 드러나지 않는다. 범주화는 흔히 그 특징이 과대 포장되는 경향을 지닌다. 어떤 문화가 그 카테고리의 실질적 특징을 갖추고 있는 것은 전체의 28~37%에 불과하다고 한다(Wallac, 1952). 이에 대해 고정관념(stereotype)은 어떤 카테고리의 중요한 특징을 개인 또는 개체에 적용하는 것이다. 사실을 오인할 가능성이 있는 스테레오 타이프는 좀 더 빨리, 그리고 많은 정보에 접근할 수 있어 흔히 사용된다. 이는 정보의 처리과정에서 같은 문화를 지니는 내부자에게는 호의적 내용의 고정관념을, 부외자(部外者)에게는 비판적인 고정관념을 적용하는 경향을 보인다. 고정관념은 커뮤니케이션을 방해한다. 기계는 독일 제품이 좋다거나, 유태인은 수전노라고 하는 따위가 이런 예에 해당된다.

(5) 커뮤니케이션 스타일

어떤 커뮤니케이션 스타일을 사용하느냐 하는 것도 이문화 커뮤니케이션에 영향을 미친다. 이문화 커뮤니케이션에 영향을 미치는 커뮤니케이션 스타일로는 (1) 직접적·간접적 화법, (2) 상세·간명 화법, (3) 친화적·맥락적 화법, (4) 통달적·감정적 화법 등을 들 수 있다. 직접적 화법은 "절대적으로, 틀림없이, 확실하게" 등의 어구를 사용하며, 화자의 의도를 명확히 말하는 것이고, 간접적 화법은 예측이나 가능성을 나타내는 "아마, ―일지도 모른다" 등의 어구를 사용하며 자기 의사를 표현하는 것이다. 맥락적(contextual) 화법은 화자가 사회적 신분이나 지위를 회화의 활성화를 위해 적극적으로 활용하는 것이고, 친화적(personal) 화법은 개인적 조건이나 맥락과 독립하여 개인 대 개인의 입장에서 말을 하는 것이다. 여기서는 나나 당신과 같이 1, 2인칭의 호칭을 쓰거나, 개인의 이름을 불러 친화적 감정을 표현한다. 통달적(informative) 화법은 구체적 목적을 지닌, 특정한 기능(機能)을 위해 수행되는 화법이고, 감정적(affective) 화법은 서로 대화의 분위기를 좋게 하려고 노력하며, 회화의 중심을 청자에 두는 화법이다.

(6) 문화의 차원

G. Hofstede(1984)는 문화를 측정할 수 있는 네 개의 독립된 문화의 차원을 제시했다. 그것은 권력 격차의 고저, 개인주의 대 집단주의, 남성성 대 여성성, 불확실성 회피의 고저가 그것이다. 권력 격차란 사회신분, 경제력, 계급 등에 존재하는 힘의 차이를 수용하는 정도를 말하고, 개인주의 대 집단주의는 그 문화가 이들 가운데 어느 쪽으로 얼마나 기울어졌느냐 하는 것이다. 개인주의에서는 자기를 집단보다 우선하는 것을 모토로 하고, 집단주의는 집단 문화를 우선하고, 개인은 중시하지 않는다. 남성성 대 여성성은 문화에 드러나는 남성다움과 여성다움의 정도를 말한다. Hofstede에 의하면 남자다움은 "자신, 힘, 야심, 업적, 물건을 모으는 것, 남(他人) 돌보기의 결여" 등이 들려진다. 이에 대해 여자다움은 "남 돌보기 등 자애가 풍부한 행동, 사람들의 환경에 대한 배려, 상호의존, 불행한 사람에 대한 동정" 등이 들려진다. 불확실성의 회피는 그 문화의 장래 예측에 대한 불투명, 사물에 대한 모호성 등 문화의 불확실성을 어느 정도 허용하고 감내하는가 하는 차원을 가리킨다. "불확실성 회피가 높은 문화"는 모호성을 허용하지 않는다. 이런 문화에서는 임기응변은 통하지 않는다. 이에 대해 "불확실성의 회피가 낮은 문화"는 오히려 모호성을 환영한다. 이런 문화에서는 불확실성을 취택하려 한다.

(7) 사회 규범

사회 규범이란 그 사회의 성원이 옳다고 생각하는 신조나 행동의 표준이 되는 규칙이다. 이들 규칙은 집단 성원의 신조나 행동 선택의 표준이 되어 사회질서를 유지하며 더불어 생활하게 한다. 이는 어떤 지위에 있는 사람에게 기대하는 행동양식인 역할의 개념과 밀접한 관련을 갖는다. 따라서 많은 규범은 역할 가운데 반영되어 있다. 맥락(context)에 어울리는 규범을 알고, 이를 따르게 되면 서로의 행동이 예측 가능하고, 커뮤니케이션은 자연스럽게 진행된다. 예를 들어 상을 당했을 때 전통적으로 우리는 흰옷을 입고, 서양에서는 검은 옷을 입는 것과 같은 것이 그것이다. 이와 달리 구직자가 놀이 차림으로 면접을 보러 나가는 것과 같은 것은 비언어적 행동면에서 사회규범에 벗어난 것으로 바람직한 것이 못 된다. 이러한 사회적인 규범은 문화가 다른 경우 수행해야 할 내용이 달라지는 경우가 많다. 이문화 커뮤니케이션에서는 상대방이 속하는 사회의 규범을 알고, 이에 대한 배려를 해야 한다.

(8) 언어행동(verbal behavior)

언어와 문화는 표리관계를 갖는다. 공통어 없이 인간 집단은 문화를 창조하거나 영속시킬 수 없다. 자신들의 신념, 가치, 사회규범, 세계관을 서로 나누어 가지거나, 이들 문화적 특성을 다음 세대에 전달하지도 못한다. 또한 문화는 사람들이 그들의 언어를 확립하고, 발전하고, 유지하는 것을 도와준다. 언어는 의미를 드러내는 자의적 상징체계다. 서로 다른 문화는 다른 상징체계를 사용한다. 그런데 이 상징체계는 그 사용의 과정이 정확하지 않다. 단어의 의미는 이를 사용하는 두 개인이나 문화에 의해 번역이 달라질 수 있다. 예를 들어 "일없다"는 말이 한국 사람이 사용하는 의미와 중국 조선족이 사용하는 의미가 다른 것이 그 한 예다. 영어 "parallel"이란 단어가 동의(agreement)를, 한국어 "평행선(parallel line)"이 불일치(disagree)를 의미하는 것과 같은 것은 문화가 의미에 얼마나 영향을 미치고, 그것이 이문화간 커뮤니케이션의 장해요소가 되는지 짐작하고 남음이 있게 한다.

(9) 비언어행동(nonverbal behavior)

비언어행동도 이문화간 커뮤니케이션에 영향을 미친다. 비언어행동에는 제스처, 안면 표정, 눈 맞춤, 응시, 자세, 동작, 접촉, 의상(dress), 침묵, 공간과 시간 활용, 대상물(objects), 가공품, 그리고 부차언어(paralanguage) 등이 포함된다. 이들 비언어행동은 언어행동과 단단히 얽혀 있으며, 흔히 실제 구어(口語)보다 더 많은 의사소통을 하는 것으로 본다. 언어와 더불어 문화는 또한 비언어행동에 직접적으로 영향을 미친다. 이문화간 커뮤니케이션에 있어서 적절치 않거나 잘못 사용된 비언어행동은 때때로 오해와 모욕을 초래한다.

(10) 맥락(context)

맥락은 정보의 수수에 다소간에 관여한다. E. T. Hall(1976)은 이를 고맥락 문화(high context culture)와 저맥락 문화(low context culture)로 양분하였다. 고맥락 문화는 장면에 의존적이어, 상황(context)에 나타나는 메시지를 중시해 비언어적 행동을 많이 하고, 한정된 언어 표현을 하게 하는 경향을 지닌다. 이는 상황 의존적이라 하는 것으로, 동양문화의 한 특징이다. 이에 대해 저맥락 문화는 비(非)상황 의존적이라 하는 것으로, 서양문화의 한 특징이라 할 수 있다. 저맥락 문화의 커뮤니케이션에서는 언어로 명확히 메시지를 표현하는 것을 중시하여 자세히 표현한다. Samovar et.al(1998)은 한국어를 일본어, 중국어에 이은 고맥락 문화로 보고 있다.

고맥락 언어의 사용자는 사고방식이 통합적이고, 거시적이며, 의미 지향적이란 특징을 지닌다. 이에 대해 German-swiss와 같은 저맥락의 서구어 사용자는 사고방식이 분석적이고, 미시적이며 형식 지향적 특징을 지니는 것으로 본다. 이들의 특징을 도시해 보면 다음과 같다(西田, 1994).

고맥락 문화	저맥락 문화
① 말의 수나 설명이 적다.	말의 수나 설명이 많다.
② 주로 동아시아어족.	주로 구미어족.
③ 폐쇄적 커뮤니케이션.	개방적 커뮤니케이션.
④ 배려하고 사양한다.	솔직히 자기주장을 한다.
⑤ 모호하고, 간접적 표현이 많다.	명료하고, 직접적 표현이 많다.
⑥ 조화, 협조, 타율적, 온건.	대립, 독립, 자율적, 마찰.

4. 이문화간의 커뮤니케이션 비교

바람직한 이문화간 커뮤니케이션을 살펴보기 위해 이문화간 커뮤니케이션에 영향을 미치는 문화요소를 살펴보았다. 그러면 이러한 요소에 의해 빚어지는 이문화간 커뮤니케이션의 문제에는 어떤 것이 있는가? 다음에는 동일한 상황에서 수행되는 대표적 커뮤니케이션이 언어권에 따라 차이를 보이는 구체적인 예를 살펴보기로 한다. 이는 크게 언어 행동과 비언어행동으로 나누어 비교하고, 언어는 크게 동양어권(東洋語圈)과 서양어권(西洋語圈)으로 나누어 보기로 한다. 비교 서술은 한국어 아닌, 한국어 교육의 대상자인, 학습자의 언어권을 중심으로 살펴보게 된다.

4.1. 언어행동의 비교

4.1.1. 서양어권과의 비교

서양인 특히 미국인은 언어를 매개로 하여 모든 것을 수행하는 문화 속에 성장한 사람들이다. 따라서 이들은 말을 잘한다. 그리고 말하기를 좋아한다. 이에 대해 동양 사람들은 말을 잘 하지 않는다. 신언(愼言)을 미덕으로 여긴다. 한국인도 마찬가지다. 따라서 말하는 문화와 말하지 않는 문화의 커뮤니케이션은 기본적으로 다르게 마련이다. 여기서는 이러한 문화적 차이를 대전제로 하고 문화에 따라 달리 수행되는 서양어권과 우리의 대표적 커뮤니케이션을 비교하여 그 차이를 엿보기로 한다.

① 겸손은 미덕이 아니다.

가치관은 이문화간 커뮤니케이션에 커다란 영향을 미친다. 松本(1994)는 일본과 미국의 대립되는 문화변용규칙 여덟 가지를 들고 있다. "겸손지향 대 대등지향, 집단지향 대 개인지향, 의존지향 대 자립지향" 등이 그것이다. 이 가운데 전자를 일본(日本)의 변용규칙이라 본다. 그러나 이는 일본의 문화변용규칙인 동시에 한국 언어문화의 변용규칙이라 하여 좋은 것이다. 이러한 문화변용규칙에 따라 일—영, 한—영의 언어행동이 대립적 양상을 보인다. "겸손지향 대 대등지향"은 이들 가운데 대표적인 문화변용규칙이다. 이러한 예의 하나로 日暮(1996)는 미국의 대학 초급반에서 교수가 겸손하게 표현한다고 "아무것도 모릅니다만 잘 부탁합니다."라 하게 되면 큰일이 난다고 보고하고 있다. "아무것도 모르는 사람을 왜 고용했느냐? 수업료를 돌려 달라"고 항의할 것이라는 것이다. 우리는 일본의 경우와 마찬가지로 대등 아닌, 겸손지향의 커뮤니케이션을 한다. "천학비재(淺學菲才)", "어리석은 자식", "누추한 집", "차린 것은 없지만…"이라고 나와 내 주변을 비하하는 표현을 한다. 이에 대해 미국 문화는 겸손지향이기보다 대등지향이요, 오히려 과장하고 자랑하는 경향을 보인다. 다른 문화변용규칙들도 그 경향을 같이한다.

② 대등한 호칭을 지향한다.

한국어에는 높은 사람이나 연장자를 높이는 대우법이 있다. 이는 호칭과 지칭에도 나타난다. 이것이 가장 간명하게 드러나는 것이 2인칭 대명사의 용법이다. 영어에는 이러한 대우법이 발달되어 있지 않다. 따라서 한국어 "너, 자네, 당신, 어르신" 등에 대해 영어의 경우는 "you" 하나로 대응된다. 인명을 호칭으로 사용하는 경우 영어에서는 직함-성(Title-last Name)을 부르다가 사회적 지위의 차이가 크거나, 15년 이상 나이 차이가 나는 경우는 TLN을, 그리고 아랫사람에게는 이름(First Name)을 부른다. 그 뒤 친숙해지면 서로 FN을 사용하고, 아주 친숙해지면 다양한 이름(Multiful Name)을 부른다. FN, TLN 병용단계에서 FN 사용단계로 바뀌는 것은 5분 정도면 된다고 한다. 이는 이름을 부르기까지 오랜 시간을 필요로 하는 우리 문화와 크게 다른 점이다. 영어권에서는 할아버지, 할머니의 경우도 이름으로 부를 수 있다. 한 집안에 살아도 시어미 성을 모른다는 것이 우리 가족사회다. 우리나라를 비롯한 중국·일본 등 동양 삼국은 "성-경칭/직함"의 호칭 형태가 일반적이다. 경칭은 일반적으로 한국에서는 "씨", 일본어권에서는 "상(さん)"을 많이 붙여 부른다(박갑수, 2005).

③ 논리적 표현을 좋아한다.

영어권은 "말하는 문화"로, 저맥락 문화다. 무엇이나 언어로 충분한 설명을 하려 하고, 또 듣고자 한다. "어른이 말을 하면 들어야지"하는 에토스로 해결하려 해서는 안 된다. 논거를 바탕으로 이해가 되게 설명해야 한다. 동양어권에서 정서적 표현으로 기울어지는 것과는 달리 통달적 표현을 한다. 한국어는 고맥락 언어로서 장면에 의지하여 통합적이고 함축적 표현을 많이 한다. 따라서 문장 성분이 많이 생략된다. 사랑을 해도 "I love you!"와 같이 명시적 표현을 하는 것이 아니라, "사랑해"라고 누가 누구를 사랑하는지도 모르게 생략 표현을 한다. "오늘은 좀…" 이렇게 헤아려야 알 수 있는 표현, 이심전심으로 그 속뜻을 파악해야 하는 언어 표현을 지향한다. 이러한 모호한 표현은 한국어보다 일본어가 더욱 심하다. 그래서 표면적 언어만으로는 일본인의 마음은 알 수 없다고까지 한다(飛田, 2001).

④ 긍정, 부정을 달리 한다.

영어에서 부정 의문문은 내용위주로 답하기 때문에 그 대답이 우리말과 정반대다. 따라서 우리 학습자들은 영어 학습의 초기에 큰 혼란을 겪는다. 영어의 발상은 우리와 다르기 때문에, "Did You not read this book?", "No, I read not that./ Yes, I read that."라는 대답이 쉽게 나오지 않는 것이다. "너 이 책 읽지 않았니?", "응, 안 읽었어./ 아니, 읽었어."라는 표현이 굳어 있기 때문이다. 이는 영어 화자의 입장에서도 마찬가지일 것이다. 이러한 현상은 맞장구를 칠 때도 마찬가지다. 우리는 긍정적 반응을 보이는데, 영어는 부정적인 내용일 때는 "No, no!"라고 맞장구를 친다. "저 학생은 공부를 하지 않더군!"이란 말에 그렇다고 생각하는 경우 한국어 화자는 끄떡끄떡 하며 "그래, 그래" 하지만, 영어 화자는 머리를 흔들며 "No, no" 한다.

⑤ 연역적 표현을 한다.

영어권에서는 핵심에서 주변으로 확장해 나가는 사고를 한다. 그런데 우리를 비롯한 동양어권에서는 주변에서 핵심으로 파고드는 사고를 한다. 사물에 대한 인식의 방향이 다르다. 동양어권이 귀납적 인식을 하는 데 대해, 서양어권은 연역적 인식을 한다고 할 수 있다. 그래서 우리는 문장의 핵심인 동사가 나오기 전에 부가적인 말을 먼저 하는, 왼가지뻗기(left branching structure)를 하는 데, 영어권에서는 핵심이 되는 동사를 먼저 말하고, 그 다음에 서서히 부가적 표현을 하는 오른가지뻗기(right branching structure)를 한다. 예를 들어 "새가 울었다"에 부가적 표현을 할 때, 한국어의 경우는 "새가 어제 저 숲에서 울었다"와 같이 부가어가 동사 앞에 오는데, 영어의 경우는 "Birds sang in that forest yesterday."와 같이 동사 다음, 오른 쪽에 부가된다. 동양권과 달리 서양권의 주소 쓰기와 같이 작은 것에서 큰 것으로 나아가는 표현도 이러한 중심에서 주변으로 확산되는 발상, 또는 인식의 결과라 할 것이다.

⑥ 프라이버시를 존중한다.

커뮤니케이션의 장에서 자기에 대한 정보를 어느 정도 제공하느냐 하는 것은 개인적으로나, 문화적으로 차이가 난다. 이러한 정보를 Barlunt (1982)는 자기개시(self-disclosure)라 하고, 타인에게 알려져도 좋은 정보를 공적자기(public self), 커뮤니케이션의 심도가 깊어진 뒤에 제공하는 개인 정보를 사적자기(private self)라 구분한다. 자기개시(自己開示)는 자기를 소개할 때 서로 밝히는 이름, 취미, 직업, 지인, 가족 같은 것이고, 사적자기는 화자가 감추고자 하는 소위 프라이버시다. 결혼 여부, 자녀 유무, 교제하는 연인 유무 등이 서양에서는 프라이버시로 되어 있다. 주소, 전화번호, 성적(成績) 등도 프라이버시에 속한다. 그런데 한국인을 비롯한 일본인 등은 처음에 만나자마자 서양인이 프라이버시로 여기는 것부터 묻는다. 이러한 이문화간 커뮤니케이션은 상호간에 이해가 필요하다. 그렇지 않으면 오해를 사고, 커뮤니케이션이 중단되게 된다. 그런데 미국인은 사실을 숨기지 않는 면도 있다. 부모의 이혼, 배다른 형제 등 동양인이 드러내 놓고 말하기 꺼리는 것을 숨김없이 밝히고, 그 호칭도 step-mother, daughter-in-law, half-brother라고 한다. 이는 우리의 커뮤니케이션 스타일과 다른 점이다.

⑦ 점원이 감사하다고 말한다.

인사는 대인관계에서 주고받는 예절이다. 매점에서 물건을 구입할 때 우리의 경우는 점원과 손님 사이에 거의 사사(謝辭)가 교환되지 않는다. 아무 소리 없이 돈을 주고받는다. 친교적 표현이 존재하지 않는 것이다. 이에 대해 독일의 경우는 점원의 90%가 고맙다는 말이나, 값을 확인하는 말을 한다. 그리고 고객이 백화점에서 물건을 보고 있을 때 점원이 다가오면 약 70%가 거기에 무어라고 대응한다. 우리는 말을 하지 않고 피하는 경우가 대부분이다. 독일사회에서는 묵살을 무례한 태도라 보아 응수하는 것이고, 우리는 물건을 사지 않고 보기만 하는 데 대한 미안함 때문에 사과의 비언어적 반응을 보이는 것이다.

⑧ 욕설의 차원을 달리 한다

남의 인격을 무시하거나 모욕하는 말, 또는 저주하는 말을 욕설이라 한다. 서양의 욕설은 "God dame it!"과 같이 종교적 배경을 지닌 것이 많다. 영어 "Jesus!", 프랑스어 "Mon Dieu!", 이태리어 "La Madonna!"와 같이 구원의 용어가 저주의 욕설로 쓰이기도 한다. 이에 대해 한국의 욕설은 종교 내지 신(神)과 관련된 것은 거의 보이지 않는다. 성과 관련된 욕설이 많다. 그것도 패륜(悖倫)과 관련된 욕설이 많다. 가장 대표적인 것이 "씨할", "씨할 놈"이라 하겠는데 이는 단순한 성관련 욕설이 아니요,

"네/제 어미 씨할 놈"이 본래의 형태로, 근친상간의 패륜아라고 욕하는 것이다. "네/제미랄 놈", "네/제미랄"도 마찬가지다. 이러한 욕설은 세계 각국에 흩어져 있다. 영어의 motherfucker, 중국의 국매(國罵)라 하는 "他媽的"나 "你媽的"가 다 이러한 것이다. 욕설은 어느 나라나 쓰고 있어 그 다과를 가리기 곤란하다. 다만 성관련 욕설의 강도는 중국의 욕설이 훨씬 정도가 심한 것으로 보인다. 중국에서는 8대, 18대까지 들먹이며 욕을 한다. 그리고 한국의 욕설에는 "경칠 놈, 주리를 틀 놈, 육시를 할 놈"과 같이 형벌과 관련된 저주의 욕설이 많다는 것이 서구의 욕설과 다른 점이다(박갑수, 2012).

4.1.2. 동양어권과의 비교

동양문화권, 그 가운데도 한·중·일 삼국은 다 같은 유교문화권인데다가 집단주의적 경향을 지녀 많은 면에서 공통점을 지닌다. 따라서 커뮤니케이션에 있어서도 앞에서 언급한 바와 같이 松本(1994)가 이르는 일본문화의 변용규칙이 중국이나 한국의 문화변용규칙이라 할 수 있다. 이러한 문화적 배경으로 말미암아 동양 삼국은 커뮤니케이션 규칙에 차이점보다 공통점이 많다고 할 수 있을 것이다.

① 성별에 따라 언어에 차이가 있다.

성별에 따라 차이가 나는 언어도 있다. 일본어는 이러한 언어 가운데 하나다. 성차(性差)를 나타내는 일본어의 특징 가운데 가장 현저하고, 성의 지표가 되는 것은 대명사와 종조사(終助詞)다. 이 밖에 감탄사, 형용사, 미화어(美化語) 등도 차이를 보인다. 이에 대해 한국어는 거의 성차를 보이지 않는다. 영어도 마찬가지다. 川端康成의 雪國에서 성차를 보이는 "君は早起きなんだね", "ゆうべ眠れなかったのよ"가 "You seem to be an early riser.", "I couldn't sleep."로 번역된 것은 이러한 예의 하나다(井出, 1993). 일본어에서 이러한 성차를 보이는 것은 성역할과 남녀의 지위를 반영하는 것으로 보인다. 이러한 성차는 제2차대전 이후 소멸되고 있다. 중국어도 남성·여성어의 성차를 보이지 않는다.

② 존대 표현을 하지 않는다.

한국어는 앞에서 말한 바와 같이 대우법이 발달되었다. 이는 대인관계가 수직적으로 이루어지기 때문이다. 그래서 말을 듣는 상대방을 높이거나 낮춘다. 대우법으로 말미암아 한국어는 대등한 입장에서 대화를 하는 영어와 차이를 보인다. 이런 면에서 일본어는 한국어와, 중국어는 영어와 같다. 중국어에는 존칭 등이 문법에 나타나지 않는다. 존대의 표현이 있다면 "qing(請)"이나, "nin(您)", "wei(位)" 정도뿐이다. 따라서 신분에 따라 존대의 표현을 달리 하지 않고 같이 한다. 한 예로 우리가 "먹다, 들다, 드시다, 잡수다, 잡수시다"로 구별하는 것을 중국어는 "吃" 하나로 나타낸다. "밥을 먹다"나 "진지를 잡수시다"를 다같이 "chifan(吃飯)"이라 한다. 중국어에서 호칭이나 지칭을 대우법에 따라 구별하지 않는 것도 영어의 경우와 마찬가지다. 이는 문화의 차이로 언어표현의 차이가 드러난 것이다. 이와는 달리 일본어는 존대 표현이 발달되었다. 미우치(身內·in gruop)의 경우 압존법이 한국어보다 더욱 철저하게 지켜진다. 그래서 일본에서는 입사 시험에 자기 아버지에 대해 존대 표현을 하면 그것만으로 당장 실격이 된다고 한다(飛田, 2001).

③ 인사말을 잘한다.

일본 사람들은 인사를 잘 한다. 아침에 일어났을 때, 저녁에 잠자리에 들 때, 외출할 때, 집으로 돌아왔을 때 가족들에게 인사하는 것은 물론

이고, 아침, 점심, 저녁 이웃 사람들과도 부지런히 인사를 나눈다. 이때의 인사말은 대체로 정형(定型)의 관용어가 쓰인다. 이는 독일어에 많은 변형이 있는 것과 대조된다. 우리도 인사말을 나누나 일본과는 비교가 안 될 정도다. 특별히 차이를 보이는 것은 식사 전후의 인사말을 하는 것이다. 일본 사람들은 밥을 먹기 전에 반드시 "いただきます", 밥을 다 먹은 뒤에 "ごちそうさま"라 한다. 한국에서는 초대받은 경우 이외에는 별로 이런 인사말을 하지 않는다. 일본의 경우 사람을 만났을 때 인사는 세 가지 요소를 일정한 순서로 그야말로 인사치례로 교환한다. 첫째 요소는 날씨·계절이란 양자의 공통 사상을 확인하는 것으로 바쁠 때는 이것만으로 끝낸다. 그렇지 않은 경우에는 둘째 요소인 건강 상태·사업 등을 확인하고 이에 대해 기뻐하거나 감탄하거나 위로한다. 셋째 요소는 "저번에는 신세 졌습니다"와 같은 지금까지의 인간관계를 확인하는 긴 인사를 한다.

④ 상투적 표현이 아닌, 사실을 말한다.

일본말은 액면 그대로 받아들이면 안 된다는 말이 있다. 소위 "다테마에(建前)"와 "혼네(本音)"가 따로 있다는 것이다. "집에 한번 놀러 오라"거나, 남의 집에 갔을 때 "올라 오라"는 말을 액면 그대로 받아들여 남의 집을 방문을 하거나, 집안으로 들어서게 되면 실례를 범할 수 있다는 것이다. 그 말은 형식적 인사요, 상투적인 표현일 수 있기 때문이다. 따라서 몇 번 사양하고, 진정이라고 판단될 때 반응을 보이라고 한다. 우리도 일본과 같이 심하지는 않지만 이러한 경향을 지닌다. 그러나 중국의 경우는 이와 다르다. 중국 사람이 초대를 한다고 하면 그것은 말 그대로의 "초대"로, 그는 손님을 맞을 준비를 한다는 것이다. 따라서 초대받았을 때는 액면 그대로 수용하고, 이를 지켜야지 그렇게 하지 않으면 거짓말쟁이라고 욕을 먹게 된다. 그래서 중국 사람들은 상대방에게 폐를 끼치지 않기 위해 약속을 하지 않고 남의 집을 방문하는 "불청객(不請客)"이 된다고 한다.

⑤ 지난 일에 대해 다시 감사하지 않는다.

일본에서는 "어제는 폐를 많이 끼쳤습니다(先日は大變お世話樣でした)"가 만남의 인사가 되어 있다. 상대방이 전에 만났을 때의 일에 관해 인사를 하지 않으면 실례를 한 것이 아닌가 걱정한다. 우리도 대접을 받았을 때 인사를 하는 편이다. 그러나 중국이나, 영어권에서는 감사의 인사를 다시 하지 않는다. 어제는 어제 일로 끝난 것이라 보기 때문이다. 인사는 어제 충분히 한 것으로 생각한다. 인도네시아에서는 한 술 더 떠 은혜를 베풀 수 있는 사람이 베푸는 것은 당연한 것으로 감사해야 할 필요를 느끼지 않는다고 한다(飛田, 2001). 따라서 이런 인사를 하는 문화권에서는 인사가 없을 때 오해를 할 수 있다. 또한 이런 문화권이 아닌 영어권과 같은 경우는 이러한 인사를 받게 되면 오히려 유익한 행위나 물건을 다시 요구하는 것으로 오해까지 한다고 한다.

⑥ 긍정적 표현을 한다.

일본 사람은 상대방에게 상처 주는 것을 피하고자 한다. 나쁜 인상을 주고 싶지 않다는 일본인의 생각은 가능한 한 긍정적 표현을 하고, No란 말을 피하려 한다. 일본 사회에서는 "안 됩니다", "싫습니다"라는 말을 꺼린다. "No라고 말 못하는 일본인"이란 말은 이런 배경을 반영하는 말이라 하겠다. 반대나 거절을 해야 할 때는 분명한 표현을 피하고 모호하게 말한다. 그래서 일본 사람은 Yes와 No가 분명치 않다는 평판을 듣는다. "考えでおきます(생각해 보겠습니다)", "今日はちょつと(오늘은 좀…)",

“しかし(그러나)”, “どうも(매우/아무래도)”이렇게 모호한 표현을 하고 나머지는 헤아려 주기를 바란다. 그래서 일본에서는 “헤아리지 않는 것은 숙맥”이라 한다. 그러나 표면언어 지상주의자인 서구 사람에게는 답답한 노릇이다. 그래서 가부를 분명히 해 주기를 재촉한다. 일본 사람은 그런 서구인이 또 야속하게만 느껴진다. 우리도 긍정적 표현을 하는 편이다. 그러나 일본 사람 같이 심하지는 않다. 중국 사람은 중용(中庸)의 표현을 즐긴다. “요즘 어떠세요?”나 “이 옷 참 좋은데요”에 “馬馬虎虎”라고 “그저 그래요”라 답한다. “못 생겼다”보다는 “不太漂亮”이라고 “不太”라는 말을 써 “그리 밉지 않다”고 중화시킨다.

4.2. 비언어행동의 비교

커뮤니케이션은 언어행동이 아닌, 언어 이외의 수단을 통해서도 이루어진다. 비언어행동(non-verbal behavior)이 그것이다. 그리고 사실은 이 비언어행동이 언어행동보다 더 큰 비중을 차지한다. Birdwhistell(1970)은 의사소통에서 언어가 차지하는 비율은 30~35%라 하고, Mehrabian(1968)은 메시지의 93%가 비언어적 변수에 의해 이루어진다고 한다. 비언어행동은 커뮤니케이션에 있어 이토록 큰 비중을 차지한다. 따라서 이문화간 커뮤니케이션에서도 이에 대해 특별한 주의를 기울이지 않으면 안 된다. 비언어행동의 영역은 동작학(kinesics), 접촉학(haptics), 대물학(objectives), 공간학(근접학, proxymics), 시간학(chronemics), 시각학(chronemics), 후각학(olfactics), 부차언어학(paralinguistics) 등 다양하다. 다음에는 우리와 문화가 달라 비언어행동에 차이를 보이는, 대표적 비언어행동 몇 가지를 살펴보기로 한다.

① 자기를 가리키는 동작

한국인은 자기를 가리킬 때 집게손가락 또는 손바닥을 펴서 자기 가슴 쪽을 가리킨다. 이에 대해 일본 사람은 집게손가락을 자기 코에 대거나, 코끝을 가리킨다. 영미인은 엄지 또는 주먹을 자기 가슴에 댄다.

② 긍정과 부정의 동작

대부분의 나라나 민족은 고개를 위 아래로 끄덕여 긍정을 나타내고, 고개를 좌우로 저어 부정을 나타낸다. 그런데 불가리아나 그리스에서는 고개를 위 아래로 끄덕여 No를 나타내고, 고개를 가로 저어 Yes를 나타낸다. 그리고 인도에서는 긍정을 나타낼 때에는 표주박을 그리듯 머리를 좌우로 흔들고, 부정을 나타낼 때에는 수평으로 머리를 좌우로 젓는다(西田, 2005).

③ 이쪽으로 오라는 동작

상대방을 이쪽으로 오라고 할 때 한국인은 손바닥을 아래로 하고, 자기 쪽을 향하여 손가락을 앞뒤로 움직이는 동작을 한다. 아랍 제국, 인도네시아, 중국도 같은 손동작을 한다. 이에 대해 영미인은 손바닥을 위로 향하게 하여 손가락을 전후로 움직이는 동작을 한다. 한국의 이리 오라는 제스처는 미국인이 친한 친구와 스쳐 지나칠 때 하는 인사, 및 프랑스 등 구미인의 저리 가라는 제스처, 멕시코의 "안녕"의 제스처와 비슷해 혼란이 빚어질 소지가 있다.

④ 돈을 나타내는 동작

돈을 나타낼 때 한국 사람은 엄지와 검지로 동그라미를 만든다. 이에 대해 영·미인은 엄지와 검지 그리고 가운뎃손가락을 오므려 비빈다. 구미인에게 동그라미는 오히려 "좋다", OK를 의미한다. 이와 달리 터키나 몰타에서는 동그라미가 구멍을 의미하고, 외설적 의미로 사람을 모욕할 때 쓰이기도 한다. 브라질에서는 야비한 것을 의미한다. 프랑스와 튀니지에서는 압도적으로 아무것도 없음(제로)을 의미한다.

⑤ 수를 나타내는 동작

우리는 손가락을 구부리거나 펴며 수를 센다. 그런데 수를 세는 동작이 민족마다 한결같지 않다. 우리는 1에서 5까지 그 숫자를 나타낼 때 각각 엄지에서부터 새끼손가락에 이르기까지 차례로 하나씩 구부린다. 그리고 6에서 10까지는 반대로 새끼손가락부터 차례로 하나씩 편다. 이에 대해 중국에서는 1은 오므린 손의 검지를 펴고, 2는 검지와 가운뎃손가락을 편다. 3은 가운뎃손가락과 약손가락 및 새끼손가락을 펴거나, 검지와 가운뎃손가락과 약손가락을 편다. 4는 엄지 외의 네 손가락을 펴고, 5는 다섯 손가락을 다 펴며, 6은 엄지와 새끼손가락을 편다. 7은 엄지와 검지 및 가운뎃손가락을 함께 구부리고, 8은 엄지와 검지로 한자 八자를 만든다. 9는 검지를 구부려 열쇠 모양을 만들고 나머지 네 손가락을 구부린다. 10은 양 손의 검지를 교차시켜 십자를 만들거나, 한 손으로 주먹을 쥔다. 영어권의 손동작은 다양하다. 그 한 가지를 보면 1은 엄지, 또는 검지를 치켜세우고 가운뎃손가락과 약손가락 및 새끼손가락을 구부리며, 2는 엄지와 검지, 또는 검지와 가운뎃손가락을 치켜들고 나머지는 구부린다. 3은 엄지, 검지, 가운뎃손가락, 또는 검지, 가운뎃손가락 및 약손가락을 펴들고 나머지 손가락은 구부리며, 4는 엄지를 구부리고, 네 손가락을 치켜세운다. 5는 다섯 손가락을 펴고, 6은 한 손의 다섯 손가락을 다 펴고, 다른 손의 검지를 편다. 7은 한 손의 다섯 손가락에 다른 손의 검지와 약지를 편다. 8은 다섯 손가락에 다른 손의 검지와 가운뎃손가락 및 약손가락을 펴서 보탠다. 9는 다섯 손가락에 다른 손의 엄지손가락 이외의 네 손가락을 펴고, 10은 열 손가락을 다 편다(華繼萬, 1999). 따라서 수를 나타내는 동작은 문화권이 다른 경우에 혼란이 일게 되어 있다.

⑥ 엄지를 세우는 동작

엄지를 상대방을 향해 세우는 동작은 영어권에서는 thumb up이라 하여 OK, good, 또는 hitch hike를 의미한다. 일부 지중해 지역에서는 성적 모욕을 나타내 큰 차이를 보인다(이노미, 2009). 한국은 최고, 일본은 OK를 의미하는 빈도가 높다. 한국에서는 boss를 의미하기도 한다.

⑦ 검지와 가운뎃손가락을 세우는 동작

검지와 가운뎃손가락을 세워 손등이 자기를 향하게 하는 V 사인은 서구에서 일반적으로 승리를 나타낸다. 이와는 달리 손등이 상대방을 향하게 하면 영국, 스코틀랜드, 아일랜드 및 호주에서는 상대방을 모욕하는 제스처가 된다. 일본과 한국에서는 이 V 사인이 peace sign으로, 사진 찍을 때 많이 이용한다.

⑧ 양손 검지를 세우는 동작

한국과 일본에서는 화가 났다는 것을 나타내기 위해 양손 검지를 머리 양쪽에 뿔 모양으로 세운다. 대부분의 나라는 악마, 바보 오쟁이 진 녀석이란 의미를 나타낸다.

⑨ 손으로 심장 모양을 나타내는 동작

머리 위에 양손을 얹어 하트 모양을 나타냄으로 사랑을 표현하는 제스처는 한국형 애정 표현으로 본다. 이는 1990년대 말 태어나 그 뒤에 광고를 통해 확산되었다(이노미, 2009). 이에 대해 미국에는 엄지와 검지, 새끼손가락을 펴서 사랑을 표현하는 비언어행동이 있다. 엄지가 "I", 엄지와 검지가 만드는 Love의 "L", 엄지와 새끼손가락이 만드는 "You"의 "Y"자로 사랑의 표현을 하는 것이다. 한국에서는 또 손가락으로 하트 모양을 만들어 연인들 사이에 애정을 표현하기도 한다. 이러한 사랑의 제스처는 문화적 차이로, 외국인들에게 하트, 맥도널드(필리핀), 원숭이(싱가포르)로 인식되기도 한다.

⑩ 손을 펴고 엄지를 코에 대는 동작

오른 손을 펴서 수직으로 하고 엄지를 코에 대는 제스처는 세계적으로 보급되어 있는 모욕, 경멸, 조롱의 동작이다. 그러나 이러한 동작이 한국·중국·일본에서는 행해지지 않는다(飛田 2001).

⑪ 눈 맞추기 동작

서구에서는 커뮤니케이션을 할 때 시선접촉을 하나의 예의로 생각한다. 시선을 마주치지 않을 경우에는 불성실, 자신(自信)의 결여라는 부정적 평가를 한다. 아랍 제국도 마찬가지다. 또한 말을 할 때 상대방의 눈을 응시하지 않는 경우는 거짓말을 하는 것으로 받아들인다. 이에 대해 한국이나, 일본에서는 시선 접촉을 반항적인 것으로 인식한다. 그래서 흔히 시선을 상대방의 가슴 정도에 둔다.

⑫ 신체적 접촉의 동작

신체적 접촉은 인간관계를 맺는 대표적 비언어행동이다. 이는 남미 및 중동 국가들이 많이 하는데, 한국과 일부 아시아 국가도 접촉을 많이 하는 국가로 분류된다. 일본, 미국, 북구는 접촉을 잘 안 하는 것으로 본다.

그런데 한국의 젊은 여성들이 동성 간에 손을 잡고 걷는 것은 미국인들 및 터키인들에게는 동성애자로 오인되어 충격적 사실로 받아들여진다. 아랍 제국에서는 흔히 성인 남성끼리 손을 잡는데, 이는 동료의식의 표현으로 알려진다.

이상은 대체로 의도적으로 수행되는 비언어행동이거니와, 비의도적 커뮤니케이션의 비언어행동도 많다. 이들은 물론 문화에 따라 차이를 보인다. 이들 비의도적 커뮤니케이션은 보내는이(sender)는 관계가 없고, 받는이(receiver)가 많은 영향을 받게 된다. 이러한 비언어적 행동은 대부분의 커뮤니케이션 자세와 관련된다. 따라서 이문화간 커뮤니케이션을 효과적으로 수행하기 위해서는 이들에 대해서도 충분한 이해와 배려가 필요하다.

5. 결어-이문화간 의사소통과 교육

인간은 사회적 동물이다. 그리고 오늘날의 사회는 단일문화 아닌, 다문화사회가 되고 있고, 시대적 흐름 또한 다문화시대를 지향하고 있다. 그렇다면 이런 문화적 상황에서 어떻게 살아야 바람직할까? 한 마디로 상호 이해와 관용과 양보의 정신으로 살아가야 한다.

종래에는 식민정책을 펴며 선진문화를 배경으로 서구 강대국이 자민족중심주의를 내세워 우월성을 과시하였다. 그러나 오늘날은 자민족문화 우월주의와는 달리 문화상대주의에 좀 더 의미를 부여해야 한다. 자문화(自文化)를 기준으로 우열의 시각에서 문화를 파악하는 자민족중심주의적 태도를 배제하고, 문화는 어떤 문화나 주어진 환경에 가장 잘 적응하여 역사적으로 형성된, 그 나름의 가치를 지니는 것으로 보아야 한다.

따라서 모든 문화는 우열을 따질 수 없는 소중한 것이다. 다문화 사회란 이러한 문화가 뒤섞여 있는 사회요, 다문화시대란 이러한 문화가 뒤섞여 발전하고 있는 시대다. 따라서 현대인은 자기들의 단일문화만을 고집하며 살아갈 수는 없는 일이고, 교류하고, 상호작용하며 살아가야 한다.

이문화간 커뮤니케이션이란 문화적 배경이 다른 사람들 사이의 의사소통을 말한다. 언어는 문화의 색인이요, 커뮤니케이션은 문화적 배경에 따라 다른 양상을 보이는 것이다. 따라서 다문화사회에서 커뮤니케이션을 하기 위해서는 상대방의 문화적 배경을 알고, 의사소통을 하지 않으면 안 된다.

이문화간 커뮤니케이션의 갭을 메우는 방법으로서는 기본적으로 자기를 상대방에게 맞추는 방법과, 상대가 자기에게 맞추는 방법, 그리고 서로가 양보하며 서로 다가서는 방법이 있을 것이다. 원칙적으로는 제3의 방법이 가장 바람직한 방법일 것이나, 이는 일방적으로 규정하기는 곤란하고, 상황에 따라 적절히 조정되어야 한다.

앞에서 한국의 커뮤니케이션과 차이를 보이는 국가와 민족의 언어행동과 비언어행동을 구체적으로 여러 가지 살펴보았다. 이러한 차이는 커뮤니케이션에 영향을 미치는 문화적 요소에 많은 관심과 배려를 하고 원만한 커뮤니케이션을 해야 함을 환기해 준다.

제2차 대전 이후 미국은 국제적 유대관계를 수립해야 할 정치적·사회적 상황에 부딪쳤다. 그러나 당시 미국의 외교관, 기술자, 기업인 할 것 없이 해외에서의 근무 준비가 되어 있지 않았다. 이에 해외근무연구소(Foreign Service Institute)가 설립되고 E.D. Hall, G. Trager 등이 이문화간 커뮤니케이션을 연구하게 되었다. 따라서 이문화간 커뮤니케이션은 언어교육이라기보다 사회학, 인류학적 관심의 대상이었다. 오늘날도 이문화간 커뮤니케이션이라면 주로 광의의 사회학의 연구 대상이 되어 있다.

따라서 언어교육으로서는 상대적으로 많은 연구가 되어 있지 않다고 할 수 있다. 한국의 경우에는 그 정도가 더욱 심하다. 언어교육 대상으로서의 이문화 커뮤니케이션의 연구는 거의 불모지나 다름이 없다.

그러면 언어교육으로서의 이문화간의 커뮤니케이션의 교육은 어떻게 하는 것이 바람직한가? 다음에 이문화 커뮤니케이션의 바람직한 몇 가지 교육방법을 제시함으로 결론을 삼기로 한다.

첫째, 언어·문화·커뮤니케이션의 관계를 이해한다.

교육은 단순한 이문화간 커뮤니케이션이 아니고, 원리를 학습자로 하여금 몸에 익히게 하는 것이니 이는 철저한 교수·학습을 필요로 한다. 더구나 커뮤니케이션은 문화와 밀접한 관계를 지니는 것이므로 이들의 관계를 의식하고, 효과적인 커뮤니케이션을 할 수 있도록 교육하여야 한다. 커뮤니케이션과 관련이 있는 서로 다른 문화(異文化)는 사전에 교육을 실시하도록 할 일이다.

둘째, 이문화 커뮤니케이션의 능력을 배양한다.

이문화간 커뮤니케이션의 능력을 획득하기 위해서는 G. Hofstede가 지적한 것처럼 자각(自覺), 지식(知識), 기술(技術)의 삼단계가 있음에 유의한다. 자각은 "나는 나의 성장 과정 중에 어떤 특정한 정신구조를 배양해 왔는데, 다른 환경에서 성장한 사람은 나와 다른 정신구조를 가지고 있을 것이며, 그것이 당연하다."는 것을 인정할 수 있게 되는 단계를 말한다. 지식은 이문화에 대해 지식을 얻는 것이다. 가치관을 공유하기는 어렵겠지만 상대방의 가치관을 지식의 차원에서 이해하고 검토하는 것이다. 기술은 이문화의 차이를 자각하고, 지식으로 얻고, 이를 실천하는 단계에서 문제가 되는 것이다. 풍습·제도·영웅 등에 대한 이해, 의례(儀禮)에 대한 이해, 환경에 대한 적응 등을 해 보는 것이다. 처음에는 이

문화 생활에서 마주하는 문제 가운데 간단한 문제에 부딪쳐 볼 것이고, 차츰 복잡한 문제로 나아가도록 할 것이다.

셋째, 문화집단에 따라 학습 집단을 달리 편성한다.

문화집단이 다를 경우 커뮤니케이션의 양태도 다르게 마련이다. 따라서 이들을 뒤섞어 반 편성을 할 것이 아니라, 문화집단별로 과정을 편성할 일이다.

넷째, 자문화(自文化)를 중심으로 상대방의 문화를 이해·조정해야 한다.

이문화간 커뮤니케이션은 관용과 이해의 정신을 바탕으로 하여야 한다. 자문화 우월주의를 내세우거나, 자문화중심의 강요를 해서는 안 된다. 자문화를 중심으로 상대방의 문화를 이해하고 존중하는 태도를 가지도록 해야 한다. 협조하고 공생하도록 해야 한다.

다섯째, 비언어행동에 특별히 주의를 기울인다.

앞에서 언급한 바와 같이 커뮤니케이션은 언어행동보다 비언어행동에 의해 많이 이루어진다. 따라서 비언어행동에 대한 교육을 체계적이고도, 적극적으로 수행하여야 한다. 비언어행동의 경우 의도적인 것만이 아니고, 비의도적인 것까지 교육 대상으로 한다. 이는 광의의 문화학습을 하여야 함을 의미한다.

여섯째, 실제 이문화 커뮤니케이션을 교육 대상으로 하고, 체험학습을 하도록 한다.

커뮤니케이션은 실행하는 언어행동이다. 따라서 이론(理論)에 시종할 것이 아니라, 실제 커뮤니케이션 상황을 체험(體驗)하고, 직접 이문화간 커뮤니케이션을 함으로, 그것이 몸에 배게 하는 교육을 하도록 해야 한다. 커뮤니케이션은 이론이 아닌 언어행동이다.

참고문헌

김숙현 외(2007), 한국인과 문화간 커뮤니케이션, 커뮤니케이션북스.

박갑수(2005), 국어교육과 한국어교육의 성찰, 서울대학교 출판부.

이노미(2009), 손짓, 그 상식을 뒤엎는 이야기, 바이북스.

Tonya Reiman(2007), The Power of Body Language, 박숙자 옮김(2009), 왜 그녀는 다리를 꼬았을까, 21세기북스.

Gerry Knowles(2004), A Cultural History of The English Language, Peking University Press.

Larry A.Samovar et. al(2006), intercultural communication [A reader], 11 edition, Thomson.

Geert Hofstede(19891), Culture and Organization, 岩井紀子 外 역(1995), 多文化世界, 有斐閣.

Charles B. Pribyl(2000), 21世紀に向けて異文化コミユニケシヨン, ナカニシヤ出版.

奧田邦男 편(19892), 日本語教育學, 福村出版.

金田一春彦 外 編(1988), 日本語百科大事典, 大修館書店.

國廣哲彌 編(1993), 日英語比較講座 第5卷, 文化と社會, 大修館書店.

西田司(1986), 異文化適應行動論, 高文堂出版社.

日暮嘉子(1996), 海外で敎える日本語, アルク.

飛田良文(2001), 日本語行動論, おうふう.

細川英雄(2002), 日本語敎育は何をめざすか—言語文化活動 理論 實踐, 明石書店.

洪珉杓(2007), 日韓の言語文化の理解, 風間西方.

松本靑也(1994), 日米文化の特質—文化變形規則(CTR)をめぐつて, 硏究社.

山內進 編(2003), 言語敎育學入門, 大修館書店.

杜學增(1998), 中英文化習俗比較, 外語敎學與硏究出版社.

華繼萬(1999), 跨文化非語言交際, 外語敎學與硏究出版社.

黃勇(2007), 英漢語言文化比較, 西北工業大學出版社.

박갑수(2005), 언어와 문화 그리고 한국어교육, 제9회 조선—한국 언어문학교육 학술회의, 연변대학.

박갑수(2007), 한국어교육과 언어문화교육, 외국인을 위한 한국어교육 제10호, 서울대학교 사범대학 외국인을 위한 한국어교육 지도자과정.
박갑수(2007), 언어기능과 한국어 화법 교육－언어기능과 한국어 의사소통 전략, 교사
　　연수 자료집, 연변교육학원·흑룡강성 교육학원.
박갑수(2012), 한국과 중국의 욕설문화, 언어와 문화, 제8권 1호, 한국언어문화교육학회.
井出祥子(1993), 待遇表現と男女差の比較, 國光哲彌編, 日英語比較講座 第5卷 文化と社
　　會, 大修館書店.

■ 이 글은 2008년 8월 중국 洛陽에서 개최된 朝鮮(韓國)語 敎育硏究學會의 硏討會에서 발표된
　것을 수정 보완, 외국인을 위한 한국어교육연구, 제13집, 서울대학교 외국인을 위한 한국어
　교육지도자과정(2009)에 게재된 것이다.

제2장 다문화시대의 비언어행동과 한국어교육

1. 서언

오늘날은 국제화시대요, 다문화시대다. "지구촌"이라 이르듯, 문자 그대로 세계가 하나의 지역사회가 되었다. 따라서 같은 민족 사이는 말할 것도 없고, 외국인과도 부단히 의사소통을 하여야 한다. 이문화간의 커뮤니케이션을 해야 하는 것이다. 이에 사람들은 모두가 제1, 제2 외국어를 배우고 이를 활용하려 한다.

커뮤니케이션을 할 때에는 언어에 의한 소통(verbal communication)과 함께 비언어에 의한 소통(non-verbal communication)도 한다. 그리고 사실은 언어에 의한 의사소통보다 비언어에 의한 소통이 더 큰 비중을 차지한다. 심리학자 Mehrabian(1968)은 전체 메시지의 93%가 비언어 형태에 의해 전달된다고 하고, 인류학자 Birdwhistell(1970)은 65~70%의 메시지가 비언어에 의해 전달된다고 한다. 이렇게 비언어 소통의 비중이 높다. 비언어행동은 독립적으로 수행되기도 하고, 언어 행동에 대한 보조적, 또는 상보적 역할을 하기도 한다.

비언어 소통은 1950년대에 들어서 Ruesh and Kees와 Birdwhistell, Hall, Trager 등에 의해 체계화되었다. 비언어행동은 음성적 전달수단과 비음성적 전달 수단의 두 가지로 크게 나뉜다. 음성적 전달 수단은 무엇을 말하느냐가 아닌, 어떻게 말하느냐에 초점이 놓이는 것이다. 웃음소리, 울음소리 등 표정음성 및 말 막힘, 침묵 등의 음성상의 특징을 취급하는 부차언어학(paralinguistics)이 대상으로 하는 것이 그것이다. 비음성적 전달수단은 몸짓, 손짓, 얼굴 표정, 자세 등을 연구하는 신체동작학(kinesics)과 상대방과의 시선 주고받기, 시선을 보내는 타이밍 및 지속 시간과 빈도 등을 다루는 시선접촉학(oculesics), 상대방과의 신체 접촉을 연구하는 신체접촉학(haptics), 다른 사람과의 거리, 자기 공간 의식과 공간 개념 등을 다루는 근접공간학(proxemics), 시간과 커뮤니케이션의 관계를 다루는 시간개념학(chronemics), 냄새와 커뮤니케이션의 관계를 연구하는 향취접촉학(olfactics) 등이 다루는 비언어행동이 그 대상이 된다.

동일 민족사회에서는 단일문화를 향유하므로 문화적으로 커뮤니케이션에 큰 장애가 없다. 그러나 다문화 사회에서는 문화적으로 이질성이 심해 커뮤니케이션에 문제가 많이 발생한다. 이문화간(異文化間) 커뮤니케이션을 하게 되는 경우 문화적인 차이로 말미암아 소통에 장애를 받는가 하면 오해가 빚어지게 된다. 따라서 커뮤니케이션의 목적을 제대로 달성하기 위해서는 상호간에 상대방의 문화를 이해하고, 열린 자세로 대화를 풀어나가야 한다. 이문화간 커뮤니케이션에 영향을 미치는 요소로는 Mc Daniel 등(2006)이 제기하는 지각 요소, 인식의 유형, 언어행동, 비언어행동, 맥락 등이 있고, 上原(1992)의 언어, 비언어 표현, 사회규범, 가치관 및 세계관, 논리성과 같은 것이 있다. 언어와 비언어행동은 이들이 다 같이 거론할 정도로 이문화간 커뮤니케이션에 큰 영향을 미치는 문화적 요소이다. 비언어행동은 언어와 마찬가지로 모든 문화에 공통된다기보다, 문화 고유의 것인 경우가 훨씬 많다. 게다가 비언어행동은 문화에 따라 의미가 다양하게 나타난다. 따라서 이에 의한 커뮤니케이션은 오해의 가능성과 위험성이 크다. 이에 이문화간 커뮤니케이션에서는 상호간의 비언어행동(非言語行動)의 특성을 이해하고 열린 자세로 상대방의 문화를 수용하지 않으면 안 된다.

여기서는 효과적인 한국어교육을 수행하기 위하여 비언어행동을 살펴보기로 한다. 이는 한국어교육자가 원만한 한국어교육을 하게 하기 위함이며, 이문화권의 학습자가 한국어 학습을 함에 오해와 충격을 받지 않고 즐겁게 학습할 수 있도록 하게 하기 위함이다. 그리고 나아가 한국어 학습자가 한국문화를 이해하고 커뮤니케이션을 원만하게 할 수 있게 하기 위해서다.

각 문화권에 따라 행해지는 비언어행동의 특성은 우선 다음 자료에서 추출하기로 한다. 비언어행동은 한국어교육이 보다 원만히 수행되게 하기 위하여, 한국과 다른 외국의 비언어행동을 조사·제시함으로 한국어교육에 활용할 수 있게 하는 데 그 의의를 두기로 한다.

김숙현 외(2001), 한국인과 문화간 커뮤니케이션, 커뮤니케이션북스
이노미(2007), 손짓, 그 상식을 뒤엎는 이야기, 바이북스
최윤희(2004), 비언어 커뮤니케이션, 커뮤니케이션북스
西田ひろ子 編(2000), 異文化間コミュニケーション入門, 박용구 옮김
(2005), 이문화간 커뮤니케이션, 커뮤니케이션북스
飛田良文(2001), 日本語行動論, おうふう

이들 자료는 각각 (김), (이), (최), (西田), (飛田)이란 약호를 사용하고, 인용되는 실례는 약호 뒤에 페이지를 표시하여 출전을 밝히기로 한다.

2. 비언어행동의 유형과 실례

비언어행동은 참으로 다양하다. Eisenberg & Smith(1971)는 사람은 몸짓만 하더라도 27만 가지 이상을 지을 수 있으며, 그 조합은 사람이 만들어 낼 수 있는 음의 조합보다 다양하다고 한다(飛田, 151). 따라서 비언어행동의 예를 다 살핀다는 것은 도저히 불가능한 일이다. 이에 그 대표적인 것을 찾아 범주화하고 유형화하여 살펴보게 된다.

비언어행동은 우선 의도적인 것과 비의도적인 것이 있다. 그리고 농아자의 수화나 표상동작(emblem)과 같이 언어로 번역할 수 있는 명확한 의미를 지닌 것이 있고 그렇지 않은 것이 있다. Ruesh와 Kees(1956)는 non-verbal communication을 비언어의 성격에 따라 기호어(sign language), 행위어(action language), 물체어(object language)의 세 가지로 나누었다. Duncan(1969), Scheflen(1968) 등은 구성 요소에 따라 ① 동작(얼굴의 표정, 눈의 움직임, 제스처, 자세) ② 거리 ③ 외관 ④ 말소리 ⑤ 피부 ⑥ 냄새 등 여섯 가지로 나누고 있다. 그리고 M. Knapp(1978)은 신체동작과 자세(body motion and kinesic behavior), 신체특징(physical characteristics), 접촉행위(touching behavior), 부차언어(paralanguage), 근접공간(proxemics), 화장용품(artifacts), 환경요소(environmental factors) 등 일곱 가지를 들고 있다. 이와는 달리 Condon(1980)은 주목되는 연구 분야의 토픽이라 하여 그 종류가 좀 많은 20개 항목을 들고 있다(飛田, 2001). (1) 손의 제스처(손가락이나 손을 사용한 제스처) (2) 얼굴의 표정 (3) 자세 (4) 의복·머리칼형 (5) 보행 자세 (6) 대인 거리 (7) 접촉 (8) 들을 때 시선을 두는 법, 응시하는 방향 (9) 건축과 내장 디자인 (10) 물체와 언어기호 (11) 도시(圖示) 기호 (12) 수사(修辭) 형태 (13) 체형 (14) 냄새 (15) 부차언어 (16) 미각 (17) 온도의 영향 (18) 화장(化粧) 등 (19) 시간의 상징적 의미 (20) 언어행동의 타이밍과 간격, 침묵 등이 그것이다.

이에 대해 芳賀(1988)는 비언어전달을 우선 A. 표현하는 것과 표현되는 것, B. 기호적 표현행동의 범위의 둘로 나누고 그 하위 영역을 다음과 같이 구분하고 있다.

> A. 표현하는 것과 표현되는 것
>   ① 얼굴에 의한 정의(情意) 표현 ② 몸에 의한 정의(情意) 표현 ③ 행동에 의한 의사표현
> B. 기호적 표현행동의 범위
>   (1) 매체에 의한 기호의 종류
>   ① 시각기호 ② 청각기호 ③ 촉각기호 ④ 후각기호 ⑤ 미각기호
>   (2) 기호화의 양식

이 밖의 또 하나의 유형화는 서언에서 제시한 바와 같이 음성적 전달수단에 의한 것과 비음성적 전달수단에 의한 것으로 구별하는 것이다.

> (1) 음성적 전달수단에 의한 것—부차언어학의 대상
> (2) 비음성적 전달수단에 의한 것—신체동작학, 시선접촉학, 신체접촉학, 근접공간학, 시간개념학, 향취접촉학(olfactics)의 대상

여기서는 마지막의 비언어행동을 학문적으로 7가지 영역으로 유형화한 분류법에 따라 비언어행동을 살펴보기로 한다.

2.1. 신체동작학의 대상으로서의 비언어행동

신체동작학(kinesics)의 대상이 되는 것은 몸짓, 손짓, 얼굴 표정, 자세 등에 의한 비언어 전달 행동이다. Ekman and Friesen은 신체동작을 적응

동작(adaptor), 발화조정동작(regulator), 표상동작(emblem), 예시동작(illustrator), 감정 표출(affect display)의 다섯 가지로 구분한 바 있다. 여기서는 이들 비언어행동을 그 내용에 따라 얼굴표정, 제스처, 몸짓, 자세, 외관으로 나누어 그 예를 살펴보기로 한다.

2.1.1. 얼굴 표정

얼굴에 의한 정의(情意) 표현은 안색이나, 표정에 의해 나타내진다. 안색은 생리적인 것이며, 표정은 본인이 조작할 수 있는 것이라 생각한다. Ekmann and Friesen(1972)은 표정이 전달하는 종래의 감정의 카테고리를 총괄하여 "행복감, 놀라움, 공포, 노여움, 슬픔, 혐오감, 모멸감, 흥미"와 같은 8가지가 기본이라고 결론지었다. 이들이 비언어행동으로 나타나는 것을 보면 다음과 같다.

- 기쁨을 나타낼 때는 일반적으로 웃으며 박수를 한다. 구미 여성에게는 가슴 앞에서 양손을 마주 쥐는 제스처가 보인다. 만세를 하는 것은 일본적 제스처다. 주먹을 쥐고 한 손을 들거나, 손가락을 튕겨 소리를 내거나, 하이 터치를 하기도 한다.(飛田, 174)
- 한국인은 실수를 했을 때 당황한 느낌을 감추기 위해 미소를 짓는 경우가 있다. 이는 사죄를 기대하는 미국인에게 종종 오해의 소지가 된다. 이는 "잘못 했지만 신경 안 쓴다."는 뜻으로 해석되기 때문이다.(김, 219)

2.1.2. 제스처

제스처라고 할 때 일반적으로 몸짓과 손짓을 아울러 가리킨다. 그러나 이를 세분하게 되면 손짓은 제스처(gesture)가 되고, 몸짓은 모션(motion)이 된다. 일본어에서도 전자를 手まね, 후자를 身ぶり 라 하여 구별한다.

Ekman and Friesen(1972)은 제스처를 형성하는 손의 움직임을 ① 표상동작(emblem) ② 일러스트레이터(illustrator) ③ 어댑터(adaptor)로 분류하였다. 엠블렘은 사인류로, 상응하는 어구로 번역되는 것이며, 일러스트레이터는 이야기 가운데 일정한 어구를 강조하거나 설명할 때 사용하는 공중 그림(空繪)이나 그 밖의 손짓 등이다. 어댑터는 상황에 적응하는 습관으로서 무의식적으로 나타나는 동작이다. 이노미(2009)는 손짓언어를 본능 손짓언어와 일반손짓언어, 특수 손짓언어로 나누고 다시 하위분류하고 있다. 여기서는 손짓하는 대상을 손가락과 손으로 대별하여 실례를 제시하기로 한다. 비언어행동 가운데는 이 제스처가 가장 큰 비중을 차지한다.

1) 손가락을 활용한 제스처

- 엄지와 검지로 만드는 동그라미는 일본에서는 돈, 구미에서는 OK나, Good의 의미로 사용된다. 프랑스와 튀니지에서는 압도적으로 아무것도 없다는 "제로"를 나타낸다. 또 터키나 몰타에서는 구멍을 의미하고, 외설적 의미로 사람을 모욕할 때 사용된다. 브라질에서도 야비한 제스처를 의미한다(西田, 73, 79).
- 엄지와 검지를 붙여 원을 만들어 한국과 일본에서는 돈을 나타낸다. 구미인은 돈을 나타낼 때 엄지와 중지 검지를 오므려 비빈다(飛田, 174).
- OK 사인은 미국에서는 훌륭하다(fine), 완전하다(perfect), 위대하다(great)를 나타낸다. 일본·한국에서는 돈, 프랑스인은 0, 별 볼일 없음을 나타내고, 그리스인은 외설, 모욕 행위를 나타낸다(김, 212). 몰타 섬에서는 男色을 나타낸다(최, 45). 이 OK 동작은 그리스, 터키, 이탈리아에서는 항문이나 여성의 성기를 상징하는 성적 유혹의 의미를 지닌다(이, 235).
- 동그라미 사인은 몰타 섬에서는 동성애를 나타내며, 이탈리아의 사

르데냐 섬이나 그리스의 지중해 섬들, 독일, 러시아, 라틴아메리카의 브라질, 파라과이를 비롯해 튀니지, 터키, 이집트, 이라크의 아랍 사회에서는 외설적 의미 또는 남성이나 여성에도 통하는 무례하고 모욕적 모멸을 나타낸다. 독일에서는 "개자식"을 의미한다. 불교와 힌두교의 동그라미 사인은 완성을 상징한다(이, 84).

- 엄지손가락을 상대방을 향해 수직으로 세우는 것은 영어권에서는 엄지 세우기(thumb up)라 하여 OK, Good의 의미로 널리 사용된다. 이밖에 hitch hike를 의미한다. 그리스 북부, 이탈리아의 사르데냐 섬 남부, 터키, 방글라데시, 아프가니스탄, 이란 등의 중동 지역과 나이지리아, 가나 등 서부 아프리카, 라틴아메리카 일부 지역에서는 성적 모욕감을 주는 외설적 사인으로 통한다. 일본에서는 "썩 잘됨"을 의미하며, "남자"를 의미하기도 한다. 중국에서는 사람이나 사물에 대한 칭찬의 의미를 나타낸다.(西田, 79)(이, 92)

- 엄지 세우기는 음란한 욕설 외에 그리스에서는 "입 닥쳐", 러시아에서는 동성애자간의 사인, 독일에서는 숫자 1, 일본에서는 숫자 5, 필리핀에서는 승리의 V 사인 대신 쓰인다. 한국 일본은 사장, 우두머리를 의미한다.(이, 93)

- 좋다는 것을 표현할 때 구미, 아시아, 이슬람권에서는 엄지를 세워 표현한다. 한국에서는 이 제스처가 남자나 보스를 의미한다. 반대로 엄지를 아래로 향하게 하면 "안 된다", "좋지 않다"를 의미하는 경우가 많으나, 한국에서는 "죽인다", 일본과 중국은 "아래"를 의미한다.(飛田, 173)

- 포르투갈에서는 "훌륭하다", "좋다"는 긍정적 의미를 엄지 세우기가 아닌, 엄지와 검지로 귀를 앞으로 잡아당기는 고립(孤立) 손짓 언어가 사용된다.(이, 79)

- 엄지 끼우기(fig hand)는 한국, 벨기에, 덴마크, 독일 프랑스, 터키, 그리스, 루마니아에서는 성적으로 모욕하는 의미로 사용된다. 튀니지와 네덜란드에서는 성적 의미가 강해 유혹의 메시지로 사용되며, 포르투갈과 브라질에서는 "행운을 빈다"는 전혀 다른 의미로 사용

된다. 지중해 사람들은 엄지 끼우기가 악마의 눈을 피하게 해 행운을 가져다준다고 믿었다. 그래서 이는 행운의 부적으로 인식되어 많은 사람들이 오늘날에도 엄지 끼우기를 부적으로 인식하여 이의 조각품을 착용한다. 엄지 끼우기는 미국에서는 "어린이의 코"를 의미하고, 일본의 게이샤들은 달갑지 않은 손님을 의미하기도 했다 (이, 87)

- 오른 손을 수직으로 펴서 엄지를 코에 붙이는 제스처는 일본, 한국, 중국을 제외하고, 꽤 세계적으로 보급된 모욕, 경멸, 조롱의 표현이다.(飛田, 175)

- 기독교 지역에서는 엄지와 중지를 교차해 십자가 형태를 만듦으로 상대방의 행운과 안전을 기원한다. 브라질, 포르투갈에서는 엄지 끼우기를 한다. 레바논 시리아, 사우디아라비아에서는 손가락을 살짝 깨물었다 빼어 흔든다.(이, 118)

- 엄지와 검지로 귀를 만지는 동작은 이탈리아와 유고슬라비아에서는 동성애자를 암시한다. 스코틀랜드에서는 본 것을 믿을 수 없다는 "불신"을, 그리스와 터키에서는 "조심해", 러시아에서는 "저 사람 싫어"를, 스페인에서는 "식객, 공술꾼"을 나타낸다. 포르투갈과 브라질에서는 유달리 좋거나 맛이 있다는 긍정적 의미를 나타낸다. (이, 96)

- 검지와 중지에 의한 V 사인은 매우 혼란스럽다. 승리와 평화의 제스처는 흔히 손등이 자기를 향하게 해 나타낸다. 손등을 상대방을 향하게 하면 상대방을 모욕하는 것이 된다. 그런데 오스트리아, 독일, 스페인, 구 유고슬라비아 등에서는 손등이 상대방을 향하게 하여 승리의 V를 나타낸다. 이 동작은 스코틀랜드, 아일랜드, 영국, 그리스, 터키에서는 외설적 의미가 된다. 일본에서는 승리, 사진을 찍을 때 평화의 V 사인(peace sign)을 한다.(西田, 79) OK 제스처로서의 V 사인은 남미 국가에서는 우라질 놈(screw you)이란 의미를 나타낸다.(최, 38)

- 중지를 치켜세우는 동작과 엄지를 아래로 내리꽂는 제스처는 세계

의 모든 젊은이에게 상대방을 모욕하기 위한 범문화적인 손짓언어
가 되어가고 있다.(한국은 아직 그렇지 않다)(이, 43)

- 검지로 사람을 가리키는 것은 미국 이외의 나라는 경솔한 태도로
여긴다. 유럽에서는 검지로 지시하는 것을 모욕적이고 도발적이라
생각한다.(이, 228) 한국과 일본은 불손한 태도로 본다. 말레시아에
서는 지시할 때 주먹을 옆으로 세워 엄지가 상대를 향하게 한다.
검지는 동물을 지칭할 때만 사용한다. 중국과 몽골, 베트남에서도
부정적으로 인식하여 손바닥으로 지시한다.(이, 209)
- 검지로 보조개를 가리키며 나사를 박듯 둥글게 돌리면 스페인에서
는 남성을 "여자 같다"고 경멸하는 모욕이 된다. 같은 동작이 독일
에서는 "미치광이"란 의미를 나타낸다. 이탈리아와 시리아에서는
"좋다", "훌륭하다", "미인이다"라는 긍정적 의미로 쓰인다.(이, 104)
- 검지와 중지를 교차시키는 제스처는 영국과 스칸디나비아 등 북유
럽 지역에서 "행운을 빈다", "잘 되기 바란다"는 기원의 메시지를
나타낸다. 중국에서는 숫자 10을 나타낸다.(이 107)
- 일본인은 자기를 가리키기 위해 검지를 자기 코에 대거나, 코끝을
가리킨다.(飛田, 160)
- 수를 계산하는 방법도 언어에 따라 다르다. 일본에서는 하나는 검
지, 둘은 검지와 중지로 나타내나, 구미에서는 하나는 엄지, 둘은
검지와 엄지로 나타낸다. 인도에서는 손가락 바닥의 관절까지 사용
해 세므로 한 손으로도 꽤 많은 수의 계산이 가능하다.(飛田, 57)
- 수를 세는 제스처가 문화에 따라 다르다. 한국과 중국은 일본과 같
이 세는 것 같다. 구미에서는 손가락을 사용해 수를 세는 방법이
수종 있는데, 양손을 사용해 세는 방법이 일반적인 것 같다.(飛田,
167)
- 숫자 표시 동작은 네팔과 태국, 베트남, 몽골, 대만, 인도에서는
1~5까지를 셀 때 가장 먼저 검지를 편 다음 중지에서 새끼손가락
까지 차례로 펼친 뒤 마지막으로 엄지를 펼쳐 부채손을 만든다. 필
리핀에서는 주먹 쥔 새끼손가락을 가장 먼저 편 뒤 약지, 중지, 검

지, 엄지의 순으로 펼쳐 부채손이 되게 한다. 반대로 한국과 일본, 말레이시아, 인도네시아는 손을 펼쳐 엄지, 검지, 중지, 약지, 새끼손가락을 차례로 구부리는 내향적 동작을 취한다. 이렇게 되면 숫자 5의 경우 한국과 일본, 말레이시아, 인도네시아는 주먹손이 되며, 네팔과 태국, 베트남, 몽골, 대만, 인도, 필리핀은 부채손이 된다.(이, 200)

- 6~10까지의 손짓언어도 차이가 난다. 네팔, 태국, 필리핀, 인도는 한손을 펼치고 다른 손을 엄지부터 차례로 펼친다. 베트남은 검지부터 펼치고, 엄지를 마지막에 펼친다. 한국, 일본, 말레시아는 반대편 엄지로 주먹 쥔 새끼손가락부터 차례로 펼쳐나간다. 인도네시아는 주먹 쥔 손의 반대편 손의 엄지부터 펼쳐 나간다. 몽골은 부채손의 엄지부터 차례로 구부려 주먹을 만든다. 중국에서는 한 손으로 무려 9까지 표현하는 독창성과 실리성을 지녔다.(이 201)

- 일본에서는 마시러 가자고 할 때는 검지와 엄지로 잔을 들고 입으로 가져가는 제스처를 하고, 구미에서는 맥주의 자키나 글라스를 한 손으로 들고 입으로 가져가는 제스처를 한다.(飛田, 169)

- 한국, 일본, 중국 등 동아시아 문화권에서는 술 마시는 제스처로 손가락을 굽으려 술잔을 만들어 마시는 동작을 취한다. 이에 대해 동유럽과 독일 등지에서는 옆으로 주먹을 세워 입가로 가져가며, 프랑스, 이탈리아, 스페인 등의 중·남부 유럽 지역에서는 전화 거는 제스처처럼 엄지와 새끼손가락을 펼쳐 엄지를 입가에 가져다 댄다. 러시아, 폴란드 등 슬라브 지역에서는 손가락으로 목젖을 튕겨 음주를 나타낸다.(이, 39)

- 술을 한 잔 하자고 할 때 한국과 일본 중국에서는 손가락 끝을 오므린 손을 입가로 가져간다. 이란 등의 아랍권과 이탈리아, 프랑스 남부에서는 엄지를 펼치고 나머지 손가락은 컵을 쥐듯 구부려 엄지를 입 쪽으로 몇 차례 움직인다. 반면 미국과 라틴아메리카, 아랍지역에서는 엄지와 새끼손가락만을 펼쳐 입 가까이 갖다 댄다.(이, 120)

- 양손의 검지를 세워 일본과 한국에서는 노여움을 나타낸다. 이는

대부분의 나라에서는 악마, 바보, 오쟁이 진 녀석을 나타낸다. 구미
계(歐美系) 학생이 손등으로 턱을 받쳐 노여움을 표현하는 것은 일
본이나 한국 학생에게는 통하지 않는다.(飛田, 176)

- 일본인은 검지를 열쇠 모양으로 굽으려 물건을 긁는 제스처를 하여
  도둑, 스리, 몽태치기를 나타낸다. 이는 일본만의 제스처로, 중국에
  서는 숫자 "9", 구미, 아시아 제국, 아랍에서는 "열쇠, 굽으러진 것"
  을 의미함에 불과하다.(飛田, 179)

- 흡연을 나타내는 동작은 세계 전역이 거의 동일하다. 검지와 중지
  를 옆으로 담배를 피우듯 앞뒤로 움직이는 동작을 한다. 인도에서
  는 엄지 끼우기를 하여 입에 갖다 대는 동작을 한다.(이, 160)

- 한국에서는 양손바닥을 머리 위로 올려 앞뒤로 반복해서 까딱이는
  동작으로 토끼를 나타낸다. 이에 대해 싱가포르에서는 검지와 중지
  만을 펼쳐 머리 위에 올리는 형태를 취한다.(이, 56)

- 미모의 여성을 나타낼 때 브라질에서는 손을 둥글게 말아 망원경을
  보듯 눈앞에 댄다. 이탈리아에서는 검지를 뺨에 대고 나사를 조이
  듯 돌리고, 그리스와 아랍에서는 턱을 쓰다듬는다. 프랑스 출신은
  손가락에 입을 맞춘다.(이, 57, 122)

- 사우디아라비아 사람들은 검지를 펼쳐 양쪽 미간에 마치 총을 쏘듯
  겨누는 동작을 하여 "나는 못해", "할 수 없어"라는 뜻을 나타낸다.
  그리고 오른 손가락 끝으로 턱을 움켜잡아 "제발 도와주세요."라는
  도움을 요청한다.(이, 77)

- 이집트에서 양 손 검지 끝을 붙여 가볍게 두드리는 것은 "침대 위
  로 올라오라"는 뜻이며, 이탈리아 남부와 그리스에서는 결혼을 의
  미한다. 일본에서는 불안한 감정으로 "긴장 상태"임을 암시한다.
  (이, 110)

- 한국과 일본에서는 두 검지를 머리 위에 세워 화가 났다는 것을 나
  타낸다. 이에 대해 이 뿔 동작으로 태국, 말레시아, 몽골, 대만에서
  는 "소", 필리핀, 싱가포르, 미국에서는 악마, 베트남에서는 토끼를
  나타낸다.(이, 170)

- 검지와 새끼손가락을 세우는 황소 뿔 사인은 미국에서는 텍사스 주민을 상징한다. 이에 대해 이탈리아에서는 발기불능의 우둔한 남자를 조롱하는 제스처다. 뿔 모양은 원래 "배우자가 바람피운다."라는 의미의 간통을 의미한다. 따라서 이탈리아, 스페인 포르투갈, 몰타의 지중해 지역에서는 "바람둥이"를, 베네수엘라, 브라질은 좀 더 그 의미가 확장되어 "기만, 우둔", 혹은 "악마를 쫓아버리는 행위"로 사용된다. 일부 아프리카에서는 "저주"를 의미한다.(이, 89)

- 유럽과 라틴아메리카에서는 지독히 여위었거나 마른 것을 나타낼 때 새끼손가락을 세운다. 중국에서는 "별 볼일 없다", "꼴찌"라고 조롱하고 멸시할 때 이 동작을 한다. 인도와 네팔에서는 "화장실에 가고 싶다"는 의미를 나타낸다. 한국과 일본에서는 여자 친구나 애인을, 인도네시아 발리에서는 "나쁘다"를 의미한다. 프랑스에서는 "작은 새"를, 그리고 치켜 든 새끼손가락을 귀 가까이 대면 "나는 너의 비밀을 알고 있다"는 의미로 사용된다.(이, 93)

- 자신과 상대방의 새끼손가락을 걸어 한국인과 일본인은 약속을 나타낸다.(西田, 78)

- 아랍 어린이들이 두 손의 새끼손가락을 걸었다가 갑자기 당겨서 떼는 동작은 절교하겠다는 의미로, 중대한 경멸을 나타낸다.(이, 77)

- 한국을 포함한 아시아 대다수 국가는 새끼손가락을 걸어 약속을 나타낸다. 특이하게 베트남과 중국은 새끼손가락 아닌 집게손가락을 구부리며, 인도에서는 악수로 대신한다. 중동에서는 이 약속의 제스처가 "적이다"의 의미를, 이탈리아에서는 "교활한 사람이다"란 의미를 나타낸다.(이, 155)

- 새끼손가락은 한국과 일본에서 애인, 약혼녀, 이성 친구를 나타낸다. 중국에서는 무능력자를 의미한다. 미국에서도 중국과 유사한 개념으로, 매우 하찮은 것, 보잘 것 없는 것을 나타낸다. 말레시아에서는 꼴찌, 몽골에서는 "나쁘다", 유럽과 라틴아메리카, 지중해 연안에서는 마르고 여위거나, "작은 성기"를 가졌다고 상대를 조롱하는 제스처다. 인도와 네팔에서는 "화장실에 가고 싶다", "화장실에

간다"는 색다른 의미를 나타낸다.(이, 191)

2) 손을 활용한 제스처

- 일본인은 자기를 향하여 손가락을 전후로 움직여 "이리 오도록" 지시를 한다. 이러한 제스처는 중국, 한국도 비슷하다. 이는 영어권 여성들이 지나가며 친구에게 인사하는 형태, 또는 "저리 가라"는 구미계 제스처와 비슷해 혼란이 일어난다. 멕시코에서는 일본의 "이리 와"를 의미하는 제스처가 "안녕"의 제스처인 것 같다. 구미계 에서는 "이쪽으로 오라"고 지시할 때는 손바닥을 위로 향하여 엄지 이외의 네 손가락을 자기를 향하여 몇 번 전후로 움직인다. 따라서 교실 밖에서 제스처만 할 때는 문제가 발생할 가능성이 있다.(飛田, 159)

- 손바닥을 위로 하고 손가락을 오므렸다 폈다 하며, 미국인과 영국, 아일랜드, 스칸디나비아, 네덜란드, 벨기에, 독일, 오스트리아, 프랑스, 유고슬라비아 인은 "오라"는 사인을 한다. 이탈리아에서는 이 동작이 "잘 가라"는 작별 인사가 된다. 반대로 손바닥을 아래로 향하게 하고 손가락을 움직이어 이탈리아, 스페인, 포르투갈, 몰타, 튀니지, 그리스, 터키, 한국, 일본 등에서는 "오라"는 의미를 나타낸다. 이것이 영국, 프랑스에서는 "저리 가", 미국에서는 "잘 가"의 의미를 나타낸다.(이, 109) (飛田, 56)

- 미군이 가라고 하는 손짓을 오라고 하는 것으로 알고 갔다가 한국인이 부상을 당했다.(김, 54)

- 왼손 바닥으로 오른손 주먹을 비벼 돌리면 일본인 특유의 아부를 의미한다.(西田, 73)

- 일본인이 왼손으로 부채를 부치는 것은 "안락한 생활"을 나타낸다. (西田, 78)

- 대화중 자신을 가리킬 때 한국을 비롯한 대부분의 아시아인들은 손바닥을 펴 가슴에 댄다. 일본과 싱가포르에서는 검지를 펼쳐 자신의 코를 향하게 하고, 구미에서는 엄지나 쥔 주먹을 가슴에 댄다.

(飛田, 57) 필리핀에서는 주먹 쥔 엄지가 자신을 향하게 한다.(이, 209)

- 친구에게 지나가면서 인사할 때 일본인은 한 손을 올린다. 여학생의 경우 손을 얼굴 옆에서 가볍게 찔름찔름 흔든다. 또는 손을 얼굴 옆에서 가볍게 좌우로 흔든다.(飛田, 160)

- 남에게 식사를 하자고 할 때 일본에서는 왼손으로 밥그릇을, 오른손으로 젓가락을 들고 입으로 밥을 가져가는 제스처를 한다. 포크나 나이프를 사용하는 나라에서는 이들을 사용하여 자르는 제스처나, 오른 손을 작게 하여 몇 번 입으로 가져가는 제스처나, 손에 지닌 스푼을 입으로 가져가는 제스처를 한다.(飛田, 168)

- 안심했을 때 일본에서는 가슴에 손을 댄다. 한국에서도 가슴을 쓸어내린다. 그러나 대부분의 나라에서 가슴에 한 손을 대는 제스처는 "자기, 나"를 가리킨다.(飛田, 177)

- 네덜란드, 독일, 오스트리아, 이탈리아에서는 지루하다는 것을 나타낼 때 손을 펼쳐 손바닥을 위로 하고 마치 가상의 수염을 잡아당기듯 턱에서 손을 아래로 내린다. 프랑스에서는 손등을 턱에 대고 수염을 쓸어내리듯이 위아래로 문지른다. 폴란드에서는 상대방의 허리 앞에서 펼친 손을 뒤집어 손바닥이 위로 오도록 뒤집는다. 미국에서는 깍지 낀 손의 엄지를 서로 돌려 지루하다는 것을 나타낸다.(이, 114)

- 맹세는 일반적으로 오른 손을 펼쳐 들어 올리는 동작이 일반적이다. 그런데 네덜란드에서는 V 사인을 감은 눈 위에 올려놓는다. 사우디아라비아 외의 중동에서는 손바닥을 머리 위에 수평으로 펼쳐 놓는 동작을 한다. 사우디에서는 손바닥을 뺨 위에 대고 아래로 문지른다. 이탈리아 사람들은 교차시킨 양손을 가슴 위에 올려놓는다. 미얀마에서는 몸 앞으로 양손을 깍지 낀 동작을 한다.(이, 119) 국기에 대한 맹세를 할 때 왼쪽 가슴에 손을 올려놓는 나라는 미국, 한국, 일본뿐이다. 서양을 비롯해 중국, 대만, 베트남, 미얀마, 인도네시아 등 아시아 지역에서는 직립자세를 취할 뿐이다. 싱가포르에서

는 주먹을 쥔 오른손을 가슴에 댄다.(이, 138)

- 맹세는 오른손 바닥을 펼쳐 어깨 높이로 올려 나타내는 것이 보편 적인데, 사우디아라비아에서는 손바닥을 뺨에 대고 위아래로 문질 러 맹세를 나타낸다. 중동지역에서는 왕관을 놓듯 손바닥을 수평으 로 펼쳐 놓는 동작(crown touch)을 취한다. 네덜란드에서는 검지와 중지를 펼쳐 양쪽 눈을 가리는(eyes blind) 제스처를 해 맹세의 의미 를 나타낸다.(이, 79)
- 손칼 동작은 태국과 베트남, 싱가포르, 말레이시아, 인도, 몽골, 중 국, 대만, 일본에서 "해고"의 의미로 사용된다. 반면 인도네시아와 필리핀, 네팔에서는 "죽었다"라는 의미만을 지닌다.(이, 188)

2.1.3. 몸짓

제스처를 손짓과 몸짓으로 구별하여 "손짓"에 대해서는 앞에서 살펴 보았다. 따라서 여기서는 "손짓"과 구별되는, 좁은 의미의 "손짓" 이외 의 몸동작만을 "몸짓(motion)"이라 하여 살펴보기로 한다.

- 일본인의 끄덕임은 "무슨 말씀인지 알겠습니다.", "말씀을 듣고 있 습니다."라는 의미의 경우가 많다. 이를 영미인은 동의의 표현으로 오해하기도 한다.(西田, 78)
- 인도에서는 "예"나 "아마도"라고 할 때 머리를 표주박을 그리듯 좌 우로 흔들고, 부정을 뜻할 때는 일본인처럼 수평으로 좌우로 흔든 다.(西田, 78)
- 일본인은 고개를 아래위로 끄덕여 찬성이나 동의를 나타낸다.(西田, 78)
- 동감의 표시로 고개를 끄덕이는 것을 보고 그리스나 불가리아 같은 나라 사람들은 반대 의사를 표시하는 것으로 오해한다.(김, 53)
- 자신의 실수를 창피하여 비서가 미소 짓는다. 이를 보고 외국인 상 사는 비웃음으로 인식한다. 자신이 잘못 했으니 "봐 달라"고 미소

지은 비서는 이를 이해하지 못하는 상사의 반응에 분노를 느낀다. (김, 53)

- 일본인은 맞장구를 치느라 머리를 빈번하게 끄덕인다. 이는 외국인에게 찬성이라고 오해를 산다.(飛田, 110)

- 일본인은 좁은 곳에서 길을 낼 때 가벼운 인사를 하며 왼손을 가슴 높이에 올린다(手刀).(飛田,160)

- 일본인은 가벼운 사죄를 할 때 머리를 조금 숙이고, 얼굴 앞에 수직으로 오른 손을 내밀거나, 양손을 모은다.(飛田, 160)

- 일본에서는 식사 중 고기나 야채를 이로 물어 자르거나, 소리 내어 스프를 마시는 것은 흔히 있는 일이다.(飛田, 169)

- 실패한 경우 일본이나 한국에서는 혀를 내민다. 구미계는 어깨를 으쓱한다. 한국에서는 또 혀를 내미는 것으로 "약 오르지?" 하는 의미를 나타낸다.(飛田, 176)

- 일본, 대만, 인도네시아, 한국 여성은 입을 가리고 웃는다. 영국에서는 입을 가리고 웃는 것은 사람을 비웃을 때의 제스처다. 따라서 오해의 여지가 있다.(飛田, 167)

- 아이들을 귀여워할 때 일본에서는 머리를 가볍게 만지거나 두드린다. 구미에서는 볼을 집거나 턱을 간질이거나 한다. 인도 등에서는 뺨을 꽤 세게 탁탁 때린다고 한다. 타이에서는 아이의 머리에 손을 대는 것은 터부로 여긴다.(飛田, 177)

- 눈을 깔고 머리를 숙이는 것은 일본과 한국에서는 사죄를 나타내는 제스처다. 두 손을 비비기도 한다. 서구에서는 눈을 내리깔고 시선을 피하면 거짓말을 하는 것으로 본다.(飛田, 179)

- 일본인은 무엇을 부탁할 때 양손(혹은 한손을)을 가슴 앞에서 잡고 합장 배례하는 것 같은 제스처를 한다. 이는 외국인에게 기묘하게 비친다.(飛田, 179)

- 눈꺼풀 잡아당기기(eyelid pull)는 이탈리아에서는 "조심해", 영국과 프랑스에서는 "나를 속이지 못할 걸"이라는 자부심을 나타낸다. 유고슬라비아에서는 "슬픔"이나 "실망"을 나타낸다.(이 98)

- 아랍에서는 한 손으로 목을 움켜잡아 "너의 목을 조르고 말거야"라는 위협을 나타내고, 파푸아뉴기니에서는 자살의 의미를 나타낸다. 라틴아메리카에서는 "감옥에 간다."는 경고를 나타내고, 이탈리아에서는 "더 이상 먹을 수 없다"는 의미를 나타낸다.(이, 110)
- 미쳤다, 돌았다를 나타내기 위해서는 많은 나라에서 손으로 이마를 친다. 미국, 체코 등 동유럽에서는 집게손가락으로 관자놀이에 대고 빙글빙글 원을 그린다. 독일에서는 뺨에 검지를 대고 돌리는 동작을 한다. 페루에서는 검지로 관자놀이를 두들기며, 네덜란드에서는 이마 가운데를 친다.(이, 124)
- 화가 났다는 제스처는 유럽과 미국에서는 두 주먹을 마주 붙여 빨래를 짜듯 쥐어짜는 동작을 한다. 이탈리아에서는 검지를 입에 넣고 물어뜯는 공격적 행위를 하고, 한국에서는 머리 위에 검지를 세워 화가 났다는 것을 나타낸다.(이, 125)
- 전 세계적으로 이성의 손바닥을 간질이는 행위는 성적교섭 제안을 의미한다. 중동에서는 엄지로 여성의 손을 간지럽힌다. 요르단에서는 검지를 수평으로 펴 콧등을 문질러 여성을 유혹한다. 이집트에서는 검지 끝을 나란히 맞붙여 가볍게 내리치는 동작으로 동침하자는 메시지를 전한다.(이, 127)
- 방향을 지시할 때 인도에서는 턱, 말레이시아에서는 엄지를 사용한다. 일본과 중국에서는 손바닥을 사용한다. 필리핀에서는 입이나 혀를 뾰족이 내밀어 표현한다. 영국인은 머리만 움직여 방향을 가리킨다. 필리핀, 몽골, 말레이시아, 태국, 싱가포르 등 많은 지역에서는 집게손가락으로 지칭하는 것을 경솔하고 무례한 동작으로 보아 손바닥을 사용한다.(이, 211)

2.1.4. 자세

Hewes(1957)에 의하면 인간의 자세, 언동, 태세, 태도와 같은 신체의 움직임은 1,000종 이상이 있다고 한다. 이들은 가지가지 의미를 드러낸다. 이는 다음의 "거리"와도 관계를 가진다.

- 일본의 인사 제스처는 절을 하는 것이고, 미국의 제스처는 악수다.
  (西田, 77)
- 공손히 절하는 것처럼 일본인이 손을 모으는 것은 부탁을 나타낸
  다.(西田, 78)
- 인사할 때 일본에서는 절, 미국에서는 악수라 일러지나, 청취조사에
  의하면 악수는 그리 보편적 인사 매너가 아니고, 가벼운 인사(會釋),
  포옹, 어깨 끌어안기, 볼 비비기, 키스 등을 성별, 연령, 친밀함의
  정도에 따라 인사의 제스처로 분류하고 있는 것 같다.(飛田, 163)
- 한국은 일본과 같이 절을 깊고 오래 할수록 정중하다고 생각하고
  있다. 중국, 홍콩, 대만 등에서는 기본적으로 악수를 하는 것 같다.
  이슬람권에서는 동성 간에는 키스나 포옹도 한다. 인도네시아 등에
  서는 머리를 숙여 절을 하나, 친구 사이는 손을 흔들고 미소를 짓
  는 경우가 많다. 영어권에서는 미소를 짓는 것이 일반적이나, 격식
  을 차릴 때는 악수를 한다. 라틴계의 여러 나라에서는 포옹도 일반
  적이라 한다.(飛田, 163)
- 인사법은 문화적 전통에 따라 목례와 악수, 포옹, 입맞춤을 비롯해
  다양하다. 유럽에서는 볼에 입을 맞추는 비주(bisous)가 행해지며, 태
  국과 인도에서는 두 손을 모아 합장한다. 아랍과 아메리카, 스페인,
  이탈리아, 수단, 몽골인은 포옹 후에 어깨를 두드리는 아브라소
  (abrazo) 인사법을 즐겨 한다. 이스라엘에서는 마주 서서 서로 어깨
  를 두드리며 샬롬(shalom)이라는 인사말을 전한다. 알래스카에서는
  부탠니(butanni)라며 두 주먹을 코 앞에 대고 상대방의 주먹과 서로
  비비댄다. 에스키모족은 서로 뺨을 쳐 반가움을 나타내는데 셀수록
  반가움의 정도가 높다고 한다. 뉴질랜드의 마오리족은 키아오라(kia
  ora)라면서 손을 잡고 상대방의 코를 두 번 비비는 홍이(hongi)라는
  인사를 한다.(이, 134)
- 일반적으로 지위가 높은 사람은 느슨한 자세를 취하고, 지위가 낮

은 사람은 꼿꼿하고 긴장된 자세를 취한다.(김, 213)
- 서구문화권에서는 팔다리를 벌리고, 앞으로 기울이고, 서로 눈길을 교환하는 자세는 상대방을 긍정적으로 대함을 의미한다.(김, 214)
- 자세에 의한 표현의 억제를 일본에서는 긍정적 대인관계로 인식한다.(김, 214)
- 미소를 자주 짓고 팔다리를 벌리는 모델을 미 대학생은 매력적이라 보고, 일본 대학생은 비 매력적이라 본다.(김, 214)
- 식사 매너는 나라와 문화에 따라 크게 다르다. 따라서 상호 불쾌감의 원인이 되기도 하므로 학습자의 이해를 깊게 하는 것이 바람직하다.(飛田, 168)
- 일본인은 선물을 눈앞에서 뜯어 내용물을 확인하지 않는다. 이는 한국, 인도네시아. 아랍 제국도 마찬가지다.(飛田, 181)
- 라틴아메리카 인디언의 아두투(adutu)족과 부루루(bururu)족은 대화할 때 상대방으로부터 몸을 돌려 다른 물체를 응시하는 습관이 있다.(이, 30)
- 일본인은 무릎을 꿇고 쪼그리고 앉는 자세를 예의 바르다고 생각하지만, 중국과 몽골에서는 타인 앞에 무릎을 꿇는 것은 기도할 때나 용서를 구하는 경우뿐이라고 이를 기피한다.(이, 32)
- 일본인은 연장자에게 최대한 몸을 굽히는 것을 존경의 표시로 생각하지만, 중동의 무슬림은 허리와 고개를 숙이는 대상은 오직 신밖에 없다고 생각해 허리를 굽히거나 고개를 숙이지 않는다.(이, 32)
- 유럽에서는 무릎 위에 반대쪽 다리의 발목을 걸쳐 놓는 4자형 자세를 상당히 경멸한다. 한국이나 일본인은 흔히 의자에 앉을 때 이런 자세를 취한다.(이, 32)
- 인도인은 사죄할 때 귓불을 잡는다. 일반적으로 사과할 때는 말레이시아인처럼 합장하고 위아래로 흔든다. 우리나라처럼 손바닥을 비비는 동작은 중국과 인도네시아에만 보인다. 태국에서는 고개를 숙여 합장하듯 두 손을 모은다.(이, 152)

2.1.5. 외관

사람들은 갖은 조작을 하여 외관을 유지 창조하려 한다. 외관에 의한 전달에 동원되는 신체부위로는 신체·체형(의복), 머리(髮), 얼굴(화장·성형수술), 피부(입묵 등), 발(신) 등이 있다. 이들은 자기의 정체성, 집단의 성원, 사회적 지위, 개성 등 다양한 의미를 전달한다.

- 미니스커트는 성에 대한 금기에 도전하는 반문화의 상징이었다.(최, 98)
- 낡고 바랜 청바지, 다양한 헤어스타일은 평화를 원하는 젊은이들의 언어였다.(최, 98)
- 중치막과 도포는 양반만이 착용할 수 있는 지배계층의 전유물이자 상징이었다.(최, 100)
- 신체 장식은 사회적 지위, 성적 차이, 집단에 대한 충성, 멋 등의 속성을 나타낸다.(최, 103)
- 상투를 잘라 없애는 것은 수천 년간 나라의 기틀을 지켜온 정체성을 파괴하는 일이기에 큰 충격이었다.(최, 104)
- 신체 특성은 나라마다 기준이 다르다. 피지, 파푸아 뉴기니, 통가 등의 남태평양군도와 아프리카 사람들은 비만한 여성을 아름답다고 선호하는 데 대해, 일본에서는 왜소한 체격의 여성을 매력적이라 생각한다.(이, 31)

2.2. 시선접촉학의 대상으로서의 비언어행동

"눈은 입처럼 말한다."고 하듯 눈길(視線)은 강력한 커뮤니케이션의 수단이다. 이는 눈길은 커뮤니케이션에서 우선 상대방의 반응을 모니터하고, 주의를 환기하며, 상대방을 설득하고, 대화의 흐름을 조절하고, 감정을 표현하고, 인상을 조작하는 등의 기능을 한다. 이러한 시선을 다루는 시선접촉학(oculesics)은 상대방과의 시선 주고받기, 시선을 보내는 타이밍 및 지속 시간과 빈도 등을 연구 대상으로 한다. 이 밖에 형(形)과 색(色)과 광(光)과 같은 시각기호의 문제도 다룬다.

- 구미문화에서는 시선접촉이 경의의 표시다.(西田, 41)
- 일본에서는 빤히 바라보는 것은 반항적이라 해석된다.(西田, 41-42)
- 미국의 백인계는 말을 들을 때 시선접촉을 예의로 생각한다. 눈을 내리뜨는 태도는 흥미가 없다는 메시지로 본다.(西田, 72)
- 손윗사람과 말할 때 시선을 딴 데 돌리는 것이 전통적 일본의 비언어 전달이라고 많은 문헌에 적혀 있다. 한국도 마찬가지다. 시선을 맞추지 않는 것은 불성실, 자신의 결여로 생각하는 구미계의 나라 및 아랍 제국과 다른 점이다.(飛田, 183)
- 한국 사람은 상대방의 마음을 헤아리기 위해 눈치를 본다. 맥락에 의존하는 "눈치 문화"가 발달되었다.(김, 226)
- 일본에서는 눈썹을 위로 치켜세우는 것을 경박하다고 생각하는데, 중부 유럽에서는 애인이나 친구에게 인사를 전하는 방식으로 사용한다.(이, 29)
- 한국, 일본, 중국 등의 아시아 지역에서는 연장자의 눈을 똑바로 쳐다보는 것은 무례한 것으로 본다. 이에 대해 북아메리카와 유럽에서는 똑바로 쳐다보지 않는 사람을 불성실하며, 신뢰할 수 없는 사람으로 생각한다.(이 30)
- 대부분의 미국인들은 시선 피하는 것을 상대방이 자신을 멸시하는 것으로 해석한다. 특히 흑인들은 말을 할 때 상대방의 눈을 지속적으로 쳐다보나, 남의 말을 들을 때는 눈길을 피하는 경향이 있다. 우리나라에서는 어린이가 야단을 맞을 때 고개를 숙이고 반성하는 기미를 보여야 좋아한다. 고개를 뻣뻣이 들고 어른을 똑바로 쳐다보는 것은 반항의 의미로 본다. 그러나 미국에서는 반대로 시선을 회피하는 것은 무례하다고 본다.(이, 298)
- 검정색—한국은 죽음, 또는 상중임을 나타낸다. 중국, 일본, 미국도

마찬가지이다. 아프리카 카리브 문화권은 검은 색을 아주 좋아한다. (김, 54)

- 모슬렘 문화권은 초록색이 성스러움을 나타내고, 중국은 간음을 나타낸다.(김, 54)
- 신부의 드레스는 하얗다. 그런데 인도의 일부 지역은 빨간색이 결혼 색상이다.(김, 54) 중국도 붉은 색을 선호한다.

2.3. 신체접촉학의 대상으로서의 비언어행동

사람들은 신체의 각 부분을 접촉하며 무엇인가 의미를 전달한다. 악수, 포옹, 입맞춤과 같이 친애나 애정을 나타내기 위해 이들을 기호로 사용하는 것이 그것이다. 신체접촉학(haptics)은 상대방과의 이러한 신체접촉과 커뮤니케이션의 관계를 연구한다. 신체접촉은 개인에 따라서도 차이가 나지만 문화에 따라 접촉의 차이를 보인다. 신체접촉은 라틴아메리카와 아랍국가가 많이 하고, 독일, 영국은 상대적으로 적게 한다(西田, 2,000). 일본인은 미국인보다 5할 정도 적다고 한다(Barnlund, 1975). Axtell(1991)은 각 나라의 이러한 신체접촉의 정도를 "비접촉", "중간", "접촉"의 세 단계로 나누어 다음과 같이 제시하고 있는 것을 볼 수 있다.

비접촉 : 일본, 미국과 캐나다, 영국, 스칸디나비아, 북유럽, 호주
중간 : 프랑스, 중국, 아일랜드, 인도
접촉 : 중동국가, 남미, 그리스, 스페인과 포르투갈, 한국과 일부 아시아 국가, 러시아

이 밖에 로즈나함(1988)은 촉각이란 시점에서 악수를 분석하여 다섯 가지 유형으로 나누고, 악수의 중요한 요소로서 누가 먼저 손을 내미는가, 얼마나 빨리 거기 응하는가, 어느 정도 세게 쥐는가, 어느 정도 오래

쥐는가, 다른 손도 사용하는가 등에 따라 악수가 전하는 의미를 분류하고 있는 것도 볼 수 있다(飛田, 2001). 신체접촉과 관련된 비언어행동은 다음과 같은 예들이 있다.

- 서반구의 라틴아메리카 여러 나라, 남쪽의 모로코, 북쪽의 스페인, 포르투갈, 지중해 지역의 프랑스, 이탈리아, 그리스, 이집트, 중동의 아프가니스탄, 파키스탄, 동남아의 인도네시아, 필리핀 등은 접촉이 많은 문화권이다. 이에 대해 미국, 캐나다, 북유럽, 호주는 이 영역에서 제외된다. 러시아를 포함한 슬라브족 국가들은 중간에 해당한다. 인도는 비교적 접촉이 많은 나라다. 이에 대해 한국, 중국, 일본은 접촉이 적은 문화권에 해당한다.(최, 59)
- 접촉이 많은 문화권에서는 많은 사회에서 동성 끼리 접촉을 많이 한다. 그러나 미국, 이스라엘, 프랑스 브라질 등의 경우는 이성간의 접촉이 매우 많다.(최, 59)
- 스페인, 이탈리아, 포르트갈, 동 유럽 일부 및 아랍 국가에서는 남자들끼리 키스로 인사한다. 일본 및 기타 아시아 문화권에서는 연인끼리의 로맨틱한 관계에서만 키스로 인사한다.(西田, 80)
- 라틴 아메리카의 국가에서는 남자들끼리의 포옹이 인간관계를 만드는 중요한 요인으로 꼽힌다.(西田, 80)
- 일본에서는 남의 아이의 머리를 쓰다듬어 "착하다, 귀엽다"는 의미를 나타내나, 태국이나 그 밖의 동남아 불교 국가에서는 혼을 잃어버린다고 하여 재수 없는 행동으로 꺼린다.(西田, 81)
- 여학생들이 손을 잡거나 팔짱을 끼는 것이 한국이나 일본에서는 친하다는 것을 나타내나, 미국인에게는 동성연애자로 오해를 받는다. (西田, 82)
- 한국의 여성들이 동성 간에 손을 잡고 걷거나 춤을 추는 것을 보고 미국인은 동성애로 오인하고 충격을 받는다.(김, 215)
- 한국 대학생이 친구의 무릎을 베개 삼아 눕거나, 친구 다리를 예사로 만지는 것을 보고 동성애자로 오해한다.(김, 53)

- 악수를 콜롬비아인은 자주하고, 모든 사람과 하고 오래한다. 아랍 남자는 타문화권 사람과는 대화 시작할 때, 헤어지려고 일어설 때, 헤어질 때 다시 한다. 케냐, 브라질, 칠레 등 많은 나라는 남성이 여성에게 악수를 청한다. 인도는 남성이 먼저 악수를 청하지 않는다. 많은 아시아 문화권 사람들은 악수를 선호하지 않는다. 한국, 일본은 절을 선호한다. 태국은 일부 서구화된 사람만 악수를 하고, 대부분은 두 손을 모아 가슴까지 올려 기도하는 모습의 인사(wai)를 더 선호한다. 인도에서도 이러한 제스처가 악수보다 자주 사용된다. 멕시코, 중앙아메리카, 남아메리카, 스페인 등에서는 친근하지 않은 사람들 사이에 악수가 일반적 인사 방법이다. 가까운 사이는 포옹(abrazo)이 선호된다. 포옹은 주로 남성들 사이에 이용되며, 남녀 사이에서도 이용된다. 포옹 뒤에 키스가 추가된다. 여성들은 손이나 팔을 잡으면서 뺨에 간단한 키스를 한다.(김, 217)

- 이탈리아, 스페인, 콜롬비아, 프랑스의 라틴계와 폴란드, 러시아 등의 슬라브계는 악수를 좋아한다. 특히 프랑스인은 남성과 여성, 낯선 이들을 가리지 않고 아무에게나 악수 청하기를 좋아한다. 하루 몇 번씩 같은 사람과 악수를 나누는 일도 전혀 이상할 것이 없다. 이들은 손이 젖었거나 다쳤을 때는 손목이나 팔뚝을 내밀 정도로 악수가 습관화되어 있다. 이탈리아인과 콜롬비아인은 악수 시간이 비교적 긴 것이 특징이다. 폴란드와 오스트리아에서는 아무리 많은 사람이 모였더라도 일일이 악수를 건네는 것이 습관이 되어 있다. 악수를 하지 않을 경우 무례한 사람으로 취급되므로 시간이 걸려도 일일이 악수를 나눈다.(이, 75)

- 이와 대조적으로 독일인과 영국인은 악수에 그다지 호의적이지 않다. 이들은 회합이나 파티에서 마지못해 악수를 하는 경향이 농후하다. 영국인은 초면의 남성에게만 악수를 건네고, 두 번째부터는 악수를 생략한다. 아무리 반가운 얼굴일지라도 구면이면 손을 잡아서는 안 되는 것이다. 독일에서는 힘이 들어간 악수는 기분이 최상이라는 의미이며, 오래 잡고 흔들면 진한 친밀감을 가지고 있다는

뜻이며, 뼈가 으스러질 정도로 잡고 놓지 않으면 특별한 존재로 여기고 있다는 의미다.(이, 75)

- 미국인들은 가까이 다가가 악수를 청하며, 펌프질하듯 세차게 손을 흔든다. 브라질 등 라틴아메리카에서는 여성과 악수할 때 손등에 입을 맞추는 경우가 적지 않다. 키르기스스탄에서는 양손을 잡고 악수하는 것이 서로의 정과 우애가 깊음을 나타낸다. 말레시아, 사우디아라비아, 수단, 우즈베키스탄, 이란 등에서는 왼손을 가슴에 대고 오른 손으로 악수를 청하는 자세도 있다.(이, 76)

- 대화중의 신체 접촉은 미국의 경우는 거의 없다. 특별한 경우 여성의 주도로 이루어진다. 중동은 신체접촉이 많은 문화권으로 대화중 해설용으로 접촉을 많이 이용한다. 여성들 사이는 물론 남성들 사이에서도 이루어진다. 아르헨티나, 멕시코, 유럽에 거주하는 유대인들 사이에서는 옷자락을 붙들고 길게 이야기하는 사람이 많은데, "당신은 나의 친구이며, 내가 지금 하는 이야기를 들어보기 바라네"라는 의미를 지닌다. 중동, 멕시코에서는 개인간의 신뢰 관계 성립 후 신체 접촉을 하는데, 이는 비즈니스 처리과정의 중요한 부분이다.(김, 218)

- 커피숍에서 성인 남녀 한 쌍의 시간당 접촉 횟수를 보면 푸에르토리코의 산후안 180번, 파리 110번, 런던 0번, 미국 플로리다 2번으로 나타났다.(김, 219)

- 태국, 인도네시아, 말레이시아, 라오스 등의 동남아시아에서는 어린이의 머리를 만지지 못하게 한다. 머리를 만지면 병에 걸린다고 생각한다.(이, 31)

2.4. 근접공간학의 대상으로서의 비언어행동

사람들은 생활해 가는데 일정한 영역, 다시 말하면 공간을 가진다. Hall(1966)은 커뮤니케이션의 장에서의 개인의 공간이 통상 친밀거리

(intimate distance), 개인거리(personal distance), 사회거리(social distance), 공중거리(public distance)의 네 종류가 있다고 한다. 친밀거리는 연인이나 친구, 부자(父子) 등이 포옹하거나 손을 잡는 거리대(距離帶)로 45cm 이내의 거리다. 이에 대해 개인거리는 길에서 만난 두 사람이 대화할 때의 거리로, 45~120cm의 거리대이고, 사회거리는 비즈니스를 하는 거리대, 부부가 가정에서 편히 쉬는 거리대로, 120~360cm의 거리대다. 공중거리는 강의, 연설 등의 집회에서 연사와 청중의 거리대로, 360cm 이상의 거리대라 한다. 이러한 공간을 이방인이 침범해 오면 거부감을 갖게 된다. 근접공간학(proxemics)은 다른 사람과의 이러한 거리와, 자기 공간 의식과 공간 개념 등이 커뮤니케이션과 어떤 관계를 갖는가를 연구한다. 이들 대상으로서의 비언어행동은 다음과 같은 것이 보인다.

- 대화거리는 성, 문화, 상황, 태도와 감정에 따라 차이를 보인다.(최, 113)
- 남이 개인공간에 들어오면 위협을 느끼며, 반대로 그 공간에서 멀리 떨어져 나가면 불안을 느낀다. 그래서 일련의 미묘한 공간조정이 이루어진다.(김, 228)
- 라틴아메리카 인들은 거리를 두고 상담하는 경우 냉정하고 건방지다고 느낀다.(西田, 83)
- 비교적 대인접촉을 하지 않는 "비접촉문화(non-contact culture)"인 미국은 남미나 남부 유럽 등 대인간의 접촉이 많은 "접촉문화"와 비교하면 대인거리(對人距離)가 멀다고 할 수 있다. 그러나 일본인이나 중국인은 미국인과 비교할 때 더욱 먼 대인간의 거리를 두기 때문에 미국의 대인거리조차도 가깝다고 할 수 있다.(西田, 178)
- 높은 커뮤니케이터 가치를 가진 사람이 거리에 관한 기대를 위반하고 가까이 갔을 때 "매력적"이라는 등 인상을 남기지만, 낮은 커뮤니케이터의 경우는 그렇지 아니하다.(西田, 180)

2.5. 시간개념학의 대상으로서의 비언어행동

시간개념학(chronemics)은 시간과 커뮤니케이션의 관계를 다루는 학문영역이다. 사회생활을 함에 있어 시간과 커뮤니케이션 상의 시간의 대응을 연구한다. 시간 대응은 개인적 견해를 따를 수도 있으나, 사회와 문화가 크게 작용한다. Hall(1959)은 시간을 공식적 시간(formal time), 기술적 시간(technical time), 비공식적 시간(informal tine)으로 나누고 있다. 또한 Bruneau(1990)는 시간을 단일적 시간(monochronic time) 체계와 다원적 시간(polychronic time) 체계로 나누기도 한다. 이는 간단히 말해 문화적 차이로, 전자가 1 대 1의, 후자가 1 대 다(多)의 약속을 하고 대응하는 것이다. 단일적(M) 시간은 인간관계보다 정해진 스케줄을 우선시한다. 이들 문화에서는 "한다"는 행동을 중시한다. 미국, 스위스, 독일이나 북유럽국가가 이런 시간 취급 방식을 택한다. 다원적(P) 시간은 시간의 흐름 속에 복수의 사항이 동시에 얽혀 진행된다고 생각하는 것이다. P시간은 스케줄보다 인간관계를 우선시한다. 남유럽, 아랍, 라틴아메리카의 국가들이 이러한 시간 취급방식을 택한다. 일본은 전통적으로 P시간 방식을 취했으나, 근대화과정을 거치며 점차 M시간의 측면이 많아졌다고 본다(西田, 2,000).

- 시간의 흐름이 가장 빠른 곳은 스위스, 가장 느린 곳은 멕시코로 밝혀졌다. 한국은 18위를 기록했다.(김, 234)
- 아프리카 사람들은 회화에서 동시에 두 사람이 말하면서 메시지를 함께 만들어가는 경향이 있다.(call and response)(西田, 42)
- 일본인의 회화에도 공화(共話)라는 스타일이 있다.(西田, 42)
- 미국인이 주최하는 파티에는 15~20분 늦게 가는 것이 좋고, 인도나 라틴아메리카 인이 주최하는 경우에는 시작 시간이 2시간이나 그 이상 뒤인 경우가 적지 않다고 한다.(西田, 85)

- 아메리카 인디언은 과거를 중시하고, 일본인은 과거를 중시하고 현재를 소중히 여기며, 미래를 내다보는 문화라 한다.(西田, 87)
- 서양문화에서는 침묵이 무시되나, 동양문화에서는 중요한 커뮤니케이션의 수단으로 사용해 왔다. 이는 고맥락문화와 저맥락문화로 구분된다.(西田, 88) 번스타인은 이를 억제 코드와 복잡 코드라는 용어를 사용해 커뮤니케이션을 설명했다.(西田, 89)
- 일본인의 발언 사이의 침묵은 자신의 역할, 상대의 지위나 연령을 고려하고 있는 시간대라고 생각하면 된다.(西田, 90)
- 미국인과 영국인은 과거를 강조한다.(김, 235)
- 남미인, 필리핀인, 멕시코인은 현재 지향적이어서 현재 진행하고 있는 것을 강조한다. 현재의 즐거움을 찾으며, 즉시성을 중시한다. "오늘을 위해 살아라. 먹고 마시고 즐거워하라. 내일이면 죽을지도 모르니까"(김, 235)
- 영국계 미국인은 미래 지향적이다. 오늘 절약한다면 좀 더 밝은 내일이 온다는 신념을 중시한다.(김, 235)

2.6. 향취접촉학의 대상으로서의 비언어행동

향취접촉학(olfactics)은 후각적 감각과 커뮤니케이션의 관계를 다룬다. Hall(1966)에 의하면 아랍인은 친구의 냄새를 맡고 인간관계를 굳건히 하려 한다. 인간은 감정의 표시로서 외면적 화학 메시지(external chemical message)를 발산한다고 한다. 냄새는 향수, 로션, 기타 유독 가스 등 의도적 조작의 대상도 된다. 커피 향기, 된장국 냄새가 조반을 의미하는 것은 이러한 냄새에 의한 비의도적 정보전달에 해당된다.

- 아시아인들은 겨드랑이 냄새를 꺼리지만 아랍권에서는 냄새가 큰 역할을 한다. 아랍인들은 상대방에게 숨결이 닿을 만큼 숨을 내쉬며, 이야기한다. 숨결이 친구에게 닿지 않는 행위는 부끄러운 행위

이기 때문에 숨을 내쉬는 행위는 우정을 나타낸다.(최, 94)
- 아랍인에게 좋은 몸 냄새는 상대방의 호감을 살 뿐 아니라, 서로 관계를 맺는 방법이 된다. 반면에 일본인들은 겨드랑이 냄새가 나는 남성들을 환자로 취급했고, 심지어는 군복무에서 제외하는 이유가 되기도 했다.(최, 94)

2.7. 부차언어학(para-linguistics)의 대상으로서의 비언어행동

부차언어학(para-linguistics)은 말하는 내용이 아니라, 말하기나 소리내기에 의한 감정의 전달 등을 연구하는 분야다. 따라서 입말에 수반되는 각종 음성적 수단이 분석된다. David(1964)는 목소리의 조작에 의해 열 가지 감정을 나타낼 수 있다는 것을 실험에 의해 증명하였다. Trager(1958)에서는 파라언어(paralanguage)를 말소리의 질과 음성화의 둘로 나누고, 이들을 다음과 같이 설명하고 있다.

(1) 음성의 질 : 음성의 높이의 폭, 음성의 높이의 조절, 리듬의 조절, 템포, 공명, 성문의 조절, 입술의 조절
(2) 음성화 :
   ① 음성의 성격 규정(vocal characterizers): 웃다, 울다, 탄식하다, 기침, 심호흡 등
   ② 음성수식(vocal qualifiers): 세기, 피치의 높이, 길이
   ③ 음성분리(vocal segregates)

이 밖에 연접 이상의 침묵, 응수의 반응시간, 잘못 말하기 등도 이 분야에서 다루어진다.

- 식사 중, 또는 식사 후 트림은 그리 나쁜 것은 아니다. 중국에서는

충분히 식사했다는 표시로 보는 것 같다. 아랍 제국도 마찬가지다.
그러나 한국 및 구미에서는 싫어하는 식사 매너다.(飛田, 170)
- 일본에서는 식사 중 고기나 야채를 이로 물어 자르거나, 소리 내어
  스프를 마시는 것은 흔히 있는 일이다.(飛田, 169)

3. 결어

언어교육은 문화교육과 함께 행해져야 한다. 문화교육 없이 언어교육
을 한다는 것은 언어도단이다. 이런 면에서 언어행동(verbal behavior)도 물
론 문화교육과 함께 행해져야 하지만, 비언어행동(non-verbal behavior)은 더
욱 그러하다. 대부분의 경우 문화적 차이가 비언어행동의 차이를 빚어내
기 때문이다.

한국어교육, 다시 말하면 문화가 다른 이방인(異邦人)들에게 외국어로
서의 한국어교육을 효과적으로 수행하고, 저들이 한국어를 원만하게 구
사되도록 하기 위해 한국과 다른 저들의 비언어행동을 살펴보았다.

비언어행동은 독립적으로, 또는 언어행동과 함께 수행된다. 이는 독립
적으로 커뮤니케이션을 하는 외에 언어행동을 보조하는 역할을 한다. 이
러한 비언어행동은 언어행동의 중복(repeating), 부정(contradiction), 대체
(substituting), 보충(complementing), 강조(accenting), 조절(regulating) 등의 역할
을 한다.

비언어행동은 문화에 따라 차이를 보인다. 이러한 사실은 앞에서 구체
적으로 많은 사례를 제시한 바와 같다. 여기서 다시 한 번 민족문화에
따라 다른 비언어행동과, 우리와 상이한 비언어행동(非言語行動)을 몇 개
참고로 들어 보기로 한다.

- 승리의 V 사인을 오스트리아, 독일, 스페인, 구 유고슬라비아 등에서는 손등이 상대방을 향하게 하여 나타낸다. 이 동작은 스코틀랜드, 아일랜드, 영국, 그리스, 터키에서는 외설적 의미를 드러낸다. 이들 나라에서는 손등이 자기를 향하게 하여 V사인을 한다. V사인은 일본에서는 승리 외에, 특히 사진을 찍을 때 peace sign으로 사용된다. OK 제스처로서의 V 사인은 남미 국가에서는 우라질 놈(screw you)이란 의미를 나타낸다.

- 숫자를 나타내는 비언어행동은 네팔과 태국, 베트남, 몽골, 대만, 인도에서는 1에서 5까지의 숫자를 셀 때 주먹을 쥔 뒤 먼저 검지를 편 다음 중지에서 새끼손가락까지 차례로 펼친 뒤 마지막으로 엄지를 펼쳐 부채손을 만든다. 필리핀에서는 주먹 쥔 새끼손가락을 가장 먼저 편 뒤 약지, 중지, 검지, 엄지의 순으로 펼쳐 부채손을 만든다. 반대로 한국과 일본, 말레이시아, 인도네시아는 손을 펼쳐 엄지, 검지, 중지, 약지, 새끼손가락을 차례로 구부리는 내향적(內向的) 동작을 취한다. 이렇게 되면 숫자 5의 경우 한국과 일본, 말레이시아, 인도네시아는 주먹손이 되고, 네팔과 태국, 베트남, 몽골, 대만, 인도, 필리핀은 부채손이 된다.

- 한국과 일본에서는 두 검지를 머리 위에 세워 화가 났다는 것을 나타낸다. 이러한 뿔 동작으로 태국, 말레시아, 몽골, 대만에서는 소, 필리핀, 싱가포르, 미국에서는 악마, 베트남에서는 토끼를 나타낸다.

- 인도에서는 "예"나 "아마도"라고 할 때 머리를 표주박을 그리듯 좌우로 흔들고, 부정을 뜻할 때는 수평으로 좌우로 흔든다. 이에 대해 한국과 일본에서는 부정은 머리를 좌우로 흔들고, 긍정은 상하 수직으로 끄덕인다.

원만한 이문화 커뮤니케이션을 하기 위해서는 이러한 비언어행동의 차이를 인식하고, 이에 대한 적극적 대처를 해야 한다. 그렇게 하지 않을 경우 상대방의 이러한 커뮤니케이션 행동은 무의미하거나, 오해를 불러 일으키거나, 충격을 안겨준다. 이러한 비언어행동은 커뮤니케이션에 의한 소통(疏通)과 협동(協同)이 아니라, 불신(不信)과 충돌(衝突)을 낳게 된다. 따라서 이문화 커뮤니케이션을 하기 위해서는 서로 다른 비언어행동을 알아야 하고, 이러한 행동을 하게 되는 문화적 배경을 알아야 한다. 그러기에 기업체에서는 외지(外地)에 나가 근무하는 사원들에게 이러한 문화와 비언어행동을 사전에 교육을 하고 근무지에 파견한다. 커뮤니케이션의 장애를 없애기 위해서다. 이러한 사실은 외국어교육이 바로 문화교육임을 증언하는 것이다.

외국어교육(外國語敎育)에서는 따라서 언어행동만이 아니라, 이러한 비언어행동에 대해 주의를 기울이고, 응분의 문화교육을 해야 한다. 한국어교육에서도 마찬가지다. 한국어교육에서는 그간 문화교육이 제대로 행해지지 않았다. 행해졌다면 언어행동과 관련이 없는 문화를 가르쳤을 뿐이다. 이문화 커뮤니케이션에 대한 지식이 없어 문화교육이 꾀해지지 못한 것이다. 비언어행동은 언어행동에 못지않게, 아니 그보다 훨씬 커뮤니케이션에서 큰 비중을 차지한다. 따라서 비언어행동의 교육을 강화해야 한다. 이러한 비언어행동에 대한 교육은 일방적인 것이 아니라, 상호간의 비언어행동을 이해하는 교육으로 꾀해져야 한다. 그래야 문화적인 충격을 줄이고, 보다 잘 이해하고, 보다 잘 의사소통을 하게 된다.

이 글에서는 우선 댓 개의 텍스트를 중심으로 우리와 다른 나라나 민족의 비언어행동을 조사하여 제시하였다. 이러한 자료는 많을수록 교육적 효과가 거두어질 것이다. 따라서 보다 원만한 이문화 커뮤니케이션을 할 수 있도록 한국어교육의 대상이 되는 각 민족과 국가의 비언어행동을 좀 더 폭넓게 조사·발굴하여 교육에 활용하도록 하여야 하겠다.

참고문헌

김숙현 외(2001), 한국인과 문화간 커뮤니케이션, 커뮤니케이션북스.

박갑수(2005), 국어교육과 한국어교육의 성찰, 서울대 출판부.

이노미(2007), 손짓, 그 상식을 뒤엎는 이야기, 바이북스.

최윤희(2004), 비언어 커뮤니케이션, 커뮤니케이션북스.

小池生夫 外編(2003), 應用言語學事典, 硏究社.

西田ひろ子 編(2000), 異文化間コミユニケーシヨン入門, 박용구 옮김(2005), 이문화간 커뮤니케이션, 커뮤니케이션북스.

芳賀 綏(1988), 言語生活, 金田一春彦 外編(1988), 日本語百科大事典, 大修館書店.

飛田良文(2001), 日本語行動論, おうふう.

松浪有 外編(1983), 大修館 英語學事典, 大修館書店.

畢繼萬(1999), 跨文化非言語交際, 外語教學與硏究出版社.

Axtell, R.(1991), Gestures, John Wiley & Sons Inc..

Hall, E.T.(1959), The silent language, Doubleday, 최효선 옮김(2000), 침묵의 언어, 한길사.

Hall, E.T.(1966), The hidden dimension, Doubleday, 日高敏隆 外譯(1970), かくれた 次元, みすず書房.

Knapp, M.(1978), Nonverbal communication in human interaction, Holt, Rinehart & Winston.

Leger Brosnahan(1998), Korean and English Gesture : Contrastive Nonverbal Communication, 신예니 외 옮김(2009) 우리말과 영어의 제스처, 예영 커뮤니케이션.

Tonya Reiman(2007), The Power of Body Language, 박숙자 옮김(2009), 왜 그녀는 다리를 꼬았을까, 21세기북스.

박갑수(2000), 대조분석과 오류분석, 한국어교육, 서울대학교 언어교육원.

박갑수(2009), 이문화간 커뮤니케이션과 한국어교육, 한국어교육연구 제13집, 서울대학교 한국어교육 지도자과정.

Trager, G.L.(1958), Paralanguage, A first approximation, Studies in linguistics, 13.

■ 이 글은 국학연구논총, 제8집, 택민국학연구원, 2011에 게재된 논문이다.

제3장 한국과 중국의 욕설(辱說)문화

1. 서언

조선일보(朝鮮日報)는 2011년 10월 기획기사로 연이어 청소년들의 욕설문화(辱說文化)를 다루었다. 이에 의하면 우리 학생들은 75초에 한번 꼴, 한 시간에 49회 욕을 한다고 한다. 학생들이 이렇게 많은 욕을 한다는 것은 입에 욕을 달고 사는 것이라 하겠다. 저들은 욕을 함으로 스트레스를 해소한다고 한다.

욕설은 왜 하는가? 욕설은 일종의 공격적 행동이다. 공격적 행동은 흔히 심리학에서 욕구불만이나 갈등 및 무의식(無意識)의 원망(願望)에 기초한다고 본다. 욕설은 일종의 공격적 언어 행동이라 할 수 있다. 정신세계 내부에서 발생된 긴장감이 고조되어 한계에 이르게 되면 이는 배출구를 찾아 폭발하게 된다. 이것이 이른바 좌절공격(frustration aggression) 가설(假說)이다. 이때 욕구불만에 수반되는 노여움이나 적의(敵意)가 나타나게 되고, 이들은 공격이라는 형태로 행동화함으로 둔화되고, 카다르시스가 일어나게 된다(堀內, 1978). 욕설은 이렇게 욕구불만에 대한 일종의 카

다르시스를 위해 수행되는 행위라 할 수 있다. 학생들이 스트레스가 해소된다고 한 것도 이러한 맥락에서의 반응을 의미한다.

욕설은 따라서 욕구가 충족되는, 좌절을 모르는 시대와 사회와 개인에게는 나타나지 않는다고 할 수 있다. 불안하고, 혼란스럽고, 좌절이 많은 곳에 나타나게 마련이다.

한국과 중국은 다 같은 유교문화 국가로, 체면을 중시한다. 특히 체면에 손상을 입게 될 때 사람들은 욕설을 퍼붓게 된다. 여기서는 이러한 한·중 양국의 욕설을 살펴봄으로 양국의 언어문화의 일단을 보기로 한다. 그리고 한국어교육에 참고하도록 하게 하기로 한다. 욕설은 표현교육은 아니라 해도 이해교육으로서는 필요하기 때문이다. 욕설은 전통적인 것에서부터 현대에 이르는 것을 두루 자료로 한다. 이렇게 함으로 양국의 언중(言衆)이 좌절에 대한 언어공격을 어떻게 하는지 그 언어문화를 제대로 볼 수 있을 것이기 때문이다.

2. 욕설의 성격과 구조

욕설이란 무엇인가? 표준국어대사전(국립국어연구원, 1999)에서 "욕설"의 의미를 찾아보면, "남의 인격을 무시하는 모욕적인 말. 또는 남을 저주하는 말. =욕, 욕언"이라 풀이하고 있다. 이 욕설을 중국어로는 "zhouma(咒罵), ruma(辱罵)"라 하고, 영어로는 "abuse, abusive[foul, bad, ill] language, a swear (word) ; curse"라 한다. 따라서 "욕설"의 의미는 "모욕적인 말", 또는 "저주의 말"이라 하겠다.

이러한 욕설은 다음과 같은 성격을 지닌다(星野命, 1978).

첫째, 동적 언어 표현이요, 동적 언어활동이다. 욕설은 퍼부어지는 것이다. 김열규(1997)는 "욕은 발언되는 것이 아니라 폭발된다"고 하였다. 이렇게 욕설은 생생한 표현인 경우가 많다.

둘째, 대우표현의 한 형식이다. 이는 화자가 청자 및 화제에 등장하는 인물을 생각하며 발언하는 것이다. 다만 이는 높임법과 같이 긍정적인 대우표현이 아니라, 부정적인 대우표현이다. 그리고 이는 대우법처럼 그 체계가 규칙적으로 발달되어 있지는 못하다.

셋째, 욕설은 공개적인 장소에서 말이나, 문자로 표현되는 것을 꺼린다. 이는 일반적으로 품위가 없고, 바람직한 표현이 아니라 보아 교육적으로 그 사용을 기피한다.

넷째, 욕설은 일반 문장과 달리 정서성(情緒性)과 평가적 태도가 강하다. 따라서 상대방이나 청중에게 어떤 종류의 감정과 반응을 불러일으킨다.

다섯째, 욕설은 위기의 안전판 구실을 한다. 사람들은 욕구가 좌절되거나 화가 날 때 흔히 난폭한 행동을 하거나, 사물을 파괴하는 행동을 한다. 욕설은 이러한 난폭한 파괴 행동을 비교적 해가 없는 언어 행동으로 바꾼 것이다. 따라서 욕설은 파괴의 안전판, 위기의 안전판 구실을 한다(Hayakawa, 1964).

여섯째, 욕설은 비애·탄식·거절·반발·노여움·적의·조롱·폭력 등의 부정적 감정·반응을 야기하기 쉽다. 이는 상대방의 의표를 찔러 아연·방심·고소(苦笑)·웃음·공감·기쁨을 야기하기도 한다.

욕설은 사용 동기와 목적 및 욕설의 내용과 대상에 따라 여러 가지로 구분하기도 하고, 일정한 구분 없이 종합적으로 그 종류를 제시하기도 한다. 동기는 사회적 동기와 심리적 동기, 목적은 적극적, 소극적, 중간적으로 나눈 것을 볼 수 있다. 내용에 따른 분류는 손진태(1931)의 심적 능력, 행위·행동 등 13가지로 나눈 것과, 今野敏彦(1973)가 일본의 멸시어 4,000~5,000개를 수습하여 27종으로 분류한 것 등을 볼 수 있다. 望月嵩(1967)이 대표적인 욕설 다섯 가지라 하여 들고 있는 것은 종합적으로 구분, 제시한 것이다.

> ① 뜨거운 욕설－여과되지 않은 감정이 엉긴 매도
> ② 차가운 욕설－심리적 거리를 두고 보고하는 것 같은 매도
> ③ 구제하는 욕설－상대방을 교정하려는 심정의 매도
> ④ 포기하는 욕설－어쩔 수 없다고 포기하는 입장의 욕설
> ⑤ 비뚤어진 욕설－직접적 욕설이 아닌 간접화법의 욕설

이러한 분류에는 "사랑하는 욕설－친애하는 입장의 긍정적 욕설" 하나를 추가하는 것이 바람직하다. 김열규(1997)에서 한국의 욕설을 ①쌍욕, ②악담, ③콧방귀 욕, ④채찍 욕, ⑤농담 관계 욕, ⑥감탄사 욕, ⑦익살 욕으로 분류한 것도 종합적인 욕설의 분류다.

대상에 따른 분류는 자기 자신, 면매(面罵)의 대상 및 화제의 인물, 현장에 없는 사람, 대립집단 등을 들 수 있다. 이 밖에 하나 더 추가할 것은 筒井康隆(1970)가 욕설의 "형용사에 따른 분류"라 하여 16가지를 들고 있는 것이다.

> a.가공의 동물 b.인간 c.직업 d.신체 e.짐승 f.새 g.어패 h.벌레 I.식물 j.광물 k.가공품 l.자연현상 m.생사 n.질병 o.정신장애 p.신체장애

이들 "형용사에 따른 분류"는 욕설을 표현하는 수단의 내용에 따라 분류한 것이라 하겠다. 여기에는 대부분의 표현 수단의 내용 유형이 열거되어 있어 참고할 만하다. 그런데 놀랍게도 여기에는 우리 욕설에 많이 쓰이는 "성 관계"와 "형벌 관계" 욕설이 빠져 있다. 우리 욕설을 논

의하기 위해서는 이들 두 가지를 포함시키는 것이 바람직할 것이다.

다음에는 욕설의 구조(構造)에 대해 살펴보기로 한다. 우선 욕설이 단어(單語)냐, 문장(文章)이냐부터 문제가 된다. 흔히는 욕설이 사전의 표제어에도 "매어(罵語)"라는 분류가 보이듯, 단어로 본다. 그러나 단어만은 아니다. 통사적 구조로 되는 경우가 많다. "바보"나, "뒈져라"는 하나의 단어로 욕설이 되나, 전자는 "바보다", 후자는 "너는 뒈져라"라는 서술어가 생략되었거나, 주어 내현문(內顯文)이라 할 수 있는 통사구조(統辭構造)를 지니는 것이다. 따라서 욕설은 단어, 또는 통사구조로 이루어진다고 할 것이다.

그러면 본질적으로 이러한 욕설 구조의 성립 요소는 무엇인가? 星野命(1978)는 다음과 같은 다섯 가지를 들고 있다.

① 어휘 ② 문체의 형식·문법 ③ 억양 악센트 리듬 ④ 화자의 신분 역할에 미치는 사회적 제약 ⑤ 발화에 수반되는 화자의 표현(어기·어세·눈매·손짓·몸짓) 등

이들 욕설의 성립 요소에 대해 간단히 살펴보기로 한다.

첫째, 문화에 따라 특정 어휘가 욕설의 구성 요소가 된다. 구미의 종교상의 권위를 바탕으로 한 저주의 말이나, 한국이나 중국에서 많이 쓰이는 성관계 어휘가 이러한 것이다.

어휘상의 또 하나의 특징은 조어상(造語上) 특정한 접두어나 접미어를 이용한 매어(罵語)가 많다는 것이다. 한국어의 경우 "개, 돼지, 소/쇠(牛)" 같은 접두어, "놈, 년, 새끼, 자식" 같은 접미어가 붙어 매어를 만드는 것이 그것이다. 중국어의 경우는 "臭, 潑, 賊, 鳥, 騷, 死"와 같은 접두어와, "頭, 鬼, 棍, 徒, 佬, 蛋, 貨"와 같은 접미어가 붙어 매어를 이루는 것

이 그것이다.

둘째, 문체(文體) 및 문법이 욕설의 구성 요소가 된다. 문체 요소는 "늬나 잘 하세요"와 같은 호응 부조화나, 생략에 의한 욕설을 들 수 있다. 생략에 의한 욕설은 근친상간(近親相姦)의 욕 "너는 너의 어미와 씹할 놈이다> 네미 씹할 놈> 네미 씹할> 씹할> 씨"와 같은 것이다. 지나치게 정중한 표현을 하여도 상대방을 조롱하는 느낌이나 불쾌감을 줄 수 있다. 연하자(年下者)에게 "어련하시겠습니까?"라 하는 예는 이러한 것이다. 문법적인 것으로는 높임법에 벗어나는 표현이 그 대표적인 것이 된다 하겠다.

셋째, 억양, 악센트, 음장(音長), 또는 타이밍을 바꿈에 의해서도 보통의 표현이 욕설이 되거나, 반대로 비매(卑罵)의 표현이 친애(親愛)의 표현이 될 수 있다. "잘~ 한다"고 "잘"을 길게 발음함으로 비꼬는 것이 이런 것이다. 이는 음운문체론에 속할 요소이기도 하다.

넷째, 화자의 신분 제약에 미치는 사회적 제약을 깨뜨릴 때 그것이 욕이 된다. 이러한 현상은 평등사회 아닌, 서열사회에서 특별히 심하다. 높임법이나, 호칭을 의도적으로 비적격의 것을 쓰는 것이 이런 것이다. 여성 화자가 남성어(男性語)를 쓰는 것도 사회적 제약을 깨뜨리는 것으로 욕이 될 수 있다.

다섯째, 발화에 수반하는 말투나 발음을 거칠거나 세게 하면 욕이 된다. 또한 비속한 비언어행동을 하거나, 비언어행동을 거칠고 고압적인 태도로 할 때에도 상대방에게 욕이 될 수 있다. "대가리에 피도 안 마른 새끼, 까불지 마"와 같은 것이 그 예다.

3. 한·중 욕설의 비교

모멸(侮蔑)하거나 매도하거나 저주하는 욕설의 실례를 살펴보면 나라나 민족마다 특징이 있어 그 분포의 다과나 우열을 가리기가 용이하지 않다. 표현과 어기(語氣)의 강도 면에서는 이태리 및 스페인이 강하다 하나, 프랑스인의 욕설도 만만치 않다. 영국에도 욕설이 풍부하고, 독일 또한 일반 민중은 욕설을 많이 사용하는 것으로 알려진다. 러시아도 마찬가지다. 미국은 세계 각 민족의 전시장이어 모멸어와 매도어의 종류나 가짓수가 그 어느 나라보다 많을는지 모른다고 본다(堀內, 1978). 그런가 하면 입에 침을 튀기며 소리를 지르는 매도는 라틴계 민족이 제일 심할 것으로 추정한다.

동양에서는 중국(中國)이 가장 욕설을 심히 하는 것으로 본다. 중공(中共) 정권이 들어선 뒤 바람직하지 않은 욕설의 사용을 금지하여 공식적으로는 줄어들었으나, 비공식으로는 전전(戰前)과 다름없이 많이 쓰이는 것으로 본다. 우리의 경우도 예외는 아니다.

이렇게 욕설은 어느 나라에서나 쓰이고 있고, 그 다과를 가리기가 곤란하다. 욕설은 서로 공통되는 것과, 민족과 국가에 따라 차이가 나는 것이 있다. 그런가 하면 이의 수용 태도도 다르다. 영미에서는 "막대기와 돌은 뼈를 부러뜨리나 욕설은 상처를 내지 않는다(Sticks and stones will break my bones, but names will never hurt me.)."라는 격언이 있을 정도로 욕설의 역할을 알고, 이를 즐기는 경향이 있다. 그런가 하면 중국에서는 "때리는 것은 친함이고, 욕하는 것은 사랑이다(打的親 罵的愛)"라고 욕을 사랑으로 받아들인다. 우리도 "욕을 먹으면 오래 산다"고 욕에 관용적 태도를 보이기도 한다. 그러나 욕을 어떻게 보든 이는 공격적 행동으로, 욕을 들으면 누구나 다소간에 불쾌감을 갖게 되고 화를 내게 되는 것이 사실이다.

다음에는 구체적으로 한·중 욕설을 비교 고찰하기로 한다. 공격적 행동은 무의식적 원망이나 욕구불만에 기초한다. 그런데 언어적 공격, 곧 욕설은 사람이나 동물의 행동, 태도, 성상(性狀) 및 사물의 성상이 직접적 원인이 된다. 이들 욕설의 표현 수단이 되는 내용을 유형화하여 보면 앞에서 살펴본 바와 같이 약 20종쯤 되고, 그 대표적인 것이 10종 내외가 된다. 여기서는 이들 10종 내외의 대표적 유형의 욕설을 중심으로 한·중 욕설을 살펴보기로 한다. 이들 10종 내외의 유형은 다음과 같은 것이다.

1. 성(性)
2. 정신과 육체
3. 사회적 신분
4. 행실(行實)
5. 질병과 죽음
6. 사람의 외모
7. 종족 계승
8. 배설과 배설물
9. 형벌
10. 동물 비유
11. 기타

3.1. 성 관련 욕설

우리 속언에 "씹 좆 빼면 욕 안 되고, 주먹 빼면 싸움 안 된다"고 한다. 우리의 욕설은 이러할 정도로 성과 관련된 것이 많다. 서인석(1960)에 의하면 거의 1/3이 성관계 욕설로 되어 있다. 그러나 이러한 경향은 우리 민족만에 국한된 현상은 아니다. 대부분의 나라나 민족의 욕설이 그러하다. 다음에 보는 바와 같이 중국의 경우가 그러하고, 영국의 경우도 그러한 것으로 알려진다(堀內, 1978). 일본도 성기(性器)가 욕설에 많이 사용된다.

성관련 욕설은 크게 두 가지로 나누어 볼 수 있다. 그 하나는 성이 추하고 동물적 행동임을 들어 상대방으로 하여금 수치심을 갖게 하는 것이고, 다른 하나는 부도덕한 행실을 들어 체면을 손상시키고자 하는 것이다. 성과 관련된 욕설은 그 내용으로 볼 때 성기와 관련된 것, 성행위와 관련된 것, 성 행위자와 관련된 것, 기타의 너덧 가지로 나누어 볼 수 있다.

먼저 한국의 욕설을 보면 다음과 같은 용례가 보인다. 용례에서 언급되는 "씹"과 "좆"은 금기의 관례에 따라 각각 "ㅆ"과 "ㅈ"으로 표기하기로 한다.

1) 성기 관련 욕설 : 개ㅈ, 개ㅈ같은 놈, 느 엄마 보지, 불알 두 쪽밖에 없는 놈, 불알을 깔 놈, 남의 불알 핥기, 늬에미 ㅆ, ㅆ구멍, ㅆ새끼, 우멍거지, ㅈ이다, ㅈ같은 놈, ㅈ같이, ㅈ나게(ㅈ나), ㅈ 까고 자빠졌네, ㅈ이나 까라, ㅈ나발 불지 마라, 늬 애비 ㅈ대가리다, ㅈ대가리 같은 놈, ㅈ도 모르는 놈, ㅈ만하다, ㅈ 먹어라, ㅈ이나 빨아라

2) 성행위 관련 욕설 : 가죽방아 찧다, 감투거리, 낮거리, 네미랄, 네미 씨발, 돌림빵(輪姦)을 할, 맷돌ㅆ한다, 비역(질)이나 해라, 서방질 할 년, ㅆ 동티난다, ㅆ할(씨, 씨발, 씨부랄), ㅆ할 것(씨발거), 용두질이나 해라, 제에미랄, ㅈ을 박다, 지에미 붙어먹을, 지미 ㅆ할 놈, 흘레붙다

3) 성 행위자 관련 욕설 : 갈보, 개구멍서방, 개년, 개보지 같은 년, 개ㅆ 같은 년, 네미랄 놈, 걸레 같은 년, 난봉꾼, 들병이, 떡을 칠 놈, 똥갈보, 바람둥이, 비부(婢夫)쟁이, 상피 붙을 놈, 서방질할 년, 성을

    바꿀 놈, 씨을 할놈, 씨할 년, 양갈보, 오쟁이 질 놈, 잡것, 잡년, 잡
    놈, 제미랄 놈, 제미 붙을 놈, 지미 씨할 놈, 화냥년
  4) 기타 : 개자식, 개씨에서 빠진 놈, 네 하라비다, 내가 네 애비다, 씨
    간나새끼, 씨 새끼, 애비 성도 모르는 놈, 첩의 자식, 트기새끼, 화
    냥년 씨구멍으로 빠진 놈, 화냥년의 새끼

한국의 욕설은 이렇게 성기, 성행위, 성 행위자 및 기타 사생아 등을 들어 욕을 많이 하고 있다. 이들 욕설 가운데 성기와 관련된 욕설은 인간의 동물적 속성을 들어 상대방을 부끄럽게 하는 것이고, 성행위 및 성행위자 관련 욕설은 비도덕성을 들어 상대방의 체면에 타격을 가하는 것이다. 특히 근친상간(近親相姦)이란 용납될 수 없는 패륜을 들어 욕하는 것이 많다. 성관계의 대표적인 욕은 "씹할, 씹할 놈"이라 할 것이다. 그런데 이는 단순한 인간의 동물적 속성을 들어 욕하는 것으로 보이나, 사실은 근친상간을 매도한 것이다. 이들은 "너의 어미", 또는 "저의 어미"라는 목적어를 생략한 것이다. "네미랄 (놈)", "제미랄 (놈)"은 그 객체를 밝힌 것이다. 중국의 국매(國罵)라 하는 "他媽的"와 같은 발상의 욕이다. 성행위는 이렇게 유교사상(儒敎思想)을 바탕으로 패륜 내지 부도덕성을 들어 상대방을 매도하는 것이 많다. 성 행위자와 관련된 욕설은 문란한 성 관계와 근친상간자로 상대방을 매도하자는 것이 주류를 이룬다. 기타는 대부분 상대방을 불륜에 의한 결과 태어난 사생아로 매도한 것이다. 자기가 아비요, 할아비라고 하는 것은 자기가 상대방의 조상이 되는 여인과 관계를 가졌고, 따라서 그 자손은 부도덕한 자손이며, 나아가 자기가 손윗사람이고, 상대방은 손아랫사람이라 모욕함으로 상대방에게 치욕을 느끼게 하려는 것이다. 이는 가계(家系)와 혈통을 중시하는 유교사회에서는 있을 수 없는 모욕이다. 혈통·혈족 문제에 대해서는 "3.7. 종족 계승 관련 욕설"에서 다시 구체적으로 논의할 것이다.

　중국의 욕설도 우리의 욕설의 경향과 대동소이하다. 사용빈도도 막상
막하다. 먼저 이들의 예를 보면 다음과 같다. (아래 보기에서 중국 용례
뒤의 괄호 안 풀이는 분류의 의미와 아울러, 난해한 욕설에 대한 설명을
위해 붙인 것이다.)

　　1) 성기 관련 욕설 : 鳥, 鳥子, 屌, 鞭, 蛋, 搗子, 錘子, 鷄巴, 龜頭, 臭
　　　屌, 馬屌, 傻屌(남·녀 성기), 鳥气(좆같은 기분), 吹牛屌(허풍쟁
　　　이), 娘那个屌, 媽的(제기랄), 媽的个巴子(바보), 他媽拉(个)巴子(지에
　　　미씨), 鳥人(좆같은 놈), 屌孩子(나쁜 새끼), 屌毛灰(같잖은 놈), 咬鳥,
　　　咬屌, 咬鷄巴(남자의 성기를 물다, 간음하다)
　　2) 성행위 관련 욕설 : 肏, 我操, 操你, 操你媽, 操你娘, 操他媽, 你媽
　　　的, 他媽的, 他娘的(제미 붙을), 他奶奶的(할미를 붙을, 젠장), 肏你
　　　的媽(네미랄), 日他親娘的(젠장 맞을), 拐漢子(서방질하다), 戴綠帽子
　　　(오쟁이 지다), 操你祖宗, 操他媽的祖宗十八代, 日你祖宗, 日他八輩子
　　　祖宗(조상과 붙을 놈)
　　3) 성 행위자 관련 욕설 : 蕩婦, 淫婦, 婊子, 騷婊子, 騷貨, 小娼婦, 狐
　　　狸精, 暗門子, 野妓(갈보, 창녀, 화냥년), 姘婦(정부), 爛貨(밀매음녀),
　　　臭屌, 臭騷貨, 臭娘們, 狗婦, 狗娘(개 같은 년), 拼頭(야합한 놈), 王
　　　八, 王八蛋, 王八羔子(오쟁이 진 녀석), 鷄巴蛋(좆새끼), 老騷狐(바람
　　　둥이 늙은이), 養漢, 養漢頭, 養老婆(서방질한 년), 野漢子(샛서방),
　　　混帳小子(비열한 놈), 破鞋(걸레 같은 년), 色鬼, 色徒, 色娘(색마), 驢
　　　日的, 狗日的, 狗入的, 狗鳥日的, 狗鷄巴蛋(개좆같은 새끼)
　　4) 기타 : 野種(애비 없는 후레자식), 畜生, 畜産, 龜孫, 屌養的, 婊子養的
　　　(개새끼)

　중국의 성관계 욕설도 대부분 인간의 동물적 속성과 불륜을 들어 욕
한 것이다. 다만 중국의 욕설은 한국의 욕설에 비해 다양하고, 강도가
높다. 중국 사람은 대를 두고 원수를 갚는다고 한다. 성관계 욕설도 당

대에 국한하는 것이 아니라, 8대, 18대의 조상까지 들먹이며 욕을 한다.

한국과 중국의 욕설이 부도덕한 것을 대상으로 하고 있는 것은 유교 사상과 일부일처의 결혼제도에 따른 것이라 할 것이다. 유교는 윤리, 도덕을 강조한다. 더구나 근친상간(近親相姦)은 조상을, 혈족을 욕보이는 패륜으로 용납될 수 없는 것이다. 중국은 유교의 본산이고, 한국은 소중화(小中華)를 자처한 나라다. 따라서 이러한 비도덕적, 비윤리적 사실을 들어 상대방을 모욕하는 욕설이 많이 쓰이게 된 것이다. 그런데 같은 유교권 국가의 하나인 일본(日本)의 경우는 한국이나 중국과는 달리, 근친상간을 욕설의 대상으로 삼지 않을 뿐 아니라, 성관계 욕설도 그리 많지 않은 것으로 본다. 이는 유교의 영향이 적어서가 아니라, 일본 사람들이 성에 대한 금압(禁壓)이나, 이에 대한 죄의식이 적기 때문에 매도의 대상이 되지 않는 것으로 본다(堀內, 1978). 영어의 매도어(罵倒語)에도 성 행위에 관한 것이 특히 많은 것으로 일러진다. 서구 기독교 국가에서 fuck, cunt, bastard, son of bitch나, motherfucker와 같은 욕설이 자주 쓰이는 것은 기독교에서 난잡한 성관계를 죄(sin)로 보기 때문일 것으로 해석된다(堀內, 1978).

그리고 여기 덧붙일 것은 이들 성관계 욕설이 유연성(有緣性)을 상실하고, 어원적 의미가 드러나지 않는, 전의된 의미로 많이 쓰인다는 것이다. "젠장, 바보, 형편없는"과 같이 매도성(罵倒性) 감정 표출이거나, 요즘 젊은이들의 욕설 "씨발"의 경우와 같이 거의 무의미한 발어사(發語辭)나 감탄사로 많이 쓰인다. 중국의 "鷄巴蛋, 媽的个巴子(바보, 얼간이), 日他親娘的(젠장 맞을), 王八爬的(개새끼)" 같은 것도 마찬가지다.

3.2. 정신과 육체 관련 욕설

욕설에는 정신적·육체적으로 정상이 아닌 저능한 사람이거나 장애자거나, 그런 사람이 되라고 매도 내지 저주하는 욕설이 상당수 보인다. 이러한 한국의 욕설은 다음과 같다.

> 1) 정신적 장애 : 돌대가리, 등신, 맹추 같은 놈, 머저리, 먹통, 멍청이, 멍텅구리, 모자란 놈, 미치광이, 미친년, 바보, 바보 같은 새끼, 반푼이, 밥통, 어리석은 놈, 얼간이, 얼빠진 놈, 정신없는 놈, 천치(天痴), 칠뜨기, 칠푼이, 팔푼이, 푼수
>
> 2) 육체적 장애 : 곱사등이, 귀머거리, 반병신, 반편이, 배냇병신, 벙어리, 병신, 병신 육갑할 놈, 병주머니, 병충이, 사팔뜨기, 소경, 장님, 절뚝발이, 청맹과니 같으니라고

위의 보기 가운데 정신적 장애를 들어 욕하는 것은 대부분 지능이 낮거나, 정신이 박약한 "바보"거나, "바보 같다"고 욕을 하는 것이다. 신체적 장애를 들어 욕하는 것은 신체적 불구를 매도하거나 저주하는 것이다. 이러한 경우 사실은 정신박약자나 불구자가 아닌 사람을 이렇게 범주화함으로 욕이 된다.

중국의 욕설로는 다음과 같은 것이 보인다.

> 1) 정신적 장애 : 笨蛋, 笨貨, 笨驢, 傻瓜, 傻子, 傻小子, 傻駱駝, 蠢驢, 蠢人, 蠢材, 賤配軍, 賤胚子, 痴子, 痴虫, 白痴(바보, 얼간이, 멍텅구리), 呆子, 呆貨, 呆老漢(얼빠진 늙은이), 糊涂, 糊涂虫, 糊涂攮的, 混蛋, 混虫(바보, 얼간이), 四眼佬, 臭老九, 二百五, 死坏, 憨子(멍청이, 머저리), 懦夫, 松包子, 松蛋包, 槽蛋(무능한 사람, 얼간이), 窩囊廢(칠칠치 못한 사람), 瘋子, 半瘋儿, 瘋狗(미치광이)
>
> 2) 육체적 장애 : 病包(병추기), 病體, 廢物(병신), 賤骨頭(병신), 瘓般熊

(절름발이), 瞎人, 瞎了眼, 瞎眼瞎(장님), 聾子(귀머거리), 傻瓜似的,
白痴似的(병신 같은 놈)

이들도 한국의 경우처럼 상대방을 각각 지능이 낮은 사람과 육체적
불구자로 범주화함으로 매도하고, 자기는 이들과 구별되는 우수하고, 정
상적인 사람임을 나타내고자 한 것이다. 중국의 경우는 대부분이 정신적
장애를 들어 매도하는 것으로, 육체적 장애를 들어 욕하는 것은 상대적
으로 적은 편이다. 그리고 이들 가운데는 동물에 빗대어 매도하는 것이
많다는 것이 하나의 특징이다.

3.3. 사회적 신분 관련 욕설

전통사회는 계급적 신분사회였다. 사농공상(士農工商)이란 차별이 있는
가 하면, 양반과 상민(常民), 또는 천인(賤人)의 구별이 있었다. 이 밖에 장
유(長幼)와 남녀의 차별도 있었다. 따라서 사람들은 상대방을 의식적으로
구별하고, 차별화 하였다. 자기는 상대방보다 사회적으로 우위에 속한
신분으로 상대방은 자기와는 구별되는 천한 사람, 열등한 사람, 또는 아
랫사람이라 레테르를 붙이는 것이다. 이렇게 함으로 상대방을 욕되고 부
끄럽게 하는 것이다. 이러한 것이 사회적 신분과 관련된 욕설이다. 한국
의 욕설로는 이러한 것에 다음과 같은 것이 보인다.

1) 천민(賤民) : 갖바치, 개백정, 고리장이, 광대, 딴따라, 망나니, 무당
   년, 물장사, 박수, 백정 놈, 뱃놈, 종놈, 종년, 천출, 환쟁이
2) 상민(常民) : 촌놈, 촌년, 촌뜨기, 상것, 상년, 불상놈, 쌍간나새끼,
   쌍년, 쌍놈의 새끼
3) 도적·불량배 : 강도 같은 놈, 날강도, 건달, 깡패 새끼, 날도둑년,

   도둑놈, 도적놈, 불한당 같은 놈, 소도둑놈, 역적 놈, 오라질 놈, 포
   도청 갈 놈, 화적놈

4) 걸자(乞者) : 거지, 거지같은 놈, 거지발싸개 같은 놈, 동냥질이나 해
라, 빌어먹을 놈, 쪽박을 찰, 문전걸식할 놈

5) 아녀자(兒女子) : 더벅머리 애녀석, 아랫것들, 애송이 녀석, 조무래
기, 이마에 피도 안 마른 놈, 햇병아리, 가시나, 계집년, 쌍간나새
끼, 여편네, 암탉이 울면 집안이 망한다

6) 기타 : 군발이, 승년, 중놈, 한량이, 되놈, 양년, 장돌뱅이, 쪽발이,
호로(胡虜)새끼

사회적 신분과 관련된 욕설은 대체로 1)의 "갖바치"와 같이 천한 직종
(賤職)의 사람과, 2)의 "촌것들"과 같이 향촌의 무식한 계층이거나, 교양
이 없는 낮은 신분의 소유자로 매도하는 것이다. 그리고 3)의 "강도"와
같은 도둑이나 불량배, 4)의 "거지"와 같은, 그 궁핍함으로 말미암아 천
대를 받는 거지(乞者)와 불량배, 5)의 남존여비와 존장비유(尊長卑幼)의 사
상에 의해 하대 받던 아녀자들이 욕설의 대상이 되었다. 특히 여자들에
대한 욕은 의존명사 "년"에 "요망한, 간사한, 음란한, 발칙한, 추잡한, 경
망한, 수다스런…" 등 온갖 형용사를 얹어 퍼부어진다. 6)의 "승년, 중
놈"은 억불숭유(抑佛崇儒) 정책에 의해, "한량이"는 숭문정책(崇文政策)에
의해, "되놈"은 척사(斥邪) 배외(排外) 사상에 의해 욕설의 대상이 된 것이
다. 이들은 모두 사회적으로 천한 신분, 나보다 못한 신분으로 분류하여
비하함으로 심리적으로 우월감을 갖고자 한 것이다.

중국의 사회적 신분과 관련된 욕설로는 다음과 같은 것이 보인다.

1) 천민 : 奴才(노비), 蒼頭(노복, 종놈), 小瘟三(망나니)

2) 상민 : 村夫, 鄕下佬, 鄕巴佬, 土包子, 菜包子, 泥腿子, 草包, 怯八
裔(촌놈, 시골뜨기), 奸小(소인배), 賤胚, 賤骨頭, 賤眉, 賤眼, 賤蹄子

(쌍놈, 쌍년)

3) 도적 : 土匪，强盜，草竊(강도, 도둑놈)，賊頭兒(괴수)，惡棍(불량배)，
   地痞，痞棍，二流子，光棍(깡패, 무뢰한, 악당)，叛徒(반역자)

4) 걸자·불량배 : 花子，要飯的，該死的(거지, 빌어먹을 놈)，窮鬼，窮
   种，窮光蛋，乞丐，赤佬，破落戶(빈털터리, 몰락한 사람)

5) 아녀자 : 小崽子，黃小口兒，臭小子，孺子，竪子(애송이)，賤貨，賠錢貨
   (계집아이)

6) 기타 : 外國佬，東洋鬼子(외국놈)，洋鬼子(양놈)，小日本鬼(일본놈)，賊
   禿(땡중)

중국의 경우도 대체로 한국과 경향이 비슷하다. 다만 2)의 "村夫(촌놈)"
로 매도하는 욕설이 다양하다는 것이 다른 점이라 하겠다. 외국인에 대
한 매도는 자문화중심의 배타적 사상에 말미암은 것이다. 이는 한족(漢族)
의 중화사상과 관련된다 하겠다.

3.4. 행실 관련 욕설

사람은 미천한 동물과 구별된다. 따라서 인격의 소유자로서 사람다운
행실을 해야 한다. 그렇지 않으면 매도를 당한다. 행실과 관련된 욕설은
인격적, 도덕적으로 문제가 있거나 이것이 부족할 때 비판을 받고 욕설
을 듣게 된다. 인격과 관련된 욕설은 효제충신 예의염치(孝悌忠信 禮義廉恥)
의 8덕 가운데 신의(信義) 염치(廉恥)에 중점이 놓인다 할 것이다. 따라서
인격 관련 욕설은 "간교하다, 신용이 없다, 염치를 모른다, 의리가 없다,
인색하다"와 같은 말을 "놈, 년, 녀석, 자식" 등에 붙여 나타내게 된다.
이에 대해 도덕과 관련된 욕설은 "효제충례(孝悌忠禮)"에 벗어난 비윤리
적 행실을 문제 삼게 된다. 이의 주요 대상은 비윤리적 성생활로, "인간

같지 않은 놈"으로 매도된다. 이에 대해서는 앞에서 살펴본 바 있다. 따라서 여기서는 "개 같다, 불효하다, 짐승 같다" 등의 말이 "놈, 년, 녀석, 자식" 등에 붙어, 품행이 좋지 않다고 욕하는 것을 주로 보게 된다.

한국의 욕설의 예로는 다음과 같은 것이 보인다.

1) 인격적 사실 : 간사한 놈, 개 같은 놈, 개자식, 건달 놈, 건방진 녀석, 고약한 놈, 게으름뱅이, 깍쟁이, 노랑이(守錢奴), 망할 년, 모자란 놈, 못난 녀석, 몹쓸 놈, 무식한 놈, 무지렁이 같은 놈, 미련한 놈, 바보 같은 놈, 비겁한 놈, 뻔뻔한 놈, 쇠새끼, 수다쟁이, 싸가지 없는 놈, 쓰레기 같은 놈, 쓸개 빠진 놈, 엉큼한 놈, 여우같은 년, 염치없는 놈, 용렬한 놈, 의리 없는 놈, 지랄 같은 놈, 철면피 같은 놈, 후레자식

2) 도덕적 사실 : 개 같은 놈, 개돼지 같은 놈, 개자식, 개짐승 같으니라고, 건달 녀석, 나쁜 놈, 늑대 같은 놈, 망종(亡種), 방탕한 놈, 방종한 놈, 버르장머리 없는 놈, 불량한 놈, 사람 같지 않은 놈, 이리 같은 놈, 인두겁을 쓴 놈, 짐승 같은 놈, 후레자식

중국에도 이러한 인격적·도덕적 사실과 관련된 욕설이 많다. 그 예로는 다음과 같은 것이 있다.

1) 인격적 : 老油條, 滑頭(교활한 놈), 笑面虎(엉큼한 사람), 混蛋, 混賬(비열한 놈), 坏東西, 坏蛋, 坏胚子(나쁜 놈), 坏种(악종), 不是東西(돼먹지 못한 놈), 懶虫(게으름뱅이), 厚臉皮, 不要臉, 沒臉皮, 老面皮, 老臉皮(뻔뻔한 놈, 철면피), 吝嗇鬼, 小气鬼(깍쟁이), 潑婦, 悍婦(몰상식한 년), 无知的, 沒字碑(무식쟁이), 膿包, 囊包, 熊貨(쓸개 빠진 놈, 무지렁이), 雌老虎(말괄량이), 母夜叉(사나운 년), 老婆嘴, 順嘴流油, 嚼蛆, 嚼舌, 嚼舌根, 長舌婦, 扯臊(말 많은, 함부로 지껄이는), 人渣(인간쓰레기), 僞君子(위선자), 膿塞子(아는 체하는 놈), 懦夫,

老帽(변변치 않은 자식), 松包子, 松蛋包(무력한 사람, 얼간이), 軟蛋, 軟膿包(무기력한 사람, 겁쟁이), 沒出息(병신 같은 놈), 沒良心(양심 없는 놈)

2) 도덕적 : 缺德(부덕한), 沒德行(사람 같지 않은 놈), 婊子, 娼婦, 蕩子(탕아), 六親不認(의리가 없는), 畜生, 不是人, 无賴子, 痞仔, 阿飛, 痞棍, 潑才, 流氓, 飛女(건달, 불량배)

행실과 관련된 욕설은 도덕적 행실보다 인성·인격을 들어 욕하는 것이 대부분이다. 특히 말이 많은 것은 칠거지악(七去之惡) 가운데 하나로, 이와 관련된 욕이 많다.

3.5. 질병과 죽음 관련 욕설

생로병사(生老病死)는 불교에서 이르는 사고(四苦)에 해당한 것이다. 인간은 늙고 병들고 죽는 것을 되도록 멀리 하고자 한다. 그리고 가능한 한 건강하게 오래 살기를 바란다. 따라서 질병과 죽음에 관한 말이 상대방을 욕하고 저주하는 말에 많이 쓰인다. 특히 죽음과 관련된 저주의 말이 많다. 한국의 이러한 욕설로는 다음과 같은 것이 쓰인다.

1) 질병 관련 욕설 : 오뉴월 고뿔이나 앓아라, 구와증으로 입이나 비뚤어져라, 하느님도 눈이 멀었지, 등창이나 나라, 미친년, 배탈이나 나라, 부종이나 들려라, 쌍다래끼나 껴라, 수전증, 연주에 곪아 터질 년, 열병 3년에 물 한 모금 못 마실 놈, 염병할 놈, 염병에 땀도 못 낼 놈, 간에 옴이 올라도 긁지 못할, 재수 옴 붙은, 좆이 썩어질 놈, 용천지랄, 지랄하네, 청맹과니, 남의 치질을 앓을 놈, 학질을 할 놈, 병신 지랄한다. 헐떡증으로 숨 막혀 죽을 놈, 황달에나 걸려라
2) 죽음 관련 욕설 : 가랑이를 찢어 죽일 년, 간을 내어 씹어 먹을 놈,

개나 물어 가라, 객사(客死) 죽음 할 놈, 굶어 뒈질 놈, 골로 갈 놈, 귀신이나 잡아가라, 급살(急煞)이나 맞아 죽어라, 급살 맞을 놈, 나가 뒈져라, 때려 죽여도 시원치 않을 녀석, 때려죽일 놈, 똥통에 빠져 죽을 놈, 모가지를 빼다 장군마개를 할 놈, 박살을 낼 놈, 벼락 맞아 뒈질 놈, 벼락이나 맞아 죽어라, 벼락을 쫓아가서 나이대로 맞아 뒈져라, 사지를 찢어 죽일 놈, 숨통을 끊어 놓을 년, 염병에 땀도 못 내고 죽을 놈, 염통을 꺼내 씹어 먹어도 시원치 않을 놈, 오늘이 네 제삿날이다, 오살할 놈, 육실 할 놈, 작살을 낼 놈, 장살(杖殺)할 놈, 잡아먹을 놈, 잡아 죽일 놈, 접시 물에 코 박고 죽을 년, 제 명에 죽지 못할 놈, 죽어서도 좋은 데 못 갈 놈, 죽어 소가 될 놈, 죽어 지옥에나 떨어져라, 죽여 버리겠다, 죽일 놈, 찢어 죽일 년, 쳐 죽일 놈, 피죽도 못 먹고 죽을 놈, 호랑이가 물어갈 놈, 호랑이 밥이나 돼라, 호랑이나 물어 가라

한국의 욕설은 위에 보이는 바와 같이 대부분 악담이거나, 저주에 해당한 것이다. "때려 죽여도 시원치 않을 녀석, 벼락 맞아 뒈질 놈, 염병에 땀도 못 내고 죽을 놈"과 같은 것은 악담이고, "귀신이나 잡아가라, 급살이나 맞아 죽어라, 나가 뒈져라" 같은 것은 저주에 해당한 것이다.

중국의 질병 및 죽음과 관련된 욕설은 다음과 같은 것이 있다.

1) 질병 관련 욕설 : 有病(병나다), 該死行瘟(염병할 놈, 뒈질 놈), 神經病(미쳤어), 生个儿子沒屁眼儿(항문이 없는 병신 새끼를 낳아라)

2) 죽음 관련 욕설 : 掐死你(목을 졸라 죽이겠다), 噎死你(숨이 막혀 죽어라), 捏死你(잡아 죽이겠다), 殺坏, 殺才, 殺材(죽일 놈), 殺千刀, 死掉(뒈져 버려라), 被車撞死(차에 치여 죽어라), 刀劈火燒(칼에 베이고 불에 타라), 当炮灰(전쟁에 총알받이가 될), 扒你的皮(네 가죽을 벗기겠다), 不得好死(횡사할), 倒路尸(행려병으로 죽을), 你找死嗎(죽고 싶어 환장했나?), 短命鬼(급살 맞을 놈), 天打五雷轟(천벌을 받아라),

> 亂箭穿心(날벼락 맞을 놈), 老不死的(죽지도 않는 늙은이), 虎咬的(호
> 랑이가 물어갈 놈)

중국의 경우도 질병보다는 죽음과 관련된 욕설이 많다. 일본의 경우도 죽음과 관련된 욕설이 적지 않다. 이에 대해 영어의 경우는 kill이나 die와 관련된 욕설은 많지 않은 것으로 본다. 그것은 kill이나 die를 문자 그대로 죽이겠다고 협박하는 것으로 보기 때문이다. 이렇게 kill이나 die는 냉엄한 현실로 구제(救濟)될 수 없는 것이므로 욕설 이상의 것이 되어 이들을 욕설에 잘 사용하지 않는 것이다(堀內, 1978). 이런 것에 비해 동양 삼국은 죽음을 욕설에 잘 이용할 정도로 가볍게 본다. 그래서 우리의 경우는 "이 쌔끼, 너 죽여!"가 친구들 사이의 농담으로 쓰일 정도다. 아니 한 층 더 나아가 "불승(不勝)"을 "죽다"라는 말로 표현한다. "추워 죽겠다", 심지어 "좋아 죽겠다"고까지 하는 것이 한국의 언어문화다.

3.6. 사람의 외모 관련 욕설

사람의 신체적 장애를 들어 매도하는 욕설은 앞에서 살펴보았다. 욕설에는 이와 달리 사람의 외모를 들어 욕을 하는 경우도 많다. 이는 사람의 미추(美醜), 또는 생긴 모습 등을 들어 욕하는 것이다. 이러한 욕설은 동물이나 사물 등으로 비유하거나 비교하여 상대방을 모욕한다. 한국의 욕설에는 다음과 같은 것이 보인다.

> 곰 같은 놈, 곰보, 궁상, 귀신, 꺼벙이, 꺽다리, 꼴값 하지 마, 난쟁이,
> 대머리, 들창코, 뚱뗑이, 말라깽이, 말상, 매부리코, 맹꽁이배, 멍청하게
> 생긴 놈, 메주(메주덩어리), 못난이, 못생긴 녀석, 배불뚝이, 백 돼지, 삐
> 깽이, 사팔뜨기, 쇠 눈깔, 애늙은이, 오천 평, 왕눈이, 우거지상, 짱구

(<長鼓), 절구통, 전봇대, 주먹코, 쥐방울만한 놈, 쥐새끼 같다, 천하게 생긴 놈, 추물, 추한 녀석, 코주부, 키다리, 흉물스러운 년, 흉측하게 생긴 놈, 화적 같은 놈

중국의 욕설을 보면 다음과 같다. 중국의 욕설도 한국 욕설과 비슷한 경향을 보인다.

丑八怪, 破面鬼(못난이), 蠢物(보기 흉한 놈), 牛鬼(상모가 흉악한 사람), 窩斗眼(오목눈), 糟鼻子(주부코), 禿子(대머리), 麻子, 麻臉(곰보), 呆着臉(멍청하게 생긴 놈), 賊頭賊腦(험상궂은 놈), 蠅頭鼠眼(간악하게 생긴 놈), 獐頭鼠目(비천하고 마음이 교활한 놈), 沒長腿, 沒長腚, 眼殘廢(병신), 糟老頭子(늙다리)

3.7. 종족 계승 관련 욕설

사람들은 자손이 대대손손 이어지고, 일족이 번창하기를 바란다. 그래서 전통사회에서는 후손이 없는 것을 가장 큰 불효(不孝有三 無後爲大)라 생각했다. 칠거지악(七去之惡) 가운데 "무자거(無子去)"가 있는 것은 이 때문이다. 이는 바로 종족 내지 가계(家系)의 계승을 중시하는 사상으로, 무후(無後), 절손(絶孫)이 큰 욕이 되게 하였다. 그리하여 첩실 두기를 마다하지 않았다. 그리고 결혼은 일부일처(一夫一妻)의 결혼제도로 되어 있어, 여기에 이상이 생기고 성이 문란한 것은 부도덕하고, 비윤리적이라 하여 매도하였다. 맹세를 할 때 "성을 바꾸겠다."고 하는 것은 이러한 윤리성이 강조된 것이다. 종족 계승의 이상(異常)은 이렇게 윤리·도덕적인 면에서 타매의 대상이었다. 한국에는 이러한 욕설은 많지 않다. 이에 대해 중국 욕설에는 이러한 것이 많이 보인다.

한국의 욕설의 예는 다음과 같은 것이 있다.

> 개구멍받이, 개자식, 네 하래비다, 내가 네 애비다, 이부지자(二父之子), 첩의 자식, 화냥년의 새끼, 망종(亡種)이다, 아비 없는 자식, 제 애비도 모르는 자식, 각 성 받이

한국의 욕설에는 이렇게 절손(絶孫)에 대한 것은 별로 보이지 않는다. 혈통의 문제를 들어 욕을 하고 있는 것이 대부분이다.

중국의 욕설도 대부분이 비정상적 혈통을 문제 삼고 있는 것이다. 그러나 대가 끊기기를 바라는 "絶种, 絶后"의 저주도 많다. 옛날부터 중국인은 혈족과 혈통을 지키고 도덕을 중시해 체면을 손상하지 않으려 했다(藤江在史, 1971). 이들 욕설은 이러한 배경을 바탕으로 생성된 것이라 하겠다. 이렇게 중국의 욕설에 절손(絶孫)에 대한 욕이 많다는 것은 한국 욕설과 다른 점이다. 또한 중국의 욕설에는 "잡종"을 매도하는 것도 많다. 이는 혈통이 순수하지 않음을 전제로 한 욕설이다.

> 我是你的爺爺, 你是我的孫子
> 石頭縫里蹦的, 雜种, 无爺种, 雜交的, 大家伙儿, 不是你娘養活的, 不是你娘屁縫里爬出來的, 拖油瓶, 野种(잡놈), 丫頭生的, 丫頭養的(종놈의 새끼), 大閨女養的, 野驢种(쌍놈의 자식), 狗日的, 狗養的(개자식), 婊子養的(후레자식), 混帳東西(개자식), 黃鼠狼下耗子—代不如—代(족제비가 쥐를 낳아서는 후손을 잇지 못한다)
> 絶种, 絶后, 絶后頭, 絶后記, 絶八代, 絶子絶孫(대가 끊어지다)

3.8. 배설과 배설물 관련 욕설

사람들은 만물의 영장이라며 동물적 속성을 감추고 이를 드러내려 하

지 않는다. 음식을 먹는 것도 직설적 표현을 피하고 완곡한 표현을 하는 가 하면, 배설작용이나 배설물에 대해서는 말하는 것까지 금기(禁忌)로 여겨 직접 표현하기를 꺼린다. 더구나 배설물은 추하다. 그래서 배설 관계나, 배설물과 관련된 것을 직접, 또는 공개적으로 표현하기를 꺼린다. 이러한 배설물 관계를 입에 올리는 것은 상대방을 모욕하는 것이다.

鶴見(1954)에서는 일본의 저주어의 특징으로 "생리적 배설물에 관한 것"을 들고, 특히 "똥"을 접두어나 접미어로 사용하는 저주어가 일상생활에서 풍부하게 사용되고 있다고 하여 일본 욕설의 특징으로 들고 있다. 그러나 이러한 배설물을 들어 욕하는 것은 일본만의 특징이 아닌 일반적 현상이다.

배설물의 대표적인 것은 우리의 경우 "똥"이고, 중국의 경우는 "shi (屎), fen(糞), bian(便)"이다. 한·중 욕설에는 이러한 배설물이 욕설에 많이 쓰인다. 앞에서 말한 바와 같이 일본이 그렇고, 영국, 독일, 프랑스도 같은 현상을 보인다. 이러한 배설물은 배설물 자체를 의미하기도 하나, 대부분의 경우 유연성(有緣性)을 상실하여 본래의 상징성은 거의 찾아볼 수 없는 경우가 많다.

배설물과 함께 배설 행위도 욕설에 쓰인다. 배설물이나 배설행위는 상대방을 배설물의 수준으로 끌어내리거나, 육신의 동물적 실상을 일깨우려는 것이다. 이는 인간의 감추고 싶은 일면이기에, 이를 공개함으로 상대방에게 충격을 주고 체면을 상하게 하려는 것이다(堀內, 1978).

한국의 욕설에 쓰이는 배설물 및 배설 관계의 용례를 보면 다음과 같다.

1) 배설물 : 똥, 물똥, 피똥, 개똥같다, 개차반, 닭의똥 같은 눈물, 똥갈보, 똥값, 똥개, 똥물에 튀길 놈, 똥고집, 똥배, 똥 벼락, 똥 보, 똥자루, 똥주머니, 똥줄이 빠지다, 똥집이 무겁다, 똥차가 밀리다, 똥창

이 맞다, 똥치, 똥칠을 하다, 똥파리, 똥항아리(식충이), 똥에 무쳐서
오줌에 튀길 년, 알랑방귀, 콧방귀, 오줌똥, 오줌에 씻겨 나와 똥물
에 헹군 놈, 오줌에 절여서 똥에 말 년
2) 배설 행위 : 가죽피리 불다, 똥싸개, 똥 싸고 자빠졌네, 똥을 싸다,
똥을 쌀 놈, 방귀 뀐 놈이 성낸다고, 오줌싸개, 용두질하다

중국에도 배설 및 배설물과 관련된 욕설이 상당수 보인다. 그러나 한국에 비하면 많지 않은 편이다. 이는 옛날 중국의 시골에는 변소가 없고, 여인은 변기에, 남자는 집 주변에서 변을 보았으며, 이는 개와 돼지가 깨끗이 청소해 주었다고 한다. 이런 이유로 배설 관계 욕설이 한국에 비해 적은 지도 모른다. 이들 욕설은 한국 욕설에 비해 좀 더 유연성(有緣性)을 잃고, 전의된 의미로 많이 쓰인다. "屁"가 하찮다, 시시하다", "屎"가 "서툴다" 등의 뜻으로 쓰이는 것이 그것이다. 중국의 용례를 보면 다음과 같다.

1) 屎, 屁, 屁話(쓸데없는 소리), 狗屁(제기랄 것, 허튼 소리), 屎包(식
충이, 밥벌레), 屎蛋(개 같은 놈), 屎猴(똥을 푸는 사람), 屎詩(시시한
시), 狗屎(시시한 놈, 시시한 일), 屎尿, 糞便(오줌똥), 糞棋(서툰 바
둑 장기)
2) 放屁(아가리 닥쳐), 別放屁啦(헛소리 하지마라), 撸出你的(용두질), 灌
你的, 拉袴子的小孩(똥싸개)

3.9. 형벌 관련 욕설

형벌과 관련된 욕설의 매도 대상은 주로 비도덕적 행실이거나, 사회적 규범에서 벗어난 행동이다. 형벌과 관련된 욕설은 이러한 행동이나 태도를 취하는 사람을 매도하는 것이다. 따라서 욕설은 "역적> 참형할 놈"

과 같이 대유 형식을 취한다.

형벌이란 범죄에 대해 국가 등이 범죄자에게 제재를 가하는 것으로, 지난날에는 오형(五刑)이 있었다. 한국에는 태형(笞刑), 장형(杖刑), 도형(徒刑), 유형(流刑), 사형(死刑) 등이 있었고, 중국에는 묵형(墨刑), 의형(劓刑), 비형(剕刑), 궁형(宮刑), 대벽(大辟) 등이 있어 같은 오형이라 하나 내용상 차이가 있었다. 이러한 오형은 중국의 오형에 비해, 한국의 오형이 좀 더 욕설에 많이 반영되고 있다. 형벌에는 이러한 공적인 것 외에 사형(私刑)이 있고, 이 밖에 광의의 형벌이라 할 천벌(天罰)도 있다. 한국 욕설에는 이러한 형벌과 관련된 욕설이 많이 쓰이고 있다. 이를 보면 다음과 같다.

> 감옥에 갈 놈, 경(黥)을 칠, 경칠 놈, 곤장을 맞을 놈, 귀양 갈 놈, 난장(亂杖)할, 능지처참(陵遲處斬)할 놈, 담양 갈 놈, 망나니, 물고(物故)를 낼 놈, 박살할 놈, 벼락이나 맞아라, 볼기를 맞을 년, 사약을 받을 놈, 사지를 찢어 죽일 녀석, 쇠좆매, 오라질 놈, 오살(五殺)할 놈, 육시(戮屍)를 할, 육시랄 놈, 우라질, 우라질 놈, 주리를 할(틀) 놈, 지옥에나 떨어져라, 찢어발길 년, 찢어 죽일 놈, 참살할 놈, 참형을 당할 놈, 천벌을 맞을 놈, 치도곤(治盜棍)을 안길 놈, 태장을 맞을 년, 포도청에 갈 놈, 형장을 맞을 놈, 화형에 처할 놈, 효시를 할 놈

이에 대해 중국의 형벌과 관련된 욕설에는 다음과 같은 것이 보인다.

> 五馬分尸, 天殺的(천벌 받을 놈), 下地獄, 永世不得超生(지옥에 떨어져라), 黥首系趾 (경칠 놈), 棍杖, 被流放(귀양 가다), 杖殺, 凌遲, 罪人死去(물고를 내다), 剮死(참살할), 千刀萬剮(몸을 토막 낼), 梟刀者(망나니), 梟首示衆, 刑杖, 宮刑, 天殺的賊賤才(천벌을 받을 쥐새끼 같은 년)

한국의 욕설 "경을 치다"는 중국의 묵형에 해당한 것이다. 형벌과 관

련된 욕설은 중국에 비해 한국에서 많이 쓰는 것으로 보인다.

3.10. 동물 관련 욕설

동물과 관련된 욕설은 비유에 의해 사람을 매도하는 대표적인 욕설이다. 이들 욕설은 물론 해당 동물을 직접 매도하는 경우도 있다. 그러나 비유에 의해 사람을 매도하는 간접적 욕설이 주류를 이룬다.

사람은 인격과 인륜 도덕을 지닌 만물의 영장이다. 이에 대해 동물은 윤리 도덕을 모르고, 지능이 낮으며, 비천한 존재이고, 함부로 배설한다는 속성을 지닌다. 따라서 사람이 사람답지 않거나 윤리와 도덕에 벗어난 행동을 하게 되면 우선 사람이 아니라 동물이라 하고, 동물과 비교하거나 동물에 비유하여 비난을 하고, 타매한다. 동물과 관련된 욕설은 사람을 이러한 비윤리적 동물로 범주화하여 인격적으로 상처를 입히고 모욕하고자 하는 것이다. 이러한 욕설이 사람을 "짐승이다(畜生)"라거나, "사람이 아니다(不是人)"라 하는 것이고, 좀 더 구체적으로 표현하는 것이 "개, 돼지…"라고 동물명을 들어 매도하는 것이다. 이러한 욕설은 참으로 많다. 동물은 이러한 비윤리적인 것 외에 앞에서 든 동물의 속성 비천함, 저지능 등으로 말미암아 이러한 부류의 사람을 동물로 분류 명명함으로 매도하는 경우도 적지 않다. 이 밖에 사람의 외모 등에 따라 동물로 별명을 붙여 부름으로 당사자들로 하여금 부끄러움을 느끼고 욕되게 하는 경우도 있다.

욕설에 사용되는 주요 동물로는 "개, 곰, 구렁이, 늑대, 닭, 돼지, 사자, 소, 여우, 이리, 쥐, 호랑이" 같은 것이 있다. 이들 동물 관련 욕설은 그 수가 참으로 많다. 따라서 이들에 대한 자세한 논의는 별고(別稿) "한·중 동물 관련 욕설 문화"(박갑수, 2012)로 미루기로 하고, 여기서는 한·중

동물 관련 욕설의 특징만을 들어 간단히 언급하기로 한다.

개(狗)는 욕설에 가장 많이 쓰이는 동물이다. 이는 비천한 동물이고, 성관계가 난잡하며, 행실이 저질적이고, 아무데서나 배설함으로 천시된다. 따라서 개 관련 욕설은 이러한 개의 부정적 면을 들어 사람을 매도하는 것이다. "개돼지만도 못한 놈"은 비천함, "개 같은 놈, 개잡년, 암내 맡은 수캐"는 난교, "개똥같은 놈, 개망나니다"는 처신을 두고 상대방을 매도하는 욕설이다. 중국의 개 관련 욕설도 한국의 욕설과 경향을 같이 한다. 다만 중국의 욕설은 "狗蹦子, 狗蛋(바보, 개새끼), 狗頭, 狗頭狗腦(돌대가리, 멍청한 놈)"와 같이 상대방의 지능이 낮다고 매도하는 경우에 "狗"가 많이 쓰여 한국 욕설과는 차이를 보인다. 일본의 경우는 한·중과 차이를 보이는데, 난교와 똥 먹는 것(吃屎)을 들어 욕하는 것이 보이지 않는다.

돼지(猪)는 "개돼지만도 못하다"고 천시되는 대표적 동물이다. 그래서 돼지는 한·중 욕설에서 "비천, 탐욕, 불결" 등의 부정적 이미지를 나타내는 욕설에 쓰인다. 이밖에 중국의 욕설에서는 우둔한 동물이고, 개와 같이 분별없이 교미하는 불륜성을 지니는 동물로 보아 이러한 욕설에 사용된다. "猡, 猪猡, 猪頭三, 猪腦子, 蠢猪(바보, 얼간이, 멍청이), 猪操的(돼지새끼), 猪娘(돼지 같은 년)"이 그 예다.

소(牛)는 한·중 욕설에서 고집이 세다고 할 때 다 같이 사용된다. 중국 욕설에서는 "멍청이, 허풍을 떤다"고 매도할 때에도 사용되어 차이를 보인다. "憨牛, 呆牛, 笨牛, 傻牛, 呆頭憨腦的笨牛(멍청이)"와 "牛蛋(엉터리다, 허풍떨다), 吹牛屁(허풍쟁이)"가 그 예다.

말(馬)은 말상(馬面)이 다 같이 욕이 되고, 중국에서 "뚜쟁이, 아첨꾼, 남의 앞잡이"라 욕할 때 쓰여 차이를 보인다. "馬泊六(뚜쟁이), 馬屁鬼(아첨꾼), 馬仔(앞잡이)"가 그 예다.

나귀(驢)는 고집이 세다고 욕할 때 다 같이 욕에 쓰이고, 한국에서는 귀와 신(腎)이 크다고 욕할 때, 중국에서는 불륜성, "멍청이, 바보"라고 욕할 때 쓰여 차이를 보인다. "驢, 叫驢(인륜을 분간 못하는 놈), 死驢, 笨驢, 老驢, 驢駒子, 驢下的, 野驢子(멍청이)"가 그 예다.

이리·늑대(豺狼)는 한·중 양국에서 사납고 탐욕스러운 사람이나, 인면수심(人面獸心)의 비도덕적인 인간을 매도할 때 쓰인다. "양의 탈을 쓴 늑대 : 披着羊皮的狼"가 그 예다.

여우(狐, 狐狸)는 간교한 동물로, 흔히 여인으로 둔갑한다고 한다. 따라서 간교한 여성을 욕할 때 많이 쓰인다. 중국에서는 상고에 음부(淫婦)가 여우로 변했다고 하여 음탕한 여자를 욕할 때 많이 쓰인다. "여우같은 년", "狐狸精, 騷狐狸, 花面狐(음탕한 여자)"가 그 예다.

호랑이(老虎)는 포악한 인간을 욕하거나, 호환이나 당하라고 저주할 때 쓰인다(虎咬的). 사자(獅子)는 한국에서는 욕으로 쓰이지 않는다. 중국에서는 소리가 큰 것, 들창코를 욕할 때 쓰인다. "사자후(獅子吼)"는 소식(蘇軾) 이래 질투가 심한 아내의 외침에 비유되고 있다.

곰(熊)은 미련하거나 뚱뚱한 것을 욕하는 말로 쓰인다. 중국에서는 바보, 미련퉁이를 욕하는 말로 많이 쓰인다. "熊蛋, 熊種, 熊包, 熊貨(바보, 미련퉁이), 熊人, 熊骨頭(졸장부)"

쥐(老鼠)는 한·중 양국에서 작거나, 소인배라고 욕할 때 쓰인다. 중국에서는 겁쟁이라고 욕하는 데도 쓴다. "鼠胆儿(겁쟁이), 鼠目寸光, 鼠肚鷄腸(도량이 좁은 사람)"

토끼(兎子)는 한국에서는 특별한 욕이 되지 않는다. 그러나 중국에서는 거북(王八)과 더불어 대표적인 성적 매어(罵語)다. 토끼의 교미하는 모습이 연동(戀童), 곧 남창(男娼)이 남색을 파는 형상과 비슷하여 토끼는 남색의 의미로 쓰이게 되고, "兎子"는 비도덕적인 남창을 모멸하는 욕으로 쓰이게 되었다(藤江, 1971). "兎, 兎子, 兎蛋, 冤崽子, 小冤崽子, 冤羔子(남색, 남창, 개자식)"가 그 예다.

거북과 자라(龜鱉)는 한국에서는 이들이 큰 욕으로는 쓰이지 않는다. 그런데 중국에서는 거북이 앞에서 언급한 바와 같이 대표적인 성 관련 욕설로 쓰인다. 자라도 같이 취급된다. 중국에서 이들은 "오쟁이 진 녀석, 사생아"라고 매도하는 말이다. 이렇게 쓰이게 된 배경은 옛날부터 전해 오는 말에 거북은 수놈이 제 구실을 하지 못해 암놈이 뱀과 교미하여 새끼를 낳는다고 하는 데 연유하는 것으로 알려진다. 이와는 달리 작은 거북이 큰 거북의 등을 타고 있는 것을 보고 근친상간하는 것으로 오인해 이런 욕이 생긴 것이라고도 한다. "龜公, 王八, 忘八, 王八蛋(오쟁이 진 녀석)", "鼈, 鼈蛋下的(개자식, 개새끼)"가 그 예다.

닭(鷄)은 한국의 경우 고집이 세다든가, 석두(石頭)라 욕할 때 쓰인다. 이에 대해 중국에서는 겁쟁이 및 성기와 관련된 욕설에까지 쓰인다. "鷄, 鷄子, 鷄巴(음경), 野鷄(갈보), 母鷄, 草鷄(쓸모 없는 사람, 겁쟁이), 鷄膽子(담이 적음)"가 그 예다.

뱀(蛇)은 한국에서는 "음흉하다, 능글능글하다, 징그럽다"고 욕을 할 때 쓰인다. 이에 대해 중국에서는 악독하거나, 교활한 사람을 매도하는 데까지 쓰인다. "毒蛇, 蟒蛇, 美女蛇, 大蟒, 蛇蝎, 毒如蛇蝎(악독한 사람), 蛇口蜂針(독살스러운 것), 蛇頭鼠眼(매우 교활한 모양)"

벌레(毛虫)는 한국에서는 징그럽거나 작은 것을 욕할 때 쓴다. 이에 대해 중국에서는 게으른 사람, 불쌍한 사람, 어리석은 사람, 더러운 사람, 하찮은 사람과 같이 사람을 욕할 때에 쓰인다. 이는 중국에서는 "虫", 또는 "虫子"가 사람을 비유적으로 나타내기도 하기 때문이다. "벌레 같이 징그러운 녀석, 좀도둑", "可怜虫(불쌍한 놈), 懶虫(게으른 놈), 笨虫(어리석은 놈), 糊涂虫(게으름뱅이), 昏虫(얼빠진 놈), 害人虫(사람을 해치는 놈)"이 그 예다.

한·중 동물 관련 욕설은 많은 공통점을 지닌다. 그러나 앞에서 살펴본 바와 같이 상당한 차이도 보인다. 중국의 거북과 토끼 관련 욕설은 상상을 초월한 차이를 보이는 성과 관련된 욕설이다. 중국에서는 "돼지, 나귀, 여우, 닭"도 성과 관련된 욕으로 쓰여 한국과 차이를 보인다. 이 밖에 중국 욕설에서는 동물의 저지능을 들어 사람을 매도하는 것이 많다는 것이 한 특징이다. 이러한 동물로는 "소, 곰, 돼지, 나귀" 등을 들 수 있다. 이 밖에 뱀, 벌레도 차이를 보인다.

3.11. 기타

사람은 만물의 영장으로 인격을 지닌 존재다. 그런데 욕설 가운데는 사람을 유정물(有情物) 아닌 무정물(無情物), 곧 사물로 빗대어 욕하는 것도 보인다. 이러한 것의 대표적인 것이 물건 취급하는 것이고, 귀신으로 비유하는 것이다.

3.11.1. 물건

사람을 물건으로 취급하는 욕은 한국에서는 사람을 "이 물건, 저 물건"이라 하거나. "못난 것", "상것, 잡것, 촌것"과 같이 "물건", 또는 의존명사 "것"으로 매도하는 것을 볼 수 있다. 이 밖의 구체적인 용례로는 다음과 같은 것을 들 수 있다.

> 걸레, 똥 보, 똥항아리, 먹통, 멍텅구리, 메주(추녀), 밥통, 상것, 속물, (인간)쓰레기, 이건 뭐하는 것들이냐?, 전봇대(키다리), 절구통(퉁퉁한 여인), 짱구(머리가 큰 사람), 촌것들

중국에서는 사람을 물건 취급함으로 매도하는 것을 많이 볼 수 있다. 특히 "東西"와 "包, 皮, 貨, 棍" 등이 접미사처럼 쓰여 사람을 나타내고, 나아가 매도하는 표현으로 쓰이는 것이 그것이다. 그 예는 다음과 같다.

東西, 老東西, 坏東西, 不是東西(돼먹지 않은 놈), 蠢東西(멍청이, 얼간이), 憨包(멍텅구리), 高麗棒子(한국인), 公共厕所(창녀), 光棍(건달), 老厭物(늙다리), 老油條(나쁜 놈, 비열한 놈), 老貨(늙은이), 垃圾(쓰레기), 賴皮(뻔뻔한 놈), 飯桶(밥통, 무능인), 潑辣貨(막된 여자), 潑皮(건달), 賠錢貨(여자아이), 棒縋(우둔한 사람), 死貨(데려갈 데 없는 여자), 喪門星(재수 없는 놈), 松包子(무능한 사람), 手包(바보, 등신), 俗物, 屎包, 軟蛋包(무능한 사람), 劣貨, 窩囊廢(나약하고 무능한 사람), 蠢物, 蠢貨(바보, 멍텅구리), 茱包子(촌놈), 賤胚(화냥년), 草包(바보, 등신), 拖油瓶(의붓자식), 土包子(촌놈), 破落戶(무뢰한), 破貨, 破鞋(걸레 같은 년), 廢物, 混蛋(나쁜 놈, 개자식), 糊涂桶, 糊涂賬(바보), 混賬(나쁜 놈)

3.11.2. 귀신

귀신은 사람에게 화복을 내려 준다는 정령이다. 그런데 이 귀신이 욕으로 많이 쓰인다. 물론 이때의 귀신은 화를 내려 주는 정령이다. 한국의 욕설에는 다음과 같은 것이 있다.

걸귀, 귀신, 귀신같다, 도령귀신, 몽달귀신, 물귀신, 귀신 들리다, 귀신 붙었다, 귀신 씌우다, 마귀 같다, 아귀 같다, 원귀, 저승사자, 처녀귀신, 총각귀신, 측간귀신

중국에서는 사물이나, 사람을 욕할 때 "鬼"가 접두사처럼 쓰여 바람직하지 않은 것을 욕하고, 접미사처럼 쓰여 거기에 빠져 있는 사람이나 귀신으로 매도한다. 따라서 그 용례가 참으로 많다. 한국어에는 "귀(鬼)"자

가 접미사처럼 쓰여 거기 빠져 있는 사람을 나타내는 경우는 거의 보이지 않는다.

1) 鬼家伙(놈, 나쁜 놈), 鬼象(꼬락서니), 鬼話(개소리), 鬼混(바람둥이), 鬼把戲(속임수, 흉계), 鬼臉(흉한 얼굴), 鬼怪(소인, 어리석은 인간), 鬼蜮(귀신과 요괴), 鬼門關(저승 문턱), 呪罵紫姑(변소귀신), 鬼丫頭(계집년)

2) 窮鬼(거지), 胆小鬼, 怕死鬼(겁쟁이), 懶鬼(게으름뱅이), 短命鬼(빨리 죽을 놈), 賭鬼(도박꾼), 死鬼(망할 놈), 色鬼(색마), 細作鬼(앞잡이), 小鬼(애새끼), 餓鬼(아귀), 酒鬼(술고래), 促狹鬼(야박한 놈), 吝嗇鬼(깍쟁이), 痴烏龜(멍청한 놈), 討厭鬼(밉상), 破面鬼(못난이), 洋鬼, 東洋鬼(왜놈)

3) 鬼子(외국 놈), 洋鬼子(양코배기), 假洋鬼子, 東洋鬼子(외국 놈), 小日本鬼(일본 놈), 鬼子兵(외국군인 놈)

1)은 "鬼"가 접두사처럼 쓰인 것이고, 2)는 접미사처럼 쓰인 예이며, 3)은 특히 외국인을 욕하는 경우이다. "鬼"가 접미사처럼 쓰여 거기에 빠져 있는 사람을 욕하는 것으로는 "賭鬼, 色鬼, 烟鬼, 酒鬼" 같은 것이 있다.

4. 결어

욕설은 남을 모욕하거나 저주하는 부정적인 언어 표현이다. 이는 인격적으로 무시를 당하거나, 어떤 욕구가 좌절되었을 때 폭발하게 되는 좌절공격의 한 형태로, 언어적 공격행동(攻擊行動)이라 할 수 있다. 이러한 욕설은 ① 뜨거운 욕설, ② 차가운 욕설, ③ 구제하는 욕설, ④ 포기하는 욕설, ⑤ 비뚤어진 욕설, ⑥ 사랑하는 욕설이란 대여섯 가지로 나눌 수 있다.

사람은 다른 동물과 달리 인격을 지니고 있고, 윤리·도덕을 지녔다. 따라서 동물의 부정적 요소를 드러내거나, 인륜 도덕에 벗어난 행동을 하게 되면 매도를 당하게 된다. 이러한 현상은 유교국가(儒敎國家)에서 더욱 현저하다.

한·중 욕설은 표현 수단의 내용을 바탕으로 나눌 때 약 20종 내외로 분류되며, 그 대표적인 것이 다음과 같은 10개 내외의 유형이다.

① 성 관련 욕설
② 정신과 육체 관련 욕설
③ 사회적 신분 관련 욕설
④ 행실 관련 욕설
⑤ 질병과 죽음 관련 욕설
⑥ 사람의 외모 관련 욕설
⑦ 종족 계승 관련 욕설
⑧ 배설과 배설물 관련 욕설
⑨ 형벌 관련 욕설
⑩ 동물 관련 욕설
⑪ 기타

이들 유형 가운데 대표적인 욕설은 ① 성 관련 욕설과 ⑩ 동물 관련 욕설이다. 성관련 욕설은 직접적 표현 내용이고, 동물 관련 욕설은 간접적 표현 내용이다. 직접적 표현 내용은 그 자체가 공격의 대상이 되는 타매의 대상이다. 위의 유형 가운데 ①~⑧이 그것이다. 한국과 중국 사람은 비윤리적 성관계를 가장 매도하였으며, 정신적·육체적 장애, 사회적으로 낮은 신분, 인격적·도덕적 불비(不備), 질병 및 죽음, 바람직하지 않은 외모, 비정상적 혈통, 동물적 배설 행위와 더러운 배설물을 타기해야 할 것으로 생각하였다. 욕설은 이들을 통해 상대방의 체면을 손상하고, 욕을 보이고자 하는 것이다. 따라서 이들 직접적 욕설의 내용은 같은 문화, 같은 가치관을 지니는 경우 비슷하게 마련이다.

한국과 중국은 전통적으로 다 같이 유교문화를 배경으로 한 나라다. 윤리 도덕이나 가치관이 유사하다. 따라서 이러한 문화와 가치관을 바탕으로 한·중 욕설(辱說)은 공통성을 많이 지녀 대동소이하다고 할 수 있다.

이에 대해 동물 관련 욕설은 차원을 달리 하는 대표적 욕설 유형이다. 직접적 표현 내용에 대해 ⑨~⑩은 간접적 표현 내용이라 할 수 있는 것이다. ⑨ 형벌 관련 욕설은 앞에서 열거한 직접적 표현 내용을 응징하는 수단으로 욕을 하는 것이며, ⑩ 동물 관련 욕설은 직접적 표현 내용을 간접적으로 들어 욕을 하는 것이다. 동물 관련 욕설은 동물에 빗대거나 비교함으로 간접적으로 상대방에게 모욕을 가하는 것이다. 따라서 간접적 표현 내용은 응징 방법이 다르고, 발상의 차이로 본의(tenor)에 대한 유의(vehicle)의 연합에 차이가 있어 상대적으로 한·중 욕설이 차이를 보인다. 따라서 한·중 욕설문화(辱說文化)는 유사한 가운데 차이를 보이는 것이 그 특징이라 하겠다.

한·중 욕설 문화의 이동(異同)에 대해서는 앞에서 자세히 살펴보았다. 이에 여기서는 한·중 욕설의 차이점에 주목하여 욕설문화(辱說文化)의 특성을 제시함으로 결론을 삼기로 한다.

직접 표현 내용과 관련된 욕설은 대체로 유사하다고 하였다. 그런데 이들은 대부분 빈도의 차이를 보인다. 중국 욕설은 ②정신과 육체 관련 욕설에서 정신장애와 관련된 욕설의 빈도가 높고, ④행실 관련 욕설에서 다언(多言)에 관한 욕설의 빈도가 높다. 또한 ⑦종족 계승 관련 욕설에서 혈통과 절손(絶孫)에 관한 욕설의 빈도가 높다. 이에 대해 한국의 욕설은

⑤질병·죽음 관련 욕설의 빈도가 높으며, ⑧배설·배설물 관련 욕설도 높은 빈도를 보인다. 간접 표현 내용의 욕설은 두 유형 모두 내용과 빈도에 있어 차이를 보인다. ⑨형벌 관련 욕설은 표현 내용으로 제기되는 형벌에 많은 차이가 보이며, 빈도는 한국 욕설이 높다. ⑩동물 관련 욕설은 표현 내용면에서 "토끼, 거북, 돼지" 등이 중국에서 성(性)과 관련된 욕설에 쓰여 차이를 보이며, "소, 곰, 돼지, 나귀" 등이 지적 능력이 낮다고 타매하는 욕설에 쓰여 차이를 보인다. 동물 관련 욕설은 중국 욕설의 빈도가 높다. ⑪기타의 물건, 귀신 관련 욕설도 내용과 사용의 규모에 큰 차이를 보인다. 중국의 욕설이 다양하고, 빈도가 높다.

이상 한·중 욕설문화를 살펴보았다. 끝으로 부기할 것은 이 글에서는 욕설이란 특성 때문에 부정적인 면에 대해서만 논의하였다. 그러나 욕설은 부정적 면만이 있는 것이 아니고 긍정적인 면도 있다. 그것은 "사랑의 욕설", "친애의 욕설"이라고 한 것으로, 문화인류학에서 말하는 농담이 허용되는 관계(joking relationship)가 그것이다. 이는 상대방과의 거리를 확산하고 서로 적대하게 하는 것이 아니라, 연대(連帶) 및 사랑과 변혁을 생산하는 적극적 기능을 하는 것이다. 청소년들 사이에 주고받는 욕설도 이러한 성격이 강하다. 따라서 욕설의 긍정적 효능에 대해서도 유의하여야 한다. 그리고 양국의 많은 욕설이 유연성(有緣性)을 상실하여 본래의 의미와는 상관없이 사용되는가 하면, 감탄사 등으로도 사용되어 욕설 본래의 표현성이 현저히 약화되는가 하면, 사용에 부담감을 줄인다는 것이다. 이는 욕설의 광범위한 사용, 확산을 초래하는 요인이 된다. 이 글을 맺으며 좌절 공격의 일종인 언어 공격, 곧 욕설(辱說)이 좀 더 파괴의 안전판(安全瓣)과 같은 긍정적 구실을 하는 언어문화로 발전하기를 기대한다.

참고문헌

김상윤(2002), 욕설의 특질에 관한 연구, 전통화법과 화법교육.

김열규(1997), 욕-그 카다르시스의 미학, 사계절.

金炫兒(2007), 중국어 욕설 표현의 유형 및 특징 고찰, 中國學, 第28輯.

박갑수(1984), 국어의 표현과 순화론, 지학사.

박갑수(2005), 국어교육과 한국어교육의 성찰, 서울대학교 출판부.

박갑수(2012), 한중 동물 관련 욕설 문화, 비교 대조를 통한 언어문화교육, 한국언어문화교육학회, 제6차 국제학술회의(2012년 2월 16일, 캄보디아 앙코르대학), 유인순 외(2012), 국어교육의 탐구, 역락에 전재.

박연배(2001), 中國 辱說 硏究, 동국대학교 교육대학원 석사학위 논문.

서인석(1960), 욕설고, 국어국문학 제22호, 국어국문학회.

孫晉泰(1931), 朝鮮辱說考, 신생(新生), 4권1호, 新生社.

신기상(1992), 우리말 辱說 硏究, 국어교육 제79·80호, 한국국어교육연구회.

윤석규(2003), 한·중 속어 비교 연구, 대전대학교 교육대학원 석사논문.

이주행(2007), 한국어 사회방언과 지역방언의 이해, 한국문화사.

赤祖父哲二(2000), 日中英 言語文化事典, マクミランランゲージハウス.

陳原 著/ 松岡榮志 編譯(1992), 中國のことばと社會, 大修館書店.

筒井康隆(1970), 惡口雜言罵詈讒謗, 缺陷百科アーン, 河出書房新社.

星野命(1978), 現代惡口論, 言語生活, 321, 筑摩書院.

堀內克明(1978), 罵倒語の比較文化, 言語生活, 321, 筑摩書院.

藤江在史(1971), ことばから見た中國, 自治日報社 出版局.

Hayakawa, S.I.(1964), Language in thought and action, second edition, Harcourt, Brace and World, Inc., New York.

■ 이 글은 "언어와 문화". 제8권 1호. 한국언어문화교육학회(2012. 4)에 게재된 논문이다.

제4장 한·일·영 속담에 반영된 언어 인식과 수행
-속담에 반영된 언어관-

1. 서언

속담이란 간결한 형식으로 표현된 구비적 잠언이며, 사회적 환경이 각인 된 관용어이다. 이는 오랜 세월을 두고 언중이 대중의 지혜와 경험을 통해서 이루어 놓은 정신적 소산으로, 우수한 문학이요, 철학이요, 처세훈이라 할 수 있는 것이다. 이를 우리는 "샹말, 샹ㅅ소리, 곁말, 덧말, 俗說, 俗諺, 俗言, 俚語, 俚言, 俚諺, 野語, 野諺," 등으로 일러 왔다.

속담은 특수 사례가 대중의 공감을 받아 정착된 것이다. 곧 특수 사례가 발생하고, 그것이 일정한 형태로 표현된다. 그 뒤 이 표현은 조정 단계를 거치고, 대중의 공감을 받아 인용되는 단계로 넘어간다. 그리고 마침내 하나의 어구(語句)로 정착되어 언중에게 전파되게 된다. 속담은 이와 같이 구체적 경험이 일반화하여 형성되며, 이의 사회화로 한 민족이나 국민의 문화유산이 된다. 따라서 여기에는 그 민족의 생활, 풍속 및 정신문화가 반영되게 마련이다.

속담은 그 내용을 몇 가지로 나누어 볼 수 있다. 비평·풍자를 하는

것, 교훈을 주는 것, 지식이나 진리를 알리는 것, 이야기에 흥취를 보태
는 것 따위가 그것이다. 이 글에서 논의하려는 것은 속담에 반영된 언어
수행에 대한 원리다. 이는 넓은 뜻으로 말에 대한 가치관을 고찰하는 것
이다. 따라서 먼저 말에 대한 인식을 살피고, 어떤 언어 행동을 이상으
로 하는지 살피게 될 것이다. 이는 비교에 의해 그 특성이 더욱 분명히
드러날 것이다. 이에 한·일·영어권의 속담을 비교 고찰하기로 한다.
속담은 다음 자료에서 추출하기로 한다.

> 이기문(1962), 속담사전, 민중서관(총 671쪽)
> 藤井乙男(1979), 諺語大辭典, 日本圖書(총 1159쪽)
> Takanobu Otsuka(1976), Sanseido's Dictionary of English Proverbs(총 1075쪽)

언어에 관한 속담은 외형상 분명히 드러나는 것과, 내용상으로만 언어
와 관련된 것의 두 가지가 있다. 여기서는 내용상 관련되는 것은 제외하
기로 한다. 따라서 한국 속담의 경우는 "말, 말하다"가, 일본 속담은 "言
葉, 云う"가, 영어 속담은 "speech, speak, say" 따위 단어가 표면에 드러
나는 것을 분석 대상으로 삼게 된다. 이렇게 되면 한국 속담은 약 150
개, 일본 속담은 약 80개, 영어 속담은 약 430개가 추출된다. 고찰의 순
서는 영어·일어·한국어 속담순으로 하기로 한다. 그것은 영어 속담이
압도적으로 많아, 이를 먼저 살피고, 다른 속담을 이와 비교하는 것이
그 특성을 잘 드러낼 것으로 판단되기 때문이다. 말은 언어에 대한 인식
과 구체적 언어 수행의 원리에 따라 실현된다. 따라서 우리의 언어 수행
론은 우선 언어에 대한 인식을 살피고, 그 다음에 수행의 원리를 살피게
될 것이다.

2. 영어 속담에 반영된 언어 인식과 수행

2.1. 언어에 대한 인식

속담에 반영된 언어에 대한 인식은 문형으로 볼 때 평서문으로 이루어지며, 수행의 원리는 주로 명령형으로 이루어진다. 영어 속담은 언어에 대한 인식 24가지를 약 180개 속담을 통해 보여 주며, 수행의 원리 17가지를 약 100개의 속담을 통해 제시해 준다. 물론 여기 주의할 것은 인식과 수행이 반드시 확연히 구별되는 것은 아니다. 언어에 대한 인식 일부는 내용상 수행의 원리와 직결되기 때문이다. 따라서 언어에 대한 인식과 수행은 광의의 언어 수행의 원리라 보아 좋을 것이다.

영어 속담에서 말에 대한 인식의 가장 두드러진 경향은 말이 실속이 없는, 빈껍데기라는 것이다. 말을 바꾸면 실용성이 없다는 것이다. 이는 서양의 실용주의적(實用主義的) 사상을 반영하는 것이라 하겠다. 말보다 행동, 곧 실천이 중요하다고 보는 인식이 강한 것도 마찬가지다. 이 밖에 두드러진 인식으로는 "말은 화자를 반영한다, 다언(多言)은 바람직하지 않다, 좋은 말(good word)은 생활에 유리하다, 듣기 좋은 말을 하는 데 품 안 든다, 여자는 말이 많다, 소문은 빨리 퍼진다, 침묵이 말하는 것보다 낫다, 말과 행동은 다른 것이다"는 것 등이다. 영어 속담에서는 말의 기능을 흔히 생각하는 것과는 달리 대체로 긍정적으로 보기보다는 부정적으로 보는 것이 많다는 것이 무엇보다 큰 특징이다. 이들 인식을 보면 다음과 같다.

(1) 말·발림소리·빈말은 실속이 없다.(18개)

영어 속담에서는 말을 돈과 상대적인 개념으로 보고 있다. 그래서 말

은 실속 없는 것으로, 바람직한 것이 못 되는 것으로 인식한다. 말로는 배를 채울 수도 없고, 계약을 할 수도 없고, 무엇을 살 수도 없는, 쓸모 없는 것이라 보는 것이다. 실용적 잣대로 말을 평가해 무가치한 것으로 인식한다. 더구나 발림소리나 빈말은 더욱 그렇다고 본다. "Fair words fill not the belly(발림소리는 배를 채워 주지 않는다)."는 이의 대표적인 예이다. 일본어 속담 "인사보다 돈(挨拶より圓札)"에도 이러한 인식이 반영되고 있다.

"Fair, fine, kind, soft, good word"로 표현되는 발림소리의 실속 없음은 배, 주머니, 부셸 상자 등을 채우지 못한다는 식으로, 구체화되어 있다.

The belly is not filled(or fed) with fair words.(미사여구로는 배가 채워지지 않는다.)/ Fair(or Fine or Kind or Soft) words butter no parsnips(or cabbage).(공치사는 아무런 쓸모가 없다.)/ Fair words will not make the pot play./ Good words fill not a sack./ Who gives good words feeds with an empty spoon./ He who gives fair words feeds you with an empty spoon.

빈말의 실속 없음은 계약을 할 수 없고, 말로만 장사를 하면 풀칠을 할 수 없고, 말만으로는 땅을 살 수 없으며, 땅을 살 수 있는 것은 돈이라 본다.

Bare words make no bargain./ Bare words are(or make) no lawful(or good) bargain.(말만으로는 법률상 계약이 안 된다.)/ One cannot live by selling ware(or goods) for words./ He that sells wares for words must live by the loss.

발림소리나 빈말만이 아니라, 말 자체나, 많은 말이 쓸모없다는 인식도 드러낸다.

Talk(or Prate) is but talk(or prate), but it is money buys land(or lands). (쓸데없는 말은 말일 뿐이다. 토지를 살 수 있는 것은 돈이다.)/ Words are but words (, but money buys lands).(말은 말에 불과하다.)/ Words are but sands (but) it is money buys lands.

Many words fill not the sack./ Many words will not fill a bushel(or fill not the firlot).

이러한 발림소리·빈말, 그리고 말이 실속 없다는 인식은 언어와 사물 세계의 불일치, 기호와 개념의 괴리에서 파악된 것이라 하겠다.

(2) 말은 화자(話者)를 반영한다.(15개)

말은 화자를 반영하는 것으로 인식했다. 화자의 마음이 반영되고, 인격이 반영된다는 것이다. 따라서 말로서 그 사람을 알 수 있으며, 어질고 어리석음을 파악할 수 있다고 본다.

Such as a man is, such is his speech.(말은 인격을 나타낸다.)/ By seeing one, thou knowst him half, by hearing of him speak, thou knowst him all over./ A man is known by his word./ Speech is the picture(or index) of the mind./ Speech shows what a man is./ As the man is so is his talk.(말은 인격을 반영한다.)/ A bird is known by its note and a man by his talk./ A man is known by his words./ The bird by his note, the man is known by his words.

A fool cannot speak unlike himself./ A fool when he has spoken has done all(or has all done).(바보는 말을 함으로 만사가 끝장이 난다.)

이렇게 말은 인격을 반영하는 것이기 때문에 정직한 사람의 말은 훌륭하며, 이는 마땅히 지켜져야 하는 것이라 본다.

An honest man is as good as his word.(정직한 사람은 약속을 지킨다.)/ A honest man's word is his master./ An honest man's word is as good as his bond./ What is a gentleman but his word?(약속을 깨고 무슨 신사냐?)/ You should be a king of your word.

(3) 말이 많은 것은 바람직하지 않다.(15개)

말을 많이 하면 실수하게 되는가 하면, 남에게 해를 입히고 나아가 거짓말까지 하게 되는 것으로 본다. 따라서 다언(多言)은 바람직하지 않은 것으로 인식한다. 말을 많이 하게 되면 실수를 하게 된다는 속담으로는 다음과 같은 것이 있다.

He that speaks much is much mistaken.(많은 것을 말하면 실수도 많다.)/ Who speakth oft is oft mistaken./ Mickle spoken, part must(or maun) spill.(많이 말하면 일부는 반드시 실언이 된다.)/ Talk much and err much(, says the Spaniard)./ He that talks much errs much.

해를 끼친다고 보는 속담은 칼보다 큰 상처를 주는가 하면 괴로움, 타격을 주는 것으로 본다.

Many words hurt more than swords./ Too much scratching pains, too much talking plagues.(말을 많이 하면 남을 괴롭히게 된다.)/ Too much scratching frets, too much prating hurts./ Too much scratching hurts the skin, too much talking the whole body./ Many words bred a brawl.(말이 많으면 말다툼이 된다.)/ Many words many buffets(or blow).

많은 말이 거짓말을 하게 한다는 속담으로는 다음과 같은 것이 있다.

Where many words are, the truth goes by.(말이 많은 곳에 진리는 머물지 않는다.)/ Many words and many lies look much alike./ In many words the truth goes by./ In many words a lie or two may escape.

이 밖에 말이 많은 사람은 오히려 말을 못하는 사람이고, 말 많고 말 잘하는 사람은 볼 수 없다는 인식도 가지고 있다. Many speak much who cannot speak well./ Much, and well speaking, are hard to be found.

(4) 말보다 행동이 중요하다.(14개)

영어 속담의 큰 특징의 하나는 언행에 있어 행동(실천)이 말보다 중요하다고 보는 것이다. 이는 정신문화를 중시하는 동양과 물질문명을 중시하는 서양의 사고가 빚어낸 결과라 하겠다. "Doing is better than saying."으로 대표되는 이러한 인식은 한국 속담에서는 찾아볼 수 없다. 이러한 말보다 행동을 중시하는 속담으로는 다음과 같은 것이 있다.

It is better to do well than to say well.(말이 훌륭한 것보다 행위가 훌륭한 것이 낫다.)/ Say well and do well end with one letter, say well is good but do well is better.(말하는 것보다 훌륭히 행하는 것이 더 낫다.)/ Say well is good but do well is better./ To say well is much worth, but to do well, more./ Well done is better than well said./ Doing is better than saying./ Saying and doing end both with a letter; Saying is good but doing is better./ Actions speak louder than words./ Examples move more than words.(실례가 말보다 감동을 준다.)/ Deeds are fruit, words are (but) leaves.

(5) 좋은 말은 이롭다.(14개)

겉치레의 말은 실속이 없고, 사물과 대응되지 않는 바람직하지 않은 것이라 보는가 하면, 한편으로 좋은 말은 정신적으로나 현실 생활에서 필요하고, 이로운 것이라 보기도 한다. 이러한 인식은 좋은 말이 상처에 기름을 발라 주고, 마음을 안정시켜 주며, 아픈 마음을 치유해 주는가 하면, 나쁜 행동을 보상해 주는 것으로 본다. 이는 좋은 말에 대한 가치관을 반영하는 것으로, 언어의 정서적 표현의 가치를 인정한 것이다.

Good words anoint us and ill do unjoint us.(좋은 말은 기름을 부어 신성하게 하고, 나쁜 말은 탈구(脫臼) 시킨다.)/ Good words anoint, bad words gore./ Good words do anoint, but bad do prick./ Good words cool(or quench) more than cold(or a bucket of or a caldron of) water.(좋은 말은 냉수보다 한 층 기분을 안정시킨다.)/ A good word quencheth more than a pail of water./ A mild word quencheth more than a whole cauldron of water./. Good words help sick minds(or can help a sick mind)./ Good(or Fair) words make some amends for ill deeds./ Fair words did fet gromwell seed plenty./ Fine words dress ill deeds.(좋은 말은 추한 행동을 감싸준다.)

부드러운 말도 마찬가지다. Soft words pacify(or appease) wrath.(부드러운 말은 화를 진정시킨다.)/ Soft words win hard hearts./ Soft words are(or and) hard arguments.가 이러한 보기이다.

이러한 적극적인 기능과는 달리 긍정적 효과를 소극적으로 표현하는 속담도 있다. 이는 파괴하거나 피해를 주지 않는다는 것이다.

Fair words broke never bone, (but) foul words break many a one.(정중한 말을 써라.)/ Fair words break no bone ; but foul worlds many a one./ Fair (or Good or Soft) words break no bones./ Good words do no harm.

(6) 듣기 좋은 말에 품 안 든다.(13개)

듣기 좋은 발림소리는 그것을 말하는 데 품이나 돈이 들지 않고, 또한 그로 인해 해를 입는 것도 아니라는 인식이다. 일본의 속담 "言葉に物はいらぬ"와 같은 발상이다. 이러한 인식을 반영하는 속담은 남이 듣기 좋은 말을 하라는 언어 수행의 원리가 되기도 한다. 품이나 돈이 안 든다는 속담으로는 다음과 같은 것이 있다.

A good word costs no more than a bad (one).(선의의 말이나 악의의 말이나 입에 부담되기는 마찬가지다.)/ Good words cost no more than bad./ A good word is as soon said as an ill(or bad)./ A good words cost nothing./ Good(or Fair) words are good cheap./ Good words are worth much and cost little./ Saying goes good cheap.

해를 입히지 않는다는 속담으로는 다음과 같은 것이 보인다.

Fair(or Soft) words hurt not the mouth(or tongue).(좋은 말은 입(혀)을 해치지 않는다.)/ Fair(or Smoth) language grates(or blister) not the tongue./ A sweet speech doth not flay the tongue.(달콤한 말은 혀의 껍질을 벗기지 않는다.)/ It hurteth not the tongue to give fair words./ Fair words blister not the tongue.

(7) 여자는 말이 많다.(11개)

여자는 본래 수다쟁이이며, 이러한 여자가 여럿 모이면 시끄럽다고 한다. 영어 속담에는 이러한 상황이 열 수레의 말(言語)이 이 세상에 내려졌는데 그중 아홉 수레의 말을 여자가 차지한 것으로 보고 있다. 이러한 말에 대한 인식을 먼저 여자 일반에 적용시킨 것부터 보면 그것은 말이 많다는 것이다.

Ten cabs(or kabs) of speech descended into the world and the women took away nine of them./ Where woman and geese are, there are not few words./ Women must have their words.(여자들은 대단한 수다쟁이다.)/ Women are great talkers.

"많은 여자"에 관한 인식도 말이 많고 시끄럽다는 것이다.

Many women many words(, many geese many turds).(여자가 많이 모이면 시끄럽다.)/ Many geese many birds, many women many words./ Women many in number make many words.

이 밖에 남녀와 언행의 관계를 말은 여자, 행동은 남자란 이분법적 인식을 보인다.

Deeds are male(or males or men), (and) words are female(or females or women).(행위는 남자, 말은 여자)/ The deeds are manly, and the words womanly./ Women are words, men are deeds./ Words are for women; actions for men.

여자는 이렇게 수다쟁이요, 따라서 입이 가벼우니 그들의 말은 믿을 것이 못 된다고 보기도 한다. No trust is to be given to a woman's word(or a woman).(여자의 말을 믿어서는 안 된다.)/ Who takes an eagle by the tail, and a woman at her word, holds nothing.

여기 덧붙일 것은 여자의 다언에 대한 인식은 이 밖에 tongue에 의해서도 많이 표현된다는 것이다. 그 예를 보면 다음과 같다.

A woman's tongue, like an aspen leaf, is always in motion.(여성의 혀는 포플러 잎처럼 언제나 움직이고 있다.)/ A woman's tongue wags like a lamb's tail.(여성의 혀는 양의 꼬리처럼 잘 움직인다.)/ A woman's strength is in(or A woman's weapon is) her tongue./ A woman's tongue is the last thing about her that dies.(여성의 혀는 여성의 몸 가운데 가장 나중에 죽는 기관이다.)

(8) 말은 빨리 전파된다.(11개)

말은 전파력이 강하다. 그것도 좋지 못한 소문이 더욱 그렇다고 본다. 우리의 속담 "발 없는 말이 천리 간다"나, 일본의 속담 "사마(駟馬)도 혀를 따르지 못한다(駟も舌に及ばす)"와 같은 인식이다. 말은 빨리 전파될 뿐 아니라, 한번 한 말은 거두어들일 수 없다는 속성을 지닌다. 그래서 영어 속담에도 말은 전파력이 강하며, 한번 한 말은 거두어들일 수 없다고 경고한다. 이러한 인식은 말을 조심하라는 언어 수행의 원리로 작용하게 된다.

먼저 전파가 빠르다는 것은 시간적으로 빠르고 공간적으로 멀리 퍼져 나간다는 것이다.

A word spoken is an arrow let fly.(말은 화살 같다)/ A word once out flies everywhere abroad./ A bad word(or An ill report) quickly flies abroad./ An ill word is quickly spread abroad.(惡事千里)/ While the word is in your mouth it is your own, when it is once spoken it is another's.(말을 한 다음에는 남의 것이다.)

한번 한 말을 회수하기 어렵다는 것은 말이 돌이나 새 날개와 같아 한번 화자(話者)를 떠나게 되면 되돌릴 수 없는 것으로 인식한다.

A word and a stone let go(or A word spoken) cannot be called back./ The stone and the word returns not when once out./ A stone once cast and a word once spoken, cannot be recalled./ When the word is out it belongs to another./ A word spoken is past recalling.(한번 한 말은 되돌릴 수 없다.)/ Word have wings and cannot be recalled.

(9) 침묵이 말보다 낫다.(9개)

서양에서는 화행(話行)에 있어 말과 침묵이 비교된다. 이때 흔히 인용되는 것이 "침묵은 금, 웅변은 은"이라는 속담이다. 영어 속담에서도 언어 운용에 있어서 적극적인 웅변보다 소극적인 침묵이 가치가 있는 것이라 본다. 따라서 이러한 인식은 결과적으로 금언(禁言)을 권장하는 언어 수행의 원리로 작용한다.

Speech is silvern(or silver), silence is golden.(변설은 은, 침묵은 금)/ Silence is golden. /. He that speaks, sows, and he that holds his peace, gathers./ Who speaks sows, who is silent reaps./ Who speaks not errs not.(말을 하지 않는 사람은 실수를 하지 않는다.)/ Silence is wisdom, when speaking is folly./ No wisdom to(or like) silence./ More have repented speech than silence.(침묵보다 말한 것을 후회한다.)/ If a word be worth one shekel(or a shilling) silence is worth two.

(10) 말과 행동은 다른 것이다.(9개)

말과 행동은 다른 것이며, 현격한 차이가 있다고 인식한다. 이는 말하기는 쉽고, 실행하기는 어렵다는 것을 의미다. 그러나 영어 속담의 경우 차이를 강조할 뿐 그 난이도를 구체적으로 언급하고 있는 것은 보이지 않는다.

There is a great difference between word and deed.(말과 행동은 크게 다른 것이다.)/ From words to deeds is a great space(or distance)./ There is a good distance 'twixt the word and the deed./ There is much betwixt word and deed./ There is a large distance(or a great space) (be) twixt (the) saying and the deed(or and doing)./ Between saying and doing there is a great difference./ Saying is one thing and doing another./ Saying and doing are two thing./ To say and (to) do are two thing.

(11) 말로 화를 입게 된다.(8개)

우리 속담에 "혀 밑에 죽을 말 있다"고 하듯, 말을 잘못 하면 큰 화를 당하게 되는 것으로 인식한다. 따라서 이는 말을 조심하여 잘 운용하라는 언어 수행의 원리로서 작용한다. 영어 속담에는 "Words hurt(or cut) more than swords."라고 말이 검 이상으로 상처를 준다고 하는 것을 비롯하여, 붙잡히고 속박되는 화를 이르고 있다. 일본의 속담 "세치 혀에 다섯 자 몸을 망친다(三寸の舌に 五尺の身を滅ぼす)"도 이러한 것이다.

An ill word hurts more than a sharp sword./ An ox is taken by the horns and a man by the tongue(or word).(소는 뿔에 의해, 사람은 말에 의해 붙잡힌다.)/ Horses are taken by the bridle, and men by their words./ Take a bull by the horn, and a man by his word./ An ox is bound by his horns, a man by his word./ Words bind men./ From hearing comes wisdom; from speaking, repentance.

(12) 가는 말이 고와야 오는 말이 곱다.(7개)

말은 일방적으로 행사되는 것이 아니고, 주고받는 상대적인 것이다. 따라서 가는 말이 고와야 오는 말이 곱다고 본다. 이와는 달리 거친 말을 하게 되면 그 거친 말이 다시 돌아오는 것으로 인식하기도 한다. 그리고 자기가 좋은 대로 말을 하게 되면 험한 말을 듣게 될 것이라 생각한다. 영어 속담에는 이러한 언어 수행의 원리가 여럿 제시되어 있다. 일본어 속담 "賣り言葉に買い言葉"도 이러한 인식을 반영하는 것이다.

Bad words find bad acceptance.(나쁜 말은 나쁜 대접을 받는다.)/ One ill word asks another./ One ill(or evil) word meets(or begets) another and it were at the bridge of London.

He that speaks lavishly shall(or must) hear as knavishly.(내키는 대로 말하면 몹쓸 소리를 듣는다)/ He that speaks the thing he should not hears the things he would not.(말하지 말아야 할 것을 말하는 사람은 듣고 싶지 않은 것을 듣게 된다.)/ He who says(or does) what he would hears what he would not./ He who says what he likes shall hear what he does not like./ Who says what he lists, hears what is against his will.

(13) 많은 사람의 말은 진실하다.(7개)

개인의 판단은 잘못 되거나, 편견에 빠질 수 있다. 그러나 다중의 말, 곧 여론은 이러한 오판(誤判)이나, 편견에서 벗어나 진실한 것일 가능성이 크다. 많은 사람의 말이 진실하다고 보는 것은 이러한 인식을 반영하는 것이다. 영어 속담에는 이러한 중언 진리(衆言眞理)라는 인식의 속담이 여럿 보인다.

It is true that every man says.(모두가 말하는 것은 진실이다.)/ It is like to be true that every man(or one) says./ It is true that all men say./ It may be true that some men say; but It must be true that all men say./ That is true which all men say./ It must need be true what every man says./ That is true that most men say.

(14) 그럴 듯하게 꾸민 말은 사람을 속인다.(6개)

아름답게 꾸민 말은 실용성이 없다. 그뿐 아니라, 그럴듯하게 포장된 말은 신실성이 없다. 흔히 사람을 속인다고 본다. 그 말이 사실세계(事實世界)와 부합하지 않는, 사실과 다른 표현을 하고 있기 때문이다. 감언이설로 사람을 꾀는 것이 이의 대표적인 예다. 일본의 "추는 말에 놀아나지 말라(石車に乘つても口車に乘るな)"는 이러한 감언이설을 경계한 것이다. 꾸민 말에는 흔히 어리석은 사람이 속게 마련이나, 영어 속담에서는 현명한 사람도 속고, 남녀노소가 다 속는 것으로 본다.

Fair words(or heights or promises) make fools fain.(좋은 말을 하면 바보는 기뻐한다.)/ Fair words deceive(or please) fools.

Fair(or Good) words and ill deeds deceive (both) wise and fools).(행동은 좋지 않더라도 말을 잘하는 사람에게는 현자와 바보가 다 속는다.)/ Fair words and foul play cheat both young and old./ Many words, and few deeds deceive wise men and fools./ Fair words make me look to my purse.(감언은 지갑을 돌아보게 한다.)

(15) 돈이 큰 소리 한다.(5개)

인간사회에서는 흔히 돈과 권력이 큰소리를 친다고 한다. 이러한 세정을 반영하는 것이 "Money talks."로 대표되는 돈이 큰소리친다는 인식이다. 일본의 "金が物を言う"도 이러한 인식을 반영하는 속담이다. 이는 황금만능주의를 배경으로 한 언어 인식이다. 이러한 사회에서는 돈 없는 사람은 말도 할 수 없다고 보게 한다.

A full purse makes(or will make) the mouth to speak.(주머니가 가득하면 사람은 입이 가벼워진다.)/ Gold speaks.(황금이 말을 한다.)/ Man prates, but gold speaks./ He that spends much that gets nought, he that owes much that has nought, he that looks in his purse and finds nought, he may be sorry and say nought(or sorry though he says nought).

(16) 침묵할 줄 모르면 말을 제대로 못한다.(4개)

말은 주고받는 것이다. 말은 듣고, 그것에 응대해야 한다. 남의 말을 듣지 않고 제 말만 하게 되면 대화가 안 된다. 더구나 모든 사람이 다 말을 하게 되면 듣는 사람이 없게 되고(When all men speak no man hears.), 거기에서는 대화가 성립되지 않는다. 따라서 말을 잘 하기 위해서는 잠자코 듣는 것이 무엇보다 중요하다는 인식이다.

He that knows not how to hold his peace(or tongue) knows not how to speak(or talk).(침묵을 지킬 줄 모르는 사람은 말하는 방법을 모른다)/ He can hardly speak, who cannot hold his peace./ He cannot speak well, that cannot hold his tongue./ Who knows not how to hold his peace, at least let him learn to speak.

(17) 말은 행위의 그림자다.(3개)

말은 원칙적으로 행동과 부합되어야 한다. 그래야 말은 제 소임을 하는 것이다. 말이 행위의 그림자란 바로 말이 그가 수행하고 있는 행위를 반영한다는 말이다. 곧 그의 말에서 행실을 본다는 인식이다. 이는 언행의 상치(相馳) 아닌, 조화를 전제로 한 인식이다. 달리 말하면 이는 말이 인격을 반영한다는 인식과 맥을 같이 한다. 이는 언행일치의 인식과 관련된다.

Speech is the shadow of deeds.(말은 행위의 그림자)/ A word is the shade(or shadow) of an action./ A word is the shade(or shadow) of an action.

(18) 말을 해야 하는 사람이 따로 있다.(3개)

속언에 입으로 "벌어먹는 사람"이란 부류의 사람이 있다. 이렇게 말을 해야 할 사람이 따로 있다는 인식이다. 직업적으로는 교사와 상인이 그 대표이다. 어린이를 기르는 어머니와 유모도 이 부류의 사람에 속하는 사람이라 본다.

He that keeps shop must speak to everyone.(장사하는 사람은 누구에게나 말을 하지 않으면 안 된다)/ They that(or such as) have wares to sell (must) have words at will.

A nurse's tongue is privileged to talk.(유모의 혀에는 말하는 특권이 주어져 있다.)

(19) 언행은 일치돼야 한다.(3개)

말은 쉽고, 행동은 어려운 것이다. 그러나 말은 행동과 일치해야 하는 것으로 본다. 따라서 무책임한 말을 해서는 안 되고, 책임질 수 있는 말을 해야 한다는 인식이다. 그렇지 않으면 그 말은 정원의 잡초나 마찬가지다. 이는 언행이 일치되게 말하라는 언어 수행의 원칙이기도 하다.

Good words without deeds are rushes and reeds.(행동을 수반하지 않은 미사여구는 등심초나 갈대와 같다.)/ A man of words and not of deeds (or A man in words and not in deeds) is like a garden full of weeds./ He is his word's master.

(20) 취중에 진담이 나온다.(2개)

술에 취하면 긴장이 풀리게 된다. 그래서 평소에 억제하고 조심하던 속마음도 무의식중에 드러내게 된다. 취중에 진담이 나온다는 것은 바로 이러한 인식을 나타낸다. 일본 속담에서 "술은 본심을 나타낸다(酒は本心を現す)"고 하는 것도 이러한 인식이다.

Fair cheve good ale, it makes many folks speak as they think.(美酒가 번성하듯, 술은 많은 사람들에게 진심을 말하게 한다.)/ When wine sinks, words swim.(술이 가라앉으면 말이 떠오른다.)

(21) 말은 가려들어야 한다.(2개)

철인(哲人)이나 지사만이 바른 말을 하는 것이 아니다. 시중의 필부필부도 바른 말을 할 수 있다. 그뿐이 아니다. 어리석은 사람이나 철이 덜 든 어린이도 사리에 맞는, 올바른 말을 할 수 있다. 따라서 사람을 가리는 것이 아니라, 말을 가려들어야 한다는 인식이다. "등 뒤의 어린애 말도 들을 것이 있다"는 한국 속담도 이러한 인식을 반영하는 것이다.

Even a fool sometimes speak a wise word (or to the purpose)./ Sometimes (or Oftentimes) a fool may speak a word in season(or speak to purpose).

(22) 가장 사랑하는 사람에게는 말을 다 못한다.(2개)

친한 사이에는 이심전심으로 통하기도 하고, 경우에 따라서는 별의별 하찮은 이야기를 재미있게 나누기도 한다. 그러나 가장 사랑하는 사람, 가장 좋아하는 사람 앞에서는 어려워 입이 떨어지지 않고, 할 말을 못한 다는 인식이다.

Whom we love best to them we can say least.(가장 좋아하는 사람에게는 가장 조금밖에 말을 못한다.)/ Whom love we best, to them we can say least.

(23) 농담 속에 진실이 들어 있다.(2개)

진지하게 논의할 때에만 진실이 드러나는 것이 아니다. 경우에 따라서 는 농담 속에 진담을 하기도 한다. 또한 농으로 한 말이 우연히 정곡을 꿰뚫을 수도 있다. 이렇게 진실은 농담 속에도 깃들이는 것으로 본다.

There is many a true word spoken in jest.(농담으로 한 말이 사실인 경우가 많다.)/ Many a true word is spoken in jest.

(24) 말은 위력을 지닌다.(1개)

말은 사물 아닌 기호로서, 이것은 사물을 대신하여 마력을 나타낸다. "말로 천 냥 빚을 갚는다"고 하는 것이 이러한 인식이다. 이러한 언어의 위력에 대한 인식은 영어 속담에는 별로 보이지 않는다. 이러한 인식의 속담이 보이지 않는다는 것은 의외의 사실이다. "He that speaks well fight well.(말 잘하는 사람은 완력이 있는 사람과 같다.)"이 말의 위력을 간접적 으로 나타내고 있는 하나의 예이다.

2.2. 언어 수행의 원리

언어 수행에 대한 원리는 앞에서 언급한 바와 같이 17개를 들 수 있다. 이들이 보여 주는 가장 대표적 원리는 "말을 짧게 하라"는 것이다. 말이 길면 듣는 사람을 번거롭게 하기 때문이다. "말을 적게 하고 실천하라"는 것도 강조되는 대표적 원리 가운데 하나다. 다언(多言)의 폐해는 말에 대한 인식에서도 지적된바 있다. "말을 적게 하고 실천하라"는 원리는 말만 가지고 보면 "말을 짧게 하라"는 원리와도 상통되는 것이다. 말을 잘 이해하는 현명한 청자에게는 더구나 길게 할 필요가 없다. "말을 적게 하고 실천하라"는 것은 말보다 실천을 강조한 언어 수행의 원리로, 이는 말을 삼가라는, 신언(愼言)의 원리이다. 이 밖에 강조되는 언어 수행 원리로는 "없는 자리에서 남의 말을 하지 말라, 적절한 내용을 요령 있게 말하라, 모든 것을 다 말하지 말라, 완곡하게 좋은 말을 하라, 바람직하지 않은 말에는 관여하지 말라"와 같은 것이 있다. 영어 속담은 전반적으로 볼 때 언어 수행을 적극적으로 하라기보다, 말을 삼가거나 하지 말라는, 신언(愼言), 또는 금언(禁言)을 권장하는 경향이 강하다고 할 수 있다.

(1) 말은 짧게 하라.(14개)

말은 짧게 하는 것이 좋다. 길면 청자를 번거롭게 할 뿐이다. 그러기에 오늘날의 화법(話法) 책들도 길게 말하는 것을 금기의 첫째 항목으로 들고 있다. 영어 속담에는 이러한 언어 수행의 원리를 밝힌 것이 두드러지게 많다. 말을 짧게 하라는 것은 일반론으로, 특히 좋은 청자 곧 현명한 사람이나, 잘 이해하는 사람에게 더욱 그렇게 하라고 강조한다. 하나를 들으면 열을 아는 청자에게 중언부언할 필요가 없을 것이기 때문이다.

먼저 일반적인 권고를 보면 "Few words are best./ Few words show men wise./ Who knows most speaks least.(가장 많이 아는 사람은 가장 적게 말한다.)" 같은 것이 있다.

현명한 사람이나 좋은 청자를 대상으로 한 것으로는 다음과 같이 많은 것이 보인다.

To a good understander a short speaker.(좋은 이해자에게는 짧은 말을 하는 화자)/ Half a word to a good understander./ Half a word(or tale) to a wise man(or a good understander) is enough.(현명한 사람은 반어로 충분하다.)/ Half a word to a wise man./ Many words to a fool, half a word to the wise./ The wise understand half a word./ A word to a wise man is enough./ Few words to the wise suffice./ A word to the wise!/ A man may comprise much matter in few words.

(2) 말은 적게 하고 실천을 하라.(12개)

이는 말보다 행동이 중요하다는 언어관을 반영한 언어 수행의 원리이다. 말이 많으면 말을 하느라 일을 할 수 없고, 말이 적어야 많은 일을 할 수 있다(The fewer words the more work.)고 보는 것이다. 그리하여 과언실행(寡言實行), 말을 적게 하고, 실천을 많이 하라고 종용한다.

Speak little, do much.(말은 적게 하고 실행을 많이 하라)/ Few words and many deeds./ The fewer words the more work./ Do much and say but little./ Least talk most work.(말이 가장 적은 사람이 가장 많은 일을 한다.)/ The fewer words the more works./ The most work's done with fewest words./ Where there is least talk, there is most work./ The fewer words the more work./ The best of the game is to do deeds and to speak little.

심하게는 말을 적게 하는 것이 아니라, 말을 하지 말고 일을 하라고 신언 아닌, 금언을 권장하기도 한다. Not words but deeds.(無言實行)/ Deeds, not words./ The best of the sport is to do the deed and say nothing.

(3) 없는 자리에서 남의 말을 하지 말라.(9개)

고대에는 언어와 사물을 동일시하였다. 없는 자리에서 남의 말을 하면 당사자가 나타난다고 생각하는 것은 이러한 언어관을 반영한 것이다. 이는 없는 자리에서 남의 말, 그것도 나쁜 말은 하지 말라는 언어 수행의 원리가 되었다. 신언의 경계다. 영어 속담에는 남의 말을 하지 말라는 대상으로 대부분 사람 아닌 악마를 들고 있다.

Speak of the devil and he will appear.(악마의 말을 하면 악마가 모습을 나타낸다.) / The devil is never nearer than when we are talking of him./ Talk of the devil, and he is sure to appear./ Talk of the devil and he'll either come or send./ Talk of the devil, and he's presently at your elbow.

"호랑이도 제 말하면 온다."는 우리의 "호랑이"에 대해 "늑대"가 자주 출현하는 것은 대조적이다.

Speak of the wolf and he will appear./ To mention the wolf's name is to see the same./ Speak of the wolf and you will see his tail.

언어와 사물의 유연성은 남이 내 말을 할 때 육체적인 변화가 나타나는 것으로 보기도 한다. 영어 속담에서는 이런 때 귀가 달아오른다고 한다. 일본어로도 "귀가 가렵다/ 재채기가 난다"고 한다. 우리도 "귀가 가렵다"거나 재채기와 관련시키는 것을 볼 수 있다. "When your ear tingles(or burns) people are talking about you.(너의 귀가 달아오를 때 남이 네 이야기를 하고 있는 것이다.)/ If your ears glow, someone is talking of you."

(4) 적절한 내용을 요령 있게 말하라.(7개)

말은 적절한 내용을 조리 있고, 요령 있게 해야 한다. 그렇지 않으면 의미 전달이 제대로 안 된다. 적절한 내용을 요령 있게 말하라는 것은 회화 실연(會話實演)의 계율로도 들려지는 것이다. 영어 속담에서는 적절한 말로 요령 있게 말을 못할 것 같으면 차라리 침묵을 지키라고 한다. 요령 있는 말은 다변과 공존하지 않는 것으로 보기도 한다.

Speak to the purpose or hold your peace.(요령 있게 말하라, 그렇지 않으면 침묵을 지켜라.)/ As good say nothing as to no purpose./ Speak fitly, be silent wisely./ Better say nothing than nothing(or not) to the purpose./ As good do(or say) nothing as to do purpose./ Say well or be still.

To speak much and to the matter is two men's labour.(많이 말하는 것과 요령 있게 말하는 것은 두 사람 몫의 일이다.) It is one thing to speak much, and another to speak pertinently.

(5) 모든 것을 다 말하지 말라.(7개)

무엇이나 극에 달한다는 것은 바람직한 게 못 된다. 여지가 있어야 한다. 보거나 듣거나 아는 것을 말하는 경우도 마찬가지다. 영어 속담에는 이러한 언어 수행의 원리가 강조되고 있다. 일본어 속담 "사물에 대해서는 다 말하지 말고, 야채는 다 먹지 말라(物は言い殘せ菜は食い殘せ)"고 한 것도 이러한 것이다. 이러한 경계를 특히 여인에게 하고 있다. 여인의 입이 가벼운 데 말미암는 것이다.

He that would live in peace and ease, must not speak all he knows, nor judge all he sees.(평화와 안식 속에 살고자 하는 사람은 아는 것을 다 말하지 말고, 본 것을 다 비판하지 말아야 한다)/ Speak not all you know, do not all you can, believe not all you hear./ Do not discover what thou hearest, shew not what thou hast, take not all thou desirest, speak not all thou knowest, do not all thou canst do, and thou shalt live happily./ Do not speak all thou knowest, do not judge thou seest, and thou shalt live in peace./ Never tell all thou knowest, thou canst, or hast./ Do not all you can; spend not all you have; believe not all you hear; and tell not all you know./ Do not tell your wife all you know.

(6) 완곡하게 좋은 말을 하라.(6개)

자기 생각대로 말해 충돌을 빚거나, 상대방을 기분 나쁘게 할 것이 아니라, 경우에 따라서는 현실세계를 완곡하게 돌려 표현하는 것이 좋다고 본다. 그러나 이는 말 따로, 생각 따로로, 생각과는 달리 좋은(fair) 말을 하여 문제가 되기도 한다. "He that speaks me fair and loves me not, I'll speak him fair and trust him not.(내가 말을 잘 하고 사랑하지 않는 사람은, 나도 잘 말하고 신용하지 않기로 한다)."가 그것이다. 그러나 이는 원만한 사생활을 위해 권장되는 언어 수행의 원리이다. 일본어의 속담 "口は口 心は心", "口と心は裏表"도 이러한 발상을 반영하는 것이다.

Speak fair and think what you will(or like).(생각대로 말해 상대방을 노하게 하지 말라.)/ Speak fair words, and think what you will./ Many a one says well that thinks ill.(많은 사람은 속으로는 좋지 않게 생각하면서도 입으로는 좋게 말한다.)/ Say as men say but think to yourself./ The french neither pronounce as they write nor sing as they prick, nor think as they speak./ Think(or write) with the wise(or learned) but talk with the vulgar.

(7) 바람직하지 않은 말에 관여하지 말라.(6개)

더럽거나, 상스럽거나, 사리에 어긋나는 말과 같이 바람직하지 않은 말에는 상관하지 않는 것이 좋다는 원리다. 세이(洗耳)란 말이 있거니와, 영어 속담에서는 좋지 않은 말은 듣지 말라고 한다. 말은 주고받는 것이기 때문에 바람직하지 않은 말은 되돌아와 불화를 낳게 된다. 시끄러운 세상일수록 이는 더욱 의미 있는 언어 수행의 원리가 될 것이다.

Deaf ears to dirty speeches.(더러운 말에는 귀를 기울이지 말라.)/ For foolish(or dirty) talk deaf ears./ Deaf ears to dirty speeches./ For mad words, deaf ears./ Let the ears be deaf when words grow rude./ Obscene words must have a deaf ear.

(8) 약자에게 말할 기회를 주어라.(5개)

"Losers are always in the wrong"이란 말도 있듯, 패자는 불리한 입장에 놓이게 마련이다. 영어 속담에는 이러한 패자에게 말하도록 하라는 속담이 여럿 보인다. 승패 간에 사연이 있겠고, 더욱 패자는 변명할 기회가 필요할 것이다. 이러한 말할 기회의 부여는 언어 수행에 있어 약자 배려라는 것이며, 나아가 상대방을 배려하라는 언어 수행의 원리라 할 것이다.

Give losers leave to speak(or talk).(패자에게 말하도록 허락하라)/ Give losers leave to speak, and winners to laugh./ Give losing gamesters leave to talk./ Let losers have their words./ Losers (may) have leave to speak.

(9) 잘 듣고 말을 않거나, 조금 하라.(5개)

잘 듣고 말을 하지 않거나, 조금 하라는 것은 금언 내지 신언을 하라는 언어 수행의 원리다. 언어 수행에 있어 듣는 것이 중요하다는 것을 강조한 것이다. 이는 비록 말을 하지 않더라도 잘 듣는 것은 좋은 대화자라는 화법의 원리에 바탕을 두고 있는 원리다. 일본 속담 "두 번 듣고

한 번 말하라(二度聞いて 一度物言え)”도 이러한 언어 수행의 원리를 반영한 것이다.

Hear much, (but) speak little.(많이 듣고 조금 말하라.)/ Speak little, hear much, and thou shalt not err./ Hear and see and be still(or say but little)./ Hear and see and say nothing (or little or the best)./ He that hears much and speaks not at all shall be welcome both in bower and hall.

(10) 말은 해야 할 때에 하라.(5개)

말은 주고받는 것으로 차례가 있다. 따라서 아무 때나 끼어들어 말을 해서는 안 된다. 차례가 왔을 때 말해야 한다. 남의 말을 가로막아서도 안 된다. 그러면 그것은 화법의 원리에 어긋난다. 남의 말을 중간에 자르는 것도 마찬가지다. 차례가 되거나, 말을 걸어오거나, 청할 때 말을 하라는 원리다.

Speak when you are spoken to, come when you are called.(말을 걸 때 말하고, 불릴 때 오는 것이 좋다.)/ Speak when you're spoken to, do what you're bidden./ Come when you're called, and you'll not be chidden./ A well-bred youth neither speaks of himself, nor, being spoken to, is silent. (좋은 집안 청년은 제 스스로 말하는 법이 없고, 말을 시켜 가만히 있는 법도 없다.)/ A youth well bred neither speaks of himself, nor holds his peace being asked.

말은 수작의 순서만이 아니라, 시간적으로도 할 때가 따로 있다고 본다. 그것은 사후가 아닌, 사전의 말이 가치 있다는 말이다. A word before (or in time) is worth two behind(or afterwards)./ Better one word in time, than afterwards two.가 그것이다.

(11) 적극적으로 말하라.(4개)

"말은 해야 맛이고, 고기는 씹어야 맛이다"란 한국 속담이나, "申さぬことは聞こえぬ"란 일본 속담처럼 말은 적극적으로 해야 한다는 원리가 있다. 그런데 영어 속담에는 침묵이 강조되고, 적극적으로 말하라는 것은 별로 보이지 않는다. 이는 동양의 소극적 사고에 대해, 서양의 적극적 사고를 고려할 때 의외의 현상이다. 더구나 오늘날 민주사회에서 언론 자유가 강조되는 것을 고려할 때 이는 시대적 경정을 느끼게 한다.

Speak and speed, ask and have.(희망을 말하면 이루게 되고, 요구하면 획득하게 된다.)/ Spare to speak (and) spare to speed.(말을 보류하면, 성공을 보류하는 것이 된다)/ He that spares to speak spares to speed./ Who will sell the cow must say the word./ Who sells the cow tells the word.

(12) 막말이나 장담은 하지 말라.(4개)

인생은 결코 생각대로, 또는 희망대로만 전개되는 것이 아니다. 그렇지 않은 경우가 많다. 따라서 인간생활을 원만히 하기 위해서는 막말, 또는 장담과 같은 극단적인 표현을 삼가는 것이 좋다는 원리다. 우리 민담에 다시 안 마신다고 똥을 싸 놓고 간 우물에 다시 와 그 물을 마신다는 이야기가 있거니와 막말이나, 장담은 함부로 할 것이 못 된다.

Let none say, I will not drink(of this) water.(이 물은 마시지 않는다고 말하지 않는 것이 좋다.)/ Don't say, I'll never drink of this water, how dirty so ever it be./ Tho' thy water be never so muddy, don't say, I'll never drink of it./ Never is a long day(or term or word).

(13) 적에게 약점을 말하지 말라.(4개)

전쟁에서는 적을 알고 나를 알아야 승리할 수 있다고 한다. 자기의 약점을 적에게 노출하게 되면 그것은 패배의 요인이 된다. 따라서 적에게 약점을 알리지 말라는 것이다. 이러한 언어 수행의 원리는 반드시 전장에만 한정되는 것이 아니다. 경쟁 세계에서는 어디서나 마찬가지라 할 것이다.

Never tell thy foe that thy foot acheth(or sleep).(발이 아프다는 것을 적에게 말하지 말라.)/ Never tell your enemy that your foot aches./ Tell not thy foe when thy foot's sleeping, nor thy stepminny when thou'rt sore hungry./ Tell it not in Gath.(적의 귀에 들어가게 말하지 마라.)

(14) 친밀한 것은 좋게 말하라.(3개)

화제에 대한 원리로, 자기와 친밀한 관계에 있는 것은 좋게 말하라는 것이다. 영어 속담에서는 자기가 신세진 것, 자기 가족과 관계가 있는 것 따위가 거론되고 있다. 그러나 물론 여기에 한정될 것은 아니다. 인지상정에 따라 호의적 언어 수행을 하라는 원리라 하겠다.

Let every man praise(or speak well of) the bridge he goes over.(자기가 건넌 다리는 상찬하는 것이 좋다.)/ Speak good of archers, for your father shot in the bow.(아버지의 직업과 같거나, 생활방식이 같은 사람을 경멸하는 말을 하지 말라.)/ Speak good of pipers, your father was a fiddler.

(15) 진실을 말하라.(1개)

사회 운영의 원리는 진실에 있다. 거짓이 아니다. 따라서 말은 진실해야 한다. 말이 진실하지 않을 때에는 참다운 대화가 되지 않는다. 말이 현실세계와 부합되지 않기 때문이다. 진실을 말하라는 언어 수행의 원리는 이러한 사회적 배경을 바탕으로 나온 것이다. "Speak(or say, or tell) (the) truth and shame the evil.(진실을 말하면 악마도 부끄러워한다.)"는 이러한 언어 수행의 원리를 반영하는 것이다.

(16) 생각을 한 뒤에 말하라.(1)

말은 인격을 반영하는 것이니, 아무 생각 없이 가볍게 입을 놀려서는 안 된다. 더구나 말을 잘못하면 의사전달이 제대로 되지 않고, 심하면 그로 말미암아 화까지 당할 수 있다. 따라서 말은 깊이 생각한 뒤 신중하게 하라는 것이다. 이렇게 하여야 적절한 내용을 요령 있게 전달하여 후회하지 않게 된다. "First think and then speak."가 이러한 언어수행의 원리다. 이 원리도 하나의 신언론(愼言論)이라 하겠다.

(17) 말을 서로 나누어라.(1개)

인간생활의 대원칙인 협동은 언어 수행에 의해 이루어진다고 본다. 말을 교환함으로 협동을 하게 되는 것이다. 곧 통달적(通達的) 표현에 의해 정보가 교환되고, 정서적 표현에 의해 공감의 장이 펼쳐진다. 여기에서 나온 언어 수행의 원리가 말을 서로 나누라는 것이다. "Changing of words is the lighting of hearts.(말을 나누면 마음이 가볍게 된다.)"는 이러한 언어 수행의 원리이다.

3. 일본 속담에 반영된 언어 인식과 수행

3.1. 언어에 대한 인식

일본 속담은 언어에 대한 인식 12가지를 약 30개 속담을 통해 보여 주며, 언어 수행의 원리 5가지를 약 10개의 속담을 통해 보여 준다.

한·일어 속담의 언어에 대한 인식과 수행 원리의 분류는 그 기준을 영어 속담과 같이 문형에 두지 않기로 한다. 문형에 따라 분류하고 유형화하게 되면 거의 비교를 할 수 없는 상황이 빚어질 것이기 때문이다. 영어 속담에서 이미 문형에 따라 유형화하였으므로 여기서는 이들 영어의 유형과 비교하기 위해 형태 아닌, 內容에 따라 유형화하기로 한다. 따라서 한·일어 속담의 경우는 문형과 언어에 대한 인식, 및 수행 원리의 분류는 반드시 일치하지 않는다.

일본 속담의 언어에 대한 인식은 "말은 화자를 반영한다, 다언(多言)은 바람직하지 않다, 말은 하기 나름이다"가 그런 대로 두드러진 경향을 보이는 것이다. "말로서 화를 입게 된다, 침묵이 말하는 것보다 낫다"가 그 뒤를 잇는 인식의 경향이다. 이들 가운데 "말은 하기 나름이다"는 영어 속담에는 보이지 않는 언어 인식이다. 나머지는 영어 속담에서도 높은 빈도를 보인다. 영어 속담과 비교할 때 일본 속담의 언어 인식의 특징은 언어와 상대적인 행동, 곧 실천이 강조되고 있지 않는다는 것이다.

(1) 말은 화자를 반영한다.(7개)

일본 속담에도 영어 속담과 마찬가지로(인식 2), 말은 화자를 반영한다는 인식이 강하다. 말에 마음과 생각, 인격이 반영된다는 것이 그것이다. 이는 말에 의해 인격이 드러나니 말을 삼가고 조심해서 해야 한다는 언어 수행의 원리로 이어진다.

言は心の使い(말은 마음의 사자다.)/ 言は立居をあらはす(말은 그 인물을 나타낸다)/ 言は身の文(말은 그 사람의 품위를 나타낸다)/ 言かはるも肝一つ(말과 마음은 한 가지다)

人の思はく一言に知る(사람의 생각은 한 마디 말로 안다)/ 蛇は一寸よりその貌を知り 人は一言にて其志は知らるる(사람은 한 마디로 그 뜻을 안

다)/ 人は詞を以試み 金は火を以試みる(사람은 말로 시험한다)

(2) 말이 많은 것은 바람직하지 않다.(6개)

영어 속담의 경우처럼(인식 3) 말을 많이 하는 것은 바람직하지 않다고 본다. 일어 속담에서는 특히 말을 많이 하게 되면 품위가 떨어지는가 하면, 좋을 것이 없고, 실언을 해 부끄러움을 당하게 된다고 본다. 따라서 "何でもない事百申さう(아무 것도 아닌 것을 백 번 말씀 드림)"와 같이 요설을 조롱해 경계하기까지 한다.

言多きは品少し(말이 많은 사람은 품위가 적다)/ 言多くして品少し(말이 많으면 품위가 적다)/ 多辯能なし(말 많은 것은 좋을 것이 없다)

喋喋しきは恥じ易し(말 많은 사람은 치욕을 당하는 일이 많다)/ 多言なる女は鬼となる(말 많은 여자는 도깨비가 된다)

(3) 말은 하기 나름이다.(4개)

말을 어떻게 하느냐는 물론 화자, 청자, 메시지, 장면 등에 따라 달라지는 것이나, 궁극적으로는 화자가 선택할 몫이라는 인식이다. 같은 내용을 좋게도 나쁘게도 말할 수 있다. 말하기 나름이다. 따라서 이는 언어 수행의 중요한 원리로 작용한다. 이러한 말하기에 대한 일본 속담에서의 인식은 사물에 초점이 놓인다. 이는 한국 속담이 "말은 할 탓이다"와 같이 말에 초점이 놓이는 것과 대조된다.

事は言ひなし(사실은 말하기에 따라 달리 들린다)/ 物はいひなし事は聞きなし(물건은 말하기 나름, 일은 듣기 나름이다)/ 物はいひよう言ひ品(물건은 말하기에 따라 좋게 받아들여진다)/ 物もいひやうで角がたつ(물건은 말하기에 따라 모가 난다.)

(4) 말로 화를 입게 된다.(3개)

영어 속담의 경우와 같이(인식 11) 말이 폐해를 끼친다는 인식도 가지고 있다. 이러한 속담은 많지 않다. 말의 폐해가 칼보다 더하다고 보고 있는 것은 영어 속담과 마찬가지다. 그래서 말 때문이라고(尻といはるるとも 口とはいはるるな) 책망을 듣지 않도록 경계를 하기도 한다.

刀の疵は癒すべきも　言の疵は癒すべからず(칼의 흠은 고칠 수 있으나, 말의 흠은 고칠 수 없다.)/ 惡言の玉は琢き難し(나쁜 말의 흠은 쉽게 제거되지 않는다)

(5) 침묵이 말보다 낫다.(2개)

침묵이 웅변보다 낫다는 인식도 보인다. 그러나 영어 속담에서처럼(인식 9) 여러 개의 속담이 보이는 것은 아니다. "말하지 않는 것이 꽃"은 마구 말해 멋없을 때 하는 말이다.

言はぬは言ふにまさる(萬言不當不如一默)/ 言はぬが花

(6) 말보다 행동이 중요하다.(1개)

말보다 행동, 곧 실천이 중요하다는 것은 영어 속담에서 강조되는 인식이다(인식4). 서양과는 달리 동양에서는 이러한 인식은 별로 보이지 않는다. 일본의 이와 같은 인식은 공자의 논어(論語)에서 유래하는 것으로, "言に訥にして行に敏(능숙하게 말하기보다 능숙하게 행동하도록 힘써야 한다)." 하나 보인다.

(7) 듣기 좋은 말에 품 안 든다.(1개)

대인 관계를 원만히 하고, 사회생활을 잘 하기 위해서는 듣기 좋은 말도 하여야 하는데, 이런 말을 하는데 특별히 품이 들거나 돈이 들지는

않는다고 생각한다. 이런 발림소리는 언어 수행에 있어 권장될 대상이기도 하다. 영어 속담에는 이런 속담이 여럿 있었다(인식 6). 일본어 속담에는 "言に物はいらぬ(말로 친절히 하는 데는 따로 비용이 들지 않는다)" 하나가 보인다.

(8) 말은 빨리 전파된다.(1개)

말은 입에서 입으로 빨리 퍼진다. 그래서 그 전파의 빠른 속도를 영어 속담에서는 화살(arrow)에 비유하고 있다. 일본 속담에서는 하나의 수레를 끄는 네 필의 말(駟馬)도 좇아가지 못하는 빠른 속도로 본다. "一言旣にいずれば駟馬も追ひ難し(駟馬도 혀를 따라가지 못한다.)"가 그것이다. 영어에는 이러한 인식의 속담이 여럿 보이나(인식 8), 일어에는 이 속담 하나밖에 보이지 않는다. 또한 일본 속담에는 한번 한 말을 회수할 수 없다는 인식은 보여 주지 않는다.

(9) 말과 행동은 다른 것이다.(1개)

말과 행동은 다른 것으로, 말은 쉬우나 실천은 어렵다는 인식이다. 이러한 인식을 반영하는 영어 속담은 여럿 있다(인식 10). 일어 속담은 "言ふは易く行ふは難し(말하기는 쉬우나, 행하기는 어렵다)" 하나가 보인다.

(10) 말·발림소리·빈말은 실속이 없다.(1개)

사실세계(事實世界)와 부합하지 않는 말은 신실성이 없다. 말만 번드르르하고 실속이 없는 것이다. 특히 아름다운 꾸밈말, 겉치레 말은 공수표라 본다. 이러한 인식은 영어 속담(인식 24)에도 보이는 것이다. "信言은 美 ならず 美言은 信ならず(진실한 말은 아름답지 않고, 꾸민 말은 신실하지 않다)"가 그것이다. 이는 老子의 "信言不美 美言不信"에서 유래하는 것이다.

(11) 가는 말이 고와야 오는 말이 곱다.(1개)

말은 일방적인 것이 아니어 가는 말이 고와야 오는 말이 곱고, 오는 말이 고와야 가는 말이 곱게 마련이다. 이러한 인식은 영어 속담에는 많이 나타난다(인식 12). 일어 속담에는 "賣り言葉に買い言葉(파는 말에 사는 말)" 하나가 보인다.

(12) 말은 위력을 지닌다.(1개)

언어는 마술적 힘을 지니는 것으로 본다. 실용적 가치 외에 언어의 위력을 나타내는 속담은 영어나 일어 모두에 별로 보이지 않는다. 일어 속담에는 "言の下に骨をけ(銷)す(말에는 뼈도 녹는다)" 하나가 보인다. 이는 史記 張儀傳의 "積毀銷骨"에 연유하는 것이라 하겠다.

(13) 여자는 말이 많다.(1개)

여자가 말이 많다고 하는 데에는 동서양의 차이가 없다. 그러나 이러한 인식이 영어 속담에는 여럿 보이나(인식 7), 일본 속담에는 거의 보이지 않는다. "일곱 아들에게는 말하더라도 딸에게는 마음을 주지 말라(七人の子にはなすとも女に心許すな)"고 간접적으로 여자의 입이 가벼움을 말한 속담 하나가 보일 뿐이다. 이 밖에 "女は口さがないもの(여자는 시끄러운 것)"란 속담도 간접적으로 이런 인식을 표현한 것이다. "여자 셋이 모이면 시끄럽다(女三人寄れば姦しい)"는 여러 여자가 모이면 시끄럽다는 인식을 나타낸 것이다. 그러나 뒤의 두 속담은 "말(言, 言葉)"이란 말이 문면(文面)에 반영되어 있는 것이 아니어 논의의 대상에 속하지 않는다.

이 밖에 일본 속담은 말이 나라(くに·國)의 징표("言は國の手形")이며, 일본말에는 영묘한 힘이 있다("言靈の幸はふ國")는 등의 언어에 대한 인식을 보여 주는 속담도 보인다.

3.2. 언어 수행의 원리

언어 수행의 원리는 앞에서 언급한 바와 같이 6개가 보인다. 이들이 보여 주는 대표적인 언어 수행의 원리는 "적극적으로 말하라"는 것이다. 이러한 언어 수행의 원리는 영어 속담에도 보이기는 하나, 원리로서는 아주 미약한 것이다. 따라서 이는 동서양의 언어 수행의 원리에 커다란 차이를 보이는 하나의 원리라 하겠다. "남의 말을 가로막지 말라"는 원리도 영어 속담에는 보이지 않는 것이다.

(1) 적극적으로 말하라.(3개)

일본어 속담에는 침묵이 말하는 것보다 낫다는 인식도 있으나, 이와는 달리 적극적으로 말하라는 언어 수행의 원리도 보여 준다. 말하지 않으면 손해라고 도리에 합당한 것은 충분히 말하라거나, 말하지 않으면 이해시킬 수 없다는 것 따위가 이런 것이다. 이러한 원리는 몇 개의 영어 속담에도 보이는 것이다(수행 11).

言はぬが損(말하지 않으면 손해)/ 言はぬ事は聞えぬ(말하지 않으면 타인에게 이해시킬 수 없다)/ 言ひがち高名(말 많은 것이 이긴다)

(2) 생각한 뒤에 말하라.(2개)

제대로 생각지 아니하고 말을 하면 실수를 하게 되고, 이로 말미암아 후회를 하게 된다. 따라서 사실을 잘 파악하고 깊이 생각한 뒤 말을 하라는 것이다. 이는 잘 생각한 뒤 말하라는 신언론이다. 이런 언어관이 반영된 속담이 "言ひたい事は明日いへ(말하고 싶은 것은 내일 말하라—깊이 생각하고 나중에 말하라)”다. “남자의 말은 쇠와 같다(男子の一言金鐵の如し)”
도 이러한 신언을 바탕으로 한 언어 수행의 원리라 할 것이다. 영어 속
담에도 이러한 언어 수행의 원리가 하나 보인다(수행 16).

(3) 말은 적게 하고 실천을 하라.(1개)

말을 적게 하고 실천하라는 것은 말보다 실천이 중요하다는 언어관에
서 나온 언어 수행의 원리이다. 말은 일의 수행에 방해가 되기 때문이다.
영어의 경우는 이러한 속담이 많은데(수행 2) 비해, 일어의 경우는 “物い
はずの早細工” 정도가 보일 뿐이다.

(4) 적절한 내용을 요령 있게 말하라.(1개)

말은 많이 한다고 잘 하는 것이 아니다. 요령 있게 말을 하여야 한다.
그래야 말의 효과를 거둘 수 있다. 따라서 많은 말을 하더라도 그것은
이치에 맞는 말을 요령 있게 하라고 한다. “千言も一致(지극한 이치는 일
언)”가 이러한 것이다. 영어 속담에는 이러한 언어 수행의 원리를 반영하
는 속담이 여럿 있다(수행 4).

(5) 잘 듣고 말을 않거나 조금 하라.(1개)

듣는 것을 많이 하고 말은 조금 하라는 원리이다. 이는 영어 속담에도
보이는(수행 9) 신언의 원리다. “두번 듣고 한번 말하라(二度聞いて 一度言
え)”가 이러한 원리를 반영하는 것이다.

(6) 남의 말을 가로막지 말라.(1개)

회화 실연(實演)의 계율의 하나는 남의 말을 중간에 가로막지 말라는
것이다. 남의 말을 중간에 따고 들어 가로막게 되면 상대방을 불쾌하게

할 뿐 아니라, 말의 흐름을 끊게 된다. 따라서 상대방의 말을 끝까지 듣고, 자기 의사를 발표하라는 원리다. "先折るな, 人の詞の花ざかり(남의 말을 중간에 꺾지 말라)"가 이러한 것이다. 이러한 언어 수행의 원리는 일어 속담에만 보이는 것이다.

이 밖에 일본 속담은 외설을 해서는 안 된다("中簣の言はいふべからず"-詩經), 일본 국속(國俗)은 어떤 일이든 어마어마하게 논의하지 않는다("言擧(ことあげ)せぬ國")는 등의 언어 수행의 원리를 보여 주고 있다.

4. 한국 속담에 반영된 언어 인식과 수행

4.1. 언어에 대한 인식

한국 속담에는 말에 대한 인식 18가지가 약 70개의 속담에 나타나며, 언어 수행의 원리 8가지가 약 30개의 속담에 드러난다. 말에 대한 인식에서 두드러진 것은 "말은 처세에 유리하다, 말은 빨리 전파된다, 말로서 화를 입게 된다"는 것이다. 이 가운데 말이 처세에 유리하다는 인식은 한국 속담에만 보이는 독특한 것이다. 이는 행동, 실천을 중시하는 영어 속담과는 대조되는 인식이다. 이러한 인식은 사농공상(土農工商) 가운데 선비를 지향하는 민족의 성정(性情)이 반영된 것이라 하겠다. 이 밖에 "말은 실속이 없다, 다언은 바람직하지 않다, 여자는 말이 많다, 가는 말이 고와야 오는 말이 곱다"는 인식이 높은 빈도를 보이는데, 이들은 일어, 영어 속담에도 다 드러나는 것이다. 이러한 인식 외에 "말은 가려 들어야 한다, 내밀한 말을 조심하라, 말은 하기 나름이다"와 같은 인식이 높은 빈도를 보이는데, 이들은 각각 영어와 일어의 한쪽 속담에만 보인다. "말은 전해질수록 보태진다, 소신껏 듣고 판단하는 것이 중요하다"는 인식은 한국 속담에만 보이는 특수한 것이다.

(1) 말은 처세에 유리하다.(8개)

일언(一言)이 중천금(重千金)이라는 말도 있거니와, 한국 사람들은 말을 매우 중시하였다. 말을 잘 하면 처세에 유리하다고 보았다. 말로 온 공을 갚을 수 있고, 천 냥 빚도 갚을 수 있으며, 징역 갈 것도 안 갈 수 있다고 생각했다. 이러한 언어 인식은 영어 속담의 행동 중시와는 달리, 한국 속담에 언어 중시로 나타나고 있는 것이다. "일 잘하는 아들 낳지 말고, 말 잘하는 아들 낳아라"라고 하는 것은 이러한 언어관을 잘 보여 주는 것이다. 이러한 말의 중시는 노동을 천시하고, 사농공상의 사(士)를 동경해, 출사(出仕)를 이상으로 여기던 한국 사람들의 언어관을 반영하는 것이라 할 수 있다.

"말만 잘하면 천냥 빚도 가린다./ 말 한 마디에 천금이 오르내린다./ 말 한 마디에 천냥 빚 갚는다./ 천냥 빚도 말로 갚는다."

"말로 온 공을 갚는다./ 말 잘하고 징역 가랴."

"일 잘하는 아들 낳지 말고, 말 잘하는 아들 낳아라./ 힘센 아이 낳지 말고, 말 잘하는 아이 낳아라."

말이 처세에 유리하다는 인식은 말이 일정한 힘을 가지고 있음을 의미한다. 다시 말하면 위력을 지녔다는 말이다. 따라서 이는 영어 속담(인식 24)이나, 일어 속담(인식 13)의 "말은 위력을 지닌다"는 인식과도 맥을 같이 하는 것이다.

말을 잘 한다는 것은 처세에 이로운 것이기 때문에 경우에 따라서는 거짓말도 잘 하면 도움이 된다고 생각하였다.

"거짓말도 잘 하면 오려논 닷 마지기보다 낫다./ 거짓말이 외삼촌보다 낫다."

(2) 말은 빨리 전파된다.(6개)

말의 전파력이 강하다는 것은 영어 속담이나(인식 8), 일어 속담(인식 8)에도 다 같이 보이는 것이다. 한국 속담에는 말은 전파력이 강하며, 한번 한 말은 회수할 수 없는 것이란 인식이 드러난다. 특히 "좁은 입으로 말하고, 넓은 치맛자락으로 못 막는다."고 일단 한 말은 취소할 수도, 퍼지는 것을 막을 수도 없음을 강조한다. 이러한 언어 인식은 말하기 전에 잘 생각하고 하라는, 신언에 대한 경계로 작용하게 된다.

"발 없는 말이 천리 간다./ 한번 한 말은 어디든지 날아간다./ 제게서 나온 말이 다시 제게 돌아간다./ 좁은 입으로 말하고, 넓은 치맛자락으로 못 막는다.

살은 쏘고 주워도, 말은 하고 못 줍는다./ 쌀은 쏟고 주워도, 말은 하고 못 줍는다."

(3) 말로 화를 입게된다.(6개)

말은 원만한 사회생활을 하기 위해 필요한 것인 반면, 이를 잘못 사용하면 큰 해를 입게 되는 것이다. 설화(舌禍)에 대한 인식은 영어 속담(인식 11)과, 일어 속담(인식 4)에 다 같이 보인다. "혀 밑에 죽을 말 있다"는 속담은 이러한 설화에 대한 인식을 대표하는 것이다. 이 밖에 실없는 말, 웃느라 한 말, 못할 말을 해도 해를 입게 된다고 본다. 바른 말을 하면 귀염을 받지 못한다고도 보았다. "도둑놈이 제 말에 잡힌다."는 속담은 말이 빌미가 되어 잡힌다는 소극적인 설화를 나타내는 것이다.

"실없는 말이 송사 건다./ 웃느라 한 말에 초상난다./ 혀 밑에 죽을 말

이 있다./ 못할 말 하면 제 손자에 앙얼 간다./ 바른 말 하는 사람 귀염
못 받는다.”

(4) 말·발림소리·빈말은 실속이 없다.(4개)

현실세계와 부합되지 않는 말, 실용성이 없는 말은 소용없다는 인식이
다. 이러한 인식은 영어 속담에 많이 보이며(인식 1), 일본 속담에도 보이
는 것이다(인식 10). 영어 속담에서는 말이 주로 돈과 상대적인 개념으로
파악되고 있다. 그러나 한국 속담에는 이러한 것은 보이지 않는다. 말,
특히 발림소리와 사실세계가 부합되지 않는 것에 초점이 맞추어져 있다.
“말 단 집”과 “장 단 집”의 비교가 그것이다. 그리하여 “장 단 집에는
가도 말 단 집에는 가지 말라.”고 사실세계를 강조하고, 실상과 어울리
지 않는 빈말의 실속 없음을 경계한다. 이는 언어의 기호성(記號性)에 주
목한 언어 인식이라 할 것이다.

“말 단 집에 장 단 법 없다./ 말 단 집에 장이 곤다./ 장 단 집에는 가
도 말 단 집에는 가지 마라.”

(5) 말이 많은 것은 바람직하지 않다.(4개)

말을 많이 하게 되면 실언을 하는 등 폐해가 많이 발생한다. 따라서
이는 말을 많이 하지 말라는 언어 수행의 원리에 이어지는 인식이다. 이
러한 인식을 반영하는 속담은 영어 속담에 많이 보이고(인식 3), 일어 속
담에도 적으나마 보이는 것이다(인식 2). 영어 속담에는 주요 폐해가 실
수, 치상(致傷), 거짓말 등으로 나타나는데, 한국 속담은 주로 실수와 같
은 소극적 폐해에 한정된다는 느낌을 준다. 말이 반복되면 싫증이 난다
고 보기도 한다.

“말이 많으면 실언이 많다./ 말이 많으면 쓸 말이 적다./ 말이 말을 만

든다./ 가루는 칠수록 고와지고, 말은 할수록 거칠어진다./ 말 많은 집은 장맛도 쓰다."

"듣기 좋은 이야기도 늘 들으면 싫다."

(6) 여자는 말이 많다.(4개)

여자는 입이 가볍고 시끄럽다는 생각이다. 이러한 인식은 영어 속담에도 크게 드러나고 있으나(인식 7), 일어 속담은 그렇지 않은 편이다(인식 11). 한국 속담은 그런대로 많은 편이다. 영어 속담에 등장하는 여자는 주로 woman/women으로 나타난다. 한국 속담에서는 이것이 처나 어미로 나타나 차이를 보여 준다.

"소더러 한 말은 안 나도, 처더러 한 말은 난다./ 소더러 한 말은 없어도, 처더러 한 말은 난다./ 소 앞에서 한 말은 안 나도, 어미 귀에 한 말은 난다./ 어미한테 한 말은 나고, 소한테 한 말은 안 난다."

그리고 많은 여자, 곧 여자들이 모이면 시끄럽다는 속담은 "말, 말하다"와 같은 단어가 구체적으로 쓰인 속담은 보이지 않는다. 간접적 표현을 통해 이러한 인식을 표현하고 있을 뿐이다. 일본 속담 "女三人寄れば姦しい"도 마찬가지다.

"여자 셋이 모이면 새 접시를 뒤집어 놓는다/ 여자 셋이 모이면 쇠도 녹인다(衆口鑠金)./ 여자 셋이면 나무 접시가 드논다."

(7) 말은 가려들어야 한다.(4개)

말은 사람을 가려서 들을 것이 아니고, 누구의 말에나 귀를 기울여야 한다고 본다. 우리 속담에 광인의 말에도 귀를 기울이고, 어린이나 노인의 말에도 귀를 기울이라는 것이 그것이다. 그러나 이때 중요한 것은 모든 말을 다 수용하라는 것은 아니다. 가려들어야 한다. 진리·진실·사실을 가려들으라는 것이다. 사람을 가려듣는 것이 아니고, 말을 가려들어야 한다는 인식이다. 이러한 인식은 영어 속담에도 보이는 것이다(인식 20).

"광인의 말도 성인이 가려 쓴다./ 늙은이도 세 살 먹은 아이 말을 귀담아 들어라./ 아이 말도 귀여겨들어라./ 애기 업개 말도 귀담아 들어라."

(8) 말은 전해질수록 보태진다.(4개)

말은 전달과정에서 보태지는 것이라 본다. 곧 한 입 건너 두 입, 세 입, 이렇게 건네지는 과정에서 없던 사설이 보태어지고, 또 표현 효과를 높이기 위해 과장도 하게 된다고 보는 것이다. 이는 음식의 전달 과정과 대조된다. 말은 보태어지고, 음식은 주는 것으로 보기 때문이다. 이러한 인식은 한국 속담에만 보이는 현상이다.

"말은 보태고 떡은 뗀다./ 말은 보태고 봉송은 던다./ 말은 할수록 늘고, 되질은 할수록 준다./ 음식은 갈수록 줄고, 말은 갈수록 는다."

(9) 말은 하기 나름이다.(4개)

말은 같은 내용을 달리 할 수 있다. 곧 좋게도, 나쁘게도 할 수 있다. 따라서 그 결과는 진위, 선악, 호오(好惡)와 같은 현격한 차이를 빚어낸다. 이는 "완곡하게 좋은 말을 하라"는 언어 수행의 원리와 관련되나, 인식의 폭을 달리한다. 말은 하기 나름이란 인식은 일어 속담에도 보인다(인식 3). "비단 대단 곱다 해도 말같이 고운 것은 없다."고 말하는 사람의 마음씨에 따라 환심을 살 수 있는 것으로 보아 "완곡하게 좋은 말을 하라"는 경계와 좀 더 밀접한 관련을 갖는다.

"말은 할 탓이다./ 길은 갈 탓, 말은 할 탓./ 말은 꾸밀 탓으로 간다."

(10) 가는 말이 고와야 오는 말이 곱다.(4개)

"가는 말이 고와야 오는 말이 곱다"는 화행(話行)의 대표적 원리를 보여 주는 것이다. 이러한 인식은, 영어 속담(인식 12)에도 많이 보이는 것이다. 일본 속담에는 하나가 보인다(인식 12). 말은 내가 남에게 좋게 해야 남도 내게 좋게 하는 법이다. "내 말은 남이 하고, 남 말은 내가 한다."는 속담이 이런 것으로, 남의 허물을 탓해 말하는 것은 바람직하지 않다는 인식이다. 이는 말을 점잖고 부드럽게 하라는 언어 수행의 원리가 된다.

"가는 말이 고와야 오는 말이 곱다./ 오는 말이 고와야 가는 말이 곱다./ 오는 말이 미우면 가는 말이 밉다./ 내 말은 남이 하고, 남 말은 내가 한다."

(11) 소신껏 듣고 판단하는 것이 중요하다.(3개)

"안방에 가면 시어머니 말이 옳고, 부엌에 가면 며느리 말이 옳다."는 속담이 있다. 시비 판단은 어려운 것이다. 더구나 중구난방(衆口難防)으로 서로 다른 많은 말이 터져 나올 때는 더욱 그러하다. 이런 때 청자가 소신껏 판단해야 한다는 언어 인식이다. 곧 뭇 사람의 말에 휘둘리지 아니하고, "들을 이 짐작"이라고 소신껏 판단해야 한다는 것이다. 여자의 말은 무시해도 안 되고, 고혹하여 들어 줘도 안 된다고 보는 것도 이의 한 구체적 예이다.

"열 놈이 백 말을 하여도 들을이 짐작./ 열 사람이 백 말을 하여도 들을이 짐작.

여자의 말은 잘 들어도 패가하고, 안 들어도 망신한다."

(12) 내밀한 말을 조심해야 한다.(3개)

비밀은 폭로되고, 말은 퍼져나가 시빗거리가 되게 마련이다. 그러니 아무도 듣지 않는다 하여 은밀한 이야기를 함부로 하면 안 된다는 인식이다. 이는 새와 쥐가 듣는다고, 말을 경계하게 하는 신언(愼言)의 원리로 발전된다. 영어 속담 "Do not speak of secret matters in a field that is full of little hills.(작은 언덕이 많은 들판에서는 내밀한 사태에 대해 말하지 말라)"도 이러한 것이다. 일어 속담 "やぶに目 壁に耳(덤불에 눈, 벽에 귀)"도 같은 발상의 간접적 표현이다.

"낮말은 새가 듣고, 밤 말은 쥐가 듣는다./ 밤 말은 쥐가 듣고, 낮말은 새가 듣는다."

"정들었다고 정 말 마라."는 진정을 경솔히 털어놓지 말라는 것이다. 이는 후일 무슨 일이 일어날지 모르기 때문이다. 이러한 사정은 영남 아리랑의 가사가 잘 증언해 준다. "정들었다고 정 말 마라. 일후(日後)에 남 되면 말이 많다"가 그것이다.

(13) 취중에 진담이 나온다.(2개)

"상시에 먹은 마음이 취중에 난다"는 속담이 있다. 취중에 진심을 속임 없이 털어놓게 된다는 말이다. 이러한 인식은 영어 속담에도 보이는 것이다(인식 19). 일어 속담에는 "酒は本心を現す(술은 본심을 나타낸다), 酒入れば舌出ず(술이 들어가면 혀를 놀린다)"와 같이 간접적 표현을 하고 있다.

"취중에 진담 나온다./ 수풀엣 꿩은 개가 내몰고, 오장엣 말은 술이 내몬다."

(14) 실패한 뒤 변명은 필요 없다.(2개)

어떤 일을 잘못하거나 실패하게 되면 이에 대한 해명을 하고자 하는 것이 인간이다. 그러나 그럴 필요가 없다는 인식이다. 그것은 잘못이나, 실패에 대한 구구한 변명으로 들릴 것이기 때문이다. 이는 영어 속담 "Give losers leave to speak(or talk)." 류의 상대방, 특히 패자를 배려하라는 것과 대조되는 인식으로, 우리 속담에만 보이는 것이다.

"패장은 말이 없다./ 패군한 장수는 용맹을 말하지 않는다."

(15) 여자의 악담은 무섭다.(2개)

저주나 악담이 부드럽고 예의바르기를 바랄 수는 없다. 따라서 여자의 악담이 매섭고 독하다고 하여 이상할 것이 없다. 이는 남자와 달리, "계집의 곡한 마음 오뉴월에 서리 친다."고 여자의 원심이 무섭다는 것을 전제로 한 언어에 대한 인식이라 보아야 한다. 이런 인식의 속담은 한국 속담에만 보인다.

"계집의 말은 오뉴월 서리가 싸다./ 계집의 악담은 오뉴월에 서리 온 것 같다."

(16) 한편 말만으로는 판단이 안 된다.(2개)

한편 말만 듣고는 시비를 가릴 수 없다. 누구나 자기 처지에서 따진다면 잘잘못이 쉽게 가려지지 않는다. 따라서 올바른 판단을 하기 위해서는 쌍방의 당사자 말을 들어보아야 한다는 언어 인식이다. "안방에 가면 시어머니 말이 옳고, 부엌에 가면 며느리 말이 옳다./ 한편 말만 듣고 송사 못한다."가 이런 것이다. 일어나 영어 속담에는 이러한 언어 인식이 보이지 않는다.

(17) 언행은 일치돼야 한다.(1개)

언행은 일치돼야 한다. 그래야 그것이 의미 있는 말이라는 인식이다.

말만 번드르르하게 하고 소행이 따르지 않으면 그것은 비난의 대상이 된다. "앵무새는 말 잘 해도 날으는 새다"라는 속담은 앵무새가 비록 말을 잘하나 소행이 따르지 않기 때문에 사람이라 할 수 없다는 인식을 반영한 것이다. 이러한 인식은 영어 속담에도 보인다(인식 23).

(18) 말과 행동은 다른 것이다.(1개)

말과 행동은 다른 것으로, 말하기는 쉬우나, 실천하기는 어렵다는 인식이다. 우리 속담에는 이러한 인식을 반영하는 것으로 "말이 앞서지 일이 앞서는 사람 본 일이 없다." 하나가 보인다. 영어 속담에는 말과 행동의 차이를 언급하며 실천의 중요성을 강조하는 것이 많아(인식 10) 우리 속담과 대조를 보인다. 일본 속담에도 하나 보인다(인식 9).

이 밖의 말에 대한 인식으로, 소문은 오래 가지 않으며("남의 말도 석달"), 시비하기는 쉽고("남의 말 하기는 식은 죽 먹기"), 실언은 누구나 하며("성인도 하루에 죽을 말을 세 번 한다"), 옛말은 그른 데가 없다고 평가하는 것("옛말 그른데 없다")과 같은 것이 보인다.

4.2. 언어 수행의 원리

언어 수행의 원리는 앞에서 언급한 바와 같이 8개가 보인다. 한국 속담에 보이는 대표적인 언어 수행의 원리는 "적극적으로 말하라"는 것이다. 이는 일어나 영어 속담에도 보이는 것이나, 한국 속담과 일본어 속담이 영어 속담에 비해 강도 높게 표현되고 있다. 이 밖에 두드러진 원리로는 "진실을 말하라, 막말이나 장담을 하지 말라"고 하는 것인데, 이들 역시 영어 속담이나 일본어 속담에도 보이나, 그 강도에 있어 한국 속담이 센 편이다. 이 밖에 "없는 자리에서 남의 말을 하지 말라, 바람직하지 않은 말에는 관여하지 말라, 말은 적게 하고 실천하라"는 원리가 비중이 큰 편이데, 이들은 다른 언어의 속담에서도 강조되고 있는 것이다.

(1) 적극적으로 말하라.(5개)

한국 속담은 무슨 말이나 할 말은 시원히 하라. 공연히 끙끙거리고 애태울 것이 없다는 적극적인 언어 수행의 원리를 보인다. 말하기에 대한 이러한 언어 수행의 원리는 "Spare to speak (and) spare to speed./ He that spares to speak spares to speed."와 같은 영어의 간접적 표현과는 달리, "말은 해야 시원하다/ 말은 해야 맛이다"와 같이 직설적(直說的) 형태로 표현된다. 이러한 적극적 언어 수행의 원리를 보이는 한국 속담은 영어 속담(수행 11)에 비해 상대적으로 많은 편이다. 이러한 경향은 일본 속담도 마찬가지다(수행 1).

"고기는 씹어야 맛이 나고, 말은 해야 시원하다./ 고기는 씹어야 맛이 나고, 말은 해야 맛이다./ 말 안 하면 귀신도 모른다./ 말은 해야 맛이고, 고기는 씹어야 맛이다./ 죽어서 무당 빌어 말하는데, 살아서 말 못 할까."

(2) 진실을 말하라.(4개)

사실은 사실대로 말하는 것이 좋다. 딴소리를 하는 것은 바람직하지 않다는 언어 운용의 원리다. 그래서 입은 삐뚤어졌어도 말은 바로 하라고 한다. 설령 좀 창피를 당하더라도 사실대로 말하는 것이 좋다는 생각이다. 진실을 말하라는 언어 수행의 원리는 영어 속담보다(수행 17) 한국 속담이 좀 더 적극적으로 표현되고 있다.

"입은 삐뚤어져도 말은 바로 해라./ 말은 바른 대로 하고, 큰 고기는 내 앞에 놓아라./ 거짓말하고 뺨맞는 것보다 낫다./ 단장을 달지 않다고 말을 하여."

(3) 막말이나 장담을 하지 말라.(4개)

어떤 경우라도 말은 함부로 할 것이 아니나, 막말이나 장담은 더욱 그렇게 하라는 언어 수행의 원리다. 인생은 장담할 수 없는 것이며, 더구나 자식의 생육은 마음대로 되는 것이 아니기 때문이다. 그래서 자기의 지위나 능력을 믿고, 장담이나 막말을 하지 말라고 한다. 이러한 언어 수행의 원리는 강도면에서 볼 때 한국 속담이 영어 속담(수행 12)에 비해 훨씬 강하다.

"입찬말(소리)은 묘 앞에 가서 하여라./ 관속에 들어가도 막말은 말라./ 쇠 모시 키우는 놈하고, 자식 키우는 놈은 막말을 못한다./ 숨은 내쉬고, 말은 내하지 말라."

(4) 없는 자리에서 남의 말을 하지 말라.(3개)

당사자가 없는 자리에서 남의 흉을 보면 그가 나타난다고 생각한다. 이는 없는 자리에서 남의 흉을 보지 말라는 언어 수행의 원리다. 한국 속담에서는 남의 말을 할 때 나타나는 당사자가 영어 속담(수행 3)에서와 같은 악마가 아니라 사람이거나, 호랑이어 차이를 보인다. 또한 한국에서는 화제의 당사자가 마침 공교롭게 나타날 때도 "제 말 하면 온다"고 하여 언어 기호와 사물을 동일시하는 언어에 대한 인식도 보여 준다. 일본 속담에는 "噂をすれば影がさす(남의 말을 하면 그림자가 생긴다)"란 간접 표현이 있다.

"범도 제 소리 하면 오고, 사람도 제 말 하면 온다./ 시골 놈 제 말 하면 온다./ 호랑이도 제 말 하면 온다."

(5) 바람직하지 않은 말에 관여하지 말라.(3개)

상스럽거나 사리에 어긋난 말과 같이 바람직하지 않은 말에는 관여하지 않는 것이 좋다는 언어 수행의 원리다. 영어 속담에서는 특히 더러운 말(dirty word)에 귀를 기울이지 말라는 것이 주류를 보인다(수행 7). 이에 대해 한국 속담은 사리에 어긋난 말은 듣지 말고, 탓하지 말고, 갚지 말라고 하는 것이 주종을 이루어 차이를 드러낸다.

"길 아니거든 가지 말고, 말 아니거든 듣지 마라./ 길이 아니면 가지 말고, 말이 아니면 탓하지 마라./ 말이 아니면 갚지 말라."

(6) 말은 적게 하고 실천을 하라.(1개)

말을 많이 하게 되면 말하느라 일을 못하게 된다. 따라서 일을 많이 하려면 말을 적게 해야 한다. 그래서 말을 적게 하라는 언어 수행의 원리다. 행동을 중시하는 영어 속담에는 과언실행(寡言實行)을 강조하는 속담이 많다(수행 2). 우리 속담은 행동보다 말을 중시한다. 따라서 한국 속담에는 말을 적게 하고 실행하라는 속담은 별로 보이지 않는다. 누가 뭐라 해도 상관 말고 제 일만 하라는 "열 벙어리가 말을 해도 가만있어라."가 보이는 정도이다. 이러한 원리는 일어 속담에도 보인다(수행 3).

(7) 약자에게 말할 기회를 주라.(1개)

패자, 약자, 잘못을 저지른 자와 같이 큰소리를 할 수 없는 사람에게도 해명하고 변명할 기회를 주야 한다는 언어 수행의 원리다. 이는 소수 의견에 귀를 기울이는 정신과 같은 것이다. 영어 속담에는 이러한 것이 여럿 보이는데 패자에게 말할 기회를 주라는 것이 주종을 이룬다(수행 8). 우리 속담에는 "처녀가 애를 낳고도 할 말이 있다."고 어떤 일에나 잘못을 하였을 때 거기에는 그만한 이유가 있을 수 있으니 변명의 기회를 주라는 것이다.

(8) 완곡하게 좋은 말을 하라.(1개)

현실세계를 완곡하게, 좋은 쪽으로 돌려 표현하라는 것이다. 이러한 언어 수행을 하게 되면 듣는 사람이 정서적으로 안정되고, 좋은 반응을 일으키게 된다고 본다. 이는 "가는 말이 고와야 오는 말이 곱다"는 언어 인식을 바탕으로 하는 것이다. "말이 고마우면 비지 사러 갔다 두부 사 온다."는 것이 이러한 언어 수행의 원리다. 영어 속담에도 이러한 원리가 반영되고 있다(수행 6).

기타 말을 옮기면 시끄러우니 옮기지 마라("들은 말은 들은 데 버리고, 본 말 본 데 버려라."), 말은 처음부터 차근차근해야 한다("머리는 끝부터 가르고, 말은 밑부터 한다.")는 언어 수행의 원리가 보인다. 그리고 색다른 것으로 곱슬머리와 옥니박이는 인색하고 깐깐한 사람이니 그네들과는 말을 하지 말라는 언어 수행의 원리도 보여 준다. "곱슬머리 옥니박이하고는 말도 말랬다./ 옥니박이 곱슬머리와는 말도 말아라."가 그것이다.

5. 결어

속담은 민족의 우수한 문학이요, 철학이요, 처세훈이다. 따라서 이를 통해 선인들의 심지 성정과 철학 및 처세훈을 살필 수 있다. 여기서는 언어에 관한 속담을 분석함으로 언어 수행의 원리를 살펴보았다.

한국 속담에 반영된 언어 수행의 원리는 일어 및 영어 속담과 비교할 때, 인류의 보편적인 원리와 민족의 특수성을 반영하는 원리가 아울러 반영되고 있음을 볼 수 있다.

한국 속담에는 언어 수행의 대표적 원리로, 말에 대한 인식 18가지와 말의 수행 원리 8가지가 반영되고 있다. 말에 대한 인식의 대표적인 것은 "말은 처세에 유리하다, 말은 빨리 전파된다, 말로 화를 입게 된다"는 것이다. "말은 처세에 유리하다"는 인식은 한국 속담에만 보이는 특수한 것으로, 행동을 중시하는 서양과 대조되는 것이다. 말의 수행 원리의 대표적인 것은 "적극적으로 말하라, 진실을 말하라, 막말이나 장담을 하지 말라"는 것이다. 이들은 "말은 짧게 하라, 말은 적게 하고 실천하라, 없는 자리에서 남의 말을 하지 말라"로 대표되는 영어 속담과 대조되는 것으로, 적극적 언어 수행을 강조하는 것을 볼 수 있다. 흔히 생각하는 것과 달리 한국 속담에 반영된 언어 수행의 원리는 말의 효용을 중시하여, 신언(愼言)을 하는 가운데 영어권으로 대표되는 서양에 비해 적극적인 운용을 이상으로 생각한다고 할 수 있다. 이러한 현상은 Fischer and Yoshida나, McNeil(1971)의 밀집 거주지 이론(서혁, 1994)과는 약간의 차이를 보이는 것이다. 이는 인구 밀도보다는 오히려 상이한 전통적 사회구조로 말미암아 다른 언어관을 형성하게 된 것으로 보게 한다. 이들 언어 수행의 구체적 내용을 제시하면 다음과 같다.

1. 언어에 대한 인식
(1) 한·일·영 속담에 공통되는 인식
　　말은 빨리 전파된다/ 말로서 화를 입게 된다/ 말·발림소리·빈말은 실속이 없다/ 말을 많이 하는 것은 바람직하지 않다/ 여자는 말이 많다/ 가는 말이 고와야 오는 말이 곱다/ 말과 행동은 다른 것이다/ 말은 위력을 지닌다/ (내밀한 말은 조심하라)/ (취중에 진담이 나온다)/
(2) 한·일 속담만에 공통되는 인식

말은 하기 나름이다

(3) 한·영 속담만에 공통되는 인식

말은 가려 들어야 한다/(취중에 진담이 나온다)/ 언행은 일치돼야 한다

(4) 한국 속담만의 독자적인 인식

말은 처세에 유리하다/ 말은 전해질수록 보태진다/ 소신껏 듣고 판단하는 것이 중요하다/실패하고 변명할 필요는 없다/ 여자의 악담은 무섭다/ 한편 말만으로는 판단이 안 된다

(5) 영·일 속담에 공통되는 인식

말은 화자를 반영한다/ 침묵이 말보다 낫다/ 말보다 행동이 중요하다/ 듣기 좋은 말 하는 데 품 안 든다

(6) 일본 속담만의 독자적 인식

없음

(7) 영어 속담만의 독자적 인식

좋은 말은 이롭다/ 많은 사람의 말은 진실하다/ 그럴듯하게 꾸민 말은 사람을 속인다/ 돈이 큰 소리 한다/ 침묵할 줄 모르면 말을 제대로 못한다/ 말은 행위의 그림자다/ 말을 해야 하는 사람이 따로 있다/ 가장 사랑하는 사람에게는 말을 다 못한다/ 농담 속에 진실이 들어 있다

(8) 영·일 속담에 차이나는 인식

(7) 영어 속담만의 독자적 인식/ 말은 가려 들어야 한다(일어 속담 缺)/ 언행은 일치돼야 한다(일어 속담 缺)

2. 언어 수행의 원리

(1) 한·일·영 속담에 공통되는 원리

적극적으로 말하라/ 말은 적게 하고 실천하라

(2) 한·일 속담만에 공통되는 원리

없음

(3) 한·영 속담만에 공통되는 원리

진실을 말하라/ 막말이나 장담을 하지 말라/ 없는 자리에서 남의 말을 하지 말라/ 바람직하지 않은 말에는 관여하지 말라/ 약자에게 말할 기회를 주라/ 완곡하게 좋은 말을 하라

(4) 한국 속담만의 독자적인 원리

없음

(5) 영·일 속담에 공통되는 원리

적절한 내용을 요령 있게 말하라/ 잘 듣고 말을 않거나, 조금 하라/ 말하기 전에 생각하라

(6) 일본 속담만의 독자적 원리

남의 말을 가로채지 말라

(7) 영어 속담만의 독자적 원리

말을 짧게 하라/ 모든 것을 다 말하지 말라/ 말을 해야 할 때에 하라/ 적에게 약점을 말하지 말라/ 친밀한 것은 좋게 말하라/ 말을 서로 나누어라

(8) 영·일 속담에 차이나는 원리(일어 속담 缺)

말은 짧게 하라/ 없는 자리에서 남의 말을 말라/ 모든 것을 다 말하지 말라/ 완곡하게 좋은 말을 하라/ 바람직하지 않은 말에는 관여치 말라/ 약자에게 말할 기회를 주라/ 말을 해야 할 때에 하라/ 막말이나 장담을 말라/ 적에게 약점을 말하지 말라/ 친밀한 것은 좋게 말하라/ 말을 서로 나누어라/ 진실을 말하라

참고문헌

김사엽(1953), 속담론, 대건출판사.

박갑수(1977), 국어의 표현과 순화론, 지학사.

박갑수 외(2001), 방송화법의 이론과 실제, 집문당.

박갑수(1955), 언어에 관한 속담고, 연포 이하윤선생 화갑기념논문집, 간행위원회.

서　혁(1994), 속담에 나타난 언어에 대한 태도와 속담 어법 교육, 남천 박갑수 선생 화갑기념논문집, 간행위원회.

Gregory Y. Titelman(1996), Popular Proverbs and Sayings, Gramercy Books.

石黑魯平(1931), 言語觀史論, 郁文書院.

伊吹一(1985), 話す技術, 日本經濟新聞社.

藤井乙男(1906), 俗諺論, 富山房.

藤井乙男(1978), 諺の研究, 講談社.

平井昌夫(1985), 新版 話の事典、ぎようせい.

■ 이 글은 외국인을 위한 한국어교육 연구, 제8집(서울대학교 사범대학 외국인을 위한 한국어 교육 지도자과정, 2004)에 발표된 논문이다.

제4부

한국 언어문화의 변화와 발전

제1장 한국사회의 변동과 언어문화의 변모

1. 서언

언어는 문화(文化)와 표리관계를 갖는다. 이는 문화를 반영한다. 그래서 언어는 문화의 색인이라고까지 일러진다. 따라서 언어의 교수·학습을 위해서는 문화교육(文化敎育)이 전제된다. 언어교육(言語敎育)은 문화교육과 더불어 진행된다. 그런 의미에서 언어교육은 언어 일면에 한정되지 아니하고, 언어와 문화의 양면에서 행해져야 한다.

언어는 문화의 색인라고 하였다. 그러면 문화란 무엇인가? 이는 사회의 산물이다. 따라서 문화는 사회를 떠나서 생각할 수 없다. 언어문화교육은 사회에 대한 인식과 이해를 바탕으로 이루어져야 한다.

오늘날 교통과 통신의 발달로 우리가 살고 있는 지구는 하나의 마을처럼 되었다. 이른바 지구촌(地球村)이 되었다. 따라서 오늘날의 화두는 흔히 세계화, 글로벌화가 된다. 그리하여 종래 국어교육의 대상으로만 논의되던 한국어(韓國語)도 외국어교육의 대상으로서, 그리고 세계화의 대상으로서 활발히 논의되고 연구되는가 하면 교수·학습되고 있다. 이러한 한국 어교육에서 한국 사회(社會)가 거론되어야 함은 당연한 일이다. 그럼에도 종래에는 사회는커녕 문화도 제대로 논의되지 않은 것이 사실이다. 여기서는 한국 언어문화 교육을 전제로 이렇게 제대로 논의되지 않은 사회 문제와 언어생활의 관계를 살펴보기로 한다. 이는 사회변동에 따른 언어생활의 변화를 살피는 것이다. 말을 바꾸면 언어 생활사(言語生活史)의 고찰이다.

여기에서는 한국사회의 변동과 언어문화의 역사적인 관계가 살펴질 것이고, 언어문화는 언어 자체와 더불어 언어생활이 고찰의 대상이 될 것이다. 이렇게 한국의 언어 생활사를 살피게 되면 언어문화의 정통성과, 오늘의 실체를 파악할 수 있게 될 것이다. 그리고 이러한 언어생활사는 우리 언어생활을 한층 발전시킬 것이며, 나아가 한국어교육의 소중한 자산으로 작용할 것이다.

2. 한국사회의 변동과 언어문화

2.1. 고대사회와 언어문화

고대의 한반도와 그 북녘의 광활한 대륙에는 많은 작은 나라들이 있었다. 이는 이기백(1776)에서 성읍국가(城邑國家)와 연맹왕국(聯盟王國)이라 이르는 것이다. 청동기(靑銅器) 시대에 북쪽 송화강 유역에 있던 부여(夫餘), 압록강 중부 지역의 예맥(濊貊), 요하와 대동강 유역의 고조선, 동해안 함흥평야에 있던 임둔(臨屯), 황해도 지방의 진번(眞番), 그리고 한강 이남의 진국(辰國) 등이 그것이다. 이들 국가 중에서는 고조선이 가장 문화가 발전한 국가였다. 이들 나라들은 그 뒤 기원 전후에 고구려, 백제, 신라의 삼국과 마한·진한·변한과 같은 삼한으로 발전하였다.

그러면 이 당시의 사회와 언어문화의 관계는 어떠했는가?

첫째, 삼국의 언어는 같고, 방언 이상의 차이가 났을 것이다.

한반도와 그 북쪽 대륙에는 앞에서 언급한 바와 같이 여러 부족사회 내지 부족국가가 있었다. 중국에서는 흔히 한족(漢族)에 대한 이들 동아시아 제 민족을 동이(東夷)라 일반화하였다. 고대에 동북아(東北亞)에 흩어져 살던 종족은 크게 부여족(夫餘族)과 한족(韓族) 및 기타의 세 부류로 나뉜다. 이들 언어·문화에 대한 역사적 기록을 보면 다음과 같다.

- 高句麗 : 東夷舊語 以爲夫餘別種 言語諸事 多與夫餘同 其性氣衣服有 異<三國志魏志東夷傳>
- 濊 : 其耆老舊自謂 與句麗同種…言語法俗 大抵與句麗同 衣服有異
- 東沃沮 : 其言語與句麗大同 時時小異
- 百濟 : 今言語服裝略與句驪同 <梁書百濟傳>

　　　　王姓夫餘氏 號於羅瑕 民號鞬吉支 夏言竝王也 妻號於陸夏言妃 也 <周書異域傳百濟條>
- 辰韓 : 辰韓在馬韓之東 其耆老傳世自言 古之亡人避秦役 來適韓國… 其言語不如馬韓同 <三國志魏志東夷傳>
- 弁韓 : 弁辰與辰韓雜居 亦有城郭 衣服居處與辰韓同 言語法俗相似
- 辰韓·弁韓 : 言語風俗有異 <後漢書東夷傳>

이렇게 고구려, 예 및 옥저는 부여족으로 같은 언어를 사용하였으며, 환경에 따라 생활 문화가 변화한 것으로 보인다(江上, 1970). 백제에 대해서 부여족으로, 언어와 복장이 대략 고구려와 같다고 한 것은 백제의 피지배 계층이 아닌, 지배계층에 대한 언급이라 할 것이다. 삼한(三韓)에 대해서 그 언어가 같다고도, 다르다고도 한 것은 이들이 같은 민족으로 그 언어가 같았으나 방언 이상의 차이가 나기 때문이었던 것으로 해석된다. 이에 대해 읍루(挹婁), 물길(勿吉)에 대해서는 "挹婁：其人形似夫餘 言語不與夫餘句麗同", "勿吉：在高句麗北… 言語獨異"<北史勿吉傳>이라 하여 이들이 부여 및 한족과 달랐던 것으로 보았는데, 이는 저들이 퉁구스족이었던 때문이라 하겠다.

고구려·백제·신라 삼국의 언어는 어떠했을까? 북(北)에서는 같았다고 하는 데에, 남(南)에서는 비교적 달랐다고 하는 데에 비중을 두는 것으로 보인다. 이로 말미암아 남북학자 간에 심각한 갈등도 보인다. 그러나 이들 언어는 본래 같은 계통의 것으로, 지정학적(地政學的) 이유로 방언 이상의 차이가 생겼을 것이라 보는 것이 온당한 견해일 것이다. 지명이나 인명에 의해 재구(再構)되는 삼국의 언어는 근본적으로 같고, 특정 어휘가 차이를 보이는가 하면, 많은 어휘가 현대어와 일치하기 때문이다. 삼국의 언어가 서로 같은 것과, 이들이 후대의 어휘와 일치하는 예를 몇 개 보면 다음과 같다.

　① 삼국이 공통되는 어휘
　· 忽次·古次<고구려>·古尸<백제>·嘉瑟·加西<신라>：串·岬(곶)
　· 那<고구려>·奈<백제>·那<신라>：川(강·내)
　· 物·勿<고구려>·未冬<백제>·勿<신라>：水(물)
　· 首乙·莫利<고구려>·毛良<백제>·麻立·末<신라>：首·高·上
　　(므르)
　· 沙伏·沙非<고구려>·所比<백제>·助比<신라>：赤(시붉·시베)
　② 후기의 언어와 대응되는 어휘
　· 고구려：勿(믈), 加阿(又), 波兮(바회), 忽(골), 述爾(수리), 珍惡(石), 屈
　　火(구블다), 今勿(黑), 沙(新), 沙熱伊(서늘히)
　· 백제：固麻(熊), 珍惡(돍), 夫里(벌), 所非(金), 毛良(므르), 子兮(城), 勿
　　居(묽다)

- 신라 : 谷(실), 那(냏), 道(돌·梁), 伐(벌), 波珍(바돌), 閼智(小兒), 素
  (金), 密(밀다), 阿火(아블다·倂), 居柒(荒), 異次·異處(厭)

둘째, 유교 및 불교문화가 들어와 한자어가 많이 유입되었다.

고구려는 제17대 소수림왕 2년(372)에 태학을 설립하여 유학(儒學)을 가르쳤고, 신라는 신문왕 2년(682) 국학을 설립하였고, 경덕왕은 이를 태학감(太學監)이라 개칭하였다. 태학에서는 3과(科)로 구분하여 가르쳤는데, 논어와 효경은 3과의 공통필수 과목이었고, 오경(五經)과 문선(文選)은 과(科)에 따르는 선택과목이었다. 이렇게 교육은 유교 경전을 주로 하였고, 8세기 원성왕 때에는 독서삼품과(讀書三品科)를 두어 관리를 등용하였다. 이로 말미암아 적잖은 한자어가 생활어에 유입되었음은 물론, "붓(<筆), 墨(먹), 茄子(가지), 錢(천), 笛(뎌), 寶貝(보배)" 등과 같이 한어(漢語)가 차용되기도 하였다.

또한 고구려 제17대 소수림왕 2년(372)에는 불교가 이 땅에 처음으로 전래되었다. 백제에는 곧 이어 침류왕 원년(384)에, 신라에는 법흥왕 4년(527)에 각각 불교가 전래되었다. 이로 말미암아 불교 용어도 이 사회에 많이 전파되게 되었다. 균여(均如)는 보현십원가(普賢十願歌)란 찬불가인 향가를 짓기도 하였다. 신라 향가와 균여의 보현십원가에는 다음과 같은 불교 용어가 쓰이고 있다.

- 천수관음, 자비, 건달파, 道, 원왕생, 미타, 무량수불, 生死路, 西方
  <신라 향가>
- 법계, 須彌, 법공, 보리, 삼업, 시방(十方), 중생, 大悲, 남무불, 불도
  <보현십원가>

삼국시대에는 삼국 모두 귀족사회의 질서를 유지하는 사회도덕으로

유교(儒敎)를 중시했다. 따라서 사서삼경과 같은 경서를 통해 한자어들이 생활어로 많이 수용되었다. 이로 말미암아 고대사회에는 언어생활에 고유어와 한자어가 혼용되는, 문자가 아닌 언어상의 국한혼용(國漢混用)이 싹트게 되었다.

셋째, 문자언어로 한자 차용표기법(借用表記法)이 개발되었다.

훈민정음이 창제되기 이전 이 땅에는 한자 이외에 몇 가지 문자가 있었다는 기록이 보인다. 그러나 이의 구체적인 증거는 아직 발견되지 않는다. 한자는 적어도 한사군(漢四郡) 때에는 도입되었을 것이고, 이를 사용하였을 것으로 추정된다. 문자생활은 직접 한문을 사용하거나, 한자를 빌어 우리말을 기록하였다. 한문의 사용은 언문불일치(言文不一致) 현상을 낳았고, 적어도 이러한 현상은 외형상 한글 창제 때까지 계속될 수밖에 없었다. 한자의 차용 방법(借用方法)은 일찍부터 개발되었으며, 그 구체적인 방법으로는 고유명사 표기법, 서기체(誓記體) 표기법, 향찰(鄕札), 이두(吏讀), 구결(口訣) 등의 방법이 있었다. 이 가운데 고유명사 표기법은 주로 한자의 음을 이용하는 것이었고, 서기체 표기법은 임신서기석에 보이는 것으로, 한자를 우리말 어순에 따라 배열하는 것이었다. 향찰은 향가(鄕歌) 기술에 사용된 체계로, 가장 발달한 한자 차용표기법이다. 여기에서는 한자의 음과 훈이 아울러 활용되었다. 이에 대해 이두는 공문서에 주로 활용된 표기체계이고, 구결은 한문(經書)을 읽을 때 조사와 어미 등을 한자의 전자(全字), 혹은 약자로 표기하던 체계이다. 이들의 예를 보면 다음과 같다.

① 향찰 : 善化公主主隱/ 他密只嫁良置古/薯童房乙/ 夜矣卯乙抱遣去如
   <무왕, 서동요>
② 이두 : 蠶段(딴) 陽物是乎等用良(이온돌쓰아) 水氣乙(을) 厭却 桑葉叱

分(쁜) 喫破爲遣(ㅎ고) 飮水不冬<양잠경험촬요>
③ 구결 : 天地之間萬物之中厓 唯人伊最貴爲尼 所貴乎人者隱 以其五倫
也羅<동몽선습>

이들 차용표기는 앞에서 언급한 바와 같이 우리 음성언어에 대한 일
반적 표기체계는 못 되었다. 향가, 공용문, 한문이라는 특수 영역에 쓰이
는 표기체계이고, 시대적으로도 향찰은 고려 때까지 명맥이 유지되었을
뿐이다. 이에 대해 우리 조상들은 문자언어로 직접 한문을 사용하는 방
법을 선호하였다. 이로 말미암아 우리의 문자생활에는 언문이 일치하지
않는 언문불일치(言文不一致)의 경향을 나타나게 되었다. 이러한 경향은
문화적으로 우위에 있던 중국문화의 영향으로 후대로 내려올수록 강화
되었다.

넷째, 중국의 선진문화 도입으로 고유한 언어문화가 차츰 한화(漢化)
되었다.

종래의 국명이나 왕명 및 지명은 고유어로 되어 있었다. 지증왕 4년
(503) 사로(斯盧), 서라벌(徐羅伐) 등으로 일러 오던 국호를 신라(新羅)라 고
치고, 거서간(居西干), 차차웅(次次雄), 니사금(尼師今), 마립간(麻立干)이라 하
던 지배자의 호칭을 중국식으로 "왕(王)"이라 바꾸었다. 그리고 경덕왕
16년(757)에는 신라의 행정구역을 중국식으로 9주(州), 5소경(小京), 117군
(郡), 293현(縣)으로 개편하고, 이들 지명을 한자어로 개정하였다. 그 일례
를 보면 다음과 같다.

沙伐州> 尙州, 熊川州> 熊州, 武珍州> 武州
沙伏忽> 赤城縣, 買忽郡> 水城縣, 夫斯達縣> 松山縣
波夫里郡> 富里縣, 突惡山縣> 石山縣, 烏山縣> 孤山縣

그리고 같은 경덕왕 18년(759년)에는 제반 제도와 관직을 중국식으로 개편하고, 관직명을 또한 한자어로 개정하였다. 이러한 조치들로 말미암아 신라어에는 한자어의 침투가 촉진되었다. 이러한 현상은 신라 향가에는 한자어가 많이 쓰이고 있지 않은데, 균여의 향가에는 한자어 사용 빈도가 높은 것에서도 쉽게 알 수 있다.

다섯째, 식민국가(植民國家)의 출현으로 한반도에 다문화 사회가 형성되기도 하였다.

한(漢) 나라는 위만조선을 멸망시킨 뒤에 이 판도 안에 낙랑·진번·임둔·현토의 4군, 곧 한사군(漢四郡)을 설치하여 고조선인을 통치하였다. 한사군의 영향은 직접적 지배를 받은 지역에 심했으며, 이들의 사회제도와 생활양식 등이 고조선 사람들의 사회에 침투되었다. 고조선시대에 8조에 불과했던 법금(法禁)이 60여 조목으로 늘어났으며, 저들의 발달한 사유재산 제도가 고조선 사회를 분해하는 작용을 하기도 하였다. 그리고 친한(親漢) 계층이 생겨났으며, 무엇보다 문화적인 영향을 많이 받았다. 저들의 고도한 문화는 동경의 대상이었기 때문이다. 이러한 사실은 한(韓)의 대부분의 거수(渠帥)들이 낙랑의 관작(官爵)·인수(印綬)·의책(衣幘)을 받은 데서 확인된다. 이렇게 정치적으로 독립된 지역에서 한문화를 받아들인 데서는 새로운 사회적 발전을 이루기도 하였다(이기백, 1980). 한사군은 한·한인(韓漢人)이 더불어 산 최초의 다문화사회라 할 수 있다.

2.2. 중세사회와 언어문화

중세 한국사회는 두 왕조가 건국된 시기이다. 삼국의 뒤를 이은 고려(高麗)는 왕건(王建)이 고구려의 후계자임을 자처하여 건국한 나라이며, 신라의 권위를 계승하려 한 문벌 귀족사회였다. 이에 대해 고려의 뒤를 이은 조선은 역성혁명(易姓革命)에 의한 사대부들의 양반사회였다. 이들 사회 변동에 따른 언어문화의 특성으로는 다음과 같은 것을 들 수 있다.

첫째, 고려는 신라의 언어문화를 이어받고, 조선은 고려의 언어문화를 계승하였다.

이는 당연한 사실 같지만 반드시 그렇지는 않다. 그것은 북쪽에서는 고려가 정체(政體)뿐만 아니라, 언어도 고구려를 계승한 것으로 본다. 고구려-고려-조선으로 이어지는 것을 정통으로 보는 것이다. 이에 대해 남쪽에서는 신라-고려-조선으로 이어지는 것을 정통으로 본다. 언어는 아무래도 신라가 한반도를 통일하였고, 고려가 신라의 옛 땅에서 건국되었다는 점에서 고려의 언어는 신라의 말을 계승하였다고 보는 것이 순리일 것이다. 다만 개경(開京)이 고구려의 옛 땅이었기 때문에 여기에는 적어도 고구려의 언어가 어느 정도 저층(底層)으로 작용하였을 것으로 보인다. 이에 대해 조선은 고려의 개경과 같이, 한반도의 중부 지방인 한성(漢城)에서 건국하였으므로 이들의 언어는 같았을 것으로 추단된다. 따라서 고려의 한반도의 통일은 국토만이 아닌, 언어의 통일도 이룬 것이라 하겠다.

둘째, 문자언어인 훈민정음이 창제·사용되었다.

문자가 없어 한자에 의존하던 한민족은 1443년 훈민정음(訓民正音)이 창제됨으로 독자적인 문자를 갖게 되었다. 이로써 언문일치(言文一致)의 기틀이 마련되었다. 훈민정음은 그 서문에 나타나 있는 바와 같이 자주정신, 애민정신, 실용정신을 바탕으로 창제된 자랑스러운 문자다. 고려 시대에는 광종(光宗) 때 과거제도가 실시됨으로 한문의 교수·학습이 강화되었다. 조선에서는 유교가 숭상하는 국교요, 공용 문자가 한자임으로 자연 한문교육이 중시되었다. 한글은 이러한 여건 아래 창제되었다. 한글 창제와 관련해서 흔히 거론되는 최만리(崔萬理)의 정음 창제 반대상소문은 최만리 개인의 의견이라기보다 기득권층인 상류계층의 반발이요, 일반적 견해라 할 수 있다. 곧 이는 기득권층인 사대부의 보수적 견해였던 것이다. 당시 기득권층의 의식세계에 대한 이해를 위해 최만리의 반대상소문 6조를 보면 다음과 같다.

① 중국과 동문동궤(同文同軌)의 때를 당하여 언문을 창제함으로 저들이 비난하면 사대모화(事大慕華)의 도리에 부끄러운 일이다.

② 중국 본토에서는 지방에 따라 따로 문자를 만들어 쓰는 것이 없는데, 몽고, 서하(西夏), 여진, 일본이 문자를 만든 것은 모두 이적(夷狄)의 일이다.

③ 언문의 사용은 학문을 돌보지 않게 하고, 사리판단을 못하게 할 것이니, 학문에 손해를 끼치고 정치에 이로운 것이 없는 언문의 제정은 옳지 않다.

④ 언문을 사용하게 되면 형옥(刑獄)에 공평을 기할 수 있다 하나, 형옥의 잘잘못은 초사(招辭)에 달린 것이 아니라, 옥리(獄吏)의 태도에 달린 것이다.

⑤ 일은 서두르지 말고, 공론을 거쳐 해야 하는데, 급할 것이 없는 언문 제작을 행재(行在)에서까지 급급하게 하여 성궁(聖躬)을 조섭하는 때 번거롭게 하는 것은 옳지 않다.

⑥ 동궁(東宮)이 성학(聖學)에 잠심하여 이를 더욱 궁구하여야 하는데, 언문 제작에 날이 맞도록 때를 보내니 이는 학문을 닦는 데 손실이 된다.

이러한 사회적 상황에서 한글은 창제된 것이다. 따라서 한글은 문자생활에서 자주정신에 입각한 정음 전용(正音專用)이 이루어지지 못하였고, 한자와 병용 내지 혼용을 하여야 했다. 월인석보나 월인천강지곡은 한글과 한자를 병용한 것이고, 용비어천가는 혼용한 것이다. 그리고 한글은 언문(諺文)으로 비하되었고, 근세에 들어와 겨우 국문(國文), 국자(國字)의 대접을 받게 되었다.

셋째, 한글이 서민의 학습 보조수단으로 사용되었다.

한글은 생각하는 것처럼 전 국민의 국자(國字)로 만든 것이 아니었다. 이는 문자(漢文)를 모르는 우민(愚民)을 위해 대용문자(代用文字)로 만든 것이다. 한글의 이러한 대용문자의 구실은 소위 언해(諺解)라는 번역 사업에 의해 잘 드러난다. 한문을 모르는 서민이나 아동을 위해 번역을 함으로 어려운 한문의 원전을 접할 수 있게 한 것이다. 언해의 전형적 예는 간경도감 간행의 불경언해와 교정청(校正廳) 간행의 경서언해를 들 수 있다.

언해는 종교, 교화, 실용, 문학 등 다방면에 걸쳐 이루어졌다. 최초의 언해는 "훈민정음언해"라 할 수 있다. 종교 관계는 불경이 언해된 것이다. 세조때 간경도감에서 능엄경언해, 금강경언해 등이 간행된 것을 비롯하여 이후에 무수한 불경이 언해되었다. 교화서(教化書)로는 경서언해를 들 수 있는데 번역소학, 소학언해 외에 교정청의 사서언해, 효경언해 등이 그것이다. 실용서로는 구급방언해 등 의학서와 번역노걸대, 번역박통사 등 역학서의 간행을 들 수 있다. 문학 관계로는 성종조의 두시언해(杜詩諺解) 등이 간행되어 문학 발전에 크게 기여하였다.

이러한 언해의 확대 발전은 한글을 보급하여 많은 사람에게 문자생활을 가능하게 하였을 뿐 아니라, 번역을 통해 정보를 얻고, 한문 원전을 배우고 이해하게 함으로 문화향상과 학문발전에 기여하게 하였다.

넷째, 외침(外侵)이 잦았고, 저들의 언어가 우리의 언어문화에 영향을 끼쳤다.

고려는 유달리 외침을 많이 받았다. 고려 성종(993) 이래 거란(契丹)은 세 차례나 침입을 해 왔고, 여진족(女眞族)이 세운 금(金)은 종종 압력을 가해 와 군신의 관계를 맺기까지 하였다. 몽고는 고려 고종 18년(1231)

이래 전후 30년에 걸쳐 무려 여섯 차례의 침입을 해 왔고, 마침내 고려를 굴복시켜 부마국(駙馬國)을 삼았다. 또한 고려 고종 이래 왜구(倭寇)가 침입해 왔으며, 충렬왕 이후에는 심히 창궐하였다. 그리하여 한반도의 연해지역은 대부분 습격을 받았고, 이의 피해는 점점 내륙에까지 미쳤다. 그리고 조선의 선조(宣祖) 25년(1592)에는 임진란을 일으켜, 전후 7년 동안 한반도를 황폐하게 만들었고, 노략질을 함으로 우리 백성들을 괴롭혔다. 왜란에 이어서는 인조 5년(1627)에 정묘호란(丁卯胡亂)이, 그리고 인조 14년에 병자호란(丙子胡亂)이 일어나 서북지역은 극도로 피폐해졌고, 조선은 청국(淸國)과 군신의 약속을 해야 하는 수모를 겪었다.

　이러한 외침(外侵)은 언어와 문화에도 적잖은 영향을 미쳤다. 특히 몽고의 경우가 심했다. 임금은 몽고식 변발을 하고, 몽고식 의복을 입었다. 사용하는 용어도 짐(朕)이 고(孤)로, 폐하가 전하로, 태자가 세자로, 선지(宣旨)가 왕지(王旨)로 격하되는 수모를 겪어야 했다. 친원파(親元派)가 생겼고, 일반 백성들도 연지곤지를 찍는 문화적 영향을 받았다. 또한 몽고어가 궁중과 민간에서 사용됨으로 말미암아 적잖이 차용되게 되었다. 이들 어휘 가운데는 말과 매 및 군사에 관한 용어가 많다. 이들 예를 몇 개 보면 다음과 같다.

　　① 관직에 관한 어휘
　　必闍赤·必者赤(서기)－필자지, 達魯花赤(진수관)－다루가치, 吹螺赤－취라치, 司小人－아올라치
　　② 말과 마구에 관한 어휘
　　아질개물(兒馬 망아지), 절다말(赤馬 절따말), 가라물(黑馬 가라말), 악대(犍犗 去勢畜 악대), 다갈(馬蹄鐵 대갈), 지달(絆), 오랑(肚帶 오랑), 쟈갈(勒 재갈), 고돌개(楸 고들개)
　　③ 매에 관한 어휘

숑골(海靑 송골매), 귁진(白角鷹 새매의 한 종류), 보라미(秋鷹 보라매), 도롱태(弄闘兒 쇠황조롱이, 새매)

④ 군사와 군기에 관한 어휘

바오달(營 군영), 사오리(登狀 발돋음), 고도리(　頭 고두리), 拔都(ba'atur 용사), 오늬(筈 활오늬)

⑤ 음식과 의복에 관한 어휘

더그레(號衣), 타락(酡酪 우유), 슈라(水剌 임금의 밥), 털릭(帖裏 철릭)

몽고어 외에 왜어(倭語) 또한 영향을 끼쳤다. 조선왕조실록에 의하면 임진왜란 때 오랜 동안 서울이 적중에 함락되어 있어 시민(都民)이 적잖이 왜어(倭語)에 물들었다. 그래서 선조(宣祖)는 민간의 왜어 사용을 엄히 금하는(痛禁) 명을 내리고 있는 것을 볼 수 있다.

傳曰 都中小民 久陷賊中 不無染習 倭語之理 各別掛榜痛禁 如或有倭語者 各里中 嚴加科正 母使蠻夷讐賊之音 或雜於閭里之間 <선조대왕실록, 권지 사십삼, 이>

命禁民間倭語 <선조대왕수정실록, 권지이십칠, 계사>

다섯째, 고유어와 한자어가 혼용되는 표현 체계가 형성되었다.

삼국시대 이래 문화적인 영향 및 사회적인 필요에 의해 한문교육이 강화되고, 이로 말미암아 우리말에는 한자어들이 많이 들어와 쓰이게 되었다. 그리하여 앞에서 언급한 바와 같이 신라 향가에는 한자어가 많이 쓰이지 않았는데, 시대가 흐름에 따라 문자생활을 아예 한문으로 하거나, 일상 언어생활에 한자어를 많이 들여다 섞어 쓰는 추세로 바뀌었다. 이러한 경향은 15세기에 훈민정음이 창제되어 한자어의 사용 경향을 생생하게 보여 준다. 특히 석보상절과 월인석보는 고유어와 한자어 사용의 이중 표현체계를 잘 보여 준다. 향가와 석보상절 및 월인천강지곡의 고유어와 한자어의 혼용 예를 보면 다음과 같다.

① 죽살잇길흔/ 이에 이샤매 저히고/ 나는 가누다 말도/ 못 니르고 가
  누니잇고/ 어느 구술 이른 부르매/ 이에 뎌에 뼈러딜 닙다이/ 흐둔
  가재 나곤/ 가는 곳 모루온뎌/ 아으 미타찰애 맛보올 내/ 도 닷가
  기드리고다. <월명사, 제망매가(양주동 해독)>

② 그 가온딧 안팟긧 種種 말씀과 소리를 드르리니 象이 소리 물쏘리
  쇠 소리 술윗소리 우는 소리 시름흐야 한숨디는 소리 골와랏소리
  갓붑소리 쇠붑소리 바옰소리 우숨ㅅ 소리 말씀소리 풍륫소리 남지
  늬소리 겨지븨소리 스나희소리 갓나희소리 法소리 法 아닌 소리
  셜본소리 즐거본소리… <석보상절 권 19>

③ 그 中 內外옛 種種 語音 音聲을 드르리니 象聲 馬聲 牛聲 車聲 啼哭
  聲 愁歎聲 螺聲 鼓聲 鍾聲 鈴聲 笑聲 語聲 男聲 女聲 童子聲 法聲
  非法聲 苦聲 樂聲… <월인석보 권 17>

제망매가(祭亡妹歌)에는 "미타찰(彌陀刹)"과 "도(道)"라는 두 개의 한자어
가 섞여 쓰였을 뿐이다. 석보상절과 월인석보는 같은 내용인데, 석보상
절에는 "種種, 象, 풍류(風流) 남진(男人), 法, 法"과 같은 6개의 한자어가
쓰이고 있는데, 월인석보에는 오히려 "그, 옛(助詞), 을(助詞), 드르리니"와
같은 고유어가 4개 쓰이고 있을 뿐 모두가 한자어이다. 이는 문체의 문
제로, 저자의 개성과 관련된 것이라고도 하겠으나, 한자어를 점점 많이
혼용하는 시대적 흐름과 맥을 같이 한다고 하겠다.

여섯째, 사회적 불안으로 은둔과 유랑(流浪)의 문학이 등장했다.

고려시대에는 외환(外患)만이 아니고 내우(內憂)도 적지 않았다. 이자겸
의 난, 묘청의 난, 정중부(鄭仲夫) 등에 의한 무신의 난이 일어났다. 무신
의 난은 무인정권(武人政權)이란 역사에 커다란 변동을 가져 왔다. 이러한
정권의 교체는 문관의 숙청, 무인 상호간의 정권 쟁탈이란 사회적 혼란

을 빚었다. 그리고 각지에서 민란(民亂)이 뒤를 이었다. 특히 12세기 이후 무인정권이 수립된 뒤 정정(政情)의 불안과, 과중한 조세 및 생활고를 견디다 못한 민중의 불만이 자주 민란으로 폭발하였다.

외침과 내란으로 말미암아 고려의 사회계층은 변화와 동요가 생겼다. 무인정권이 수립되며 문인은 설자리를 잃었다. 거기에다 집권세력의 전답 사유화로 농민들은 농토를 잃게 되었으며, 민중은 유리걸식해야 했다. 이에 사람들은 삶의 허무를 느끼고 체념하는가 하면 일시적인 성적 쾌락에 탐닉하게 되었다. 이로 인해 고려의 대표적 문학 양식인 고려속요(高麗俗謠)에는 사랑과 이별의 한을 노래한 작품이 많이 나타난다. "청산별곡, 정읍사, 정과정곡, 서경별곡, 가시리"와 같은 작품은 한을 노래한 것이고, "만전춘별사, 쌍화점" 등은 남녀상열을 주제로 한 작품이다. 조선조에서는 "남녀상열지사(男女相悅之詞) 사리부재(詞俚不載)"라 하여 이러한 노래를 책에 실을 수 없다고 하였다. 대표적인 한의 노래 "청산별곡"의 8연 중 두 연을 예로 보면 다음과 같다.

살어리 살어리라다/ 靑山에 살어리랏다/ 머루랑 다래랑 먹고/ 靑山에 살어리랏다/ 얄리얄리 얄랑셩 얄라리 얄라
우러라 우러라 새여/ 자고 니러 우러라 새여/ 널라와 시름 한 나도/ 자고 니러 우니노라/
얄리얄리 얄랑셩 얄라리 얄라

이 밖에 무인정권의 출현으로 문인은 산촌에 묻혀 음주와 시가를 즐기는 경향이 나타났다. 무인정권 아래 출세를 모색하던 문인들도 진출에 한계를 느껴 "죽림칠현"의 길을 택한 것은 마찬가지다. 그리고 이들은 하나의 문학세계로 설화문학을 개척하여 이를 발전시켰다. 박인량의 수이전(殊異傳)을 시작으로, 임춘의 공방전, 이규보의 국선생전 같은 가전체

소설(假傳體小說)과 이인로의 파한집, 이규보의 백운소설, 최자의 보한집 등 설화 및 시화(詩話)를 소재로 한 문학이 그것이다.

2.3. 근세사회와 언어문화

근세(近世)란 임란(壬亂) 이후 일제(日帝)로부터 해방이 되어 대한민국이 수립되기까지를 말한다. 이 시기에 조선은 명(明)에 사대(事大)하였으며, 개화의 과정에서 극도의 혼란을 겪었다. 사회적으로는 실학(實學)이 등장하고, 양반의 신분체제가 동요되는가 하면, 개화세력이 성장하였다. 그리고 일본의 식민정책에 시달림을 받았고, 이에 항거하는 민족운동이 전개되었다. 문화적으로는 여전히 중국문화의 대세 속에 일본의 영향을 받았고, 이후 민족문화에 대한 각성을 하고, 이를 수호하는 방향으로 나아가게 되었다.

근세사회와 관련된 언어와 문화의 특징은 대체로 다음과 같은 것을 들 수 있을 것이다.

첫째, 언어와 문화가 중국화 하는 경향이 강해졌다.

사림(士林)의 득세로 성리학(性理學)이 발달하였으며, 이로 인해 벌열정치(閥閱政治)가 싹트고, 이는 당쟁의 소용돌이까지 낳았다. 유교, 특히 성리학은 정치·사회의 중심 이념이 되고 이는 생활화하게 되었다. 따라서 조선의 언어문화에는 중국의 문화와 한자어의 침투가 일반화하게 되었다. 그리하여 그 한 예로 한문학은 말할 것도 없고, 소위 국문학에 속하는 고전소설 작품도 중국의 문화적 요소로 범벅이 되었으며, 그 표현은 중국의 전적(典籍), 중국 문인의 시문(詩文) 인용과, 한문으로 된 성어 및 한자어 투성이로 되어 있는 것을 볼 수 있다. 대표적인 소설 "열녀춘향수절가"에서 그 예를 보면 다음과 같다. 이는 이 도령이 그네 뛰는 춘향이를 처음 보고 그가 누구인가 상상하는 대목이다.

> 오호(五湖)의 편주(片舟) 타고 범소백(范小伯)을 조츠스니 셔시(西施)도 올 이(理) 업고, 희셩(垓城) 월야(月夜)의 옥창비가(玉帳悲歌)로 초픽왕(楚覇王)을 이별(離別)하던 우미인(虞美人)도 올 이 업고 눈봉궐(丹鳳闕) 하직(下直)하고 빅용퇴(白龍堆) 간 연후(然後)의 독이청총(獨留靑塚)ᄒ여쓴이 왕소군(王昭君)도 올 이 업고 장신궁(長信宮) 지피 닷고 빅두음(白頭吟)을 을퍼슨이 반첩여(班婕妤)도 올 이 업고 소양궁(昭陽宮) 아침날으 지치하고 도라온이 조비련(趙飛燕)도 올 이 업고 낙포선여(洛浦仙女)가, 무산선녀(巫山仙女)가.

둘째, 식자계층의 증가로 독서인구가 증가하였으며, 한글 소설이 발전하였다.

문자와 문화는 조선사회에서 양반 지배계급의 독점물이었다. 유식하다는 것은 신분이 높다는 의미로, 학식과 신분은 밀착되어 있었다.

그런데 근세의 주자학은 어용학문으로서, 극단적으로 추상적·사변적이며, 의례(儀禮) 논의에 시종하는 경향이 짙었다. 이에 현실의 사회적 모순을 보며 어용학문을 학문적으로 지양하고자 하였다. 이것이 이른바 실사구시(實事求是)의 실학(實學)이다. 박지원의 한문 소설 "양반전"에는 존귀하고 영화로운 것이 부러워 양반을 산 부자가 허위와 부패의 실상에 놀라 양반을 다시 거론하지 않았다는 사상이 반영되어 있다.

실학이 등장하며, 서민사회에는 차츰 교육이 보급되게 되었다. 방방곡곡에 서당(書堂)이 생겨났다. 여기에서는 양반의 독점물이던 천자문(千字文), 동몽선습을 비롯하여 한문·유학(儒學)을 가르쳤다. 이러한 교육으로 말미암아 식자층이 늘어났다. 사회적 교육 경향은 한문만이 아닌 한글도

익히게 하였다. 이로 말미암아 서민이 읽는 국문 소설이 발전하게 되었
는데, 이들은 경판본과 지방 판본이 있다. 이들 판각본을 필사한 필사본
도 많다. 필사본은 개인적으로 필요해서 필사하기도 했겠으나, 세책으로
쓰기 위해 서사(書肆)에서 필사한 것이다. 그만큼 독서인구가 많았다는
것을 의미한다. 이들 고소설은 무엇보다 하나의 큰 특징을 지니는데, 그
것은 한자를 전혀 쓰지 아니하고, 오로지 한글로만 썼다는 것이다. 이는
한자를 모르는 서민과 여인을 위해 취해진 조치다. 한글은 "암글", 또는
"중글"이라 하거니와 "암글"이란 여인들이 주로 사용하고, 이를 유지·
발전시킨 문자이기 때문이다. "중글"이라 하는 것은 불경언해에 한글이
많이 쓰인데 연유한다. 고소설에 한글을 전용한 전통은 현대 소설에까지
그대로 이어지고 있다.

셋째, 개화기에 언어문화가 크게 바뀌었다.

개화(開化)란 미개(未開)의 대가 되는 말이다. 이는 근대화과정에서 봉건
적 낡은 사상과 제도를 타파하고 문호를 개방하여 서양의 새로운 문물
제도를 수용함으로 근대화를 이룩하려는 사상이다. 역사적으로는 1876
년 쇄국의 문이 열리고 일본과 병자수호조약이 체결되며 개항을 하고
개화시대를 열게 되었다. 이후 1894년 갑오경장(甲午更張)을 통하여 관제
를 비롯한 제반 제도가 개혁되고, 사회적으로 계급이 타파되었으며, 상
하 귀천의 구별이 없는 신식 학교교육이 도입되었다. 독립신문(1896), 황
성신문(1898) 등이 간행되었으며, 이들 언론기관은 민중의 개화를 선도하
였다.

개화과정에서 언어문화에도 일대 변혁이 일어났다. 유길준(兪吉濬)은
1895년 "서유견문(西遊見聞)"을 저술하여 문화적으로 영향을 끼쳤을 뿐
아니라, 국문에 새로운 문체(文體)를 수립하였다. 이는 현토식(懸吐式) 국한
혼용의 문체로, 종래의 용비어천가(龍飛御天歌)의 국한혼용체와 차이를 보

이는 것이다(민현식, 2008). 용비어천가의 문체가 좀 더 국문에 기울어진 국한혼용체라 한다면, 이는 오히려 한문체에 더 기울어진 국한혼용체라 할 수 있다. "용비어천가"와 "서유견문"에서 각각 일절을 예로 들어 보면 다음과 같다.

太子롤 하눌히 굴히샤 旡 쁘디 일어시눌 聖孫올 내시니이다
世子롤 하눌히 굴히샤 帝命이 느리어시눌 聖子롤 내시니이다
<용비어천가(1445) 제8장>

聖上御極ᄒ신 十八年辛巳春에 余가 東으로 日本에 遊ᄒ야 其人民의 勤勵ᄒ 習俗과 事物의 繁殖ᄒ 景像을 見홈이 竊料ᄒ든배 아니러니 及其國中의 多聞博學의 士를 從ᄒ야 論議唱酬ᄒᄂ 際에 <서유견문(1895) 서(序)>

이러한 "서유견문"의 문체는 관보, 공용문서, 교과서 등의 공식 문체의 하나로 공인되었으며, 사대부 지식층의 문체로 유행하였다. 황성신문(皇城新聞)도 이 문체를 따랐다. 이와는 달리 한글전용의 문체도 이때 같이 쓰였다. 독립신문, 뎨국신문 및 신소설에 쓰인 문체가 그것이다.

우리가 독닙신문을 오늘 처음으로 출판ᄒᄂ디 죠션 속에 잇는 니외국 인민의게 우리 쥬의를 미리 말슴ᄒ여 아시게 ᄒ노라. <독립신문(1896), 제1권 제1호>

신소설(新小說)은 개화기를 배경으로 등장한 계몽문학이다. 이는 고대소설과 현대소설 사이의 과도기적 소설로, 자주독립과 근대적 민주사상 및 신교육 사상을 고취하고, 미신을 타파하는 등 근대적 신문명의 사조를 주제로 하였다. 이인직(李人稙)의 "혈의 누, 치악산"과 이해조(李海朝)의

"빈상설, 자유종" 등의 작품이 이러한 것이다.

또한 이때 창가(唱歌)도 크게 유행하였다. 이는 기독교의 찬송가가 들어오면서 크게 유행하게 되었는데, 방방곡곡에서 즐겨 불렸다. 주제는 애국·독립·신교육·신문화 등을 고무·예찬하는 것이 많았다.

넷째, 국어생활에 일본어(日本語) 교육의 영향이 크게 나타났다.

대한제국과 일본은 1910년 치욕의 합방을 하였다. 그리고 그 이듬해(1911년) 한반도에는 제1차 조선교육령(朝鮮敎育令)이 발령되어 학제가 개편된다. 이때 보통학교에서는 "조선어급한문"과 "일본어" 과목이 다 같이 필수과목으로 지정되었다. 매주 5~6시간이 배당되는 중요과목이다. 그 뒤 데라우치(寺內) 총독을 거쳐 사이토(齋藤) 총리 때(1922년) 제2차 조선교육령이 발표되어 학제가 6·5·3과 6·4·4·3의 복수체제로 개편된다. 이때 "조선어급한문" 과목은 두 과목으로 나뉘어 "조선어"는 정규과목으로, 한문은 수의과목, 또는 선택과목이 되었다. 그 뒤 미나미(南) 총독이 취임한 1937년에는 제3차 조선교육령이 발표되었다. 이때 "조선어"는 수의과목으로 바뀌었고, 이해 4월부터 가르치지 못하게 했다. 그리고 교내외에서 그 사용을 엄하게 금지하기까지 하였다. 이로 말미암아 "조선어" 교육은 한반도에서 사라지고, 그 대신 일본어가 국어의 자리를 차지하게 됐다. 이에 대해 일본어는 1911년 이래 1945년 해방에 이르기까지 35년간 필수과목으로 교육이 행해졌다. 이렇게 일본어가 공교육에서 필수과목으로 교육되고, "국어상용(國語常用)"이라고, 이의 사용을 강제하게 되니 일본어는 생활어가 되는가 하면 그 어휘가 한국어에 많이 침투하여 국어생활을 간섭하게(interfere) 되었다. 일본어의 차용은 따라서 다른 외래어의 경우와 달리 학습에 의해 결과적으로 차용된 것이라 할 수 있다.

일본어는 언어 전반에 걸쳐 차용되었다. 그리하여 해방 이후 정부(문교

부)에서는 "우리말 도로 찾기"란 소책자를 간행하여, 일본어의 잔재를 일
소하고자 하는 순화운동을 전개하기까지 하였다. 이들 차용어는 음식관
계 용어, 편집·인쇄 용어, 건축 관계 용어, 이·미용 관계 용어, 당구
관계 용어, 의류관계 용어, 산업·경제관계 용어, 교통관계 용어, 전기
관계 용어 등에 많이 남아 쓰였다. 이들 서너 영역의 몇 개 예를 보면
다음과 같다(박갑수, 1994b).

- 음식 관계 용어 : 가라아게(제물튀김), 가마보꼬(생선묵), 스시(초밥),
  지리(백숙)
- 편집·인쇄 용어 : 교정 스리(교정쇄), 도비라(속표지), 미다시(제목),
  와리쓰께(매김질)
- 건축 관계 용어 : 가꾸모꾸(각목), 노가다(노동자), 도끼다시(갈닦기),
  아시바(발판)
- 의류 관계 용어 : 가다(본), 마도메(끝손질), 소데나시(민소매), 에리
  (깃), 지지미(쫄옷)

다섯째, 민족적 자각과 함께 어문(語文)이 정리되고, 어문규범이 제정
되었다.

우리말의 사용에 대해서는 20세기에 이르기까지 별다른 규제가 없었
다. 자연언어가 통제 없이 그대로 사용되었다. 이러한 경향은 언어정책
의 일반적 현상이다. 민족적 통합과, 언어생활의 통일 및 교육을 위해
비로소 언어에 대해 폐쇄정책(閉鎖政策)을 쓰게 되는 것이다. 우리는 1912
년 최초로 표준어(標準語)의 기준을 명문화하였다. 조선총독부의 "보통학
교용 언문철자법"에서 "경성어를 표준으로 함"이라 간단히 규정한 것이
그것이다. 이어서 1933년 조선어학회에서 제정한 "한글맞춤법통일안"에
서 구체적인 기준이 마련되었다. 그 기준은 "표준말은 대체로 현재 중류

사회에서 쓰는 서울말로 한다.”고 한 것이다. 그리고 그 부록에 “표준말”의 규정 6개를 두었다. 1936년에는 후속 조치로 9,547어를 사정하여 “사정한 조선어 표준말 모음”에 실어 “협동적 애용”을 바랐다. 이어서 조선어학회는 조선어 사전 간행 사업에 착수하여 1947년에서 1957년에 걸쳐 “큰사전” 6권을 간행하였다.

표준어와 함께 이 때 정서법(正書法)도 확립되었다. 앞에서 이미 드러난 바와 같이 1912년 제1회 조선총독부의 “보통학교용 언문철자법”이 제정되었고, 제2회 조선총독부의 “보통학교용 언문철자법대요”가 1921년에, 제3회 조선총독부의 “언문철자법”이 1929년에 각각 제정되었다. 1933년에는 조선어학회에서 “한글맞춤법 통일안”을 제정 공포하였다. 조선총독부의 철자법은 표음주의적(表音主義的), 조선어학회의 철자법은 형태주의적(形態主義的) 철자법이었다. 조선어학회(한글학회)의 철자법은 한 학회의 사안(私案)이나 해방 이후 자연스럽게 나라의 정서법으로 공인되어 1988년 국가에서 “맞춤법”을 제정·공포할 때까지 문자생활의 규범이 되었다.

우리 어문생활은 이렇게 20세기에 이르기까지 폐쇄주의 아닌, 방임주의 정책에 의해 수행되었다. 총독부의 규범은 일제하(日帝下)에 학교 교재에 반영되어 어문생활의 기준이 되고, 다소 언중을 구속하였다고 할 수 있다. 그러나 조선어학회의 통일안은 강제성을 띠는 것이 아니었고, 이에 대한 교육이나 홍보도 충분치 않아 언중에 영향을 크게 미치지 못하였다. 이것이 시민들에게 영향을 미치게 된 것은 해방 이후의 일이다. 당시의 언어생활은 아직 표준어와 맞춤법에 따른 것이 못 되고, 자기 나름의 표음적 서사생활(書寫生活)을 하였다. 따라서 같은 글에서도 표기법이 다른 경우도 많다. 이러한 실례를 시작품에서 한두 예를 보면 다음과 같다.

白潮는흐르는데별하나나하나

洪思容

저－기저 하날에서 춤추는 저것이 무어? 오－ 金빗노을! 나의가슴은 군성거리여 견댈수업슴니다.

압江에서 日常불으는 우렁찬소리가 어엽분나를불너냄니다. 귀에닉은 音聲이 머얼이서 들일째에 철업는마음은 조와라고 밋처서 쟌듸밧 모래톱으로 쥴달음쥼니다.

＜백조, 창간호(1922)＞

가을의風景

李相和

脉풀린 해ㅅ살에, 번적이는, 나무는, 鮮明하기 東洋畵일너라

흙은, 아낙네를 감은, 天鵝絨허리찍갓치도, 짜습어라

묵어워가는 나비날애는, 듬을고도衰하여라,

아, 멀리서 부는 피소랜가! 하늘바다에서, 헤염질하다.

＜백조, 제2호(1922)＞

여섯째, 전통적 한자어가 일제(日製) 한자어로 많이 바뀌었다.

한자어에는 중국에서 만든 한자어와 일본에서 만든 한자어, 한국에서 만든 한자어의 세 가지가 있다. 전통적 한자어는 일찍이 한어(漢語)에서 차용된 것이고, 개화기 이래 차용된 한자어는 대부분 일본에서 서구어를 번역하는 과정에 신조된 것이다. 일본에서는 근대화 과정에서 처음에는 폴란드어, 홀란드어, 그 뒤에는 영어를 번역하여 일본의 근대어(近代語)들을 많이 신조하였다. 한국어에는 이러한 일본의 근대어가 그대로 차용되었다. 한 예를 들면 주일(週日) 이름을 "월요일, 화요일, 수요일… 일요일"이라 하는 것만 해도 그러하다. 이를 한어(漢語)로는 "성기일(星期一),

성기이(星期二), 성기삼(星期三)… 성기일(星期日)"이라 한다. 이들 일제 한자어는 종래 한국어에서 쓰던 전통적 한자어를 대신하여 쓰이기도 하고, 신어(新語)로서 우리 언어생활에 수용되어 근대어를 형성하게 되었다. 중국 한자어에 대체된 일본 한자어 및 신조어라 할 일본 한자어를 다소 보면 다음과 같다.

① 일본 한자어에 의해 대체된 전통 한자어

공사(公司)-회사, 광대(廣大)-배우(俳優), 기지(基地)-부지, 대총통-대통령, 도급-청부, 방송-석방, 사진(仕進)-출근, 상오-오전, 시혹-혹시, 어구(於口)-입구, 우정국-우체국, 우표-절수(切手), 원동(遠東)-극동, 육혈포-권총, 윤선(輪船)-기선, 인도-안내, 입신양명-출세, 자행거(自行車)-자전차, 정거장-정류장, 지단(鷄蛋)-계란, 지동(地動)-지진, 천리경-망원경, 철로-철도, 체결-조인, 측간(厠間)-변소, 파직-면직, 하오-오후, 호상-상호, 화차(火車)-기차, 화평(和平)-평화

② 일제 한자어

• 음독어 : 客觀, 科學, 國際, 歸納, 浪漫主義, 動詞, 命題, 物質, 美術, 民族, 分子, 士官, 酸素, 細布, 乘客, 液體, 歷史, 領土, 元素, 義務, 議會, 日曜日, 資本, 自由, 電報, 前提, 政黨, 宗敎, 主觀, 重力, 哲學, 抽象, 恒星, 現實, 形容詞, 形而上學, 花粉, 化學

• 훈독어 : 見本, 見習, 見積, 廣場, 落書, 內譯, 大勢, 大型, 賣場, 明渡, 相手, 上衣, 上廻, 小型, 手續, 受取, 市場, 身分, 裏書, 日附, 入口, 立場, 立替, 組合, 持分, 振替, 出口, 蟲齒, 取扱, 取消, 取調, 取締, 品切, 割箸, 割增, 割引, 行先

• 고대 한어를 활용한 일제 한자어 : 講義, 警察, 古典, 交通, 勤務, 機關, 樂觀, 論理, 農民, 獨占, 文明, 博士, 方法, 法廷, 封建, 悲觀, 思想, 社會, 選擧, 世紀, 藝術, 遺傳, 流行, 倫理, 意識, 醫學, 理性, 自由, 作用, 典型, 政治, 主義, 請願, 侵略, 判決, 偏見, 學士, 行政, 協議

이들 일제 한자어는 우리가 현재 수용하고 있는 것이다. 이들 가운데
는 한자어가 아닌, 일본의 고유어라 할 훈독어(訓讀語)도 있는데, 이들도
우리는 한자어로 수용하고 있다. 우리의 근대어에는 이렇게 중국의 한자
어 아닌, 일본의 한자어가 많이 들어와 쓰이고 있다. 이밖에 한어(漢語)와
구별되는, 우리와 일본에서 같이 쓰고 있는 한자어의 예를 몇 개 들어보
면 다음과 같다.

> 看護-護理, 競技-比賽, 空港-機場, 菓子-點心, 歸國-回國, 急行-
> 快車, 汽車-火車, 冷藏庫-氷箱, 弄談-玩笑, 無料-免費, 放送-廣播, 社
> 長-經理, 寫眞-相片, 售票處-賣票所, 時計-鐘表, 試合-比賽, 野球-
> 棒球, 洋服-西裝, 驛-站, 牛乳-牛奶, 運轉-駕駛, 月給-月薪, 引出-提
> 款, 人形-娃娃, 入院-住院, 自家用-私家用, 自動車-汽車, 貯金-存款,
> 住所-地址, 職場-單位, 冊床-書桌, 處女-姑娘, 出勤-上班, 寒暖計-
> 寒暑計, 割引-降價, 休講-停課, 興味-興趣

2.4. 현대사회와 언어문화

현대사회의 변동과 언어문화의 관계를 살핌에 있어서는 양해를 구할
것이 있다. 그것은 "현대사회와 한국 언어문화"와의 관계에 대해서는 필
자가 이미 발표한 바 있다는 것이다. 이는 재외동포교육진흥재단의 국제
학술회의에서 "현대사회의 변동과 한국 언어문화 교육"이라는 주제로
기조강연을 한 것이다. 따라서 자세한 논의는 박갑수(2012 : 본서 제4부 제2
장으로 수록)로 미루고, 여기에서는 상기 논문에서 밝힌, 현대사회와 언어
문화의 관계를 밝히며 개조화 한 부분만을 제시하기로 한다.

첫째, 국력 신장, 한류 등의 영향으로 우리 언어 문화에 대해 자부심

을 가지게 되었다.

둘째, 사회의 개방으로 서양문화가 유입되고 외래어가 범람하게 되었다.

셋째, 사회의 민주화와 평등화로 언어의 평등화가 드러나고 있다.

넷째, 매스컴의 발달로 언어생활에 변화가 생겼다.

다섯째, 남과 북, 그리고 재외동포의 언어가 이질화되고 있다.

여섯째, 다문화사회에 의한 언어의 변이 형태가 나타난다.

일곱째, 통신언어 등에 의해 일상 언어가 변질되고 있다.

3. 결어

한국어교육의 대상으로서의 한국의 언어문화를 살펴보았다.

언어교육을 하기 위해서는 언어만이 아닌 문화를 알아야 한다. 한국어 교육도 마찬가지다. 그럼에도 종전에는 이 문화에 대해 눈을 제대로 돌리지 못하였다.

우리의 언어문화는 끊임없는 사회의 도전을 받으며 오늘의 우리말을 지켜 왔다. 그 중 대표적인 것이 끊임없는 외래어의 도전을 받으며 우리말을 지켜온 것이고, 또 다른 하나는 부단한 한자의 강압을 받으며 이에 굴하지 않고 오늘의 서사체계(書寫體系)를 유지 발전해 온 것이다.

이 지구상에는 많은 언어가 사멸하는가 하면, 무문자(無文字) 상태로 오늘에 이어오거나, 표기수단을 바꾼 경우도 없지 않다. 우리는 역사적으로 중국, 몽고, 일본 등 강력한 세력에 시달려 왔다. 그러면서도 이에 굴하지 않고 반만년을 독자적인 언어와 문자를 유지 발전시키며 살아온 민족이다.

고대의 우리 언어문화의 특징은 선진 중국문화의 영향을 받아 한자어가 많이 유입되었고, 이로 인해 많은 고유 언어문화가 한화(漢化)하였다.

그리고 이러한 가운데 한자의 차용에 의해 독자적인 서사법(書寫法)을 개발하였다.

중세에는 신라-고려-조선으로 이어지는 언어문화를 계승하였고, 외침에 의한 언어문화의 영향을 크게 입었다. 한국어는 고유어와 한자어가 혼용되는 체계를 이루게 되었다. 그리고 사회적 불안으로 퇴폐적 문학, 유랑문학(流浪文學)이 등장하기도 하였다. 서사의 기법으로 한글이 창제되어 어문불일치(語文不一致)의 늪에서 벗어나게 되었으며, 한글은 일상어의 표기수단이기보다 서민의 학습 보조수단으로 씌었다.

근세에는 언어문화가 더욱 중국 문화로 쏠렸고, 근대에는 많은 일제 한자어가 도입되었고, 전통적 한자어가 일제 한자어로 대체되었다. 공교육에서의 일본어 교육으로 한국어에 일본어도 많이 유입되었다. 문자생활은 식자층이 두터워져 독서인구가 많아졌다. 개화기 이후에는 현토식 국한혼용의 문체가 주류를 이루게 되었고, 한글전용의 싹도 틔웠다. 이러한 가운데 민족의식이 고양되어 어문규범이 제정되고 언어가 정비되어 바른 언어생활의 초석이 다져졌다.

현대에는 언어문화에 대한 자부심을 가지게 되었으며, 사회의 개방으로 외래어가 급증하였다. 그리고 언어는 평등화 되고 난해한 언어가 순화되었다. 또한 지역 및 사회적 위상에 따라 언어의 이질화가 빚어졌다. 특히 젊은이들의 통신언어가 그러하다.

이상 살펴본 것이 사회변동에 따른 한국어의 변모이다. 이러한 언어문화는 그대로 한국어교육의 귀중한 자료가 된다. 한국어 교육에서는 이러한 언어문화 자료를 선용해 교육적 효과를 거두도록 해야 한다.

참고문헌

김민수(1973), 국어정책론, 고려대학교 출판부.
박갑수(1984), 국어의 표현과 순화론, 지학사.
박갑수(1999), 아름다운 우리말 가꾸기, 집문당.
박갑수(2005), 국어교육과 한국어교육의 성찰, 서울대학교 출판부.
박갑수(2012), 현대사회와 한국 언어문화, 그리고 한국어교육, 현대순화변동과 한국어
　　　　교육, 재외동포교육진흥재단.
이기문(2012), 신정판 국어사개설, 태학사.
이기백(1980), 한국사신론 개정판, 일조각.
이득춘(1988), 조선어 어휘사, 연변대 출판사.
井上秀雄(1975), 古代朝鮮, NHK ブックス.
朝鮮史研究會 編(1954), 朝鮮の歴史, 三省堂.

■ 이 글은 본서를 위해 2012년 9월 집필한 것으로 미발표 논문이다.

제2장 현대사회와 한국 언어문화, 그리고 한국어교육

1. 서언

인간은 사회적 동물이다. 고립되어서는 살 수 없다. 상호 소통하며 협동하고 살아야 한다. 인간생활의 원칙은 협동에 있고, 이는 언어에 의해 주로 이루어진다.

언어는 자의적·규약적 기호다. 한편 이는 유연적(有緣的)이다. P. Guiraud(1958)는 언어적 창작이 모두가 어원적(語源的)으로 유연적이라 보았다. 의성(擬聲), 차용(借用), 형태적 조성, 그리고 의미적 조성이란 단어의 창작수단이 다 그러하다는 것이다. 언어는 사회의 산물이다. 이는 사회와 문화·제도를 반영한다. 사회와 문화가 변동되면 언어도 이에 따라 변화한다. 언어를 문화의 색인이라 하는 것은 이 때문이다. 어느 사회에 그 어휘가 존재한다는 것은 바로 그 언어사회에 그 사상(事象)이 존재하거나, 존재했다는 것을 의미한다. 이런 의미에서 언어교육은 언어·문화교육이라 할 수 있다. 사회·문화에 대한 인식과 이해를 바탕으로 비로소 언어교육은 이루어진다.

오늘날은 교통과 통신이 발달하여 지난날과는 달리 지구상의 모든 인류가 가까운 이웃이 되어 살고 있다. 1일 생활권의 이른바 지구촌(地球村)에 산다. 따라서 오늘날의 화두는 흔히 세계화, 글로벌화가 된다. 종래 국어교육의 대상으로만 여기던 한국어(韓國語)도 외국어교육의 대상이 되고, 세계화의 대상이 되어 활발히 교수·학습되는가 하면 논의되고 연구되고 있다.

한국어교육에서 한국 사회(社會)가 거론되어야 함은 당연한 일이다. 그럼에도 종래에는 사회는커녕 문화도 제대로 논의되지 않은 것이 사실이다. 여기서는 현대 사회의 변동과 관련하여 한국 언어문화와 이의 교육을 살펴보기로 한다. 그간 제대로 논의되지 않은 사회와 언어의 관계를 살피고, 이를 바탕으로 언어교육을 둘러보자는 것이다.

한국 언어문화의 문제는 언어 자체와 아울러 언어생활이 다루어질 것이다. 이러한 고찰은 한국어교육의 기반을 좀 더 확고히 다지고, 확장하는 구실을 할 것이다. 그리고 이는 한국어교육을 바람직한 방향으로 나아가게 할 것이다.

2. 현대사회와 언어문화

1945년 일제(日帝)로부터의 해방에서 오늘에 이르는 우리의 현대(現代)는 문자 그대로 정치 사회적으로 복잡다단한 수난의 시대다. 우선 남북이 분단되어 단일민족(單一民族) 이국가(二國家) 체제가 되어 있고, 사회적으로는 좌우익으로 나뉘어 혼란을 겪었다. 1950년에는 6·25전쟁이 발발하여 동족상잔의 비극을 겪었고, 1960년에는 4월혁명이 일어났다. 1963년에는 군사정권이 들어섰고, 1980년에는 5·18광주민주화운동의 수난을 겪기도 하였다. 이러한 혼란스런 과정을 겪으며 한국 사회는 민주국가로 성장하였고, 10대 경제대국으로 발돋움하였다.

오늘날 우리 사회는 봉건사회에서 민주사회로 전환하였다. 지배세력에 굴종만 하던 사회에서 자기 권리를 주장하는 사회로 탈바꿈한 것이다. 우리는 그간 단일민족이란 허울 속에 자기본위의 자문화중심 폐쇄사회에 갇혀 살아왔다. 더 이상 폐쇄사회에 살 수는 없다. 오늘날은 국제화시대요, 세계화시대인가 하면 다문화시대다. 상호교류하며 국제화하고 세계화해야 한다. 문화적 상대주의를 바탕으로, 상대방을 관용적 정신을 가지고 포용하며, 폐쇄 아닌 개방사회를 지향해야 한다. 오늘날 이러한 사회변동과 함께 우리의 말과 언어생활도 많이 바뀌었다. 다음에 한국의 사회적 변동과 언어 및 언어생활과의 관계를 살펴보기로 한다.

첫째, 국력 신장, 한류 등의 영향으로 우리 언어문화에 대해 자부심을 가지게 되었다.

우리는 그 동안 약소민족(弱小民族)이라 스스로를 비하하였다. 그러나 사실은 그렇지 않다. 인구는 세계 25위에 해당하며, 10대의 경제대국이고, OECD 회원국인가 하면, G-20을 개최한 선진국이다. 700만 재외동포가 175개 나라에 나가 살고 있는 재외동포의 대국이기도 하다. 거기에다 근자에는 한류(韓流)의 열풍이 전세계를 휩쓸고 있다.

한국은 그간 한강변의 기적을 이루었고, 2차대전 후의 신생국으로서 성공한 나라가 되었다. 국력이 신장되어 세계가 선망하는 나라가 되었으며, 수혜국에서 시혜국(施惠國)으로 거듭나려 하고 있다. 드라마에서 비롯된 한류는 K-팝을 거쳐 음식문화에 이르기까지 세계인을 매료시키고 있다. 지난날 마늘 냄새, 김치 냄새를 부끄러워하던 때와는 달리 김치를 세계인의 음식으로 자랑스럽게 수출하기에 이르렀다. IT는 세계 굴지의 산업이다. 세계 곳곳에서 K팝은 장사진을 치고 공연을 기다리게 하고 있으며, 한국 공연을 감상하려고 집단으로 관광객이 한국을 찾아오고 있는 실정이다. 한류문화는 여기서 그치지 않는다. 이들은 한국문화를 알기 위해 한국어를 학습하기에 이르렀다. 그리하여 한국어 학습 열풍을 불게하고 있다. 이는 한 걸음 더 나아가 한국 유학으로 이어진다. 거기에다 우리의 한글은 과학적인 문자로 학습을 수월하게 하는 세계적 문자다.

이러한 문화적인 배경은 우리 국민으로 하여금 우리 문화와 언어에 대해 자신감을 갖게 하고 있다. 자부심을 가지고 이를 보급 전파하게 하는 것이다. 따라서 우리의 언어문화는 좀 더 수월하게 세계인의 곁으로 다가가게 될 것이다.

둘째, 사회의 개방으로 서양문화가 유입되고, 한국어에는 외래어가 범람하게 되었다.

우리의 의식주(衣食住)는 오늘날 거의 전통적 의식주가 아니다. 모두가 변했다. 서양문화가 온통 우리의 의식주를 바꾸어 놓았다. 의식주만이 아니라, 문물제도도 그러하다.

언어문화도 예외가 아니다. 종전에는 한자문화가 주로 영향을 끼쳤는데, 근자에는 서구의 언어문화가 이를 대신해 영향을 미치고 있다. 오늘날 외래어는 2, 30개 언어에서 들어와 쓰이고 있으며, 한자어를 준한국어(準韓國語)로 볼 때 영어, 일어의 차용어가 두드러지게 많다. 특히 영어 외래어가 많다. 이 밖의 외래어로는 독일어, 프랑스어, 라틴어, 포르투갈어, 이태리어 등이 많다. 이들의 예를 몇 개씩 보면 다음과 같다.

① 독일어 : 가아제(Gaze), 데마(Demagogie), 아르바이트(Arbeit), 아이젠(Eisen), 에네르기(Energie)

② 프랑스어 : 마담(madame), 아프레(apre's), 앙코르(encore), 즈봉(jupon)

③ 포르트갈어 : 뎀뿌라(temporo), 빵(pan), 조로(jorro), 카스텔라(castella)

④ 이태리어 : 스파게티(spaghetti), 아리아(aria), 오페라(opera), 템포(tempo)

이러한 외래어가 우리 사회에서는 분별없이 남용되고 있다. 개인의 일상생활에서뿐만 아니라, 매스컴에서 범람하고 있다. 그리하여 재중동포들은 우리말을 외래어 때문에 이해할 수 없다고까지 술회한다. 그러나 이는 재중동포만의 문제가 아니다. 많은 우리 국민이 신문·방송 등에 쓰이고 있는 외래어를 상당 수 모른다. 국제화·세계화 하며 이는 피할 수 없는 현상이라 하겠으나, 우리 언어문화를 위해 수용을 자제해야 한다. 일본의 근대화 과정에서 저들이 서구어를 부단히 번역 차용한 사실을 우리는 반면교사로 삼아야 한다.

셋째, 사회의 민주화와, 평등화로 언어의 평등화가 드러나고 있다.

한국사회는 본래 봉건적 계급사회였다. 그래서 대인관계는 평등 아닌 종속적 관계로 맺어졌다. 그리고 언어는 대우법에 의해 구별된다. 화계(話階)가 작정되지 않으면 한 마디 말도 할 수 없는 것이 우리말이다.

그런데 우리 사회가 민주화하면서 이런 서열사회가 무너져 가고 있다. 민주주의의 원칙에 의해 종속사회 아닌 평등사회가 되면서 존비관계가 퇴색하고 있는 것이다. 그러나 평등사회에 이르기에는 한계가 있다. 전통사회의 의식은 아직도 여전히 엄존한다.

서열사회가 무너지면서 언어생활에서는 차츰 언어의 평등화가 꾀해지고 있다. 차츰 평등화가 드러나고 있는 것이다. 대우법이 무너지고, 존댓말이 사라지고 있는 것이 그것이다.

1인칭 겸양의 "저"가 사라지고, 여기에 "나"가 쓰이는 것은 이러한 현상의 하나다. 윗사람에게는 당연히 써야 할 "저"가 잘 쓰이지 않는다.

"나"를 쓰면서 거의 잘못 쓰고 있다는 의식을 갖지 않는다. "당신"도 거의 높임의 의미를 상실했다. 부모 자식 간에는 흔히 경어가 쓰이지 않는다. 부부간의 대화도 반말이다. 이렇게 사회 변화와 함께 언어도 평등화하고 있다. 이러한 언어의 평등화는 아예 경어의식(敬語意識)을 망각하게 하고 있는 것으로 보인다. 길거리에서 흔히 듣는 말은 "말 좀 물어 보겠는데요…"다. "말씀 좀 여쭈어 보겠는데요…"라는 서열사회의 표현은 거의 들을 수 없다. 아버지가 딸에게 아들을 오라고 하는 경우도 으레 "오빠, 아빠가 오래."다. 아버지를 존대한다고 하는 것은 "오빠, 아빠가 오시래."다. 손님의 말을 전하는 업주(業主)의 말은 "김치 더 달란다."다. "김치 더 달라신다."고 해야 한다는 것은 꿈에도 생각지 못한다. 존대에 대한 의식과 더불어 존댓말의 정형(定型)을 잊은 것이다. 이러한 현상은 사회의 민주화, 평등화로 언어의 평등화가 나타나고 있는 것이라 하겠다.

그런데 언어현실은 반드시 이런 것만은 아니다. 요사이 해괴한 언어현상이 나타나고 있다. 가게에서 계산할 때 "5만원 나오셨어요." 하거나, 병원에서 "처방전 나오셨어요."라고 하는 것이 그것이다. 이는 경어를 쓰겠다는 의식이 과도한 나머지 황당한 존댓말을 쓰고 있는 것이다. 이로 보면 가치관이 혼란을 빚고 있는 것이라 하겠다. 이러한 가치관의 혼란은 아이가 맞고 들어왔을 때 "맞는 것이 좋다"고 하던 전통적 가치관과 달리, "왜 너도 때려 주지 그랬느냐?"라고 한다. 종래의 매표소를 "표 사는 곳"이라 하는 것도 마찬가지다. 사회가 민주화가 되면서 언어의 민주화가 따라서 드러나고 있지만, 이는 아직 가치관의 혼란을 빚고 있다고 하겠다. 그것은 장유유서(長幼有序)가 아직도 사회적으로나 언어적으로 우리의 전통적 특성으로 작용하고 있기 때문이다.

넷째, 매스컴의 발달로 언어생활에 변화가 생겼다.

20세기 이후의 사회적 특징의 하나는 매스컴이 발달한 것이라 할 수 있다. 특히 방송이 발달하였다. 매스컴은 언어생활에 지대한 영향을 미친다. 우선 이는 표준어를 보급하고, 어려운 말을 쉬운 말로 바꾸는 순화작용을 하였다. 순화는 신문도 마찬가지로 수행하였다. 1970년대 후기부터 한자를 쓰지 않게 되었고, 어려운 한자말을 쉬운 말로 바꾸어 쓰게 되었다. 이러한 매스컴의 언어순화의 예를 몇 개 들어보면 다음과 같다(박갑수, 1996).

고개 들어(擡頭), 기울이다(傾注), 급히(急遽), 꾀해(劃策), 꿰뚫어(看破), 날뛰어(跳梁), 날카롭게(銳意), 더듬어(摸索), 도려내(敻快), 되풀이(再版), 드러나(露呈), 마지막(棹尾), 못자리(苗板), 무뎌져(鈍化), 속셈(腹案), 쐐기(制動), 알려(示達), 알짜(眞髓), 앞질러(制先), 엇갈려(相衝), 움직임(推移), 웃돌다(上廻), 이웃나라(隣邦), 입씨름(舌戰), 주문받다(受注), 주춤세(保合勢), 지켜봐(注視), 케케묵은(陳腐), 털어놔(披瀝), 판쳐(橫行), 헛수고(無爲)

매스컴은 이러한 긍정적 영향 외에 부정적 영향도 빚고 있다. 비속어와 방언을 확산하고 오철(誤綴)을 유도한다는 것이다. 매스컴의 음성 내지 문자언어는 공용어로, 이는 긍정적 수용을 하게 하여 언어생활을 오도한다. 지난날에는 국정의 최고 책임자가 비표준어를 구사함으로 표준어에 대한 권위를 실추시키는가 하면, 방송이나 사적 언어생활에 비표준어의 사용을 조장하는 경향까지 있었던 것으로 알려진다. 방송언어의 오용은 우선 음의 장단이 거의 지켜지지 않으며, 종성이 거의 7종성으로 발음된다는 것이다. "短信[단신], 史料[사료], 願書[원서], 加重[가:중], 價値[가:치], 調査[조:사], 들녘에서[들녀게서], 무릎이[무르비], 밝지[발찌]"라고 발음하는 것이 그것이다. "벗기다[베끼다], 아기[애기], 으스대다[으시대다]"와 같은 동화현상도 흔히 오용되는 것이다. 갑갑하다[각갑하다], 둔갑[둥갑], 꽃바구니[꼽바구니], 신문[심문]과 같은 연구개음화와 양순음화는 일반적으로 잘못 발음되고 있다. 그런데 그것을 의식조차 하지 못한다.

신문의 문자언어도 그 오용이 만만치 않다. 비표준어와 정서법에 어긋난 표기가 많다. 독립해서 쓰일 수 없는 어근(語根)을 독립적으로 쓰는 경우가 많고, 문법에 어긋난 표현이 적지 않다.

- 오곡백과가 영근다/ 목메인 상봉
  젊은 율동 선뵈/ 내노라하는 그룹 회장
- 스포츠 스타들 부업수입 짭짤/ 차밀수 단동시장 처벌 시끌
  일부선 아직도 "눈치개혁" 급급
- 유공에 2 대 0으로 이겼다
  1호갱 토벽·병마용 탄채 변색

다섯째, 남과 북, 그리고 재외동포의 언어가 이질화(異質化) 되고 있다.

제2차 세계대전 이후 우리는 분단국가(分斷國家)가 되었다. 이로 인해 같은 민족 간에 언어의 이질화가 심화되고 있다. 이러한 이질화는 우연히 조성된 것이 아니라, 언어 규범을 달리 작정해 차이가 빚어지고 있다는 데 문제의 심각성이 있다. 언어규범에는 맞춤법, 표준어 규정, 외래어 표기법, 로마자 표기법 등 4대 어문규정이 있는데, 남북(南北)과 중국 조선족의 규범이 서로 다른 것이다. 이들이 오늘날의 언어생활을 달리 하게 하고 있다. 이러한 언어의 이질화는 통일이 되지 않는 한, 앞으로 더욱 심화될 것이다. 따라서 남북의 통일을 생각할 때 심각한 문제가 아닐 수 없다. 규범 자체는 어쩌면 쉽게 고쳐 통일안을 내어놓을 수 있을지도 모른다. 그러나 이를 익혀 사용할 국민을 생각할 때 통일안은 그리 쉽게 합의·도출될 수 있는 것이 못 된다. 너무 늦기 전에 통일을 모색해야 한다. 세 나라의 맞춤법과 발음법을 비교해 볼 때 그 차이는 그리 심한 편은 아니다. 세 나라의 규범을 중심으로 이들의 서로 다른 점을 간단히

제시하면 다음과 같다.

- 맞춤법 : ①사이시옷의 표기 여부 ②어간 모음 "ㅣ, ㅐ, ㅔ, ㅚ, ㅟ, ㅢ" 아래에서 "-어/-었"과 "-여/-였" 표기하기 ③한자의 어두음 "ㄹ"과 구개음화된 "ㄴ"의 표기 ④"이"와의 합성어에서 변이음 "ㄴ"의 표기 ⑤띄어쓰기
- 표준어 : ① "ㅚ, ㅟ"의 이중모음 허용 여부 ②"계, 례, 몌, 폐, 혜"의 단모음 허용 여부 ③ "ㅎ"의 약화 인정 여부

재외동포(在外同胞)의 언어문화도 복잡한 문제를 안고 있다. 우리는 175개국에 700여만 재외동포가 나가 있다. 따라서 세계화 하고, 국제화하는 데에는 더 할 수 없이 좋은 여건이다. 그러나 이들의 언어 문제를 고려할 때는 좋아만 할 수 없다. 앞에서 언급한 바와 같이 중국의 우리 동포들은 그들 나름의 언어규범을 가지고 있다. 일본의 경우는 거류민단과 조총련이 각각 남북의 언어 규범을 따르고 있다. 자본주의 국가와 사회주의 국가의 재외동포의 경우도 마찬가지다.

언어의 이질화는 통일을 꾀하는 것이 바람직하다. 그러나 앞에서 언급한 바와 같이 하나로 통일하는 것은 현실적으로 곤란한 작업이다. 영국·미국·가주·호주 등의 영어권이 서로의 영어를 수용하듯, 우리도 서로 다른 언어를 인정하며 수용해야 할 것이다. 한국어는 이제 한국인만의 언어가 아니요, 북한과 재외동포의 것이기도 하며, 나아가 한국어 학습자인 외국인의 것이기도 하다. 모든 한국어에 대해 열린 마음을 가지고 포용하는 자세를 취해야 한다. 그러는 가운데 적자생존의 원칙에 의해 사라질 것은 사라지고, 살아남을 것은 살아남게 될 것이다.

여섯째, 다문화사회(多文化社會)에 의한 언어의 변이 형태가 나타난다. 복수의 문화가 공존하는 사회를 다문화사회라 한다. 한사군(漢四郡)이

나, 일본의 식민시대를 우리는 다문화사회라 할 수 있다. 그런데 이러한 역사적 사실과는 달리 근자에 우리 사회에서는 "다문화"라는 말이 많이 쓰이고 있다. 그것은 결혼이민, 취업이주민, 유학생들이 증가하며 우리 사회에 새로 생겨난 말이다. 특히 결혼이민자의 가정을 "다문화 가정"이라고 하는데, 이때의 "다문화"란 의미가 축소된 말이다.

다문화 사회가 되며 외래문화가 많이 우리 문화 속에 스며들고 있다. 그리하여 새로운 문화 풍토가 조성되기도 한다. 언어 면에서는 한국의 언어문화에 익숙하지 않은 이들 이민자들에 의해 희비극이 연출되는가 하면, 한국어에 미숙한 이들의 언어가 한국어의 음운, 어휘, 문법에 비정상적인 변이형태를 산출해 내기도 한다. 이는 "미녀들의 수다"란 방송 프로에서도 쉽게 확인 되는 사실이다. 이러한 다문화 가정은 자녀교육에도 심각한 문제를 야기하고 있어 사회문제가 되고 있기도 하다. 한국어를 제대로 하지 못하는 결혼 이민자는 자녀의 언어지도를 제대로 할 수 없어 그 자녀들이 한국어를 제대로 하지 못하는가 하면, 학교생활에 제대로 적응하지도 못해 사회문제가 되고 있는 것이다. 제대로 한국어를 학습할 수 있도록 여건을 마련해 주어야 한다.

일곱째, 통신언어(通信言語)에 의해 일상 언어가 변질되고 있다.

한국은 자타가 공인하는 IT강국이다. 따라서 각종 통신기기가 발달하였다. 인터넷, 스마트폰 등 새로운 통신수단의 기기들은 주로 청소년층이 애용한다. 이들은 각종 통신을 하며 그들만의 은밀한 공간을 즐긴다. 그들만의 기발한 표현, 감각적 표현을 하는가 하면, 기왕의 언어규범을 파괴한다. 언어규범의 파괴는 통신언어의 특성이라 할 것으로, 이는 심각한 사회문제가 되고 있다. 통신언어는 특히 대화방, 전자우편, 홈페이지 등의 언어가 문제가 된다.

통신언어는 형태적으로 구어성, 감각성을 지니는가 하면, 언어의 경제성을 위해 축약된다. 이는 동료의식을 갖게 하는 은어(隱語)라 할 수 있겠는데, 사이버 공간에서만 사용되지 아니하고, 일상 언어에서도 사용된다는 데 문제가 크다. 일상어에서는 구어는 말할 것도 없고, 일기, 보고서 등 문어에 이르기까지 확산시켜 사용한다. 통신언어는 언어규범을 파괴하고 있기 때문에 이는 청소년의 언어를 오염시키는가 하면, 한국어를 파괴하고 오염시킨다고 할 수 있다.

통신언어는 다른 언어 영역에 비해 신조어(新造語)라 할 것이 많다. 이들은 의성어, 의태어를 활용한 감각어가 많고, 경제성을 추구하여 약어가 많이 쓰이며, 구어성을 지녀 방언이 많이 활용된다. 그리고 재미를 느끼게 하기 위해 운율적 표기, 어희적(語戱的) 신어를 많이 사용하는가 하면 아이콘을 활용한다(박갑수, 2002). 이들의 예를 몇 개 보면 다음과 같다.

① 표음적 표기 : 마나서(많아서), 사시리어따(사실이었다), 안냐세요
  (안녕하세요)
② 감각어 : 꺄악, 꽈당, 음냐, 쩝, 푸하하, 헉
③ 사투리 : 개안타(괜찮다), 되셨남(되셨나), 아그들아(아가들아), 지긴
  다지기(죽인다죽여), 했는디(했는데)
④ 약어 : 글쵸(그렇지요), 넘(너무), 방가(반가워), 샘(선생님), 앤(애인),
  잼업(재미없어), ㅋㄷㅋㄷ(키득키득)
⑤ 어희 : 기말거사(기말고사), 븽신(병신), 어쩔시구리(얼씨구), 황당띠
  용(매우 황당하다)
⑥ 은어・비속어 : 깔따구(여자 친구), 반콩(성접촉), 쉐리(새끼), 야리
  까다(담배 피우다), 존나(매우)
⑦ 외계어 : 밥5(바보), 2뻐yo(이뻐요), ⓡⓖ휙?(알지요?), 쟐가효 (잘 가
  요)

3. 한국의 언어문화 교육

3.1. 지난날의 언어문화와 한국어교육

현대사회의 변동과 언어 및 언어생활의 관계를 앞에서 살펴보았다. 이제는 한국의 언어와 문화의 교육에 대해 살펴보기로 한다.

그 허실은 불문에 붙이고, 명문화 된 기록에 의하면 한국어교육은 신라 경덕왕 때 일본(日本)에서 처음 실시되었다. 일본의 "속일본기(續日本記)"에 美濃, 武藏 양국이 신라(新羅)를 정벌하기 위해 신라어를 가르쳤다는 것이다. 그 기록은 다음과 같다.

乙未 令美濃·武藏二國少年 每國二十人習新羅語 爲征新羅也

그러나 그 뒤 근세에 이르기까지 한국어교육 활동은 거의 보이지 않는다. 근세에 들어와 1720년 일본의 雨森芳洲가 조선통신사의 통역을 맡을 통사(通詞)의 부족을 통감하여 쓰시마(對馬) 번주(藩主)에게 "韓語司"의 설립을 건의하였다. 그리고 7년 뒤인 1727년 이 제안이 받아들여져 "韓語司"가 설립되었는데, 이것이 최초의 한국어 교육기관인 것으로 추정된다. 그 뒤 일본에서는 1872년 嚴原에 한어학소(韓語學所)가 설립되었고, 1873년 국내에 초량관어학소(草梁館語學所)가 설립되어, 이후 1880년 동경외국어학교 조선어학과로 이어졌다.

이 무렵부터 대학에서 한국어교육이 행해지기 시작한다. 1879년 소련의 레닌그라드에 있는 상트페테르부르크 대학에서 한국어 강좌가 개설된 것을 필두로 세계 도처에 한국어 강좌 및 학과가 개설되는 것이다. 한국어 교육이 활발하게 수행되고 있는 주요 국가의 초기 교육기관을 간단히 살펴보면 다음과 같다.

일본의 경우는 1880년 동경외국어학교의 조선어학과가 설립된 뒤, 1909년 동양협회전문학교(1918년 拓植大學으로 개칭)가 조선학과를 정과(正科)로 설치하였고, 1918년 본교 외에 서울에 동양협회 경성전문학교를 세워 독립시켰다. 1925년에는 천리외국어학교(後의 天理大學)에 조선어학부가 설립되었다. 그 뒤 한국어교육은 발전을 거듭하여 오늘날 300여 개 대학에서 한국어가 가르쳐지고 있다. 중국의 경우는 1944년 남경동방어문전과학교에 한국어학과가 설치되었다. 한중수교 이후 한국어교육은 붐을 타게 되었고, 오늘날은 100여 개 대학에서 한국어가 가르쳐진다. 러시아는 앞에서 언급한 바와 같이 일찍이 1879년 상트페테르부르크 대학에 한국어 강좌가 개설되었다.

종래의 한국어교육은 중국학을 하기 위한 통과의례(通過儀禮)로 하는 정도여서 활발한 편이 못 되었다. 활발하게 된 것은 88올림픽 이후의 일이다. 한국의 국제적인 위상이 높아지며, 이에 따라 한국어교육도 그 자체로 관심의 대상이 된 것이다.

역사적으로 한국 사회의 변동과 언어 및 언어생활과의 관계는 앞에서 (제4부 제1장 참조) 살펴본 바와 같다. 그러나 이러한 언어현상은 외국어로서의 한국어교육으로는 승화·발전되지 못하였다. 반영된 것이 있다면 국어 아닌, 개별어(個別語) 한국어로서의 자각과 교육적 수용이라 할 것이다. 우선 문화적으로 중국문화의 지배를 받으며 한자·한문을 문자생활에 도입했고, 공용어의 통일을 꾀했으며, 차츰 한자문화권의 지배에서 벗어나 국자를 창제하여 국한혼용이라는 독자적인 문자생활을 확립하게 되었다. 근대에 접어들어서는 민족적 자각과 함께 국어·국자에 대한 인식을 새롭게 하고, 어문(語文)을 정비함으로 언어문화 생활에 커다란 개혁을 꾀하게 되었다.

3.2. 현대의 언어문화와 한국어교육

현대의 사회변동과 언어 및 언어생활과의 관계는 여러 가지를 들 수 있겠으나 앞 장에서 예닐곱 가지를 들어 논의한 바와 같다. 이러한 사회적 변동과 관련된 언어 및 언어생활은 한국어교육에 반영하여 바람직한 교육이 되도록 하여야 한다. 이에 바람직한 한국어교육을 하기 위한 주제를 생각해 보면 다음과 같은 다섯 가지를 들 수 있을 것이다.

① 공용어로서의 한국어교육
② 다문화사회 언어로서의 한국어교육
③ 세계인의 언어로서의 한국어교육
④ 언어문화 교육으로서의 한국어교육
⑤ 한국어 세계화를 위한 한국어교육

이들 다섯 가지 주제 가운데 ①~②는 개별어로서의 한국어교육의, ③~⑤는 외국어로서의 한국어교육의 성격이 강한 것이다. 다음에 이들 문제에 대해 구체적으로 살펴보기로 한다.

첫째, 공용어(公用語)로서의 한국어교육

근대 이전의 세계 언어정책(言語政策)은 대체로 규제 아닌, 방임정책을 썼다. 그러나 근대 이후에는 폐쇄정책을 폈다. 그것은 국민통합과 원만한 의사소통을 하기 위해 언어를 통일할 필요가 있었기 때문이다. 쉽게 말해 표준어 정책을 폈다. 우리나라에서도 근대 말기 이후 민족적 자각과 함께 국어·국자에 대한 정비와 통일을 꾀하였다. 현대에 들어서서는 소위 4대 어문규범을 마련하였다. 그러나 이러한 어문(語文)의 정비 통일에도 불구하고 방언이 남용되고, 외래어가 범람하는가 하면, 이상한 통신언어가 성행하고 있는 것이 현실이다. 따라서 언어생활에 혼란이 빚어지는가 하면, 심하게는 소통에 불편을 느낀다. 한 예로 많은 국민은 신문 방송에 쓰이고 있는 대부분의 외래어를 제대로 이해하지 못한다. 이러한 언어 현실은 국어의 순화(純化)와 언어생활의 정상화를 위해 개선돼야 한다. 이런 의미에서 올바른 공용어 사용을 위해 "개별어로서의 한국어" 교육이 필요하다.

물론 방언이나 외래어의 사용은 어느 언어에나 다소간에 있는 것이고, 통신언어는 일시적으로 유행하는 은어(隱語)라 할 수 있다. 우리의 경우는 그 정도가 심하다는 데 문제가 있다. 방언은 표준어에 대한 인식을 파괴할 정도이며, 외래어는 앞에서 언급한 바와 같이 국민 대다수가 진정한 의미의 소통이 불가능할 정도로 범람하고 있다. 통신언어는 사이버 공간에서만 사용되는 것이 아니고, 일상 언어에까지 확장·사용되는 데 문제의 심각성이 있다. 따라서 개별어로서의 한국어에 대한 순화와, 올바른 공용어 사용을 위해 한국어교육이 필요하다. 그리고 여기 덧붙일 것은 외국어로서의 한국어교육에서의 문제다. 한국어교육의 목적은 외국인이 한국인과 의사소통을 하는 데 있다. 한국인과 소통하기 위해서는 한국인이 사용하는 언어를 이해해야 한다. 이런 의미에서 다소 어려움이 따르겠으나 어느 정도의 방언과 외래어와 통신언어도 알아야 한다. 이는 표현언어(表現言語)가 아니라, 이해언어(理解言語)로서 교육이 필요함을 의미한다.

둘째, 다문화사회 언어로서의 한국어교육

복수문화가 공존하는 사회가 다문화사회다. 인간사회는 지구촌이란 말도 있듯이 상호교류하며 산다. 자민족끼리, 자문화만을 즐기며 산다는 것은 상상을 할 수 없는 시대가 되었다. 우리 사회도 국제화, 세계화되었다. 특히 근자에는 결혼 이민, 취업 이주, 유학 등에 의해 외국에서 한국에 많이 이주해 와 살고 있다.

인간생활은 협동(協同)에 의해 이루어지고, 이는 언어에 의해 수행된다. 따라서 언어가 서로 통해야 한다. 유학생과 취업 이주자들은 그런대로 시험을 거쳐 한국에 오기 때문에 어느 정도 언어가 소통된다. 그런데 결혼 이민자의 경우는 그렇지 못하다. 대부분이 한국어교육을 제대로 받지 못하고 온다. 약 30%가 고향에서 한국어교육 경험을 하였으며, 절반에 가까운 인원이 한국에 와서 교육 경험을 가졌고, 나머지는 혼자서 자학·자습한 것으로 알려진다. 따라서 이들의 한국어 능력은 대체로 부실하다. 한국에 온 지 1년 이상 된 여성들의 약 60%가 한국어를 몰라 아주 힘들다 하고, 75% 이상이 불편함을 호소한다. 그리고 이들 언어의 실상을 보면 표준어보다 지역 방언에 익숙하고, 읽기 쓰기 능력이 상대적으로 약하며, 언어예절에 대한 지식이 부족하다. 또한 발음이 부정확하고, 문장에 오류가 많고, 제대로 의사전달이 되지 않는다(김선정, 2007).

소위 "다문화 가정"의 여성은 이렇게 한국어 능력에 문제가 있다. 따라서 집합교육과 방문교육을 통해 이들의 언어능력을 키워 주고 있다. 그러나 일상생활의 틈을 타 교육을 받고 있어 언어능력의 향상이 부진한 편이다. 언어 아닌 문화적인 적응도 문제다. 가능한 한 가족통합교육을 실시하여 언어만이 아닌 문자 그대로 다문화 교육을 하여 사회에 잘 적응하도록 하여야 한다. 의사소통 능력을 지녀야 본인은 물론 가정의 행복을 누릴 수 있다. 거기에다 부모가 한국어 능력이 있어야 자녀교육을 제대로 할 수 있다. 그렇지 않으면 자녀가 한국어를 제대로 하지 못하게 되고, 나아가 주변에서 소외되어 불행을 초래하게 된다. 언어문화교육은 쌍방향(雙方向)의 교류교육이 되도록 하여야 한다. 그래야 자녀들은 남다른 좋은 여건을 제대로 활용하여 부모 양쪽 나라의 훌륭한 일꾼으로 성장할 수 있다.

셋째, 세계인의 언어로서의 한국어교육

국민통합과 효과적인 의사소통을 위해서 통일된 공용어가 사용되어야 한다고 하였다. 그런데 이것이 외국어로서의 한국어, 세계 도처에서 사용되는 한국어가 될 때는 상황이 좀 달라져야 한다. 물론 이 때도 어느 정도의 통일은 해야 한다. 그러나 완전한 통일을 추구할 수는 없는 일이다. 우리는 영어(英語)의 경우 영국 영어 외에 미국·오스트레일리아·캐나다 영어가 있고, 이 밖에 세계 곳곳에서 사용하고 있는 소위 피진 영어(pidgin English)가 있다는 사실을 잘 알고 있다. 사람들은 이들 영어가 차이가 있음에도 다 영어권이라 하고, 영어로 받아들인다. 모두가 영국 영어로 통일해야 한다고 주장하지 않는다. 각자의 특성을 인정하고 수용한다.

한국어의 경우도 한국, 북한, 그리고 중국 조선족의 경우 서로 다른 규범에 따른 한국어(조선어)를 사용하고 있고, 이 밖에 일본을 비롯한 세계 도처에서 다소간에 다른 한국어를 사용하고 있다. 이들은 어느 하나도 한국어가 아니라고 할 수 없다. 한국어는 한국인만이 아닌, 한국어를 아는 세계인의 언어다. 문제는 이들이 지나치게 심한 차이를 보여 상호 간에 소통이 되지 않는다면 몰라도 그렇지 않다면 수용해야 할 것이다. 통용되면 된다. 이런 의미에서 세계인의 언어로서의 한국어는 부족한 대로 통용어(通用語) 교육으로 만족하는 것이 바람직할 것이다. 한국의 표준어는 모든 한국어 학습자가 이상으로 생각하는 지향점으로 삼으면 된다.

이런 의미에서 세계인의 언어로서의 한국어교육은 통용어 교육이라 할 수 있다. 물론 북한이나 중국 조선족의 언어규범을 바꾸어 한국 규범과 같이 통일을 한다면 더 바랄 것이 없다. 사실 규범을 정책적(政策的)으로 개정·통일하는 일은 그리 어려운 일이 아닐는지도 모른다. 그러나 규범의 개정·통일은 그것으로 끝나는 문제가 아니다. 몇 백만, 몇 천만이란 언중이 새로운 규범을 익혀 사용해야 하는 후속조치가 따라야 한다. 따라서 이는 쉽게 단행할 수 있는 일이 못 된다. 이러한 개혁은 흔히 혁명 때나 가능한 일이다.

넷째, 언어문화 교육으로서의 한국어교육

다문화사회의 언어로서의 한국어교육을 논의하며 언어만이 아닌 "문화교육"이 필요하다고 하였다. 여기서의 문화교육은 언어생활을 하기 위한 광범한 지식으로서의 교육적 성격이 짙은 것이다. 언어문화의 교육은 이러한 사회교육으로서의 문화교육과, 언어적 배경으로서의 문화교육이란 두 가지로 나누어 볼 수 있다.

언어교육은 문화교육이라 한다. 언어는 문화를 반영한다. 따라서 문화적 배경을 알아야 보다 그 말을 잘 이해하고 사용할 수 있다. 종래에는 언어교육에서 언어 자체의 교육에 시종하고 문화교육에는 그다지 신경을 쓰지 않았다. 그러나 지금은 언어교육은 그 첫째 시간부터 문화교육이라 본다. 하나의 예를 든다면 우리말은 상대방에 대한 대우를 어떻게 할 것인가 결정하기 전에는 한 마디 말도 할 수 없다. 서열사회(序列社會)이기 때문이다. 이에 대해 영어의 경우는 평등사회(平等社會)이기 때문에 이런 것이 문제가 안 된다. 할머니에게 말을 한다면 우리는 존댓말을 먼저 생각해야 하지만, 영어의 경우는 이름부터 부르며 존대 아닌, 평대(平對)를 할 수 있다. 세계은행 김용 총재가 자기를 "짐(Jim)"이라 불러 달라고 하는 것도 이런 문화적 맥락에서다.

언어문화 교육은 구조적(構造的) 면과 운용적(運用的) 면을 생각할 수 있다. 구조적 면에서는 어휘, 호칭, 대우법, 연어, 관용어, 통사적 구조 등이 대표적 교육 내용이 된다. 한 예로 어휘의 경우 영어 "wear(put on)"는 종합적인 의미 영역을 갖는데, 이에 해당한 한국어는 분석적인 의미 영역을 갖는다. 따라서 이들에 대한 교육을 해야 한다. 예를 들면 다음과 같다.

> wore a jacket(입다), wore black shoes(신다), wore glasses(쓰다), wore a tie(매다), wore a ring(끼다), wore a hat(쓰다), wore a necklace(걸다), wore a decoration(달다), wore a perfume(뿌리다), wore a sword(차다), wore a mustache(기르다), wore a smile(띠다)

운용적 면은 장면이나 상황, 대화자들의 관계, 대화 주제 등 사회적 요소에 따라 여러 가지 제약이 가해져 빚어지는 상황변이형(situational variants), 또는 기능변이형(functional variants)이 교육의 대상이 된다. 장면의 존도(場面依存度)나, 문화변용규칙(文化變容規則)은 이러한 것의 대표적인 것이다. 한국어의 경우 "Thank you!"라 할 자리에 "미안합니다."라 하는 문화변용규칙이 작용하는 것이 이러한 예다. 이는 松本(1994)에서 비관지향이라 보는 것이다. 이러한 문화변용규칙에는 "겸손지향 대 대등지향, 집단지향 대 개인지향, 의존지향 대 자립지향, 형식지향 대 자유지향, 조화지향 대 주장지향, 자연지향 대 인위지향, 비관지향 대 낙관지향, 긴장지향 대 이완지향" 등이 있다. 한국어에 작용하는 변용규칙은 대립되는 두 쌍 가운데 앞엣것이다. 이러한 문화변용규칙을 지켜야 한국어다운 한국어가 된다.

이에 대해 사회교육(社會敎育)으로서의 문화교육은 정보문화(informational culture), 행동문화(behavioral culture), 성취문화(achievement culture) 등 문화 전반에 관한 교육으로, 특정 영역에 대한 지식을 확장하는 교육이라 할 수 있다. 이는 화자로 하여금 교양과 풍부한 지식을 갖게 하므로 고급 화자로 성장하게 한다.

언어 표현은 정확한 표현을 하는 것도 중요하나, 이보다 적절한 표현을 하는 것이 좀 더 중요하다. 이는 사회언어학적 지식, 달리 말하면 문화교육에 의해 이루어진다. 이런 의미에서 외국어로서의 한국어교육에서는 언어문화 교육이 강조되어야 한다.

다섯째, 한국어의 세계화를 위한 한국어교육

한국인은 단일민족이란 의식이 매우 강하다. 그래서 자민족중심주의, 자문화중심주의란 폐쇄적이고 배타적인 경향이 강하다. 지난날에는 이것이 흠이 아니었다. 그러나 오늘날은 개방의 시대, 더 나아가 세계화시대, 다문화시대이다. 따라서 더 이상 문을 닫고 고립하여 살 수는 없다. 개인이거나 민족·국가이거나 문을 열고 상호 교류하며 살아가야 한다. 언어문화를 교류함으로 상호 이해의 폭을 넓히고, 믿음으로 우호관계를 형성하고, 문화적으로 상호 발전을 도모해야 한다.

우리는 입버릇처럼 약소민족(弱小民族)이라며, 세계열강이 자국의 언어문화를 세계에 보급 전파하는 운동을 전개하는 동안 뒷짐만 지고 있었다. 오늘날 세계는 영어 제국주의(英語帝國主義)의 제패를 걱정하고 있다. 그리하여 각 국가는 자국어 보호 차원에서 언어문화 블록을 형성하고 있고, 자국어 보급·전파에 열을 올리고 있다. 프랑스는 Allience Francaise를 137개국에 1,040개소, 영국은 British Council을 110개국에 250개소, 독일은 Goethe Institute를 83개국에 147개소, 중국은 공자학원을 91개국에 322개소 개설하여 자국어, 또는 자국문화를 열심히 보급·전파하고 있다(한국어세계화재단, 2012). 우리는 이제 겨우 세종학당을 중국, 몽골 등 35개국에 75개소 설치하고 있을 뿐이다. 앞으로 좀 더 많은 국가에 개설하여 한국 언어문화를 보급함으로 세계문화 발전에 기여하도록 하여야 한다.

한국어를 세계화하기 위한 한국어교육은 두 가지 면을 고려해야 한다. 하나는 한국어를 학습하고자 하는 외국인에게 한국어를 가르치는 것이다. 국력 신장, 취업 이민, 한류(韓流)의 영향 등으로 많은 사람들이 한국어 학습에 관심을 기울이고 있다. 따라서 이들에게 한국어교육을 베풀어 친한 인사(親韓人士)를 만들고, 한국어를 세계화하도록 하는 것이다. 한국어교육의 다른 한 면은 외국인에게 한국의 언어문화를 가르칠 교사교육에 박차를 가하여야 한다는 것이다. 우리말을 안다고 하여 그가 곧 한국어 교사가 되는 것은 아니다. 지금 세계적으로 자격을 갖춘 한국어 교원은 매우 부족한 편이다. 자격 없는 교원에 의한 부실한 교육으로 의욕적인 한국어 학습자에게 실망을 안겨 주고, 발걸음을 돌리게 하여서는 안 된다. 여기에서 하나 부언할 것이 있다. 그것은 이들 한국어 교원의 일부로 재외동포를 활용하자는 것이다. 그렇게 되면 이들은 동족으로서 애정을 가지고 한국어교육에 임할 것이며, 언어만이 아닌, 문화 교육을 몸으로 실천해 보여 줄 수 있을 것이다.

이상 한국 사회의 변동에 따른 언어와 언어생활의 변모를 살펴보고, 이를 바탕으로 한 한국어교육을 몇 가지 주제로 나누어 살펴보았다. 최근 한국의 국제적인 위상이 높아짐에 따라 한국 언어문화에 대해 국제적인 관심이 높아졌다. 쇠는 달 때 두드리라는 말이 있다. 한국 언어문화 교육에 세계적 관심이 쏠려 있을 때, 국제적인 친선을 도모하고 세계 문화 발전에 기여할 수 있게 한국 언어문화 교육과 세계화에 정진하여야 하겠다.

참고문헌

김민수(1973), 국어정책론, 고려대학교 출판부.
박갑수(1984), 국어의 표현과 순화론, 지학사.
박갑수(1996), 한국방송언어론, 집문당.
박갑수(1998), 신문 광고의 문체와 표현, 집문당.
박갑수(1999), 우리말 사랑 이야기, 한샘출판사.
박갑수(1999), 올바른 언어생활, 한샘출판사.
박갑수(1999), 아름다운 우리말 가꾸기, 집문당.
박갑수(2005), 국어교육과 한국어교육의 성찰, 서울대학교 출판부.
이기문(2012), 신정판 국어사개설, 태학사.
이기백(1980), 한국사신론 개정판, 일조각.
이득춘(1988), 조선어 어휘사, 연변대 출판사.
井上秀雄(1975), 古代朝鮮, NHK ブックス.
朝鮮史研究會 編(1954), 朝鮮の歷史, 三省堂.
김선정(2007), 결혼 이주 여성을 위한 한국어교육, 이중언어학, 제33호, 이중언어학회
민현식(2008), 우리 말글의 살아온 길과 나아갈 길, 선청어문, 제36집, 서울대 사대 국
          어교육과.
박갑수(2002), 청소년의 언어행태와 그 개선방안, 선청어문 제30호, 서울대학교 사범
          대학 국어교육과.
박갑수(2007), 한국어교육과 언어문화의 교육, 한국어교육연구, 제10호, 서울대 외국인
          을 위한 한국어교육지도자과정.
박갑수(2008), 한국어 지식과 한국어교육, 외국어로서의 한국어교육, 서강대 한국어교
          육원.

■ 이 글은 "2012 재외한국어 교육자 국제학술대회(2012. 7. 30, 국회 헌정기념관)"에서 기조
강연을 한 것으로, "현대의 문화변동과 한국어교육"(재동포교육진흥재단, 2012)에 수록된 것
이다.

제3장 파자(破字), 또 하나의 표현 문화

-기지와 해학의 표현 파자-

1. 서언

하는 짓이나 노는 꼴이 가관일 때 "정구죽천(丁口竹天)이다!"라 한다. "가소롭다"고 조소하는 말이다. 이는 "可笑"라는 한자말의 옳을 "可"자를 "丁口"로, 웃을 "笑"를 "竹天"으로 자획을 풀어서 나타낸 말이다. 이른바 파자(破字)다.

파자는 한자를 빌어서 표현하는 우리 나름의 독특한 표현 기법이다. 이러한 표현법은 한자권에는 다 있는 것이다. 그러나 그것이 다 같은 것은 아니다. 우리 것은 우리 나름의 특성을 지닌다. 이는 자원(字源)에 따라 파자되어 공통되는 면이 있기도 하나, 우리의 발상(發想)과 기지가 드러나는 독특한 표현문화다. 파자는 번뜩이는 기지와 지혜, 기발한 발상으로 한자에 의해 말놀이(語戱)를 함으로 해학과 풍자를 드러낸다. 넓은 의미의 문자유희다. 그러나 이는 단순한 문자놀이에 그치지 아니하고 문학, 수수께끼, 점술, 예언, 한자 교육, 작명 등에 이르는 다양한 용도로 활용된다. 여기서는 이러한 기발한 발상의 파자가 과연 어떠한 것인가,

그 실상을 밝히고, 구체적으로 이들이 어떻게 활용되는지, 그 기법과 표현의 묘를 살펴보기로 한다.

2. 파자에 대한 개념

한자에 의한 독특한 표현 방법의 하나인 파자에 대한 개념은 한결같지 않다. 국내는 물론, 중국, 일본 등 국외까지 확대해 보면 그 의미는 더욱 혼란스럽다. 따라서 파자에 대한 개념을 분명히 할 필요가 있다. 우선 대표적인 우리말과 한자(한자어)의 두 사전풀이부터 보기로 한다.

- 국립국어연구원 편(1999), 표준국어대사전, 두산동아
  파자(破字) : ① 한자의 자획을 풀어 나눔. 李자를 분해하여 木子라
  　　　　　　하는 따위
  　　　　　　②[민]＝파자점
  파자점(破字占) : 한자의 자획을 나누거나 합하여 길흉을 점침. 또는
  　　　　　　그런 점. ＝ 파자2, 탁자2, 해자4.
- 張三植(1964), 大漢韓辭典, 성문사
  파자(破字) : (國) ① 한자의 字劃을 分合하여 맞추는 수수께끼. 곧
  　　　　　　"姜"을 分解하여 "八王女"라 하고, "破瓜"의 "瓜"를 두
  　　　　　　개의 八자로 보아 "16歲"라 하고, "黃絹幼婦"의 "黃絹"
  　　　　　　은 "色絲"로 "絶"자, "幼婦"는 "少女"로 "妙", 곧 "絶妙"
  　　　　　　라고 보는 따위.
  　　　　　　② 점술가가 점치는 법의 한 가지. 漢字를 풀어보아서
  　　　　　　좋고 언짢음을 알아냄.

이들 두 사전은 똑같이 파자를 설명하고 있으면서 묘하게 각각 풀이

하나씩을 결하고 있다. 표준국어대사전은 "수수께끼"로서의 파자를, 대한한사전은 파자의 기본적 의미라 할 풀이를 결하고 있는 것이 그것이다. 기본적 의미를 결하게 되면 위에 예로 든 "丁口竹天"이나, 성 "유(劉)"자를 "묘금도(卯金刀) 劉"자라고 하는 따위를 파자라 할 수 없게 된다. 이렇게 되면 파자의 기본 개념이 흔들린다. 또한 파자의 대표적 형식인 한자의 자획을 분합(分合)하여 맞히는 수수께끼를 파자로 보지 않는 것은 언어 현실을 크게 왜곡하는 것이다. 파자는 한자의 자획을 분합하는 것을 기본적 의미로 하고, "八王女라는 자가 무엇이냐?", "그것은 姜자다"와 같이, "한자의 자획을 분합하여 알아맞히는 수수께끼"와 "파자에 의한 점술법", 곧 파자점(破字占)을 부차적 의미로 보아야 한다. 파자 수수께끼나, 파자점은 "파자"의 의미 확장이라 할 것이다.

 "파자(破字)"라는 말이 이러한 의미로 쓰이는 것은 우리만의 용례로 보인다. 그러기에 "대한한사전"에서는 "파자(破字)"란 표제어 아래 "(國)"이라고 고유한 말임을 표시하고 있다. 중국에서 쓰이는 "破字"는 그 의미가 우리와 다르다. 일본에서 발행된 諸橋의 大漢和辭典(大修館, 1966)에 의하면 "破字"란 "경문(經文)의 가차자(假借字)를 파제(破除)하여 본자(本字)를 가지고 읽어 해석하는 것"이라 풀이하고 있고, 대만의 중화학술원 인행의 中文大辭典(1972)도 같은 의미로 풀이하여 "注經者 破除經中所用 假借之字 而讀以本字 曰破字"라 하고 있다. 대표적 한어사전인 대만 상무인서관의 "辭源"(1966)도 같은 내용으로 되어 있다. 경문에 쓰인 가차자(假借字)를 파제(破除)하여 본자(本字)로 읽는 것을 파자라 한다는 것이다. "점술법"은 파자(破字) 아닌 "측자(測字)", 또는 탁자(柝字·坼字)"라 한다(上記 諸辭典). 이에 대해 우리의 "파자"에 해당한 것을 중국에서는 "解字"라 한다. "해자(解字)"는 자의(字意) 해석과 자형(字形) 해석의 두 가지 의미로 쓰이는데 후자가 우리의 파자와 같은 것이다. 중국의 사원의 "해자(解字)"

의 풀이를 보면 다음과 같이 되어 있다.

   ① 謂解釋字義也 許愼有說文解字
   ② 解釋字形也 [讀書偶見] 陳后山云 金陵人喜解字 以同田爲富 分貝爲貧

  諸橋의 大漢和辭典에도 "해자" 풀이가 이와 같이 되어 있다. 중국과 일본의 파자는 이렇게 우리와 의미를 달리 한다.

  따라서 이상 논의한 파자의 의미를 정리하면 다음과 같이 된다.

  첫째, 한국의 파자는 한자를 분합하는 것, 수수께끼, 점술법을 의미한다.

  둘째, 중국의 파자는 가차자를 파제하여 본자로 읽는 것을 의미한다.

  셋째, 한국에서 한자의 분합을 의미하는 파자를 중국에서는 해자(解字)라 한다.

  넷째, 한국에서 점술법을 이르는 파자를 중국에서는 측자(測字), 또는 탁자(柝字·坼字)라 한다.

  다만 여기서 분명히 할 것은 수수께끼나 점술법을 의미하는 파자다. "수수께끼"는 대한한사전에, "점술법"은 표준국어대사전에 분명히 밝히고 있는 바와 같이 한자 자획의 분합(分合)을 전제로 한다는 것이다. 그런데 현실적으로는 "봉산(鳳山)탈춤"에서 생원의 말로, "그러면 이번엔 파자나 하여 보자. 주둥이는 하얗고 몸뚱이는 알락달락한 자가 무슨 자냐? (답 : 피마자(蓖麻子))"와 같이 수수께끼 일반을 의미하기도 한다. 그러나 이는 원칙적으로 잘못 쓰인 것이라 보아야 한다. 파자는 그 형태로 볼 때 한 글자를 파자하는 단자 파자(單字破字)와, 합성어나 구와 같이 여러 자를 파자하는 다자 파자(多字破字)의 두 가지가 있다.

3. 파자의 구체적 용례

파자는 한자를 분합(分合)하여 나타내는 특수한 표현법이다. 이러한 기본적 의미가 확장되어 쓰이는 것이 수수께끼로서의 파자요, 점술법으로서의 파자이다. 따라서 파자는 앞에서 언급한 바와 같이 수사법으로서의 파자, 수수께끼로서의 파자, 그리고 점술법으로서의 파자가 있다 할 것이다. 파자가 실제로 쓰이는 것은 문학 작품, 수수께끼, 점술, 예언, 교육, 성명, 일상생활 등 다양하다. 다음에는 이들 영역에 따라 구체적인 파자의 용례를 살펴보기로 한다.

3.1. 문학 작품에서의 파자

파자는 문학작품에 많이 쓰인다. 문학작품에서 흥미를 유발하고 표현 효과를 높이기 위한 일종의 수사기법으로 이를 활용하는 것이다. 이는 고소설이나 시가 등 주로 고전 작품에 많이 쓰이고 있다. 그도 그럴 것이 지난날의 문자생활은 주로 한자 한문으로 이루어졌기 때문에 한자를 활용하는 수사법인 파자가 고전에 많이 쓰이는 것은 당연한 현상이라 하겠다. 파자가 구체적으로 쓰인 경우를 보면 판소리 계통의 고소설, 설화와 가면극(假面劇) 대본, 한시, 시조 등으로 나타난다.

심청가, 흥부전, 동래야유(東萊野遊)에는 수인사(修人事)하는 장면에 파자가 많이 보인다. 이 가운데 대표적인 것이 신재효(申在孝)의 "심청가"에 보이는 파자다. 통성명할 때 익살스럽고 흥미로운 파자를 하고 있는데, 사설이 좀 길어 그 서두 부분만을 보면 다음과 같다.

"내 성은 남주월(南走越) 북주호(北走胡)란 달릴 주(走) 변에 요지자(堯

之子) 불초(不肖), 순지자(舜之子) 불초(不肖)란 같을 초(肖)하고, 이름은 얻을 득(得), 문 문(門)이오.”

“예, 당신은 조득문(趙得門)이시오.”

“예, 그러하오.”

“내 성은 소 축(丑)자에 꼬리 있고, 임금 군(君)에 입이 없고, 이름은 밝을 명(明), 점 복(卜)자요.”

“예, 당신은 윤명복(尹明卜)이오.”

“예, 그러하오.”

“저 분은 뉘라시오?”

“예, 내 성은 갓 쓰고 치마 입은 자요 이름은 읽을 독(讀), 글 경(經)자요”

“예, 당신은 안독경(安讀經)이신가 보오.”

“예, 그러하오.”

옷깃차례로 물어오니 심 봉사께 당했구나. 이녁 성자 생각하니 파자를 할 수 없어 유식 발명(發明) 어렵거든 거짓말로 꾸미는데, 가기의기방(可欺宜其方) 되는구나.

“근본 내 성은 잠길 침(沈)자. 아래 하(下)자 하 서방과 사돈을 하였더니 사돈이 하는 말이 제 성은 하바리요, 내 성은 넉 점이라. 점 하나만 달라 하고 밤낮으로 졸라대니 어쩔 수 없어 오른 편 찍힌 점을 떼어 사돈 주었더니, 그 사람은 변(卞)가가 되고, 이름자는 꿇고 앉은 자 하고 간대에 새 매단 자요.”

“예, 잠길 침(沈)자에 오른 점 떼었으면 심(沈)씨요. 꿇고 앉으면 학(鶴)자요, 간대에 새를 달면 아홉 구(九)자니, 당신이 심학구(沈鶴九)요.”

“아는 품이 용하시오.”

이는 성씨를 파자하되 趙자를 “달릴 주(走)”, “같을 초(肖)”자로, 尹자를 “소 축(丑)”자에 꼬리 있는 자, 또는 “임금 군(君)”에 “입(口)”이 없는 자로, 安자를 “갓(宀)”에 치마 입은 자, 곧 계집 녀(女)자로 돌려 파자 한 것이다. 그리고 심 봉사는 “잠길 침(沈)”자의 오른편 점을 떼어서 사돈을 주어 "성 심(沈)"자가 되고, 사돈 "卞"씨는 점을 하나 얻어 "卞"씨 성이 되었다는 해학적 파자다. 그리고 이름 "학구(鶴九)"는 "학 학(鶴)"자를 새가 무릎 꿇고 앉은 자로, "아홉 구(九)"자는 삐친 획을 간짓대(長竿)로 보고, 나머지 획을 "새 을(乙)"자로 보아 장대에 새를 매단 것이라 익살스럽게 파자한 것이다.

이러한 통성명에 이어지는 파자는 더욱 해학적이다. 이 가운데 "곽(郭)"자 성의 파자는 이색적 발상의 파자로, 매우 익살스러운 것이다. 이는 다음과 같이 되어 있다.

> "예, 나는 우리 자당이 오입하신 아씨로서, 서방님이 세 분인데 고(高)씨 이(李)씨 정(鄭)씨지요. 나를 배어 낳으신 후에 성을 쓸 줄 몰라, 노염 없이 하느라고 셋의 성 한편씩을 떼다 글자 만들고서 삼수(三數)로 본 씨요."
> "예, 성은 곽(郭)씨로되 셋이나 병립(竝立)하면서 봉사로 만들어요?"

오입을 한 세 남자의 성 일부씩을 떼어 郭씨 성을 만들었다는 재담(才談)이다.

흥부전은 이러한 통성명에서 "나모 둘이 씨름하는 성" 임(林) 서방, "목둑이 갓 쓰인 자" 송(宋) 서방, "계수나무란 목자 아래 만승천자란 자자를 받친 오얏 니자" 이(李) 서방, "난정몽둥이란 나무 목자 아래 발긴 역적의 아들 누렁쇠 아들 검정개 아들이란 아들 자(子)자 받친 복성화 이자" 이(李) 서방, "묏 산 넷이 사면으로 두른 성" 전(田) 서방과 같이 성씨를 파자하고 있다.

이러한 성씨에 대한 파자는 사실은 중국에서도 하고 있다. 그러나 우리처럼 문자 유희로서 한다기보다 주로 동음자(同音字)를 구별하기 위한 수단으로 "해자(解字)"하는 것이다. 吳씨를 "口天", 胡씨를 "古月"이라 하고, 王 씨를 "三橫 王", 黃 씨를 "艸頭 黃"이라고 해자(解字)하여 구별하는 것이 이런 것이다.

이명선본(李明善本) "춘향전"에는 이 도령에게 춘향의 편지를 가지고 가는 총각이 나이를 일러 주며 파자를 하고 있다. 흔히 숫자를 나타낼 때 "남산 밭두렁이 떨어져 나갔다(南山有田邊土落)"고 "밭 전(田)"자를 파자하여 "十"을 나타내고, "고목에 비둘기가 앉아 있는데 새가 먼저 날아갔다(古木有鳩鳥先飛)"고 하여 "비둘기 구(鳩)"자를 파자하여 "九"를 나타내는 것을 볼 수 있다. 그런데 이 춘향전에서는 좀 색다른 파자를 하고 있다. 총각이 "목 부러진 일천 천(千), 두 단이 없는 또 역(亦)자요"라 하여 16세를 나타내고 있다. 목 부러진 일천 천(千)이 열 십(十)으로, "千"자의 삐친 획(丿)을 목이 부러진 것으로 파자한 것이고, "또 역(亦)"자의 아래 획을 짚단 같은 것이 넉 단 있는 것으로 보고, 그 가운데 두 단이 없어졌다고 함으로 "여섯 육(六)"자를 나타낸 것이다. 이는 파자를 하되 자형(字形)을 글자 아닌 사물에 빗대어 한 색다른 파자다.

다음에는 한시의 예를 보기로 한다. 방랑시인 김삿갓(金笠)은 몇 편의 파자시(破字詩)를 보여 준다. "선시산인(仙是山人)"은 그 대표적인 것이다.

> 선시산인불부인(仙是山人佛不人)
> 홍유강조계해조(鴻惟江鳥鷄奚鳥)
> 빙소일점환위수(氷消一點還爲水)
> 양목상대편성림(兩木相對便成林)
> 신선은 산에 사는 사람이고, 부처는 사람이 아니며,
> 기러기는 강에 사는 새이나, 닭이 어찌 새인가?
> 얼음이 한 점을 잃으니 도로 물이 되고,
> 두 나무가 서로 대하니 숲을 이루도다.

이는 위트 있는 파자시다. 기구(起句)의 "신선 선(仙)"자는 "山, 人", "부처 불(佛)"자는 "弗(不), 人"으로, 승구(承句)의 "기러기 홍(鴻)"자는 "江, 鳥", "닭 계(鷄)"자는 "奚, 鳥"로 파자하여 시를 읊은 것이다. 전구(轉句)의 "물 수(水)"자는 얼음 빙(氷)자의 점이 떨어진 것으로, 결구(結句)의 "수풀 림(林)"자는 "나무 목(木)"자 둘로 파자한 시다. 본래 파격을 좋아하는 김삿갓이긴 하나 이렇게 파자를 함으로 주지적(主知的) 시를 형상화하였다.

퇴계 이황도 파자시를 보여 준다.

> 제강인인공구양(帝降人人廾口羊)
> 열심여구애충장(悅心如口藹衷腸)
> 무단물촉심두아(無端物觸心頭亞)
> 좌견쌍인참자장(坐見雙人慘自戕)
> (상제께서 내려오시니 사람마다 선(善)하고,
> 모두가 즐겁고, 마음이 평온하다.
> 까닭 없이 탐내는 것은 악(惡)한 것이고,
> 앉아 인(仁)을 보는 것은 참혹한 자살이다.)

이 시에서 "공구양(廾口羊)"은 선(善)을, "심두아(心頭亞)"는 악(惡)을, "쌍인(雙人)"은 인(仁)자를 파자 표현한 것이다.

시조(時調)에도 파자가 쓰인 것을 볼 수 있는데 다음과 같은 것이다.

> 華堂 賓客 滿座中에 彈琴하는 王上點아
> 네 집 出頭天이 왼 七月가, 十二點가
> 眞實노 山上山이면 與爾同寢 하리라.

이는 성(性)을 노래한 외설적 시조다. 이 시조 가운데 "王上點, 出頭天, 왼 七月, 山上山"이 파자한 것이다. "왕상점"은 주인 주(主)자로 주인을,

"출두천"은 지아비 부(夫)자로 남편을, "윈 칠월"은 있을 유(有)자를, "산 상산"은 날 출(出)자를 파자한 것이다. 그리고 "십이점"은 준파자(準破字)라고나 할 것으로 없을 무(無)자를 나타낸 것이니, 그 획이 12획이기 때문이다. 따라서 이는 다음과 같이 해석될 시조로, 파자를 함으로 외설적 내용이 완곡하게 표현된 것이다.

> 댁의 손님이 가득한 가운데 탄금하는 주인아
> 너의 집 부군(夫君)이 집에 있느냐 없느냐?
> 진실로 외출했을 양이면 그대와 더불어 동침하리라.

다음에는 설화문학의 예를 보기로 한다. 설화·민담(民譚)에는 이 파자가 많이 쓰이고 있다.

어느 시골에 배짱 좋은 선비가 있었다. 과거를 보러 갔으나, 뒷줄이 없어 보기 좋게 미끄러졌다. 이에 모처럼의 상경이라 장안 구경이나 하려고 여기저기를 돌아다녔다. 한곳에 이르러 보니 송림이 우거진 대갓집 후원에 정갈하게 술상을 차려 놓고, 한 미인이 춘곤(春困)을 이기지 못해 잠들어 있다.

"사내자식이 세상에 한번 태어나 저런 미인 하나 안아보지 못한단 말이냐?"

사내는 충동 끝에 담을 뛰어넘었고, 여인은 놀라 잠에서 깨어났다. 사내는 여인을 달래 술을 붓게 하고 배불리 먹고 마셨다. 그리고 내력을 물었다. 주인은 대신이요, 술은 임금님의 하사주(下賜酒)라 했다. 신기하게 여긴 사내는 용기를 내어 여인을 손에 넣고 난 뒤, 글 한 귀를 써 주었다. 그리고 대감이 들어오시면 술을 권하면서 이 글을 읊으라 하고 떠났다. 여인은 대감에게 다시 술상을 차려 대접하고, 대감이 거나하게 취했을 때 사내가 남기고 간 글을 읊었다.

"御酒를 鷄鷄墨이요, 美女를 龜龜筆이라.

萬物之靈이요 人間之最며, 三蛇長走에 各抱一卵이로다 我弓이 不短이나 千金以易이요, 飛鳥는 長在几中이로다.”

대감은 이런 맹랑한 놈이 있나 하고 혀를 찼다.

“만물지령은 사람(人)이요, 인간지최는 임금(王)이니, 온전 전(全)자가 되고, 삼사장주는 내 천(川)자요 각포일란은 각기 알을 품었으니 고을 주(州)라. 이놈이 全州 사는 놈이로다. 아궁이 부단이라 했으니 성은 장(張)가가 틀림없고, 천금이역은 금으로 바꾼다 하였으니 주석 석(錫)자요, 비조가 장재궤중이라 하였으니 이는 새 봉(鳳)자라. 이놈의 이름이 張錫鳳 이로다. 일을 저지르고는 행적을 감추는 법인데, 거주성명을 밝히는 것을 보니 보통 놈이 아니로다.”

그리하여 전주 감영에 통기하여 불러 보니 과연 사람이 기걸차고 속이 틔어 제법 쓸 만하였다. 이것이 인연이 되어 사나이는 벼슬길이 틔어 잘 살게 되었다.

거주지와 성명을 파자한 것이다. 파자는 이미 설화에서 설명이 되어 있거니와 이를 다시 풀이하면 이러하다. 지명 全州의 “全”은 人王 全으로, 州는 뱀 세 마리가 알을 품은 것으로 파자한 것이고, 성명 張錫鳳은 “弓長, 金易, 几鳥”로 파자 한 것이다. 글머리의 “어주계계묵”의 “鷄鷄墨”은 “닥닥먹었다”는 훈독 표현이요, “미녀 구구필”의 “龜龜筆”은 “거듭거듭 붙었다”는 외설적 훈독 표현이다. “龜(거북)”는 유음어 “거듭”으로 바꾸어 읽은 것이다. 이는 파자 아닌 곁말이다.

민담의 예를 하나 더 보기로 한다. 이는 흔히 김삿갓과 연결 짓는 것이다. 김삿갓이 진주 원당리에서 천대를 받은 이튿날이다. 삿갓은 어느 유식한 집 사랑에서 진풍경을 목격했다. 해가 이미 기울어 저녁때가 되었는데 밥상이 들어오지 않는다. 이윽고 하인이 나와 여쭙는다.

“입량차팔(入良且八)하였나이다.”

그러자 주인이 “월월산산(月月山山)커든”이라 응답한다.

이를 본 김삿갓이 "시자화중(豕者禾重), 정구죽천(丁口竹天)"이라 하였다고 한다.

주인과 하인의 말은 파자한 것으로, "입량차팔(入良且八)"의 "入良"은 먹을 식(食), "且八"은 갖출 구(具)자를, "월월산산(月月山山)"의 "月月"은 벗 붕(朋), "山山"은 날 출(出)자를 가리킨다. 따라서 두 사람의 말은 "식사 준비되었습니다"에 "친구가 가거든"이 된다. 그리고 김삿갓의 "시자화중(豕者禾重)"은 저종(猪種), "정구죽천(丁口竹天)"은 가소(可笑)의 파자로, "돼지 같은 놈, 가소롭다"고 욕을 한 것이다. 암호로 소통하고, 욕을 하되 드러나지 않게 한 것이다. 주인과 하인의 대화는 이의 변형이 수수께끼로도 나타난다. "인량복일(人良卜一) 하오리까? 하니, 월월산산(月月山山) 커든이란 무엇이냐?"가 그것이다. 이는 "식상(食上)하오리까?"에, "붕출(朋出)하거든"으로 "밥상 올리리까? ─ 손님이 가시거든"이라 한 것이다. 여기서는 앞의 "식구(食具)"가 "식상(食上)"으로 조금 표현이 바뀌었다.

3.2. 수수께끼로서의 파자

파자는 생래적으로 수수께끼의 성격을 지닌다. 이는 비록 한자의 형태로 된 것이라 해도 반드시 자형(字形) 그대로 해석되는 것이 아니기 때문에 "사물이 복잡하고 이상하여 알 수 없는 것"이라는 "수수께끼"의 성격을 지닌다. 질문과 해답의 구조로 된 것이 아니더라도 파자는 내용면에서 수수께끼라 할 수 있다.

수수께끼로서의 파자는 그 수가 참으로 많다. 문헌에 실려 있는 것만도 약 2~300개는 된다. 이는 문항(問項)과 답항(答項)의 2항구조로 되어 있다. 파자로 된 문항은 그 형식면에서 볼 때 몇 개의 유형으로 나누어 볼 수 있다. 음독형(音讀型) 파자, 석독형(釋讀型) 파자, 상형형(象形型) 파자,

의성형(擬聲型) 파자, 대유형(代喩型) 파자, 기타 이들이 혼합된 혼합형(混合型) 파자 따위가 그것이다(박갑수, 2011).

1) 음독형 파자

기본적이고, 가장 단순한 파자다. 묘할 "妙"자를 "少女, 예 "석(昔)"자를 "二十一日"이라 자획을 나누어 해석하는 것이 그것이다. 예는 간략히 몇 개씩만 들기로 한다.

- 시월 십일이 무슨 글자냐?－아침 조(朝)자
- 입월복기심(立月卜己心)이 무엇이냐?－용 룡(龍)자
- 인량복일(人良卜一) 하오리까? 하니, 월월산산(月月山山)커든이란 무엇이냐?－식상(食上)하오리까? 붕출(朋出)하거든. 이는 "밥상 올리리까?－손님이 가시거든"의 뜻이다.

2) 석독형 파자

파자한 글자를 새김으로 풀이하는 것이다. 많은 파자가 이에 속한다.

- 개(犬)의 입(口)이 넷 있는 글자가 무슨 자냐?－그릇 기(器)자
- 나무(木) 위에 서서(立) 보는(見) 글자가 무슨 글자냐?－어버이 친(親)자
- 어머니(母)가 갓(宀)을 쓰고 조개(貝)를 줍는 글자가 무슨 자냐?－열매 실(實)자
- 저녁(夕)에 점치러(卜) 가는 글자가 무슨 자냐?－바깥 외(外)자

3) 상형형 파자

글자가 아닌 사물의 모양을 상형하여 파자한 것이다.

- 곰배팔이(亻)가 사람(人) 치는(·) 것이 무슨 글자냐?－써 이(以)자

- 늙은이가 지팡이(丿) 짚은 자가 무슨 자냐?—이에 내(乃)자
- 좌 삼성(左三星) 우 삼성(右三星), 좌 홍두깨 우 홍두깨, 등골 터진 것이 무슨 자냐?—아닐 비(非)자

4) 의성형 파자

완전한 의성의 파자는 거의 보이지 않는다. 대부분 석독형과 혼합된 것이다. 아래의 "솔개가 소리 하고…"는 의성성이 비교적 강한 파자다. 나머지는 석독형과 혼합된 것이다.

- 솔개가 소리 하고, 노루 귀하고, 까마귀 짖는 글자가 무슨 자냐?— 이슬 로(露)자. 솔개는 "비오(雨)"라 울고, 노루는 귀가 뾰족하고(足), 까마귀는 "각각(各)" 하고 우니까.
- 나무 위에서 나팔 부는 글자가 무슨 자냐?—뽕나무 상(桑)자. "又" 자의 석이 "또"로, "又"자가 셋이면 "또또또"하고 나팔 부는 소리가 되므로.
- 산(山) 밑에서 개 부르는(月月) 글자가 무슨 자냐?—무너질 붕(崩)자. "月月"은 독음이 "월월"로 개 부르는 소리가 되므로.

5) 대유형 파자

사물의 특징이나 속성을 파자로 비유하여 나타내는 것이다(제유법·환유법).

- 돌 위의 문장 명필이 무슨 글자냐?—푸를 벽(碧)자. 王은 명필 왕희지, 白은 시선 이백.
- 소진(蘇秦)이 육국 승상하고, 항우(項羽)가 역발산하고, 형가(荊軻)가 서입진(西入秦)하는 것이 무엇이냐?—나눌 별(別)자. 소진의 말(口), 항우의 힘(力), 형가의 병기 칼(刂)
- 항우와 소진이 말(馬) 한 필에 같이 탄 것이 무슨 자냐?—멍에 가

(駕)자. 항우의 힘(力), 소진의 말(口)이 말 馬자 위에 있으므로.

6) 혼합형 파자

이상의 여러 유형이 혼합된 파자다. 이 유형의 파자가 제일 많다.

- 불(火) 붙는 나무(木)에 새(丿) 앉은 글자가 무슨 자냐? - 가을 추(秋)자.
- 섰다 섰다(立立), 왈왈(曰曰), 삐치고 잦히고(丿乚), 삐치고 잦히고
  (丿乚) 한 자가 무엇이냐? - 다툴 경(競)자.
- 키가 작은 자가 무엇이냐? - 다만 지(只)자. 입(口) 아래 바로 발(八)
  이 붙어 있으므로,

한자 수수께끼 가운데는 한자를 분해하지 않는 것도 상당수 보인다.
따라서 이들은 파자라 할 수 없다. 이들은 동음어를 활용한 곁말의 수수
께끼다. 이들의 예를 보면 다음과 같다.

- 노잣돈 없는데 음식 찾는 것이 무슨 글자냐? - 술 주(酒)자. "술 주
  오."의 뜻.
- 말 다리가 상한 것(馳馬傷)이 무슨 글자냐? - 치마 상(裳)자
- 이 세상에서 가장 시끄러운 글자는? - 아내 처(妻)자. 아내를 치면
  시끄러워지므로.
- 이 세상에서 가장 조용한 자는? - 아들 자(子)자. 아기가 자면 조용
  해지므로

이러한 수수께끼도 파자로 보기도 하는데(성원경, 1986, 1987 ; 홍순래,
1995), 앞에서 언급한 바와 같이 이는 파자의 개념에서 벗어난 것이므로
파자 수수께끼라 할 수 없다. 이는 잘못 보는 것이다.

“한자 수수께끼”로서의 파자는 기발한 발상, 기지(機智)와 지혜에 의해 묻고 답하는 지적(知的) 문자 유희다. 이러한 파자는 해학과 풍자성을 지녀 흥미를 유발하므로 어려운 한자와 친숙하게 하는가 하면, 문화적으로 높은 차원의 놀이로 즐기게 한다. 그리고 이는 무엇보다 훌륭한 교육 자료라 하겠다. 쉽게 한자를 이해하게 하고 흥미를 자아내게 하기 때문이다. “섰다 섰다(立立), 왈왈(曰曰), 삐치고 잦히고(ノㄴ), 삐치고 잦히고(ノㄴ)한 자가 무엇이냐?” 같은 속담은 얼마나 재미 있는 구조로 된 것인가? 거기다 이는 답이 “다툴 경(競)”자로 다투는 이미지까지 드러낸다 할 것이다.

3.3. 점술법으로서의 파자

점술법으로서의 파자는 중국에서의 측자(測字), 또는 탁자(柝·拆字)이다. 이는 점술가가 점치러 온 사람(問卜者)에게 점술서의 문자를 짚게 하거나, 글자를 쓰게 함으로 그 한자를 활용해 운명을 판단하는 것이다. 먼저 문자를 짚는 예를 하나 설화에서 보면 다음과 같은 것이 있다.

> 글자를 짚어 점을 잘 친다는 사람이 있어 왕이 미복으로 그를 찾아갔다. 왕은 펴 놓은 책에서 “문(問)”자를 짚었다.
> “左君右君하니 君王之相이라. 왼쪽으로 보아도 임금 군(君,) 오른 쪽으로 보아도 임금 군(君)이니 임금의 격이올시다.”
> 그래서 거지에게 옷을 잘 입혀서 보내어, 역시 “문(問)”자를 짚게 하였다. 그랬더니 점쟁이가 이렇게 말했다.
> “口掛於門하니 乞人之相이라. 입을 문에 걸었으니 거지상이로다.”

파자 점쟁이는 이렇게 임금이 짚은 “問”자를 보고는 옳은 쪽으로 보나 왼쪽으로 보나 임금 군(君)자라 파자하고, 거지가 짚은 글자는 문(門)에 입(口)이 달려 있는 자라고 파자한 것이다. 파자를 통해 정확히 점친 것이다.

다른 예를 보면 한 임금이 간신들의 모함이 심하여 정사를 제대로 볼 수 없었다. 그래서 임금은 파자점을 치게 되었는데 밭 전(田)를 짚었다.

> 쌍일(雙日) 병출(竝出)하니 이군지상(二君之象)이요,
> 거두절미(去頭截尾)하니 조상지어(俎上之魚)라.
> 동벌서벌(東伐西伐)이라야 왕위지격(王位之格)이라.
> (해 둘이 나란히 나오니 두 임금의 형상이요,
> 머리와 꼬리를 자르니 도마 위의 고기로다.
> 동서를 쳐야 임금의 품격이 살리라.)

파자쟁이는 밭 전(田)자가 고기 어(魚)자를 거두절미한 자로 파자해 두 간신을 처단해야 임금의 권위가 선다고 점을 친 것이다.

다음은 문자를 쓰는 파자점을 같은 민담에서 보기로 한다.

> 장거리에서 점을 치는 사람이 용하다고 소문이 자자했다. 그래서 왕이 미복으로 점쟁이 앞으로 가 지팡이로 땅 위에 한 일(一)자를 긋고, 길흉을 물었다. 그러자 점쟁이는 태도를 고치면서 이렇게 말했다.
> "土上에 加一하니 王位之格이라. 흙(土) 위에 일(一)자를 더하니 임금(王)의 격이라. 임금님께서 어인 일이십니까?"
> 놈이 알기는 용하게 안다 하고, 이번에는 거지 중에서 풍신 좋은 놈을 하나 말끔히 차려 입혀서 보내 보았다. 역시 지팡이로 한 일(一)자를 긋고 문복하게 하였다.
> "路上에 曳杖하니 乞人之相이라. 길 위에 지팡이를 끌었으니 거지 상이로다."

이는 같은 "땅(土)" 위에 한 획을 긋는 것을 보고 임금의 경우는 "토(土)"자에 가획한 "왕(王)"자로 파자하고, 거지의 경우는 땅 위에 지팡이를 끄는(曳杖) 것으로 풀이한 것이다.

파자는 이와는 달리 해몽점이나, 술사의 점괘에도 많이 보인다. 서까래 셋을 지고 나오는 이 태조의 꿈을 무학 대사가 "왕(王)"이 될 꿈이라 해몽한 것은 누구나 다 아는 것이다. 점괘로서의 파자는 설화에 많이 보이는데, 어사 및 감사와 관련된 것이 여럿 보인다. 한 예를 보면 다음과 같다.

한 감사(監司)가 점쟁이한테서 "팔공산하숙계향(八空山下宿桂香) 배년붕석원무심(配年朋昔怨無心)"이란 점괘를 받았다. 그러나 그 뜻을 알 수 없었다. 감사는 마침 팔공산에서 묵게 되었고, 기생의 이름을 물으니 계향(桂香)이라 했다. 그래서 문득 점괘의 뜻을 깨달아 이곳을 피함으로 생명을 구했다. 점괘는 "팔공산 아래 계향에게 묵으면 기유년 2월 21일 죽는다"는 것이었다. 점괘의 "配年"은 기유년(己酉年), "朋昔"은 2월 21일, "怨無心"은 "怨"자에 마음 심(心)자가 없으면 "죽을 死"자로 파자되기 때문이다. 계향은 아버지의 원수를 갚으려 그를 죽이고자 하였다.

고소설에 "정수경전(鄭壽景傳)"이 있는데 이는 술사가 백지에 황색으로 대를 그려 주었는데, 이로써 백황죽(白黃竹)이 범인임을 알고 잡는다는 이야기다. 이는 흰 종이를 백(白)씨 성으로, 황색 대를 이름 황죽(黃竹)으로 풀이한 것이다. 따라서 여기에는 파자가 보이지 않는다. 그런데 이를 파자점으로 보기도 한다(성원경, 1987 ; 홍순래, 1995). 이는 파자점이 아닌, 다만 한자를 매개로 한 하나의 점술(占術)일 뿐이다. 누런 종이에 개 세 마리 그려준 점괘로 범인이 황삼술(黃三戌)임을 알고 잡는 것도 마찬가지다. 중국의 측자(測字), 또는 탁자(柝字)도 우리의 파자점과 같이 문자의 편방·점획(偏旁点畫)을 분해하고 조합하여 길흉을 점치는 것으로 되어 있다 (중화학술원, 1972 ; 諸橋, 1966). 단순한 한자에 의한 점술과 우리의 파자점, 그리고 중국의 측자 및 탁자와는 구별되는 것으로 혼동해서는 안 된다.

3.4. 예언으로서의 파자

점술은 점을 치는 법으로, 이는 흔히 앞날의 운수나 길흉을 미리 판단하는 것이다. 따라서 파자도 예언에 많이 쓰인다. 윤덕선(2012)에 많은 예가 실려 있다. 그러나 이는 중국의 예들이다. 우리의 "木子得國", "走肖爲王"과 같은 참언은 이런 예언으로서의 파자다. "木子亡 尊邑興"은 李씨가 망하고 鄭씨가 흥한다는 "이망정흥(李亡鄭興)"으로, 정여립이 유포시킨 참설이다. 정감록의 "尙黑者死"의 "尙黑"은 곧 무리 당(黨)자의 파자이니, 이는 "黨者死"라는 말로, 붕당을 짓는 자는 죽을 것이라는, 당쟁에 대한 예언이다. 그리고 "方夫人才 口或多禾"는 계룡산의 석시제명(石詩題名)에 기록된 시로, "方夫"는 庚자, "人才"는 戌자의 파자이며, "口或"은 國자의, "多禾"는 移자의 파자이다. 따라서 이는 "경술국이(庚戌國移)"로, 경술년에 나라가 옮긴다, 곧 망한다는 것을 예언한 것이다.

조선조의 초기 사육신의 하나인 유응부(兪應孚)는 젊었을 때 걸승(乞僧)을 구해주고 그가 떠날 때 글귀 하나를 받았다.

> 이구두미 중일가패(耳口頭尾中一加貝)
> 사구내집 일삼기중(四口乃執一三其中)
> 천주이주 요득일자(天柱二柱腰得一子)
> 옥토무점 와인십일(玉兔無點臥人十一)
> (이(耳)에 머리와 꼬리를 붙이고 중(中)에 일(一)과 패(貝)를 더한다. (身, 貴)
> 네 개 입(口)에서 하나를 빼고, 일(一)과 삼(三) 가운데라. (品, 二)

천(天)에 두 기둥을 하고, 허리에 한 아들 자(子)라. (丙, 子)
옥 토(兎)에 점이 없고, 누운 사람이 열 하나라. (免, 仕))

이는 풀이 뒤에 제시한 바와 같은 한자를 숨긴 파자시로, 유응부의 일생을 예언한 것이다. 곧 "몸이 귀하게 되어 정이품에 이른다. 그리고 병자년에 벼슬을 면하게 된다."고 한 것이다. 유응부는 파자시에 보이듯 벼슬이 정이품에 이르렀고, 단종(端宗) 복위 거사를 한 해가 1546년 병자년이었다. 이렇게 중이 건넨 글은 유응부의 일생을 예언한 점괘였다.

또 하나의 예언인 남사고(南師古)의 파자를 보기로 한다. 남사고는 조선조 명종 때의 유명한 예언자였다. 그는 파자로 당파에 대한 예언을 하였다. 그는 서울의 서쪽에 있는 안령(鞍嶺)과 동쪽에 있는 낙봉(駱峰)을 가리키며 말했다. "후일 조정에는 반드시 동서당(東西黨)이 생길 것입니다. 낙(駱)은 각(各), 마(馬)이니 동인은 마침내 각 파로 분열할 것이고, 안(鞍)은 혁(革) 안(安)이니 서인은 결국 혁제(革除)를 하고서야 안정될 것입니다." 이 예언은 제 16대 인조(仁祖) 때에 이르러 적중하였으니, 동인은 여러 갈래로 분열되었고, 서인(西人)은 인조반정 뒤 안정되었다.(어우야담)

3.5. 학습의 방법으로서의 파자

파자는 한자의 자획을 분합하여 한자를 나타내는 방법이다. 따라서 파자를 하게 되면 한자의 부수와 자형을 알게 된다. 이는 이른바 우연적·간접적 교수·학습의 방법이다. 따라서 이러한 방법에 의해 학습자에게 부담을 주지 않고 자연스럽게 한자를 익히게 할 수 있다. 이의 대표적인 경우가 파자 수수께끼의 경우다.

그러나 이러한 우연적·간접적 방법이 아닌 명시적·직접적 교수·

학습 방법을 사용할 수도 있다. 주어진 파자의 자료를 통해 한자의 부수나 자형을 아는 데 그치는 것이 아니라, 직접 파자의 작업을 수행하게 함으로 한자를 학습하게 하는 것이다. 한자는 복잡하고 획수가 많아 어려움을 느끼게 되는데, 파자를 통해 이러한 문제를 해결할 수 있다. 그리고 파자를 하는 일은 어려운 것이 아니다. 한자는 다 아는 바와 같이 그 생성 과정에 따라 여섯 가지로 구분한다. 육서(六書)가 그것이다. 육서란 상형(象形), 지시(指示), 회의(會意), 형성(形聲), 전주(轉注), 가차(假借)다. 이 가운데 특히 형성(形聲)과 회의(會意)의 문자는 상대적으로 파자가 용이하다. 그리고 상형은 문자 아닌 사물의 형태를 빌어 광의의 파자를 할 수 있다. 따라서 이런 한자들을 우선 파자를 하여 익히도록 하고, 이를 통해 학습자의 흥미를 유발한 뒤 다른 구조의 한자도 익히게 할 수 있다. 그리고 한자는 표의문자이니 그 의미에 대한 교수·학습도 수행하도록 한다. 파자는 파자 수수께끼에서 보듯 음독만이 아니라 석독도 한다. 석, 곧 의미도 활용되고 있으니 간접적 교수학습뿐 아니라, 그 의미를 파악하는 직접적 교수·학습도 하는 것이다. 언어 기호는 형식과 의미를 가지는 것인데, 표의문자의 경우가 바로 이런 것이다. 따라서 한자교육에서는 이 양자를 아울러 교수·학습하도록 해야 한다. 이는 표음문자의 지도와는 다른 점이다. 교수학습을 위해 파자의 예를 몇 개 들어 보면 다음과 같다.

- 길을 급(汲) : <형성> 물 수(水)－미칠 급(及) : 물을 끌어들이다
- 밝을 명(明) : <회의> 해 일(日)－달 월(月) : 밝다
- 무늬 문(紋) : <형성> 실 사(糸)－무늬 문(文) : 실로 짜내는 무늬
- 손자 손(孫) : <회의> 아들 자(子)－실 사(糸) : 아들의 뒤를 잇는 사람.
- 장가갈 취(娶) : <회의> 여(女)－취(取) : 여자를 아내로 맞다
- 돈 전(錢) : <형성> 쇠 금(金)－얇게 갈 전(戔) : 쇠붙이의 끝을 얇게

간 괭이. 괭이 모양의 화폐에서 유래한다.
• 바다 해(海) : <형성> 물 수(水)－어두울 매(每) : 시커멓고 깊은 바
  닷물

파자는 자원에 따라 분합하는 것을 원칙으로 하나 적당히 자의로 분
합할 수도 있다. 용 용(龍)자를 "입월복기삼(立月卜己三)", 짐승 수(獸)자를
"구구전일구견(口口田一口犬)"이라 하는 따위가 그것이다. 이런 것이야 말
로 획수가 많은 한자를 쉽게 배우고 기억하기 쉽게 하는 방법으로서의
파자다.

3.6. 작명의 수단으로서의 파자

이름을 지을 때 파자의 원리가 작용한다. 특히 항렬에 따라 이름을 짓
는 경우 파자의 원리가 작용한다. 세계(世系)를 밝히는 하나의 수단으로
항렬을 나타내는 글자를 쓰게 되는데 이를 돌림자, 또는 항렬자(行列字)라
한다. 이러한 항렬자는 오행상생법(五行相生法), 천간법(天干法), 지지법(地支
法), 수교법(數交法) 등에 따라 정하게 된다. 오행법은 목화토금수(木火土金
水)에 따라, 천간법과 지지법은 각각 갑을병정(甲乙丙丁)과 자축인묘(子丑寅
卯)의 순서에 따라, 수교법은 일이삼사(一二三四)의 순서에 따라 항렬자를
정하는 것이다. 이때 자연 이런 원칙에 해당된 글자를 선택해야 하므로
파자의 원리가 작용한다. 가장 대표적인 오행법의 예를 몇 개 들어보면
다음과 같다.

• 목(木)자 : 근(根), 권(權), 동(東), 병(柄), 상(相), 식(植), 수(秀), 환(桓)
• 화(火)자 : 경(炅), 묵(默), 병(炳), 섭(燮), 열(烈), 형(炯), 훈(勳), 희(熹)
• 토(土)자 : 곤(坤), 규(圭), 균(均), 배(培), 성(城), 용(墉), 은(垠), 재(載),

재(在), 집(執), 희(熹)

- 금(金)자 : 령(鈴), 명(銘), 석(錫), 선(銑), 은(銀), 종(鍾), 진(鎭), 철(鐵), 현(鉉), 호(鎬), 흠(欽)
- 수(水)자 : 범(氾), 수(洙), 순(淳), 영(泳), 우(雨), 원(源), 징(澄), 태(泰), 하(河), 한(漢), 호(浩)

성명과 달리 사람에게는 또 자(字)와 호(號)가 있다. 이 호를 짓는 데도 파자가 많이 쓰인다. 특히 이름자 한 자를 파자하여 호로 쓰는 경우가 많다. 이들 예는 우리나라보다 중국에 많은데, 예를 몇 개 보면 다음과 같다(유덕선, 2012).

부서(傅恕)－여심(如心), 사고(謝翶)－고우(皐羽), 서방(徐舫)－방주(方舟), 송민(宋玟)－문옥(文玉), 오균(吳筠)－죽균(竹均), 요춘(姚椿)－춘목(春木), 유측(兪側)－칙인(則人), 이해(李楷)－개목(皆木), 정미(程帽)－미산(眉山), 조척(趙個)－주인(周人), 진빈(陳璸)－옥빈(玉賓), 허욱(許旭)－구일(九日)

3.7. 일상어로서의 파자

일상어에서도 파자가 많이 쓰인다. 이러한 것으로 쉽게 볼 수 있는 것이 나이와 관련된 한자어의 파자다. 과년(瓜年)의 "외 과(瓜)"자를 "八八" 두 자로 파자해 여자 16세, 남자 64라 하는 것, 화갑(華甲)의 "빛날 화(華)"자를 "十"자 여섯 개와 "一"자로 파자해 61세를 나타내는 것, 미수(美壽)의 "아름다울 미(美)"자를 바로 보나 거꾸로 보나 "六十六"으로 보인다 하여 66세를 나타내는 것, 희수(喜壽)의 "기쁠 희(喜)"자가 초서로 "七十七"의 조합과 같다 하여 77세를 이르는 것이 그것이다. 그리고 산수(傘壽)는 우산 산(傘)의 약자를 八자 아래 十자를 쓴다 하여 80세, 반수

(半壽)는 "반 반(半)"자가 "八十一"로 파자되어 81세, 미수(米壽)는 "쌀 미(米)"자가 "八十八"로 파자되어 88세, 졸수(卒壽)는 병졸 졸(卒)자를 속자로 "九"자 아래 "十"자를 써 90세, 백수(白壽)는 "흰 백(白)"자가 "百"자에 "一"자가 빠진 글자라 하여 99세라 하는 것이다.

이 밖에 문답 형식을 취하지 않을 때, 수수께끼로서의 파자는 일상어로서의 파자가 된다. "好"자를 계집이 자식 안은 자, "安"자를 계집이 갓을 쓴 자, "九"자를 새가 나뭇가지를 물고 가는 자, "嶽"자를 개 두 마리가 산 밑에서 마주 서서 말하는 자라 하는 것이 그것이다. 그리고 "裵"자를 非衣, "崔"자를 山隹, "寺"자를 十一寸, "戀"자를 左糸 右糸 中言 下心인 자, "弼"자를 左弓 右弓의 百發百中하는 자라 하는 따위도 이런 것이다. 이러한 파자에는 글자 하나를 파자하는 단자 파자(單字破字) 외에, 앞에서 본 "可笑"를 "丁口竹天"이라 파자하는 것과 같은 다자 파자(多字破字)가 있다. "천탈관이득일점(天脫冠而得一點) 내실장이횡일대(乃失杖而橫一帶)"는 김삿갓이 서당 훈장을 "犬子", 곧 개새끼라고 욕을 한 파자다. "시자화중(豕者禾重)"은 저종(猪種), 돼지라고 욕한 것이다. 이렇듯 돌려서 욕을 할 때도 파자가 쓰인다. "남산유전변토락(南山有田邊土落) 북림구좌조선비(北林鳩坐鳥先飛)"는 앞에서 비슷한 파자를 예시하였거니와 "十九"세를 파자한 다자파자(多字破字)이다.

4. 결어

한자 자획(字劃)의 분합(分合) 및 이에 의한 수사 내지 문자유희로서의 파자, 수수께끼, 그리고 파자점 등에 대해 살펴보았다. 한자와 한문은 종래에 우리 어문생활과 불가분의 것이었고, 문자생활을 대표하는 것이었다. 그래서 정식 한자, 한문만이 아닌 여기(餘技)로서의 파자(破字) 또한 애용되었고, 즐기었다. 이는 중국이나 일본과 다른 우리만의 표현문화를 이루었다.

파자는 자원(字源)에 따른 공통 요소와 함께 우리 나름의 독특한 발상에 의한 기지와 해학과 풍자의 표현이다. 이는 우리 조상들의 반짝이는 슬기와 파격적 발상으로 색다른 풍류와 멋을 즐기게 하는 표현문화다. "섰다 섰다(立立), 왈왈(曰曰), 삐치고 잦히고(丿乀), 삐치고 잦히고(丿乀) 한 자(다툴 경(競)자)"와 같은 표현의 묘를 우리 아닌, 어디 다른 데서 맛볼 수 있겠는가?

파자는 문학, 수수께끼, 점술, 예언, 학습, 작명 등에 두루 쓰이는 것을 볼 수 있다. 우리는 이러한 파자의 용례를 통해 우리 조상들이 즐긴 이색적 표현문화를 통해 우리 선인들의 기지와 지혜와 해학과 풍자를 향수하는 즐거움을 함께 누렸으면 좋겠다. 그리고 이를 우리 후손에게 전해 줄 수 있었으면 한다. 그러기 위해서 우리 문화의 한 축을 차지하는 한자와 한문의 세계를 이해하고, 파자를 통해 쉽고 재미있게 한자를 교수·학습하는 기회가 주어진다면 금상첨화라 하겠다. 그리고 외국어로서의 한국어를 학습하는 학습자들도 파자를 통해 쉽게 한자를 익히고, 또 다른 한국의 표현문화를 이해하고 맛 볼 수 있었으면 한다.

참고문헌

박갑수(2005), 고전문학의 문체와 표현, 집문당.
윤덕선(2012), 파자와 예언, 홍문관.
이명우(2000), 김삿갓 金笠 시집, 집문당.
이훈종(1988), 거시기(莒食記), 교문사.
최상수(1976), 수수께끼사전, 언어문화사.
홍순래(1995), 破字 이야기, 학민사.
홍순래(2011), 한자와 파자, 어문학사.
田中梅吉(1919), 迷の硏究, 朝鮮總督府.
박갑수(1980), 인기연재/ 결말의 재미⑩ 月沈三更의 解裙聲, 월간중앙, 2월호.
박갑수(1980), 인기연재/결말의 재미 ⑪ 서방님 세분의 아씨, 월간중앙, 3월호.
박갑수(1980), 인기연재/결말의 재미 ⑫ 세벌 썩은 똥내, 월간중앙, 4월호.
박갑수(1980), 인기연재/결말의 재미 ⑬ 청주 안주는 대구, 월간중앙, 5월호.
박갑수(1980), 인기연재/결말의 재미 ⑮ 신선은 본래 산 사람, 월간중앙, 7월호.
박갑수(1980), 인기연재/결말의 재미 ⑰ 양서로 배워 주시오, 월간중앙, 9월호.
박갑수(2009), 파자, 기지와 해학의 표현, 한국어문회 편, 국한혼용의 국어생활, 한국어
        문회.
박갑수(2011), 한・중 파자수수께끼의 원리와 실상, 외국인을 위한 한국어교육연구, 제
        15집, 서울대 사대 외국인을 위한 한국어교육 지도자 과정.
성원경(1986), 破字考 (其1), 인문과학논총, 제18집, 건대 인문과학연구소.
성원경(1987). 破字考 (其2), 인문과학논총, 제19집, 건대 인문과학연구소.

■ 이 글은 "기지와 해학의 표현 破字"라는 제목으로 한중학술토론회(중국 紹興 越秀大學, 2009
년 10월)에서 발표된 원고를 증보・개고한 것이다.

제4장 새천년과 한국 언어문화의 발전 방향

1. 서언

사람은 만물의 영장이라고 한다. 사람이 만물의 영장이 된 데에는 여러 가지 이유가 있다. 그러나 이러한 이유 가운데 빠질 수 없는 것의 하나가 사람은 언어를 가지고 있다는 것이다.

인간생활의 대원칙은 협동에 있다. 그리고 이러한 협동은 언어에 의해 이루어진다. 인간은 언어에 의해 협동을 하며, 언어에 의해 문화를 창조 전승해 왔다. 이러한 언어가 없었더라면 사람도 동물과 마찬가지로 원시 생활의 반복을 면치 못하였을 것이다.

언어라면 흔히 음성언어를 이른다. 이러한 언어는 이 세상에 약 3,000개가 있는 것으로 알려진다. 그리고 문자언어는 약 400개가 있는 것으로 본다. 이들 문자 가운데는 현재 쓰이고 있는 문자 외에 쓰이지 않는 문자가 포함되어 있다. 따라서 실제로 현재 쓰이고 있는 문자는 이보다 적은 수다. 그러니 이 세상에는 언어는 있으나 문자가 없는 말이 대부분인 셈이다.

언어는 그것을 사용하는 민족과 매우 밀접한 관계를 지니고 있다. 흔히 말하듯 언어와 민족이 불가분의 관계가 있는 것은 아니다. 그것은 언어 외적 조건에 의해 민족어가 바뀔 수도 있기 때문이다. 이러한 경우를 제외하고는 언어와 민족은 밀접한 관계를 지닌다. 언어에는 민족의 성정과 문화가 반영되어 있다. 그것을 말하는 민중의 생각과 느낌, 사회, 제도, 문물이 언어에 화석으로 남아 있는 것이다. 언어를 문화의 색인이라고 하는 것은 이런 이유에서다. 그러기에 민족마다 언어는 차이가 나고 특성을 지닌다.

언어는 그 자체로서 하나의 문화다. 이는 앞에서 언급한 바와 같이 각기 다른 민족문화의 요소가 그 속에 담겨진 문화다. 그러나 협의로 볼 때는 언어는 다른 문화 요소와 함께 문화를 이루는 작은 요소로 볼 수 있다. 언어를 문학 작품이나, 연희 작품과 같이 그것을 이루는 자료로 볼 수도 있기 때문이다. 여기서는 언어 자체를 하나의 문화로 보고 새 천년의 언어문화의 발전 방향을 살펴보기로 한다.

우리의 언어문화는 반만년을 이어오고 있다. 우리말의 기원은 확인된 것은 아니나, 대체로 알타이어에서 분화된 것으로 보고 있다. 그리하여 민족사와 함께 이합집산의 수난을 겪으며 오늘에 이르렀다. 문자언어는 근 4,000년을 독자적인 문자 없이, 남의 문자를 빌어 언문불일치(言文不一致)의 문어생활을 하였다. 그러나 다행스럽게 1446년 한글이 창제되어 언문일치의 터전이 마련되어 오늘에 이르렀다. 그리하여 우리 민족은 어렵사리 우리 민족 나름의 언어문화를 영위하여 왔다.

여기서는 새 천년의 우리 언어문화의 발전을 위하여 언어문화의 발자취를 살피고, 새 천년에 발전시켜야 할 몇 가지 주요 문제를 살펴보기로 한다. 그것은 첫째로, 언어생활의 개선을 위하여 "언어 기능에 따른 효과적인 언어 사용"에 대해 살펴보게 될 것이다. 둘째로는 혼란스러운 언어생활을 개선하기 위하여 "규범에 맞는 언어생활의 실천"에 대해 살펴볼 것이다. 셋째로는 남북한의 언어 통일을 대비하여 "남북한 언어의 통일 방안"에 대해 살펴볼 것이다. 그리고 마지막으로는 국제화시대를 맞아 "외국어로서의 한국어 교육 — 한국어의 국제화" 문제를 살펴보기로 한다. 영어 공용어화 문제도 아울러 논의할 것이다.

2. 우리 언어문화의 변천사

언어는 음성언어와 문자언어로 나누어진다. 우리 음성언어는 역사적으로 고대 이래 한자문화 및 서구어 등의 도전을 받아 상처를 입기는 하였으나 주체성을 지켜 오늘에 이르렀다. 이에 대해 문자언어는 일찍부터 한자 한문의 사용으로 언문불일치의 사태가 빚어졌으며, 1446년 국자가 제정된 후에도 여전히 한문위주의 문자생활이 이어져 오다가 최근에 와서야 비로소 국문위주의 문자생활을 하게 되었다.

한국어는 약 3000개의 언어 가운데 15~20위에 드는 큰 언어이다. 우리말을 알타이어족에 속한다고 볼 때 한국어는 알타이어에서 분화되어 북쪽의 부여(夫餘) 계통의 말과 남쪽의 한족(韓族)의 말로 나뉘었다. 그리고 이들은 각각 고구려의 언어와, 신라·백제의 언어를 이루었다. 이들 삼국의 언어는 같은 말이나 지정학적(地政學的) 이유로 지역 방언 이상의 차이가 있었을 것으로 추정된다. 그 뒤 고려는 신라의 말을, 조선은 고려의 말을 이어받아 오늘에 이르렀다.

문자언어는 앞에서 언급한 바와 같이 일찍이 한자를 수용하여 사용하였을 것으로 보인다. 이는 적어도 고구려에서 국초에 있던 "유기(留記)" 100권을 600년에 "신집(新集)"으로 개수했다는 기록에서 확인할 수 있다.

그리고 이두(吏讀), 구결(口訣), 향찰(鄕札)과 같은 한자의 차용표기 체계가 개발되었다. 그 뒤 1446년에는 세종 대왕이 훈민정음이란 과학적인 표음문자를 창제 반포하여 오늘날 국자로 사용하게 되었다.

고대에는 언어생활에 고유어가 주로 쓰였을 것으로 추정된다. 이러한 사정은 신라의 향가(鄕歌)를 볼 때 쉽게 확인된다. 여기에는 한자어가 별로 쓰이고 있지 않기 때문이다. 그러나 고구려 소수림왕 2년(372)에 태학이 세워져 한문을 가르쳤고, 신라에서도 신문왕 2년(682) 국학(國學)을 세워 귀족의 자제들에게 유교의 경전을 가르쳤으므로 한자어가 부단히 우리말 속에 유입되었을 것으로 보인다. 문자는 아직 따로 개발되지 않았고 한자를 썼다. 이에 입으로는 우리말을 하고 글은 한문을 써야 하는 언문불일치의 생활을 하여야 하였다. 이러한 언어생활은 문어(文語) 속의 한자어를 대량 구어(口語)에 유입되게 하였다. 특히 문화어가 그러했다. 신라 지증왕때 국호와 왕호를 한자어로 바꾸고, 경덕왕 때(757) 지명을 한자 두자로 된 중국식 지명으로 바꾼 것은 이때 한자문화권의 영향이 얼마나 컸던가를 단적으로 보여 주는 사실이다. 그러나 앞에서 언급한 바와 같이 이들은 한문에 의한 문자생활만 한 것은 아니었다. 한자의 소리와 뜻을 활용하여 국어를 표기하는 향찰(鄕札) 등의 독자적인 문자 체계를 개발하여 문자생활을 영위하기도 하였다. 이러한 차용표기 체계의 개발은 우리 문자사에 기록되어야 할 초기의 표기 시도이다.

고려 시대에 들어와서는 불교와 유교를 통치에 활용하였다. 광종 9년(958)에는 과거제도를 실시하였는데, 시험의 기본과목이 유교 경전이었다. 이 제도가 실시되며 언문불일치의 기형적인 이중생활이 심화되었다. 성종 때(992)엔 개경(開京)에 국자감(國子監)을 세우고, 각 군현에도 학교를 세워 유교교육을 강화하였다. 이러한 사회적인 추세로 유교를 가르치는 사학(私學)도 많이 설립되었다. 이렇게 중앙과 지방, 국자감과 사학 등에서 유교를 내용으로 한 한문위주의 교육이 꾀해지며 상류층의 언어에는 한자어가 증가하게 되었다. 그리고 이들 한자 어휘의 사용은 일반 서민의 모방 대상이 되었고, 이는 마침내 고유어의 위축을 초래하기에 이르렀다. 이밖에 고려시대에는 원(元)의 영향을 받아 몽고어가 많이 차용되기도 하였다. 말 이름, 매 이름, 병영과 관계되는 몽고어가 많이 차용되었고, 이들 가운데 일부는 오늘날까지 남아 쓰이고 있다. 문자언어는 한문의 자유로운 구사에 의해 독자적인 한자의 차용표기가 관심 밖으로 밀려나 쇠퇴하게 되었다. 이는 일본의 경우 한자의 차용표기에서 가타카나(片假名)가 생성되는 것과 다른 경향이다.

조선 시대에는 중국문화의 영향이 한층 심화하였다. 이 시대에 와서는 유교이념이 나라를 다스리는 근본이 되었다. 특히 성종은 유교 장려정책을 폈으며, 한문학과 중국 의례를 널리 시행하였고, 주자학을 유력한 통치수단으로 삼았다. 그리하여 유학이 흥성한 것은 말할 것도 없고, 한문을 통하여 한자 어휘가 국어에 많이 유입되게 되었다. 이로 인해 문화적 개념을 나타내는 단어가 한자어인 것은 말할 것도 없고, 일반 명사나 동사까지도 고유어를 물리치고 한자어로 바뀌게 되었다. 한자로 된 불교용어는 고대 이래 큰 영향을 미쳤으나, 조선조에 와서는 그 세력이 미약해졌다. 근대에 접어들어서는 서양문물의 수용으로 새로운 용어들이 중국을 통해 한자로 수입되었다. "자명종", "천리경" 같은 것이 이러한 예이다. 그리고 서민문학의 발흥으로 새로운 문학어가 형성되었다. 이들은 많은 어휘가 한자어로 된 것이었으며, 일상어를 대담하게 도입한 것이었다. 이 시기에는 중국어도 많이 차용되었다.

문자언어는 일대 혁명이 이루어졌다. 그것은 훈민정음, 곧 한글이 창제되었기 때문이다. 이는 무엇보다 한자문화권에서의 탈출을 의미하는 것으로, 거란(契丹)의 거란문자, 원(元)의 파스파문자, 청(淸)의 만주문자의 제정과 궤를 같이 하는 것이다. 이렇게 한글의 제정은 문화적 독립, 주체성 확립을 의미한다. 그리고 한글은 무엇보다 민중을 위해 창제되었다는데 그 의의가 있다. 기득권층은 한자로 문자생활을 할 수 있기 때문이다. 최만리(崔萬理)의 한글 창제 반대 상소문은 이러한 기득권층의 생각이 표출된 것이다. 한글은 과학적으로 만들어졌고, 독창적인 것이며, 배우기 쉽고, 음성 표기의 폭이 넓다는 등의 장점을 지닌다. 이는 세계적으로 자랑할 만한 우리의 문화유산이다.

그런데 우리는 이 문화유산을 너무 홀대해 왔다. 한문을 진서(眞書), 한글을 언문(諺文), 상글(常-)이라 한 것은 그 단적인 증거다. 이는 상류층이 한자로 문자생활을 하여 왔기 때문이다. 한글을 지킨 것은 승려요, 여인들이었다. 그러기에 한글을 "중글", "암클"이라 하기도 하였다. 이러한 사정은 일본에서 히라카나(平假名)를 "온나데(女手)", "온나모지(女文字)"라 하는 것과 마찬가지다. 일찍이 우리가 한글의 가치를 깨닫고 이를 국자로 발전시켰더라면 문화발전의 양상은 오늘날과 크게 달라졌을 것이다. 아쉬운 일이다.

현대에 접어들어서는 18, 9세기의 근대적 사상과 문화적 토대 위에 굳건한 나라와 새로운 민족문화를 건설하여야 하였다. 그래서 우선 언문일치의 필요성에 눈을 돌리게 되었다. 한글이 "국문(國文)"이란 이름을 얻은 것은 이때에 와서다. 그러나 현실적으로는 "서유견문" 등에 보이는 국한문체(國漢文體)가 주류를 이루었다. 국문체(國文體)는 근대의 전통을 이어받아 소설에서 사용되었다. 이때의 상황을 단적으로 보여 주는 것이 고종 32년(1895) 칙령 제86호로 공포된 공문식(公文式)이다. 공문식은 다음과 같이 국문으로 본을 삼기로 하였다.

第9條 法律命令은 國文으로 本을 삼꼬 漢譯을 附하며 혹 國漢文을 混

用함.

이러한 정신을 이어받은 것이 해방후 1948년 제정된 "한글전용에 관한 법률"(1948년 10월 9일 법률 제6호)이다. 이 법은 다음과 같다.

> 대한민국 공용문서는 한글로 쓴다. 다만 얼맛동안 필요한 때에는 한자를 병용할 수 있다.
> 부칙
> 본법은 공포한 날로부터 시행한다.

그러나 이러한 법률과는 달리 우리의 언어 현실은 아직까지 국한문체의 문자생활이 이어져 오고 있다. 1980년대에는 4대 어문규범, 그 가운데도 1988년 "한글맞춤법"과 "표준어규정"이 국가차원에서 처음으로 제정되었다. 이는 종전의 규범이 한 학회 안이었는데 국가 규범으로 바뀌었다는 데 큰 의의가 있다. 이러한 언어 상황과는 달리 이 시대는 일제하에 조선어 말살 정책이 꾀해진 암울한 시대이기도 하였다. 1937년 조선 교육령에 따라 "조선어과(朝鮮語科)"가 폐지되며 우리말 교육은 꾀해질 수 없게 되었다. 이로 말미암아 우리는 민족어를 잃은 민족이 될 뻔하였다. 그런가 하면 해방 후에는 남북이 분단되어 서로 다른 언어규범에 의해 생활하게 되었다. 이로 인해 남북의 언어는 차이를 드러내고 있다. 민족의 화합을 위하여 언어의 통일이 하루 빨리 이루어져야 한다.

현대국어의 특징은 우선 어휘면에서 서양 학문의 개념어들이 한자어로 번역되어 대량 수입되고 있는가 하면, 무수한 서구어가 외래어로 유입되어 사용되고 있는 것이다. 그리하여 오늘날 전체 어휘의 과반수이상이 한자어를 포함한 외래어로 되어 있다. 영어의 어휘 3분의2가 외래어인 것과 유사하다. 구문(構文)도 서구어의 영향으로 많이 바뀌어 문체의 변화를 보이는가 하면, 비문(非文)이 양산되고 있다. 발음에도 혼란이 많이 빚어지고 있다. 표준발음에 대한 인식이 부족한 것이다. 특히 음의 장단이 제대로 구별되지 않는다. 그러기에 현대어는 학교 교육에 의해 언어의 통일과 순화가 꾀해지고 있음에도 총체적인 난맥상을 드러내고 있다 하겠다. 그리하여 국어를 순화해야 한다는 목소리가 높게 일고 있다. 문자언어의 면을 보면 국한혼용의 문체에서부터 한글 전용의 문체로 기울어졌으나, 한글전용이냐, 국한혼용이냐의 싸움이 그치지 않고 있다. 로마자가 문면에 많이 등장하는 것도 이 시대의 특징적 현상이다. 이는 국어에 대한 사랑이 그만큼 줄어들었음을 의미한다.

이상 우리말 문화의 역사를 개괄하여 보았다. 이 장의 서두에서 언급한 바와 같이 음성언어가 언문불일치 등의 갖은 도전 속에도 중국어로, 혹은 한문 구조로 대체되지 아니하고 그런대로 주체성을 지켜왔다는 것은 참으로 다행스러운 일이다. 그러나 국어 어휘의 과반수가 외래어라는 것은 반성해야 할 사실이다. 문자언어는 고유문자가 제정되기 전은 말할 것도 없고 국자가 제정된 뒤에도 주체성을 확립하지 못하다가 현대에 들어서 비로소 각성하기 시작했다고 할 수 있다. 그리고 언어생활은 순화 통일을 지향하면서도 오염되고 혼란이 빚어지고 있어 계속적인 순화의 손길을 기다리고 있는 상황이다.

3. 우리 언어문화의 발전 방향

3.1. 언어기능에 따른 효과적 언어사용

언어는 사람들로 하여금 서로 이해하고, 신뢰하고, 협동하게 한다. 그러나 이것이 전부는 아니다. 언어로 말미암아 시기·반목·충돌이 일어나게 되는 경우도 많다. 따라서 언어는 효과적으로 사용하지 않으면 안 된다. 그러기 위해서는 언어의 기능을 바로 알고 이를 올바로 운용하여야 한다.

언어의 기능은 여러가지로 나눌 수 있다. 언어의 기능은 한 가지로 보면 "의사소통"이요, 두 가지로 보면 통달적(通達的) 기능과, 정서적(情緒的) 기능이 된다. 세 가지로 보면 서술(敍述), 표출(표출), 호소(呼訴)하는 것이다. 이와는 달리 야콥슨(Jacobson)의 경우처럼 여섯 가지로 나눌 수도 있다. 정서적 기능 또는 표현적 기능, 욕구적 기능, 상황적 기능, 관어적(關語的) 기능, 시적 기능, 지시적 기능 또는 외연적 기능 또는 인지적 기능이 그것이다. 여기서는 오그덴(Ogden C.K.)과 리차즈(Richads I.A.) 등의 소설에 따라 통달적(지시적) 기능과 정서적(감화적) 기능의 둘로 나누어 살펴보기로 한다.

통달적(通達的) 기능이란 지시하거나 지적하는 것으로 순수하게 지적인 것이다. 이에 대해 정서적(情緒的) 기능이란 감정이나 태도를 환기하는 것을 목적으로 한다. 통달적 표현의 대표적인 것이 과학 논문이요, 정서적 표현의 대표적인 것이 문학, 그 가운데도 시이다. 일상언어는 정서적 표현에 기울어지는 것이다. 그런데 우리는 이런 두 기능의 표현을 제대로 하지 못한다. 이는 전통적인 신언(慎言) 사상 때문에 그리 된 것이 아닌가 생각된다. 오늘날은 이래서는 곤란하다. 우리는 자기의 의사를 분명히 밝혀야 하는 민주사회에 살고 있고 상호간에 끈끈한 유대도 가져야 하기 때문이다.

통달적 표현은 우선 외재적 사고(外在的 思考)에 의한 표현을 하여야 한다. 우리가 사는 세계는 두 가지 세계로 이루어져 있다. 그것은 사물세계(事物世界)와 언어의 세계다. 사물세계는 현실세계, 사실세계, 외재적 세

계라 한다. 이에 대해 언어의 세계는 사고세계, 내재적 세계라 한다. 외
재적 사고의 표현을 하라는 말은 추상의 단계를 한껏 낮추어 사실세계
에 부합한 표현을 하여야 함을 의미한다. 말을 바꾸면 사실 제일주의,
검증 제일주의의 사고에 의한 표현을 하여야 한다. 이는 언어만에 반응
하는 것이 아니라, 사실세계에 주목하라는 것이다. 세상을 시끄럽게 한
옷 로비사건도 이 사실세계에 부합하지 않은 표현을 하였기 때문에 문
제가 된 것이다.

사실세계에 부합한 진실한 표현을 하기 위해서는 첫째, 보고의 언어를
사용하여야 한다. 보고란 어떤 사실을 있는 그대로 진술하는 것으로 실
증이 가능하며, 추론이나 단정을 배제하여야 한다.

둘째, 다 어떻다는 총칭 판단(總稱判斷) 아닌 비총칭 판단, 곧 특칭 판
단, 단칭(單稱) 판단을 함으로 차이점을 무시한 일반화를 피해야 한다.

셋째, 일치적(一値的) 사고, 이치적(二置的) 사고와 같은 과치적(寡値的)사
고를 지양해야 한다. 이는 외재적 세계를 단순화하여 총칭적 판단을 하
게 하기 때문이다. 언제나 "지시"와 "환담"만 하는 대통령에 대한 기사
는 이러한 예이다. 다치적(多値的) 사고를 함으로 폭넓은 외재적 사고를
하고, 과학적 사고를 하도록 해야 한다.

넷째, 동일시 판단도 배제해야 한다. 이것도 외재적 세계에 대한 관찰
을 가로막고, 부당한 단정적 사고를 하게 하기 때문이다.

통달적 표현을 하기 위해서는 성급한 단정을 피하고 연체 반응(延滯反
應)을 보여야 한다. 그런데 우리는 이러한 통달적 표현과 거리가 먼 언어
생활을 하고 있다. 검증하기 전에 말하는가 하면, 차이점을 무시하고 일
반화하여 총칭적 판단을 한다. 그리고 외재적 세계를 단순화하여 과치적
사고를 하고, 동일시한다. 이러한 표현은 지양되어야 한다. 진정한 통달
적 표현을 하여 동의하고 인정함으로 충돌과 불신 아닌, 협동과 조화를

보이는 언어사회를 구축하여야 한다.

인간은 감정적 동물이다. 따라서 언어생활이나 표현에 있어 감정적 요소를 무시할 수 없다. 이에 통달적 표현과 함께 감화적 표현(感化的 表現)을 하여야 한다. 본질적으로 정서적·사회적 커뮤니케이션으로 본다면 통달적 기능이란 이차적인 것이요, 목표 달성의 수단이나 과정에 지나지 않는다. 더구나 언어활동은 하나의 반작용(反作用), 즉 감화의 결과로서 일어나는 행동을 기대하고 이루어지는 것이다. 그러므로 상대방을 움직이기 위해서는 언어의 정서적인 기능이 작용하여 전인격적으로 감동을 주어야 한다. 이른바 정적 논리(情的論理)만이 사람을 움직일 수 있는 힘을 가지기 때문이다. 이러한 정서적인 표현을 하는 방법은 여러 가지가 있다. 여기서는 그 가운데 긍정적인 면에서 몇 가지 방법을 들어 보기로 한다.

첫째, 일반화한다. 일반화란 높은 추상에 의해 동일시함으로써 부분적인 것이거나 특수한 것이 전체적이거나 일반적인 것을 환기하여 상대방을 감화하게 하는 것이다. "충청도 양반(충청도인)", "예향(호남)"이 이러한 예이다.

둘째, 편향(偏向)된 표현을 한다. 이는 특수한 사실을 일방적으로 쳐듦으로 부분 강조를 하는 것이다. 통달적 표현으로 볼 때는 "말하지 않는 거짓말"이 되나, 선의의 편향은 인생에 윤활유 역할을 한다. 외교사령의 대부분이 이러한 말이다.

셋째, 바람직한 명명을 한다. 사물과 명칭의 관계는 자의적인 것이다. 그럼에도 사람들은 이들 사이에 필연성이 있는 것으로 생각한다. 따라서 바람직한 명명을 할 때 상대방은 감화를 받는다. 국회에서 명칭 때문에 승강이를 하는 것도 이 때문이다.

넷째, 모호하게 표현한다. 예민한 문제는 그야말로 "혀 밑에 죽을 말이 있다". 이런 때는 단정하기보다 얼버무리는 것이 좋다. "안 된다"는 거절보다 "연구해 봅시다"나, "생각해 보겠습니다"가 한결 당사자의 마음을 달래게 된다.

다섯째, 단정적 표현을 한다. 단정이란 사실에 대한 서술이라기보다 가치 판단에 대한 서술이다. 화자의 호·불호를 표현하는 것이다. 긍정적 가치판단이 사랑을 받을 것임은 말할 것도 없다.

여섯째, 이치적 사고의 표현을 한다. 이치적 사고는 하나의 관심에 기초를 둔 태도 결정으로, 하나의 정황 속으로 휘모는 감화력을 드러낸다. 따라서 정서적으로 그 효과를 크게 나타낸다.

일곱째, 완곡법을 활용한다. 완곡법이란 어떤 사물을 노골적으로 말하지 아니하고, 돌려서 점잖게 표현하는 법이다. 이는 금기나, 말하기를 꺼리는, 사회적으로 언짢은 것을 돌려서 재명명(再命名)하는 것이다. 이는 공포, 불안, 불쾌감 등을 삭히거나 누그러뜨리는 효과를 드러낸다.

여덟째, 전기호적(前記號的) 언어를 사용한다. 고양이가 기분이 좋아서 내는 소리같이 외재적 서술이 아닌 전기호적 성격을 띠는 말을 한다. 인사말이나, 의례사(儀禮辭), 외교사령과 같은 말이 이러한 것이다. 이들은 본래는 지시적 의미를 지닌 말이었겠으나, 그 의미가 약화 소실되어 의미 전달 아닌 정의를 확인하거나 다지기 위해서 사용된다. 우리는 이러한 말을 사용할 줄 모른다. 남의 발을 밟고도 미안하다는 말을 할 줄 모르고, 줄을 선 사람들 틈을 비집고 지나가면서도 "실례합니다"란 말을 하지 않는다. 예의상으로 보아도 당연히 해야 하고, 또 인사말을 건네면 서로 이해하고 불쾌한 감정을 가지지 않게 될 텐데 말이다. 우리는 즐겨 가르랑거리는 말(purr-words)을 사용하는 습관을 기르도록 하여야 하겠다.

일반의미론 학자 하야카와(Hayakawa S.I.)는 "모든 언어는 그 사용법에 따라 감화적 성질을 지니며, 통달적 가치보다 감화적 가치를 위해 사용되는 말이 많다”고 하였다. 정서적 표현은 마술적 힘을 갖는다. 이는 좋게도 나쁘게도 사용할 수 있다. 그러나 언어가 사물을 대신하는 기호이고 보면 이는 선용되어야 한다. 다가오는 새 천년에는 언어의 정서적인 표현을 애용하여야 하겠다. 특히 우리와 같이 정서적인 표현에 인색한 민족의 경우 더욱 그러하다. “고맙습니다, 미안합니다, 실례합니다, 안녕하십니까”로 대표되는 인사는 “고미실안”운동을 통해 정착시킬 수 있다. 그렇게 되면 새 천년은 지금보다 훨씬 살맛이 나는 세상이 될 것이다.

3.2. 규범에 맞는 언어생활의 실천

언어는 자의적인 것으로 사회적인 계약에 의한 기호이다. 따라서 이는 약속이므로 지켜져야 한다. 규범에 맞는 말을 사용해야 한다. 규범에 맞는 말이란 광의의 표준어라 할 수 있다. 표준어는 그 사회의 공용어가 된다. 따라서 표준어를 얼마나 사용하느냐에 따라 그 언어사회의 문화를 가늠하기도 한다. 우리의 표준어 규정에서 표준어를 “교양있는 사람들이 두루 쓰는” 말로 규정한 것도 이러한 의미를 지니는 것이라 하겠다.

그런데 우리의 언어 현실을 보면 규범에 맞는 언어생활이 잘 이루어지고 있지 않다. 일상생활 속의 개인의 생활은 말할 것도 없고, 매스컴에 종사하는 전문인들마저도 언어 규범에 어긋나는 말을 하는 경우가 많다. 이러한 언어생활은 개선되어야 한다. 그래서 여기서는 규범에 벗어난 언어생활의 실태를 살펴 새 천년의 언어문화의 발전 방향을 모색해 보기로 한다.

우리들에게는 4대 어문규범이 있다. 그것은 “한글맞춤법(1988)”, “표준어규정(1988)”, “외래어표기법(1985)”, “로마자 표기법(1985)”이 그것이다. 이러한 규정은 지켜져야 한다. 그러면 이러한 규정을 바탕으로 문제가 되는 점을 살펴보기로 한다. 순서는 언어의 구조에 따라 말소리, 어휘, 문장으로 하고 그 다음에 표기법을 보기로 한다.

3.2.1. 말소리

말소리에서 문제가 되는 것은 음운의 변이, 말소리의 장단, 어조 따위이다.

음운의 변이(變異)에서 가장 문제가 되는 것은 모음의 경우 "ㅐ-ㅔ"가 혼란을 빚는 것이다. 이 밖에 "ㅗ>ㅜ"화도 구어에서 많이 나타난다. 이 밖에 "계집애>기집애"와 같은 "ㅖ>ㅣ화"도 많이 보이는데 이것은 방언의 영향에 의한 것이다. 자음의 경우는 연한 소리를 된소리로 내는 것이 가장 문제다. 이밖에 연한 소리를 거센소리로 내거나, 무성음을 유성음으로 내는 것도 문제가 되고 있다.

말소리가 결합되는 과정에서 문제가 되는 것도 많다.

첫째, 종성의 연음이 제대로 되지 않는다. 종래의 7종성 이외의 받침이 제대로 연음이 안 된다(들녘에서>들녀게서, 닭이>다기, 젖을>저슬).

둘째 종성의 겹받침이 제대로 발음되지 않는다. "밝다(발따), 밝게(박게)"와 같은 것이 그것이다.

셋째 잘못된 동화현상이 일어난다. 모음동화(가자미>가재미, 손잡이>손재비)와 전설모음화(까슬까슬>까실까실, 으스대다>으시대다), 연구개음화(젖가슴>적까슴, 둔갑>둥갑, 한국>항국), 양순음화(꽃바구니>꼽빠구니, 냇물>냄물, 신문>심문)가 그것이다.

넷째, 공연한 음운의 첨가현상이 많다(다르다>달르다, 활용>활룡, 육이오>육니오, 메다>메이다).

이 밖에 말소리의 장단이 크게 혼란을 빚고 있어 문제이다. "奸臣-諫:臣, 監賞-感:想, 軍民-郡:民, 難民-亂:民, 頂上-正:常"이 제대로 구별되지 않는 것이 그것이다.

외래어의 발음은 원음주의를 택해 규범에 맞는 발음을 듣기 힘들 정도이다. "까스(가스), 빳데리(배터리), 악세사리(액세서리), 초코렛(초콜릿), 테레비(텔레비전), 후레시(프레시)"가 그 예이다.

3.2.2. 어휘

낱말의 문제는 표준어 아닌 방언이 사용된다는 것이다. 방언은 유형화해 볼 때 전통적인 옛 형태를 사용하는 경우와 변화된 새 형태를 사용하는 경우, 그리고 유사한 이형태 가운데 방언을 사용하는 경우의 세 가지가 있다.

① 전통적 형태

가개(가게), 뒤안(뒤꼍), 모두다(모으다), 모밀(메밀), 부비다(비비다), 쉬흔(쉰), 영글다(여물다), 음달(응달), 이쁘다(예쁘다), 자내(자네), 줏다(줍다), 하욤없다(하염없다)

② 변화된 형태

계자(겨자), 담다(담그다), 디립다(들입다), 바램(바람), 수집다(수줍다), 시지부지(흐지부지), 얼기빗(얼레빗), 엄청(엄청나게), 으시대다(으스대다), 이면수(임연수어), 칼치(갈치), 황새기젓(황석어젓)

③ 특정한 이형태(異形態)

까끄럽다(깔끄럽다), 까치(개비), 메꾸다(메우다), 새악시(새색시), 잎새(잎), 안절부절하다(안절부절못하다), 어스름달(으스름달), 한참때(한창때)

이 밖에 의미의 면에서 그 뜻을 잘못 알고 쓰는 경우와 동의 반복을 하는 경우가 있다.

① 의미 혼란

가르치다(敎)-가리키다(指), 까불다-까부르다, 넘어다보다-넘보다, 돋우다-돋구다, 두껍다-두텁다, 부수다-부시다, 시간-시각, 신다-태우다, 잃어버리다-잊어버리다, 작다-적다, 토-음, 틀리다-다르다, 한글-국어, 한창-한참, 홀몸-홑몸

② 동의어 반복

결실을 맺다, 낙엽이 지다, 넓은 광장, 남은 여생, 따뜻한 온정, 만족감을 느끼다, 범행을 저지르다, 새 신랑, 시월 달, 잔존해 있는, 아직 미정, 저무는 세모, 접수 받다, 피해를 입다, 현안 문제

3.2.3. 문장

문장 구성상 호응에 문제가 있는가 하면, 조사, 활용, 시제, 대우법 등 문법면에 문제가 되는 것도 많다. 의미상 호응이 되지 않는 것도 보인다.

① 문장 구성상의 문제

성분의 호응에서 가장 문제가 되는 것은 "-가 예상된다"는 보술 구성과, "-ㄹ 전망이다"란 수식 구성이다. 이는 매스컴에서도 애용되는 것으로 비문법적 표현이다.

- 건강한 주말을 보내시고(보내시기 바랍니다), 저희는 월요일 아침 다시 뵙겠습니다. <주술구성>
- 우리나라가 인도에게(-를) 16 대 0으로 이겼습니다. <객술구성>
- 중부지방은 소나기가 (올 것으로) 예상됩니다. <보술구성>

- 상위 그룹을 휩쓸 (것으로) 전망입니다(전망됩니다). <수식구성>
- 흐리면서(흐리고) 비가 조금 내리겠습니다. <접속구성>

② 의미 호응상의 문제

의미상 부적절한 용어가 쓰이는 경우와 조리에 맞지 않는 표현을 하는 경우가 있다.

- 금메달을 딴 선수들의 노고를 치하했습니다(위로했습니다).
- 나무에 매달려 숨진 채(숨져 있는 것이) 발견됐습니다.
- 이래서야(이렇게 되면) 선거는 정치 행태에 대한 불안과 의혹을 해소시키기는커녕 자칫 민주정치에 대한 근원적 불신과 회의가 널리 퍼질까(회의를 널리 증폭시키지 않을까) 두렵다.

③ 문법적인 문제

어법에 벗어난 표현이 많이 쓰인다.

- 어떻게 만들어 보겠다라고(-고) 생각하셨어요?
- LG가 현대에게(현대를) 3 대 2로 이겼습니다.
- 건강하십시오(건강하시기를).
- 여기 가만히 있거라(있어라).
- 좋은 사람 소개시켜(소개해) 주마.
- 경제적인 수명도 연장되어집니다(됩니다)
- 김포공항에 도착하고 있지 않습니다(도착하지 않았습니다).
- 과장님이 계장님을 오시랍니다(오라십니다).
- 회장님의 말씀이 계시겠습니다(있겠습니다).

3.2.4. 표기법

표기가 잘못 되는 경우도 많이 보인다. 한글맞춤법이 바뀐지 10년이

지났는데 아직 구식 표기를 하는 경우도 많다. 구식 표기는 매스컴에서 도 적잖이 나타난다. 이들 예를 몇 개 보면 다음과 같다.

뜨게옷(뜨개옷), 놓치지 마십시요(마십시오), 먹을께(먹을게), 세살박이 (세살배기), 장례식 치뤄(치러), 햅쌀 선뵈(선뵈)

이상 언어규범에 어긋난 언어 사용의 실태를 개괄적으로 살펴보았다. 언어란 그것을 사용하는 사람의 인격을 반영하는 것이다. 표현되는 언어 의 내용만이 아니라, 그 형식도 마찬가지다. 그래서 전에는 지역방언을 사용할 때 이를 스스로 부끄럽게 생각했다. 그리고 표준어를 배워 쓰려 고 노력했다. 그런데 근자에는 사용하는 언어에 대해 무관심해진 듯하 다. 지역 방언을 고치려는 빛을 볼 수 없기 때문이다. 이러한 의식을 문 화국민으로서 가져서는 안 된다. 영국의 런던에는 표준발음을 익히는 학 원이 성업을 이루며, 일반 서민은 상류계층의 언어를 배우기에 열을 올 린다고 한다. 우리도 전국민이 공적인 자리에서는 표준어를 구사하는 문 화인이 되도록 노력하여야 하겠다. 그렇지 않으면 문화적으로 후진국이 라는 비판을 면치 못할 것이다. 더구나 방언은 그 방언권을 환기한다. 따라서 이는 화자의 출신 지역을 환기시켜 소위 망국적 지역감정을 유 발할 수 있다. 따라서 적어도 공적인 자리에서는 지역방언의 사용이 억 제돼야 한다. 그래서 새 천년에는 적어도 공적인 자리에서는 전국민이 표준어를 사용함으로 국민 대화합을 이루어 내도록 해야 하겠다.

3.3. 남북한 언어의 통일 추진

한반도가 분단된 지 어언 반세기가 지났다. 그리하여 남북한의 언어가 차이를 드러내게 되었다. 그러나 흔히 논의되듯 이질화가 그렇게 심각한 것은 아니다. 그것은 아직 남북의 동포가 의사소통에 그다지 장애를 받지 않는다는 것이 그 단적인 증거이다. 그러나 음운, 어휘, 통사 등에 차이가 나는 것만은 사실이다. 이러한 차이가 심화하면 다른 말이라 생각될 것이고, 나아가 같은 민족이라는 의식마저 희박해질는지도 모른다. 따라서 이러한 불행한 사태는 막아야 한다. 그러기 위해서는 언어의 차이를 극복하고 동질성을 회복하도록 하여야 한다. 이때 필요한 것은 이질성 아닌, 동질성을 강조하는 것이다.

남북의 언어 차이는 자연적인 변화에 의한 차이라기보다 인위적인 기준에 의한 차이가 크다. 우선 표준으로 삼는 "표준어"와 "문화어"의 기준이 다르다. 남한의 표준어는 "교양있는 사람이 두루 쓰는 현대 서울말"을 기준으로 하고, 북한의 문화어는 "주권을 잡은 로동계급의 당의 령도 밑에 혁명의 수도를 중심지로 하고 수도의 말을 기본으로 하여 이루어지는 로동계급의 지향과 생활감정에 맞게 혁명적으로 세련되고 아름답게 가꾸어진 언어"를 기준으로 하고 있기 때문이다.

그러면 다음에 남북한의 언어 차이를 살펴 통일의 방안을 모색해 보기로 한다.

3.3.1. 발음의 차이

남북의 표준발음은 각각 서울말을 중심으로 한 표준어의 실제 발음과, 평양말을 중심으로 한 문화어의 발음을 기준으로 하게 되어 있다. 따라서 기준에 차이가 있다. 그러나 실제 발음은 이러한 원칙과는 달리 공통점이 많다.

발음상 가장 큰 차이는 남한에서는 두음법칙을 인정하는데 북한에서는 이를 인정하지 않는다는 것이다. 그래서 "낙원(樂園) — 락원, 양심(良心)

— 량심, 여자(女子) — 녀자”와 같이 차이가 난다. 자음동화(子音同化)도 차이를 보인다. 북한은 남한의 변이(變異)를 인정하지 않는다. 남한에서는 받침 “ㅁ, ㅇ” 뒤의 “ㄹ”(심리, 항로)이나, 받침 “ㄱ, ㅂ” 뒤의 “ㄹ”(독립, 협력)을 [ㄴ]으로 발음한다. 그런데 북한에서는 모든 모음 앞의 “ㄹ”을 본래의 소리대로 발음한다. 이 밖에 합성어 뒷말의 발음에 차이를 보인다. 남한에서는 뒷말의 첫소리가 된소리로 나는 경우 사이시옷을 붙이고, 된소리만 발음하는 것을 원칙으로 한다. 이에 대해 북한에서는 사이시옷 표기를 하지 않고 적은 대로 발음하는 것을 원칙으로 하고, [ㄷ]을 끼워 발음하는 것을 허용한다. 따라서 남한의 “갯바닥[개빠닥], 노랫소리[노래쏘리]”가 북한에서는 원칙적으로 [개바닥], [노래소리]로 발음된다. 이러한 것이 발음상의 큰 차이이다.

3.3.2. 어휘의 차이

남북한 언어에서 가장 심한 차이를 보이는 것이 어휘이다. 어휘는 형태 면에서 볼 때 주로 이념과 제도, 어휘 사정, 말다듬기, 표기 및 발음의 차이로 말미암아 다른 모습을 보인다.

남북한은 정치 사회적인 이념(理念)이나, 제도(制度)가 달라 그것을 나타내는 신어를 만들어 씀으로 어휘상의 차이를 드러낸다. 곧 북한에서는 사회주의 이념이나 그 제도를 반영한 낱말이, 남한에서는 자본주의 이념이나 그 제도를 반영한 낱말이 신조되어 쓰임으로 차이가 나는 것이다. 북한의 “민족통일전선, 천리마운동, 의무노력일, 량권”과 같은 말이나, 남한의 “총선, 새마을운동, 부가가치세, 수능시험”과 같은 말이 그 예이다. 이러한 이념이나 제도로 말미암아 차이가 나는 말은 상당히 많다. 그리고 이것이 서로가 가장 이해하기 어려운 말이다.

어휘 사정에 의한 차이는 표준으로 삼는 단어를 남북한이 달리 사정

함으로 차이가 나는 것이다. 이는 앞에서 본 바와 같이 표준어 내지 문화어의 사정 기준이 다르기 때문에 빚어지는 결과이다. 남한에서 표준어로 인정하지 않거나, 쓰지 않는 낱말이 북한에서 문화어로 작정된 것을 몇 개 보면 다음과 같다.(괄호 안은 남한어)

가위주먹(가위바위보), 날래(빨리), 동가슴(앙가슴), 락자없다(영락없다), 망돌(맷돌), 발편잠(마음 놓고 편안히 쉬는 잠), 손오가리(목소리가 멀리 들리도록 손을 오그려 입에 대는 것), 피타다(피끓다)

말다듬기에 의해 차이가 나는 말도 상당히 많다. 북한에서는 1964년 이래 말다듬기를 하여 1987년 "다듬은 말" 25,000여 개를 선정 발표하였다. 남한에서도 1976년 이래 국어 순화 사업을 해오고 있다. 그런데 북에서는 이러한 어휘 정리 사업을 민족의 순결성과 민족 특성을 적극적으로 드러내기 위한 목적 의식적 사업으로 규정하고 있다. 그리고 다듬은 말을 국가에서 지도하며 원말은 쓰지 않게 하고 있다. 이로 말미암아 남북 공통어의 기반이 무너지고 있다. 남북의 차이를 빚게 하고 있는 북한의 다듬은 말을 몇 개 보면 다음과 같다.

곁바다(연해), 내굴쏘임(훈연), 밥길(식도), 돈자리(구좌), 불탈성(가연성), 산견딜성(내산성), 젖먹임칸(수유실), 찬물미역(냉수욕), 푸른차(녹차), 혀이끼(설태)

이 밖에 북한에서는 "가락지빵(도너스), 나뉜옷(투피스), 내민대(발코니), 젖가슴띠(브래지어), 창문보(커튼)"와 같이 외래어도 다듬어 차이를 보인다.

그러나 여기서 유의할 것은 남북한의 다듬은 말은 차이가 나는 것만 있는 것이 아니라는 것이다. 같거나 비슷한 경우도 많다.

표기 및 발음이 달라 차이를 보이는 것도 많다. 발음상의 차이는 앞에서 살펴본 바와 같이 북한에서는 두음법칙이 적용되지 않는다는 것이 그 대표적인 경우이다. 표기상의 차이는 두음법칙이 적용되지 않고 사이시옷이 원칙적으로 사용되지 않는다는 것이 대표적인 경우이다.

어휘는 형태의 면만이 아니라, 의미의 면에서 그 뜻이 변해 차이를 드러내는 경우도 있다. 이러한 의미의 차이를 보이는 것에는 정치성이 강한 말들이 많다. 의미의 차이는 기본적인 의미가 달라진 것도 있고, 부차적인 의미가 달라진 것도 있다. "공작, 교양, 궁전, 동무, 바쁘다, 방조, 선동, 어버이, 평화주의, 휴양소" 같은 말은 남북에서 다 같이 쓰는 말이나 그 의미가 다른 것이다. 이러한 말은 형태가 같으면서 그 뜻이 달라 오해가 빚어질 위험성이 크다.

외래어의 형태도 차이를 보인다. 남한이 원음주의를 채택하는데 대해, 북한에서는 러시아어 위주의 표기를 한다는 것이 가장 큰 이유이다. 차이를 보이는 몇 개의 예를 보이면 다음과 같다. "껨/게임, 뉴안쓰/뉴앙스, 로씨야/러시아, 사크/색, 안쌈블/앙상블, 테노르/테너, 후라스코/플라스크"

3.3.3. 구문의 차이

남북한의 문장 구조는 별반 차이가 나지 않는다. 차이가 난다면 그것은 문체상의 차이이고, 간단한 문법적인 차이라 할 수 있다. 이러한 것의 대표적인 것의 하나가 북한에서는 서술어 "되다"의 보어에 주로 "-으로"가 호응된다는 것이다. "공동 염원으로 되고 있습니다.", "입이 무겁다면 그건 남자의 첫째 가는 장점으로 되지요."가 그것이다. 남한에서는 이때 보어를 "염원이", "장점이"와 같이 조사 "-이"를 써서 나타낸다. "-데 대하여"의 수식 성분의 호응도 차이를 보인다. 북한에서는 주로 "-ㄹ" 관형사형으로 나타낸다. "조선어의 민족적 특성을 옳게 살려

나갈 데 대하여”가 그 예이다. 남한에서는 “살려 나가는 데 대하여”와 같이 “-ㄴ” 관형사형을 취한다. “데”를 쓰지 않을 경우는 “-ㄹ 것에 대하여”를 쓸 수 있다. 이밖에 북한에서는 일부 형용사의 연결형에 “나다”가 이어지는 독특한 표현을 보여 준다. “가슴이 짜릿해 났다”, “끈끈해 나더니 곧 따끈해진다”가 그 예이다.

이 밖에 북한에서는 “충심으로 되는 감사”, “습관되어 있지 않다”, “관심하는 사람들”과 같은 표현이 쓰여 남한의 어법이나 문체와 다른 면을 보여 준다. “고향 생각을 하댔어요”, “나올 생각이 없은 거구만요”, “의무가 아니나요?”도 남한의 문법과는 차이가 나는 것이다. “나를 쉬우려고, 젖을 먹여 자래운 자식”과 같이 사동 접사의 활용에도 남한과 다른 점을 보여 준다. 이렇게 남북한은 문체와 문법면에 차이를 보여 준다. 그러나 이들 표현은 형태만이 다를 뿐이어서 의사소통에는 별다른 지장이 없다.

3.3.4. 표기법의 차이

맞춤법도 차이를 보인다. 해방 후 남북의 맞춤법은 다 같이 “한글 맞춤법 통일안”을 기준으로 삼았다. 그리하여 표기법이 같았었는데 1954년 북한에서 따로 “조선어 철자법”을 제정 공포함으로 말미암아 차이가 나게 되었다. 그러나 남북의 맞춤법은 다 같이 조선어학회의 “한글 맞춤법 통일안”을 바탕으로 하였고, 형태주의(形態主義)를 지향하고 있어 다른 영역에 비하여 문제가 덜한 편이다. 표기법의 대표적인 차이점으로는 다음과 같은 것을 들 수 있다.

① 사이시옷을 남한에서는 쓰고, 북에서는 쓰지 않는다.
② 어간 모음 “ㅣ, ㅐ, ㅔ, ㅚ, ㅟ, ㅓ” 아래 남한에서는 “-어/-었”을

쓰는데, 북한에서는 "-여/-였"을 쓴다.

③ 한자의 어두음 "ㄹ"과 구개음화된 "ㄴ"에 대해 남한에서는 두음법
    칙을 적용하는데, 북에서는 원음 표기를 한다.

④ 띄어쓰기는 남한이 북한에 비하여 좀 더 띄어 쓰는 편이다.

이러한 표기법의 차이는 남북한이 다 같이 준용했던 "한글맞춤법 통일안"의 정신으로 돌아갈 때 쉽게 통일될 수 있을 것이다(박갑수, 1994, 1999).

3.3.5. 외래어와 로마자 표기법의 차이

외래어 표기법은 일찍이 1940년 조선어학회에서 제정한 "외래어표기법 통일안"이 있었다. 이는 한글맞춤법의 원칙에 따른 것이었다. 표기는 만국음성기호를 표준으로 하였다. 해방된 뒤 남한에서는 1948년 문교부의 "외래어 표기법"이 제정되었고, 이것이 1958년 "로마자의 한글화 표기법"으로 개정되었다. 그 뒤 1986년에 이를 다시 개정하여 오늘날의 "외래어 표기법"이 되었다. 이의 "표기의 기본원칙"은 "외래어는 국어의 현용 24자모만으로 적는다", "외래어의 1음운은 원칙적으로 1기호로 적는다", "받침에는 'ㄱ, ㄴ, ㄹ, ㅁ, ㅂ, ㅅ, ㅇ'의 7종성만을 쓴다", "파열음 표기에는 된소리를 쓰지 않는 것을 원칙으로 한다", "이미 굳어진 외래어는 관용을 존중하되, 그 범위와 용례는 따로 정한다"와 같은 것이다.

이에 대해 북한은 1956년에 "조선어 외래어 표기법"을 제정하였다. 이는 러시아어에 따른 표기를 우선한 것이었다. 1958년에는 이 표기법이 남한과 다름을 의식해서인지 수정한 "외래어 표기법"을 내어 놓았다. 이는 표음주의적 표기에서 음소주의적 표기로 바뀐 것이다. 1984년에는 "고친 외래어 표기"를 내어 놓아 다시 원음을 중시하는 표기법으로 바

뀌었다. 북한의 표기가 러시아어 위주의 표기에서 원음주의로 바뀜에 따라 남북한의 외래어 표기는 전에 비해 가까워지게 되었다.

로마자 표기법은 일찍이 구미인들에 의해 그 방안이 강구되기 시작하였다. 이들 가운데 1930년대의 머큔－라이샤워안(McCune-Reischauer System)은 가장 주목 받은 것이다. 1941년에는 조선어학회의 "조선어음 羅馬字 표기법"이 만들어졌다. 1948년 남한에서는 "한글 로마자로 적는 법"이란 최초의 정부안이 마련되었는데, 이는 머큔－라이샤워안과 비슷한 것이었다. 그 뒤 1959년 문교부는 다시 "한글 로마자 표기법"을 내어 놓았다. 이는 파열음 체계를 "g, k, gg"로 적는 것이었다. 그 뒤 정부는 1984년 "국어의 로마자 표기법"을 개정 고시하였다. 이는 표음주의를 지향한 것으로 머큔－라이샤워안을 대부분 수용한 것이다. 이 표기법은 파열음을 "k·g, k', kk"의 체계를 따른 것이다.

북한의 로마자 표기법은 "외국 자모에 의한 조선어 표기법"으로 되어 있는데, 1956년에 간행된 "조선어 외래어 표기법" 가운데 들어 있다. 이는 표음주의적 표기를 하는 것으로, 남한의 현행 표기법과 비슷한 것이다. 이들은 자모음을 비교해 볼 때 대부분이 같고 몇 개만이 다르다. 이러하기에 로마자 표기는 남북에 별 문제가 없다. 1991년 국제표준화기구(ISO)의 통일안도 합의를 본 바 있다. 그런데 남한에서 다시 개정 작업을 추진하여 1959년의 "한글 로마자 표기법"의 체계로 돌아가려 하고 있어 문제다. 이는 표기의 편의면에서는 바람직하나, 남북한의 통일이라는 면에서 볼 때는 역행하는 처사가 된다.

3.3.6. 남북한 언어의 통일 방안

우리는 지금까지 남북한의 언어의 차이에 대해 살펴보았다. 이들 차이는 분단 기간을 고려할 때 그리 심각한 편은 아니다. 이질성 아닌 동질성과 유사성을 강조하며 통일을 추구할 때, 남북한의 통일은 그리 어렵지만은 않을 것이다. 인위적인 차이이니 어떻게 해결하느냐가 문제일 뿐이다.

남북한은 다른 민족 아닌 같은 민족으로 분단에 의해 언어의 차이가 발생한 것이다. 따라서 민족의 표지(標識)요, 결속의 핵이 되는 언어를 통일하여야 한다. 그렇게 함으로 동족임을 확인하고 공존공영하도록 하여야 한다. 남북한 언어의 동질성 회복, 곧 통일 방안으로는 다음과 같은 것을 생각할 수 있다(박갑수, 1999).

첫째, 동질성·유사성을 강조하여야 한다.

분단의 폐해를 강조하는 나머지 그간 이질화가 지나치게 강조되었다. 심리적으로 이질감 아닌 동질감을 가질 때 희망과 기대를 가질 수 있다. 동질성 회복을 위한 기준은 "한글 맞춤법 통일안"의 정신으로 돌아가는 것이 바람직하다. 그렇게 되면 우선 표기법이 쉽게 통일될 것이고, 발음의 문제가 많이 해소될 것이다. 말다듬기나, 순화 대상어는 즉각 버릴 것이 아니라, 동질성 유지의 차원에서 시간을 가지고 서서히 하도록 할 일이다. 그리고 새로 표준어와 문화어를 사정하거나, 말다듬기를 하는 경우에는 동질성을 전제로 할 일이다. 그렇지 않으면 남북한 언어의 차이를 가중시키게 된다.

둘째, 교류정책을 강화해야 한다.

언어는 사회적 맥락이 제공될 때 쉽게 이해된다. 이런 의미에서 민간의 상호 교류가 필요하다. 이웃사촌이라는 말이 있듯, 서로 접촉할 때 이질감이나 거부감이 사라지고 친숙해진다. 이질화가 심한 것은 이념이나 제도를 반영하는 어휘이다. 이러한 말은 사실세계(事實世界)를 파악함으로써 이해하게 된다. 이런 점에서 교류가 필요하다. 사람의 교류가 어렵다면 우선 신문 방송 등 매스컴을 개방하여야 한다. 동서독의 경우를 반면교사로 삼을 일이다. 문학작품의 교류도 권장되어야 한다.

셋째, 관련 학자의 접촉과 통일 방안이 모색되어야 한다.

남북한 언어의 통일을 이루기 위하여는 관련 학자의 접촉과 연구가 있어야 한다. 언어의 통일을 위한 원칙, 범위, 방법 등에 대한 논의가 필요하기 때문이다. 남북한 언어의 차이는 대부분 인위적인 것이기 때문에 더욱 그러하다. 이를 위해서는 공동연구의 기구가 마련되어야 하며, 상호 교류가 이루어져야 한다. 언어는 민감한 사안이 아니라고 생각하여 쉽게 통일될 것으로 기대하는 것은 오산이다. 결정 뒤엔 이를 따라야 하는 많은 국민이 있기 때문이다.

넷째, 어문 규범의 통일은 각각 적절한 방법을 마련해야 한다.

맞춤법과 표준발음, 그리고 외래어 표기법, 로마자 표기법은 남북이 표준안을 마련하여 통일할 수 있다. 이들은 큰 차이를 보이지 않기 때문이다. 특히 맞춤법이 그러하다. 통일의 원칙은 "한글맞춤법 통일안"의 정신으로 돌아가는 것이 제일 무난하다. 표준어는 연합 통일방안을 취함이 바람직할 것이다. 그것은 일단 양쪽을 다 수용하는 것이다. 이는 외형상 복수 표준어를 인정하는 것과 같다. 그리고 시간이 해결해 주기를 기다리는 것이다. 복수 표준어로 정착하든지, 아니면 적자생존의 원칙에 의해 어느 하나가 도태되든지 할 것이다. 이를 위해서는 남북의 어휘를 망라한 통일 국어사전의 제작도 서둘러야 할 작업이다.

3.4. 외국어로서의 한국어교육 – 한국어의 국제화

근대 이전까지만 하더라도 많은 나라들이 폐쇄정책을 펴며, 다른 나라와 담을 쌓고 살았다. 그러나 오늘날은 지구촌이란 말이 일반화되었듯

대부분의 나라들이 문호를 개방하고 교류하며 살고 있다. 이른바 국제화 시대가 된 것이다.

한 언어의 국제화, 말을 바꾸면 한 언어의 외국어로서의 교육은 그 문화에 대한 이해를 넓혀 우호적인 관계를 가지게 하며 문화교류를 촉진시킨다. 따라서 나라마다 외국어로서의 자국어 교육에 열을 올린다.

외국어로서의 한국어교육은 외국에서 자국의 이익을 위해 시작되었다. 기록에 의하면 일본에서의 한국어 교육은 일찍이 신라 景德王 때 (761)에 꾀해졌다. 일본의 "속일본기(續日本紀)"에는 다음과 같은 기록이 보인다.

乙未 令美濃・武藏二國少年 每國二十人習新羅語 爲征新羅也
(續日本紀, 天平寶字五年正月乙未條)

그리고 그 뒤 일본에서는 1720년 유학자 雨森芳洲가 통사(通詞)의 부족을 통감하여 "韓語司"의 설립을 대마 번주(對馬藩主)에게 건의하였고, 1727년에 "한어사(韓語司)"의 설립을 보게 되었다. 이것이 아마도 최초의 한국어 교육 기관이 아니었나 생각된다. "교린수지(交隣需知)"와 "인어대방(隣語大方)" 등은 이때 저술된 조선어 학습서이다. 중국에서는 송(宋) 나라 손목(孫穆)이 "계림유사(鷄林類事)"를 짓고, 명(明)나라 때 "조선관역어(朝鮮館譯語)"가 간행되어 각각 고려어와 조선어 학습의 계기를 마련하였다.

그러나 본격적인 외국어로서의 한국어 교육은 최근에 들어와서 이루어졌다. 우리는 약소민족이어 감히 외국인에게 우리말을 가르쳐 보급한다는 생각을 하지 못했다. 그러나 반드시 그렇게 생각할 것은 아니다. 한국어는 앞에서 언급한 바와 같이 세계적으로 15~20위에 드는 큰 언어이며, 우리 나라는 170여 개국과 수교를 하고 있는 나라이기 때문이다. 게다가 우리 나라가 경제적으로 발전하고 국력이 신장되면서 세계적인 관심의 대상이 되어 세계 도처에서 한국어를 학습하고자 나서고 있기도 하다. 따라서 한국어의 국제화는 꿈만의 것이 아니다.

최근의 한국어의 이러한 급증 현상은 다음과 같은 사실로 간단히 확인된다. 중국의 경우 1922년까지만 하여도 조선어과가 설치된 대학이 5개밖에 없었다. 그러나 오늘날은 약 40개교에 이르는 것으로 알려진다. 일본의 경우도 한일 국교정상화가 되던 1960년대만 하여도 한국어 강좌를 개설한 대학이 5개교에 불과하였다. 그러나 오늘날은 65개교에 이르고 있다. 이 밖에 호주의 대학 입시제도인 HSC(High School Certificate)와 미국의 SAT(Scholastic Assesment Test) II에 한국어가 채택됨으로 초·중등학교에까지 한국어가 정식 선택과목으로 확산되게 되었다. 그리하여 오늘날 약 50개국에, 약 300개 대학 및 연구기관에서 한국어가 가르쳐지고 있는 것으로 알려진다.

외국어로서의 한국어교육이 꾀해지면 앞에서 언급한 바와 같이 우호적인 관계를 가지게 하며, 문화교류를 촉진하게 된다. 한국어를 배우고, 그 언어문화를 익히게 되면 자연 우리 문화를 확산하게 되고, 언어문화의 주체인 한국과 한국인에게 친근감을 갖고 우호적이게 된다. 그리하여 친구가 되고, 친한 인사(親韓人士)로서 해외에 거주하는 우리의 자원 인사가 된다. 해외에 이러한 우호적인 자원 인사를 확보하는 것은 국가적인 면에서 교역으로 얼마간의 경제적인 수익을 올리는 것에 비할 것이 아니다. 돈으로 환산할 수 없는 자산을 얻는 것이다. 근자에 외교 비즈니스 등 실용을 위해 영어 공용어론이 제기되고 있는 것을 보게 되는 데, 한국어의 국제화는 영어 공용어화보다 훨씬 실리적인 것이다. 그것은 세계 도처에 한국어를 보급함으로 영어권의 화자만이 아니라 다양한 언어의 화자를 자원 인사로 하기 때문이다. 따라서 한국어 교육은 장려되어야 하고, 한국어의 세계적인 보급·전파는 강화되어야 한다.

그런데 한국어교육에 대한 국민적 인식이 부족하다. 그래서 크게 관심을 갖는 것 같지 않다. 따라서 한국어 교육의 환경이 빈약하고 열악하다. 다가오는 새 천년에는 이러한 여건이 개선되어야 하겠다. 이에 열악한 한국어 교육의 현황과 함께 이의 개선 방안을 살펴 우리 언어문화의 발전을 모색하도록 한다.

첫째, 국내외를 불문하고 교육기관이 영세한 편이다.

한국어교육을 받겠다는 학생도 아직은 많지 아니하고, 교육기관에 대한 지원도 충분치 못한 형편이다. 그래서 근자에는 한국어 교육기관이 폐쇄되는 곳도 상당히 있는 것으로 알려진다. 해외의 자원 인사를 기르는 교육기관이니 장기적인 안목으로 투자를 필요로 한다. 이는 산학협동의 차원에서 기업이 지원하거나, 국가에서 정책적으로 지원하는 것이다.

둘째, 자격이 있는 교사가 없다.

한국어 교사는 국어 교사와 구별된다. 그런데도 아직 공식적으로 한국어 교사를 양성하는 기관이 없다. 자격도 규정되어 있지 않으며, 양성하여 자격을 줄 수 있는 법적 제도도 마련되어 있지 않다. 빨리 법적인 조치를 취하여 유능한 교사를 양성하도록 하여야 하겠다. 양성 기관과 함께 자격시험을 치르는 제도적 장치도 마련해야 한다.

셋째, 학습 자료의 개발이 부실하다.

교재를 비롯하여 다양한 학습자료가 개발되어야 한다. 그럼에도 현실은 그렇지 못한 형편이다. 교재는 한국어능력시험의 등급을 고려하여 개발함이 바람직하겠다. 학교 교육 아닌 개인적 학습을 위하여 CD 등의 학습자료의 개발도 서둘러야 한다. 외국에서는 부실한 교재마저 없어 애태우는 형편이다. 교재의 개발과 함께 교재 공급의 방법도 연구되어야 할 과제이다. 언어권에 따라 다른 교재가 마련되어야 하고, 그것도 단계별로 만들어져야 한다. 이의 개발도 비용이 많이 드는 것이니 국가 기관에서의 개발 및 지원이 요청된다.

넷째, 한국어 교육의 연구가 미미하다.

한국어교육의 역사가 짧아 학문적 연구 결과도 많지 못한 형편이다. 교수 학습을 위시하여 교육과정, 평가 등의 연구가 활발히 이루어져 이것이 현장에서 활용되도록 하여야 한다. 특히 교수법에 대한 연구가 많이 되어 다양한 교수법에 의해 교육 효과가 드러나도록 하여야 하겠다.

다섯째, 국가적인 교육과정이 없다.

국가적인 차원의 교육과정이 아직 만들어져 있지 않다. 이것이 마련되어야 원만한 한국어 교육이 이루어질 수 있다. 그렇지 않으면 교육 기관마다 차이가 나고 통일성을 찾을 수 없게 된다. 한국어 교육의 정상적인 발전을 위하여 교수·학습의 내용이 선정되고, 이것이 체계적으로 배열된 교육과정의 제정을 서둘러야 한다.

여섯째, 유인책(誘引策)이 별로 없다.

목적이 있어야 학습이 이루어지고, 의욕이 따르게 된다. 한국어를 학습하는 목적은 국가 또는 개인에 따라 다르게 마련이나, 적어도 한국어 학습자 일반을 위한 어떤 유인책이 마련되어야 한다. 그래야 한국어 학습자가 몰려들게 된다. 예를 들면 취업이나 진학에 편의를 제공해을 주는 것과 같은 것이다. 많은 사람이 학습 의욕을 갖도록 유인책을 마련할 일이다.

한국어 교육에 덧붙여 생각할 문제가 하나 있다. 그것은 앞에서도 잠시 언급한 바 있는 영어 공용어화의 문제이다. 이는 외국어로서의 한국어교육, 곧 한국어의 국제화와 정면 배치되는 것이다. 최근에 제기되기 시작한 영어의 공용어화론은 외교와 비즈니스 등 실용과 실리를 내세운 주장이나 바람직한 것이 못 된다. 영어교육을 제대로 하면 이런 문제는 해결될 수 있는 것이다. 영어를 능숙하게 구사한다는 것과 공용어화 한다는 것은 문제가 다르다. 영어를 공용어로 하게 되면 한국어 화자와 영어 화자의 괴리가 생겨 또 하나의 민족 분단을 낳게 될 것이며, 이는 나아가 국어 말살로 이어질 것이다. 한국인의 상류지향 심리와 획일주의가 이를 부채질 할 것이다. 언어는 단순한 전달의 도구가 아니요 하나의 문화이다. 한국어는 한민족(韓民族)의 표지로, 여기에는 한민족의 문화가 깃들어 있다. 따라서 한국어를 영어로 대치하는 것은 민족과 민족문화의 정체성을 생각할 때 용납될 수 없는 일이다. 또한 실리면에서 볼 때도 영어 공용어화는 한국어의 국제화를 따를 수 없다. 이밖에 영어 공용어화는 다음과 같은 부작용을 초래할 우려도 있다.

첫째, 민족적 정체성을 상실케 한다.

둘째, 민족문화 발전을 저해한다.

셋째, 새로운 사대사상을 증폭시킨다.

넷째, 주체성을 잃게 한다.

다섯째, 국력을 낭비하게 한다.

여섯째, 사고의 틀에 변화를 초래한다.

일곱째, 또다른 공용어화를 배제할 수 없게 한다.

4. 결어

옛날부터 우리는 "장심위정 출구위어(藏心爲情 出口爲語)"라 하였다. 말이란 우리의 뜻을 드러내는 것이다. 따라서 말에는 인격이 반영된다. 로마의 웅변가 키케로도 "완전한 웅변가는 완전한 인간이어야 한다"고, 말하기 전에 인격을 갈고 닦을 것을 강조하였다. 뷔퐁은 "문체는 그 사람이다"라 하였다. 말과 사람은 이렇게 분리할 수 없는 것이다. 따라서 개인적으로 교양 있고 품위 있는 말을 하여 인정 받는 사람이 되도록 하여야 한다.

언어는 이렇게 말하는 사람만을 반영하는 것이 아니다. 그것은 민족과도 밀접한 관련을 갖는다. 독일의 훔볼트(Humboldt W.)는 "말은 민족의 존재 기관 그 자체이다. 이것은 실로 민족의 존재 그 자체이다."라고 민족이 지니는 언어적 천성이란 사상을 전개하였다. 이러한 천성관까지는 가지 않더라도 언어에는 민족의 역사가 생생하게 반영되어 있는 것이기에 밀접한 관계를 갖는 것임에는 틀림없다. 언어는 단순한 전달의 도구가 아닌 문화인 것이다. 따라서 우리는 우리의 민족어에 의해 독자적인 민족문화를 꽃피워 국제화 세계화에 기여하여야 한다.

새 천년은 특별한 경계가 있는 것이 아니다. 사람들이 다짐하는 의미로 하나의 선을 그어 놓은 것이다. 우리도 지난날을 돌아보고 새로운 천년을 설계해야 하겠다. 특히 언어 문화면에서는 사실에 부합한 말을 하고, 친화를 다지는 표현을 적극적으로 하도록 해야 한다. 규범에 맞는 언어를 사용함으로 교양인의 예우도 받아야 하겠고, 지역방언을 사용치 않으므로 소위 망국적인 지역 감정의 유발도 막아 국민 대화합이 이루어지도록 하여야 하겠다. 이질성 아닌 동질성을 바탕으로 남북 언어의 통일을 꾀함으로 민족의 동질성도 회복하여야 하겠다. 그리고 약소민족이라 자책하며 기죽고 살 것이 아니라, 우리 언어문화를 세계에 소개하고 전파함으로 지구촌의 일원으로 세계문화 창조에 당당히 기여하며 살도록 하여야 한다. 대망의 새 천년이 지금 우리 앞에 펼쳐지고 있다.

참고문헌

김민수(1973), 국어정책론, 일조각.
박갑수(1984), 국어의 표현과 순화론, 지학사.
______(1994a), 우리말 사랑 이야기, 한샘출판사.
______(1994b), 올바른 언어생활, 한샘출판사.
______(1999), 아름다운 우리말 가꾸기, 집문당.
______(1994), 남북 맞춤법의 차이와 그 통일 문제, 어문연구 81-82, 어문연구회.
______(1996), 한국어 국제화의 현황과 과제, 해외 한민족과 차세대, SAT Ⅱ 한국어진흥재단.
______(1998), 외국어로서의 한국어교육, 외국인을 위한 한국어교육연구 1, 서울사대 한국어교육 지도자과정.
______(1998), 외국어로서의 한국어교육과 문화적 배경, 선청어문 26, 서울사대 국어교육과.
______(1998), 통일을 대비한 국어교육의 현황과 대책, 국어교육연구 5, 서울대 국어교육연구소.
______(1999), 남북한의 언어차이와 그 통일 정책, 선청어문 27, 서울사대 국어교육과.
______(2000), 한국어교육 교육과정 구안에 대한 논의, 외국인을 위한 한국어교육연구 3, 서울대 외국인을 위한 한국어교육 지도자과정.

■ 이 글은 "국어교육연구, 제9집, 국어교육학회, 2000"에 게재된 논문이다.

찾아보기

ㅇ

저자 소개

박 갑 수

서울대 명예교수
한국어 세계화재단 이사 역임
한국어능력시험 자문위원장 역임
재외동포교육진흥재단 상임대표 역임
한국문화국제교류운동본부 이사
재외동포교육진흥재단 이사
한국어세계화총연합 이사장
국어교육학회·이중언어학회·한국언어문화교육학회 고문
논저 : "국어교육과 한국어교육의 성찰"
　　　 "한국어교육의 원리와 방법"
　　　 "고전문학의 문체와 표현" 외 다수.

한국어교육학 총서 2

한국어교육과 언어문화 교육

초판 인쇄　2013년 2월 21일
초판 발행　2013년 2월 28일

지은이　박갑수
펴낸이　이대현
편 집　이소희
펴낸곳　도서출판 역락
　　　　서울 서초구 반포4동 577-25 문창빌딩 2층
　　　　전화 02-3409-2058(영업부), 2060(편집부)
　　　　팩시밀리 02-3409-2059
　　　　이메일 youkrack@hanmail.net
　　　　등록 1999년 4월 19일 제303-2002-000014호

ISBN　978-89-5556-023-7 94370
　　　　978-89-5556-021-3(세트)
정 가　38,000원

* 잘못된 책은 교환해 드립니다.